21世纪国际经济与贸易学专业精品教材

# 国际投资学教程

## （第5版）

綦建红◎主编

*International Investment*

清华大学出版社
北京

# 内 容 简 介

本书共四篇（理论篇、方式篇、管理篇和国情篇）十二章，详细介绍了国际投资学的基础理论、现实情形、前沿成果与新动态。全书在经典理论的基础上提供了大量国际投资实践活动方面的生动案例，以及与国际投资内容有关的国内外大量网址与简介，方便读者拓展阅读。本书第 5 版特别增加了新外商投资法、新型冠状病毒肺炎疫情对国际投资的冲击，也提供了阿里巴巴、均胜电子、海航、瑞幸咖啡等典型企业海外投资的经验与教训等内容。

本书可作为普通高等院校经济类专业本科生和研究生的学习用书，也可作为社会和企业培训人员的参考用书。

图书在版编目（CIP）数据

国际投资学教程/綦建红主编. —5 版.—北京：清华大学出版社，2021.1（2025.1 重印）

21 世纪国际经济与贸易学专业精品教材

ISBN 978-7-302-56690-8

I. ①国… II. ①綦… III. ①国际投资－高等学校－教材 IV. ①F831.6

中国版本图书馆 CIP 数据核字（2020）第 203594 号

责任编辑：杜春杰
封面设计：刘 超
版式设计：文森时代
责任校对：马军令
责任印制：宋 林

出版发行：清华大学出版社
    网 址：https://www.tup.com.cn, https://www.wqxuetang.com
    地 址：北京清华大学学研大厦 A 座 邮 编：100084
    社 总 机：010-83470000 邮 购：010-62786544
    投稿与读者服务：010-62776969，c-service@tup.tsinghua.edu.cn
    质量反馈：010-62772015，zhiliang@tup.tsinghua.edu.cn
印 装 者：三河市龙大印装有限公司
经 销：全国新华书店
开 本：185mm×260mm 印 张：22.5 字 数：584 千字
版 次：2005 年 10 月第 1 版 2021 年 1 月第 5 版 印 次：2025 年 1 月第 11 次印刷
定 价：69.00 元

产品编号：088235-01

# 第 5 版前言

《国际投资学教程》第 5 版更新之时，正值 2020 年春天全球经济处于动荡的时刻，"灰犀牛"和"黑天鹅"事件接连上演。

在"逆全球化"风潮汹涌、美国在全球范围内挑起贸易战、英国脱欧已成定局等冲击尚未停止的背景下，一场突如其来的新型冠状病毒肺炎疫情席卷全球。中国控制疫情初见成效的欣喜还未散去，欧美各国的疫情高峰期接踵而至，给国际直接投资（FDI）带来了沉重的打击。仅从联合国贸易和发展会议（UNCTAD）估计的 2020 年前两个月情况看，FDI 下降的幅度大约为 5%～15%，跨境并购的交易量更是从月均 400 亿～500 亿美元下降到 2 月份的不足 100 亿美元。据 UNCTAD 预测，与金融危机时期相比，此次疫情对全球 FDI 的负面影响可能更加严重。2008 年和 2009 年全球 FDI 因金融危机分别下降 21% 和 17%，而此次疫情可能引发的全球经济衰退使得 2020 年全球 FDI 降幅或将高达 40%，成为 21 世纪以来全球 FDI 降幅最大的一年。与此同时，国际证券投资市场亦不平静，美国道指、纳指、标普集体大幅下跌，多次触发熔断；欧洲和亚太股市全线暴跌，几乎无一幸免。在美联储宣布史诗级、无限量量化宽松（QE）等一揽子政策后，虽然全球股市强力反弹，但是业内人士纷纷表达了对新一轮金融系统性风险的担忧。

因此，在本教材第 5 版修订和更新的过程中，我们在第 4 版异质性企业理论、全球价值链、"一带一路"倡议等热点的基础上，在宏观方面进一步加入了新外商投资法出台、新型冠状病毒肺炎疫情对国际直接投资与中国吸引外资的影响等最新事件，在微观方面也加入了阿里巴巴、均胜电子、海航、瑞幸咖啡等典型企业海外投资的经验与教训，不断提高新一版教材与现实的契合度。

感谢付晶晶、宋雨、陈雨轩等新生力量加入本教材第 5 版的修订团队。感谢来自北京、上海、广东、辽宁、吉林、浙江、河南、河北、四川、山东、新疆等地 80 余所高等院校同仁的厚爱。感谢清华大学出版社责任编辑杜春杰老师，回首过去十年的牵手充满感动，展望未来十年的合作充满期待。

没有哪一个冬天不可逾越，没有哪一个春天不会来临。期盼全球新型冠状病毒肺炎疫情的尽早结束，也期盼国际投资舞台的秩序井然。

綦建红
于山东济南
2020 年 4 月

# 第 4 版前言

在后金融危机时代国际投资理论与实践日新月异的过程中，第 3 版《国际投资学教程》也已问世 4 年之久，又到了更新、修订甚至重建的时间。回首这 4 年，国际投资领域的变化主要体现在三个方面：一是在国际直接投资理论方面，以 Melitz（2003）为代表的异质性企业理论异军突起，不仅颠覆了传统国际投资学理论的许多结论，而且所主张的"生产率最高的企业进行对外直接投资，生产率次之的企业进行出口，而生产率最低的企业服务国内市场"的观点引发了国内外学者的高度关注与持续检验。二是随着全球价值链（GVC）热点的兴起，人们逐渐意识到，跨国公司与谁合作、在哪里投资等诸多决策会取决于 GVC 的环节、任务和活动。各国政府和企业需要根据各自的具体情况和禀赋要素来仔细权衡参与 GVC 的利弊，增进自身在 GVC 中的收益。三是中国对外投资发展十分迅猛，不仅已经跃居世界第三大对外投资大国，而且其规模超过外资流入，成为当之无愧的国际资本净流入国。不仅如此，伴随着亚洲基础设施投资银行（AIIB）的建立、中国"一带一路"倡议的实施和对外投资"负面清单"的出炉，中国的对外直接投资将迎来前所未有的发展机遇。这些变化均有必要体现在教材内容中，以便提高教材与现实的契合度。

4 年中，我们的课程学习网站（http://course.sdu.edu.cn/G2S/Template/View.aspx?action=view&courseType= 0&courseId=366），"一直都在，从未离开"，并且赢得了每年上万次的点击量。在此，不仅可以查阅课程简介、教学大纲、电子教材、多媒体教学、教学录像、习题精粹、课后阅读等，而且在案例教学专栏中每月均会看到最新的、最有趣的典型案例，以帮助读者把握最新的投资动态。

在原先写作团队的基础上，本教材第 4 版的修订又加入了新鲜的血液——孟珊珊、胡红、杨梦娜和贾晓菲。感谢来自北京、上海、广东、辽宁、吉林、浙江、河南、河北、四川、山东等地 60 余所高等院校同仁的认可，你们的厚爱和支持是本教材力求完美的源泉。感谢清华大学出版社责任编辑杜春杰老师，蓦然回首，合作已达 10 年之久，那份难得的默契与信任，无论何时何地想起，总是倍感温暖与珍惜……谢谢大家！

綦建红
于山东大学经济学院
2016 年 1 月

# 第 3 版前言

自 2008 年 1 月第 2 版《国际投资学教程》出版至今，时间如白驹过隙。回首过去的 3 年，国际投资领域中的两点变化尤其引人关注，发人深思：其一，2007 年下半年发生的美国次贷危机引发了国际金融危机，并在世界范围内大面积蔓延，不仅突破了虚拟经济的范围，而且对世界范围内的实体经济的发展和稳定造成了极为严重的影响。对国际直接投资（FDI）而言，金融危机直接打破了全球 FDI 金融保障体系的平衡；引发世界经济减速，导致 FDI 主体跨国公司投资谨慎；导致全球汇率波动，加大 FDI 的汇兑风险；引发贸易保护主义抬头，恶化了 FDI 的投资环境。而对跨国银行而言，其考验更是不言而喻。正如我们在第六章习题中所提供的花旗银行案例所显示的，全球性金融危机对跨国银行的影响成为金融危机最直接的影响——从影响一个部门的利润到影响整个银行的利润，从对母国市场的影响扩散到对全球市场的影响，从直接对利润的影响扩散到对组织结构和空间布局的影响。其二，中国对外直接投资的增长势头令人瞩目，目前已成功超过德国、英国、法国，成为 2010—2012 年仅次于美国的全球第二大最具潜力的对外投资国。在这个过程中，也出现了许多备受争议的并购案例，如四川民企腾中重工收购悍马，吉利收购沃尔沃等。这些新形势，不仅赋予我们再版该教材的必要性，而且也给了我们诸多思考和启发，即如何从纷繁复杂的国际投资新动态中梳理清晰的线索，如何从瀚若烟海的案例中遴选经典……

不仅如此，随着课程精品化和立体化建设的要求，我们还建立和完善了该课程的学习网站（http://58.194.176.234/gjtzx/），在此可以查阅课程简介、教学大纲、电子教材、多媒体教学、教学录像、习题精粹、课后阅读等。最重要的是，考虑到国际投资领域的日新月异，我们增设了案例教学专栏，不仅提供最新的典型案例，而且使之月月更新，例例可析。

在此，感谢写作团队高效和敬业的工作态度。在原先写作团队的基础上，本教材第 3 版的修订又加入了新的面孔——陈晓丽、肖萌萌、高明月、杨丽。感谢来自北京、上海、广东、辽宁、吉林、浙江、河南、四川、山东等地 60 余所高等院校同仁的认可，你们的厚爱和支持是本教材力求完美的源泉。感谢清华大学出版社各位编辑的辛勤工作，6 年来的交流让我们拥有了难得的默契和共识……谢谢大家！

綦建红
于山东大学经济学院
2011 年 7 月

# 第 2 版前言

自 2005 年 10 月《国际投资学教程》出版以来，得到了广大读者的积极支持，到目前为止，已经连续加印了 3 次，印刷总册数达到了 12 000 册。这种厚爱让我们非常感动，也让我们惴惴不安。毕竟国际投资领域的发展日新月异，在过去的两年多时间里，已经出现了很多新的现象。例如，进入 2004 年之后，全球外国直接投资流入量出现反弹，且增长速度出人意料，至 2006 年，这一数字已经达到 13 060 亿美元，非常接近 2000 年创造的最高纪录；发展中经济体和转型期经济体不仅成为吸引外资的生力军，而且开始成为重要的外向投资来源。据 2006 年《世界投资报告》的统计，2005 年来自发展中经济体和转型期经济体的外国直接投资达到 1 330 亿美元，占全世界外向流量的 17%；跨国公司在全球的研发热潮方兴未艾，这一点在发展中国家尤其明显。特别值得一提的是，伴随着全球能源价格上涨，跨国公司在采掘业中所发挥的作用日益突出。其中，发达国家在采掘业全球外国直接投资流入量中所占的份额从 1990 年的 90%下降到 2005 年的 70%，而发展中经济体和转型经济体在采掘业中的内向外国直接投资混合存量估算在 1990—2000 年增长了一倍多，2000—2005 年再次增加了 50%……

面对这些丰富多彩的国际投资新发展，我们感到十分有必要再版这本教材，并在新版当中突出四个方面：其一，把国际投资发展的最新动态介绍给读者；其二，在第 1 版各种统计数据的基础上，更新教材中所涉及的各类数据，从而为读者纵向了解国际投资、从事相关主题的学术研究提供更多的方便；其三，修订第 1 版教材中的一些文字错误，令教材更加严谨准确；其四，调整和补充了许多案例分析，增强了内容的可读性和说服力。

在第 1 版教材的使用过程中，我们还得到了来自本省其他高等院校及北京、浙江、河南等省市高等院校的信息反馈，他们既表达了对此教材的珍爱之情，赋予我们很多鼓励和赞赏，同时也提出了能够增加教学课件、更新相关案例、提供配套试题的期许。在此，我们表示深深的感谢，并在第 2 版教材的修订过程中，完善本书的教学课件和学习网站建设，尽力满足广大读者的愿望。

本教材第 2 版的写作还加入了一些新的作者，各章执笔人分别为：綦建红（第一章、第三章），杨春艳（第二章、第十章），杨颖、鞠磊（第四章、第五章），邓蕊、鞠磊（第六章、第九章），高培道（第七章），臧楠（第八章的前两节），王俊华（第八章的第三节），周洁琼（第十一章、第十二章）。

尽管第 2 版教材做了许多修正，但错误和不妥之处仍然难免。因此，我们一如既往地期盼来自各方的建议与斧正！

綦建红
于山东大学经济学院
2008 年 1 月

# 第1版前言

本书是为了适应高等院校经济类专业本科生和研究生的专业学习，以及金融、投资等行业的实践工作而写作出版的。

众所周知，随着全球经济一体化和投资自由化程度的进一步加深，国际投资已成为国与国之间经济活动和联系的主要内容，对国际间的政治和经济关系产生了深刻的影响。20世纪末及21世纪以来，以跨国公司为主要载体的国际投资又出现了一些新的发展趋势，尤其是发展中国家吸收国际直接投资的增长速度加快。中国自2001年成功加入WTO后，明显加大了对外商投资的开放力度，放宽了外商投资的股本限制，服务贸易领域也进一步开放。投资软硬环境的不断改善及我国经济持续良好的发展态势，也使得外商对华投资信心倍增。在全球国际直接投资（FDI）自2001年开始持续低迷，连续三年萎缩的情况下，我国吸引外商直接投资却连创新高，在2002和2003年连续两年取代美国成为全球吸收FDI的第一大国。2004年实际利用外资额更是突破600亿美元大关。可以说，在中国国际投资不断发展的今天，既面临着空前的机遇，也面临着各种挑战。从理论和实践层面去分析这一热点主题，正是本书的写作初衷。

本书的主要结构安排如下：

本书共分四篇十二章。

在第一篇理论篇（第一章至第三章）中，第一章主要介绍国际投资的定义与特点、产生与发展以及各种经济效应，旨在阐释"What——什么是国际投资"这一主题；第二章主要介绍包括国际直接投资理论和国际间接投资理论在内的各种理论渊源，旨在揭示"Why——为什么进行国际投资"的主题；第三章在解释国际投资环境内涵的基础上，推介了各种评估国际投资环境优劣的方法，旨在说明"Where——到什么地方投资"的主题。

在第二篇方式篇（第四章至第八章）中，主要围绕"How——以什么方式进行国际投资"的主题，分别介绍了三种国际投资方式：国际直接投资（第四章至第六章）、国际间接投资（第七章）和国际灵活投资（第八章），其中以国际直接投资为重点，既剖析了国际直接投资的重要主体——跨国公司，也剖析了国际直接投资的金融支柱——跨国银行。

在第三篇管理篇（第九章至第十章）中，则涵盖了两方面的内容，一是国际投资风险管理（第九章），二是国际投资法律管理（第十章），旨在说明即使在其他条件相似时，国际投资绩效仍然千差万别的真正原因。

在第四篇国情篇（第十一章至第十二章）中，以上述理论框架为基础，既分析了中国的吸引外资情况（第十一章），也分析了中国的对外投资情况（第十二章）。

本书由山东大学经济学院国际经济与贸易系的专业教师、研究生和北京大学光华管理学院、北京师范大学经济学院的研究生共同编写而成。其中，綦建红进行整体设计、草拟写作提纲，并组织编写工作。各章执笔人分别为：綦建红（第一章、第三章）、杨春艳（第二章、

第十章）、杨颖（第四章、第五章和第八章的前两节）、邓蕊（第六章、第九章）、高培道（第七章）、王俊华（第八章的第三节）、周洁琼（第十一章和第十二章）。

由于作者水平所限，书中难免存在不足和疏漏之处，敬请广大读者批评斧正。

綦建红

于山东大学经济学院

2005 年 7 月

# 目  录

## 第一篇  理  论  篇

## 第二篇　方　式　篇

## 第四篇　国　情　篇

# 第一篇

## 理 论 篇

# 第一章　国际投资概述

> **知识要点**
>
> ✧ 国际投资的定义和分类；
> ✧ 国际投资的最新发展趋势；
> ✧ 国际投资对各国经济的影响。

## 第一节　国际投资的内涵

"国际投资"的定义目前尚未统一，这种状况与国际投资学作为一门新兴学科，其内容尚处在发展与探索过程中有关。人们普遍认为，国际投资（International Investment）是指以资本增值和生产力提高为目标的国际资本流动，是投资者将其资本投入国外进行的以盈利为目的的经济活动。

国际投资可以按照不同的标准予以分类。

### （一）按照投资主体，可分为国际公共（官方）投资和国际私人投资

国际公共（官方）投资（International Public Investment）是指一国政府或国际经济组织为了社会公共利益而进行的投资，一般带有国际援助的性质。例如，为了进行黄土高原的水土保持工作，世界银行向中国政府提供贷款 1 500 亿美元，这些资金连同国内匹配资金 8 600 亿元人民币，为有效减少入黄泥沙和水土流失、改善当地生态环境和促进区域经济可持续发展发挥了重要作用。

国际私人投资（International Private Investment）是指私人或私人企业以盈利为目的而进行的投资。以全球最大的饮料制造商可口可乐公司为例，自 1981 年可口可乐公司进军中国市场以来，中国不仅成为其全球 207 个市场中的第三大市场，而且是增长最快的主要市场之一。可口可乐公司为中国消费者提供超过 15 个品牌 50 多种口味的饮料选择，其系列产品在中国的每天享用量达到 1.4 亿杯。至 2017 年 8 月，可口可乐公司在中国建有 44 家装瓶厂，投资累计超过 130 亿美元，拥有员工超过 45 000 名，其中 99% 为本地员工。一般来说，国际私人直接投资在国际投资活动中占有主导地位，并将对一国的生产与流通、经济与政治、科技与社会产生全面而深远的影响，因而对世界经济的发展也起着举足轻重的作用。

> 📖 **专栏 1-1：可口可乐在中国的投资与发展**
>
> 早在20世纪20年代，可口可乐公司已进入中国。1927年可口可乐公司在上海建立中国第一家装瓶厂，到1933年上海厂成为美国海外最大的装瓶厂。1927年在天津、1930年在青岛也相继建立了装瓶厂。到1948年上海厂已成为美国境外第一家年产超过100万箱的装瓶厂。

1979年1月1日中美建交，恰逢中国对外开放。是年1月24日，3万箱可口可乐被运到广州、上海和北京的大商场和宾馆寄卖，标志着可口可乐重返中国。此后，可口可乐公司与中国有关部门积极接触，一步一步跻身中国。其过程大体可以分为以下三个阶段。

**第一阶段：特许灌装**

20世纪80年代初，中国对外商投资项目限制尚比较多。饮料项目还不在允许之列。可口可乐采取授权灌装的方式，在中国生产其产品。1981年，由可口可乐公司提供设备的第一个灌装车间在北京市丰台区建立。这一时期可口可乐公司在中国的发展是艰难的。既有各种物质方面的困难，也有中国民众认可可口可乐的社会方面的困难，是中外双方相互磨合的阶段。

**第二阶段：直接投资**

1983年中国政府批准可口可乐公司与澳门装瓶商李宝田先生的珠海企业合资，建立珠海可口可乐灌装厂。以此为标志，可口可乐公司开始在华直接投资。

"集中生产主剂，分散灌装饮料"是可口可乐公司的基本经营方式，在华投资建立灌装厂之后，可口可乐公司积极准备在华设立浓缩液厂。经过与中国合作者和政府有关部门磋商，可口可乐公司获准在上海与上海市上投实业有限公司等四家企业合资建立上海申美饮料食品有限公司。经过几次投资，到1998年，上海申美饮料食品有限公司的总投资额已经达到1.4亿美元，销售额已经超过20亿元人民币。无论投资规模还是销售额和利润额，这家企业均成为可口可乐在华投资项目中的第一名。1987年，可口可乐公司又获准与天津饮料厂等三家企业合资建立天津津美饮料有限公司。到1992年，可口可乐参与投资建立起13家合资企业。它们分布在广州、上海、北京、天津、厦门、大连、海口、杭州、珠海、南京等沿海地区。

**第三阶段：全面发展**

经过几年的合作，中国有关方面与可口可乐公司的相互理解也得到加强。伴随中国开放度加大，可口可乐公司决心向中国中西部推进自己的业务。

1993年可口可乐公司与原轻工业部签署合作备忘录，双方提出了一个基于"真诚合作、共同发展"原则的长期发展规划。根据这个规划，可口可乐公司在此后5年里再发展10家装瓶厂。与前期投资不同的是，这10家新装瓶厂多数分布在中国中西部中心城市，包括西安、武汉、沈阳、青岛、哈尔滨、太原、昆明、合肥、成都等地。目前，这10家装瓶厂多数已经建成投产。

2000年后，中粮可口可乐公司成立。在随后的17年中，可口可乐公司先后在中国东北地区的长春、营口、哈南工业新城，西部地区的兰州、乌鲁木齐、呼和浩特，东部地区的济南、石家庄、漯河、佛山，以及中部地区的重庆、武汉、南昌等各个地区投资建厂并正式生产。可口可乐公司在生产规模向全国扩张的同时，也致力于在中国打造一条集装瓶、运输、存储、人事、销售、营销各个环节的完整的供应链，并根据中国消费者的习惯生产"美汁源""零度可口可乐""芬达"等多样化产品，满足消费者多元化消费需求，充分体现品牌竞争力。至此可口可乐公司在华投资已经实现了从广州、北京、上海等"点"，发展到东部沿海一线，并由南向北、由东向西不断扩张，最终实现覆盖全国一片的发展历程。

资料来源：王志乐. 可口可乐在中国的投资与发展[J]. 中国外资，1998，10: 3-5；可口可乐（中国）官网.[EB/OL][2020-03-24] https://www.coca-cola.com.cn.

**（二）按照投资期限，可分为短期投资和长期投资**

按国际收支统计分类，一年以内的债权被称为短期投资（Short-term Investment），一年以上的债权、股票以及实物资产被称为长期投资（Long-term Investment）。此种分类的依据过于简单，且不能准确反映国际投资活动的实际情况。

### （三）按照投资形式与性质，可分为国际直接投资、国际间接投资和国际灵活投资

1. 国际直接投资

国际直接投资（Foreign Direct Investment，FDI）是以控制企业经营管理权为核心，以获取利润为目的的投资活动。其特征是投资者拥有对企业的经营管理权和控制权。直接投资不仅涉及货币资本的流动，而且带动商品及生产要素的转移。近年来，国际直接投资的规模和比重不断增加，形式也呈现出多样化的趋势，具体内容详见第四章。

2. 国际间接投资

国际间接投资（Foreign Indirect Investment，FII）是指发生在国际资本市场中的投资活动，包括国际信贷投资和国际证券投资。前者是指一国政府、银行或国际金融组织向第三国政府、银行、自然人或法人提供信贷资金；后者是指以购买外国股票和其他有价证券为内容，以实现货币增值为目标而进行的投资活动，具体内容详见第七章。

3. 国际灵活投资

国际灵活投资是指不同国家的当事人双方就某一共同参加的商品生产和流通业务达成协议，采取一些灵活方式进行的投资活动，因此被称作灵活投资。例如，国际租赁、国际信托投资、国际工程承包等。这些灵活投资行为，在国际投资领域中不像直接投资和间接投资那样属于纯粹的投资活动，而是与许多贸易活动紧密地联系在一起的，其投资行为和目的均隐含在商品或劳动的贸易活动之中，具体内容详见第八章。

## 第二节　国际投资的产生与发展

国际投资是商品经济发展到一定阶段，生产的社会分工国际化的产物。国际投资的起源可追溯到 19 世纪上半叶已基本完成的英国工业革命。一方面，英国的工业革命形成了国内相对过剩的资本；另一方面，由于对原材料及食品等的迫切需求而不得不大举对外投资。

按照国际投资的规模及方式，通常把国际投资的发展历程划分为以下几个阶段。

### 一、初始形成阶段（1914 年以前）

从投资规模米看，整个 19 世纪的国际投资规模不大，而且 1914 年以前的国际投资以私人对外投资形式为主，是国际间私人投资活动的"黄金时代"。到 1914 年止，各主要债权国的对外投资总额已超过 410 亿美元，其中多为私人对外投资。[①]私人对外投资占主导地位的原因主要在于：一方面，在 1914 年以前的较长的一段时期内，资本主义国家尚处在自由竞争的资本主义阶段，强调个人主义与政府的互不干涉，所以当时的私人对外投资很少受到政府人为的限制与阻碍；另一方面，由于国际上通行金本位制，使汇率波动所能带来的风险和损失降到最低限度。

---

① BUCHANAN NS, LUTA FA. Rebuilding the World Economy[M]. New York: Twentieth Century Fund, 1947: 156.

从投资格局来看，这一时期，英国、法国和德国是国际间的最大对外投资国，荷兰与瑞士也是重要的国际资本来源地。据统计，到 1913 年，英国的国际投资总额已达 40 亿英镑，相当于当时英国国民财富总额的 1/4，占当时世界国际投资总额的一半。法国和德国同期的资本输出总额占国民生产总值的 2%～3%。到 1914 年，英国、法国、德国、日本等主要资本主义国家对外投资总额已达 440 亿美元。[①]美国随着本国工业化和经济的发展，19 世纪末开始对外投资，到 1914 年，其对外投资额为 35 亿美元，而在美国的外国投资额达 72 亿美元，为净债务国。

从投资流向来看，19 世纪初期，英国的对外投资多投向欧洲大陆；1870 年以后，英国的对外投资主要流向农产品和原料的重要产地，尤其是美国、澳大利亚、加拿大、阿根廷和新西兰。法国和德国到 19 世纪末才开始对外投资。法国的对外投资受政治因素的影响，主要流向俄国、东欧和北欧的一些国家，德国对外投资主要集中在中欧、东欧的一些国家。

从投资行业来看，这时国际投资的行业重心在于英、法、德、美等发达国家对殖民地殖民国的初级产品产业投资，投向集中在铁路运输、矿物采掘、石油开采和热带植物种植等基础部门，对制造业的投资很少。

从投资形式来看，这个时期国际直接投资只占国际投资总额的 10%左右，其余的 90%是间接投资。[②]以当时主要的国际投资输出国英国和法国为例，1913 年占全球投资金额一半左右的英国，其 70.5%的对外投资为证券投资；法国也是以债券资本输出为主，故而有"高利贷帝国主义"之称。

## 二、低迷徘徊阶段（两次世界大战期间）

第一次世界大战给国际投资的格局带来了重大变化。美国从一个国际净债务国变成最大的债权国，至 1919 年，美国已从 1914 年债务约 37 亿美元的债务国变成债权总额为 37 亿美元的债权国。与之形成鲜明对比的是，英国与法国由于大量借款和削减对外投资，加之在国外投资的贬值，在第一次世界大战结束时已大大削弱了其债权国的地位，德国由于支付战争费用、在协约国的投资被没收以及在其他地区投资的贬值，使其由债权国沦为一个净债务国。因此，第一次世界大战后，新的长期国际资本的主要来源地由英国转移到美国。战后第一个 10 年，美国借出的长期贷款主要有两个流向：一是对昔日的国际债权国的巨额贷款（几乎都是欧洲国家），帮助其用于战争的救济和经济复兴；二是专为经济扩张而进行的贷款。

然而，从 1930 年开始，由于全球经济发展萎缩，通货紧缩，国际贸易量锐减，国际货币机构的解体、贸易保护与外汇管制政策的实施以及政治的动荡不安等，均导致新的国际投资的中止，未清偿的贷款不再履行义务，出现了国际性的经济危机。在 1929—1933 年世界经济大危机期间，主要工业国的工业总产量下降了 17%，世界贸易额下降了 25%。就在这场"大萧条"尚未完全渡过难关之际，第二次世界大战爆发，国际投资受到了严重的影响，发展十分低迷。到 1945 年战争结束时，主要国家的对外投资总额已经下降为 380 亿美元。[③]图 1-1

---

① 孔淑红，梁明. 国际投资学[M]. 北京：对外经济贸易大学出版社，2001：51.

② 王东京. 国际投资论[M]. 北京：中国经济出版社，1993：137.

③ 张中华，李荷君. 国际投资理论与实务[M]. 北京：中国财政经济出版社，1995：17.

表明了 1919—1939 年美国对外投资净值不断下降的变化趋势。因此，两次世界大战期间是国际投资缓慢发展、低迷徘徊的阶段。

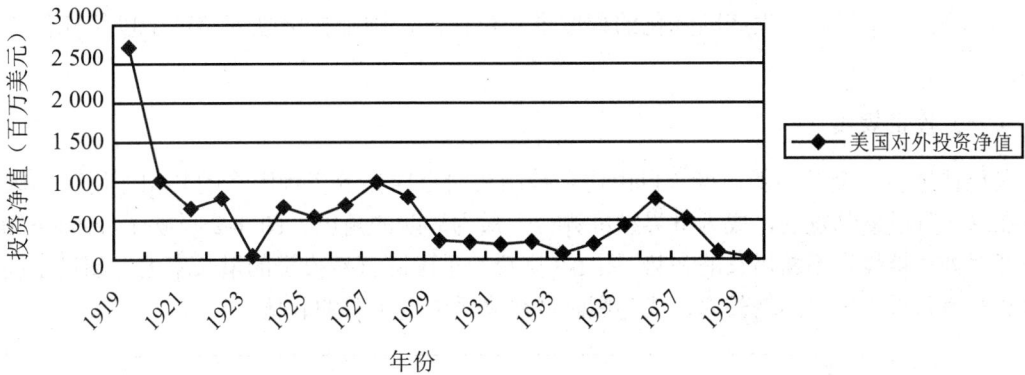

图 1-1　1919—1939 年美国对外投资净值的变化

资料来源：任淮秀. 国际投资学[M]. 北京：中国人民大学出版社，1993：16.

与此同时，本阶段的国际投资方式依然以间接投资为主。例如，1920 年美国私人海外投资的 60%为证券投资；1930 年英国对外投资的 88%为间接投资。[①]

## 三、恢复增长阶段（"二战"后至 20 世纪 60 年代末）

这一阶段是国际投资恢复增长的阶段。第二次世界大战以后，除美国外，各参战国的经济惨遭破坏，美国乘机向外扩张，对外投资的规模迅速扩大。1946—1965 年，根据著名的"马歇尔计划"，美国对外贷款与赠与（军事援助除外）总额达 840 亿美元，遥遥领先于其他国家，因此这个时期也是美国在国际投资舞台上一枝独秀的时期。

表 1-1　1956—1965 年美国私人对外投资净值

单位：百万美元

| | 1946—1955年平均 | 1956 年 | 1958 年 | 1960 年 | 1964 年 | 1965 年 |
|---|---|---|---|---|---|---|
| 直接投资 | | | | | | |
| 新投资 | 652 | 1 938 | 1 181 | 1 694 | 2 416 | 3 371 |
| 再投资 | 613 | 974 | 945 | 1 266 | 1 431 | 1 525 |
| 合　计 | 1 265 | 2 912 | 2 126 | 2 960 | 3 847 | 4 896 |
| 证券投资 | 163 | 634 | 1 444 | 850 | 1 961 | 1 080 |
| 总　计 | 1 428 | 3 546 | 3 570 | 3 810 | 5 808 | 5 976 |

资料来源：U.S. Department of Commerce, *Survey of Current Business*, Various issues.

与此同时，这个时期的投资方式也有了较大变化，形成了以直接投资占主导地位的格局。据统计，国际直接投资从 1945 年的 200 亿美元增至 1978 年的 3 693 亿美元，占国际投资总额的比重由 39.2%上升到 61.6%。如表 1-1 所示，在 1965 年的美国私人对外投资中，直接投资占到了 80%以上。

---

[①] 中国社会科学院世界经济与政治研究所世界经济年鉴编辑部. 世界经济统计简编[M]. 上海：三联书店，1974：356.

## 四、迅猛发展阶段（20 世纪 70 年代至 2000 年）

20 世纪 70 年代后，生产国际化的程度进一步提高，国际投资规模超过了以往任何一个时期。

### （一）投资规模

在科技进步、金融创新、投资自由化和跨国公司全球化等多种因素的共同作用下，国际投资在这一阶段蓬勃发展，成为世界经济舞台上最为活跃的角色。图 1-2 反映了 1991—2000 年全球对外直接投资不断增长的态势。图 1-3 则反映了国际直接投资的增长率大大超过了同期世界总产值和世界出口的增长率，成为国际经济联系中更主要的载体。

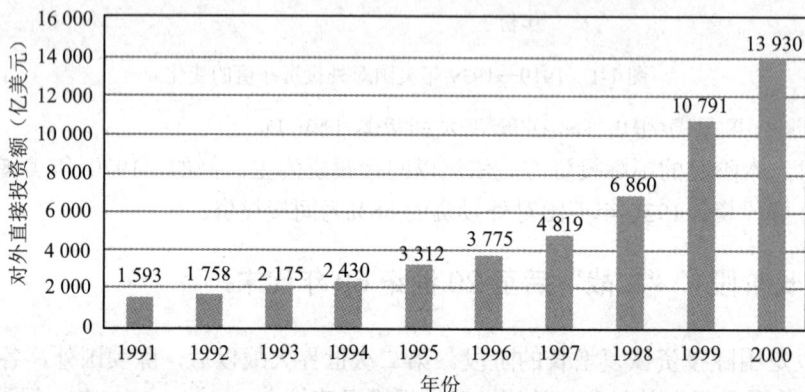

图 1-2　1991—2000 年全球对外直接投资走势

资料来源：联合国贸发会议. 2003 年世界投资报告.

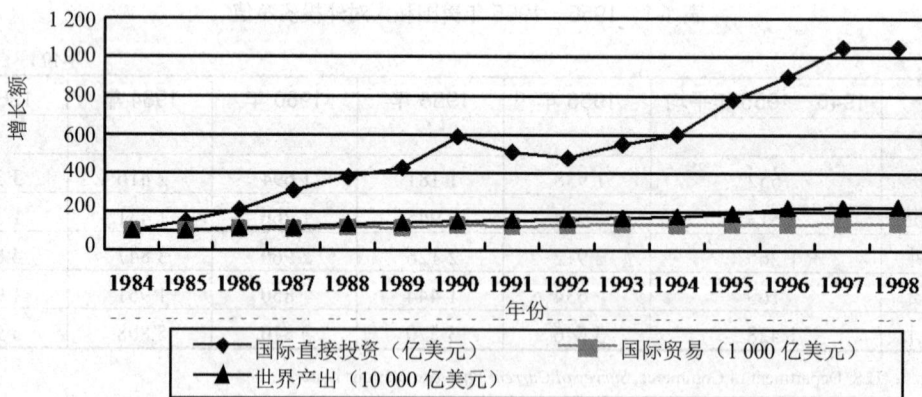

图 1-3　1984—1998 年国际直接投资、国际贸易和世界产出的增长

资料来源：联合国贸发会议. 2003 年世界投资报告.

### （二）投资格局

1．"大三角"国家对外投资集聚化

美国在第二次世界大战后一直在国际投资中处于绝对的主导地位。1970 年美国的海外资产为 1 654 亿美元，1988 年已达 12 537 亿美元，比 1970 年增长了 6.6 倍。同期外国在美国的资产由 1 069 亿美元增长到 17 862 亿美元，增长 15.7 倍。但是，由于 1985 年美国引进外资的余额超过其对外投资余额，由世界最大的债权国变为债务国，丧失了长达 67 年之久的债权国地位。尽管如此，从 20 世纪 70 年代起一直到 2000 年，美国始终是国际投资领域中的佼佼者。2000 年，美国吸引外来直接投资 2 811.2 亿美元，是世界上吸引外资最多的国家，对外直接投资 1 392.6 亿美元，仅次于英、法两国，在世界上排名第三位。如图 1-4（a）所示。

日本作为第二次世界大战后经济发展的后起之秀，加速了对外直接投资，在国际投资领域的地位日益提高，1968 年年底日本在国外的净资产仅为 3 亿美元，但是到 1980 年年底，日本对外直接投资余额为 365.2 亿美元，已成为世界第四大对外投资国。不仅如此，就在美国成为世界最大的债务国的同时，日本一跃成为世界上最大的债权国，到 1985 年，日本的净债权已高达 1 300 亿美元。但是，20 世纪 90 年代中期以后，随着日本泡沫经济的破灭和经济发展的不景气，日本的国际投资地位受到了很大的影响和动摇。2000 年，日本吸引直接投资和对外直接投资分别为 81.9 亿美元和 328.9 亿美元，与美国和欧盟的强势地位形成了鲜明对比。如图 1-4（b）所示。

20 世纪 80 年代后，西欧各国对外投资增长在国际投资领域也扮演着重要的角色，不仅增长速度很快，而且其中的英、法、德等国在国际投资舞台上发挥了越来越重要的作用。2000 年，英、法、德三国吸引外来直接投资分别为 1 304.3 亿美元、441.5 亿美元和 1 760.6 亿美元，而对外直接投资则分别为 2 497.9 亿美元、1 724.8 亿美元和 485.6 亿美元。如图 1-4（c）所示为英国的国际投资规模。

至此，美国、日本和西欧三足鼎立的"大三角"国际投资格局得以形成。不仅如此，"大三角"国家和发展中国家相比，在对外投资领域显示出绝对主导地位。

2. 发达国家之间的相互投资不断增加

自 20 世纪 80 年代以来，发达国家间的相互投资（也称交叉投资）不断增加，不仅在国际资本流动中占据 2/3 的比重，成为国际投资的主体，而且在全球直接投资中占有更加重要的地位，形成了明显的以德国为中心的欧盟圈、以美国为中心的北美圈和以日本为中心的亚洲圈，占据了发达国家之间资本输入的 93% 和资本输出的 91%。①

一方面，"大三角"内部的国际直接投资比重较大。在欧洲圈中，1992 年欧盟内部成员国之间的相互投资量占其对外直接投资总量的 72%。1995 年以后由于欧盟成员国的增加，新成员国和原成员国经历一段时间的调整期，这期间欧盟内部成员国之间相互投资比例有所下降，但到了 1999 年，成员国间的相互投资达到了 3 180 亿欧元，2000 年又增加到 4 360 亿欧元，占欧盟对外直接投资总量的 60% 以上；在北美圈中，主要是美国和加拿大两国间的直接投资异常活跃，1993 年加拿大吸收的外来直接投资总额中有 2/3 来自美国，1996 年美国对外直接投资总量中有 9.4% 投向加拿大；在亚洲圈中，不同国家之间的交叉投资成为该地区吸收外资的重要组成部分，1990—1992 年，东南亚联盟国家吸收外来 FDI 的总量中有 25% 来自本地区内新兴工业化国家或地区，到 1993—1994 年这一比率增加到 40%。而在亚洲国家的 FDI 总流量中，绝大部分集中在日本、中国（包括香港和台湾地区）、韩国和新加坡等几个国家。②

---

① 陈宝森. 新世纪跨国公司的走势及其全球影响[J]. 世界经济与政治，2008，8：6.

② 陈嘉霖. 浅析国际投资发展新趋势下中国国际投资面临的挑战[EB/OL]. （2006-06-30）[2015-04-22]. http://www.chinaacc.com/new/287/293/346/2006/6/sh649241433103660024396: 0. htm.

（a）美国

（b）日本

（c）英国

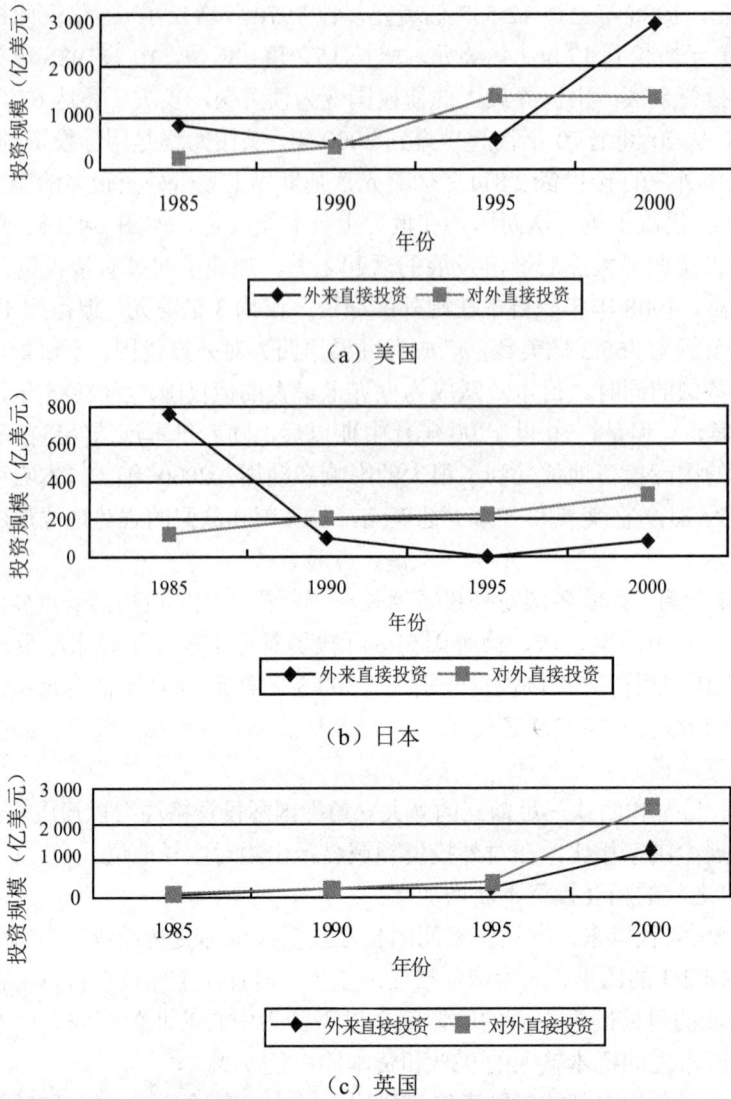

图 1-4  1985—2000 年"大三角"国家的国际投资规模

资料来源：联合国贸发会议相关年度的《世界投资报告》。

　　另一方面，"大三角"国家之间的相互投资也十分活跃。从绝对美元数额看，作为最大的 FDI 接受国，美国的 FDI 主要来自日本、英国、法国、德国以及荷兰的投资。英国、法国吸引外国投资主要来自美国和日本。1996 年美国吸收外来直接投资 846 亿美元，其中 2/3 来自欧盟国家，对外直接投资中 43% 流向了欧盟各国；日本的对外投资大都流向亚洲发展中国家（或地区）和美国，对欧盟的投资由于经济衰退相对有所减少，由 1990 年的 70 亿美元跌至 1996 年的 20 亿美元。据联合国贸发会议资料统计，1998—2000 年，以美国、日本和欧盟三极所主导的国际直接投资占全球对外直接投资流入总量的 75% 和流出总量的 85%。

　　由于美国、欧盟和日本三个经济体在世界经济中占有举足轻重的地位，从事国际投资研究的学者普遍认为在未来十年内，全球对外直接投资的"大三角"格局还会继续存在，并会得到一定程度的加强。

**专栏 1-2：发达国家相互投资的原因分析**

就外部原因而言，一是区域经济一体化的推动。由区域经济集团的发展导致的区域经济一体化，旨在通过削减关税、取消限制，使商品乃至生产要素在区域内自由流动，在一定范围内克服市场不完全的消极影响，以提高资源的有效配置。区域经济一体化的发展必然对投资一体化有促进作用：一方面，区域经济一体化成员间的关税同盟或类似协定造成"贸易转移"，使区外企业产品进入区内市场变得困难，这样会有大量非成员的直接投资涌入区内，形成"投资创造"效应；另一方面，作为区域经济一体化的直接成果，国家之间贸易壁垒的消除和交易规则的统一带来了交易空间扩大和交易成本下降，从而区内的企业可对该地区的生产经营活动重新布局，更有效地配置资源以实现规模经济和专业化，这也有引致投资的作用，称为"投资转移"。综观当前世界区域经济一体化的发展状况，影响较大的区域经济集团，如欧盟、北美自由贸易区等主要成员均为发达国家，它们拥有大批跨国公司且对投资目标国形势的变化十分敏感，而许多发展中国家参与经济一体化组织的基础仍比较薄弱，因此难以充分享受区域经济一体化对对外直接投资的促进作用。所以"投资创造"和"投资转移"效应更为明显地体现在发达国家中，使发达国家之间的对外直接投资对流发展迅速。二是发达国家东道国投资环境的吸引。发达国家经济发展水平普遍较高，拥有世界上最先进的生产力和人力资源，拥有健全的基础设施和居住商务环境；市场机制灵活完善，在贸易、金融和投资领域积极开放；尤其是对外资的进出限制较少，提供非歧视的国民待遇和财政、税收、金融以及信息服务等多方面的优惠。得益于这些资源和优势的集中，发达国家吸引了大量"效率导向型"的外国直接投资，并由此产生"群集经济"，进一步强化了外资吸引力，从而成为外国直接投资的主要流入地区。

就内部原因而言，一是受跨国公司全球战略的影响。从最初的雏形发展到现在，跨国公司的经营战略不断演变和深化，经历了多国国内战略、简单一体化战略到复合一体化战略的转变，即将企业的采购、生产和销售等活动按照最有利的区位分布于世界各地，使每个分支机构及其所联系的企业在职能专门化的前提下统一成一个一体化的网络，使分散在各地的生产、销售以及研发等服务于母公司的全球战略，最终使企业整体获得利润最大化。在这个意义上，投资于发达国家必然是全球战略中的一个环节。二是跨国公司寻求竞争优势动机的驱使。面对日益加剧的全球竞争，跨国公司必须不断地寻求、重构新的竞争优势，才能在全球范围内维持竞争力并确保战略目标实现。然而，高昂的研发费用、人才短缺和资源有限使越来越多跨国公司深感难以单独在激烈的竞争中生存和发展，只有走联合的道路，共同研发新技术和新产品、共同分享资源、共担风险、共享利益，才能实现双方或多方的共赢。于是并购成为当前跨国公司获取竞争优势的一种主要途径，并集中发生在发达国家的跨国公司之间，引发了发达国家大规模的国际直接投资对流。

资料来源：王晓曦. 跨国公司主导下的发达国家相互直接投资研究[J]. 经济师, 2003, 5: 71-72.

3. 发展中国家在吸引外资的同时，也走上了对外投资的舞台

就吸引外资而言，拉美国家是吸收外国投资较早、较多的国家，主要西方国家对拉美国家的直接投资 1950 年为 77 亿美元，1980 年增至 625 亿美元，增长 7.1 倍。1965—1969 年，拉美和加勒比海地区外国直接投资的年平均流入量为 80 亿美元，1970—1974 年为 140 亿美元，1975—1979 年为 340 亿美元，1980—1983 年为 670 亿美元，1985 年为 805 亿美元，掀起了发

展中国家吸引外国投资的第一次高潮。[1]20 世纪 80 年代中期以后，由于这一地区成为发展中国家债务危机的始作俑者，吸引外国投资一落千丈。但自 20 世纪 90 年代以后，这一地区再次成为吸引外国直接投资较多的地区，如图 1-5 所示。

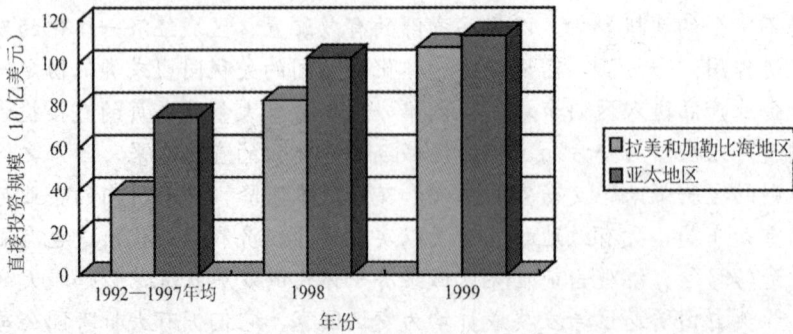

图 1-5　1992—1999 年发展中国家（地区）吸引直接投资的规模

资料来源：联合国贸发会议. 2004 年世界投资报告：转向服务业，附件表 B.1 和附件表 B.2.

亚洲的新加坡、韩国等国家和中国的香港和台湾地区也不断吸收外国投资、引进先进技术，不仅使外资成为其经济发展的重要因素，而且在 20 世纪 80 年代中期之后掀起了发展中国家吸引外资的第二次高潮。其中新加坡吸收的外国投资最多，1965—1975 年平均每年 1.49 亿美元，1976—1980 年平均每年 3.87 亿美元，1980 年达 5.6 亿美元，1983 年上升至 8.05 亿美元。韩国从 1962 年起实行经济发展计划，第一个五年计划接受外国投资 3.09 亿美元，第二个五年计划增至 22.62 亿美元，第三个五年计划为 59.84 亿美元，第四个五年计划高达 135.8 亿美元。[2]进入 20 世纪 90 年代，亚太地区继续在发展中国家中扮演着吸引外资的重要角色，并逐渐形成了与拉美和加勒比海地区齐头并进的态势（见图 1-5）。其中，1992 年之后，中国掀起了发展中国家吸引外国投资的第三次高潮，具体内容详见第十一章。

就对外投资而言，一些发展中国家在积极吸收外国投资的同时，纷纷开展对外投资，如图 1-6 所示。这些发展中国家，一些是石油输出国组织成员国，如沙特阿拉伯、科威特和阿联酋等；另外一些是经济发展较快的发展中国家和地区，如一些拉美国家和亚洲的韩国、中国的台湾和香港地区等。

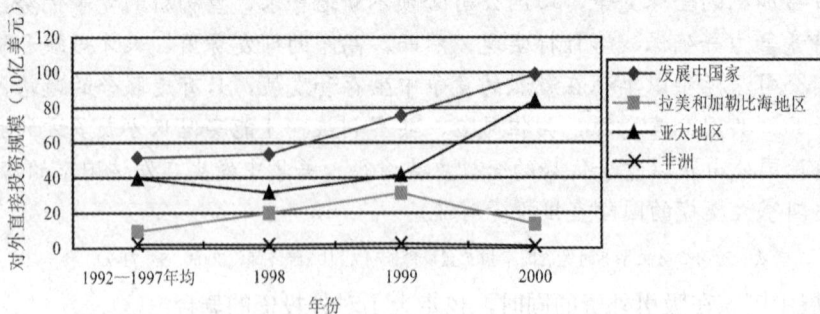

图 1-6　1992—2000 年发展中国家（地区）的对外直接投资

资料来源：联合国贸发会议. 2004 年世界投资报告：转向服务业，附件表 B.1 和附件表 B.2.

---

① 任淮秀，汪昌云. 国际投资学[M]. 北京：中国人民大学出版社，1993：22.
② 任淮秀，汪昌云. 国际投资学[M]. 北京：中国人民大学出版社，1993：22-23.

### （三）投资方式

20 世纪 80 年代以来，国际投资的发展出现了直接投资与间接投资齐头并进的发展局面。据世界银行统计，1989—1999 年，全球国际投资流量总额占 GDP 的比重从 8.5% 提高到 18.3%，其中，国际直接投资出 2.0% 提高到 4.6%，国际间接投资由 6.5% 提高到了 13.7%。[①]

### （四）投资行业

第二次世界大战后，国际直接投资的行业重点进一步转向第二产业。各发达国家纷纷增加了制造业的对外投资，如美国在制造业的对外投资比重不断上升：1938 年为 25%，1950 年为 32.5%，1960 年为 34.7%，1970 年为 41.3%，1980 年为 41.7%，1985 年为 44%。这些发达国家对制造业的投资主要集中在电子、飞机制造、计算机、汽车、化学、机械、仪器仪表、制药、石油化工等高新技术行业。

20 世纪 80 年代中期以来，国际投资的行业分布转向了第三产业——服务业。20 世纪 70 年代初期，国际直接投资存量中只有 25% 投向服务业，而到了 20 世纪 90 年代，这一比例已增加到 55% 左右。5 个主要发达国家的对外直接投资存量中第三产业所占的比重都有大幅上升。美国从 1985 年的 41% 增加到 1992 年的 51%，英国从 1984 年的 35% 增加到 1991 年的 46%，法国从 1987 年的 46% 上升到 1991 年的 47%，德国从 1985 年的 53% 上升到 1992 年的 59%，日本从 1985 年的 52% 上升到 1993 年的 66%。[②]

## 五、调量整理阶段（2001 年以来）

### （一）投资规模

自 2001 年以来，国际投资规模跌宕起伏，大起大落，始终处于调量整理阶段，如图 1-7 所示。

21 世纪之初，因全球大部分地区经济增长放慢，复苏前景不乐观，国际直接投资规模连续几年呈不断下降的趋势。相关年份的《世界投资报告》显示，2002 年全球外国直接投资总额仅有 5 900 亿美元，只有创纪录的 2000 年数量的一半，流入量也降至 1998 年以来的最低点。2003 年的全球外国直接投资流入量更是进一步跌至 5 510 亿美元，处于 21 世纪初的最低水平。

但是，进入 2004 年之后全球外国直接投资流入量出现反弹，连续 4 年出现增长。2007 年，这一数字达到 18 910 亿美元，远远高于 2000 年创造的最高纪录，反映出全球强劲的经济表现。无论是在发达国家，还是在发展中国家和东南欧等转型期经济体，外国直接投资的流入都出现了增长。其中，发达国家的外国直接投资流入量达到了 12 820 亿美元，增幅远高于前 3 年；发展中国家和转型期经济体则达到了其历史最高水平，分别为 5 220 亿美元和 860 亿美元。

然而，这种良好的发展势头因为 2008 年金融危机的严重影响戛然而止。2008 年，全球外国直接投资从 2007 年的历史最高水平下降到 14 810 亿美元，2009 年继续降至 11 720 亿美元，比 2008 年减少了 21%。在经历了 2010 年、2011 年两年的小幅回升后，受全球经济脆弱性和政策不确定性的影响，2012 年全球直接外资流入量再次下降，降至 14 700 亿美元；2013 年和 2014 年也分别小幅降至 14 310 亿美元和 13 570 亿美元。

---

① 杨大楷. 国际投资学[M]. 3 版. 上海：上海财经大学出版社，2003：10.

② 孔淑红，梁明. 国际投资学[M]. 北京：对外经济贸易大学出版社，2001：63.

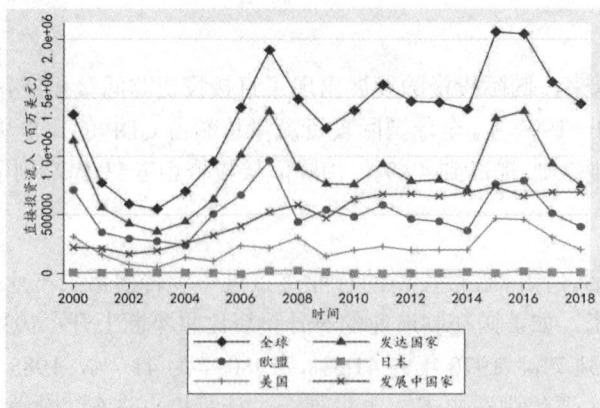

（a）直接投资流入量

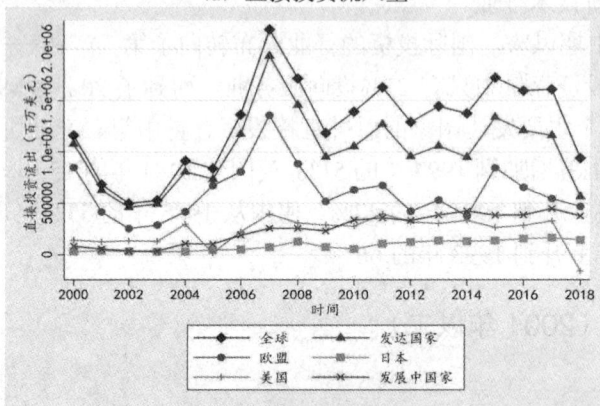

（b）直接投资流出量

图 1-7　2000—2018 年全球和部分地区国际直接投资规模变化

资料来源：联合国贸发会议外国直接投资/多国企业数据库（www.unctad.org/fdistatistics）.

2015 年，由于跨境并购呈现大幅增长态势，全球外国直接投资强劲复苏，流量跃升了约 50%，达到 20 340 亿美元，创历史新高。然而，2016 年全球外国直接投资失去了增长动力，流量降至 19 190 亿美元；2017 年降至 14 970 亿美元，2018 年呈现三年连降态势，但是发展中国家在全球外国直接投资流入量中所占份额上升至 55%，创历史新高。由此可见，后危机时代的国际直接投资仍然处于不断的调量整理阶段。

**（二）投资分布**

有迹象表明，随着新的重要东道国和母国经济体的出现，外国直接投资的地理分布正在改变。来自发展中国家和转型期经济体的外国直接投资的上升，以及"南南"之间的合作外国直接投资的增长，是近年来出现的主要趋势。2008 年金融危机给全球的经济体都带来了冲击，但是发展中和转型期经济体的危机抵御能力强于发达国家，其吸收外资流入量的数值相较于前几年虽略有回落，但在近三年中吸收外资流入量整体保持稳定增长，在全球外国直接投资流入量中所占的份额也持续上升。如表 1-2 所示，2016 年和 2017 年发展中经济体吸收的外国直接投资分别达到世界份额的 34.2% 和 46.1%，而 2018 年的份额比例更是超过了全球直接外资流入量的一半，并在近三年中实现新高，达到了 7 060 亿美元。

表 1-2 2016—2018 年按区域分列的直接外资流量

单位：10 亿美元

| 区 域 | 直接外资流入量 | | | 直接外资流出量 | | |
|---|---|---|---|---|---|---|
| | 2016 年 | 2017 年 | 2018 年 | 2016 年 | 2017 年 | 2018 年 |
| 全球 | 1 919 | 1 497 | 1 297 | 1 550 | 1 425 | 1 014 |
| 发达经济体 | 1 198 | 759 | 557 | 1 105 | 925 | 558 |
| 发展中经济体 | 656 | 690 | 706 | 420 | 462 | 418 |
| 转型经济体 | 65 | 48 | 34 | 25 | 38 | 38 |
| 占世界直接外资流量的比例（%） | | | | | | |
| 发达经济体 | 62.4 | 50.7 | 42.9 | 71.3 | 64.9 | 55.0 |
| 发展中经济体 | 34.2 | 46.1 | 54.4 | 27.1 | 32.4 | 41.2 |
| 结构弱小的经济体 | 3.4 | 3.2 | 2, 6 | 1.6 | 2.67 | 3.7 |

资料来源：联合国贸发会议外国直接投资/多国企业数据库（www.unctad.org/fdistatistics）。

## 专栏 1-3：发展中国家对外直接投资的特征分析

21 世纪以来，发展中国家对外直接投资最直观的特征就是发展迅猛。表 1-3 显示了 2005 年以来发展中经济体对外直接投资发展的情况。2018 年，发展中经济体对外投资达到了 4 176 亿美元，占全球对外投资流出量的比重高达 41.2%。

表 1-3 2005—2018 年发展中经济体对外直接投资流出量

单位：10 亿美元

| 区 域 | 2005 年 | 2007 年 | 2009 年 | 2011 年 | 2013 年 | 2015 年 | 2016 年 | 2017 年 | 2018 年 |
|---|---|---|---|---|---|---|---|---|---|
| 非洲 | 2.1 | 10.9 | 6.5 | 5.3 | 11.1 | 9.7 | 9.5 | 13.3 | 9.8 |
| 拉美和加勒比 | 18.8 | 24.4 | 14.9 | 53.3 | 34.7 | 24.9 | 11.1 | 36.4 | 6.5 |
| 亚洲 | 89.5 | 239.9 | 222.7 | 321.4 | 362.7 | 372.6 | 399.1 | 411.9 | 401.5 |
| 东亚 | 53.7 | 123.6 | 139.1 | 213.6 | 232.9 | 255.2 | 302.7 | 290.8 | 271.5 |
| 东南亚 | 20.1 | 64.5 | 49.6 | 64.3 | 81.9 | 69.0 | 50.1 | 70.8 | 69.6 |
| 发展中经济体 | 110.5 | 275.3 | 244.1 | 380.1 | 408.7 | 407.0 | 419.9 | 461.7 | 417.6 |
| 世界 | 833.0 | 2 168.3 | 1 098.5 | 1 564.5 | 1 376.6 | 1 682.6 | 1 550.1 | 1 425.4 | 1 014.2 |
| 发展中经济体比重 | 13.3% | 12.7% | 22.2% | 24.3% | 29.7% | 24.2% | 27.1% | 32.4% | 41.2% |

资料来源：UNCTAD 数据库。

21 世纪以来，发展中国家对外投资发展的第二个显著特点是从单纯绿地投资向跨国并购转变，其目的在于寻求垄断优势和核心竞争力。20 世纪 90 年代，发展中国家对外投资多以较为初级的绿地投资形式进行，且主要是发展中国家之间的相互投资。进入 21 世纪以来，发展中经济体通过跨国并购向海外进军的步伐明显加快，包括到发达国家进行跨国并购，收购发达国家的企业。1990—2013 年来自发展中国家的跨国并购净售出金额在全球跨国并购净售出金额中的份额从 10.7% 上升到 32.4%。其中，2006 年、2007 年，发展中国家跨国并购走上高峰；2008 年由于全球金融危机的发生，尽管全球跨境并购大幅度下滑，但是发展中国家在全部跨境并购中所占的比重却分别从 2006 年、2007 年的 16%、13% 上升到 2008 年的 18%。这表明，2008 年的金融危机重创了全球跨境并购的发展，但发展中国家所受的影响小于发达国家。2018年，发展中国家和转型经济体净跨国并购销售额稳定在1 270亿美元，在全球跨国并购的金额中所占比例达到了历史最高水平41.2%。

发展中国家对外投资发展的第三个显著特点是投资的多样性和投资动因的复杂性。通常发达国家的跨国公司利用技术、品牌和知识产权等优势进行投资；而发展中国家的跨国公司常常缺乏明显的垄断优势，呈现出复杂性和多样性，即对有些跨国公司来说，有可能利用相对优势到其他发展中国家投资；有些跨国公司则希望通过到发达国家投资并购学习和获取发达国家的技术、知识、品牌、设备、人才等有形或无形资产；还有些企业依靠政府的支持以及依赖文化和关系构成的优势进行投资。此外，还有两个因素推动发展中国家跨国公司走向国外：一是许多发展中大国（如中国和印度）的快速增长使它们担忧关键资源和经济增长的投入会出现短缺，因而展开对自然资源和能源的海外投资；二是发展中国家的跨国公司越来越意识到自己是在全球经济而不是在本国经济内活动，因此，对国际化抱有强烈愿望。

资料来源：王跃生. 发展中国家对外直接投资：新特征与新思考[J]. 中国市场，2010，37: 28-34. 作者据此进行了相应的数据更新。

### （三）投资业绩

《世界投资报告》自 2004 年首次采用联合国贸发会议提出的直接外资吸引力指数来衡量经济体吸引直接外资的成功程度，该指数的计算公式为直接外资总流入量占国内生产总值的比例。

据《2012 年世界投资报告》资料显示，在世界所有国家和地区的直接外资吸引力指数排名中，有 8 个发展中经济体和转型经济体位列前 10 名，而 10 年前只有 4 个。2011 年，蒙古首次跻身前列。而前 10 名之外，有许多国家排名大幅上升，包括加纳（第 16 位）、莫桑比克（第 21 位）和尼日利亚（第 23 位）。将直接外资吸引力指数与联合国贸发会议的另一个指数——直接外资潜力指数相比，包括阿尔巴尼亚、柬埔寨、马达加斯加和蒙古在内的不少发展中经济体和转型经济体已设法吸引了比预期更多的直接外资。

《2012 年世界投资报告》还出台了直接外资贡献指数，即根据直接外资和外国子公司对经济的重要性，从增值、就业、工资、税收、出口、研究和开发（研发）支出，以及资本形成等方面，比如外国子公司的员工人数占各国正式就业总人数的比例，对经济体进行排名。这些变量是衡量直接外资经济影响的最重要的指标。指数显示，2011 年从直接外资中受益最大的东道国经济体是匈牙利，随后是比利时和捷克共和国。贸发会议直接外资贡献指数显示，在发展中国家，外国子公司对当地经济体在增值、就业、创造出口和研发支出方面的贡献相对较大，非洲尤为如此。

如图 1-8 所示，将直接外资贡献指数同直接外资占比（直接外资存量占国内生产总值的比重）相比较，显示出其中若干发展中经济体和转型经济体"每单位直接外资"所产生的经济发展影响更大，这些经济体包括阿根廷、多民族玻利维亚国、哥伦比亚和意大利，受影响相对较小的有巴西、中国和罗马尼亚。而在其他一些经济体，直接外资的贡献似乎低于根据该国直接外资存量预计的水平，如保加利亚、智利和牙买加。后一群体中还有不少经济体主要是因为财政制度而吸引了很多外资，但外资并未对国内经济产生相应的影响。

| 高　直接外资贡献指数　低 | 第四四等分 | 第三四等分 | 第二四等分 | 第一四等分 |
|---|---|---|---|---|
| 第一四等分 | | 玻利维亚、哥伦比亚、芬兰、南非<br><br>（超出预期） | 柬埔寨、马来西亚、波兰、罗马尼亚、泰国、英国 | 比利时、捷克、爱沙尼亚、中国香港、匈牙利、爱尔兰、巴拿马、新加坡、瑞士、瑞典<br>（与预期持平） |
| 第二四等分 | 阿根廷、德国、意大利<br><br>（超出预期） | 巴西、多米尼加共和国、法国、斯洛文尼亚 | 波黑、哥斯达黎加、克罗地亚、丹麦、洪都拉斯、哈萨克斯坦、摩洛哥、挪威、葡萄牙<br>（与预期持平） | 塞浦路斯、荷兰、特立尼达和多巴哥 |
| 第三四等分 | 中国、厄瓜多尔、危地马拉、印度尼西亚、斯里兰卡 | 澳大利亚、奥地利、加拿大、埃及、立陶宛、秘鲁、阿拉伯联合酋长国、乌拉圭<br>（与预期持平） | 拉脱维亚、新西兰、西班牙、乌克兰 | 保加利亚、智利、牙买加<br><br>（低于预期） |
| 第四四等分 | 阿尔及利亚、希腊、印度、日本、肯尼亚、韩国、巴拉圭、菲律宾、中国台湾、土耳其、美国、委内瑞拉<br>（与预期持平） | 以色列、墨西哥、俄罗斯、沙特阿拉伯 | | 巴哈马、巴巴多斯、百慕大、卢森堡<br><br>（低于预期） |
| | 第四四等分 | 第三四等分 | 第二四等分 | 第一四等分 |

低　　　　直接外资占比　　　　高

图 1-8　2011 年直接外资贡献指数与直接外资占比情况比较（按四等分排列）

资料来源：联合国贸发会议. 2012 年世界投资报告。

### （四）投资行业

外国直接投资的结构已转向服务业。早在 20 世纪 70 年代初期，服务业部门的外国直接投资存量仅占全球直接投资存量的 25%；1990 年这一比例还不到 50%；而 2002 年，已上升到 60%，为 4 万亿美元；同期，初级部门的外国直接投资存量占全世界外国直接投资存量的比例由 9% 下降到 6%，而制造业降幅更大，由 42% 降至 34%。截至 2015 年，与制造业和初级部门分别占 26% 和 6% 形成鲜明对比的是，约 2/3 的全球直接投资存量集中在服务业部门。但是，在第四次工业革命开端之际，以发达国家为首提出"再工业化"战略，通过在高新技术领域采取产业扶持的战略以扩大自身的优势，从而促使制造业在全球对外直接投资行业中的占比不断攀升，服务业占比所有滑落，并在 2016 年跌至 51%。

在服务业部门中，接受外国直接投资最多的是金融、商业活动、贸易和电信。在制造业部门中，化工产品、食品与饮料、电子产品、机动车辆和石油产品等五个行业占专门制造业外商直接投资的 70%。由于市场寻求型和效率寻求型跨国公司的驱动，这些行业在过去几十年受到国际转移和离岸生产浪潮的影响。在初级部门中，采掘业（包括石油、天然气和金属开采）的外商直接投资占主导地位，而农业的投资存量依然很低。

**专栏 1-4：服务业 FDI 对服务业竞争力的影响**

20世纪中期以来，全球经济呈现出从"工业经济"向"服务经济"转型的总趋势，主要表现在服务业占国内生产总值（GDP）和全社会就业比重不断上升。目前，全球发达国家服务业占GDP和全社会就业比重已经达到70%，其中经济合作与发展组织（OECD）国家更是达到了75%。发达的服务业不仅是人们生活水平和生活质量提升的重要保障，而且在推进商品资源流通、高端生产要素聚集、产业结构升级、国家竞争力提升中扮演着日益重要的角色。尤其是现代信息网络技术的高速发展和广泛应用，已经渗透到研发、生产、流通、消费等实体经济活动的全过程，使高端要素与产业相互融合，促进三大产业，特别是服务业与制造业之间的相互渗透，拓展新的产业发展空间，催生新的商业模式和新的产业形态，成为引领生产生活方式变革的重要推动力。随着国际分工与合作的不断深入、信息通信技术日益发达、生态环保呼声日趋高涨，服务业尤其是信息、技术、知识密集型服务业在全球经济中的战略地位将更加凸显。服务业竞争力提升成一国参与全球竞争的战略核心任务。

1. 服务业FDI对服务业竞争力的影响机制

集技术、资本和管理技能于一身的外商直接投资（FDI）是直接资本输入和间接知识外溢的主要源泉，受到发展中国家（包括中国）的普遍欢迎。FDI可利用竞争效应、示范效应和员工流动效应等技术外溢渠道提升东道国企业生产效率和产业竞争力。

（1）竞争效应和示范效应。服务是一种活动而非难以捉摸的抽象东西，并非是一般商品。与制造业不同，2012年服务业外资企业营业额占其营业额的比例约20%，跨国公司所具有的竞争优势只是适当，并非过于明显，无法产生负向的"挤出效应"。所以占技术优势的外资产品冲击本地市场，增加服务产品的种类及其数量，打破行业垄断格局，日益蚕食本地企业市场份额。本地企业为稳保国内市场地位而改善企业经营模式，降低产品价格及提高服务质量，进而改善或优化行业市场结构。

（2）人员培训和流动效应。员工是企业核心高新技术和先进管理经验的主要载体，外资公司技术本地化改进甚至研发和先进企业战略管理等培训，增加本地高级技术人员和管理人才储备。伴随着频繁的人员自由流动和企业间互动交流，外资企业内部员工所积累的技能、行业智慧及一些重要资源将转移入本地企业，促使内资企业降低学习和模仿先进技术的研究成本和内部经营成本，优化内部管理结构。

2. 影响服务业竞争力的其他因素

国内外学者从吸收能力、东道国环境以及技术差距等方面着手解释FDI正向技术溢出实证研究结论的分歧。大量学者将吸收能力的概念从产业层面扩展到宏观经济层面，如许多研究用R&D研发投入、人力资本存量、金融市场以及知识产权保护程度等来衡量本地企业吸收能力。借鉴学者观点，笔者认为服务业FDI对服务业竞争力作用的影响因素有以下三个，即东道国的人力资本存量、制度因素和服务业基础设施。

（1）人力资本存量。生产和技术溢出是FDI与人力资本相互配合的结果。只有东道国人才储备达到一定的"发展门槛"，FDI才能充分发挥东道国学习、模仿和创新新技术的能力，成为有力的经济发展"推进器"。大量学者对中国的研究也都表明低人力资本拖慢企业学习先进的技术和管理技能的步伐，遏制外资进入产生的示范效应、竞争效应。

（2）制度因素。制度是一国或地区长期保持经济增长的基本因素，也是国家所有生产要素得以充分发挥的基本保障。计划经济制度制约企业效率，其国家经济增速远远落后于市场经济国家。我国市场体制的不够完善和透明，尤其是金融、通信等服务业行业垄断现象，阻碍行业竞争力的提升。众多学者研究表明金融服务业市场开放的深入，能够刺激国内金融业激烈竞争，带来行业经济增长。

（3）服务业基础设施。行业基础设施塑造该行业吸引人才、资金、技术、资源等要素的能力，影响行业发展规模及生产效率。国家或地区的服务业基础设施越齐备，服务经济越活跃，越容易产生集聚效应，扩大本地服务业市场。"马太效应"和波特竞争优势理论都表明：越多与服务业相关联的企业集聚在同一地区，其产生的规模报酬递增和正反馈效应越明显，越能促进基础设施和FDI进入良性循环，提高区域竞争力。

资料来源：魏作磊，陈晓庆. 服务业FDI对服务业竞争力的影响[J]. 特区经济，2015，4：63-66.

# 第三节　国际投资的经济影响

在国际投资不断发展的过程中，不同国家的收益和代价也存在较大差别。正如世界银行首席经济学家约瑟夫·斯蒂格利茨所言："全球化犹如一股汹涌的波涛，它既可以吞没一些国家，也可以将一些国家向前推进。"[①]本节一方面借助麦克杜格尔模型就国际投资对世界经济的整体影响进行探讨；另一方面则就国际投资对就业和收入水平、进出口及国际收支水平、竞争水平、技术扩散水平、产业转移水平、资本形成规模和国家经济利益等七个方面的影响进行研究和探讨。

## 一、国际投资对世界经济整体的影响

资本在国际间的流动，对资本输出国、资本输入国以及对整个世界经济体都会产生影响。借用西方经济学家麦克杜格尔的模型，对此进行分析。

该模型假设：（1）全世界只有甲和乙两个国家组成，甲国资本充裕，乙国资本短缺，世界资本总存量不变，为 $OO'$，其中甲国为 $OA$，乙国为 $O'A$；（2）资本可以无障碍地在甲、乙两国间自由流动；（3）由国际投资产生的收益能够在甲、乙两国间得到公平分配；（4）资本的边际产值呈递减状态，$FF'$ 为甲国的资本边际产值，$JJ'$ 为乙国的资本边际产值，资本价格等于资本的边际产值，如图1-9所示。

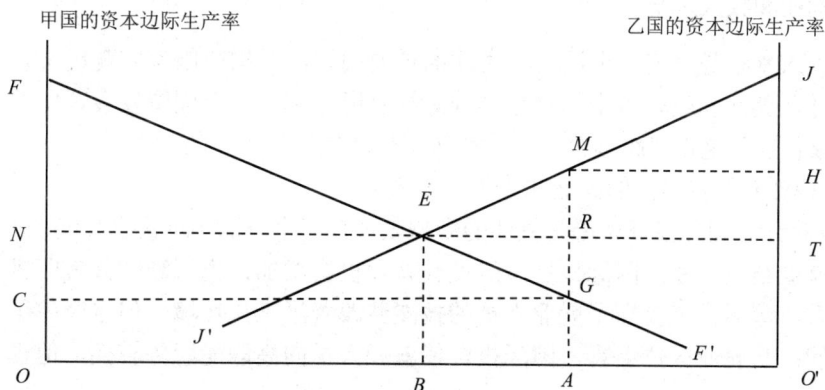

图1-9　国际资本流动的影响

---

① 伍贻康，钱运春. 经济全球化与发展中国家[J]. 世界经济与政治论坛，2000，1：11-12.

第一种情况是：当没有国际投资发生时，也就是甲国和乙国分别使用各自的资本进行生产。在这种情况下，甲国的资本边际产值 $OC$ 明显低于乙国的资本边际产值 $O'H$。甲国的资本总收益为 $OFGA$，乙国的资本总收益为 $O'JMA$，世界资本总收益为 $OFGA+O'JMA$。

第二种情况是：当发生国际投资时，必然出现的资本流向是从资本充裕、边际收益较低的甲国流向资本短缺、边际收益较高的乙国。由于资本供求的变化，甲国的资本边际产值必然会上升，乙国的资本边际产值则必然会下降。资本的跨国流动会在利益机制的作用下持续进行，一直到甲、乙两国的资本边际产值，即资本价格相等时的 $E$ 点，才会停止。在图 1-9 中，甲国的资本流向乙国，资本流量为 $BA$，甲国的资本存量为 $OB$，乙国的资本存量为 $O'B$。资本的这种跨国流动和世界性配置对两国经济和世界经济产生着积极影响。

对甲国来说，由于部分资本输向了国外，使国内的资本边际产值上升了，由以前的 $OC$ 上升为 $ON$；虽然甲国由于国内资本存量减少而使国内的资本总收益减少，由以前的 $OFGA$ 减为 $OFEB$，但其损失却由对外投资收益加以弥补，并有剩余。在图 1-9 中，甲国因为向乙国投资而从乙国得到了 $AREB$ 的投资收益，扣除了因国内资本减少而损失的 $AGEB$，剩余的 $GER$ 部分即为对外投资的净收益。

对乙国来说，由于引进了国外资本，弥补了国内资本的不足，虽然资本的边际产值有所下降，由 $O'H$ 降为 $O'T$，但因国内资本存量增加而使国内的资本总收益增加，由以前的 $O'JMA$ 增为 $O'JEB$，比原来增加了 $AMEB$。其中，$AREB$ 要作为外国投资的报酬（即资本的本息）支付给外国投资者，$RME$ 则是乙国引进外资所获得的净收益。

对全世界来说，资本流动后的总资本收益增加了，由以前的 $OFGA+O'JMA$ 增加到 $OFEB+O'JEB$，新增加的收益量为 $GEM$。全世界总收益增加了，其原因并不是资本总量的增加，而仅是资本存量在世界范围内得到了合理的流动。

虽然麦克杜格尔模型的假设条件比现实生活要简单得多，且与现实生活有很大的反差，但是，这个模型的理念确实是值得称道的，即国际投资能够同时增加资本输出国与输入国的收益，从而增加全世界的经济收益。

## 二、国际投资对各国经济的影响

### （一）就业和收入水平

就业和收入水平是任何一个国家所关注的重要问题，并构成国家宏观经济管理的主要指标之一。同样，就业和收入水平问题也为国际社会所重视。联合国贸发会议所发表的《1994年世界投资报告》就是以"跨国公司、就业与工作环境"为主题的。

1. 国际投资对投资母国的就业和收入水平效应

如表 1-4 所示，国际投资对母国就业的影响表现在三个方面，即就业数量、就业质量和就业区位。从就业数量上看，国际投资可能使其就业机会增加，也可能使其就业机会减少；从就业质量上看，国际投资提高了就业人员的技能并改善了工作环境，但也产生了降低就业人员收入的可能；从就业区位上看，国际投资使就业人员向高职能职务转换，但也可能产生摩擦失业。

表 1-4　国际投资对投资母国就业的潜在效应

| 影 响 领 域 | | 就 业 数 量 | 就 业 质 量 | 就 业 区 位 |
|---|---|---|---|---|
| 直接效应 | 积极 | 创造或维持母国就业，如那些服务于国外附属企业的领域 | 产业重构时技能提高，生产价值提高 | 有些工作可能转移到国外，但也可能被更高技能工作替补 |
| | 消极 | 如国外附属企业替代母国生产则会产生重新定位或"工作出口" | 为了维持母国就业，保持或降低工资 | "工作出口"可能恶化地区劳动力市场状况 |
| 间接效应 | 积极 | 为承揽国外附属企业任务的母国供应上创造和维持就业 | 刺激多种产业发展 | 蓝领工作减少，白领工作增加 |
| | 消极 | 与被重新定位的生产或活动有关的企业就业损失 | 供应商受到工资标准和就业方面的压力 | 暂时解雇工人引起当地劳动力市场需求下降，母公司裁员 |

资料来源：联合国贸发会议．1994 年世界投资报告．

　　总之，国际投资对投资母国的就业和收入水平产生了双重影响——"替代效应"和"刺激效应"。所谓替代效应，是指与本可以在母国本土进行的海外生产活动相联系的就业机会的丧失。它包括跨国公司的海外子公司在国外市场生产本可以在国内生产而后出口的商品所导致的就业机会损失，也包括海外子公司将商品返销到母国所引起的母国工作机会的牺牲。所谓刺激效应，是指国际投资所导致的国内就业机会的增加。它包括跨国公司向海外子公司出口资本货物、中间产品及辅助产品的额外就业机会；母公司向海外子公司提供服务所产生的工作机会；跨国公司本土机构人员的需求所带来的就业机会；国内其他公司向跨国公司及其子公司提供服务所产生的就业机会。显然，当替代效应大于刺激效应时，国际投资将导致投资母国就业机会的减少；反之，则导致就业机会的增加。《1994 年世界投资报告》显示，传统对外投资大国美国和英国，其就业效应一直都是"略优或中性"。

　　2. 国际投资对东道国的就业和收入水平效应

　　如表 1-5 所示，从就业数量上看，国际投资增加了东道国的就业机会，且随着吸引外资的增加而增加。不仅如此，国际投资对东道国的就业效应还体现在关联就业上。据《1994 年世界投资报告》估计，每一个直接就业会带动 1～2 个关联就业，因此，其就业总量要比直接就业数量还多。相对而言，发展中经济体东道国的外来投资所创造的就业效应更加明显。这是因为，新建投资在发展中国家的外来投资中所占比重较高；在发展中国家的外来投资产业构成中，劳动密集型生产项目占有相当比重。从就业质量上看，国际投资可以为东道国的就做质量提高做出贡献。一方面，跨国公司海外分支机构通常为企业提供更好的工资待遇、工作条件和社会保险福利；另一方面，跨国公司海外分支机构通常为东道国雇员提供获得新知识和新技术的机会。

表 1-5　国际投资对东道国就业的潜在效应

| 影 响 领 域 | | 就 业 数 量 | 就 业 质 量 | 就 业 区 位 |
|---|---|---|---|---|
| 直接效应 | 积极 | 创造直接就业机会 | 工资较高，生产力水平也较高 | 为高失业区增加新的和更好的就业机会 |
| | 消极 | 并购可能导致"合理化"裁员 | 在聘用和解雇方面引进不受欢迎的管理理念与方式 | 城市拥挤加剧，地区不平衡 |

续表

| 影 响 领 域 | | 就 业 数 量 | 就 业 质 量 | 就 业 区 位 |
|---|---|---|---|---|
| 间接效应 | 积极 | 通过关联效应创造间接机会 | 向国内企业传播"最佳运营"工作组织方法 | 促使供应商转移到劳动力可得地区 |
| | 消极 | 依赖进口或挤垮现有企业会降低就业水平 | 在国内竞争时降低工资水平 | 挤垮当地供应商，地区性失业恶化 |

资料来源：联合国贸发会议. 1994年世界投资报告.

### 📖 专栏1-5：外商直接投资对就业影响的机理分析

外商直接投资（FDI）通过外资企业自身活动、影响东道国经济发展、影响东道国内资企业等直接或间接的方式影响东道国的就业，其影响涉及面广而复杂，积极效应与消极影响并存，而中国国内投资环境和市场开放度等因素也会影响到FDI对就业的作用效果。

1. FDI对就业数量影响的机理分析

在作用方式上，FDI可以从直接和间接两个方面对就业数量产生影响。一方面，外商直接投资以合作、合资、独资等方式在东道国创办新公司时可以直接创造就业机会，并且可以在较短时间内表现出来，比较容易度量；另一方面，外商投资企业可以通过与东道国不同企业在人员流动、生产、消费等方面的联系，间接创造就业机会，这种作用方式传导途径多，一般要通过较长时间才能表现出来，比较难度量。而无论是直接就业效应还是间接就业效应，都会对就业数量产生积极影响和消极影响。

FDI可以通过就业创造效应和就业转移效应实现就业扩张和就业创造，从而增加就业数量。一方面，FDI通过在东道国扩大生产能力和新建企业，直接创造新的就业机会，其作用大小与进入方式有一定联系。FDI进入东道国的方式主要有两种："绿地投资"和跨国并购。"绿地投资"新建企业可以在短期内直接创造就业机会，而跨国并购在短期内不会形成新的生产能力，不产生直接就业创造效应。同时，外商直接投资能够通过带动相关产业及前后向产业的发展，间接创造就业机会和增加就业数量，许多外商直接投资的行业有着广泛的前后向联系，其快速发展带动了供货商、销售商、服务代理商等经营规模的扩大，进而创造了更多的就业机会。另一方面，FDI可以通过就业转移效应增加就业，即外商直接投资通过合作或合资的方式挽救东道国那些面临倒闭或停产的企业，从而转移从业人员的就业效应。在没有外商合作的情况下，面临倒闭或停产的企业被迫退出市场，其从业人员将被迫失业，因此借助外资，这些就业机会得以挽救，但是这种效应并没有创造出新的就业机会。

FDI还可以通过就业挤出效应和就业损失效应对就业数量产生消极作用。一方面，外商直接投资进入后，具有雄厚资金实力和强大技术实力的国外企业使得国内市场的竞争更加激烈，国内企业可能通过精简员工以提高企业竞争力、应对外资企业，从而直接导致就业人员的减少；还有可能引进更高效的设备及更先进的技术，这也可能挤出一部分就业人员；同时，那些无法抵抗外商直接投资企业激烈竞争的国内企业可能破产倒闭，导致就业岗位的减少。另一方面，外资企业并购东道国企业后，对高效和利润最大化的追求会使其在重新整合过程中精简员工、调整组织架构，从而导致就业机会的减少。在中国，由于这种因素导致就业损失的现象较为普遍，这主要是因为部分企业由于计划经济的影响，存在较大的冗员或者由于组织结构设置等问题对员工的利用率不高，外资企业对劳动者的素质要求较高，其对编制的调整必然会导致部分就业人员失去工作岗位。

2. FDI对就业结构影响的机理分析

FDI对中国就业结构的影响是通过对产业间和地区间的劳动力进行调整和动态配置来实现的。FDI在各产业和各地区的分布不均衡，导致上述几种就业数量效应在各产业内部和产业间、各地区内部和地区间分别发生不同的作用效果，从而扩大产业间和地区间的差距，加快各类生产要素在产业间和地区间的流动速度，随之就是劳动力在产业间和地区间的重新配置、其素质的提升以及就业结构的优化和均衡。根据要素禀赋结构理论，产业结构将随着生产要素供给结构的改变而改变。根据配第-克拉克定理，产业结构不断优化过程中，产业结构由劳动密集型向资本密集型并最终向知识或技术密集型产业转变，第一产业占国民生产总值的比重逐渐下降，第二、三产业占国民生产总值的比重逐渐上升。同时库茨涅茨理论表明，就业结构会随着产业结构的调整而改变，即随着产业结构的优化升级，第一产业的就业人数占全社会就业总人数的比重会降低，第二、三产业的就业人数比重会上升。作为产业结构变迁的一个重要方面，就业结构更能真正体现一国产业结构高级化的情况。作为一种重要的生产要素投入，外商直接投资的流入在一定程度上影响东道国的产业结构，进而影响就业结构，尤其是当外商直接投资对不同产业的投资比重差距较大时的影响更明显。另一方面，FDI 流入对中国地区间就业结构差异产生影响。资本流动是劳动力跨区域流动的重要因素之一，FDI 作为资本的一种，随着其流入在不同区域上的倾斜，也带来了区域间的收入差异，从而引致就业人口的跨区域流动和就业地区结构的差异，随着FDI流入倾斜的加大，其影响也就越显著。

3. FDI对就业质量影响的机理分析

就业质量反映的是在就业过程中劳动者与生产资料结合并取得报酬的情况的优劣程度。首先，外商直接投资的流入增加了东道国的资本存量，提高了资本—劳动比率，在产品价格不变的情况下，劳动的边际产出相应增加，使得劳动力的报酬上升。其次，外商投资企业良好的聘用制度、培训制度、报酬制度和比较健全的劳动者保障制度还会产生"外溢效应"：一是"示范效应"，外商投资企业凭借先进的用人制度，吸引了大量的优秀人才，充分发挥了劳动者的工作积极性，为提高劳动生产率，会对当地雇用人员进行一定的培训和示范，国内企业借鉴外商投资企业的建议，建立良好的用人制度，从而在整体上提高就业质量。二是"竞争效应"，外商直接投资的进入，对高素质劳动者的需求增加，使得中国高素质劳动者更加短缺。外商投资企业借助较好的工作环境、较全面的培训制度、较丰厚的薪资报酬，吸引高素质劳动者。国内企业为保持竞争优势，也会竞相为就业人员提供更好的就业环境，从而拉动整体就业质量。

资料来源：李莺莉，等. 东道国视角下的FDI就业效应研究[J]. 宏观经济研究，2014，12：94-103.

### （二）进出口及国际收支水平

从东道国的角度来看，在短期内，由于外来直接投资可以弥补东道国当年的外汇缺口，出口型的外来直接投资可以带动东道国的出口增加，因而对本国国际收支有明显的积极影响，因此东道国可以从跨国公司海外直接投资中获得明显的短期利益。但是，这种利益只是来自于跨国公司一次性的资本注入，随之而来的则是对国际收支经常项目上不断的消极影响。在长期内，一方面，外来直接投资绝非仅仅是资金的注入，往往伴随投资国大量资本货物、空闲设施和其他相关产品的流入，因而即使是对东道国国际收支的短期正面效应也是有限的；另一方面，直接投资返还周期平均为 5～10 年，外国分支机构各种投资收益在长期内陆续汇回，将对东道国国际收支产生不利影响。

从投资母国的角度来看，在短期内，由于涉及资金外流，海外子公司的产品可能在东道国产生对母国出口产品的替代，而子公司的他国销售可能与母国产品形成竞争，海外子公司的产品亦可能大量返销母国等原因，海外直接投资至少在短期内对投资国国际收支具有消极影响。但是，在长期内，海外子公司各种投资收益的汇回，可以增加投资国的对外支付能力，进而有利于改善投资国的国际收支状况；跨国公司海外直接投资是包括资金在内的一揽子生产要素的跨国转移，它必然会带动投资国对东道国相关原材料、中间产品、资本货物的出口；同时跨国公司海外直接投资有助于巩固原有市场和开辟新市场，增加投资国的出口业绩。这些均利于改善贸易收支，进而改善国际收支（见表1-6）。

表1-6 对外直接投资对母国国际收支影响渠道

| 序　　号 | 影　响　渠　道 | 国际收支平衡表项目 | 影 响 方 向 | 影 响 类 型 |
|---|---|---|---|---|
| 1 | 对外直接投资资本流出 | 金融账户：对外直接投资 | 负 | 投资效应 |
| 2 | 对外直接投资造成相关原材料、中间产品和资本设备的出口 | 经常账户：货物 | 正 | 贸易效应 |
| 3 | 对外直接投资收益汇回 | 经常账户：投资收益 | 正 | 利润汇回效应 |
| 4 | 对外直接投资利润再投资 | 金融账户：对外直接投资 | 负 | 投资效应 |
| 5 | 对外直接投资造成制成品进口 | 经常账户：货物 | 负 | 贸易效应 |
| 6 | 对外直接投资造成制成品替代母国产品出口 | 经常账户：货物 | 负 | 贸易效应 |
| 7 | 对外直接投资撤资 | 金融账户：对外直接投资 | 正 | 投资效应 |

资料来源：付海燕. OFDI对中国国际收支影响的机理与实际测算[J]. 统计研究，2014，12：47-53.

因此，无论是投资国还是东道国都为国际直接投资对国际收支的影响而担忧，只不过投资国担心直接投资对国际收支的短期不利影响，东道国则担心直接投资对国际收支的长期不利影响。

**专栏1-6：外商直接投资对我国国际收支的影响分析**

国内学者通过将1995—2013年的外商直接投资作为一个独立的分析对象，以此来研究其对国际收支的影响，结果发现：（1）1995年至今，外商直接投资的国际收支一直保持顺差，即外商直接投资对中国国际收支保持顺差做出了贡献。（2）外商直接投资顺差额基本保持了增长的态势，即由1995年的137.75亿美元增长到2013年近3 467亿美元的水平。（3）外商直接投资的顺差贡献率呈现出先增长，后趋于平稳的状态，从1995年的38.43%增长到1998年的89.91%，随后出现下降的趋势，近几年来一直围绕着60%上下震荡。从表1-7中可以看到，2012年的FDI国际收支顺差贡献率出现了187.42%这一异常值，是因为2012年国际收支平衡表资本与金融账户差额首次出现负值，导致国际收支顺差额远远小于当年外商直接投资顺差额。（4）外商直接投资顺差额占外汇储备增加额比重是不确定的，从1995年至今，该贡献率的最高值达到了79.30%（不考虑2012年的异常值），而最小值仅为26%。由此可以得出，外国直接投资对我国国际收支保持顺差以及外汇储备的增长起到了重要的作用。

表 1-7　外商直接投资国际收支净效应

| 年　份 | 外商直接投资（亿美元） | 外资企业进出口差额（亿美元） | 投资收益差额（亿美元） | 外商直接投资国际收支净效应（亿美元） | FDI 对国际收支顺（逆）差贡献率（%） | 外汇储备增加额（亿美元） | FDI 对外汇储备增加额的贡献率（%） |
|---|---|---|---|---|---|---|---|
| 1995 | 358.49 | -160.6 | -117.74 | 137.75 | 38.43 | 220 | 63 |
| 1996 | 401.80 | -140.9 | -124.40 | 219.60 | 54.65 | 314 | 70 |
| 1997 | 442.36 | -28.2 | -160.62 | 378.34 | 85.53 | 348.62 | 10 |
| 1998 | 435.53 | 42.4 | -165.36 | 393.37 | 89.91 | 50.69 | 77 |
| 1999 | 387.53 | 27.5 | -175.96 | 259.67 | 67.01 | 97.16 | 26 |
| 2000 | 383.99 | 21.68 | -141.88 | 284.39 | 74.06 | 108.98 | 26 |
| 2001 | 442.41 | 73.72 | -186.19 | 350.54 | 79.23 | 465.91 | 75 |
| 2002 | 493.08 | 97.31 | -146.68 | 413.9 | 61.13 | 742.42 | 55.75 |
| 2003 | 470.77 | 84.42 | -103.81 | 416.97 | 42.29 | 1 168.44 | 35.69 |
| 2004 | 549.36 | 141.43 | -57.64 | 590.55 | 32.93 | 2 066.81 | 28.57 |
| 2005 | 791.27 | 567.26 | -17.63 | 1 289.26 | 57.61 | 2 089.40 | 61.70 |
| 2006 | 780.95 | 912.89 | -71.33 | 1 558.21 | 59.95 | 2 474.72 | 62.97 |
| 2007 | 1 384.13 | 1 355.78 | 37.04 | 2 698.46 | 60.95 | 4 619.05 | 58.42 |
| 2008 | 1 477.91 | 1 710.64 | 221.80 | 3 312.86 | 74.43 | 4 177.81 | 79.30 |
| 2009 | 781.93 | 1 266.70 | -156.90 | 1 785.37 | 40.40 | 3 820.51 | 46.73 |
| 2010 | 1 850.81 | 1 238.42 | -380.80 | 2 586.34 | 48.67 | 4 481.86 | 57.71 |
| 2011 | 2 201.43 | 1 305.55 | -852.68 | 2 514.67 | 59.48 | 3 338.10 | 75.33 |
| 2012 | 2 534.75 | 1 511.20 | -574.17 | 3 304.73 | 187 42 | 1 304.41 | 253.35 |
| 2013 | 2 582.16 | 1 691.34 | -599.15 | 3 466.89 | 68.11 | 5 097.26 | 68.01 |

注：2001年前（含2001年）的相关贡献率指标的计算参照周自明（2003）提出的方法；2001年以后的指标计算参照Lall and Streeten（1997）的方法。

资料来源：中国统计年鉴1995—2014年。

表1-8的最新数据表明，我国2013—2017年的资本与金融账户，除了在2015年呈现逆差态势外，总体一直保持顺差，且差额波动较大。2015年出现了金额较大的逆差，其主要变化来自金融账户，而这种变化主要是直接投资项目跟其他投资项目引起的，外国在华直接投资与中国在外直接投资的严重不对称，导致了我国直接投资项目的高额顺差。2015年资本与金融账户项目的逆差主要是因为"一带一路"实施，对外投资加速。我国在外直接投资一直呈逆差状态，外资企业在华直接投资呈顺差态势且差额较大。虽然2016年和2017年资本与金融账户项目重新回归顺差，但是对比前几年的顺差状况，这两年的顺差金额极低。这种现象说明了我国的经济发展已经到达了一个较高的阶段，未来可能会保持着持续的、大量的资本输出。

表 1-8　2013—2017 年中国资本与金融账户差额汇总表

单位：亿美元

| 项　　目 | 2013 年 | 2014 年 | 2015 年 | 2016 年 | 2017 年 |
|---|---|---|---|---|---|
| 资本和金融账户 | 3 262 | 382 | 1 611 | 273 | 570 |
| 资本项目 | 31 | -0.3 | 3 | -3 | -1 |
| 金融项目 | 3 232 | 383 | 1 614 | 276 | 571 |
| 1. 直接投资 | 1 850 | 2 087 | 771 | -417 | 663 |

续表

| 项　目 | 2013 年 | 2014 年 | 2015 年 | 2016 年 | 2017 年 |
|---|---|---|---|---|---|
| 1.1 我国在外直接投资 | 732 | 804 | 1 671 | 2 164 | 1 019 |
| 1.2 外国在华直接投资 | 2 582 | 2 891 | 3 442 | 1 747 | 1 682 |
| 2. 证券投资 | 605 | 824 | 665 | 523 | 74 |
| 3. 其他投资 | 776 | -2 528 | -4 791 | -317 | 744 |

资料来源：周自明. 1995—2002年外商直接投资对中国国际收支的影响分析——兼对1995—2002年人民币汇率稳定走势原因探析[J]. 世界经济研究，2003，5：56-62；付海燕. OFDI对中国国际收支影响的机理与实际测算[J]. 统计研究，2014，12：47-53；刘木银等. 2013—2017年中国国际收支状况分析[J]. 行政事业资产与财务，2019，3：3-4.

### （三）示范和竞争效应[①]

由于跨国公司不仅将新设备、新产品或者新的加工方法引入东道国市场，还带来了产品选择、销售策略以及管理理念等非物化技术，使其拥有比东道国的内资企业更强大的"技术优势"和"管理优势"，并因此获得了巨大的市场份额和利润，无意间就会诱导东道国的内资企业竞相模仿并在此基础上进行创新，在某种程度上削弱了跨国公司在东道国的竞争优势，促使其带来更为先进的技术以保持相应的竞争力。通过示范—模仿—创新—再示范的循环螺旋式上升，带动东道国相关产业的技术进步。

跨国公司对东道国内资企业的示范效应主要体现在产品技术、销售方式和管理理念等方面。第一，在产品技术方面，跨国公司的产品技术较东道国的内资企业而言一般更为先进，东道国的内资企业为了提高自身的技术水平，或通过对产品进行"逆向工程"的研发，或雇用在跨国公司工作过、接受过培训的员工，间接获取生产该产品的技术和工艺，并通过"边干边学"进行能力和经验的积累，进一步增强企业吸收技术溢出的能力。第二，在销售方式方面，在进行产品销售合作与竞争的过程中，跨国公司的营销方式、对产品的宣传与包装、售后服务，以及一系列与产品销售和提高企业竞争能力有关的营销方式与理念对于东道国国内企业提升营销水平、转变经营管理机制等都将起到重要的示范作用。第三，在管理理念方面，跨国公司在企业管理和企业文化方面有一整套先进的制度设计和管理理念，其成功的经营管理经验对东道国的内资企业优化管理、提升效率、建设企业文化极具参考价值。

由于特定的社会、政治与经济等众多复杂的因素，在一些国家，尤其是发展中国家通常存在一些具有较高进入壁垒、较高集中度的垄断性行业，即使东道国的新建企业往往也很难进入这些行业，无法打破这种创新停滞的状态，必然的结果是这些行业竞争程度低、经济效率差、技术水平落后。东道国为了利用外资促进本国经济的发展，往往会制定相关优惠政策并逐步向跨国公司开放一些高壁垒、高垄断的行业。在东道国政策的许可与鼓励下，跨国公司凭借技术、资金与规模经济的优势，能够迅速介入这些行业并有可能逐步打破这些行业的垄断。其结果是：一方面，东道国该行业的垄断行为受到遏制，从而改变市场竞争结构，提高社会福利水平；另一方面，跨国公司子公司与东道国企业争夺有限的市场资源，加剧了市场竞争，迫使东道国企业建立赶超意识，更新观念，加大技术投入，改善资源配置，推动当地技术效率的提高。

具体到中国，与跨国公司竞争所产生的压力是我国通信设备、汽车、工程机械、电站设备等许多行业中的内资企业不断提升技术水平的重要推动力。近几年来，随着我国金融、保

---

① 李华敏，马红梅. FDI 技术溢出失效与市场规制转型[J]. 改革，2010，12：88-93.

险、电信服务、批发零售等行业对外开放的程度不断提高，跨国公司 FDI 大规模的投入，这些行业的效率明显提高，服务层次明显提升。

### （四）产业结构水平

无论是在发达国家还是在发展中国家，跨国公司海外直接投资促进了东道国新兴工业的发展，进而推动了东道国产业结构的升级。一方面，这在发达国家之间的相互直接投资中表现得十分明显。第二次世界大战以后，在新的科技革命的推动下，发达国家迅速出现了一系列新兴工业部门，而发达国家间的相互直接投资，使这类新兴工业部门在各发达国家间迅速发展，加快了发达国家产业结构的演进速度。例如，石油化学工业部门最早出现于美国，是美国实力强大、技术先进的工业部门，美国在西欧的直接投资，使该工业部门首先在英国，进而在其他国家建立和发展起来；其他诸如合成纤维、合成橡胶工业、电子计算机等也大多是由美国跨国公司在西欧最先建立起来的，从而促进了西欧国家此类新兴工业部门的发展。另一方面，在广大发展中国家，外来直接投资对其产业结构的调整，尤其是制造业的发展发挥了积极作用。例如，发达国家跨国公司对亚洲"四小龙"的直接投资和技术转让与"四小龙"的高技术战略相呼应，积极推动了其产业结构由劳动密集型产业向资本—技术密集型产业转变，进而促进了其产业结构的日趋高级化。而在"东盟"一些国家（如菲律宾和泰国等）以及拉美一些国家（如墨西哥、巴西）中，外国直接投资在其资本—技术密集型行业中的作用尤为突出。[①]

跨国公司海外直接投资对投资国带来的所谓"产业空心化"（Hollowing Industry）历来备受关注，但产业空心化问题一般出现在某些传统工业部门和较特殊的高技术部门，且规模极为有限。综合而言，战后海外直接投资的发展极大地促进了投资国产业结构的调整与升级。一方面，从产业部类调整看，战后跨国公司海外直接投资的产业结构经历了由第一产业为主向第二产业为主，再向第三产业为主转移的发展过程，这无疑顺应和强化了世界各国，尤其是发达国家产业部类由初级产业向制造业，再向服务业调整的总体趋势。另一方面，从产业内部调整与升级看，战后跨国公司海外直接投资在各大产业内部投向的调整趋势是从低生产率、劳动密集型行业向高生产率、高智能行业调整，从低技术含量、低附加值商品和劳务向高技术含量、高附加值商品和劳务生产调整。显然，上述类型的海外直接投资缩小了投资国境内已经或正在失去竞争优势产业的生产规模，但却为国内有竞争优势的产业让出了资源，从而使投资国原有的产业结构得以不断调整和升级。例如，20 世纪 60 年代以来，随着劳工成本的上升，以美国为首的西方发达国家的劳动密集型产业和传统工业的比较优势相对乃至绝对丧失，于是发达国家一方面致力于产业结构的不断调整与升级，并运用最新科技成果对传统产业进行技术改造，另一方面充分利用各国的比较优势，将劳动密集型、低技术、低增值的工序转移到海外，而将高技术含量、高增值工序留在国内，致力于产业结构的不断调整和优化。[②]

### （五）资本形成效应

就国际投资对东道国的资本形成效应来看，促进资本形成历来被认为是国际投资对东道国（尤其是发展中东道国）经济增长的重大贡献。国际投资促成了东道国资本存量的增加，从而有助于弥补东道国的期望投资与国内储蓄之间的缺口，如表 1-9 所示。

---

① 肖卫国. 跨国公司海外直接投资对东道国的经济效应分析[J]. 财经问题研究, 1999, 9: 3-5.
② 肖卫国. 跨国公司海外直接投资对投资国的经济效应分析[J]. 武汉大学学报, 1999, 4: 39-44.

表 1-9  2000—2017 年外向直接外资占固定资产形成总值的百分比

| 年　份 | 直接外资流出量（10 亿美元） | 固定资产形成总值（10 亿美元） | 比值（%） |
|---|---|---|---|
| 2000 | 1 150 | 6 466 | 17.79 |
| 2001 | 621 | 6 680 | 9.30 |
| 2002 | 647 | 6 422 | 10.07 |
| 2003 | 612 | 7 294 | 8.39 |
| 2004 | 730 | 8 869 | 8.23 |
| 2005 | 837 | 9 115 | 9.18 |
| 2006 | 1 216 | 10 307 | 11.80 |
| 2007 | 1 997 | 12 356 | 16.16 |
| 2008 | 1 929 | 13 822 | 13.95 |
| 2009 | 1 175 | 12 735 | 9.23 |
| 2010 | 1 451 | 13 940 | 10.41 |
| 2011 | 1 694 | 15 770 | 10.74 |
| 2012 | 1 391 | 16 278 | 8.55 |
| 2013 | 1 311 | 18 753 | 6.99 |
| 2014 | 1 318 | 19 429 | 6.78 |
| 2015 | 1 474 | 18 200 | 8.09 |
| 2016 | 1 473 | 18 616 | 7.91 |
| 2017 | 1 430 | 19 764 | 7.23 |

资料来源：联合国贸发会议. 2001—2018 年世界投资报告.

（1）海外直接投资的注入增加了东道国的资本存量。一方面，新建方式注入的绿地投资既可以增加东道国的储蓄，又可增加其投资，在增加东道国资本存量方面的作用最为明显；另一方面，虽然跨国公司对东道国企业的兼并与收购并不直接增加投资，但如果企业不被收购就会倒闭，或者被购并企业生产能力提高，那么所有权转移方式的外国直接投资无疑可使东道国的资本存量获益，而在多数情况下，东道国向外国投资者卖出国内企业所获资金将用于国内再投资，因此增加了现有资本的存量。

（2）无论是绿地投资还是购并方式的投资一般均会为东道国带来后续性追加投资，从而有助于增加东道国的资本存量。这是因为东道国条件的改善和投资政策的自由化（如企业私营化、外资股权比例放宽和政府税收优惠等）通常会促进连续投资，而跨国公司投资策略的变化使私营化过程中的外国初始投资仅是巨额私营化以后追加投资过程的一个阶段；有些促进私营化的投资协议要求外商追加投资。例如，印度对外国股权比重限定放宽以后，跨国公司在印度的分支机构相应地增加了自己的股权比例。而拉美国家私营化过程中跨国公司的后续投资尤具典型意义。例如，1990 年，在墨西哥国家电讯公司（Telmex）私营化过程中，美国 Southwestern Bell 公司的初始投资为 5 亿美元，一年之内又追加 5 亿美元的投资，以 10 亿美元的总投资买下了 Telmex 10%的股权。

（3）海外直接投资的进入（无论是绿地投资还是购并形式投资）通常会引致母国企业的追加或辅助投资。这是因为：海外投资中必需的中间产品乃至最终产品在当地企业或者没有，或者不合标准，或者因为投资者更倾向于从具有长期信任关系的供应企业进货等。

（4）跨国企业可通过为东道国当地资本市场提供有吸引力的投资机会而动员当地储蓄，

成为引发国内投资的催化剂。若没有跨国公司的活动，这类当地储蓄可能闲置或用于非生产性活动。同时，外国直接投资可能刺激跨国公司母国或世界市场的资金流入东道国，既可增加储蓄，又可增加投资。

**专栏1-7：外商直接投资在我国的资本形成效应**

表1-10表明，外商直接投资在我国固定资本总额中所占的比重在1992年以后不断攀升，并且在15%的水平上持续多年。虽然自2003年以来有所下降，但这一水平仍然相当于发达国家（6%左右）和世界平均水平（5%左右）。由此可以看出，外商直接投资不仅促进了我国的资本形成，而且从根本上为我国经济的发展提供了资本引擎。然而，自2008年后，我国外商投资占固定资产总额的比重在不断下降，明显低于世界平均水平，这可能是由于我国近年来经济飞速发展，劳动力成本不断上升等因素造成的。

表1-10　1991—2018年我国实际使用外资金额占全社会固定资产投资比重

| 年　　份 | 全社会固定资产投资（亿美元） | 实际使用外资金额（亿美元） | 占固定资产投资比重（%） |
|---|---|---|---|
| 1991 | 1 051 | 44 | 4.15 |
| 1992 | 1 465 | 110 | 7.51 |
| 1993 | 2 269 | 275 | 12.13 |
| 1994 | 1 977 | 338 | 17.08 |
| 1995 | 2 397 | 375 | 15.65 |
| 1996 | 2 763 | 417 | 15.10 |
| 1997 | 3 060 | 453 | 14.79 |
| 1998 | 3 437 | 455 | 13.23 |
| 1999 | 3 608 | 403 | 11.17 |
| 2000 | 3 944 | 407 | 10.32 |
| 2001 | 4 458 | 468 | 10.51 |
| 2002 | 5 224 | 527 | 10.09 |
| 2003 | 6 713 | 535 | 7.97 |
| 2004 | 8 515 | 606 | 7.12 |
| 2005 | 10 837 | 603 | 5.56 |
| 2006 | 14 086 | 630 | 4.47 |
| 2007 | 18 059 | 747 | 4.13 |
| 2008 | 24 884 | 923 | 3.70 |
| 2009 | 32 879 | 900 | 2.73 |
| 2010 | 37 179 | 1 057 | 2.84 |
| 2011 | 48 226 | 1 160 | 2.41 |
| 2012 | 59 358 | 1 117 | 2.32 |
| 2013 | 72 062 | 1 175 | 1.63 |
| 2014 | 83 473 | 1 195 | 1.43 |
| 2015 | 90 231 | 1 355 | 1.50 |
| 2016 | 91 303 | 1 337 | 1.46 |
| 2017 | 94 972 | 1 263 | 1.33 |
| 2018 | 97 572 | 1 383 | 1.42 |

注：全社会固定资产投资是按照人民币对美元的年平均汇价折算而成。
资料来源：中国国家统计局网站. http://www.stats.gov.cn.

就国际投资对投资母国的资本形成效应来看，首先，跨国公司海外直接投资所获取的巨额利润可以加速投资国国内的资本积累。一般而言，跨国公司，尤其是发达国家的跨国公司在海外直接投资的利润率要比国内投资的利润率高，特别是在发展中国家直接投资的利润率更高。从战后最大对外直接投资国美国海外直接投资的利润率即可见一斑，如图 1-10 所示。其次，跨国公司还可以从体系外部筹措资金。随着世界各国外汇管理的自由化，跨国公司外部筹资的领域已扩大到东道国或母国的股票市场、国内外银行金融与非银行金融机构以及国际资金市场，使得外部筹措的资金成为跨国公司海外直接投资资金来源极其重要的组成部分。因此，跨国公司凭借其较之国内企业更强大的外部资金筹措能力，不仅为投资国获取更多资金提供了便利，而且也提高了项目融资的灵活性，使交易成本最小化。当然，如果跨国公司筹措海外直接投资的资金挤掉了母国国内投资，那么，海外直接投资也可能对投资国国内资本形成产生不利影响。①

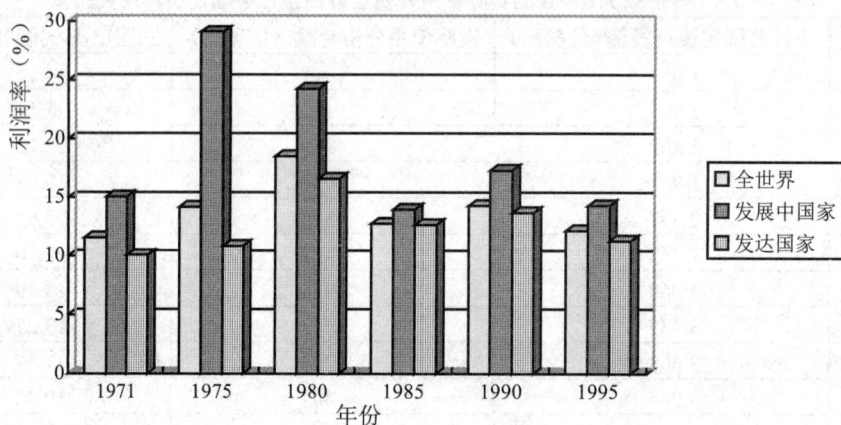

图 1-10　1971—1995 年美国跨国公司海外直接投资的利润率

资料来源：根据美国商务部《现代商业概览》有关各期的资料计算，转引自：肖卫国. 跨国公司海外直接投资对投资国的经济效应分析[J]. 武汉大学学报，1999，4：39-44.

### （六）产业安全效应

所谓产业安全，可以分为宏观和中观两个层次。宏观层次的产业安全，是指一国制度安排能够导致较合理的市场结构及市场行为，经济保持活力，在开放竞争中本国重要产业具有竞争力，多数产业能够生存并持续发展。中观层次上的产业安全，是指本国国民所控制的企业达到生存规模，具有持续发展的能力及较大的产业影响力，在开放竞争中具有一定优势。②

**专栏 1-8：外商直接投资对我国产业安全的影响**

随着我国对外开放领域和范围的不断扩大，除个别领域外，外资已分布于我国绝大多数产业、行业和地区，对我国各产业的市场份额及市场结构产生了不可忽视的影响，进而威胁我国的产业安全。所谓国家产业安全指的是外商利用其资本、技术、管理、营销等方面的优势，通过并购等方式控制国内企业，甚至控制某些重要产业，由此而对我国经济构成威胁。

① 肖卫国. 跨国公司海外直接投资对投资国的经济效应分析[J]. 武汉大学学报，1999，4：39-44.
② 景玉琴. 产业安全概念探析[J]. 当代经济研究，2004，3：29-31.

外商直接投资主要通过以下途径影响我国的产业安全。

1. 市场控制

由于外资在资本、规模、技术、管理等方面都具有相对优势，它们会占领和控制东道国市场，并且在某些行业形成垄断。如中国的商业流通领域，世界零售巨头们凭借其雄厚的资金、技术实力和中国政府的优惠政策，采取"先占市场，再寻求最大利润"的策略，最典型的就是世界零售商业巨头沃尔玛在2004年明确表示，在中国市场的战略"由市场盈利型改为市场占领型"，强力挤占中国市场。目前80%以上的大型超级市场已经被外资占据，导致外资对国内零售市场的垄断，严重影响了中国企业的健康发展。

2. 股权控制

外资在进入东道国初期，由于各种因素的限制以及出于自身安全的考虑，大多会采取合资的方式，但发展到一定时期，便会倾向于独资或通过各种方式谋求在合资企业中的控股权。通过股权控制，首先控制东道国的企业，然后控制东道国的产业，影响一国的产业安全。例如微软控制了中国电脑操作系统领域95%的市场；中国软饮料市场几乎被可口可乐、百事可乐控制；日化用品市场几乎被宝洁、联合利华垄断；在轿车等其他一些产业中，也同样面临着被跨国公司及其他外资企业将市场份额瓜分殆尽的危险。

3. 技术控制

跨国公司的一切活动都与技术有关，其进入东道国市场靠的是技术，进入之后，为了利用技术保持优势，并不轻易转让技术。第一，作为中国引资的回报，跨国公司会转移一定的技术，但是转移的技术大多是二、三线技术。第二，跨国公司往往对关键技术或核心技术严加封锁，为此许多跨国公司以绝对控股的形式进入中国。他们还会在技术转让方面附加种种苛刻条件，有时甚至以高精尖技术为砝码，迫使国内合作企业让出控股权，从而实现其对合资企业的控制。第三，外资在取得控股后，往往取消中国原有企业的技术开发机构，抑制中方研究开发，使其依附于外资母公司研究开发机构所提供的技术，从而形成了中国对国外技术的依赖局面，削弱了东道国的自主技术开发和创新能力。

4. 品牌控制

大量外商直接投资的入境，其目的就是要抢占我国的市场，而要达成这一目的，利用其品牌的影响力与中国民族品牌进行市场份额的争夺，是其一个常用的杀手锏。跨国公司在合资后，往往会凭借自己资金和技术优势掌握合资企业的控制权，通过推行品牌战略计划从而挤垮中国的竞争对手，以达到在将来垄断中国市场的目的。

资料来源：李飞. 外商直接投资对我国产业安全的影响及对策分析[J]. 中国经贸导刊，2010，21：67.

## 本章小结

1. 国际投资是指以资本增值和生产力提高为目标的国际资本流动，是投资者将其资本投入国外进行的以盈利为目的的经济活动。国际投资，按照投资主体，可分为国际公共（官方）投资和国际私人投资；按照投资期限，可分为短期投资和长期投资；按照投资形式与性质，可分为国际直接投资、国际间接投资和国际灵活投资。

2. 20世纪70年代后，生产国际化的程度进一步提高，国际投资的发展超过了以往任何一个时期，可以通过投资规模、投资格局、投资方式和投资行业体现出来。

3. 21世纪初，伴随着大部分国家和地区经济增长放慢和复苏前景不乐观，以及国际金融危机在全球范围内的蔓延，国际投资规模跌宕起伏，大起大落，进入了调量整理阶段。

4. 国际投资对各国经济的影响主要体现在就业和收入、进出口和国际收支、示范和竞争、产业结构、资本形成和产业安全等方面。

## @ 本章网络引擎

1. http://www.unctad.org：联合国贸发会议网站，可以了解全球国际投资发展的最新动态和历史数据，特别是其每年编写的《世界投资报告》可以成为把握国际投资发展的提纲性文件。

2. http://www.wto.org：WTO网站，可以了解WTO成员国的对外投资和吸引外资情况。

3. http://www.mofcom.gov.cn：中华人民共和国商务部网站，可以了解我国外资政策及我国当前吸引外资情况。

4. http://fec.mofcom.gov.cn：中国对外经济合作指南网站，可以了解到我国最新的对外经济合作信息及世界主要国家的投资环境。

5. http://www.fdi.gov.cn：中国投资指南网站，可以查询到我国对外资的具体利用情况。

## ? 本章思考题

1. 名词解释

国际投资 　　公共投资 　　私人投资 　　长期投资 　　短期投资

产业安全 　　资本形成规模

2. 简述20世纪70年代以来国际投资的发展出现了哪些新特点。

3. 如何看待麦克杜格尔模型的基本理念？

4. 案例分析

试分析韩国吸引外资对国家产业结构调整起到了什么作用？给我们带来哪些启示？

---

### 对韩国利用外资调整产业结构的分析

韩国是外资利用较成功的国家，其在第二次世界大战后经过短暂的恢复，在外资的帮助下迅速地提升产业结构，而成为世界上经济较发达的新兴工业化国家。韩国利用外资提升产业结构、实现工业化的过程可分为以下五个阶段。

第一阶段：20世纪50年代经济恢复阶段。这一时期主要是利用外援、恢复经济、发展以消费品进口替代工业为中心的第一次产业结构调整。在1945—1961年间，韩国共接受外国援助金额31.4亿美元。利用这些援助，韩国发展当地急需的非耐用消费品工业，以此为基础，又推行以生产一般消费品的轻工业为中心的进口替代，以及恢复包括经济、社会基础设施在内的服务业，相应地对产业结构进行了第一次调整。1960年，三个产业在国内生产总值中的比重分别占到了37.0%、20.0%和43.0%。

第二阶段：20世纪60年代工业化起步阶段，主要以对外借款为主进行以轻纺工业出口

---

导向战略为中心的第二次产业结构调整。韩国自 1962 年引入第一笔 57.5 万美元的外国直接投资之后，便启用了这一利用外资的通道。韩国利用外资，结合劳动力丰富的比较优势，大力发展出口导向型轻纺工业，如纺织、服装、塑料制鞋、玩具、食品、杂货等劳动密集型产业，同时，也开始积极发展化工、民用机械、钢铁、汽车和耐用消费品等进口替代型重化学工业。经过"一五""二五"两个五年计划的发展，韩国的产业结构发生了较大的变化，三个产业在国内生产总值中的比重分别占到了 28.9%、22.8%和 48.3%。

　　第三阶段：20 世纪 70 年代工业化起飞阶段，以对外借款为主，外国直接投资为辅推行以重化学工业化战略为中心的第三次产业结构调整。20 世纪 70 年代是韩国执行第三、四个经济开发五年计划的重要时期，也是韩国大规模引进外国资本、促进重化工业建设的高峰时期。这一时期鼓励电子、机械、钢铁、金属、石化等重化工业及电力开发、人力开发、技术开发、国防工业等方面的外资引进与技术引进。1977—1984 年间共引进外国直接投资 12.45 亿美元，年均投资额在 1 亿美元以上；1962—1984 年间，引进商业借款 146.59 亿美元。经过"三五""四五"两个五年计划后，韩国产业结构得到了第三次调整。第一产业占 GDP 的比重进一步下降到 1981 年的 19.6%，第二产业上升到 31.3%，第三产业也上升到 1981 年的 49.1%。由于韩国在 20 世纪 70 年代石油危机，国际经济增长缓慢的环境下推行重化学工业化发展战略，取得了 GNP 年均增长 8.4%的经济成就，从而被誉为"汉江奇迹"。

　　第四阶段：20 世纪 80 年代工业化成熟阶段，对外借款仍占主导地位，但直接投资应用力度明显加大，实施以技术立国和经济稳定增长战略为中心的第四次产业结构调整。1980—1989 年间，韩国共引进借款 237 亿美元，直接投资在外资引进额中所占的比重也急剧上升，一直保持在 60%左右。外资在韩国 20 世纪 80 年代的经济调整与产业结构转换中发挥了重要作用，到 20 世纪 90 年代初，韩国的产业结构已接近发达工业化国家的水平。1991 年第一产业占 GDP 的比重下降到 8.5%，第二产业的比重降为 29.2%，第三产业比重则上升为 62.3%。

　　第五阶段：20 世纪 90 年代由工业化成熟阶段向后工业化阶段过渡时期。20 世纪 90 年代是韩国执行"经济社会发展第七个五年计划"（1992—1996 年）和"新经济百日计划"（1993.3.22—6.30）与"新经济五年计划"（1993—1998 年）的重要时期，这一时期韩国外资政策的核心是积极吸引外国直接投资，促进产业技术进步。韩国将其产业政策的目标定为向技术知识密集型产业倾斜，由于其国内的研究开发能力有限，引进外国的专利技术又缺乏尖端性，所以选择通过外国直接投资的渠道来引进先进技术，促进技术进步。

资料来源：付景新，夏京文. 对韩国和巴西利用外资调整产业结构的对比分析[J]. 工业技术经济，2002，4：70-72.

5. 试述国际投资对投资国和东道国分别产生什么经济影响。

# 第二章　国际投资理论

**知识要点**

◇　国际直接投资理论的发展渊源；
◇　运用相关理论解释企业跨国经营行为。

国际投资理论分为国际直接投资理论和国际间接投资理论，本章重点介绍国际直接投资理论，主要包括西方主流直接投资理论、发展中国家的直接投资理论以及国际直接投资理论的最新发展。对于国际间接投资理论，可参照国内相关教材，本章不再详述。

## 第一节　西方主流直接投资理论

"二战"后出现国际直接投资活动迅猛增长的现象，解释这种经济现象的国际直接投资理论在西方经济学界获得了快速发展，形成了海默的垄断优势理论、弗农的产品生命周期理论、巴克雷等人的内部化理论、邓宁的国际生产折衷理论以及小岛清的比较优势理论等具有较大影响的主流直接投资理论。

### 一、垄断优势论

#### （一）垄断优势论的产生背景

在早期关于国际直接投资的研究中，纳克斯（1933）把国际直接投资作为国际资本流动中的一种，认为各国间的利率差（即"利率诱因"）是国际资本流动的动因。但是，在实践中，国际直接投资往往表现为交叉投资和相互投资，因而"利率诱因"只能解释借贷资本的跨国流动，不能正确解释国际直接投资行为。在这种背景下，1960 年，国际直接投资理论的先驱——美国麻省理工学院教授斯蒂芬·海默（S. Hymer）在其博士论文《国内企业的国际经营：对外直接投资的研究》中率先提出以垄断优势来解释美国企业对外直接投资行为，对传统理论提出了挑战。后经其导师金德尔伯格（C. P. Kindleberger）的补充，发展成为研究国际直接投资最早的、最有影响的垄断优势理论，因此该理论也被称为"海默-金德尔伯格"理论。该理论以结构性市场不完全性和企业的特定优势两个基本概念为前提，指出市场不完全性是企业获得垄断优势的根源，垄断优势是企业开展对外直接投资的动因，从而标志着国际直接投资理论研究的开端。

#### （二）市场不完全是垄断优势的根源

传统的国际投资理论往往以完全市场竞争为理论前提，而海默则认为现实市场是不完全竞争市场，因而需要修正理论前提。所谓市场不完全，是指由于各种因素的影响而引起的偏离完全竞争的一种市场结构。垄断优势理论认为，外部市场的不完全才能使得跨国公司对其拥有的垄断优势得以保持。具体来看，市场的不完全主要包括以下四个方面：（1）产品市场不完全，产品的差异性、商标、特殊的市场技能等；（2）要素市场不完全，专利、技术诀窍、资本获得能力等差异；（3）规模经济和外部经济的市场不完全；（4）政府干预程度、税收、利率和汇率等政策引致的市场不完全。因此，垄断优势根源于市场不完全性，并借助于不完全的市场结构得以维持，而正是垄断优势构成了美国企业对外直接投资的决定性因素。由此可见，海默摒弃了传统的市场完全性假设前提，突破了传统国际投资理论的局限，代之以新的方法和新的视角来解释快速成长中的国际直接投资现象。

### （三）垄断优势是进行国际直接投资的动因

与东道国企业相比，对外投资企业在了解当地法律法规、信息获取等方面处于劣势，并且要承担远距离经营的额外成本和更多的不确定性风险。因此，垄断优势理论认为，正是由于市场不完全而使美国企业拥有和保持特定优势（即垄断优势），从而补偿在东道国陌生环境中投资经营所增加的成本，并取得超额利润。一般而言，敢于向海外进行直接投资并能在投资中获利的跨国公司多在以下几个方面具有垄断优势。

（1）资金优势。一般来说，一方面，跨国公司本身就具有雄厚的资金实力，并且可以在各子公司之间灵活调度资金；另一方面，大公司的信誉度高及不动产多，因而能轻易地从许多国际金融机构获得贷款，并且能在投资地获得东道国银行或其他金融机构的贷款。因此，跨国公司在资金实力、融资渠道与便捷性上具有一般国内公司无法比拟的优势。

（2）技术优势。跨国公司通常拥有较强的科研队伍，并有能力投入大量资金研发新技术和新产品。开发出新技术后，跨国公司既可以通过许可证贸易的方式把技术转让给东道国使用，也可以直接进行投资加以利用。但是，许可证贸易方式转让技术所获收益总量相对较小，且会使跨国公司失去东道国的市场。因此，实践中跨国公司更倾向于以独有的先进技术对东道国直接投资，获取垄断利润。

（3）信息与管理优势。跨国公司的子公司、分公司及各类销售机构分布在不同类型的国家中，而统一的管理和全球一体化战略原则又把这些分支机构连为一体。因此，他们各自所获得的信息和情报能在总体利益一致的前提下互相交流。

（4）信誉与商标优势。信誉与商标是跨国公司所拥有的重要无形资产，也是其垄断优势的一个重要方面。大型跨国公司凭借其悠久的历史和显赫的信誉度，能比其他企业更容易地巩固老市场和开拓新市场。

（5）规模经济优势。规模经济包括内部规模经济和外部规模经济。跨国公司通过水平一体化经营，可以扩大规模，降低单位产品成本，增加边际收益，即获得内部经济优势。同时，跨国企业还可以通过垂直一体化经营，利用上、下游专业化服务，实现高技术劳动力市场的共享和知识外溢所带来的利益，即获取外部规模经济优势。具体而言，在生产方面，跨国公司不仅可以在母国进行大规模的生产，还可以进行国际分工，充分利用各子公司的优势。在销售方面，跨国公司具有遍布世界各国的销售渠道以及与国际经销商长期稳定的业务联系，使产品能够大批量、低成本、高速度地销往世界各国。

### （四）垄断优势论的发展和完善

自海默、金德尔伯格开创国际直接投资理论研究先河之后，众多学者开始对跨国公司的国际直接投资行为进行更为深入的研究。研究结果显示，跨国公司具有的垄断优势来自于其独有的核心资产。

约翰逊（H.G.Johnson）在1970年发表的《国际公司的效率和福利意义》论文中指出，跨国公司的垄断优势主要来源于其对知识资产的控制。与其他资产相比，知识资产的生产成本较高，而通过国际直接投资方式来对这些知识资产加以利用则成本较低。另外，跨国公司可以以较低的价格将高技术知识转移给子公司。

凯夫斯（R.E.Caves）在1971年发表的《国际公司：对外投资的产业经济学》论文中指出，跨国公司所拥有的使产品发生异质的能力是其拥有的重要优势之一。跨国公司可以凭借其强大的资金、技术优势针对不同层次和不同地区的消费者偏好设计、改造产品，使其产品在形态、性能、包装上与其他产品相差异，并通过强有力的广告宣传、公关活动等促销手段促使消费者偏爱和购买这些产品。

尼克博克（F.T.Knickerbocker）在1973年发表的《寡占反应与跨国公司》中指出，寡占市场结构中的企业跟从行为（即寡占反应）是对外直接投资的主要原因。在寡占市场结构中，少数几家大公司会密切关注对手的对外直接投资行动，随时紧跟其后实行跟进战略。其目的在于抵消竞争对手率先行动所带来的优势，规避风险。同时，寡占反应行为必然导致对外直接投资的成批性，因为只有盈利率高的行业的跨国公司才能拥有雄厚的资金实力，才能迅速做出防御性反应。[①]

### （五）垄断优势论简评

垄断优势论开创了国际直接投资理论研究的先河，突破了传统理论的分析框架，首次提出不完全市场竞争是导致国际直接投资的根本原因。同时，其对不完全市场结构以及企业垄断优势的分析，为以后国际直接投资理论的发展奠定了坚实基础。

但是，垄断优势论也存在许多局限性。该理论是以战后美国制造业等少数部门的境外直接投资为研究对象的，是基于美国知识和技术密集型部门境外投资活动而得出的结论。因此，其理论缺乏普遍的指导意义，难以解释发达国家中小企业的对外投资行为，更不能解释不具备垄断优势的发展中国家企业的境外投资行为。

## 二、产品生命周期论

### （一）产品生命周期论的产生背景

1966年，美国哈佛大学教授雷蒙德·弗农（R.Vernon）在其发表的题为《产品周期中的国际投资与国际贸易》的论文中，提出了产品生命周期论。该理论将企业的垄断优势、产品生命周期以及区位因素结合起来，解释国际直接投资的动机、时机与区位选择。

对于国际贸易和国际投资现象，当时主要通过流行的要素禀赋理论和比较成本优势理论来进行解释。但是，弗农认为传统理论脱离现实，理论解释力较弱。为此，他试图引入若干新

---

① 张纪康. 跨国公司与直接投资[M]. 上海：复旦大学出版社，2004：135，137.

变量，如创新、规模经济、新产品开发中的累积知识和风险度的降低，大规模跨国公司相互依存的寡头市场关系等，使理论能反映投资的动态变化过程。[①]因此，在一定程度上，产品生命周期论继承了垄断优势论中的"特有优势"[②]分析，同时结合了产品兴衰的周期循环过程，分析随着"特有优势"的分散、转移，厂商在产品不同周期对外直接投资所呈现出的阶段性特点。

### （二）产品生命周期论的主要内容

所谓产品生命周期，是指产品在市场销售中的兴与衰，即从推出新产品，到广泛流行，再到退出市场的全过程，而不是从使用价值角度所说的产品自然属性逐渐消失的过程。弗农把产品生命周期划分为三个阶段，并具体分析跨国企业如何根据产品生产条件和竞争条件而做出对外直接投资决策。弗农的产品生命周期论描述如图 2-1 所示。

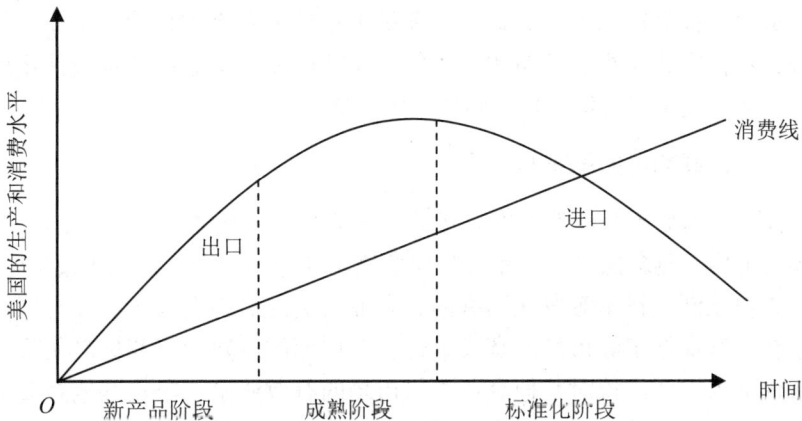

图 2-1　美国新产品的生命周期

1．新产品阶段

弗农认为，在产品创新阶段，产品前期研发投入和生产成本较高，产品很不完善，生产规模较小，并且尚未标准化。在此阶段，美国企业处于完全的垄断优势地位，生产一般集中在美国国内；产品主要满足国内少数高收入阶层消费需求，并部分出口满足其他收入水平相近国家的消费需求。

2．成熟阶段

弗农认为，产品成熟阶段将出现以下几个方面的变化。其一，寡占市场结构削弱，市场竞争加剧。随着技术不断扩散，企业的技术垄断地位和寡占市场结构被削弱，众多竞争者涌入，市场竞争日趋激烈。其二，产品基本定型，国内仿制者增加，成本因素成为市场竞争的重要因素。由于产品日益成熟，仿制者日益增多，产品价格逐渐下降，企业开始寻求低成本生产。其三，开始出现跨国生产。在此阶段，西欧等发达国家市场需求扩大，美国产品大量销往西欧市场，也有部分销往发展中国家。但是，美国产品越来越遭受进口国贸易壁垒、原材料供应不足、运输设施缺乏以及中间费用增加等问题的困扰。在这种情况下，仅通过出口

---

[①] 张纪康．跨国公司与直接投资[M]．上海：复旦大学出版社，2004：135，137．

[②] 这里所谓的"特有优势"主要指由于发达国家国内市场竞争、消费者市场压力等迫使其企业在新产品、新工艺的开发、创新上具有非发达国家厂商所没有的优势。具体而言，其特定优势主要表现在对市场需求较快的反应，在产品、工艺上的技术优势，在研发投入方面的资金优势。

来维持和扩大在国外的市场利益是相当困难的，企业开始倾向于到海外直接投资设厂。这一时期的对外投资，主要是面向西欧这类市场容量大、生产条件好、要素价格比美国相对便宜的国家。

3. 标准化阶段

弗农认为，在这一阶段，产品的生产技术、规模及样式等都已经完全标准化，企业的垄断优势不复存在。产品日趋标准化，对技术和生产者劳动熟练程度的要求均比以前减弱，因而产品成本和价格因素更为重要。因此，自然资源丰富、成本优势凸显的发展中国家就成为跨国公司对外直接投资的最佳区域。美国公司在逐渐放弃老产品生产的同时，又开始研制和开发新产品，继续在新技术和新产品领域中保持垄断优势。

总之，根据产品生命周期论，跨国企业把自己的垄断优势与东道国的区位优势相结合，达到降低生产成本、提高产品竞争力以巩固和扩大市场占有率的目的。企业对外直接投资的演进路径表现为：国际直接投资的策源地一般为发达国家，接着向各种条件相近但又具有一定区位优势的其他发达国家投资，然后转向广大发展中国家。

### （三）产品生命周期论的修正与评价

在该理论模型提出后不久，弗农本人就意识到其理论的不足之处。于是，在1974年，他通过引入"寡头市场"概念提出"产品生命周期修正理论模型"。在修正模型中，弗农指出，在创新阶段，来自欧洲、日本等发达国家的大企业与美国跨国企业一样具有创新优势，并且可以凭借其创新优势谋取国际市场的寡头地位。在周期的成熟阶段和标准化阶段，寡头企业将利用其创新优势谋求和维持对其他企业进入市场的有效壁垒，阻止其他企业进入。同时，在跨国经营上，厂商不仅关注产品的生命周期，还密切关注其在世界各地的生产效益，统筹安排其全球经营网络。因此，修正后的模型更符合现实，理论解释力也更强。

与此同时，还有一些学者从发展中国家对外投资角度，探讨产品生命周期理论，解释发展中国家境外投资的适应性。比较有代表性的是美国学者韦尔斯（Wells）等人的观点，他们认为，产品生命周期论可以解释发展中国家的对外投资行为，只是需要注意发展中国家的特点。

总之，尽管产品生命周期论存在诸如研究范围狭窄、研究对象单一等局限性，但其在跨国经营理论的动态性、产品创新等方面的开创性研究，使得该理论在主流国际直接投资理论中占有重要地位。

### 专栏2-1：从日本汽车发展史看产品生命周期论的局限性

产品生命周期模型沿袭了约瑟夫·熊彼特的技术创新理论，强调技术发明给经济带来的革命性、突变性的影响。技术创新的主体是企业，但这并不意味着技术创新过程只有一个角色。技术创新是一个从科学技术成果的供给到创新产品市场销售的完整过程，参与这个过程的角色是各种各样的。正如OECD在其研究报告中所指出的："技术变化并不是以一种完善的线性方式发展的，而是通过该体系的连锁环路来发展的。这个系统的中心是企业，它们组织生产和创新的方式以及它们获得外界知识来源的途径，可能是其他企业、公司研究机构、大学或者转移机构——既可能是区域性的，也可能是国家性的或者国际性的。在这里，创新企业被理解为是在一个复杂的合作与竞争的企业和其他机构组成的复杂网络中间进行经营的，是建立在创新产品供应商与消费者之间一系列合资或密切联系的基础之上的。"弗农等人的模型忽视了技术的渐进发展对企业和产业演化的重要作用，日本汽车业的发展就是一个很好的例子。

第二次世界大战失败后，盟军司令部曾下令全面禁止汽车生产，使得日本汽车产业发展势头较弱。在20世纪50年代前期，美国、欧洲生产的汽车充斥日本汽车市场，大有泛滥之势。特别是欧洲生产的小型廉价汽车，对处在半毁灭状态的日本汽车工业构成了致命的威胁。随后，日本政府对进口汽车征收高达40%的关税（于1978年废止，其后至今日本对进口汽车全免关税），严格禁止外国资本渗透国产汽车工业。而中小型汽车厂家为了生存，或者引进技术或者采取与国外厂家达成"事业合作"或"技术合作"以发展汽车产业。在引进技术以及"技术合作"的同时，日本企业通过不断改进汽车技术，使日本汽车产业得到迅速发展。1967年日本即超过德国而成为第二大汽车生产国。随着日本汽车厂商技术创新能力的提高，他们研发出省油、轻巧的小型轿车。进入20世纪70年代，"两次石油危机"让省油的日本小型轿车大行其道，出口量骤增，丰田、日产、富士重工、铃木等公司迅速成为世界级的汽车生产厂，丰田公司在1972—1976年四年间就生产了1 000万辆汽车。1980年，日本汽车总产量达到1 104万辆，超过美国而成为世界最大的汽车生产国和出口国。

经过短短二十多年的发展，日本汽车产业已经超越美国，成为世界最大的汽车生产国和出口国。纵观日本汽车产业的发展历程可以发现，日本企业注重引进国外先进技术，并不断进行产品技术创新，其产品生命周期没有进入成熟化和老化阶段（尤其是在电子工程方面）。技术发展的结果，使日本的汽车厂商在美国和欧洲进行了大规模的直接投资。可见，在复杂多变的世界环境中，产品的生命周期不一定绝对地表现为新产品、成熟、标准化阶段，其企业对外投资也不完全遵循弗农的分析路径。创新企业往往在其产品进入标准化之前就进行改造、更新，避免产品标准化以及老化所带来的效益损失。

资料来源：徐充. 姜成. 日本汽车产业的发展及其对我国的启示[J]. 现代日本经济，2007，3：50-55.

## 三、内部化理论

### （一）内部化理论的产生背景

内部化理论，也称为市场内部化理论，起源于20世纪30年代科斯的内部化理论。英国经济学家巴克雷和卡森在其1976年合著出版的《跨国公司的未来》和1978年出版的《国际经营论》中，以市场不完全为假设，把科斯的交易成本学说融入国际直接投资理论，提出内部化理论。所谓内部化，是指把外部市场建立在公司内部的过程。其目的在于，以内部市场取代原来的外部市场，从而降低外部市场交易成本并取得市场内部化的额外收益。内部化理论将市场不完全归因于市场机制的内在缺陷（即市场不完全是自然性市场不完全），指出中间产品市场的不完全性迫使企业进行市场内部化。

### （二）内部化理论的主要内容

1. 内部化理论的基本假设

内部化理论有三个基本假设：其一，企业在所谓的不完全市场上从事经营的目的是追求利润最大化；其二，生产要素特别是中间产品市场不完全时，企业可能以内部市场取代外部市场；其三，内部化跨越了国界就产生了跨国公司。基于以上假设，当中间产品市场（原材料、知识、信息、技术、管理等）不完全，使得企业在外部市场中遭遇交易时滞和较大交易成本时，企业就将中间产品市场在一个厂商中内部化，以最大化其经济利益。

### 2. 市场内部化的影响因素

巴克雷和卡森认为，影响企业交易成本并进而决定市场内部化的因素主要有四个：产业因素，主要包括产品的性质、规模经济以及外部市场结构等；国家因素，主要包括国家政治制度、法律制度和财政金融政策对公司行为的影响；地区因素，主要包括有关区域内的地理和社会特点，如地理位置、社会心理、文化环境等；企业因素，主要包括企业的组织机构、管理经验、控制和协调能力等。在上述因素中，产业因素和企业因素是影响市场内部化行为的关键因素。

### 3. 市场内部化的收益与成本比较

内部化理论认为，企业实行市场内部化的目标是获取内部化本身的收益，所以内部化的进程取决于其对内部化的收益与成本的比较。市场内部化的收益来源于消除外部市场不完全所带来的经济效益，具体包括以下几个方面。

（1）统一协调相互依赖的企业各项业务，消除"时滞"所带来的经济效益。实行内部化之后，跨国企业可以将相互联系的各项生产经营活动置于统一控制之下，协调不同生产阶段的长期供应关系，从而避免外部市场不完全造成的生产经营活动的"时滞"，也可以避免外部市场价格信号失真所带来的负面影响。

（2）制定有效的差别价格和转移价格所带来的经济效益。内部化之后，跨国企业可以对内部市场上流转的中间产品，特别是知识产品运用差别性的转移价格，提高本公司整体经济效益。

（3）消除国际市场不完全所带来的经济效益。市场内部化可以规避各国政府在贸易管制、资本、税收、价格等方面的限制，也可以享受到东道国的各种政策优惠，从而大大减少国际市场不完全所带来的损失，获得更多的经济利润。

（4）防止技术优势扩散和丧失所带来的经济效益。一般来说，技术优势是跨国公司所拥有的最重要的优势。市场内部化之后，跨国公司可以通过知识产品的内部转移来避免知识产品外溢，消除外国竞争者的迅速仿制，从而防止知识产品优势迅速丧失，维持其技术优势和市场垄断地位。

与此同时，跨国公司实行市场内部化也需要支付成本，具体包括以下几个方面。

（1）资源成本。市场内部化后将完整的市场分割成若干个独立的小市场（即内部市场）。因而，从社会角度来看，市场内部化不能实现资源的最佳配置，企业可能在低于最优经济规模的水平上从事生产，造成资源浪费。

（2）通信联络成本。为避免技术泄露，企业将建立独立的通信系统，必然增加通信联络成本。另外，不同企业建立不同的通信网络，往往因缺少统一性而加大跨国企业间的通信成本。

（3）国家风险成本。跨国公司在当地市场形成垄断或者损害当地企业生产经营活动时，往往导致东道国政府的干预。东道国政府可能会采取歧视性政策，如对外资股权份额加以限制、实行国有化等。因此，跨国公司将面临一些国家风险，增加了风险成本。

（4）管理成本。市场内部化之后，跨国公司要对遍布全球的子公司进行监督管理，必然增加企业的监督管理成本。

显然，只有当市场内部化的收益大于外部市场交易成本和为实现内部化而付出的成本时，跨国企业才会进行市场内部化。

### （三）内部化理论简评

市场内部化理论标志着西方对外直接投资理论研究的重要转折。垄断优势论从市场不完全性和企业的特定优势角度出发，论述了发达国家企业对外直接投资的动机和决定因素。而市场内部化理论着重从自然性市场不完全出发，并结合国际分工和企业国际生产组织形式来分析企业对外直接投资行为。该理论认为原材料、半成品，尤其是技术、知识、管理技能等中间产品市场存在缺陷，企业具有将外部市场内部化的驱动力。企业将比较内部化的收益与成本，只要市场内部化的收益大于外部市场交易成本和为实现内部化而付出的成本，企业便进行市场内部化。当企业的内部化行为超越国界时，就产生对外直接投资。因此，在理论上，内部化理论较好地解释了跨国公司的性质、起源以及对外投资形式，可以对大部分国际直接投资行为进行解释，被视为国际直接投资的一般理论。

## 四、国际生产折衷理论

### （一）国际生产折衷理论的产生背景

英国经济学家约翰·邓宁（John H. Dunning）教授于 1977 年在《贸易、经济活动的区位与多国企业：折衷理论探索》论文中首先提出国际生产折衷理论，并在 1981 年出版的《国际生产与多国企业》中系统论述。邓宁综合结构性市场不完全因素与自然性市场不完全因素，系统分析了跨国公司的形成及其对外投资行为，被誉为具有高度概括性、广泛涵盖性与适应性的国际直接投资"通论"。

---

**人 物 介 绍**

约翰·邓宁（John H. Dunning），英国雷丁大学和美国新泽西州鲁杰斯大学国际商务专业荣誉退休教授，瑞典阿普萨拉大学、马德里自主大学和安特卫普大学荣誉博士，北京对外经济贸易大学荣誉教授。邓宁曾任国际贸易与金融协会主席和国际经营学会主席，联合国贸发会议投资、技术与企业发展部主任的高级经济顾问。

约翰·邓宁教授自 20 世纪 50 年代以来一直致力于国际直接投资和跨国公司的经济学研究，被誉为"跨国公司研究第一人"。在国际投资领域和产业经济学与区域经济学方面，约翰·邓宁教授出版个人专著、合著以及主编著作 42 部，最新出版成果有《困境中的全球化》和《改善全球化》。由彼德·巴克利和马克·卡森编辑的纪念邓宁教授的文集于 1992 年出版。2003 年还出版了由约翰·坎特威尔和拉吉尼什·纳鲁拉编辑的《国际经营与折衷理论》，以纪念约翰·邓宁教授对国际经营研究的理论贡献。2002 年 8 月，邓宁教授在美国丹佛举行的管理研究院年会上荣获"国际管理杰出学者"称号。2004 年 12 月，在欧洲国际商务管理学院年会上，他被授予终身成就奖。同时他还担任联合国贸易和发展会议（UNCTAD）的《跨国公司》杂志编辑顾问委员会主席。晚年致力于国际资本的"道德生态"理论的探索。为了表彰他在学术上的突出贡献，2008 年英国授予他 OBE 勋章。

资料来源：吴南. 跨国公司理论研究的专家——约翰·H. 邓宁[J]. 世界经济, 1991, 11: 20.

---

### （二）国际生产折衷理论的主要内容

邓宁认为，现代国际直接投资活动的动因是多重的，从一种或几种主要因素来分析企业对外直接投资活动缺乏全面性。他认为，决定跨国公司行为和对外直接投资的最基本因素有三个，即所有权优势、内部化优势和区位优势，这就是著名的"三优势范式"（OLI Paradigm）。

（1）所有权优势，又称垄断优势或厂商优势，是指一国企业拥有或能够得到而他国企业没有或无法得到的无形资产、规模经济等方面的优势。一是资产性所有权优势，指对有价值资产（原材料、先进技术等）的拥有；二是交易性所有权优势，指企业拥有的无形资产（技术、信息、专利、管理、营销、品牌、商誉等）；三是规模经济优势，指规模经济带来的研发、创新优势以及低成本优势。

（2）内部化优势，是指企业为避免外部市场不完全性对企业经营的不利影响，将企业优势保持在企业内部。外部市场的不完全性包括两个方面：一是结构性的市场不完全性，如竞争壁垒、政府干预等；二是自然性的市场不完全性，如知识市场的信息不对称和高交易成本。邓宁认为，外部市场不完全性将使得企业的所有权优势逐渐丧失或无法发挥，因此，企业具有将企业优势内部化的强大动力。企业通过内部化可以使其优势获得最大收益，当企业内部化行为跨越国界时，便引发了国际直接投资活动。

（3）区位优势，是指东道国投资环境和政策方面的相对优势对投资国所产生的吸引力。区位优势包括两个方面：一是要素禀赋性优势，即自然资源、地理位置、气候条件、土地和劳动力资源及价格等；二是制度政策性优势，即政治经济制度、贸易金融政策、法律法规的完善性与执行情况、行政效率以及对外资的优惠条件等。[①] 当东道国的区位优势较大时，企业就会从事国际生产。

国际生产折衷理论并非是对以往国际直接投资理论的简单总结归纳，而是从跨国公司国际生产角度，论述上述三个基本因素对企业选择参与国际经济活动方式的影响。三个基本要素的不同组合决定了企业参加国际经济活动的三种主要形式，即对外直接投资、商品出口和许可证贸易。

> 所有权优势=许可证贸易
>
> 所有权优势+内部化优势=商品出口
>
> 所有权优势+内部化优势+区位优势=国际直接投资

当企业只具备所有权优势，既没有能力使之内部化，也没有能力利用国外的区位优势时，其参与国际经济活动的最好方式是进行许可证贸易，把技术专利转让给国外厂商使用；当企业具备所有权优势，并且有能力使之内部化，其参加国际经济活动的最好选择是出口商品；当企业同时具备了所有权优势、内部化优势和区位优势，便可在国际经济活动中选择对外直接投资方式。

### （三）国际生产折衷理论简评

由此可见，国际生产折衷理论是具有较强实用性的国际直接投资的"通论"。该理论既继承了海默的垄断优势论的观点，也吸收了巴克雷等人的内部化理论的观点，并借鉴了"区

---

① 2000年，邓宁在 *International Business Review* 上发表了 "The Eclectic Paradigm as an Envelope for Economics and Business Theories of MNCs Activity" 一文，对直接投资的区位因素做了进一步的细化和补充。

位优势"的概念，创建了"一个关于国际贸易、对外直接投资和国际协议安排三者统一的理论体系"。[①]

## 五、比较优势论

### （一）比较优势论的产生背景

20 世纪六七十年代，随着日本经济的崛起，其对外直接投资，尤其是对发展中国家投资迅猛发展，并且表现出与欧美国家对外投资不同的特点。针对日本对外投资现象，日本学者小岛清（K. Kojima）出版了大量关于国际直接投资的论著。在 1977 年出版的《对外直接投资论》中，小岛清第一次系统地阐述了独具特色的比较优势投资理论，又称边际产业扩张理论。该理论运用国际分工比较优势原理，分析和解释日本对外直接投资现象，被称为"小岛清模式"。

小岛清认为，以海默为代表的垄断优势论过分强调对外直接投资的微观经济因素，而完全忽略了宏观经济因素的分析，更没有注意到国际分工原则。在小岛清看来，国际分工原则和比较成本原则是一致的。两国劳动和经济资源的比率存在差异，将导致比较成本差异，进而产生行业间比较利润率的差异。因此，应该根据比较成本和比较利润率来分析一国的对外贸易和对外直接投资。

小岛清从宏观角度，将对外投资分为顺贸易导向型（或贸易创造型）和逆贸易导向型（或贸易替代型）投资。他认为，在垄断优势论指导下，美国从事对外投资的企业多是具有比较优势的产业部门，其对外投资导致美国出口减少，贸易逆差增加，是一种"逆贸易导向"的投资。相反，日本对外投资多集中于资源开发以及在本国丧失比较优势而在东道国仍然具有比较优势的产业领域，而日本国内则集中发展比较优势更大的产业。日本的对外直接投资由于符合国际分工体系中的比较优势原则，形成了良性国际分工，不仅没有取代出口，反而带动了相关联产品的出口。因此，日本对外直接投资是与贸易互补的"顺贸易导向"投资，有利于日本的长远经济利益。

### （二）比较优势论的主要内容

小岛清的国际投资理论以日本的对外直接投资为研究对象，可以归纳为"对外直接投资论的核心观点，集中于一点就是：对外直接投资应该从本国（投资国）已经处于或即将陷于比较劣势的产业（可称边际产业，这也是对方国家具有显在或潜在比较优势的产业）依次进行"。[②]这样，对外直接投资就可以充分利用东道国的比较优势并扩大两国的贸易规模。

根据比较优势理论，小岛清做出了"若干推论"。

推论一：可以将国际直接投资和国际贸易从理论上统一到比较成本论上来。在贸易方面，根据既定的比较成本，一国应大力发展拥有比较优势的产业并出口其产品，同时缩小比较劣势产业并进口该产品，就可以获得贸易利益。在对外直接投资方面，投资国应从处于或即将处于比较劣势的边际产业依次展开。这样，既可以将东道国未发挥的潜在比较优势挖掘出来，为日本国内发展比较优势产业提供空间，又可以扩大两国间的比较成本差距，为双方进行更

---

① CLEGG J. Multinational Enterprises and World Competition[M]. London: Macmillan, 1987:2.

② 小岛清. 对外贸易论[M]. 中译本. 周宝廉，译. 天津：南开大学出版社，1987：444.

大规模的进出口贸易创造条件。总之，国际贸易按照比较成本原则进行，国际直接投资则可以创造新的比较成本差异。两者在比较成本原则基础上，达到了统一。

推论二：日本式的对外直接投资不是取代对外贸易，而是补足和创造对外贸易。正如图 2-2 所显示的，I-I 线是本国（日本）商品由低到高的成本顺序线（假定其中由 $A$ 至 $Z$ 都可以用 100 日元生产出来）；II-II 线是对方国家商品成本由低到高的顺序线（如 $a'$ 为 0.8 美元，$z'$ 为 5 美元）。两线相交于 $m$ 点，该点表示按外汇汇率计算的两国 $m$ 商品的成本相等。由此可以判断，右边的 $X$、$Y$、$Z$ 的成本低于对方国家，依然是优势产业；而左边的 $A$、$B$、$C$ 产业由于成本高于对方国家的 $a'$、$b'$、$c'$，因此已经是本国（日本）的边际产业。如果从这些产业进行对外直接投资，其投资的结果是在对方国家投资的成本可降至 $a^*$、$b^*$、$c^*$。这样一来，双方就能实现利益更大、数量更多的交易（I 国的进口）。这是因为从本国趋于比较劣势的边际产业进行对外直接投资，在东道国廉价生产过程中，可以带动投资国机器设备出口；在东道国廉价生产后，可以促进产品返销投资国及销往其他国家。另外，东道国引进外资提高国民收入后，也会从日本进口更多的产品。从创造和扩大投资国的对外贸易角度来看，日本式的对外直接投资是属于贸易导向型的。

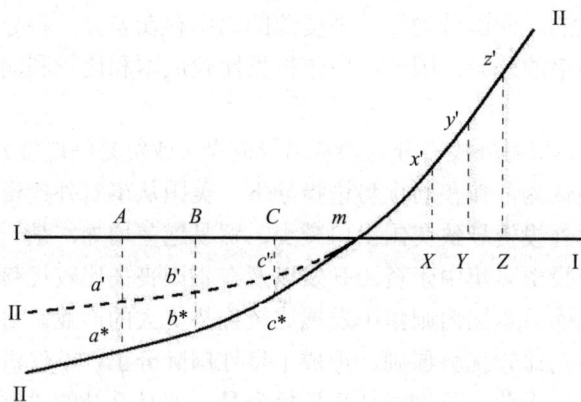

图 2-2　小岛清的"边际产业扩张论"

推论三：应当立足于"比较成本原理"进行判断。小岛清认为，传统理论往往建立在对一种商品、一种产业或一家企业的分析之上，是不科学的。他认为，判断比较劣势产业，应该先找出两种或两种以上的产品的成本比率，然后与外国的该种比率进行比较，即运用比较之比较公式，才能做出最后的结论。

推论四：对外直接投资中，应该从技术差距最小的产业依次进行移植，从而使双方产生更大的比较优势，创造更高的利润。

小岛清也根据日本国情提出了一些具体政策主张。例如，对于资源开发型投资应该采用"开发进口、长期合同方式"；在向发展中国家进行投资时要起到"教师的作用"，带动东道国经济发展；应该与发达国家进行"协议性的产业内部交互投资"，即在双方比较成本差距很小的产业上进行相互投资。

### （三）比较优势论评价

小岛清的比较优势论从与欧美学者相对立的角度立论，首次尝试将国际直接投资理论与国际贸易理论在比较优势原则基础上融合起来。而且，小岛清否定了垄断优势因素在对外直接投资中的决定性作用，强调运用与东道国生产力水平相适应的标准化技术进行投资。该理论基本符合日本 20 世纪六七十年代的对外直接投资现象，解释了美国垄断优势产业对外投资引起出口减少、贸易逆差增加的事实。同时，该理论也在一定程度上解释了日本—"四小龙"（韩国、新加坡、中国台湾和中国香港）—东盟—中国—越南为序的直接投资与产业结构调整递进的构想和实态，即所谓的"雁行模式"。

但是，由于小岛清的比较优势论立足于日本国情，也存在很大的局限性。首先，该理论无法准确解释日本 20 世纪 80 年代以后日益增加的逆贸易导向型（或贸易替代型）对外直接投资现象。20 世纪六七十年代日本对外投资确属顺贸易导向型，从而论证了比较优势论的有效性。但是，20 世纪 80 年代以后，由于国际贸易保护主义盛行和日本产业结构调整，日本众多大型企业大举对外投资，逆贸易导向型对外直接投资大幅度增加，凸显了比较优势论的局限性。其次，按照小岛清的理论逻辑，技术相对落后的发展中国家不能进行对外直接投资，更不能向发达国家进行投资。

## 六、波特的竞争优势理论

美国哈佛大学教授迈克尔·波特（Michael E. Porter）在其《国家竞争优势》一书中，提出了竞争优势理论，成为国际直接投资理论的最新进展。竞争优势理论的核心内容是国际竞争环境与跨国公司竞争战略和组织结构之间的动态调整及相适应的过程。[①]波特认为，跨国公司的各种职能可以用价值链构成来描述，而价值链是跨国公司组织其跨国生产过程中价值增值的方法。因此，跨国公司在国际市场上拓展其价值链的能力就是企业竞争优势的重要来源。而跨国公司的对外投资战略则表现为对不同活动的国际区位和各海外子公司一体化程度的选择。波特还指出，激烈的国内竞争将导致对外投资，并在投资过程中获得竞争优势。另外，波特将企业的竞争优势划分为"低成本竞争优势"和"产品差异型竞争优势"，并做出了具体阐释。低成本竞争优势来源于特殊的资源、相对容易获取的生产技术、生产方法等，因此较容易被仿效。相比较而言，产品差异型竞争优势主要来源于对设备、技术、管理和营销等方面的创新能力，因此很难被竞争对手仿效，成为跨国公司重要的竞争优势。

可见，该理论突破了传统理论分析框架，从宏观竞争优势角度分析跨国企业的对外投资行为，使得理论更接近现实。另外，波特提出的菱形动态模式指出跨国公司对外投资应采取"先内后外"的顺序，具有理论创新意义。

### 人 物 介 绍

迈克尔·波特（Michael E. Porter）是哈佛大学商学研究院的著名教授，当今世界上少数影响较大的管理学家之一。他曾在 1983 年被任命为美国总统里根的产业竞争委员会主席，开创了企业竞争战略理论并引发了美国乃至世界的竞争力讨论。他先后获得过威尔兹经济学奖、亚当·斯密奖，五次获得麦肯锡奖，拥有很多大学的名誉博士学位。到目前为止，波特已有 17 本著作，其中最有影响的有《品牌间选择、战略及双边市场力量》（1976）、《竞争战略》（1980）、《竞争优势》（1985）、《国家竞争

---

① 张纪康. 跨国公司与直接投资[M]. 上海：复旦大学出版社，2004：175.

力》（1990）等。

迈克尔·波特 32 岁即获哈佛商学院终身教授之职，是当今世界上竞争战略和竞争力方面公认的第一权威。他毕业于普林斯顿大学，后获哈佛大学商学院企业经济学博士学位。目前，他拥有瑞典、荷兰、法国等国多所大学的 8 个名誉博士学位。

波特博士获得的崇高地位缘于他所提出的"五种竞争力量"和"三种竞争战略"理论。作为国际商学领域备受推崇的大师之一，波特博士至今已出版了 17 本著作、发表了 70 多篇文章。其中，《竞争战略》一书已经再版了 53 次，并被译为 17 种文字；另一本著作《竞争优势》，至今也已再版 32 次。

波特对于竞争战略理论做出了非常重要的贡献，"五种竞争力量"——分析产业环境的结构化方法就是他的杰出思想；他更具影响的贡献是在《竞争战略》一书中明确地提出了三种通用战略。

波特认为，在与五种竞争力量的抗争中，蕴涵着三类成功型战略思想，这三种战略是：总成本领先战略；差异化战略；专一化战略。波特认为，这些战略类型的目标是使企业的经营在产业竞争中高人一筹：在一些产业中，这意味着企业可取得较高的收益；而在另外一些产业中，一种战略的成功可能只是企业在绝对意义上能获取一些微收益的必要条件。有时企业追逐的基本目标可能不止一个，但波特认为这种情况实现的可能性是很小的。因为贯彻任何一种战略，通常都需要全力以赴，并且要有一个支持这一战略的组织安排。波特在《竞争战略》中还对三种通用战略实施的要求进行了详细的分析，并一一列举。

波特的竞争战略研究开创了企业经营战略的崭新领域，对全球企业发展和管理理论研究的进步，都做出了重要的贡献。

资料来源：迈克尔·波特. 竞争论[M]. 北京：中信出版社，2003.

# 第二节　发展中国家的直接投资理论

上述主流国际直接投资理论都是以美、日、欧等发达国家为研究对象，对发达国家对外直接投资行为具有较强的解释力。但是，基于主流理论产生的背景与条件，上述主流国际直接投资理论并不能很好地解释发展中国家企业开展对外投资的优势与动机。20 世纪 70 年代以来，尤其是 20 世纪 80 年代以来，发展中国家和部分新兴工业化国家在国际直接投资领域中异军突起。至此，如何解释发展中国家对外投资新趋势，成为主流国际直接投资理论的重大挑战。于是，许多学者另辟蹊径，针对发展中国家的现实和特点，在已有理论基础上研究发展中国家对外投资现象，取得了一些阶段性的成果。

## 一、资本相对过度积累理论

西方发达国家的对外直接投资是资本过剩的产物，可称之为"资本过剩型跨国投资"。而发展中国家的对外直接投资是在普遍存在资本缺口的情况下发生的，不仅不存在资本过剩的问题，而且国内建设资金通常短缺。对此问题，苏联学者阿·勃利兹诺伊利的观点最具有代表性。[①]阿·勃利兹诺伊利借鉴发展经济学中的"二元结构论"来解释发展中国家的对外直接投资。

"二元结构论"最初是由刘易斯提出的，指传统落后的农业部门与具有新技术的现代工业部门同时存在。阿·勃利兹诺伊利把"二元结构论"运用到国际投资领域，认为传统农业部门与现代工业部门在技术水平、劳动生产率、经济组织形式上的差距，使得两产业间的联系大大减弱。另外，传统农业部门的供给弹性与需求弹性较低，无法对现代工业部门提供的经济发展机会做出及时有效的反应，从而使产业间的差距进一步扩大。这样，发展中国家的现代工业部门有可能在未达到规模效益时，就出现结构性供给过剩乃至个别企业或行业的"相对过度资本积累"，于是对外投资便成为可能。

资本相对过度积累理论运用发展经济学中的"二元结构论"，辩证地揭示了发展中国家资本绝对短缺与相对过度积累的二元格局，论证了发展中国家对外直接投资的可能性。但是，此理论不仅缺乏严密的理论逻辑，而且仅阐释了发展中国家在资本普遍短缺情况下对外投资的可能性，并没有深入分析其对外投资的动机和方式。

## 二、小规模技术理论

### （一）小规模技术理论的产生背景

传统理论把拥有或者获取垄断技术优势及规模经济作为企业进行对外投资的必要条件，而发展中国家显然不具备上述优势。在20世纪80年代初，美国哈佛大学著名教授刘易斯·威尔斯（Louis T. Wells）与其助手建立发展中国家跨国公司数据库，深入分析发展中国家企业如何获取竞争优势问题。其1983年出版的研究成果《第三世界跨国企业》，被学术界认为是研究发展中国家跨国公司的开创性成果。

### （二）小规模技术理论的主要内容

1. 发展中国家跨国公司的小规模技术优势

威尔斯认为，发展中国家跨国公司的技术优势十分特殊，并且与其母国市场结构密切相关。威尔斯主要从以下三个方面分析了发展中国家跨国公司的比较优势。

（1）拥有为小市场需求服务的小规模生产技术。由于低收入国家市场容量有限，大规模生产技术无法从这种小市场需求中获得规模效益，许多发展中国家企业具备满足小市场需求的生产技术而获得竞争优势。这种小规模技术主要表现为劳动密集型，生产灵活性大，适合小批量生产等。发展中国家企业一般在开始时总是从工业国引进技术，然后逐渐改造使之适合于当地市场。

（2）"当地采购和特殊产品"给发展中国家带来竞争优势。为减少因进口技术而导致的特殊要素需求，发展中国家企业便寻求用本地原料和零部件进行替代，从而获得成本优势。另外，发展中国家对外投资还呈现出民族文化特点，即为海外同种族进行投资，其生产往往利用母国资源。根据威尔斯的研究，这种"民族纽带"性的对外投资在印度、泰国、新加坡、马来西亚等国家以及中国台湾和香港等地区都占有一定比例。

---

① 刘则渊，方玉梅. 国际直接投资理论分析框架探析[J]. 大连理工大学学报（社会科学版），2004，2：28.

（3）低价产品营销战略。物美价廉是发展中国家跨国公司抢夺市场份额的秘密武器。发达国家跨国公司的产品营销战略往往投入大量广告费用，树立产品形象，以创造名牌产品效应。而发展中国家跨国公司则花费较少的广告支出，采取低价营销战略。

2．发展中国家跨国公司对外直接投资的动机

威尔斯认为，对于制造业企业而言，保护出口市场是对外投资的一个非常重要的动机。[1]根据对亚洲、南美洲多个国家的调查，他指出由于贸易壁垒的存在，出口不是长久的国际经营方式，资本输出才能够使其大多数市场得到保护。投资动机还包括"谋求低成本""分散资产"以及避开"母国市场的局限"等。

**（三）小规模技术理论简评**

小规模技术理论被西方理论界认为是该领域研究的代表性理论之一。该理论最大的特点是，摒弃了只能依赖垄断技术优势打入国际市场的传统观点，将发展中国家对外直接投资竞争优势的产生与其自身的市场特征有机结合起来。小规模技术理论对于分析经济落后国家如何将现有技术与自身特点结合起来，形成比较竞争优势，从而在国际竞争中争得一席之地是颇有启发的。世界市场是多元化、多层次的，即使对于那些技术不够先进，生产规模较小的企业，参与国际竞争仍有很强的经济动力。

但是，从本质上看，威尔斯的小规模技术理论仍然属于技术被动论。他显然继承了弗农的产品生命周期理论，认为发展中国家主要使用"降级技术"，是对"降级技术"的消化、吸收和创新。这样，可能会导致发展中国家处于国际生产的边缘地带或者产品生命周期的最后阶段。同时，该理论也很难解释一些发展中国家中高新技术企业的对外投资行为，以及其对发达国家的对外投资现象。

**专栏 2-2：吸引外资对对外投资能力影响的机制研究——以中国汽车产业为例**

在当今全球化时代，一国对外投资能力被视为其国际竞争力的表现之一。而对发展中国家而言，在发达国家的跨国企业遍布全球市场的条件下，发展出"对外投资能力"实属不易；特别是在没有大量海外投资的经验积累之前，发展中国家对外投资能力的形成，主要还是依赖其本土产业的发展及其国际竞争力的培育。与日本和韩国企业对外投资能力的形成不同，中国制造业企业的对外投资能力，多数是在中国改革开放、引进外资的几十年中逐渐形成的，因此，外资企业的进入及其在中国的运作过程必然对中国产业的发展产生重要的影响。

为了更加清晰地梳理产业环境的变化，把握引进外资对对外投资能力形成的影响机制，我们根据不同时期的特点将中国汽车产业的发展分为以下四个阶段。

1．初创阶段（1949年至1978年）

新中国成立之后，中国首先在苏联的技术援助下由政府投资建立了第一汽车制造厂。其后，一汽等老厂成为技术的来源，通过老厂援建或包建新厂的模式陆续建立了二汽等其他汽车企业。这一时期在计划经济背景下政府没有把轿车作为发展重点，汽车工业主要以载货车为主。在轿车领域，由于技术落后，不具备大批量生产能力，年产量非常少。

---

[1] 刘易斯·威尔斯. 第三世界跨国企业[M]. 中译本. 叶刚，杨宇光，译. 上海：上海翻译出版公司，1986：75.

**2. 合资模式为主导的发展时期（1978年至20世纪90年代中后期）**

20世纪80年代初，轿车需求出现了快速增长，国产轿车数量有限，只能通过进口填补市场空缺。1981年中国轿车进口量为1 401辆，1985年激增至105 775辆，而国产量仅为5 207辆。在此背景下，政府逐渐认识到发展本土轿车产业的重要性，并决定通过开放引资发展本土轿车产业。为保证市场集中度以及保护幼稚的本土企业，政府对外资的进入程度和方式有着严格的限制。外资进入需要经过多个政府部门的审批，在整车和发动机制造领域必须通过合资方式进入且持股比例不得超过50%。合资过程中，中国的汽车生产制造能力大幅提升，1992年汽车产量突破了100万辆。这一时期政府为保证规模经济，对已有汽车企业进行保护，对内严格控制新企业的进入，对外则设置了较高的进口关税并对外资进入加以控制。此外，这一阶段中国轿车市场需求以公务需求为主，对价格相对不敏感。上述原因使得合资企业的产品能够维持较高的价格并获得高额垄断利润，因此车型和技术更新缓慢。例如，上海大众的桑塔纳轿车在20世纪80年代末期几乎占中国市场同档轿车100%的份额，但其车型在十几年的时间里几乎没有变化。

**3. 自主品牌涌现（20世纪90年代中后期至2005年）**

这一时期，随着经济发展和居民收入的提高，中国轿车市场的私人消费需求出现了快速增长。1994年中国民用汽车中私人汽车拥有量仅占21.81%，到了2000年增长至38.87%，2005年进一步增至58.49%。私人消费对价格更敏感，而合资企业产品价格偏高，无法满足日益增长的私人消费需求。这种低端市场产品供给的空缺为吉利、奇瑞等自主品牌企业的诞生和发展创造了机遇。吉利和奇瑞在20世纪90年代末期进入轿车生产领域，凭借价格优势在低端市场上迅速获得了成功。例如，奇瑞"风云"轿车与桑塔纳、捷达等外资车型属于同一档次，但价格却低三分之一。同时，政府逐渐放松了对国内轿车项目审批的限制，2001年正式批准吉利、奇瑞、哈飞、华晨四家企业生产轿车。这一时期中国乘用车产品出口有了初步的发展，主要分布在亚洲、东欧、中东、非洲及南美等区域。2001年，中国乘用车出口量仅有3 579辆，到了2006年已增长至115 467辆。自主品牌企业是中国汽车出口的主力军，2006年整车产品出口中，自主品牌企业约占92%。

20世纪90年代末期，政府批准了通用、本田等外资企业进入市场，由于市场竞争的加剧，外资加快了技术及车型的更新速度。例如上海大众、一汽大众分别引进了桑塔纳2000及帕萨特、Polo、宝来、高尔夫等新车型。21世纪以来，随着开放程度加深，加上中国市场全球战略地位的提高，更多外资进入了中国，如福特（2001年）、现代（2002年）、宝马（2003年）等。同时，入世之后中国不断下调整车进口关税，2006年已降至25%，进一步加剧了市场竞争。2001年中国汽车产销量均突破了200万辆，2005年已经接近600万辆，成为全球第四大汽车生产国和第三大汽车消费国。

**4. 中国汽车产业对外投资的起步阶段（2005年至今）**

这一时期中国的汽车生产和需求均保持了快速的增长，截至2013年，中国汽车产销量均连续五年稳居世界第一。政府对于自主品牌的发展给予越来越多的关注，出台相应政策对自主品牌汽车进行扶持。例如，2004年的《汽车产业发展政策》明确提出"国家支持汽车、摩托车和零部件生产企业建立产品研发机构，形成产品创新能力和自主开发能力"。2009年的《汽车产业调整和振兴规划》进一步强调国家对自主开发给予税收等方面的优惠支持。宁夏、湖南、甘肃、新疆等多个省级政府已出台文件规定领导人换乘公务用车时需优先选择自主品牌。政府的支持为自主研发创造了更加优越的政策环境，在这样的背景下不仅促进了原有自主品牌企业的发展，一些合资企业的中方母公司也加入到自主品牌的行列中。随着自主品牌的壮大，2005年中国乘用车市场自主牌品占有率已达43.74%。

这一时期，中国汽车出口进一步增长，2012年总出口已经突破100万辆。随着出口的发展，为了规避贸易壁垒同时减少物流成本，一些企业开始尝试通过海外生产的方式对出口进行一定程度的替代。中国汽车行业海外投资从2005年开始有了初步发展，主要通过在海外建立KD工厂的形式投资于发展中区域。截至2012年，奇瑞已在17个国家和地区建立KD工厂，主要分布于俄罗斯、乌克兰、土耳其、伊朗、埃及、乌拉圭、巴西、马来西亚等国家。目前长城、吉利、力帆等主要汽车企业也各有多家海外工厂。此外，少数企业通过海外并购的方式实现了对外投资。例如，2009年，吉利收购了澳大利亚DSI自动变速器公司；2010年，吉利收购沃尔沃轿车100%的股权等。

在引进外资对中国汽车产业对外投资能力的影响方面，我们得出以下主要结论。

第一，中国汽车产业吸引外资对对外投资能力的影响是外资对整个汽车产业环境综合、连续的影响，集中体现在外资对产业建立、零部件体系的建设，资本、技术、人才等生产要素的提升，以及外资企业间相互竞争所带来的产业整体发展等各个方面。这正是外资企业对中国积极的直接影响和溢出效应的体现。

第二，外资对中国汽车产业对外投资能力的影响是在中国特定区位优势之下、与中国特定产业环境的相互作用中发生的。中国改革开放的大背景及其不断扩大的区位优势吸引了外资的不断进入，也激励了外资在中国的不断发展；而外资在发展的过程中又受到了中国政府产业发展政策的引导，其直接影响和溢出效应又是在与中国整车企业、零部件企业以及不断扩大和提升的人力资本的大环境互动的过程中发生的。

第三，中国汽车产业对外投资的代表是自主品牌汽车企业。本土低端需求的兴起和对本土需求的高度敏感性使自主品牌企业把握住了发展机遇；与此同时，外资企业早期进入所创造的产业环境为本土企业的成长打下了基础；因而，我们认为中国本土汽车企业的发展是对本土市场机会的把握和在外资主导下中国汽车产业的发展完美结合的结果。

第四，中国本土汽车企业虽已实现了对外投资，但其对外投资能力和所有权优势具有一定的相对性，即是相对于与中国具有类似需求特点的发展中国家而言的。这一点与本土汽车产业的发展状况及发展程度紧密相关。

资料来源：陈涛涛、陈晓. 吸引外资对对外投资能力影响的机制研究——以中国汽车产业的发展为例[J]. 研究与探讨, 2014, 8: 9-16.

## 三、技术地方化理论

### （一）技术地方化理论的产生背景

英国经济学家拉奥（Sanjaya Lall）也深入研究了发展中国家企业如何获得竞争优势的问题。但是，与小规模技术理论中暗含的技术被动性不同，拉奥的研究弥补了小规模技术理论的缺陷，指出欠发达国家对外国技术不是一种被动的模仿和复制，而是对技术的消化、改进和创新。

### （二）技术地方化理论的主要内容

在拉奥看来，即便第三世界跨国公司的技术特征表现在规模小、标准技术和劳动密集型等方面，但这种技术的形成却包含着企业内在的创新活动。拉奥认为，发展中国家生产的产品适合于其自身的经济条件和需求。换句话说，只要这些企业对进口的技术和产品进行一定改造，使它们的产品能够更好地满足市场的话，这种创新活动就会形成竞争优势。而且，创新活动中所产生的技术在小规模生产条件下，往往具有更高的经济效益。另外，当国内市场较大且消费者品位和购买能力有很大差别时，来自第三世界的产品也有一定的竞争能力。

因此拉奥认为，发展中国家也能够根据自身特点发展并拥有"垄断优势"。在引进发达国家的成熟技术之后，发展中国家通过改进，使技术更适应发展中国家需要，更适应东道国的要素条件和市场需求，即把这种技术知识当地化。在技术知识当地化过程中，企业进行了内在的创新活动，而正是这种创新活动给发展中国家企业带来了独特的竞争优势。

### （三）技术地方化理论简评

拉奥的技术地方化理论对于第三世界跨国公司的对外投资具有很强的现实指导意义。该理论不仅分析了发展中国家企业的国家竞争优势，还重点强调了企业形成竞争优势所需要的创新活动。这种创新活动往往受到当地的生产供给、需求条件及企业特殊学习活动的直接影响。也就是说，企业不能被动地接受"降级技术"，而应该根据当地的生产、需求条件，主动地改进、创新技术，以形成自己独特的竞争优势。尽管拉奥对企业技术创新活动的描述仍然是粗线条的，但是，其分析证明落后国家企业可以靠相对比较优势参与跨国生产和经营。

## 四、投资发展周期论

20 世纪 70 年代，邓宁试图通过国际生产折衷理论来寻求一个普遍适用的跨国投资理论框架。但是，国际生产折衷理论主要是根据西方私人对外投资行为而提出的，对发展中国家投资行为的解释力较差。于是，20 世纪 80 年代初，邓宁将其国际生产折衷理论动态化，创立了投资发展周期论。实质上，投资发展周期论是国际生产折衷理论在发展中国家的运用和延伸。

### （一）投资发展周期论的核心内容

投资发展周期论的中心命题是："发展中国家对外直接投资倾向取决于经济发展阶段和该国所拥有的所有权优势、内部化优势和区位优势。"[1]在该理论中，邓宁按照人均国民生产总值指标将经济发展划分为不同的阶段。在不同的阶段，由于其经济发展水平的不同，其所有权优势、内部化优势、区位优势都发生相应的变化，导致其对外投资流入量与流出量之间的变化，最终改变其国际投资地位，如表 2-1 所示。

---

[1] DUNNING J H. Explaining Outward Direct Investment of Developing Countries: In Support of the Eclectic Theory of International Production[M]// Kuman K, Mcleod M G , et al. Multinationals from Developing Countries. Massachusetts: D. C. Heath and Company, 1981: 4.

表 2-1 邓宁的投资发展周期论

| 经济所处阶段 | FDI 流入时 OIL 优势 | FDI 流出时 OIL 优势 | FDI 流入量 | FDI 流出量 |
|---|---|---|---|---|
| 第一阶段：<br>人均 GDP 400 美元以下 | 外国所有权优势显著<br>外国内部化优势显著<br>本国区位劣势 | 本国所有权劣势<br>本国内部化优势不适应<br>外国区位优势不适应 | 低 | 低 |
| 第二阶段：<br>人均 GDP 400～2 500 美元 | 外国所有权优势显著<br>外国内部化优势可能下降<br>本国区位优势上升 | 本国所有权优势较少<br>本国内部化劣势、专业化程度低<br>外国区位优势开始出现 | 增加 | 低 |
| 第三阶段：<br>人均 GDP 2 500～4 000 美元 | 外国所有权优势下降和更专业化<br>外国内部化优势可能上升<br>本国区位优势下降 | 本国所有权优势上升<br>本国内部化优势仍受限制<br>外国区位优势上升 | 增加 | 增加 |
| 第四阶段：<br>人均 GDP 4 000 美元以上 | 外国所有权优势下降和更专业化 | 本国所有权优势上升 | 下降 | 增加 |

资料来源：DUNNING J H. International Production and the Multinational Enterprise[M]. George Allen and Vnwin Ltd., 1981:117.

第一阶段，由于本国企业所有权优势、内部化优势和区位优势的缺失以及本国区位优势较差，因而尚未对外投资并且外资流入很少；第二阶段，国内市场逐步扩大、制度环境得到改善，因此对外投资较少，但外资流入明显增多；第三阶段，投资国所有权优势和内部化优势大大增强，对外投资大幅度上升，但外资流入仍然大于对外投资量；第四阶段，本国企业具备了所有权优势、内部化优势和利用外国区位优势的能力，因而对外投资超过外资流入，其净对外投资呈正向增长。

与此同时，邓宁还指出，一国吸引外资和对外投资不能仅用经济指标衡量，还取决于其政治经济制度、法律体系、市场机制、教育水平、科研水平及政府的经济政策等因素。邓宁还指出，一国的所有权优势、内部化优势和区位优势可以分为国家、产业和企业三个层面，并且进行了系统论述。

### （二）投资发展周期论简评

邓宁的投资发展周期论将一国经济发展周期与企业竞争优势结合起来，以说明某国国际投资地位是怎样随着其竞争优势的消长而相应变化的。世界上发达国家和发展中国家国际投资地位的变化大体上符合这一趋势。[①]同时，投资发展周期论仍然沿袭了国际生产折衷论的综合分析框架，在分析所有权优势、内部化优势和区位优势基础上，动态地描述了对外投资、吸引外资与经济发展阶段的关系。

**专栏 2-3：中国净资本输出状态下的投资周期再定位**

邓宁提出的投资发展周期论（IDP），用以解释一国在国际投资中的地位变化与其经济发展水平之间的动态关系。该理论认为，随着人均GDP水平的提高，一国对外直接投资呈

---

[①] 彭继民，史月英. 国际直接投资理论的发展与我国的对外投资[J]. 宏观经济研究，2001，2：61-64.

现出规律性的周期变化（见图2-3）。值得一提的是，Dunning根据1967—1978年的多国数据得出的投资发展阶段标准在当前参考价值已经不大，UNCTAD2006年《世界投资报告》给出了较新的判断标准（表2-2）。中国的情形验证了这一理论的科学性。中国对外直接投资的流量总额于2015年超越实际利用外资额，首次实现对外（长期资本）净输出，标志中国已正式进入投资发展周期的第IV阶段。

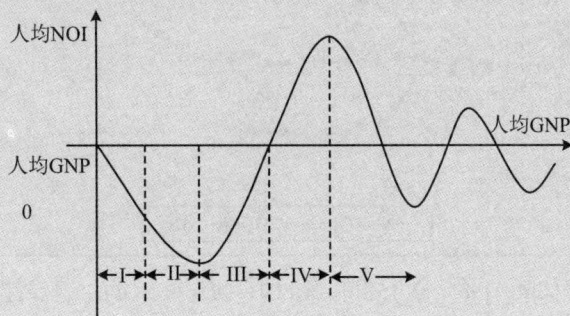

图2-3 投资发展周期阶段示意图（IDP 路径）

表2-2 投资发展周期阶段的新标准

| 投资周期阶段 | I | II | III | IV | V |
|---|---|---|---|---|---|
| NOI标准 | NOI<0 | NOI <0 | NOI<0 | NOI >0 | NOI <0 |
| GDP/GNP标准 | | | | | |
| Dunning（1981） | <400 | 400-1 500 | 2 000-4 750 | >5 000 | |
| UNCTAD（2006） | <2 500 | 2 500-10 000 | 10 000-25 000 | 25 000-36 000 | >36 000 |

近年来中国对外直接投资持续加速。2015年中国对外直接投资和吸引外商直接投资的流量规模均再创历史高位，其中对外直接投资流量总额为1 456.7亿美元，首次超过日本；实际利用外资1 356亿美元，长期资本的流出与流入额均仅次于美国，位列全球第二位。中国对外直接投资在经过持续13年高速增长后，流量规模已于2015年首次超过实际利用外资，实现资本净输出，标志着中国已以对外投资国的身份正式进入了开放发展的全新阶段。

如图2-4所示，从人均水平看，利用UNCTAD数据库2015年中国人口数据计算得出的人均对外直接投资（ODI）与人均实际利用外资（FDI）分别为105.86美元、98.54美元，使人均净对外直接投资（NOI）首次出现7.32美元的正值。根据图2-3所示，NOI>0是明确一国进入投资发展周期第IV阶段的关键指标，由此断定投资周期第III、IV阶段的分位点为2015年。在此基础上，再利用历史数据进一步绘制中国IDP路径图（见图2-5），1985—2015年中国的IDP路径总体呈现U型走势，底部拐点发生于2005年，坐标为（-45.6,7 135.2），对比图2-3可知，中国已经完成投资发展周期第I、II、III阶段的走势，划分II、III阶段的分位点是2005年。由此，中国投资发展周期的II、III、IV阶段已可基于历史数据实现最终定位。

为了进行国别（地区）间比较，选取印度、泰国、墨西哥、巴西、中国台湾、西班牙、日本和美国共8个经济体作为考察对象。这些经济体较具有代表性，各国（地区）人均GDP和NOI分别属于UNCTAD判断标准的第I至V阶段，基本覆盖了投资发展周期理论的各种预期状态，见图2-6。

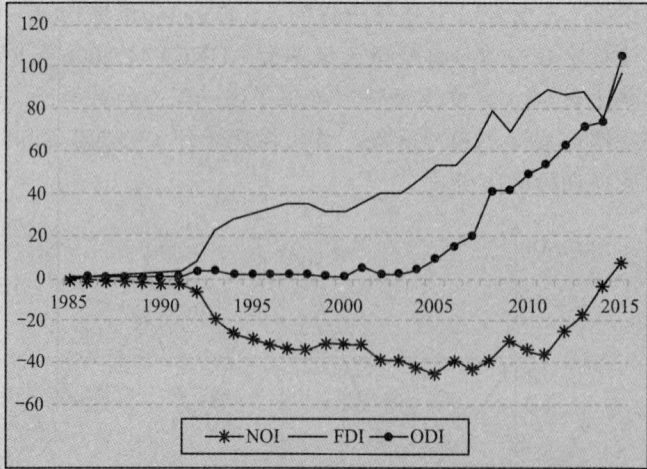

图 2-4　1985—2015 年中国 FDI、ODI 和 NOI 的流量趋势

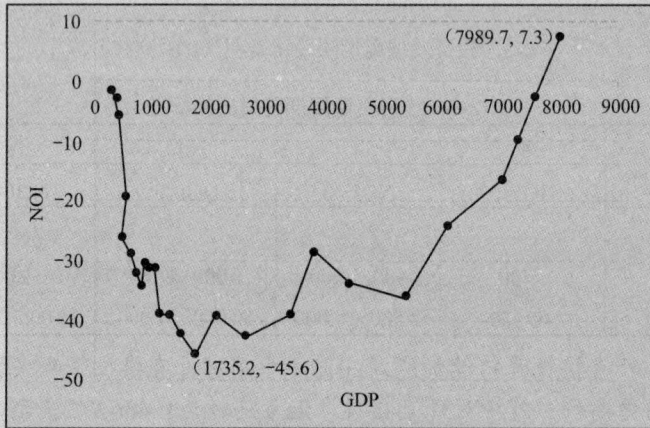

图 2-5　1985—2015 年中国 NOI-GDP 散点连接图（IDP 路径）

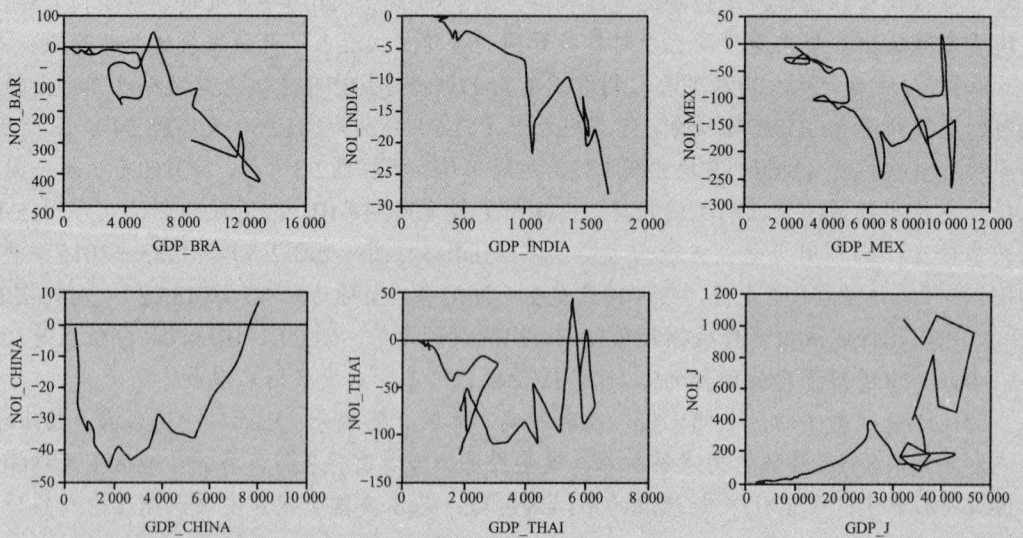

图 2-6　九个国家（地区）的 IDP 路径示意图

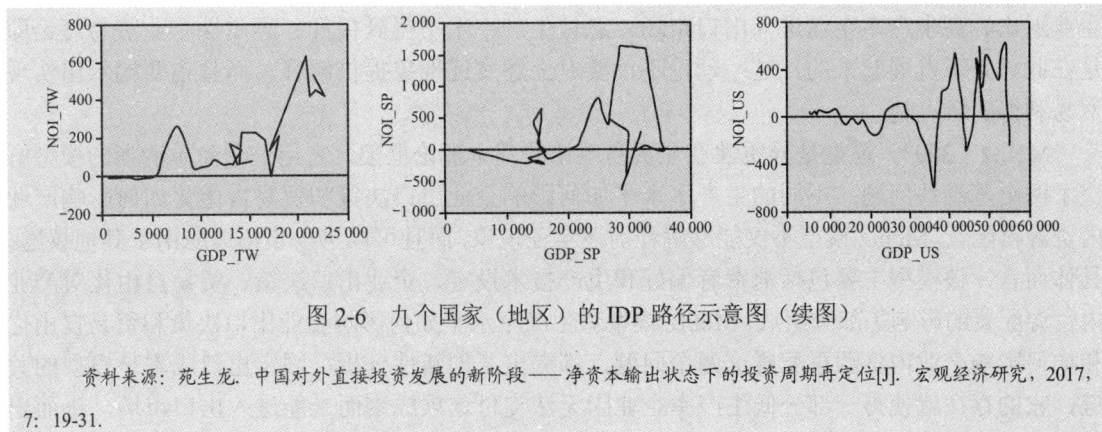

图 2-6 九个国家（地区）的 IDP 路径示意图（续图）

资料来源：范生龙. 中国对外直接投资发展的新阶段——净资本输出状态下的投资周期再定位[J]. 宏观经济研究，2017，7：19-31.

以上是关于发展中国家跨国公司研究的较有代表性的理论。近些年来，第三世界跨国公司的兴起也引起了学术界的普遍关注。John H. Dunning，Peter J.Buckley，Mark Casson 和 Stephen Young 等学者认为，传统的跨国公司理论对于第三世界跨国公司仍具有很强的解释力。实际上，当企业运用自身特有优势从事对外投资，所获收益大于海外经营成本时，企业具有对外投资动力；与贸易、许可证方式相比，对外投资方式能够带来更大经济利益时，企业具有对外投资动力；当根据成本—收益原则，企业内部化收益大于内部化成本和外部交易成本之和，无论是发达国家、发展中国家，还是第三世界国家都具有内部化动力。需要指出的是，发展中国家、第三世界国家与发达国家相比，在所有权优势和区位优势的反应以及把握上、内部化能力以及内部化效果上都存在差别，同时还存在一些与发达国家不同的特点，所以需要新的理论对此加以修正和补充，而上述发展中国家理论即是对发展中国家的具体问题所作出的补充。

## 第三节　国际直接投资理论的最新发展

近些年来，随着跨国公司对全球经济、政治的影响日益加大，国际直接投资问题已经成为国际经济学领域研究的重点之一。众多学者从不同角度，运用不同方法对此问题进行研究，取得了一些重要成果。其中，异质性企业理论的兴起无疑是一颗璀璨耀眼的新星，对传统的国际直接投资理论发起了挑战。

### 一、异质性企业理论的兴起

异质性企业贸易理论，又称"新新贸易理论"，是最近十年来国际贸易理论研究中最为重要的进展，是指企业在规模、建立年份、资本密集度、所有权、人力资本、组织方式、技术选择等方面特征的差异，综合体现为企业的生产率差异。此前的贸易理论都是建立在产业分析之上的，20 世纪 90 年代以后，研究视角逐渐转移到微观企业层面。这些微观层面的研究揭示出了很多以往理论未曾涉及也难以解释的现象，主要表现在三个方面：企业出口参与度普遍不高，即使细分产业内，也只有很少一部分企业有出口行为，这与新贸易理论中所有企业都会从事出口的预期形成鲜明对比；出口企业与非出口企业存在显著差异，出口企业通常具有更大的规模、更高的技术和资本密集度，以及更高的生产率；贸易自由化促使低生产率企业退出、高生产率企业进入出口市场，总体生产率水平得到提升。异质性企业贸易理论即是在此背景下发展起来的。这一理论不仅要对上述实证现象提供解释，而且也要揭示出实现贸易利得的新机制。

Melitz（2003）模型是异质性企业贸易理论的基本理论框架，它用一个简单清晰的模型解决了两个基础性问题：不同的生产率水平如何影响企业出口决策和贸易自由化如何影响产业内资源再配置。Melitz 模型不仅能够解释前述实证现象，而且可以进一步拓展应用于其他议题。具体而言，该模型主要包括消费者偏好和生产技术设定、企业出口决策、贸易自由化对产业内资源配置的影响等部分组成。Melitz 模型对生产率水平如何影响企业出口决策和贸易自由化和如何影响产业内资源再配置这两个问题，都提出了创新性分析。固定出口成本是模型的关键，它的存在就使得一部分低生产率企业因无法支付这项成本而未能进入出口市场，进而出口企业的生产率要比非出口企业更高。也正是由于这种"自选择"效应，贸易成本降低会对不同生产率企业产生异质性影响，进而通过产业结构调整来提高总体生产率水平。

企业的国际化选择，即出口与对外直接投资的选择，是新新贸易理论的一个重要组成部分。众多学者运用 HMY 模型（Helpman，Melitz & Yeaple，2004）对异质性企业在出口与对外直接投资之间的国际化选择进行研究分析，结果显示，跨国企业的生产率分布要高于出口企业，而出口企业的生产率分布又高于非出口公司。也就是说，在异质性企业决定进入国际市场的模式时，生产率最高的企业会选择对外投资方式进入国际市场，生产率次之的企业会选择出口的方式，而生产率最低的企业只能选择服务国内市场。

## 二、战略三角理论

战略三角理论是关于发展中国家对外直接投资动力机制的投资理论。该理论是关于发展中国家对外直接投资行为的资源观、产业观和制度观的系统整合，其核心是"战略三角"（Strategy Tripod）的理论分析框架，这一分析框架对当前像中国这样的新兴市场国家对外直接投资行为具有很强的解释力。[①]

### （一）资源观

资源观是企业国际化研究中一个有影响的理论观点，其核心内容为：企业资源是企业国际化的比较优势，企业资源大致可分为有形资源和无形资源，前者主要指固定资产（包括工厂、设备、土地和其他资本品等），而后者主要包括研发资源、技术市场资源、企业经验等。资源观强调企业对外直接投资决策主要取决于企业所占有的资源，特别是无形资源，从而有助于抵消"新加入者成本"和"外来者成本"。

一方面，企业规模越大，其所拥有的各类有形资源就越丰富。根据经典跨国公司理论，拥有一定水平的有形资源是企业进行对外直接投资的前提，在有形资源方面具有优势的企业会在对外直接投资方面占有先机。同时，异质性贸易理论还强调了企业规模差异对企业国际化的影响，即企业规模越大，越容易向外扩张。通过对外投资可以进入东道国市场，扩大企业销售网络，提高生产规模，实现营运规模最优。随着中国国内竞争日益激烈，国内市场趋

① PENG M W, WANG D Y, JIANG L Y. An institution-based view of international business strategy: A focus on emerging economies[J]. Journal of International Business Studies, 2008, 39(5): 920-936.

于饱和，众多企业放眼于国际市场，以实现更大程度的规模经济，对外直接投资便是开拓国际市场的有效方式之一。另一方面，企业出口经验作为企业的重要无形资源，为企业积累了国际市场信息，有助于企业建立关系资产和开拓国外市场，提高了其在国际市场上的竞争力。回顾中国企业对外直接投资的发展历程，不难发现，不少对外直接投资在很大程度上是为了支持出口商，不仅帮助其获取信息和金融服务，而且当地生产和当地销售有利于克服各种贸易壁垒。

### （二）产业观

根据产业组织论的观点，不同产业的国际化进程和潜力不同，产业特征与产业国际化的影响是交互的。一方面，产业特征与发展阶段决定产业国际化的模式和进程；另一方面，产业的国际化进程反过来又会影响产业的发展方向。所以，企业的国际化战略受其产业特征的制约，具体的产业特征包括产业竞争程度、产业技术密集度、产业劳动密集度等。

波特的产业竞争模型指出，产业竞争力受新加入者的威胁、客户的议价能力、替代品或服务的威胁、供货商的议价能力及产业的竞争程度五种因素的影响。其中，产业的竞争程度是影响产业竞争力的一个重要因素。一个产业市场准入门槛越低，对企业的资金规模要求越少，进入者就越多，竞争就越激烈。激烈的市场竞争推动行业内企业通过提高管理和生产绩效来提升企业竞争力，市场高度分割又降低了企业的平均利润率，迫使企业通过国际扩张来寻求新的利润增长点。由此可以推断，一个产业竞争越激烈，产业内企业向海外扩张的动机和能力也越强。

产业要素密集度同样会影响企业的国际化动机。中国技术密集型产业的技术水平与发达国家相比还比较落后，为提高产业的技术创新能力、缩小技术差距，企业希望通过对外直接投资来获取先进技术。因此，技术密集度较高的产业对外直接投资动机较强。劳动密集型产业在国内就能获得相对廉价的劳动力资源，然后通过出口发挥比较优势，因而劳动密集型产业对外直接投资的动机相对较弱。

### （三）制度观

制度是影响企业国际化的重要因素，外国投资者的商业战略必须适应东道国的制度，否则企业难以顺利运转，利益无法最大化。然而，现有研究大多强调东道国的制度环境，忽略了企业所在母国的制度环境。对中国而言，母国层面的制度环境尤为重要。这是因为，一方面，中国对外直接投资的主力军为国有企业，其战略重点是获取矿产和石油等稀缺自然资源，提高国家实力所需的技术和管理资源，配合实施国家的开发战略。因此，双层动机以及中央政府的政策扶持是影响企业对外直接投资不可或缺的因素之一。另一方面，以省（直辖市、自治区）为代表的地方政府所塑造的制度环境存在着显著的地域差异，直接影响产品市场、要素市场、中间产品和服务市场以及法律系统的发展。显然，高质量的区域制度环境更有助于减少信息的不对称性，降低对外直接投资的交易成本。

## 三、中小企业国际化问题

企业国际化是企业向跨国企业的演变发展过程。近些年来，中小企业国际化趋势日益增强，原因有两个：第一，投资自由化以及跨国公司的发展，使得中小企业面临的国内竞争日益加剧，迫使中小企业走向市场；第二，发展中国家企业多是中小企业，随着发展中国家企业的成长以及国内积极的对外投资政策，发展中国家中小企业也开始"走出去"，参与国际竞争。对此，国内外学者开始从不同角度研究中小企业国际化问题。

1. 渐进式国际化

20 世纪 70 年代中期以来，以 Johanson 和 Vahlne（1998）为代表的北欧学派提出了企业国际化阶段论，开创了企业国际化理论研究的先河。

Johanson 和 Vahlne 通过实证研究瑞典企业海外经营过程发现，其企业海外经营战略大体上经历四个阶段：第一阶段，与海外市场进行偶尔的、零星的产品出口交易；第二阶段，母公司逐渐掌握了更多的海外市场信息和联系渠道，依靠国外代理商，使得企业出口趋于稳定；第三阶段，海外市场日益扩大，促使母公司建立海外产品销售子公司；第四阶段，母公司进行海外直接投资。与此同时，他们认为上述四个阶段是一个"连续""渐进"的过程，表明企业由浅入深逐渐国际化的过程。在市场扩大顺序方面，企业往往经历本地市场—地区市场—全国市场—海外相邻市场—全球市场的渐进路径；在经营方式上，企业一般经历纯国内经营—间接出口—直接出口—海外分部代销海外生产的发展过程。

上述渐进式的国际化过程基本符合中小企业进行跨国经营的态势，因此对中小企业如何获取海外经营经验，提升自身实力具有重要的指导意义。但是也应该看到，面临复杂多变的国际环境，许多企业不再依次地渐进发展，而采取合作、合资等多种形式进行国际化；在不具备知识经验的情况下，企业也往往通过国际化抢占海外市场。

2. 学习主义国际化

在国际化初期，能否提高学习能力，实现模仿创新的后发优势，是成为跨国公司的关键因素。坎特威尔和托兰惕诺在技术创新产业升级论中强调，技术创新是一国产业、企业发展的根本动力。发展中国家企业的技术创新主要是利用其特有的"学习经验"和组织能力，掌握和开发现有技术。Johanson 等人也强调"干中学"的重要性，在渐进式国际化过程中逐步积累知识、经验。Forsgren（2002）进一步指出，企业的国际化成长依赖于利用各种手段和学习机会，包括模仿性学习、与其他企业合作、引入专业人才等。

该观点带来很多启示：中小企业国际化过程本身就是"学习""完善"的过程，只有在不断学习、摸索中，企业才能够逐渐成熟。另外，对于欠发达的发展中国家，"学习"至关重要。吸引外资、引进技术之后的学习、模仿过程是创新的基础，是发展中国家发展的必经之路。

3. 网络化国际化

该观点主要运用网络理论来分析企业国际化行为。Johanson 和 Mattsson（1998）把"商业网络"定义为：企业与它的商业伙伴，如客户、经销商、竞争对手、政府之间的关系。随着企业跨国经营的发展，企业将拥有高度国际化的生产网络，并因此迅速发展。Coviello 和 Munro（1997）还通过研究中小软件开发公司的国际化过程，得出在国际化的不同阶段，商业网络将起到不同作用的结论。在国际化初级阶段，企业以国内市场为主，国际商业网络几乎没有。随着国际化的深入，企业开始建立自己的国际商业网络，并通过商业网络扩大海外经营渠道。在国际化成熟阶段，企业商业网络向深度和广度扩展，企业具备了开展多种形式的海外投资的能力。

与网络密切联系的是信息和知识的获取。Liesch 和 Knight（1999）指出，中小企业往往在国际化之前就已经具有部分信息内部化优势，如观念新、创新意识强、反应快等。而网络联系和其他战略伙伴关系对传统组织形式的代替，给中小企业带来强大的竞争优势。通过加入国际信息网络系统，中小企业便可以加速国际化进程。另外，Chen 和 Chen（1998）通过对中国台湾企业对外投资进行分析，指出其中小企业更热衷于外部网络联系。这是因为，中小企业在国际化过程中，缺乏将资源内部化的能力，但能够利用网络资源来加以弥补。

4．新经济社会学下的企业国际化

该理论指出，尽管不同的中小企业有着不同的国际化道路，但中小企业国际化的起点均是社会网络。新经济社会学的研究内容主要包括五个方面：社会网络研究、市场研究、企业研究、性别研究和文化研究。由于企业的发展具有网络化的特征，因而在研究企业网络的形成与作用时，新经济社会学的相关理论提供了独特的视角和思路。特别是在研究企业国际化问题时，新经济社会学中的社会网络理论和社会资本理论等最为常用。

企业对于各种社会网络的嵌入，形成了一系列相互联系的关系网络。正如 Johanson 和 Mattsson（1988）在《产业国际化：一个网络的观点》中所指出的一样，这类企业间的关系网络就是国际市场的本质。企业国际化问题，不是单个企业的个体行为，而是关系网络中多个企业的动态反应。通过构建和利用社会网络来实现企业国际化成长的发展策略，已经成为当前中小企业国际化的主要途径。

社会资本对于企业成长、发展乃至国际化都具有重要作用。社会资本与企业成长的作用来自四个方面：一是社会资本降低了企业的交易成本；二是社会资本增加了企业的核心竞争力；三是社会资本帮助企业获取了外部资源；四是社会资本刺激了企业创新能力的提高。这一系列益处同样适用于对企业国际化的分析。社会资本具有生产性，拥有良好声誉和社会关系的企业往往拥有较高的社会资本。企业社会资本与企业国际化的关系，体现在社会资本对于企业获取新信息、新知识、新资金等资源的巨大帮助，因此，企业社会资本已经成为企业最重要的战略资源。

## 本章小结

1．主流国际直接投资理论包括海默的垄断优势理论、弗农的产品生命周期理论、巴克雷等人的内部化理论、邓宁的国际生产折衷理论以及小岛清的比较优势理论。

2．海默的垄断优势理论以结构性市场不完全性和企业的特定优势两个基本概念为前提，指出市场不完全性是企业获得垄断优势的根源，垄断优势是企业开展对外直接投资的动因，从而标志着国际直接投资理论研究的开端。

3．随着发展中国家对外直接投资的迅速发展，旨在解释发展中国家对外投资行为的发展中国家投资理论不断涌现。比较有代表性的理论有阿·勃利兹诺伊利的资本相对过度积累理论、刘易斯·威尔斯的小规模技术理论、拉奥的技术地方化理论、坎特威尔与托兰惕诺的技术创新产业升级理论以及邓宁的投资发展周期论。

4．近些年来，尽管国际投资领域没有出现如垄断优势理论那样有影响力的国际直接投资理论，但是在已有的理论框架中，众多学者开始针对现实情况进行修正和补充，如对产品生命周期理论以及内部化理论的修正与补充。同时，国际投资也出现了一些新理论，如异质性企业理论、战略三角理论、中小企业国际化问题研究等。

@ **本章网络引擎**

1. http://www.sciis.org.cn：国际投资研究中心网站，可以了解国际直接投资理论及各国政府国际投资政策。

2. http://www.manage9.com：管理学理论研究网站，可以了解经典管理学理论及案例研究。

3. http://www.mofcom.gov.cn：中华人民共和国商务部网站，可以了解我国外资政策及我国当前吸引外资情况。

**本章思考题**

1. 名词解释

三优势范式　　产品生命周期　　投资发展周期　　异质性企业原理

2. 试述垄断优势理论与内部化理论的异同。

3. 简述投资诱发要素组合理论及对我国吸引外资的启示。

4. 简述中小企业国际化的理论基础。

5. 简述小规模技术理论的主要内容。

6. 简述战略三角理论的主要特征。

7. 试述发展中国家对外直接投资的适用性理论。

8. 通过查阅相关资料，如何评价 TCL 公司的两次国际化，怎样解决中国企业"水火既济，盛极将衰"的问题？

---

水火既济，盛极将衰。

2004 年的 TCL 正是如此。相继并购法国汤姆逊公司的彩电业务与阿尔卡特的手机业务，然而 2005 年，并购的两家企业巨额亏损，TCL 遭遇 20 年来首次亏损，而且是连续 18 个月亏 18 个亿。并购发生之后的五年内，李东生与 TCL 公司不时地"被引以为鉴"，用以提醒跃跃欲试的中国企业：国际化有陷阱；国际化冲动下的盈亏起伏，成就一部商业版的《红与黑》，仿佛故事的开始就预告了结局。

五年轮回，TCL 集团董事长李东生再次吸引众人的目光。这一次，他压注于液晶面板这个公认最烧钱、设备折旧超快的领域，也就是华星光电项目。2009 年 1 月初，总投资额达 245 亿元的 8.5 代液晶面板生产项目启动，作为项目投资方，TCL 持股 50%，成为自主投资液晶面板生产的首家中国大陆彩电公司。这一回，他的赢面有多大？

2014 年，TCL 集团继海尔、美的、格力之后营收跻身千亿帝国。2016 年 TCL 是为数不多逆境中保持销量高速增长的制造企业。2017 年 TCL 销售额又创新高。

在李东生看来，半导体显示产业是电子信息产业最重要的基础核心器件之一，中国最有机会在该产业做到全球领先。中国在显示产业已经建立规模、效率的优势，并加快完善产业链；新技术开发和专利能力正在快速追赶全球领先水平，引领全产业链国别转移。

资料来源：黄晨霞. 对话李东生：中国企业国际化的"红"与"黑" [N]. 21 世纪经济报道, 2010-02-01; "TCL 从巨亏 18 亿到营收千亿" [EB/OL]. （2018-07-13) [2020-08-18]. https://baijiahao.baidu.com/s?id=1605836087962185990&wfr=spider&for=pc.

# 第三章 国际投资环境

**知识要点**

◇ 国际投资环境的内涵和类型；
◇ 国际投资环境的评估方法和基本思路。

## 第一节 国际投资环境概述

### 一、国际投资环境的内涵

国际投资环境，是指影响国际投资的各种自然因素、经济因素、政治因素、社会因素和法律因素相互依赖、相互完善、相互制约所形成的矛盾统一体。目前，学术界比较通行的看法是把国际投资环境分为自然、经济、政治、法律、社会五个方面。其中，自然环境是指自然或历史上长期形成的与投资有关的自然地理条件；经济环境主要包括经济发展阶段、收入水平、基础结构、经济政策、贸易状况、国际收支状况、经济制度及市场状况等方面，在国际投资活动的众多因素中是最直接、最基本的因素，也是国际投资决策中首先考虑的因素；政治环境是指东道国的政治状况、政策和法规；法律环境是指目标国家有关投资（特别是外国投资）的法律法规情况，在投资环境中占据重要的地位，是投资环境的"晴雨表"和"风向针"；社会环境则是指对投资有重要影响的社会方面的关系。表 3-1 所示为以上五项因素的具体内涵，这一细致的划分为确立国际投资环境的评估方法和标准奠定了基础。

表 3-1 国际投资环境因素的内涵

| | 主 要 内 容 | 具体内涵和影响 |
|---|---|---|
| 自然环境 | 地理位置 | 与投资国的距离<br>与重要国际运输线的距离<br>与资源产地的距离<br>与市场的距离 |
| | 自然资源 | 本身资源条件<br>投资国对国外自然资源的依赖程度<br>其他因素 |
| 经济环境 | 经济体制 | 实现经济目标的手段体系 |
| | 经济发展水平 | 经济技术开发能力<br>人民的生活质量<br>经济活力 |

| 主 要 内 容 | | 具体内涵和影响 |
|---|---|---|
| 经济环境 | 经济稳定性 | 通货膨胀率<br>财政金融状况 |
| | 市场和产业环境 | 一般市场环境<br>产业环境 |
| | 生产要素供应 | 在劳动力、土地、生产资料和资金等方面的供应 |
| | 涉外经济状况 | 国际收支状况<br>国际贸易状况<br>国际金融状况 |
| | 基础设施因素 | 能源供应系统、供水和排水系统、交通系统、邮电通信系统、防灾系统、环境系统和生活服务系统 |
| 政治环境 | 政治制度 | 涉及国家的管理形式、政权组织形式、政党体系和选举制度等 |
| | 执政者治理国家的能力 | 反映在国际政治经济生活的各个方面 |
| | 政府部门的行政效率 | 直接影响外商的投资和生产经营活动 |
| | 政局稳定性和政策连续性 | 衡量东道国政治环境优劣的实质性因素 |
| | 东道国和国外的政治关系 | 涉及东道国投资环境的稳定 |
| 法律环境 | 法律完备性 | 国际投资法律文件是否完备和健全 |
| | 法律公正性 | 法律执行能否公正、无歧视性地对待每一个诉讼主体 |
| | 法律稳定性 | 法律一经颁布在一定时期内保持稳定 |
| 社会环境 | 语言文字 | 人们交流思想和信息的基本手段 |
| | 价值观念 | 人们对周围事物的意义和重要性的评价 |
| | 教育水平 | 涉及一国的劳动力素质、技术先进程度和国家文明程度 |
| | 宗教 | 不同的宗教信仰影响人的生活态度、价值观和消费偏好等 |
| | 社会心理和社会习惯 | 社会公众所接受的风俗习惯 |

资料来源：杨大楷. 国际投资学[M]. 3版. 上海：上海财经大学出版社，2003：256-270.

### 专栏 3-1：美国肯德基在中国香港市场的转败为胜——文化环境对国际投资活动的影响

美国哈兰山德士上校于1939年以含有11种草本植物和香料的秘方制成的肯德基家乡鸡，由于工艺独特、香酥爽口，很快风行美国，并走向世界，形成一个庞大的国际性快餐食品市场。然而，作为第一家进入香港市场的美国快餐食品连锁店的肯德基却兵败香江，在国际市场拓展中经历了一次与文化投资环境密切相关的重大挫折。

20世纪70年代初的香港，经济发展和社会变化使社会生活节奏日趋加快，越来越多的居民走出家庭厨房，户外用餐，从而形成了对快餐食品迅速增长的市场需求。另外，鸡是中国人历来的传统食品之一，不论从营养价值还是饮食偏好来看，都会引起港人的兴趣和食欲。基于这种投资环境的分析，肯德基于1973年6月进军香港快餐市场，在美孚新屯开设第一家家乡鸡店，接着以平均每个月一家的速度连续开了11家连锁店。然而，令人惊奇的是，在不到两年的时间里，这些首批进入香港的美国肯德基家乡鸡店又全部停业关闭。据分析，问题主要出在投资者缺乏对香港本土或地域文化，特别是饮食文化的了解。首先，肯德基没有进一步了解中国人对鸡食品的口味要求，仍用鱼肉喂养，以致破坏了中国鸡特有的口味，不符合港人的胃口；其次，家乡鸡采用"好味到舔手指"的国际性广告词，也有悖于香港居民的观念；最后，家乡鸡不在店内设置座位的美国式服务，违背了港人喜好结伴入店进餐、边吃边聊的饮食习惯。

大约过了10年，肯德基家乡鸡带着先后在马来西亚、新加坡、泰国和菲律宾投资成功的喜悦，于1986年9月再度登陆港岛。虽然这时的香港快餐业市场份额已被本地食品和麦当劳分别占去七成和两成以上，面临着更多的竞争强手，但肯德基采取了一些措施，如快餐店设计高雅，改变了整体形象，并提供店内就餐的座位，放弃国际性的统一广告词"好味到舔手指"，改为带有浓厚港味的"甘香鲜美石岩口味"；注重年轻及受过教育的顾客层；一律采用美国鸡，并以美式配方制作等，很快立足并占据了香港快餐市场。在不到两年的时间里，肯德基家乡鸡在香港的快餐店就发展到716家，约占该公司在世界各地总店数的1/10，成为香港快餐业中与麦当劳、汉堡包和必胜客并立的四大美式快餐食品之一。

可以说，如果没有投资者对香港文化投资环境的客观而细致的分析和评估，也就不会有肯德基家乡鸡在港岛的转败为胜。

资料来源：叶文振. 论地域文化环境对国际投资的影响[J]. 国际贸易问题，1997，9: 43-47.

值得注意的是，随着知识经济时代的孕育和到来，越来越多围绕知识而转移的国际直接投资也对投资环境提出了新要求。[①]

首先，以知识、智力、人才为基础的人文环境成为投资环境的关键内容。人文环境对经济发展的影响并不是知识经济条件下的新命题。一般来说，经济发展水平较高的地区都有良好的人文环境基础。在工业经济条件下，人类虽然强调技术的作用，但更多的情况下，知识只是资本的附庸，是用于改进和提高生产效率的工具。而在知识经济时代，知识是对自然资源进行科学、合理整合的重要生产要素，其稀缺性以及对自身的生产能力将成为制约社会经济发展的"瓶颈"。显然，以知识、智力、人才为基础的人文环境已不是投资环境中的一般内容，而是吸引国际直接投资的关键因素。

其次，以信息、通信为代表的信息服务业上升为投资环境中基础设施的主导因素。国际资本流动的根本原因在于资本对利润的追逐，通过降低成本而获利是影响对外投资决策的重要因素。知识经济时代的来临，网络化的发展大大降低了信息传输的成本，迅速加快了全球经济一体化的进程，从而引起国际资本流动的加速，但其对基础设施的选择也更趋严格。以信息的传输、通信为代表的信息服务设施构成了投资环境中基础设施内容的主导因素。

最后，突出对知识产权的保护成为投资环境的基本要求。现代市场竞争是全方位的，资金、设备的竞争已经逐步让位于技术和营销体系的竞争，因此，如何把技术转化为"生产力"，如何保护自己的知识产权就显得尤为重要。在全球竞争的压力下，知识比以往任何时候都显得更加重要。市场规模越大，专业化程度越高，知识的重要性就越突出。利用自身所拥有的在技术等知识产权方面的垄断优势进行对外直接投资，规避市场不完全的风险，恰恰是国际直接投资的重要原因和重要基础。因此，更加突出对知识产权的保护是知识经济社会中国际直接投资对环境的必然要求。

---

① 薛求知，等. 知识经济条件下国际直接投资对投资环境的新取向[J]. 当代财经，1999，11: 3-5.

## 二、国际投资环境的分类

### （一）按投资环境包含因素的多寡分

按投资环境包含因素的多寡分为狭义的投资环境和广义的投资环境。狭义的投资环境主要指投资的经济环境，包括一国经济发展水平（国民收入及经济增长速度）、经济体制、经济发展战略、基础设施、外汇管制、金融市场的完善程度、币值稳定状况等；广义的投资环境除包括经济因素外，还有社会文化、政治、法律、政策、市场机制、劳动力等对投资可能发生直接或间接影响的各种因素，即前文所定义的国际投资环境概念。

### （二）按地域范围分

按地域范围分为国家宏观投资环境和地区微观投资环境。前者指整个国家范围内影响投资的各种因素的总和；后者指一个地区范围内影响投资的各种因素的总和。各个地区的微观投资环境在国家宏观投资环境的指导下形成，同时各地区投资环境的改善对国家宏观投资环境的改善有促进作用。

### （三）按因素的稳定性分

按因素的稳定性分为自然因素、人为自然因素和人为因素，如表 3-2 所示。

表 3-2　国际投资环境按因素稳定性分类

| A　自然因素 | | B　人为自然因素 | | C　人为因素 | |
|---|---|---|---|---|---|
| $a_1$ | 自然资源 | $b_1$ | 实际增长率 | $c_1$ | 开放进程 |
| $a_2$ | 人力资源 | $b_2$ | 经济结构 | $c_2$ | 投资刺激 |
| $a_3$ | 地理条件 | $b_3$ | 劳动生产率 | $c_3$ | 政策连续性 |
| $a_4$ | …… | $b_4$ | …… | $c_4$ | …… |
| 相对稳定 | | 中期可变 | | 短期可变 | |

### （四）按投资环境表现的形态分

按投资环境表现的形态分为硬环境和软环境。所谓硬环境，是指能够影响国际投资的外部物质条件，如能源供应、交通和通信、自然资源以及社会生活服务设施等；所谓软环境，是指能够影响国际投资的各种非物质形态的因素，如外资政策、法规、经济管理水平、职工技术熟练程度以及社会文化传统等。关于这种分类的研究，国内外做了大量的工作，有的学者提出了以"硬环境因素"和"软环境因素"为两大主线的投资环境因素评估系统。"硬环境因素"下设地理位置、基础设施、工业科教基础和资源保障四个子指标；"软环境因素"下设政治因素、文化因素、法律因素、政策优惠、社会服务、市场条件、劳动力素质和行政管理八项子指标。由此构成了完整的投资环境评价指标体系，如图 3-1 所示。

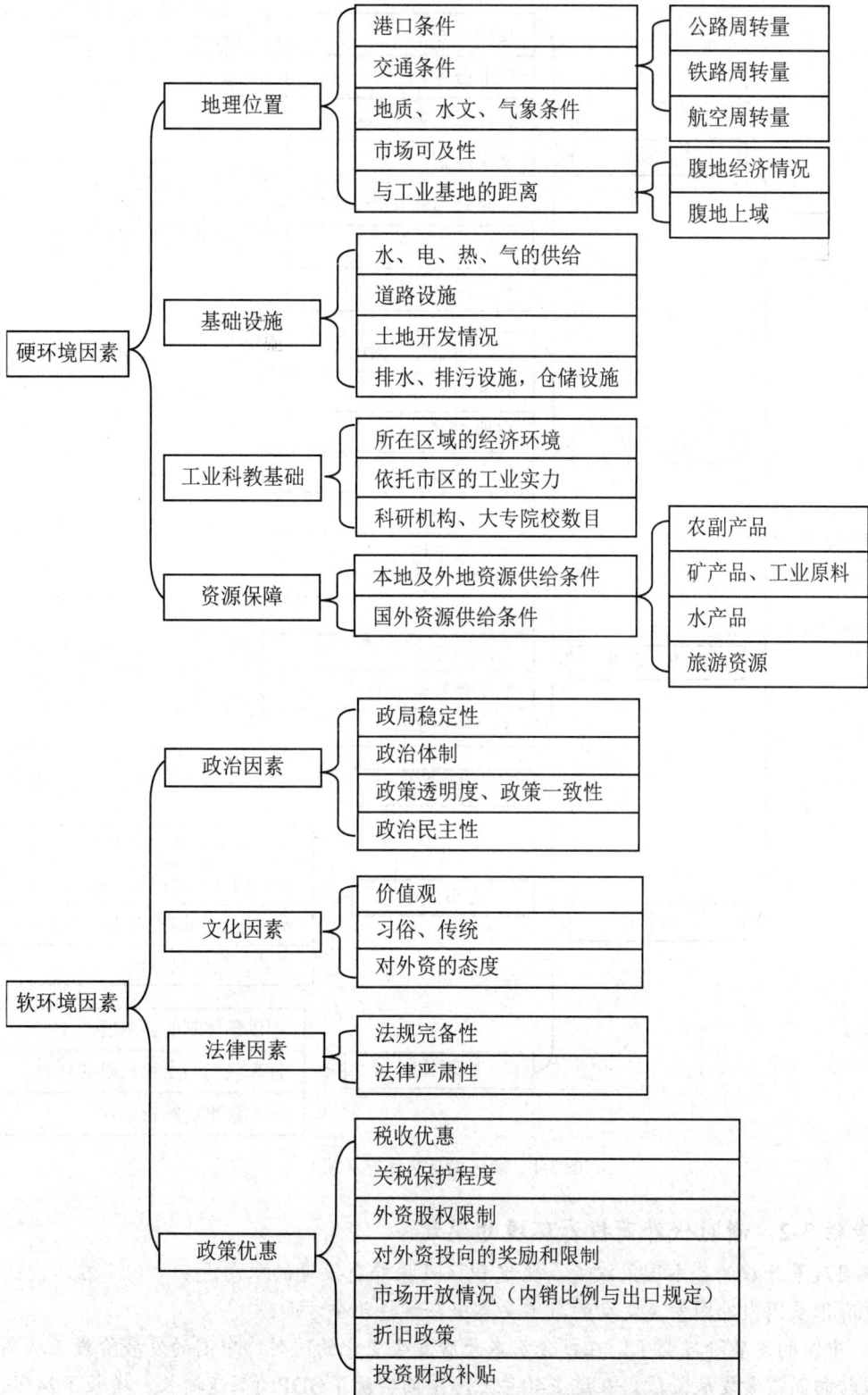

图 3-1　硬环境与软环境

硬环境因素
- 地理位置
  - 港口条件
  - 交通条件
    - 公路周转量
    - 铁路周转量
    - 航空周转量
  - 地质、水文、气象条件
  - 市场可及性
  - 与工业基地的距离
    - 腹地经济情况
    - 腹地上域
- 基础设施
  - 水、电、热、气的供给
  - 道路设施
  - 土地开发情况
  - 排水、排污设施，仓储设施
- 工业科教基础
  - 所在区域的经济环境
  - 依托市区的工业实力
  - 科研机构、大专院校数目
- 资源保障
  - 本地及外地资源供给条件
  - 国外资源供给条件
    - 农副产品
    - 矿产品、工业原料
    - 水产品
    - 旅游资源

软环境因素
- 政治因素
  - 政局稳定性
  - 政治体制
  - 政策透明度、政策一致性
  - 政治民主性
- 文化因素
  - 价值观
  - 习俗、传统
  - 对外资的态度
- 法律因素
  - 法规完备性
  - 法律严肃性
- 政策优惠
  - 税收优惠
  - 关税保护程度
  - 外资股权限制
  - 对外资投向的奖励和限制
  - 市场开放情况（内销比例与出口规定）
  - 折旧政策
  - 投资财政补贴

```
                                  ┌──────────────────────────┐
                          ┌──── │ 国内国际直通长途电信网 │
                 ┌────────┐  │   ├──────────────────────────┤
          ┌────│ 通信业务 │──┘  │ 电话交换机容量         │
          │    ├────────┤       └──────────────────────────┘
          │    │ 商业服务 │
          │    ├────────┤
          │    │ 医疗卫生条件 │
  ┌──────┐ │    ├────────┤
  │ 社会服务 │─┤    │ 文娱设施 │
  └──────┘ │    ├────────┤      ┌──────────────────────┐
          │    │ 信息咨询业发展水平 │───┤ 各类咨询机构数       │
          │    ├────────┤      ├──────────────────────┤
          │    │ 生活居住条件 │      │ 信息商情可得性       │
          │    ├────────┤      └──────────────────────┘
          └────│ 图书资料 │
               └────────┘

                     ┌──────────────────┐
               ┌────│ 产品的国际、国内市场 │
               │    ├──────────────────┤
               │    │ 外汇调剂市场       │
  ┌──────┐     │    ├──────────────────┤
  │ 市场条件 │────┤    │ 房地产市场         │
  └──────┘     │    ├──────────────────┤
               │    │ 资金融通市场       │
               │    ├──────────────────┤
               │    │ 技术市场           │
               │    ├──────────────────┤
               └────│ 劳动力市场         │
                    └──────────────────┘
┌────────┐
│ 软环境因素 │
└────────┘
                    ┌──────────┐
               ┌────│ 人力资源   │
  ┌──────┐     │    ├──────────┤
  │ 劳动力素质 │────┤    │ 劳动力成本 │
  └──────┘     │    ├──────────┤
               │    │ 职工受教育水平 │
               │    ├──────────┤
               └────│ 人员培训条件 │
                    └──────────┘

                   ┌──────────┐
              ┌────│ 领导威信   │
              │    └──────────┘        ┌──────────────────────────┐
              │                   ┌──│ 管理人员素质、协调能力     │
              │    ┌──────────┐  │   ├──────────────────────────┤
              │    │ 办事效率   │──┤   │ 平均项目审批周期（办事程序） │
  ┌──────┐   │    └──────────┘  │   ├──────────────────────────┤
  │ 行政管理 │──┤                   │   │ 是否成立外国投资事务服务中心 │
  └──────┘   │                   │   ├──────────────────────────┤
              │                   └──│ 主管部门的权威性           │
              │                       └──────────────────────────┘
              │    ┌──────────┐        ┌──────────────────────┐
              │    │ 管理体制   │    ┌──│ 产供销体制的自由度     │
              └────└──────────┘────┤   ├──────────────────────┤
                                   │   │ 行政当局与企业权限的划分 │
                                   │   ├──────────────────────┤
                                   └──│ 企业董事会的权威性       │
                                       └──────────────────────┘
```

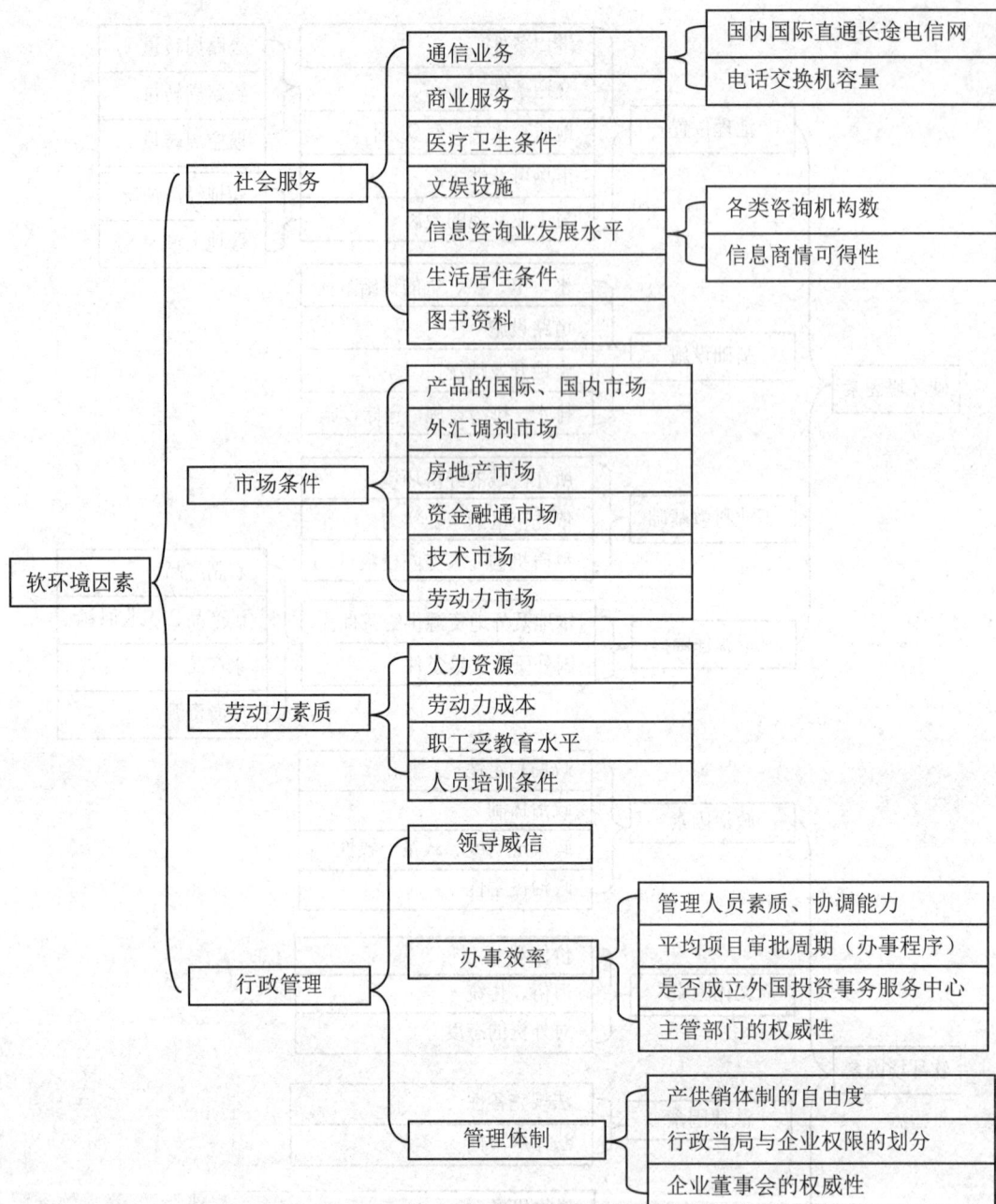

图 3-1　硬环境与软环境（续）

📚 **专栏 3-2：新时代外商投资环境的变迁**

　　中国改革开放的基本国策没变，坚定积极吸收外商投资的取向没变，但是在不变的条件下，也有很多国内外因素是变动的，主要集中在这样几个方面：

　　1. 中国的发展阶段变了。在社会基本矛盾发生变化的同时，中国的发展阶段正从高速增长阶段转向高质量发展阶段。在过去40年里，中国实现了GDP的高速增长，增长了245倍。实际年均递增接近9%，占世界经济的比重也上升到接近16%。随着社会基本矛盾的转变，中国也不再寻求超高速的增长，而是谋求转向高质量发展阶段。从理念上讲，高质量发展是和创新发展、平衡发展、绿色发展、共享发展一致的经济发展，是指创新能力强、技术先进、管理完善、治理制度规范以及拥有先进的环保技术，及注重新的产业、新的投资热点区域的发展。在这些领域的投资，能够保障社会公众更多地分享到经济发展成果的外商投资会更受欢迎，会感受到投资环境的优化。

2. 工业化水平变了。产业升级转型替代了工业化的加速发展时期，中国总体上已经完成了工业化的起步阶段，正处于工业化加速发展时期和向后工业化社会过渡的新的工业化阶段。具体表现是近10年来，中国工业的扩张速度已经明显地放慢。工业增加值在整个GDP中所占的比重也呈现下降趋势。由于工业化进入新的发展阶段，外商投资必须为推动中国经济的转型升级服务。如果是能够适应中国经济转型升级要求的外商投资，就会感到中国存在大量的机会。比如，中国经济转型升级中，技术结构要升级、产品结构要升级、产业结构要升级、要素结构要升级、市场结构要转变，这些都会为外商投资提供新的机遇。

3. 收入水平变了。2018年中国人均GDP接近8 900美元，中国已经成为中上等收入国家。随着人均国民收入的增加、人均收入水平的提高，消费结构升级也就成为必然的趋势。抓住中国消费结构升级的趋势，掌握消费结构升级的一些热点的外商投资，会看到赚钱很容易。特斯拉大举投资中国市场，也是看到中国汽车消费结构升级带来的机遇。实际上人均收入水平提高，意味着劳动成本在上升。但是对于不同类型的外商投资来说，对于成本上升的敏感度是不一样的，对于中国的外商投资环境也会有不同的感受。

4. 比较优势变了。中国高企的要素成本已经全面替代了廉价的生产要素。过去40年来，特别是20世纪90年代之后，中国抓住全球制造业大转移的机会，利用劳动力无限供给的状态，以及劳动力相对低廉，土地、环境成本等相对便宜的条件，吸引了大量外资。中国在承接全球产业转移中也推进了工业化的进程，同时也嵌入了全球价值链体系，特别是成为东亚生产网络体系中不可或缺的重要一员。但是在今天，大部分要素成本，如劳工成本、资金成本、土地成本、环境成本，甚至物流成本，都在不断上升。那些成本寻求型的外商投资会感受到巨大的压力，甚至认为中国的投资环境在恶化。有些选择退出中国市场，这也就是所谓的"外资撤离论"。虽然的确存在着少数外商投资撤离中国市场的情况，但是也有大量的新增外资进入中国市场。那些市场寻求型、技术寻求型、战略寻求型的外资，不仅不退出中国市场，还加大对中国投资的力度。

5. 体制条件变了。中国经过40多年的渐进式改革，已经进入全面的改革攻坚阶段，改革的阻力增大，改革的成本上升，置换改革阻力的难度在增大。在继续释放改革红利的过程中，外商投资已经不仅是要弥补中国的资本储蓄的缺口，更重要的是倒逼中国的改革。

6. 政策环境变了。从政策招商为主转向制度引资为主。以往中国主要是靠优惠政策吸引外商投资，比如，2008年两税并轨之后，很多外商投资感觉到中国的政策优惠力度在减弱，对那些政策寻求型的外商投资来说，感到中国营商环境在恶化。但是，中国今天更加谋求靠制度创新，靠建立开放型经济新体制，打造更有竞争力的营商环境。中国建立规范的市场经济体制，能够公平地对待内、外资企业，形成公平竞争的市场环境，真正建立起以市场决定资源配置的经济运行方式，其制度对外商投资的吸引力远比过去的一些优惠更大。

7. 开放战略变了。中国过去的对外开放主要是渐进式开放，通过局部的试验，逐渐地开放，扩大开放的区域，拓宽开放的产业领域，走出了一条渐进式开放的道路。今天我们谋求建立全面开放新格局，不仅是在区域上全面开放，更主要的是产业上的全面开放。中国在产业拓宽市场准入的过程中，会进一步地缩减和简化外商投资准入的负面清单。

8. 国际环境变了。当今的国际环境也在深刻地变化，影响着中国的外商投资活动。首先是20世纪90年代迅猛发展的互联浪潮，已经发展到新一轮工业化，或者叫第三次工业革命。以智能化生产服务体系为主的技术武装起来的新一代产业方兴未艾。中国在工业化转型升级过程中，也会抓住第三次工业革命的浪潮。外商投资如果能够和中国工业化的成长，和中国在新兴工业革命中发展智能化的生产和服务体系相契合，就同样可以获得更多发展成长获利的机会。

资料来源：桑百川. 新时代外商投资环境变迁与未来选择[J]. 中国外资，2019，3：70-73.

## 三、国际投资环境的特性

### （一）综合性

国际投资的特点和现代经济社会的复杂性，决定了国际投资环境整体是由多种因素综合构成的，这一特点就是国际投资环境的综合性。对于构成国际投资环境的因素，也许不同的划分标准和粗细程度会有不同的结果，但不论怎样划分环境因素，都应具有完备性，应包括影响国际投资活动的各种因素，否则，对投资环境的认识就是不全面的。

### （二）系统性

构成国际投资环境的各个因素既有各自独立的性质和功能，又是相互连接、相互作用的，它们共同构成国际投资环境系统。这个系统的功能强弱不仅取决于各个因素的状况，而且还取决于各种因素相互间的协调程度，这就是国际投资环境的系统性。这里有两点值得注意：第一，投资环境的各种构成因素的相互作用包括正面作用和负面作用，一种有利的环境因素通常会使已有的各种环境因素更好地发挥作用，也会促进其他因素朝着对投资有利的方向发展，进而使整个投资环境得到优化。反之，一种不利的环境因素也会阻碍已有的各种要素发挥作用，对其他因素的变化也会产生负面影响，进而使整个投资环境恶化。例如，若法律因素优良、法律完备、执法公正、法制稳定，这本身就是有利于外部投资的因素，同时，它使政治、经济、社会、自然等因素更好地发挥作用，而且对市场经济的发展、社会的进步、技术水平的提高、自然环境的改善乃至政治的稳定性等都会产生正面推动作用。第二，各种环境因素间的相互协调表现为各因素能相互适应和配套，各因素处于各自的合理区间内，在各因素的相互作用中，正面作用占主导地位，各因素间的正、负两种作用的比较情况决定了各种因素的协调程度。

### （三）层次性

影响国际投资活动的各种外部因素是存在于不同的空间层次上的，有国际因素、国家因素、国内地区因素和厂址因素，这就使得国际投资环境具有空间层次性。从这个角度看，国际投资环境包括国际环境、国家环境、国内地区环境和厂址环境四个子环境，在这四个层次的子环境中，构成因素和各因素的重要程度是不同的。例如，国家环境包括政治、法律、经济、社会和自然五大因素，但厂址环境一般不包括政治、法律因素。在国家环境中，政治、法律、经济因素是最重要的；在地区环境中，适合该地区的政策法规和地方政府办事效率等因素最重要；在厂址环境中，自然和广义的基础设施等最为重要。因此，对投资者来说，考察和分析国际投资环境，在空间层次上可从高到低依次进行，但不能只分析评价某个空间层次环境，投资环境的空间层次性要求人们分析评价投资环境时，必须在对四个层次的投资环境都进行分析的基础上，对整个投资环境进行综合评价。

### （四）相对性

同样的投资环境会对不同的投资活动显示出不同的功能作用，对某种投资是较好的投资环境，对另一种投资来说可能是较差的投资环境，这就是国际投资环境的相对性。产生这种相对性的原因在于，国际投资本来就是相对投资活动而言的，不同的投资活动所要求的投资环境和受同一环境因素的影响程度是不同的。例如，劳动密集型投资项目对劳动成本因素反应敏感；技术密集型投资项目对技术因素反应敏感；资源密集型投资项目对资源条件反应敏感。投资环境的相对性启示人们在评价和改善投资环境时，不仅可以从共性出发，进行总体上的评价和改善，而且应该从特殊性出发，针对具体的投资活动评价和改善投资环境。

### 专栏3-3：2014—2019年科尔尼外国直接投资信心指数

科尔尼公司（A. T. Kearney）编制的外国直接投资信心指数（FDI Confidence Index）是一项年度调查，跟踪政治、经济和监管变化对全球1 000家公司的CEO、CFO和其他高管的外国直接投资意向和偏好的影响。

2019年，美国连续第7年高居科尔尼外国直接投资信心指数的榜首。虽然7年是美国在该指数中排名最长的一年，但是中国保持了历史最高纪录，因为中国在2002—2012年期间连续11年保持了第一位。美国对外国投资者的持久吸引力，可能是由于其有利的商业监管环境、熟练的劳动力、技术能力和庞大的国内市场。然而，近期的政策波动和经济放缓似乎正在削弱美国市场的相对吸引力。今年美国与该指数排名第二的国家之间的得分差距缩小，以及前25个市场中得分最高和最低的国家之间的差距缩小，都表明了这一下降趋势。

该指数排名前10位的国家从2018年起保持不变，只有一个例外：新加坡升至第10位，取代瑞士，而瑞士降至第13位。在前10名中，意大利是涨幅最大的国家之一，2019年上升了两位至第8位。前10名中另一个值得注意的变化是，中国2019年的排名下降了两位，至第7位，但仍是该指数自1999年以来一直稳居榜首的新兴市场。

图3-2和图3-3分别提供了2014—2019年在科尔尼外国直接投资信心指数中前25位国家（地区）的排名情况。

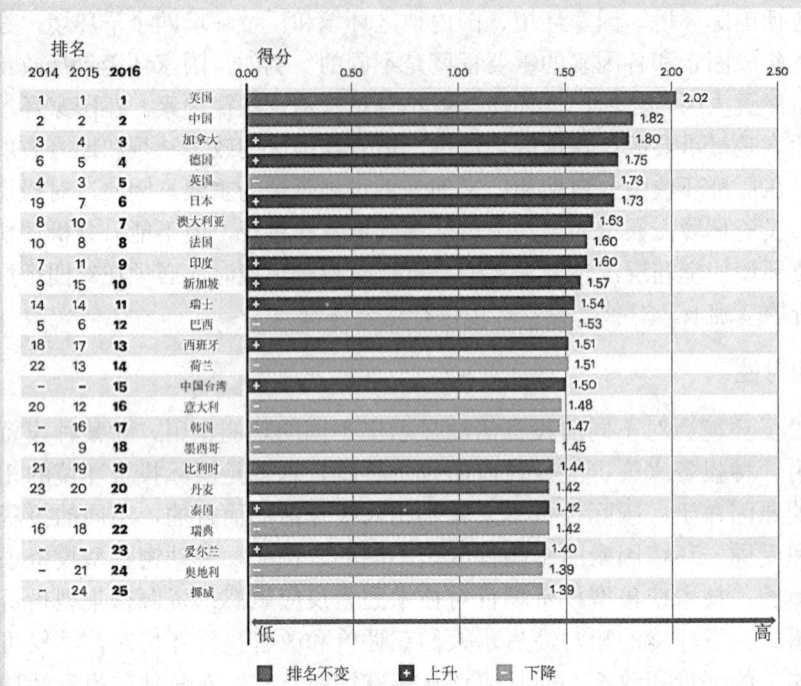

| 排名 | | | | 得分 |
| --- | --- | --- | --- | --- |
| 2014 | 2015 | **2016** | | |
| 1 | 1 | **1** | 美国 | 2.02 |
| 2 | 2 | **2** | 中国 | 1.82 |
| 3 | 4 | **3** | 加拿大 | 1.80 |
| 6 | 5 | **4** | 德国 | 1.75 |
| 4 | 3 | **5** | 英国 | 1.73 |
| 19 | 7 | **6** | 日本 | 1.73 |
| 8 | 10 | **7** | 澳大利亚 | 1.63 |
| 10 | 8 | **8** | 法国 | 1.60 |
| 7 | 11 | **9** | 印度 | 1.60 |
| 9 | 15 | **10** | 新加坡 | 1.57 |
| 14 | 14 | **11** | 瑞士 | 1.54 |
| 5 | 6 | **12** | 巴西 | 1.53 |
| 18 | 17 | **13** | 西班牙 | 1.51 |
| 22 | 13 | **14** | 荷兰 | 1.51 |
| — | — | **15** | 中国台湾 | 1.50 |
| 20 | 12 | **16** | 意大利 | 1.48 |
| — | 16 | **17** | 韩国 | 1.47 |
| 12 | 9 | **18** | 墨西哥 | 1.45 |
| 21 | 19 | **19** | 比利时 | 1.44 |
| 23 | 20 | **20** | 丹麦 | 1.42 |
| — | — | **21** | 泰国 | 1.42 |
| 16 | 18 | **22** | 瑞典 | 1.42 |
| — | — | **23** | 爱尔兰 | 1.40 |
| — | 21 | **24** | 奥地利 | 1.39 |
| — | 24 | **25** | 挪威 | 1.39 |

■ 排名不变　＋ 上升　－ 下降

图3-2　2014—2016年科尔尼外国直接投资信心指数中前25位国家（地区）

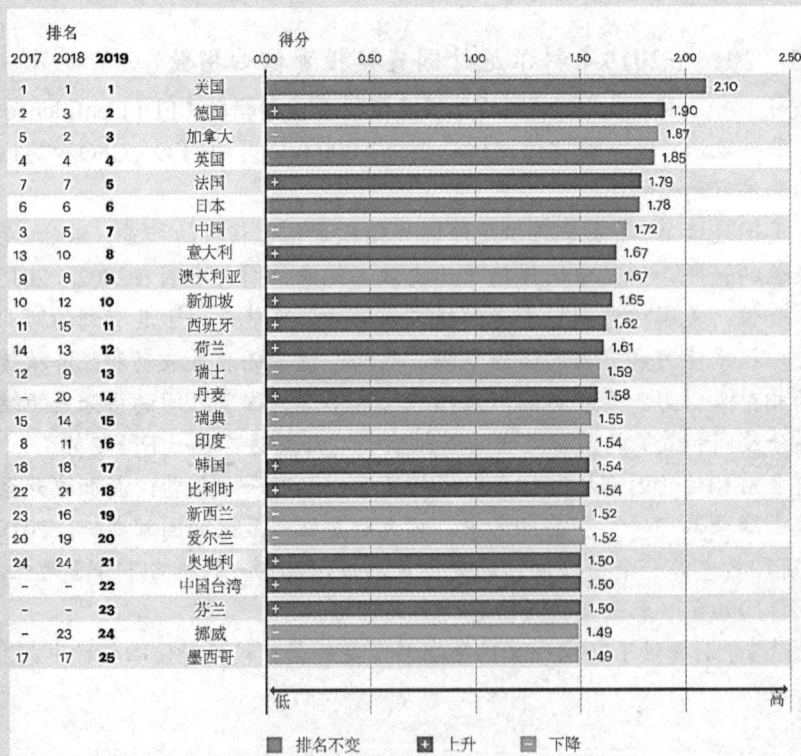

| 排名 | | | | 得分 |
| --- | --- | --- | --- | --- |
| 2017 | 2018 | **2019** | | |
| 1 | 1 | **1** | 美国 | 2.10 |
| 2 | 3 | **2** | 德国 | 1.90 |
| 5 | 2 | **3** | 加拿大 | 1.87 |
| 4 | 4 | **4** | 英国 | 1.85 |
| 7 | 7 | **5** | 法国 | 1.79 |
| 6 | 6 | **6** | 日本 | 1.78 |
| 3 | 5 | **7** | 中国 | 1.72 |
| 13 | 10 | **8** | 意大利 | 1.67 |
| 9 | 8 | **9** | 澳大利亚 | 1.67 |
| 10 | 12 | **10** | 新加坡 | 1.65 |
| 11 | 15 | **11** | 西班牙 | 1.62 |
| 14 | 13 | **12** | 荷兰 | 1.61 |
| 12 | 9 | **13** | 瑞士 | 1.59 |
| — | 20 | **14** | 丹麦 | 1.58 |
| 15 | 14 | **15** | 瑞典 | 1.55 |
| 8 | 11 | **16** | 印度 | 1.54 |
| 18 | 18 | **17** | 韩国 | 1.54 |
| 22 | 21 | **18** | 比利时 | 1.54 |
| 23 | 16 | **19** | 新西兰 | 1.52 |
| 20 | 19 | **20** | 爱尔兰 | 1.52 |
| 24 | 24 | **21** | 奥地利 | 1.50 |
| — | — | **22** | 中国台湾 | 1.50 |
| — | — | **23** | 芬兰 | 1.50 |
| — | 23 | **24** | 挪威 | 1.49 |
| 17 | 17 | **25** | 墨西哥 | 1.49 |

■ 排名不变　＋ 上升　－ 下降

图3-3　2017—2019年科尔尼外国直接投资信心指数中前25位国家（地区）

　　与此同时，跨国公司在选择投资地点时考虑的五大因素中，有四个是治理和监管因素。而其中两个因素——监管透明度和腐败缺失以及总体安全环境一直是2015年以来跨国公司投资决策的前五大因素。跨国公司对此类治理问题的关注，有助于解释为什么发达市场继续在科尔尼外国直接投资信心指数排名中占据主导地位，因为跨国公司普遍认为这些市场的监管环境更加透明，腐败程度更低，安全程度更高。

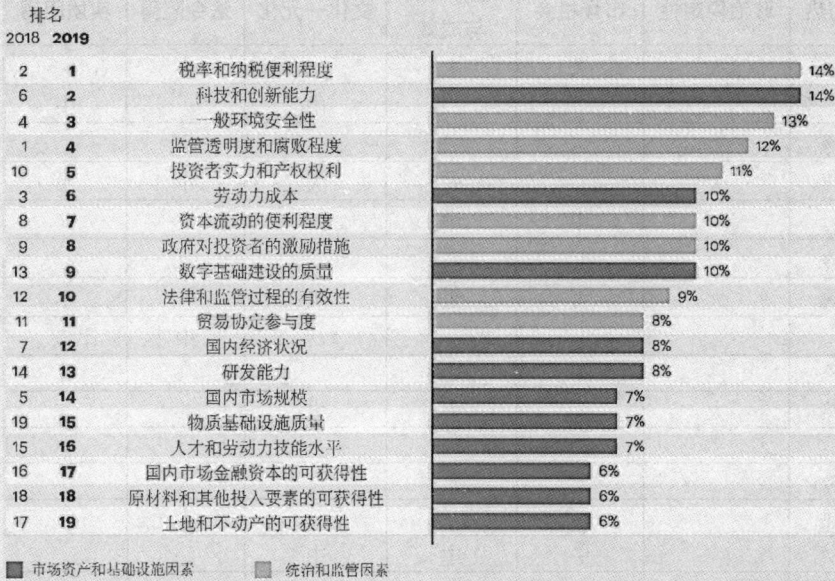

图3-4　影响跨国公司投资决策的东道国因素排序

资料来源："Facing a growing paradox"[EB/OL]. [2020-04-25]. https://www.kearney.com/foreign-direct-investment-confidence-index/2019-full-report

## 第二节　国际投资环境的评估方法

投资者在进行对外投资活动时，必然要对投资环境进行分析与评价，以做出正确的投资决策。尽管在国际投资实践中，投资者具体评价投资环境的方法多种多样，但其思路是大致相同的，即将总投资环境分解为若干具体指标，然后再综合评判。

### 一、冷热比较分析法

美国学者伊西阿·利特法克和彼得·拜廷根据他们对 20 世纪 60 年代后半期美国、加拿大等国工商界人士进行调查的资料，于 1968 年在《国际经营安排的理论结构》一文中提出了投资环境"冷热比较分析法"，指出要从政治稳定性、市场机会、经济发展与成就、文化一元化、法令障碍、实质障碍、地理与文化差异等七个方面对各国投资环境进行综合比较分析。其中，政治稳定性、市场机会、经济发展与成就、文化一元化同属"热"因素，而法令障碍、实质障碍、地理与文化差异同属"冷"因素。"热"因素越大，"冷"因素越小，一国投资环境越好（即"热国"），外国投资者在该国的投资参与成分就越大。相反，若一国投资环境越差（即"冷国"），则该国的外国投资成分就越小。

表 3-3 反映了利特法克和拜廷两人从美国投资者的立场出发，对当时加拿大、英国等 10

国的投资环境所做出的直观形式的冷热比较评价。

表 3-3　美国人心目中 10 国投资环境的冷热比较表

| 国别 | 冷/热 | 政治稳定性 | 市场机会 | 经济发展与成就 | 文化一元化 | 法令阻碍 | 实质阻碍 | 地理文化差异 |
|---|---|---|---|---|---|---|---|---|
| 加拿大 | 热 | 大 | 大 | 大 |  | 小 |  | 小 |
|  |  |  |  |  | 中 |  | 中 |  |
|  | 冷 |  |  |  |  |  |  |  |
| 英国 | 热 | 大 |  |  | 大 | 小 | 小 | 小 |
|  |  |  | 中 | 中 |  |  |  |  |
|  | 冷 |  |  |  |  |  |  |  |
| 德国 | 热 | 大 | 大 | 大 | 大 |  | 小 |  |
|  |  |  |  |  |  | 中 |  | 中 |
|  | 冷 |  |  |  |  |  |  |  |
| 日本 | 热 | 大 | 大 | 大 | 大 |  |  |  |
|  |  |  |  |  |  |  | 中 |  |
|  | 冷 |  |  |  |  | 大 |  | 大 |
| 希腊 | 热 |  |  |  |  | 小 |  |  |
|  |  |  | 中 | 中 | 中 |  |  |  |
|  | 冷 | 小 |  |  |  |  | 大 | 大 |
| 西班牙 | 热 |  |  |  |  |  |  |  |
|  |  |  | 中 | 中 | 中 |  |  |  |
|  | 冷 | 小 |  |  |  |  | 大 | 大 |
| 巴西 | 热 |  |  |  |  |  |  |  |
|  |  |  | 中 |  | 中 |  |  |  |
|  | 冷 | 小 |  | 小 |  | 大 | 大 | 大 |
| 南非 | 热 |  |  |  |  |  |  |  |
|  |  |  | 中 | 中 |  | 中 |  |  |
|  | 冷 | 小 |  |  | 小 |  | 大 | 大 |
| 印度 | 热 |  |  |  |  |  |  |  |
|  |  | 中 | 中 |  | 中 |  |  |  |
|  | 冷 |  |  | 小 |  | 大 | 大 | 大 |
| 埃及 | 热 |  |  |  |  |  |  |  |
|  |  |  |  |  | 中 |  |  |  |
|  | 冷 | 小 | 小 | 小 |  | 大 | 大 | 大 |

## 专栏 3-4：中国投资环境评估——基于"冷、热"因素分析法

后危机时代全球投资者都以更加谨慎的目光审察各国投资环境，以使自己的投资资本安全有效地增值，如今我国已超越日本成为全球第二大经济体，有望超越美国成为全球最大经济体，投资环境状况自然也备受关注。稳定的经济增长、庞大的国内市场规模、低成本劳动力、市场开放等因素使中国继续成为具有吸引力的投资东道国。

利用"冷、热"因素分析法对中国投资环境进行评估：

1. 政治稳定性分析

中国的政治稳定性问题一直是全球关注的热点问题。政治稳定性越强，越能吸引国外投资者。虽然近几年来局部一些地区有些动荡，但从国家大局来看，中国的政治稳定性是很高的，并可以持续下去。深深植根于人民群众的中国共产党有能力妥善处理好国内外局势的变化，矢志不渝地带领中国人民走中国特色社会主义发展之路。中国能够为投资者提供一个较好的、稳定的政治环境。所以，这一因素为"热"因素。

2. 市场机会分析

中国是一个人口大国，也是一个消费大国，潜在的市场很大。自从改革开放以来，人民的生活水平不断提高，对产品和服务提出了更高的要求。全方位、多层次、高质量的产品与服务大有市场。中国人民收入水平的提高，切实增长了他们的实际购买力，也提高了其消费水平，他们希望得到更多更好的产品和服务。可见，中国是一个很大的市场，潜在的市场机会很多。这一因素为"热"因素。

3. 经济发展与成就分析

改革开放以来，中国的经济发展与成就举世瞩目，昂然跨入"金砖四国"之列。如今我国已超越日本成为全球第二大经济体，有望超越美国成为全球最大经济体。第一，在经济增长方面实现了长期、持续、快速、平稳增长，面对国际金融危机的强烈冲击和世界经济环境的急剧恶化，中国经济一直保持了较高增速。第二，在物价方面，实现了经济高增长条件下的低度通胀（多数年份）或中度通胀（少数年份）。第三，在就业方面，实现了历史性的突破。从总的趋势看，不仅控制了城镇登记失业率的上升，而且在2003—2007年连续5年实现了失业率的下降。但是同时也应该看到现如今的中国经济有些波动，在历史罕见的特大自然灾害和突如其来的国际金融危机的冲击下，国民经济"体温"由热转冷，面临着巨大的下行压力。但随着中央各项宏观调控政策的逐步实施，金融危机以来我国国民经济总体还是呈现出增长较快、价格回稳、结构优化、民生改善的发展态势。综合可见，这一因素也为"热"因素。

4. 文化一元化分析

中国文化的一元化程度是较高的，五千年的中华历史对大多数人的影响是根深蒂固的，中国的革命文化，并没有否定中国的传统文化，至少在制度文化方面，是同中国传统文化一脉相承的，从而也就造成中国文化一元化程度的高度化。但是世界的融合使人民在保持本色的同时去接受认同其他的文化，多年来由于受西方文化的影响，中国人民的思想观念、思维方式等也有了一定程度的改变，由于所受影响的程度不同，文化的一元化程度有所削弱。这一因素为较"热"因素。

5. 法规阻碍分析

我国已经修订了不适应WTO要求的法律、法规，包括《中外合资经营企业法》《中外合作经营企业法》《外资企业法》三部外资大法及其实施细则；出台了《关于向外商转让上市公司国有股份和法人股有关问题的通知》《利用外资改组国有企业暂行规定》《外国投资者并购境内企业暂行规定》等一系列法规，对外资企业借助资本市场并购中国企业敞开了大门，这将进一步挖掘出我国吸引外资的潜力。按照国务院投资体制改革精神，利用外资的管理体制进行了配套改革，规范了国外贷款项目的审批程序，对外商投资项目由审批制改为核准制，减少了审核环节，提高了工作效率。可知，这一因素也较"热"。

6. 实质阻碍分析

中国地大物博，自然资源丰富。中国陆地面积占亚洲大陆土地面积的22.1%，占全世界陆地面积的6.4%，是世界上国土面积广阔的国家之一。中国矿产种类多、分布广、储量大，大部分矿产资源能够自给。中国现有森林面积1.24亿公顷，占世界第8位，森林蓄积量91.41亿立方米，居世界第5位，其中有多种材质优良、经济价值较高的树种。中国生物资源非常丰富，仅种子植物即达2.45万种，次于马来西亚和巴西，居世界第3位。同时，我国陆上疆界线长达2万多公里，与15个国家相邻。由于通信工具的广泛运用和交通工具的飞速发展，给国际投资提供了很大的便利。两国地理位置的距离对国际投资没有实质性的影响。综合来看，实质阻碍不大，这一因素为较"热"因素。

7. 地理与文化差距分析

中西方由于甚远的地理隔离，随着时间的推移，两个不同的地域逐渐形成了不同的文化，其包括了社会经济、政治体制、语言文学等因素。历史上近代中西文化的交流与冲突采用的是血与火的方式。世界社会经济的潮流使人们看到了和平与发展的时代主题，为了谋取共同的发展、实现互赢的美好局面，国与国之间的交流不断加深。中国自加入世贸组织后，与各国在经济文化上的交流日益加深。随着交流的广泛和深入，中西方对彼此的文化有很大一部分的认同与接受，交通和通信的发展也缩短了地理差距造成的不便。这一因素也较"热"。

综合以上的分析结果，总体而言，中国的投资环境是优良的。与此同时，外商投资的政策法律环境、中国依法行政的水平、市场环境秩序、金融体制改革有待于进一步的完善和提高。此外，服务贸易领域的开放程度不高等也是中国投资环境面临的问题，亟待解决。

资料来源：张蕾，王晓东. 中国投资环境评估——基于"冷、热"因素分析法[J]. 经营管理者，2010；20：63.

## 二、等级尺度法

1969年9月，美国学者罗伯特·斯托鲍夫（R. B. Stobauch）在《哈佛商业评论》（*Harvard Business Review*）上发表了《如何分析外国投资气候》（*How to Analyze Foreign Investment Climates*）一文，提出了关于投资气候的分析方法，其中一种办法即为等级尺度法（Rating Scale），又称为评分分析法。

等级尺度法主张从东道国政府对外国直接投资者的限制和鼓励决策着眼，具体地分析影响投资环境的各种微观因素，即币值稳定、每年通货膨胀率、资本外调、允许外国所有权的比例、外国企业与本地企业之间的差别待遇和控制、政治稳定、当地资本供应能力、给予关税保护的态度。在这八大因素中，罗伯特又把每一个因素分解为若干子因素，然后根据各个因素对投资环境的有利程度予以评分，满分为100分，如表3-4所示。其中又根据八大因素各自在投资环境中作用的大小确定了不同的权重，从而避免了对不同因素的平等看待。

表3-4 投资因素等级尺度法

| 考 察 因 素 | 评 分 |
|---|---|
| 1. 货币稳定性 | 4～20 |
| 自由兑换货币 | 20 |
| 官价和黑市价之差不超过10% | 18 |
| 10%～40% | 14 |
| 40%～100% | 8 |
| 超过100% | 4 |

| 考 察 因 素 | 评　分 |
|---|---|
| 2．近 5 年通货膨胀率 | 2～14 |
| 　　低于 1% | 14 |
| 　　1%～3% | 12 |
| 　　3%～7% | 10 |
| 　　7%～10% | 8 |
| 　　10%～15% | 6 |
| 　　15%～35% | 4 |
| 　　超过 35% | 2 |
| 3．资本外调 | 0～12 |
| 　　无限制 | 12 |
| 　　有时限制 | 8 |
| 　　对资本外调有限制 | 6 |
| 　　对资本和利润收入有限制 | 4 |
| 　　严格限制 | 2 |
| 　　完全不准外调 | 0 |
| 4．外商股权 | 0～12 |
| 　　允许占 100%，并表示欢迎 | 12 |
| 　　允许占 100%，但并不表示欢迎 | 10 |
| 　　允许占多数股权 | 8 |
| 　　允许最多占 50% | 6 |
| 　　只允许占少数 | 4 |
| 　　只允许占 30%以下 | 2 |
| 　　完全不允许外商控制股权 | 0 |
| 5．外国企业与本地企业之间的差别待遇和控制 | 0～12 |
| 　　外国与本地企业一视同仁 | 12 |
| 　　对外国企业略有限制但无控制 | 10 |
| 　　对外国企业不限制但有若干控制 | 8 |
| 　　对外国企业有限制并有控制 | 6 |
| 　　对外国企业有些控制，且有严格限制 | 4 |
| 　　严格限制与控制 | 2 |
| 　　根本不准外国人投资 | 0 |
| 6．政治稳定性 | 0～12 |
| 　　长期稳定 | 12 |
| 　　稳定，不过依赖某一重要人物 | 10 |
| 　　稳定，但要依赖邻国的政策 | 8 |
| 　　内部有纠纷，但政府有控制局面的能力 | 6 |
| 　　来自国内与国外的强大压力对政策有影响 | 4 |
| 　　有政变或发生根本变化的可能 | 2 |
| 　　不稳定，极有可能发生政变 | 0 |
| 7．当地资本供应能力 | 0～10 |
| 　　发达的资本市场，公开的证券交易 | 10 |
| 　　有部分本地资本，投资证券市场 | 8 |
| 　　有限的资本市场，缺乏资本 | 6 |
| 　　有短期资本 | 4 |
| 　　对资本有严格限制 | 2 |
| 　　资本纷纷外逃 | 0 |

续表

| 考 察 因 素 | 评 分 |
|---|---|
| 8．给予关税保护的态度 | 2～8 |
| 全力保护 | 8 |
| 有相当保护 | 6 |
| 有些保护 | 4 |
| 非常少或无保护 | 2 |
| 总 计 | 8～100 |

资料来源：罗伯特·斯托鲍夫. 如何分析外国投资气候[J]. 哈佛商业评论, 1969, 47（5）：100-108.

在分析的八项内容中，最主要的是币值稳定程度和每年通货膨胀率两项内容，占全部等级尺度评定总分数的 34%。这说明投资者十分重视投资接受国的币值稳定程度，因为币值稳定是经济稳定发展的前提。严重通货膨胀是指两位数值以上的通货膨胀率，投资者要冒通货膨胀、使其投资贬值的风险，恶性通货膨胀会使投资者却步。其次是资本外调、政治稳定性、允许外国所有权的比例和外国企业与本地企业之间的差别待遇，这四项各占等级尺度评定总分数的 12%。这四项关系到资本（包括利润和利息收入）能否自由出境，跨国企业和投资接受国企业之间的竞争条件和能否控制企业的所有权与经营权，对投资者来说，实际上是投资的安全程度和对企业所有权与经营权的控制程度，因此，这四项共占等级尺度评定总分数的 48%。最后是给予关税保护的态度和当地资本的供应能力，这两项分别占等级尺度评定总分数的 8%和 10%，所占比重较轻。投资者对每项内容评分，各项内容累计分数相加，获得总分。总分越高，投资环境越好；次之，欠佳；再次之，不良；当总分低到最低限度时，则认为不能对其进行直接投资。根据这种评分方法，外国投资者可以比较容易地对不同的投资环境进行合理评估，择其优者而从之。

## 三、加权等级分析法

该方法是由美国教授威廉·A. 戴姆赞于 1972 年提出的。按照这种方法，公司首先对各种环境因素的重要性进行排列，并给出相应的重要权数。然后，根据各环境因素对投资产生不利影响或有利影响的程度进行等级评分，每个因素的评分范围都是从 0（完全不利的影响）到 100（完全有利的影响）。最后，把各环境因素的实际得分乘以相应的权数，并进行加总。按总分高低，可供选择的投资对象国被分为投资环境最好的国家、投资环境较好的国家、投资环境一般的国家、投资环境较差的国家、投资环境恶劣的国家。表 3-5 表明，A 国的加权等级总分为 5 360，大于 B 国的 4 390，显然，A 国的投资环境优于 B 国的投资环境，A 国是比较理想的选择。

表 3-5　投资环境加权等级分析法

| 按重要性排列的环境因素 | A 国 | | | B 国 | | |
|---|---|---|---|---|---|---|
| | （1）重要性权数 | （2）等级评分 0～100 | （3）加权等级评分 （1）×（2） | （1）重要性权数 | （2）等级评分 0～100 | （3）加权等级评分 （1）×（2） |
| 1．财产被没收的可能性 | 10 | 90 | 900 | 10 | 55 | 550 |
| 2．动乱或战争造成损失的可能性 | 9 | 80 | 720 | 9 | 50 | 450 |

| 按重要性排列的环境因素 | A 国 | | | B 国 | | |
|---|---|---|---|---|---|---|
| | （1）重要性权数 | （2）等级评分 0～100 | （3）加权等级评分 （1）×（2） | （1）重要性权数 | （2）等级评分 0～100 | （3）加权等级评分 （1）×（2） |
| 3. 收益返回 | 8 | 70 | 560 | 8 | 50 | 400 |
| 4. 政府的歧视性限制 | 8 | 70 | 560 | 8 | 60 | 480 |
| 5. 在当地以合理成本获得资本的可能性 | 7 | 50 | 350 | 7 | 90 | 630 |
| 6. 政治稳定性 | 7 | 80 | 560 | 7 | 50 | 350 |
| 7. 资本的返回 | 7 | 80 | 560 | 7 | 60 | 420 |
| 8. 货币的稳定性 | 6 | 70 | 420 | 6 | 30 | 180 |
| 9. 价格稳定性 | 5 | 40 | 200 | 5 | 30 | 150 |
| 10. 税收水平 | 4 | 80 | 320 | 4 | 90 | 360 |
| 11. 劳资关系 | 3 | 70 | 210 | 3 | 80 | 240 |
| 12. 政府给予外来投资的优惠待遇 | 2 | 0 | 0 | 2 | 90 | 180 |
| 加权等级总分 | | 5 360 | | | 4 390 | |

## 四、要素评价分类法

要素评价分类法是依相关特性，将软、硬投资环境因素归纳为八大因素，形成"投资环境准数"的数群概念，为投资者评估和改善投资环境所提出的宏观评价方法，如表3-6所示。

表3-6　投资环境要素评价分类表

| 项 目 要 素 | 内　　涵 | 评　　分 |
|---|---|---|
| 1. 投资环境激励系数（A） | 政治经济稳定性<br>资本汇出自由<br>投资外交完善度<br>立法完备性<br>优惠政策<br>对外资兴趣度<br>币值稳定 | 0～10 |
| 2. 城市规划完善度因子（B） | 有整体经济发展战略<br>利用外资中长期规划<br>总体布局配套性 | 0～1 |
| 3. 利税因子（C） | 税收标准<br>合理收费<br>金融市场 | 2～0.5 |
| 4. 劳动生产率因子（D） | 工人劳动素质<br>文化素养<br>社会平均文化素质<br>熟练技术人员<br>技术工人数量 | 0～1 |

续表

| 项 目 要 素 | 内　　　涵 | 评　　分 |
|---|---|---|
| 5. 地区基础因子（E） | 基础设施、交通、通信、电力等<br>工业用地<br>制造业基础<br>科技水平<br>外汇资金充裕度<br>自然条件<br>第三产业水平 | 1～10 |
| 6. 效率因子（F） | 政府管理科学文化程度<br>有无完善的涉外服务体系<br>咨询体系管理手续<br>信息资料提供系统<br>配套服务体系 | 2～0.5 |
| 7. 市场因子（G） | 市场规模<br>产品对市场占有率<br>进出口限制<br>人、财、物供需市场开放度 | 0～2 |
| 8. 管理权因子（H） | 开放城市自主权范围<br>三资企业外资股权限额<br>三资企业经营自主权程度 | 0～2 |

投资环境的八大因素与准数值 $I$ 的关系，可用公式表示为：

$$I = \frac{AE}{CF}(B + D + G + H) + x$$

其中，$x$ 为其他机会性因素（值可正可负）。投资者运用这种方法，可以比较便利、定量地评判投资环境的优劣。投资环境准数值越大，投资环境越好，对外国资本的吸引力越大。

运用要素评价分类法评估投资环境的主要原则和特点是：以国际资本投向，本地发展战略为主要依据；注意到因素之间的动态和有机关联性；决策者可以比较方便地利用准数从全局高度考察各时期改善投资环境和地区自然条件等优势，最大限度地提高准数值，达到吸引更多外国资本的目的。

## 五、成本分析法

成本分析法是西方常用的评价方法，这一方法把投资环境的因素均折合为数字作为成本的构成，然后得出是否适合于投资的决策。对此，英国经济学家拉格曼通过深入的研究，提出了"拉格曼公式"。拉格曼认为，将各种投资环境因素作为成本构成代入，可能出现以下三大类情况。

（1）若 $C+M<C^*+A^*$，便选择出口，因为出口比对外直接投资有利。

若 $C+M<C^*+D^*$，便选择出口，因为出口比转让许可证有利。

（2）若 $C^*+A^*<C+M$，便建立子公司，因为直接投资比出口有利。

若 $C^*+A^*<C^*+D^*$，便建立子公司，因为对外直接投资比转让许可证有利。

（3）若 $C^*+D^*<C^*+A^*$，便转让许可证，因为转让许可证比对外直接投资有利。

若 $C^*+D^*<C+M^*$，便转让许可证，因为转让许可证比出口有利。

其中，$C$ 代表本国国内生产正常成本；$C^*$代表东道国生产正常成本；$M^*$代表出口销售成本（包括运输、保险和关税等）；$D^*$代表各种风险成本（包括泄露和仿制等）；$A^*$代表国外经营的附加成本。

成本分析法不仅综合了各种因素所造成的成本，而且把它和参加国际市场的三种形式结合起来，是西方投资者经常采用的评价方法。

## 六、抽样评估法

抽样评估法是指对东道国的外商投资企业进行抽样调查，了解其对东道国投资环境的一般看法。其方法是：首先选定或随机抽取不同类型的外企，列出投资环境评价要素，然后由外企高级管理人员进行口头或笔头评估，评估通常采取回答调查表的形式。

抽样评估法的最大优点是能使调查人员得到第一手信息资料，它的结论对潜在投资者的投资来说具有直接的参考价值。但是，该方法的缺点是评估项目的因素往往不能列举得很多，因而可能不够全面。此外，评估结果常常带有评估人的主观色彩。

## 本章小结

国际投资环境是指影响国际投资的各种因素相互依赖、相互完善、相互制约所形成的矛盾统一体，国际直接投资环境的优劣直接决定了一国对外资吸引力的大小。

投资者在进行对外投资活动时，必然要对投资环境进行分析与评价，尽管所使用的方法多种多样，但其思路是大致相同的，即将总投资环境分解为若干具体指标，然后再综合评判。

## 本章网络引擎

1．http://www.mofcom.gov.cn：中华人民共和国商务部网站，可以了解我国外资政策及我国当前吸引外资情况。

2．http://fec.mofcom.gov.cn：中国对外经济合作指南网站，可以了解到我国最新的对外经济合作信息及世界主要国家的投资环境。

3．http://www.ce.cn：中国经济网，可以浏览到我国当前经济热点问题与宏观经济信息。

## 本章思考题

1．名词解释

国际投资环境　　硬环境　　软环境　　冷热比较分析法

2．简述国际直接投资环境的重要性及其决定因素。

3．试总结各种国际投资环境评估方法的基本思路和共性。

4. 案例分析

分别运用等级尺度法和要素评价分类法对俄罗斯的投资环境进行计分和评价。

## 俄罗斯投资环境概况

众所周知，作为一个潜力巨大的发展中市场，俄罗斯对外国投资者有着相当大的吸引力，理由如下。

（1）俄罗斯是世界上国土面积最大的国家，拥有极其丰富的自然资源

俄罗斯国土面积约 1 707.55 万平方千米，居世界第一位。广袤的国土和多样性的地质地貌赋予其极为丰富的自然资源，如石油储量占世界总储量的 40%，天然气占 45%，铁矿石占 44%，煤占 30%，森林占 40%，磷石灰占 55%，以 1994 年世界价格计算，其矿产资源价值为 140 万亿美元，其中燃料动力资源占 70%，非矿石资源占 15%，黑色及有色金属资源占 13%，稀有及贵重金属等资源占 1.3%，资源储量占世界总储量的 21%，在世界各国综合国力评估中，俄罗斯的资源实力排名第一。在 20 世纪 90 年代，俄罗斯经济连续数年呈两位数负增长，GDP 总量萎缩了 55% 而没有导致经济崩溃，其中一个重要的原因就是靠出卖丰富的矿产资源换回大量外汇而得以支撑。2000 年俄罗斯经济猛增 7% 以上，其中就得益于国际石油价格居高不下，石油暴涨使其出口额增长 40%，出口总额占当年俄罗斯 GDP 的 40% 以上。2017 年，能源及原材料在出口总额中的比重高达 59%，2018 年煤炭产量和出口量创 2013 年以来最高水平。加强国际社会能源合作、维护价格稳定的意向，获得众多国家响应，进一步支持能源经济的持续向好发展。毫无疑问，巨量的自然资源、比较便宜的原料和燃料价格将在今后相当长一个时期内成为俄罗斯重振经济的坚实后盾和得天独厚的优势。

（2）拥有素质较高且相对廉价的劳动力资源

苏联时期造就了一支人数最多、世界一流的科技人才队伍，凭着这支科技大军，苏联在重工业、核工业、军事工业、航空航天以及物理、化学、生物等众多科学领域处于世界领先地位。俄罗斯具有一流的全民文化素质，科研开发队伍的数量和质量仍居世界首位。在俄罗斯城市就业人群中，每 1 000 人中就有 950 人受到高等教育和达到中等文化水平。在 20 世纪 80 年代初，苏联科学工作者的人数已经占世界科学工作者总数的 1/4。俄罗斯的科研体系被分为三大类：科学院系统、部门科研系统、高校系统。尽管由于经济原因，从 1990—2000 年，10 年间从事科研的人员以及为科学服务的人员几乎减少了 50%，但即使如此，俄罗斯的科研队伍的规模在世界上仍然屈指可数。俄罗斯与美国相比，研究人员的总数仅相当于美国的 60%～70%，但就有学位专家的绝对数而言，在物理学、计算科学和环境领域从业和研究人员的数目，俄罗斯略高于美国，在社会科学领域是美国的 0.8 倍，俄罗斯为 54.6%，美国为 59.8%。俄罗斯科研人员素质居世界各国首位。并且，俄罗斯人整体文化素质较高，具有中高等文化程度的人在城市占 85% 以上，在农村占 65% 以上。俄罗斯技术工人和专家的水平已达到西方发达国家的平均水平，而他们的工资水平则比西方国家低。这些都为引进外资创造了良好的条件。

（3）地缘优势是俄罗斯所具有的特殊财富

俄罗斯领土横跨欧亚大陆，东西纵横一万余千米，西连西欧，东接亚太，将欧盟、美国和东亚这三大块当今世界最富有、最强大、最多人口、最具有发展活力的国家和地区连接在一起，形成俄罗斯独一无二的地缘资源优势。向西，俄罗斯可以借鉴西方国家日臻成

熟的议会制度、缜密有序的文官制度、高效合理的管理体制和严格有效的监督机制，有助于建立自己效率与廉洁并重的政府机构；在太平洋彼岸，从美国这个引导世界潮流的"巨无霸"那里，不仅可以吸引到大量投资，而且有助于其跻身当今世界经济、科技发展的前沿，从而大大缩短俄罗斯与西方先进国家的差距；向东，东亚地区作为全球落后国家成功实现经济起飞的样板，俄罗斯不仅可以学习其体制改革、经济转轨和对外开放等方面的宝贵经验，而且作为世界经济发展最迅速、最富有朝气的区域，其巨大的市场、物美价廉的商品和丰富的劳动力资源正好与俄罗斯急需开拓市场的石油矿产资源、匮乏的轻纺日用品和日趋紧缺的劳动人口形成互补。

（4）具有 1.44 亿人口的庞大市场，市场容量较大

根据俄罗斯经济发展部数据反映，2018 年俄罗斯经济总体运行平稳、经济形势向好。自 2013 年俄罗斯的 GDP 达到 21 世纪以来的最高峰值后，2014 年 11 月到 2016 年 6 月俄罗斯的经济一直处于负增长状态，2016 年俄罗斯的 GDP 仅为 12 827 亿美元，但 2016 年后俄罗斯经济实现触底反弹，经济萎缩态势进一步得到遏制。2018 年俄罗斯的 GDP 和人均 GDP 分别为 16 575 亿美元和 11 282 美元，相较于 2016 年分别增长了 29.2% 和 29.1%。当前俄罗斯经济保持平稳态势，踏上总体上行的发展路径。但是由于资金不足，投资不足仍然是制约俄罗斯经济发展的瓶颈。苏联时期形成的畸形产业结构加上近年来国内生产总体上还处于恢复时期，商品需求在一些方面远未达到饱和，而且俄罗斯市场竞争水平相对低于西方发达国家市场。这些都是给予投资者信心的显著因素。

（5）市场经济体制初步得以创立

随着欧美相继宣布承认俄罗斯为市场经济国家，俄罗斯加入世贸组织的步伐加快，2011 年 12 月 16 日，世贸组织第八次部长级会议正式批准俄罗斯加入世贸组织，俄罗斯将履行世贸组织的所有规定，违反规定的进口数量限制、禁令、许可证、授权将废除，此后不能再出台，相关的立法工作也得到了相当的重视。这为投资者的进入创造了好的条件。

（6）具有雄厚的科研实力

俄罗斯基础研究水平虽然落后于美国，但仍居世界最先进的国家行列。1991 年，由俄罗斯近 300 名著名学者和院士参与完成的大规模科研成果鉴定表明，俄罗斯在物理学、一般化学和技术化学、电子、地理学、资讯学、人体生物学、人类生命活动结构基础领域的研究已经达到了国际领先水平。1994 年，俄罗斯科学院在微电子和毫微电子、电光绘图新工艺、新材料、高温超导、化学、天文物理、超级电脑、分子生物学、气象等领域都取得了具有先进水平的科研成果。1996 年，俄罗斯在镭射领域也取得了重大的突破。1999 年，俄罗斯在核反应实验室合成并确认了门捷列夫化学元素周期表中最新的第 114 号超重元素，原子量为 289。这都是具有世界意义的发现。

除军工和宇航技术方面与美国并驾齐驱之外，俄罗斯还掌握节能技术、水净化技术、海洋养鱼技术、水下机器人技术、生态遥感、公路快修用土壤稳定剂、量子锅炉制造技术、优质蛋白玉米种子及品种选育技术、抗赤霉病新品种小麦育种技术、马铃薯脱毒等高新应用技术。

资料来源：李传桐. 论俄罗斯投资环境[EB/OL]. （2009-09-18）[2012-03-25]. http://www.chinaruslaw.com/CN/ InvestRu/tz009/ 20099805731-994716. htm; 中国国际经济交流中心. 国际经济分析与展望（2017~2018）[M]. 北京：社会科学文献出版社，2018: 162-172.

5. 试结合本章专栏 3-2、专栏 3-3 和专栏 3-4，分析我国改善投资环境的重点和具体措施。

## 第二篇

## 方 式 篇

# 第四章　国际直接投资

　◇　国际直接投资的特征与分类；
　◇　国际合资经营、国际合作经营与国际独资经营企业的特征比较与经营管理。

## 第一节　国际直接投资概述

### 一、国际直接投资的含义

国际直接投资（FDI）是与国际间接投资相对应的一个概念，是指投资者为了在国外获得长期的投资效益并拥有对企业或公司的控制权和经营管理权而进行的在国外直接建立企业或公司的投资活动，其核心是投资者对国外投资企业的控制权。

表 4-1 和表 4-2 列出了世界各国/地区外国直接投资流入量和流出量的情况。

表 4-1　2013—2018 年外商直接投资流入量

单位：10 亿美元

| 国家/地区 | 2013 年 | 2014 年 | 2015 年 | 2016 年 | 2017 年 | 2018 年 |
|---|---|---|---|---|---|---|
| 发达国家 | 694.8 | 623.1 | 1268.6 | 1197.7 | 759.3 | 556.9 |
| 欧盟 | 345.0 | 265.6 | 635.8 | 556.1 | 340.6 | 277.6 |
| 美国 | 201.4 | 201.7 | 467.6 | 471.8 | 277.3 | 251.8 |
| 日本 | 2.3 | 12.0 | 3.0 | 17.8 | 10.4 | 9.9 |
| 发展中国家 | 652.6 | 677.4 | 728.8 | 656.3 | 690.6 | 706.0 |
| 亚洲 | 415.4 | 460.0 | 514.4 | 473.3 | 492.7 | 511.7 |
| 中国 | 123.9 | 128.5 | 135.6 | 133.7 | 134.1 | 139.0 |
| 非洲 | 50.1 | 53.9 | 56.9 | 46.5 | 41.4 | 45.9 |
| 拉丁美洲和加勒比海地区 | 184.4 | 161.2 | 155.9 | 135.3 | 155.4 | 146.7 |
| 东南欧和独联体（转型期经济体） | 83.8 | 56.8 | 36.4 | 64.7 | 47.5 | 34.2 |
| 世界 | 1431.2 | 1357.2 | 2033.8 | 1918.7 | 1497.4 | 1297.2 |

资料来源：联合国贸发会议. 2019 年世界投资报告：经济特区.

表4-2　2013—2018年外商直接投资流出量

单位：10亿美元

| 国家/地区 | 2013年 | 2014年 | 2015年 | 2016年 | 2017年 | 2018年 |
|---|---|---|---|---|---|---|
| 发达国家 | 892.1 | 779.5 | 1243.5 | 1105.1 | 925.3 | 558.4 |
| 欧盟 | 342.9 | 214.2 | 655.0 | 489.5 | 412.9 | 390.4 |
| 美国 | 303.4 | 333.0 | 264.4 | 289.3 | 300.4 | -63.6 |
| 日本 | 135.7 | 130.8 | 136.2 | 151.3 | 160.4 | 143.2 |
| 发展中国家 | 408.7 | 446.9 | 407.0 | 419.9 | 461.7 | 417.6 |
| 亚洲 | 362.7 | 412.2 | 372.6 | 399.1 | 411.9 | 401.5 |
| 中国 | 107.8 | 123.1 | 145.7 | 196.1 | 158.3 | 129.8 |
| 非洲 | 11.1 | 10.5 | 9.7 | 9.5 | 13.3 | 9.8 |
| 拉丁美洲和加勒比海地区 | 34.7 | 24.0 | 24.9 | 11.1 | 36.4 | 6.5 |
| 东南欧和独联体（转型期经济体） | 75.8 | 72.3 | 32.1 | 25.2 | 38.5 | 38.2 |
| 世界 | 1 376.6 | 1 298.8 | 1 682.6 | 1 550.1 | 1 425.4 | 1 014.2 |

资料来源：联合国贸发会议．2019年世界投资报告：经济特区．

## 二、国际直接投资的分类

按照不同的划分标准，国际直接投资可以划分为不同的类型。

### （一）横向型、垂直型和混合型

按母公司和子公司的经营方向是否一致，国际直接投资可以分为三种类型：横向型、垂直型和混合型。

（1）横向型投资（Horizontal Investment）：也称水平型投资，是指母公司将在国内生产的同样产品或相似产品的生产和经营扩展到国外子公司进行，使子公司能够独立地完成产品的全部生产和销售过程。一般用于机械制造业和食品加工业。

（2）垂直型投资（Vertical Investment）：也称纵向型投资，是指一国企业到国外建立与国内的产品生产有关联的子公司，并在母公司与子公司之间实行专业化协作。具体来讲，它又可细分为两种形式：① 子公司和母公司从事同一行业产品的生产，但分别承担同一产品生产过程中的不同工序，多见于汽车、电子行业；② 子公司和母公司从事不同行业，但是它们互相关联，多见于资源开采和加工行业。

（3）混合型投资：某一企业到国外建立与国内生产和经营方向完全不同、生产不同产品的子公司。目前只有少数巨型跨国公司采取这种形式。例如，美国的埃克森（Exxon）石油公司不仅投资于石油开采、精炼和销售，而且还投资于石油化学工业、机器制造、商业和旅游业等。

**专栏4-1：宝马公司的三种类型投资**

宝马（Bayerische Motoren Werke，BMW）是驰名世界的汽车生产企业，也被认为是高档汽车生产业的先导。宝马公司创建于1916年，总部设在德国慕尼黑，最初是一家飞机发动机制造商，1917年还是一家有限责任公司，1918年更名为巴伐利亚发动机制造股份公司并上市。

在初创阶段，公司主要致力于飞机发动机的研发和生产。BMW的蓝白标志象征着旋转的螺旋桨，这正是公司早期历史的写照。1923年，第一部BMW摩托车问世。5年后的1928年，BMW收购了埃森那赫汽车厂，并开始生产汽车。近百年来，它由最初的一家飞机发动机生产厂发展成为今天以高级轿车为主导，并生产享誉全球的飞机引擎、越野车和摩托车的企业集团。

宝马作为国际汽车市场上的重要成员相当活跃，其业务遍及全世界120个国家。1994年4月，宝马公司在北京设立了代表处。

宝马公司发展历程——

1916年：创建巴伐利亚飞机制造股份公司——宝马公司的前身。

1917年：飞机制造股份公司与发动机制造股份公司合并为巴伐利亚发动机制造股份公司。

1923年：开始生产摩托车。

1928年：收购埃森那赫汽车厂，开始生产汽车。

1990年：与劳斯莱斯公司合资生产航空发动机。

1994年：兼并陆虎集团（英国）。

1998年：购得劳斯莱斯汽车品牌。

2001年：与宝姿集团联手，授权宝姿生产带有宝马标志的服装产品。

2003年：和华晨汽车集团控股有限公司合作在中国预制零件。

2004年：宝马全球供货中心在慕尼黑开始建设。

2007年：宝马全球供货中心建成。

2014年：与百度合作开发原型测试车辆。

2016年：与英特尔、Mobileye和菲亚特克莱斯勒汽车共建自动驾驶平台。

2017年：建设华晨宝马动力电池中心，后启动动力电池中心二期项目。

2018年：宝马斥资36亿欧元增持华晨宝马25%股权，持股比例由现时的50%增至75%。

2019年：与长城汽车合资成立光束汽车有限公司获江苏省发改委批复。

资料来源：宝马集团[EB/OL]. [2020-03-05]. http://www.bmw.com.cn/cn/zh/insights/history/eheritage/introduction.html；宝马集团战略深度报告[EB/OL]. （2019-12-09）[2020-03-09]. http://www.sohu.com.a/359333332_391226.

**（二）绿地投资和跨国并购**

按投资者是否创办新企业，国际直接投资可分为两种类型：绿地投资和跨国并购。

1. 绿地投资

绿地投资（Greenfield Investment）也称新建投资，是指跨国公司等投资主体在东道国境内依照东道国的法律设置的部分或全部资产所有权归外国投资者所有的企业。创建投资会直接导致东道国生产能力、产出和就业的增长。早期跨国公司的海外拓展业务基本上都是采用这种方式。绿地投资有两种形式：一是建立国际独资企业，其形式有国外分公司、国外子公司和国外避税地公司；二是建立国际合资企业，其形式有股权式合资企业和契约式合资企业。表4-3为2013—2018年在世界各国/地区进行的绿地投资数量。

表 4-3　2013—2018 年世界各国/地区的绿地投资数量

单位：个

| 国家/地区 | 2013 年 | 2014 年 | 2015 年 | 2016 年 | 2017 年 | 2018 年 |
|---|---|---|---|---|---|---|
| 发达国家 | 8 312 | 8 417 | 8 641 | 8 775 | 9 699 | 9 571 |
| 欧盟 | 5 149 | 5 100 | 5 809 | 5 814 | 6 630 | 6 526 |
| 美国 | 1 933 | 1 907 | 1 735 | 1 786 | 1 783 | 1 719 |
| 日本 | 217 | 241 | 186 | 213 | 245 | 253 |
| 发展中国家 | 7 608 | 6 960 | 6 365 | 6 432 | 6 024 | 7 135 |
| 亚洲 | 4 969 | 4 796 | 4 354 | 4 486 | 4 044 | 4 673 |
| 中国 | 1 256 | 1 085 | 874 | 798 | 751 | 871 |
| 非洲 | 931 | 797 | 793 | 677 | 675 | 721 |
| 拉丁美洲和加勒比海地区 | 1 702 | 1 356 | 1 205 | 1 256 | 1 295 | 1 735 |
| 东南欧和独联体（转型期经济体） | 827 | 547 | 501 | 573 | 627 | 861 |
| 世界 | 16 747 | 15 924 | 15 507 | 15 780 | 16 350 | 17 567 |

资料来源：根据联合国贸发会议数据库数据整理而得。

2．跨国并购

跨国并购（Cross-border Mergers & Acquisitions，M&A）是指跨国公司等投资主体通过一定的程序和渠道，取得东道国某个现有企业的全部或部分资产所有权的投资行为。按照联合国贸易与发展会议（UNCTAD）的定义，跨国并购包括外国企业与境内企业合并；收购境内企业的股权达 10%以上，使境内企业的资产和经营的控制权转移到外国企业。

跨国并购是国内企业并购的延伸。跨国公司采取并购的方式进行直接投资，其动机包括：开拓国际同类市场，取得产品商标、品牌和已有的行销网络；保证原材料的供应和产品的销售市场；经营领域、区域和资产的多元化等。2000—2018 年全球跨国并购额如图 4-1 所示。

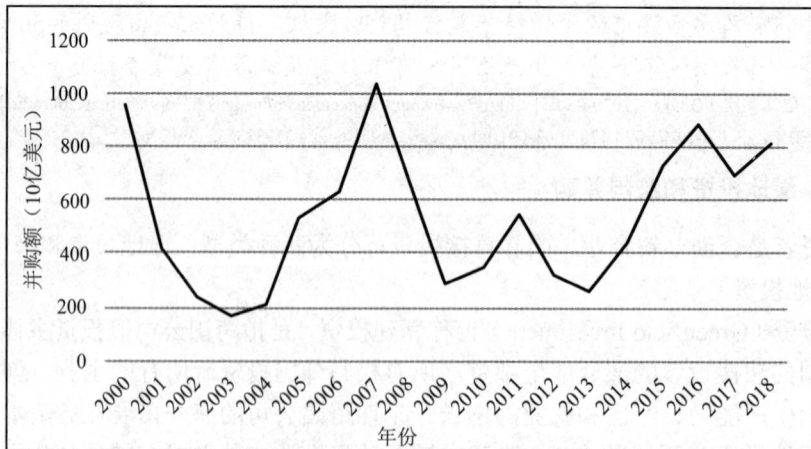

图 4-1　2000—2018 年全球跨国并购额

资料来源：根据联合国贸发会议数据库数据整理而得。

值得一提的是，近年来越来越多的跨国公司倾向于采用多种国际直接投资类型。如图 4-2

所示，自 2017 年以来，联合采用绿地投资、与东道国当地企业合资和跨境并购的跨国公司占比越来越高，已经从 2017 年的 19%增至 2019 年的 51%。

倾向于选择多种国际直接投资类型的投资者占比

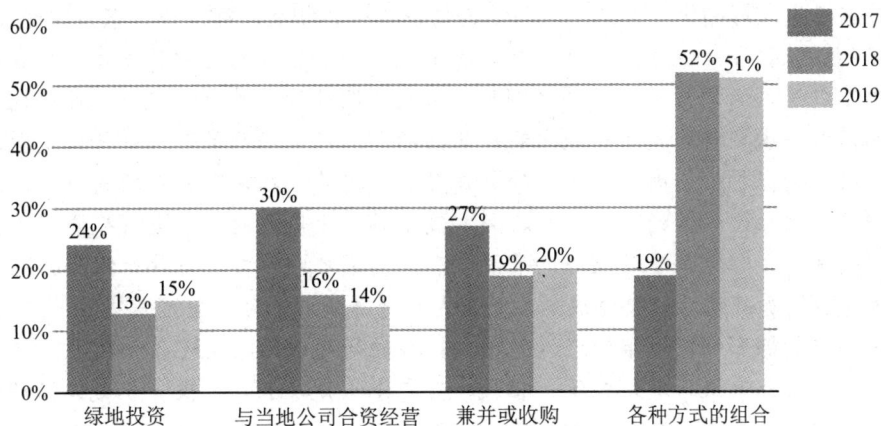

图 4-2　倾向于选择多种国际直接投资类型的投资者占比

资料来源：A. T. Kearney Foreign Direct Investment Confidence Index（2017,2018,2019）.

### 专栏 4-2：跨国并购与绿地投资的选择

决定企业以何种方式进入国外市场的因素可以从三大方面来概括：企业本身的微观因素、企业所处行业的中观因素，以及国家层面的宏观因素。

**1. 不同的微观情境中投资方的进入模式决策**

不同的微观因素影响着投资方进入异国市场模式的选择。一般来说，母国企业的发展战略或者发展目标决定着其是否进入某个国外市场以及如何进入。如果投资方的发展战略是建立组织紧密的国际化企业，那么选择绿地投资的可能性就比较大；如果投资方的发展战略是快速增大企业规模或快速占领国外市场等，那么选择跨国并购的可能性就比较大。

**2. 不同的中观情境中投资方的进入模式决策**

有些对跨国市场进入模式的研究区分了不同行业中技术水平、品牌知名度和销售力量等特点对进入模式的影响。被称为上游能力的技术资源可以产生于母国，但很容易在全球范围内应用，具有可转移性；但被称为下游能力的营销网络、品牌、知名度等资源一般只能够产生于当地，并应用于当地，可转移性很弱。对于上游能力来说，如果东道国企业在技术资源上具有相对优势，那么适于采纳并购的方式。此时以并购的方式进入东道国市场，母国企业可以结合自己的优势，直接利用当地的外部营销资源和内部经营管理模式。也就是说，在母国技术密集度越高行业的企业，越适合采纳并购方式进入境外市场。相反，如果母国企业的相对技术密集度越低，就越适于采纳绿地投资的方式。

下游资源往往是东道国企业拥有的相对竞争优势。营销网络涉及社会组织结构、文化习俗、人们的消费偏好、营销人员的人脉关系、生产与销售的衔接等许多方面。投资方如果进行绿地投资，其原有的销售力量很难从母国转移到东道国，所以，投资方就需要在国外自行组建销售力量，建立起厂商和消费者之间比较稳固的联系，这样就需要支付较大的成本，耗费较长的时间。而投资方如果进行跨国并购，在构建营销网络上就不必从零开始，这样就能够节省许多成本与时间。在东道国销售力量、品牌、知名度等下游资源密集度越集中的行业，投资方越有可能采取通过并购的方式进入国外市场。

3. 不同的宏观情境中投资方的进入模式决策

对境外市场进入影响比较大的宏观因素包括东道国的相关法律法规、东道国的文化特质、东道国市场的成长性等。许多国家直接制定有不允许外资进入的行业的政策，或者有各种各样的让外资难以进入的间接政策障碍。例如，法人治理结构上的特别规定、控股权的限制、行业资质的获取、由多种州或省等地方法规导致的区域性市场割裂等。有研究发现，在会计制度完善、投资者保护较好的国家产生的并购案例比较多。在跨国并购的案例中，东道国的投资者保护情况往往比母国的情况差。在某些制度障碍比较大的国家进行投资，选择合资公司的形式比较理想。对于许多跨国并购来说，不同国家之间的文化差异是阻碍并购的重要因素。文化差异会增加并购后的整合成本。整合人力资源的成本可能会尤其高。

文化差异还能够影响跨境市场进入的模式。有的研究认为，文化差异越大，投资方越更加偏好设立合资企业或进行绿地投资。相反，当文化差异较小时，投资方更加偏好进行跨国并购，因为并购后的整合成本会相对较低，特别体现在对人力资源的管理成本上。但是，从问题的另一个方面来讲，正是不同国家之间存在较大的文化差异，导致了许多企业决定通过跨国并购，实现获取国外市场份额的目标。如果是出于这种考虑，文化差异越大，投资方可能越会选择进行跨国并购，而非设立合资公司或进行绿地投资。跨国公司通过收购国外的企业，可以利用东道国企业现成的符合东道国文化习俗的管理模式和运作习惯，尽快地在东道国开展业务。东道国企业的某些做法甚至有助于改善并购方的管理模式。有些案例甚至表明，文化差异越大的国家间的并购，并购后企业的销售业绩提高越快。所以，只要处理好文化的互补性，进入跨国并购仍然能够取得很好的收效。如果东道国市场增长较快，那么选择并购的方式将使投资方能够更加迅速地进入东道国市场，从而享受东道国市场高速扩张的益处。

资料来源：武锐，黄方亮. 跨境进入的模式选择：跨国并购、绿地投资还是合资公司[J]. 江苏社会科学，2010，6：67-71.

### （三）合资经营、合作经营和独资经营

按投资者对外投资参与方式的不同，国际直接投资可分为合资经营、独资经营和合作经营等（详见本章第二节）。

## 三、金融危机以来国际直接投资的发展趋势

### （一）从总量上看，发展中国家充当领头羊

2012年以来，金融危机对国际直接投资的影响逐渐淡化，全球直接投资的规模逐渐超过了金融危机之前的水平。在这个过程中，发展中国家在直接投资增长中发挥了领头羊的作用。2014年，发展中国家吸收的直接外资首次超过发达国家，占全球直接外资量的49.9%；同时，将近1/3的全球直接外资流出量来自发展中经济体，并延续着上涨趋势。2017年，发展中国家跨国企业对外投资达到4 617亿美元，创造了新的历史纪录，而且在直接外资流入量的前20名排行榜上占据了一半。2018年，发展中经济体和转型期经济体的直接外资流入量占全球直接外资流入量的57%，流出量占比45%。与之形成鲜明对比的是，发达国家受经济危机影响较大，尽管在2015年和2016年有着较大幅度的增长，但总体吸收外资呈下降趋势，如图4-3、图4-4所示。可以预测，在未来几年，流入发展中经济体的直接外资仍将保持较高水平。

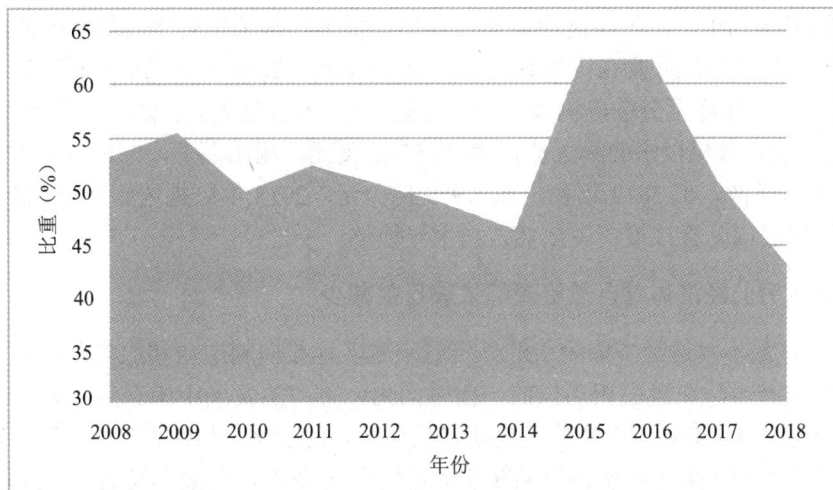

图 4-3　2008—2018 年发达国家 FDI 流入额占全球 FDI 流入额的比重

资料来源：根据联合国贸发会议数据库数据整理而得。

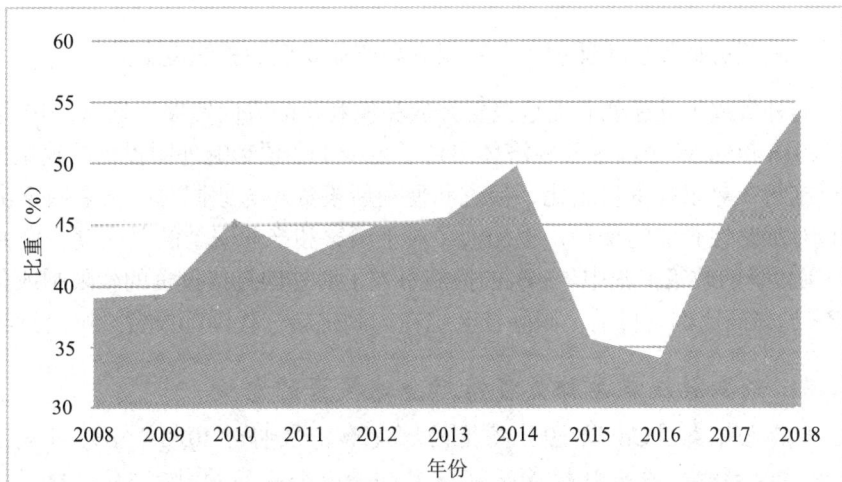

图 4-4　2008—2018 年发展中国家 FDI 流入额占全球 FDI 流入额的比重

资料来源：根据联合国贸发会议数据库数据整理而得。

### （二）流向结构薄弱经济体的直接外资量仍然疲软

金融危机以来，最不发达国家的直接外资流入量仍然疲软。《2019 年世界投资报告》显示，最不发达国家和小岛屿发展中国家作为一个整体，在全球直接外资中所占的份额增长缓慢，2018 年这一份额仅为 2.1%。其中，最不发达国家 2018 年的直接外资流入量增加了 15%，达到 240 亿美元；最不发达国家吸引的投资者中，来自发展中经济体的投资者所占的比例要高于发达经济体，这一趋势有望持续。此外，2018 年流入 28 个小岛屿发展中国家直接外资量连续第二年减少，降至 37 亿美元。总体来说，流向结构薄弱经济体的外资量仍然呈现疲软态势。

### （三）绿地投资成为直接投资的主要方式

2008 年金融危机后，绿地投资的总值大大高于跨境并购，成为对外直接投资的主要方式。

金融危机后的最初几年，由于经济前景难以预料，很多跨国公司对于新投资持观望态度或者撤回国外资产，导致跨境并购在一段时间内下降。尽管在 2010 年和 2011 年跨境并购额有小幅增长，但在 2013 年降至金融危机以来的最低值，为 2 625 亿美元；随后几年保持快速增长，于 2016 年达到金融危机以来的最大值，为 8 157 亿美元。相比之下，绿地投资项目额虽然在 2012 年出现短暂下滑，但 2013 年稳定在 7 989 亿美元，2018 年更是达到 9 807 亿美元。由此可见，绿地投资在国际直接投资中依然占据主导地位。

### （四）最贫穷的经济体对自然资源的依赖日益减少

2008 年后，最不发达经济体吸引的外资越来越多地投向制造业和服务业，对于初级产品的投资占比逐渐减少。在过去相当长的一段时间内，贫穷的发展中国家直接外资一向高度依赖采掘业，但过去 10 年绿地投资的发展动态呈现微妙的变化。虽然在 2014 年已宣布的跨境绿地项目累计总额中，采掘业所占份额在非洲仍然高达 26%，在最不发达国家高达 36%，然而由于采掘业的资本密集性质，其项目数量在非洲所占份额已经下降到 8%，在最不发达国家下降到 9%。从 2019 年公布的绿地投资项目来看，FDI 将进一步向服务业的某些领域集中，如商业活动、酒店和餐馆。

### （五）外资政策更加开放和便利，但对国家和产业安全的关注度上升

各国出台的外资政策继续朝着促进投资开放和便利化的方向发展。据《2019 年世界投资报告》统计，2018 年约 55 个国家和经济体出台了至少 112 项影响外国投资的政策措施，其中三分之二的措施旨在寻求投资自由化、促进和便利新投资。与此同时，很多国家出自对国家安全的考虑和对战略性企业的保护，也加大了对于国家和产业安全的关注度。例如，在上述 112 项针对外国投资的政策措施中，34% 的措施引入了对外国直接投资的新限制或条例，这是自 2003 年以来的最高比例。目前，国际社会也在为制定新一代国际投资规则而持续努力。

**专栏4-3：新型冠状病毒肺炎疫情对全球投资的影响**

新型冠状病毒肺炎（Covid-19）疫情的爆发和扩散将对2020年全球外国直接投资（FDI）产生负面影响。根据疫情或短期稳定或持续全年的两种可能，FDI将面临下降5%~15%的压力。

1. 疫情对绿地投资和跨国并购的影响

疫情对那些被迫采取最严厉的措施遏制病毒传播的国家造成的影响最严重。正在进行中的绿地投资项目将会受到影响，但由于新投资项目的实施期长，生命周期可能长达数十年，因此对现有投资和在建项目的直接影响很有限；同时，新的绿地投资项目的立项也会延迟。同样，跨境并购也会放缓。与绿地投资一样，跨境并购通常也是对海外市场的长期承诺。2月份的数据显示跨境并购的完成率显著下降，从正常水平的月均400~500亿美元降至100亿美元以下。

2. 疫情对基于不同动机投资类型的影响

疫情将同时影响市场寻求型投资、效率寻求型投资和资源寻求型投资。由于需求减弱，市场导向型和资源开发性投资项目可能会被推迟。目前，需求下降的冲击在中国最为严重，丰田汽车公司2月份在中国的销量下降了70%。但是，这种影响在中国以外的主要市场中也

有所显现，特别是在面向消费者的行业，如旅游业、零售和批发以及其他消费周期性行业。对寻求效率型投资的负面影响首先将集中在中国以及东亚和东南亚。然后通过全球价值链的联系迅速扩散到这些地区之外，从而影响向中国出口提供中间商品和服务的经济体和依赖中国中间产品投入的经济体。例如，由于来自中国的音频系统组件供应中断，菲亚特克莱斯勒汽车公司已暂时停止在塞尔维亚的工厂生产菲亚特500L车型。

3. 疫情对跨国公司FDI的影响

疫情对跨国公司FDI的主要影响除了延迟资本支出之外，未来一段时间还可能受到外国子公司利润减少导致收益再投资减少的间接影响，而收益再投资是FDI的重要组成部分。在受疫情冲击最大的经济体中，收益再投资约占FDI的40%（全球平均而言，外国子公司的利润中约有50%留在了东道国）。迄今为止，疫情暴发的直接结果是100强跨国公司中的23家发布了盈利预警，大多数是面向消费者的公司，这表明与生产或供应链中断相比，目前需求下降的冲击对收益的直接影响更大。

表4-4展示了全球前5 000家跨国公司的预期收益修订和资本支出。纵观全球前5 000家跨国公司的样本，2月份对2020年的收入预测平均下调了9%。自2月1日至3月5日以来，大多数公司都修正了预期收益，特别是能源、基础材料和周期性消费领域；汽车和旅游业受到的冲击最大，而这些行业的公司通常是重要的资本投资者。

表 4-4　全球前5 000家跨国公司的预期收益修订和资本支出（按行业）

| 行业 | 修订预期收益的公司数量 | 平均预期收益变动率（%） | 资本支出占比（%） |
|---|---|---|---|
| 基础材料 | 389 | −13 | 8 |
| 消费者周期性行业 | 671 | −16 | 16 |
| 　航空业 | 45 | −42 | 2 |
| 　住宿、餐饮和休闲 | 111 | −21 | 2 |
| 非消费者周期性行业 | 351 | −4 | 6 |
| 能源 | 243 | −13 | 20 |
| 医疗保健 | 195 | 0 | 3 |
| 工业 | 739 | −9 | 14 |
| 　汽车及汽车配件 | 142 | −44 | 9 |
| 技术 | 358 | −3 | 11 |
| 通信服务 | 105 | 1 | 11 |
| 公用事业 | 175 | 5 | 10 |
| 总计 | 3 226 | −9 | 100 |

数据来源：联合国贸发会议。

与发达国家的跨国公司相比，新兴经济体的跨国公司面临更大的利润风险。如表4-5所示，迄今为止，发展中国家的跨国公司利润预期下调了16%，而发达经济体对收益的下调相对较小。日本公司平均的收益调整约为9%，与全球平均水平一致。考虑到日本跨国公司与新兴亚洲市场和全球价值链的紧密联系，这一调整很可能低估了疫情对日本跨国公司的影响。表4-5还列出了每个地区FDI收益再投资部分所占份额，表明收益损失可能FDI产生间接影响。例如，对2020年平均下降9%的收益损失可能影响52%的FDI流量。

表 4-5　全球前 5 000 家跨国公司的预期收益修订和收益再投资占 FDI 份额（按区域）

| 区域/经济体 | 修订预期收益的公司数量 | 平均预期收益变动率（%） | 2018年收益再投资占FDI份额（%） |
|---|---|---|---|
| 发达国家 | 2 334 | −6 | 61 |
| 发展中经济体 | 864 | −16 | 40 |
| 非洲 | 42 | −1 | 27 |
| 亚洲发展中经济体 | 730 | −18 | 41 |
| 新加坡 | 16 | −30 | — |
| 中国 | 259 | −26 | — |
| 韩国 | 121 | −20 | 22 |
| 马来西亚 | 33 | −20 | — |
| 泰国 | 32 | −15 | 72 |
| 越南 | 8 | −10 | — |
| 拉丁美洲和加勒比海地区 | 92 | −6 | 43 |
| 转型经济体 | 28 | −10 | 93 |
| 总计 | 3 226 | −9 | 52 |

数据来源：联合国贸发会议。

资料来源：联合国贸发会议. 2020 年全球投资趋势监测：新冠肺炎疫情对全球投资的影响. [R/OL]. (2020-03-08)[2020-03-09]. http://anctad. org/en/PublicationsLibrary/diaeiainf2020d3-en. pdf.

# 第二节　国际三资企业 ①

## 一、国际合资经营企业

国际合资经营企业是指两个或两个以上国家或地区的投资者，在选定的国家或地区投资，并按照该投资国或地区的有关法律组织建立起来的，以盈利为目的的企业。它由投资人共同经营、共同管理，并按股权投资比例共担风险、共负盈亏。

国际合资经营企业的特点主要体现为以下个几方面。

（1）由合资方共同投资，以认股比例为准绳来规定各方的权、责、利。合资企业是由合资各方共同投资设立的经济实体，合资各方投入的资本（股本）可以是货币资本、实物资产和无形资产。如果以后两者作为股本投入，其作价可以由合资各方按照平等互利的原则协商确定，亦可聘请合资各方同意的第三方评定。

（2）投资条件较为苛刻，双方需共同投资，而且按统一币值来计算投资比例。

（3）合资方共享收益，按资分配，共担风险。

（4）合资企业有较为充分的经营权。合资企业是在东道国境内设立的具有独立法人资格的经济实体。合资企业在东道国法律允许的范围内从事生产经营活动，具有较为充分的自主权。从理论上讲，东道国政府不得对合资企业加以行政干预，在有些国家，当地政府往往通过对本国合资者的干预来实现对合资企业的干预。

---

① 范爱军. 国际投资学[M]. 济南：山东大学出版社，1996：181.

（5）生产经营由合资方共同管理。根据出资比例，合资各方共同组成董事会。董事会是合资企业的最高权力机构，负责决定合资企业的重大事项，并聘请总经理和副总经理等高级管理人员。在董事会的领导下，由总经理负责企业的日常经营管理，总经理对董事会负责。

国际合资经营企业在经营管理方面应注意以下方面的问题。

### （一）投资比例问题

对国际合资企业来说，投资比例直接决定着投资各方对企业的支配权和利润分配等问题。一般来讲，一方合资者在企业中的投资比例越大，其对企业的控制权就越大。因此，各东道国在投资法中对外国投资者在合资企业中的投资比例限额都有明文规定。投资比例限额的大小，须视东道国经济发展的需要而定。经济比较落后的国家允许外国投资者的投资比例可超过 50%，经济发展程度较高的国家和一些非优先发展的部门和地区举办的合资经营企业，一般规定外国投资者的投资比例不超过 50%。对外国投资者在企业中的投资比例定得过高，东道国容易失去对合资企业的控制权，而且还会使大部分收益外流；若是定得过低，则不利于吸收和利用外资。大多数国家直接利用外资举办合资企业的实践表明，对外国投资者的投资比例规定在 50%较为适宜，既体现平等互利原则、维护东道国的合法利益，又有利于调动外国投资者的积极性。

### （二）投资期限问题

确定投资期限，一般要考虑项目的资金利润率、资金回收期限、技术更新周期等因素。投资期限过短，会影响外国投资者的利润收入，对外商缺乏吸引力，而且也不利于东道国掌握先进的技术和管理经验。投资期限过长，外国投资者又不能随时提供新的先进技术使产品不断更新，合资企业就失去了竞争能力，东道国也失去了合资经营的意义。各国举办合资企业的实践表明，投资期限一般规定 10～20 年为宜，最多不超过 30 年。

### （三）投资方式问题

投资方式是国际合资经营的物质基础。国际合资经营企业的投资方式可以用现金、外汇，也可以用土地、厂房、机器设备，或者以专利、商标等工业产权以及技术资料、技术协作和专有技术等方式折价出资。对以利用外资为目的的东道国来说，应力争让外国投资者多以资金形式投资，以解决本国经济建设资金不足的困难，辅之以引进国外投资者的先进设备技术和专利，提高本国的生产能力和产品质量，增强出口产品的竞争力。东道国一方的投资，最好多以场地使用权、基础设施、劳务以及能源等物质资源作为投资股本，以节约现金支出，充分利用本国的潜在生产条件和生产能力（参见专栏 4-4）。

### 专栏 4-4：合资企业中方商标权流失惨重

随着改革开放的不断深化，越来越多的外资企业进入中国，以知识产权作为投资资本呈日益增长之势。以知识产权中的商标权作为资本投资已被众多的中外合资企业所采用，但在这股"合资潮"中也暴露出了许多问题。很多外资企业通用的知识产权技巧是：设立关于商标使用权的约束在先，然后听任中方违约多年，再以交换条件"收网"，否则告中方违约，从而达到其并购的目的。一些外资并购我国知名品牌、商标后，利用其控股地位，或将这些民族品牌打入冷宫，造成许多民族品牌因此消失，或限制其生产和发展，使这些民族品牌日渐萎缩。

目前，我国企业与外商合资过程中商标权流失的现象极为严重：碳酸饮料市场上，外国品牌占有率达到90%以上；中国日化行业已基本被美国的"宝洁"、德国的"汉高"、英国的"联合利华"将市场瓜分；洗涤用品市场上，全国4大年产超8万吨的洗衣粉厂已被外商吃掉3个等。在浪潮汹涌的"合资潮"中，昔日我们许多耳熟能详的本土名牌，如"扬子""香雪海""红梅""熊猫""活力28""天府可乐""北冰洋"等一个个都淡出视线，销声匿迹。

合资之初，中方企业大多想借助于外企的知名品牌和强大的经济实力来扩大自己的市场份额，但在实践中很多未能达到预期的目标，自己的商标品牌反而被外方有意识、有策略地淡出了市场，商标权流失惨重。

面对纷繁复杂的商标纠纷，企业应该采取有效的防范对策，只有这样才能在国际竞争中化被动为主动，提高企业核心竞争。目前我国企业的大量商标在国外被抢注。据国家工商总局最新统计，国内有16%的知名商标在国外被抢注，其中五粮液在韩国、康佳在美国、海信在德国、科龙在新加坡都相继遭遇了商标被抢注，使这些企业在国外的发展受到了重重阻力。因此我们要吸取教训，应时刻注意自己的驰名商标的保护问题。品牌是企业参与市场竞争的"尚方宝剑"，品牌的发展和培育是一个漫长的过程，中方企业在合资时应有长远的眼光，坚持培育使用自己的品牌，争创自己的驰名商标，切莫为了利用外资而不惜"以牌换资"。如果我们不掌握品牌，最终只能受制于人，被市场所淘汰。

资料来源：向玲莉. 从娃哈哈与达能之争看商标权的流失[J]. 当代经济，2008，4：40-41；陈涛. 把根留住——合资过程中方商标的流失及对策[J]. 中华商标，2009，9：25-28.

### （四）劳动工资管理

东道国为了解决本国的就业问题，特别是为了培养本国的技术和管理人才，对合资企业的雇佣人员有一定的限制，一般遵循以下两条原则：一是除部分高级人员和专门技术人员由外国投资者推荐、董事会聘用以外，一般员工原则上在东道国招聘；二是根据东道国法令，各合资方根据国内工资状况和调动员工积极性原则，制定合资企业的工资标准，并建立一套劳动管理制度，由东道国劳动管理部门监督，不许随意解雇员工，以保护劳工的合法权益。

### （五）产品销售管理

一般来讲，国际合资经营企业的产品销售市场有三个：东道国国内、外国投资者国内以及其他国家和地区。对于东道国来说，前一个是内销，后两个是外销。投资者为了自己的市场销售网络，力争合资企业的产品销往东道国国内市场；而东道国极力主张外销，以增加外汇收入，平衡外汇收支。在这种情况下，比较合适的做法是：根据东道国的有关法令、条例，由投资双方共同制定一个适当的内销和外销比例。

### （六）利润汇出管理

一般来讲，投资方在利润汇出方面的立法原则上都保证外资原本回收金、利润和其他合法收益自由兑换为外币汇回本国。但是东道国实际都有较严格的规定，防止大量转移资金，给本国国际收支平衡和国民经济发展造成不利影响。

**专栏 4-5：一些国家关于利润汇出的规定**

中国：国务院《关于鼓励外商投资的规定》第七条规定，"产品出口企业和先进技术企业的外国投资者，将其从企业分得的利润汇出境外时，免缴汇出额的所得税。"这是指外国投资者从中外合资经营的产品出口企业和先进技术企业分得的1986年度及以后年度的利润汇出境外时，免征汇出额10%的所得税；对其在《关于鼓励外商投资的规定》发布之日前汇出的1986年度预分利润，汇出时已缴纳的汇出额的所得税税款，应给予退税。外国合营者将1986年以前年度分得的利润汇出境外时，其汇出额的所得税仍按原规定执行。

新西兰：对新西兰本国公司、非本国公司以及海外公司在新西兰设立的分公司，基本税率均为33%。但非本国公司若将其利润汇出新西兰，则根据具体情况征收10%、15%和30%的利润税率。

加拿大：加拿大对于外商投资企业撤资和将利润汇出没有限制，但若外资进入时享受政府优惠并进行投资年限承诺的企业，一般在年限内不予退出，除非退还优惠。外商所获得的加元收入和利润可以自由兑换成美元或其他可自由兑换货币，汇出加拿大。在利润汇出之前，须向加拿大政府缴纳预提税，这部分预提税的税率为10%。

菲律宾：菲律宾公司税率平均为32%，外国公司在菲律宾分支机构支付15%的利润汇出税。

秘鲁：秘鲁历届政府通过废除外汇管制、取消对外国资本利润汇出的限制、向外国资本提供租让地等措施，吸引外国资本发展经济。

越南：在越南的外资企业和个人在每财政年度结束并提交了年度税务决算报告后才能将利润汇出境外，且每年只能集中一次汇出。如果外资企业已缴纳企业所得税也可定期一季度或半年一次将利润汇出境外。已结束经营活动的企业可将全部利润汇出境外。对于合资企业或合作经营企业的外方，如果已申报年度企业所得且已按季度暂交企业所得税的可按季度或半年一次暂时将利润汇出。

资料来源：贯彻国务院《关于鼓励外商投资的规定》中税收优惠条款的实施办法[EB/OL].（1987-01-23）[2005-06-10]. http://www.law-lib.com/law/law-view. asp?id=47990；2005国别贸易投资环境报告——加拿大[EB/OL].（2005-04-01）[2005-06-10]. http://finance.sina.com.cn/j/20050401/19031481820.shtml；越南规定：外资企业须交税后才能将利润汇出境外[EB/OL].（2004-12-30）[2005-06-10]. http://finance.sina.com.cn/roll/20041230/10441264795.html.

### （七）争端解决管理

目前，国际上通用的争端解决方式有四种：协商、调解、诉讼和仲裁。由于合资各方来自不同国家，法律背景差别较大，进行司法诉讼会有诸多不便，且程序复杂、费用高昂，导致合作各方关系破裂。因此，合资双方多采用协商、调解的方式来解决争端，当这两种方式不能解决争端时，多采用仲裁方式。

## 二、国际合作经营企业

国际合作经营企业是指两国或两国以上合营者在一国境内根据东道国有关法律通过谈判签订契约，共同投资、共担风险所组成的合营企业，双方权、责、利均在契约中明确规定。与国际合资经营企业的最大区别在于：它不用货币计算股权，因而不按股权比例分配收益，而是根据契约规定的投资方式和分配比例进行收益分配或承担风险，所以合作经营企业是一种契约式的合营企业。

国际合作经营企业的主要特点有以下几个方面。

1．由合同规定合作各方的责、权、利

在国际合作经营企业中，合作双方的责任、权利和义务（如投资构成、利益分配等）均由合同规定。合作经营的方式可根据双方的意愿组成法人，也可不组成法人。作为法人的合作企业应组成共同财产，企业可以以自己的名义起诉或被起诉。合作企业应成立最高权力机构——董事会，作为企业的代表。不组成法人的合作经营企业，不具有法人资格，可由合作各方的代表组成联合管理机构负责经营管理，也可以以外方为主负责管理。由此可见，国际合作经营企业的经营方式灵活多样，由合作双方自由约定。

2．投资条件易为接受

国际合作经营企业的投资条件一般为：东道国合作方提供场地、厂房、设施、土地使用权和劳动力，投资国企业合作方提供外汇、设备和技术等。在合作经营合同中，一般以外方提供的资金、设备和技术的价值作为总投资额。有的合作经营公司设置不标明投资总额，双方根据合同提供的投入物作为注册资本。

3．收益分配方式灵活

由于合作企业各方投资不按股份计算，所以也不按股份分配收益，而是根据双方商定的比例采取利润分成的分配方式。分成的比例可以是固定不变的，也可以根据盈利状况采取浮动比例。

4．财产归属灵活

合作企业的经营期限通常短于合资企业，不同项目的合作期限相差极大。例如，旧汽车翻新项目的合作期限或许仅为一年，而大型宾馆之类的投资巨大的项目的合作期限可达 20 多年。合作企业期满后，其全部资产一般不再作价，而是无偿地、不附带任何条件地为东道国一方所有。如果合作期满而外方没有收回投资，则可采取延长合作期的办法，或根据合同有关规定确定剩余财产的归属。

国际合作经营企业在经营管理方面应注意以下问题。

1．投资方式问题

国际上举办合作经营企业的资产投资方式，一般都在契约中规定：外方合营者必须以资金（外汇）作为主要投资资本；其次以设备、工业产权、专有技术和技术"诀窍"以及生产原材料等折价作为投资资本。根据企业生产经营情况，或实行产品分成，或从待分配的利润中提取使用费，以逐年回收投资本金，外方投资的固定资产部分，通过逐年提取折旧费方式回收其折价资本；而东道国的合营者原则上不投或少投外汇现金，主要提供场地使用权、厂房、资源、公用设施以及部分设备和劳务等折价作为投资。

2．组织形式问题

国际合作经营企业具体选择哪种组织形式，须由合作双方议定。一般来讲，其组织管理形式主要有以下几种。

（1）董事会管理制。凡采取这种管理制度的合作经营企业，一般都属于具有独立法人资格的经济实体。董事会为最高权力机构，下设经营管理机构，任命总经理负责企业经营管理，总经理对董事会负责而不是对各自的股东负责。企业有组织章程和管理制度，与合资企业相似。

（2）联合管理制。不组成法人形式的合作经营企业，一般采取联合管理的领导机制，即由合作各方选派代表组成统一的联合管理机构，或称联合管理委员会，作为企业的最高领导和决策机构，决定企业的重大问题，任命或选派总经理对合作项目进行管理。在这类合作经营企业中，合作各方对企业的管理具有相等的决定权。

（3）委托管理制。即由合作经营企业委托合作一方或合作双方以外的第三方对合作经营企业进行管理。

3．利润分配问题

由于合作经营是一种非股权的合资经营，所以投资者掌握的不是股权，因而不可能在合同中规定股息和红利的分配，只有通过利润分配、产品分成、提取折旧费等方式取得收益。这实际上是规定企业在整个合作经营期间如何清偿外方合作者的全部投入项目的价值以及可能获得的利润，它具有偿付投资项目价值的性质。其具体办法主要有两个：一是按契约规定的设备折旧年限，从每年提取的固定资产折旧费中偿付外方合作者当年应收回的投资资本；二是按双方商定的偿还年限，从每年营业总收入中逐年提取外方投资者当年应当收回的投资资本，并列入成本摊销，然后再计算出当年净利润，并按契约规定的一定比率进行分配，以确保外方合作者能逐步收回其全部投资，同时取得合理的利润。事实上这是对外方合作者投资项目的赎买，合作经营期满后，外方合作者即彻底退出企业，使企业的全部资产及其所有权转归为东道国合作者一方所有。

4．合作期限问题

外方合作者投资于合作经营项目的先决条件是必须在合作经营利润期间通过利润分成、产品分成及提取固定资产折旧费等渠道，逐渐回收其全部投资，并能获得高于一般国际贷款利率的利润。否则，外商不会参加合作经营。因此，对合作经营期限的商定，必须兼顾双方利益。合作期限订得过短，不易为外商所接受；订得过长，由于外方合作者可能从中取得更多的超额利润，对东道国的合作者不利。一般应根据企业的计划产值和利润的大小以及利润分配比率的高低，商定一个适当的合作期限。对产值大、利润率高、外方投资者的利润分配比率也较高的企业，其合作经营期限可订得短些；反之，应订得长些。当前国际上对合作经营企业的合营期限的规定，短的只有 3～5 年，绝大多数的合营期限在 15～20 年，最多不超过 30 年。

5．合同管理问题

合同是合作经营企业组织经营的基础。合同一旦依法签订，即具有法律的约束力，有关各方必须全面履行合同规定的义务。如有违反合同规定的事项，就要承担相应的法律责任。在合同履行过程中，一旦发生争议，合同是调解、仲裁或诉讼的基本依据。因此合同双方必须对合同的签订高度重视。

**专栏 4-6：国际合作经营企业的合同内容**

合作经营企业的合同应包括合作经营的项目、方法、步骤以及相互享有的权利和承担的义务等内容。由于合作经营的项目、形式等不同，合作经营的合同具有不同的具体内容和形式，没有一个固定的模式。但一般来说，合作经营企业合同的主要条款应包括以下几方面内容。

① 合作经营企业的名称、地址、经营范围和规模。

② 合作经营企业的组织形式，法定代表人的姓名、职务、国籍。

③ 合作经营各方的名称，注册国家，法定地址，法定代表人的姓名、职务、国籍。

④ 董事会或联合管理机构的组成。

⑤ 合作经营各方的投资和提供的合作条件。

⑥ 合作经营各方的投资缴付期限。

⑦ 合作经营企业的经营管理方式。

⑧ 合作经营企业收益的分配方法。

⑨ 合作经营各方对债务、亏损以及风险承担的内容和方式。

⑩ 合作经营企业采用的财务、会计制度。

⑪ 物资购买办法和产品销售办法，外汇平衡问题。

⑫ 劳动工资、劳动管理、劳动保险等事项。

⑬ 合作经营的期限和终止，包括合作期满时资产的处理，清算的程序和方法。

⑭ 合作经营各方对投资转让的规定。

⑮ 违反合同的责任。

⑯ 争议的解决方式。

⑰ 合同文本的文字和生效条件。

资料来源：范爱军. 国际投资学[M]. 济南：山东大学出版社，1996：199-200.

## 三、国际独资经营企业

国际独资经营企业，又称独资企业或外资企业，是指根据有关法律规定而在东道国境内设立的全部资本由国外投资者出资，并独立经营的一种国际直接投资方式。

国际独资经营企业的主要特点如下。

（1）独资企业由外国投资者提供全部资本，自主独立经营，独自承担风险。

（2）独资企业是由东道国政府经过法律程序批准的，由外方单独在东道国境内取得法人资格，能够完整地行使法人权利和义务的经济实体。因此，独资企业不是投资国的企业和法人，而是东道国的企业和法人，享有充分的自主权。

（3）由于独资企业的利润和风险全部由外国投资者承担，东道国不参与生产经营管理活动，所以东道国政府对独资企业的准入尺度较为严格，大都规定独资企业的设立必须有利于本国国民经济的健康发展；必须采用东道国尚未掌握的先进技术；其产品必须全部或大部分出口；禁止在武器制造、易污染、矿山开发、工业基地开发等行业设立独资企业等。

国际独资经营企业在经营管理方面应注意以下几个方面。

### （一）对独资企业的监督管理

东道国对独资企业的经营管理，一般不予以干涉，依法保障独资企业在经营管理方面有充分的自主权。但是，东道国为了维护国家主权和国家利益，要对独资企业实施监督管理。例如，《中华人民共和国外商投资法》[①]中规定，对外资企业在以下几个方面进行监督。

（1）外资企业必须遵守中国的法律法规，不得危害中国国家安全、损害社会公共利益。

（2）外商投资准入负面清单规定禁止投资的领域，外国投资者不得投资。

（3）外商投资企业应依照法律、行政法规和国家有关规定办理税收、会计、外汇等事宜，并接受相关主管部门依法实施的监督检查。

---

① 该法于2019年3月15日经中华人民共和国第十三届全国人民代表大会常务委员会第二次会议通过。

（4）外商投资企业应当通过企业登记系统以及企业信用信息公示系统向商务主管部门报送投资信息。

（5）外国投资者并购中国境内企业或者以其他方式参与经营者集中的，应当依照《中华人民共和国反垄断法》的规定接受经营者集中审查。

### （二）对独资企业的利益保护

外国投资者在东道国境内投资后获得的利润和其他合法权益，受东道国法律保护，并且独资企业的合法利润、其他合法收入和清理后的资金，可以汇往国外。独资企业的外籍职工工资收入和其他正当收入，依法纳税后，也可以汇往国外。独资企业依照东道国有关税收的规定纳税，并可以享受减免、免税的优惠待遇。

### 📚 专栏4-7：特斯拉独资建厂

2019年新年伊始，一篇名为《特斯拉停在紫光阁外》的报道刷爆了朋友圈。报道称，2019年1月9日，国务院总理李克强在中南海紫光阁会见了美国特斯拉公司首席执行官埃隆·马斯克，祝贺特斯拉上海工厂正式开工建设。该项目规划年生产50万辆纯电动整车，是上海有史以来最大的外资制造业项目，也是国内首家外企独资工厂。

早在三四年前，特斯拉在沪建厂的传闻就甚嚣尘上，但一直没有得到官方回应。2017年6月22日，甚至有特斯拉与上海市政府签署协议的照片流出，但随后被双方澄清"并不属实"。直到2018年4月17日，国家发改委正式对放开汽车业合资股比给出时间表：2018年取消专用车、新能源汽车外资股比限制；2020年取消商用车外资股比限制；2022年取消乘用车外资股比限制，同时取消合资企业不超过两家的限制。这意味着，此前已经施行了24年之久的、要求"外资在华生产销售汽车必须通过合资公司形式展开，且合资汽车公司外方占股不能超过50%"的产业政策被打破。随着新政的实施，国内汽车市场的竞争格局将彻底改变。

障碍解除之后，在特斯拉第一季度财报会议中，埃隆·马斯克表示，特斯拉将在中国建立美国以外的下一个超级工厂，并称"目前在与中国政府磋商具体细节，工厂选址等问题最快将在下个季度公布"。2018年5月10日，中国工商部门信息显示，特斯拉（上海）有限公司获得了上海浦东新区市场监管局核发的营业执照，注册资本1亿元，由TESLA MOTORS HK LIMITED（特斯拉汽车香港有限公司）100%控股。至此，特斯拉国产一事终于正式推到台前。

特斯拉为何执着于在华建厂？主要原因有以下三个方面：首先，中国是全球数一数二的新能源市场；其次，中国已经成为特斯拉在美国以外最大的销售市场；最后，特斯拉在中国建厂还可以迅速提高产能、降低成本、扩大亚太市场。

"引入特斯拉这条'重磅鲶鱼'，将改变中国新能源汽车市场的生态环境，为中国品牌汽车企业的创新突破提供更好的参照体系，引导中国新能源车市场走向更高层次的竞争。"特斯拉与上海签约当天，乘用车联席会秘书长在朋友圈发文表示。

无论是品牌力还是产品力，特斯拉在国际新能源汽车市场都拥有这毋庸置疑的先锋地位，国产之后，一定会对中国新能源汽车品牌形成巨大压力。"与高手对招才能成为高手"，特斯拉扎根中国市场将加剧国内新能源汽车市场竞争，对于提升中国汽车品牌综合竞争力、促进国内汽车市场可持续发展具有重要意义。

资料来源：郑劼. 特斯拉独资建厂[J]. 汽车观察, 2019, 1: 40-41.

✎ **本章小结**

1. 国际直接投资是指投资者为了在国外获得长期的投资效益并拥有对企业或公司的控制权和经营管理权而进行的在国外直接建立企业或公司的投资活动，其核心是投资者对国外投资企业的控制权。

2. 国际直接投资有多种划分方式。按照母公司和子公司的经营方向是否一致，可分为横向型、垂直型和混合型；按照投资者是否创办新企业，可分为绿地投资和跨国并购；按照投资者对外投资参与方式不同，可分为合资经营、合作经营、独资经营等三种类型。

3. 国际直接投资近年来呈现出发展中经济体发挥主导作用、结构薄弱的经济体吸收外资增多、绿地投资在直接投资中占据主体地位、贫穷国家对于自然资源的依赖减少、各国加强外资引进监管等趋势。

@ **本章网络引擎**

1. http://www.mofcom.gov.cn：中华人民共和国商务部网站，可以了解我国外资政策及我国当前吸引外资情况。

2. http://fec.mofcom.gov.cn：中国对外经济合作指南网站，可以了解我国最新的对外经济合作信息及世界主要国家的投资环境。

3. http://www.fdi.gov.cn：中国投资指南网站，可以查询我国对外资的具体利用情况。

4. http://www.mergers-china.com：中国并购交易网站，可以浏览众多在线并购信息。

5. http://www.online-ma.com.cn：全球并购研究中心网站，可以了解全球并购动态。

❓ **本章思考题**

1. 名词解释

国际直接投资　　横向型投资　　纵向型投资　　绿地投资　　股权投资

2. 简述绿地投资与控制外国股权投资的区别。

3. 简述国际合作经营企业和国际合资经营企业的异同。

4. 有选择地分析知名跨国公司进驻中国的投资方式及其原因。

5. 案例分析

根据以下资料，试分析外资企业在中国从合资走向独资的原因。

---

### 从西门子看外企独资潮

2009 年 3 月初，西门子中国区执行副总裁施密特在接受媒体采访中表示暂时还没有重组独资计划，这也是西门子高层在 1 月控股北京国际交换系统有限公司（BISC）以来的首次表态。尽管如此，西门子在增加合资公司的股份之余，"觊觎"独资企业的野心已经表露无遗。在当前这场外商企业独资浪潮中，中国合作方如何"独善其身"值得每个合资企业家深思。

2004 年 1 月 15 日，西门子与北京控股达成协议，以 2 400 万美元获得 BISC 20%的股

---

份。就在前一周，西门子以 240 万美元的价格购得北京兆维科技股份有限公司持有 BISC 2% 的股份，再加上其原有 40% 的股份，西门子成为 BISC 的第一大股东，从而顺利实现控股。至此，西门子控股 BISC 的传言全部尘埃落定，这是继诺基亚、爱立信、阿尔卡特、朗讯和松下等一批外资企业调整战略之后，拿到合资公司控股权的典型案例。

BISC 成立于 1990 年，是西门子在我国国内最早也是最大的合资企业，主要生产窄带交换设备（如固定电话网的程控交换机）。其最初股权结构为：西门子占 40%，北京控股占 40%，北京兆维科技股份有限公司占 8.6%，北京市综合投资公司占 8.67%，北京电信投资有限公司占 2.73%。长期以来，BISC 的大部分技术出自西门子，其运作一直由外方控制，而北京控股对西门子有一定制衡能力，但对 BISC 管理甚少。从 BISC 的管理高层来说，董事长为中方人员，而副董事长则为德国人士，相反直接负责公司运营的公司总裁则是外方人员。

成也萧何，败也萧何。BISC 所倚重的程控交换机产品正是扮演了"萧何"的角色。在交换机市场日益饱和的今天，BISC 未能顺应变化，及早推出市场需求的新产品，最终在电信新浪潮的冲击下举步维艰，面临重组甚至倒闭的危险。

在这一背景下，外方西门子的态度几乎决定了 BISC 将来的命运。种种迹象表明，西门子在控股（最终有可能独资）BISC 的前提下，将对 BISC 进行脱胎换骨的改造。据传，西门子将注入具有发展潜力的 3G 技术和产品，将 BISC 重组为西门子在亚洲最重要的 3G 生产基地。进入 2004 年，西门子控股 BISC 已成事实，技术注入作为最紧要的事情排入了 BISC 的日程表中。从西门子的电信产品线来看，TD-SCDMA 产品将落户西门子与华为的合资公司之中，而 3G 终端的生产理应落在经验丰富的上海西门子移动通信有限公司。

值得注意的是，下一代网络技术尚未形成全球热点，其发展潜力如何需要得到电信市场的验证。相比而言，W-CDMA 网络作为最成熟的 3G 技术，已经在欧洲、日本和中国香港等地形成规模化运营。从全球来看，西门子在 W-CDMA 的市场份额名列三甲，其是否愿意将 W-CDMA 技术注入 BISC，将决定 BISC 最终的走向。

2012 年，西门子收购上海西门子工业自动化有限公司（SIAS）10% 的股份，与其中方合作伙伴——上海自动化仪表股份有限公司签署了股权转让协议，并于 2012 年 10 月底完成股权转让。至此，西门子实现了对上海西门子工业自动化有限公司 100% 的控股，该企业成为外商独资企业。上海西门子工业自动化有限公司成立于 1995 年，是西门子过程控制领域在中国的工程公司，涵盖三大业务，包括过程自动化解决方案、自动化服务以及机械自动化业务。股权移交后的上海西门子工业自动化有限公司将秉承创新的价值观，坚持"以行业为导向"的业务开拓模式，为工业客户提供卓越的自动化解决方案和服务。

资料来源：王乐. 西门子公司全资控股上海西门子工业自动化有限公司[J]. 轻工机械, 2012, 30 (6): 14.

# 第五章　跨国公司——国际直接投资的重要主体

## 第一节　跨国公司的定义和特征

### 一、跨国公司的定义

跨国公司（Transnational Corporation），主要是指发达国家的一些大型企业为获得巨额利润，通过对外直接投资，在多个国家设立分支机构或子公司，从事生产、销售或其他经营活动的国际企业组织形式。西方国家最初把跨越国界从事经营活动的组织称为多国公司（Multinational Corporation）。1974 年以后，在联合国的文件中，"多国公司"多被"跨国公司"所取代，但两者也经常混用。由于各界对跨国公司的观察角度存在差别，所以对跨国公司定义的标准也不同。

#### （一）邓宁对跨国公司的定义

英国雷丁大学从事跨国公司研究的著名专家约翰·邓宁是从企业跨越国家界限从事直接生产经营活动的角度来定义跨国公司的，即"跨国公司就是从事对外直接投资，并在一个以上国家拥有或控制着从事增值（Value-adding Activities）企业的机构"。[1]

邓宁的定义突出强调了多国这一地理概念，也就是在一个以上的国家建有下属分支企业和机构的国际经营企业。但是邓宁并未考虑企业规模大小、市场势力强弱等因素，也未指明那些为避税或其他原因将母公司设在特定国家或地区的所谓"无国籍化"跨国公司的情况。

#### （二）按所有权标准对跨国公司的界定

这是以所有权的法律基础来限定跨国公司的属性，即以跨国公司的股份拥有、管理控制所依据的法律基础作为划分企业是否为跨国公司的标准。实际上包含了两方面的含义：一是指跨国公司通过直接投资形成的对国外分支机构拥有实际控制权的股权比重大小（可参见第

---

[1] DUNNING J H. Multinational Enterprise and World Economy[M]. Massachusetts: Adison Wesley, 1993.

一章）；二是指跨国公司自身股票所有权的多国性，即认为跨国公司的所有权必须被一个以上国籍的法人或自然人所掌握。持有这种观点的学者实际上是将"无国籍性"或"国籍模糊性"作为界定跨国公司的一个标准。但也有一些学者并不赞成这种观点，他们认为，出售到国外或者外国持有的股票仅占很小的百分比，而且由两国以上人员分享所有权的跨国公司（如英荷壳牌石油公司、尤尼莱佛公司）为数并不多。据此，他们认为将"无国籍性"作为跨国公司的一个显著特征是过于偏颇的。

实际上到目前为止，大型跨国公司主要还是为少数发达国家所有，管理控制权也仍操纵在以这些国家为基地的跨国公司总部手中，多次的并购浪潮也没能使跨国公司达到多国籍甚至无国籍的程度。

### （三）按经营管理特征对跨国公司的界定

这是从企业具体的经营理念和经营行为来判定划分跨国公司的标准。第一，企业经营管理的最高决策层必须具备全球性的经营理念，最高主管不能只关注某一国家或地区中该企业的活动，而应关注所有的国家或地区，即作为"国际企业家"来平等对待世界各地为该企业提供的最佳机会，完全以世界性的经营态度来规划企业的生产经营活动。第二，企业的经营管理层必须按一体化和全球战略的要求来统一规划企业的各项经营活动，实现以高级公司内劳动分工为特征的职能一体化和区域一体化。应该说只有满足上述两个要求的全球性企业才是真正的跨国公司。基于这一点，只有把握了对跨国公司经营管理上的"全球性"这一特征，才能真正领会跨国公司的具体内涵，对跨国公司概念的界定也只有在这一层次上才是最有意义的。

### （四）按国际化经营业绩指标对跨国公司的界定

这种跨国公司的定义，是以一定的指标体系来衡量公司是否为跨国公司。

（1）比例指标体系，即应用比例方法来衡量和反映企业的国际化程度，具体包括国际销售率、海外资产比率、国际管理指数、国际投资指数和海外公司比率。该比例指标体系考虑了衡量的准确性和可操作性，但过于强调比率的概念，忽略了企业规模的因素，绝对指标缺乏。

（2）相对、绝对指标组合法，即考虑海外销售总额、海外销售净额、海外资产比率、海外销售率、外贸依存度、投资结构水平和生产依存度等指标。

以上按国际化经营业绩指标的定义可以从不同的角度来反映企业在经营业绩方面所表现出来的跨国程度，换句话说，就是哪些企业可以被认为是标准意义上的跨国公司，哪些可以被认为是经营已经国际化的企业，哪些可以被认为是国际经营企业但尚未达到一定规模，哪些只是开始涉足国际市场或只能被视为国内经营型企业。

### （五）联合国对跨国公司的定义 ①

联合国经社理事会在 1973 年和 1986 年通过并修订了《跨国公司行为守则草案》，对跨国公司的定义作了比较全面的规范和界定，认为跨国公司的定义包含以下三个方面。

（1）由两个或两个以上国家的经济实体所组成的公有、私有或混合所有制企业，而无论这些经济实体的法律形式和活动领域如何。

---

① 何智蕴，姚利民，等. 大型跨国公司在华投资结构研究[M]. 北京：科学出版社，2005：5.

（2）在一个决策系统制定的连贯政策和一个或多个决策中心制定的共同战略下从事经营活动。

（3）各个实体通过股权或其他方面的联系，其中的一个或多个实体能够对其他实体的经营活动施加有效的影响，特别是在与其他实体分享知识、资源和责任等方面的影响时尤为有效。

这个定义既抓住了跨国公司的外部特征，又反映了跨国公司的深度内涵，特别强调了跨国公司内部一体化的经营策略，因而也体现了其深度。如果进一步将上述几点归为一句话，跨国公司就是指具有全球经营动机和一体化的经营战略，在多个国家拥有从事生产经营活动的分支机构，并将它们置于统一的全球性经营计划之下的大型企业。它有两个必要条件：在外国从事直接投资，而不仅限于从事出口贸易，并且不仅投资于生产，而且可能投资于服务业；对海外资产进行主动经营管理，而不是消极地以金融证券的形式简单地拥有海外资产，主动管理不仅指在股权优势的条件下，对其国外的经营活动进行直接控制，还可以是指跨国公司在没有全部所有权或多数所有权的情况下，能够对其国外的分支机构施加重要影响。

总之，跨国公司与从事跨国经营活动的企业之间最本质的区别是：是否从事对外直接投资，即是否拥有或控制生产和服务设施。跨国公司最基本的业务是对外直接投资；对外直接投资的行为主体或组织载体是跨国公司。

## 二、跨国公司国际化经营的度量

从上述概念可以看出，跨国公司具有国际化经营的本质特征，如何度量跨国公司国际化经营的程度一直是学术界关注的重要问题之一，最常使用的是以下五个指标。[①]

1. 跨国经营指数（Transnationality Index，TNI）

这是根据一家企业的国外资产比重、对外销售比重和国外雇员比重这几个参数所计算的算术平均值。

$$跨国经营指数 = \left( \frac{国外资产}{总资产} + \frac{国外销售额}{总销售额} + \frac{国外雇用人数}{雇员总数} \right) \div 3 \times 100\%$$

图 5-1 列出了 2002—2017 年全球 100 强非金融跨国公司国际化统计数据。由此可见，全球规模最大的 100 家非金融类跨国公司的国际化经营程度不断上升，TNI 指数在 2002 年仅为 50%，2014 年上升到 64%，2017 年为 62%。

在这个基础上，不同国家采用不同的标准，亦能来衡量本国企业的跨国经营指数。例如，2011 年 9 月，《中国企业家》杂志按照国际化导向（20%）、国际化指数（60%）和国际化经营（20%）三个方面，首度推出"2011 中国企业国际化指数暨中国企业国际化 50 强"，华为、联想、中化集团分列前三名，如表 5-1 所示。随着时间的推移，中国企业的国际化指数不仅明显提高，而且不同企业的 2015 年排名也发生了一定的变化，如表 5-2 所示。

---

① 杨大楷. 国际投资学[M]. 3 版. 上海：上海财经大学出版社，2003：90.

图 5-1 2002—2017 年全球 100 强非金融跨国公司国际化统计数据（单位：%）

资料来源：联合国贸发会议. 2003—2019 年世界投资报告.

表 5-1 2011 年中国企业国际化 20 强

| 排名 | 公司名称 | 行业 | 国际化导向 | | 国际化绩效 | | 中选比率 | 综合得分 |
|---|---|---|---|---|---|---|---|---|
| | | | 企业国际化战略 | 治理国际化 | 海外经营效果 | 海外融合度 | | |
| 1 | 华为 | IT | 9.21 | 7.64 | 8.95 | 8.68 | 75.00% | 82.76 |
| 2 | 联想集团 | IT | 8.91 | 8.41 | 7.95 | 7.5 | 77.78% | 81.04 |
| 3 | 中化集团 | 能源矿产 | 8.81 | 7.63 | 7.94 | 7.78 | 72.22% | 77.38 |
| 4 | 海尔集团 | 家电 | 8.82 | 8.32 | 8.32 | 8.27 | 61.11% | 77.22 |
| 5 | 中石油 | 能源矿产 | 8.83 | 7.83 | 8.22 | 8.06 | 69.44% | 76.91 |
| 6 | 中兴 | IT | 8.39 | 7.39 | 8.28 | 7.83 | 63.89% | 74.66 |
| 7 | 中信集团 | 综合 | 8.86 | 7.86 | 8.57 | 8.73 | 52.78% | 74.64 |
| 8 | 吉利 | 汽车 | 8.50 | 7.70 | 7.45 | 6.90 | 61.11% | 73.66 |
| 9 | 中国远洋运输 | 运输 | 8.83 | 8.11 | 8.50 | 7.94 | 52.78% | 73.16 |
| 10 | 中石化 | 能源矿产 | 8.68 | 8.36 | 8.47 | 8.25 | 52.78% | 72.91 |
| 11 | 万向集团 | 汽车 | 8.25 | 7.65 | 7.65 | 8.22 | 55.56% | 72.88 |
| 12 | 尚德电力 | 新能源 | 8.89 | 8.33 | 8.96 | 8.50 | 44.44% | 72.25 |
| 13 | 三一集团 | 装备制造 | 8.10 | 7.08 | 7.60 | 7.50 | 63.89% | 72.14 |
| 14 | 工商银行 | 金融 | 8.48 | 7.98 | 8.11 | 7.56 | 61.11% | 71.47 |
| 15 | 中国化工 | 化工 | 8.44 | 7.39 | 7.78 | 7.89 | 55.56% | 70.88 |
| 16 | 东软 | IT | 8.50 | 7.94 | 7.94 | 7.83 | 55.56% | 70.33 |
| 17 | 中国五矿 | 能源 | 8.71 | 8.07 | 8.36 | 8.14 | 44.44% | 70.30 |
| 18 | TCL 集团 | 家电 | 8.56 | 8.11 | 6.94 | 6.89 | 55.56% | 70.26 |
| 19 | 中海油 | 能矿 | 8.76 | 7.93 | 7.79 | 7.64 | 50.00% | 69.50 |
| 20 | 华润 | 综合 | 8.71 | 7.71 | 7.86 | 8.00 | 47.22% | 68.67 |

资料来源：房煜，秦姗，徐姗，李聪. 2011 年度中国企业国际化指数暨中国企业国际化 50 强[J]. 中国企业家，2011，18：46-51.

表 5-2　2015 年中国企业国际化 20 强

| 排名 | 公司名称 | 行业 | 国际化导向 | | 国际化绩效 | | 中选比率 | 综合得分 |
|---|---|---|---|---|---|---|---|---|
| | | | 企业国际化战略 | 治理国际化 | 海外经营效果 | 海外融合度 | | |
| 1 | 华为 | IT | 9.10 | 8.00 | 8.91 | 8.55 | 90.91% | 98.32 |
| 2 | 万达 | 房地产 | 8.67 | 8.44 | 8.11 | 8.11 | 81.82% | 94.47 |
| 3 | 阿里巴巴 | 互联网 | 8.50 | 8.11 | 8.20 | 8.10 | 81.82% | 93.81 |
| 4 | 联想集团 | IT | 8.50 | 8.13 | 8.00 | 8.11 | 72.73% | 90.97 |
| 5 | 腾讯 | 互联网 | 8.63 | 7.43 | 8.13 | 7.88 | 72.73% | 89.31 |
| 6 | 安邦保险 | 保险 | 8.33 | 8.00 | 7.78 | 7.78 | 81.82% | 89.02 |
| 7 | 中信集团 | 综合 | 8.50 | 7.13 | 8.33 | 7.78 | 72.73% | 88.73 |
| 8 | 复星国际 | 综合 | 8.83 | 8.29 | 8.29 | 7.86 | 54.55% | 84.65 |
| 9 | 光明食品 | 食品饮料 | 8.00 | 7.43 | 7.75 | 7.75 | 63.64% | 83.09 |
| 10 | 海尔集团 | 家电 | 8.50 | 7.57 | 7.43 | 7.29 | 54.55% | 82.61 |
| 11 | 吉利 | 汽车 | 8.50 | 8.25 | 8.60 | 8.60 | 45.45% | 82.19 |
| 12 | 中石化 | 能矿 | 8.50 | 7.40 | 7.83 | 7.83 | 54.55% | 82.09 |
| 13 | 中兴通讯 | IT | 8.00 | 7.40 | 8.33 | 7.83 | 54.55% | 81.86 |
| 14 | 海航 | 航空运输 | 8.33 | 7.33 | 7.83 | 7.83 | 54.55% | 81.00 |
| 15 | 三一集团 | 机械 | 8.60 | 7.75 | 8.40 | 7.80 | 45.45% | 80.17 |
| 16 | 中粮 | 食品饮料 | 8.25 | 7.67 | 8.33 | 8.33 | 36.36% | 79.92 |
| 17 | 国家电网 | 电力能源 | 8.33 | 7.75 | 8.45 | 7.80 | 36.36% | 79.82 |
| 18 | 潍柴动力 | 机械 | 7.33 | 7.17 | 7.57 | 7.71 | 54.55% | 79.26 |
| 19 | 绿地集团 | 房地产 | 8.40 | 7.60 | 8.00 | 7.83 | 45.45% | 78.74 |
| 20 | 中海油 | 能矿 | 7.67 | 7.29 | 7.71 | 7.29 | 54.55% | 78.53 |

资料来源：2015 年度中国企业国际化 20 强[J]. 中国企业家, 2015, 20：86-87.

2．网络分布指数

网络分布指数是用以反映公司经营所涉及的东道国数量的指标，是公司国外分支机构所在的国家数与公司有可能建立国外分支机构的国家数之比。

$$网络分布指数 = \frac{N}{N^*} \times 100\%$$

其中，$N$ 代表公司国外分支机构所在的国家数；$N^*$ 代表公司有可能建立国外分支机构的国家数，即世界上有 FDI 输入的国家数，实际运算中，从已接受 FDI 输入存量的国家数目中减去 1（排除母国）即可得出 $N^*$。

根据《2019 年世界投资报告》提供的数据，$N^* = 202$。

3．外向程度比率（Outward Significance Ratio，OSR）

$$OSR = \frac{一个行业或厂商的海外产量（或资产、销售、雇员数）}{一个行业或厂商在其母国的产量（或资产、销售、雇员数）}$$

4．研究与开发支出的国内外比率（R&DR）

$$R\&DR = \frac{一个行业或企业的海外R\&D费用开支}{一个行业或企业的国内或国内外R\&D费用开支总额}$$

5．外销比例（Foreign Sales Ratios，FSR）

$$FSR = \frac{行业或厂商产品出口额}{行业或厂商产品海内外销售总额}$$

以上指标反映了公司国际化经营的不同方面，其中前两项指标最常用，但它们不能完整和全面地说明公司国际化经营的"深度"。要了解国际化经营的"深度"，还需要其他指标的配合，如第 4 项指标 R&DR 就非常关键。研究表明，跨国公司规模与其经营的国际化程度呈现一定的负相关关系。

## 三、跨国公司的主要特征

跨国公司作为从事国际化生产的企业组织，要对产品的生产、运销、资金筹措及资金投放等各种经济活动进行国际化的安排。因此，与一般的国内企业及其他国际经济组织相比，有以下几方面的特点。

### （一）战略目标全球化

所谓全球化战略，就是在世界范围内有效配置公司的一揽子资源，将公司的要素优势与国外的政治、关税、非关税壁垒和生产要素优势等投资环境的差异条件联系起来考虑，优势互补，使有限的要素资源发挥最大的效用，使公司的整体利益达到最大化。

国内企业的战略目标是以国内市场为导向的，它们偏重于在本国范围内有效地组织生产经营，以实现利润最大化。而跨国公司则是以全球作为活动的舞台，以世界市场作为其角逐的目标。它们通过对公司所处的竞争环境和公司本身条件的分析，进行多种可能的论证和抉择，制定"全球化战略目标"，确定产品方向和子公司的发展规模，以及向新地区、新领域扩张的步骤等。跨国公司的全球战略目标在于使整个公司取得最大限度的利润和长远的利益。因此，跨国公司在做经营决策时，不仅考虑当前的利益，而且要考虑未来的发展；不是孤立地考虑某一子公司所在国的市场、资源等情况和某一子公司的局部得失，而是从全球的角度考虑整个公司的发展，有时甚至让某分公司亏损，以便在总体上取得最大利润。

> **专栏5-1：从海尔集团美国建厂看海尔国际化战略**
>
> 从海尔集团在美国建厂，海尔创立本土化海尔名牌的过程分为三个阶段，即本土化认知阶段、本土化扎根阶段、本土化名牌阶段。这就是海尔走向世界的"三部曲"：
>
> 第一步，按照"'创牌'而不是'创汇'"的方针，出口产品开拓海外市场，打"知名度"。
>
> 第二步，按照"先有市场，后建工厂"的原则，当销售量达到建厂盈亏平衡点时，开办海外工厂，打"信誉度"。
>
> 第三步，按照本土化的方针，实行"三位一体"的本土发展战略，打"美誉度"。第一步是播种，第二步是扎根，第三步是结果。
>
> "三部曲"是实践的发展，与此同时，海尔对国际化经营的认识也在不断深化。
>
> 1．"先难后易"达到认知——靠质量让当地消费者认同海尔的品牌
>
> 海尔认为必须在观念上转变传统出口的误区，出口是为了创牌而不仅仅是创汇，用"海尔—中国造"的著名品牌提升创汇目标。在进入国际市场时，海尔采用"先难后易"的战略，

先进入欧美等在国际经济舞台上分量极重的发达国家和地区，取得名牌地位后，再以高屋建瓴之势进入发展中国家，并把使用海尔品牌作为出口的首要前提条件。海尔冰箱能摆在自己的老师家门口——德国，靠的是"揭下商标、打擂台"的形式建立起的海尔产品高质量的信誉。

2. "三位一体"扎根——海尔在海外三位一体的结构已在当地扎根

为了实现海尔开拓国际市场的三个1/3（国内生产国内销售1/3，国内生产国外销售1/3，海外生产海外销售1/3）的目标，海尔在海外设立10个信息站和6个设计分部，专门开发适合当地人消费特点的家电产品，提高产品的竞争能力。1996年开始，海尔已在菲律宾、印度尼西亚、马来西亚、美国等地建立海外生产厂。1999年4月份，海尔在美国南卡州生产制造基地的奠基标志着海尔集团在海外第一个"三位一体本土化"的海外海尔建成，即设计中心在洛杉矶、营销中心在纽约、生产中心在南卡州。立足当地融智与融资，发展成本土化的世界名牌。张瑞敏首席执行官把海尔的这一思路概括为"思路全球化、行动本土化"，思路必须是全球化的，即使你不去思考全球，全球也会思考你。行动的本土化目的在于加快品牌影响力的渗透过程。海尔的本土化表现在广告上都应本土化，如海尔在美国的广告语是"What the world comes home to"，在欧洲则用"Haier and higher"。

3. 超前满足当地消费者的要求创造本土化名牌

海尔实施国际化战略的目标是创出全球知名的品牌，要创名牌，仅有高质量是不够的，必须和当地消费者的需求紧密结合，而且要超前满足当地消费者的需求。海尔超级节能无氟冰箱就是一个典型的例证，它既解决了国际社会对于环保的要求，又考虑到消费者的切身利益，在开发无氟冰箱的同时实现了节能50%的目标，不但发明了一项世界领先的成果，还取得了巨大的市场效果。海尔超级节能无氟冰箱达到德国A级能耗标准，德国消费者凡购买海尔超级节能无氟冰箱都可得到政府补贴。在美国，海尔产品达到美国2003年的能耗标准。

4. 整合全球资源战略

海尔实施国际化战略的真谛，在于有效地利用分布在世界不同地区的资金资源、研发资源、优惠政策和客户资源，在世界范围内形成企业的竞争优势。海尔采取全球范围融资、融智、融文化的办法，充分利用当地的人力资源和资本，在全球范围初步整合了企业资源。在国际化战略实施过程中，海尔用两三年的时间，在美国、欧洲等主要经济区建起了有竞争力的贸易网络、设计网络、制造网络、营销网络和服务网络。海尔分布世界的生产、销售、研发网络，初步形成了利用全球资源，开拓全球市场的跨国公司雏形。

除美国海尔外，海尔还于1996年起，先后在印尼、菲律宾、马来西亚、伊朗等国家建厂，生产海尔冰箱、洗衣机等家电产品。在世界主要经济贸易区域里都将有海尔的工厂与贸易中心，使海尔产品的生产、贸易都实现本土化，不仅有美国海尔，还有欧洲海尔、中东海尔等。在融资、融智的过程中，使海尔真正成为世界的名牌。

资料来源：孔文泰. "海尔"进入国际市场的战略及所带来的启示[J]. 企业科技与发展，2013，12：138-139.

## （二）公司内部一体化

跨国公司实现其全球战略的关键在于实行"公司内部一体化"。这一原则要求实行高度的管理体制，即以母公司为中心，把遍布世界各地的分支机构和子公司统一为一个整体。所有国内外的分支机构和子公司的经营活动都必须服从总公司的利益，在总公司的统一指挥下，遵循一个共同的战略，合理利用人力和财力资源，实现全球性经营活动。一方面，跨国公司通过分级计划管理，落实公司的全球战略；另一方面，通过互通情报，实行内部交易，共担风险，共负盈亏。跨国公司可以利用遍布全球的分支机构，应付环境的变化，把投资、生产、出口、采购、资金等互相转移，变动研发基地，从事外汇投机买卖等，实现对子公司的一体化部署。

### （三）运行机制开放化

国内企业通常把营运过程的所有阶段（研究开发—投资建厂—生产制造—销售产品）放在国内进行，至多也只是把营运过程中的最后阶段，即销售产品阶段的部分放在海外进行，其运行机制基本上是内向的、封闭型的。由于跨国公司以整个世界为自己的活动舞台，所以通常把营运过程的所有阶段都部分或全部地放在海外进行，其运行机制基本上是外向的、开放型的。

### （四）生产经营跨国化

这是跨国公司经营方式最基本的特征，如表 5-3 所示为跨国公司与国内企业相比其生产经营跨国化方面的特征。

表 5-3　跨国公司与国内企业的生产经营比较

| | 国 内 企 业 | 跨 国 公 司 |
|---|---|---|
| 交易领域 | 主要局限于国际流通领域，单独从事一两项（如商品出口或劳务输出）涉外经济活动，并且这些活动不涉及在国外投资建立经济实体 | 在世界经济的各个领域，全面地进行资本、商品、人才、技术、管理和信息等交易活动，并且这种"一揽子活动"是在母公司控制之下进行的，其子公司也像外国企业一样参加了当地的再生产过程 |
| 国内外经济活动关系 | 国内外经济活动的关系是相当松散的，有较大的偶然性，其涉外经济活动往往在交易完后立即终止，不再参与以后的再生产过程 | 国内外经济活动的关系是紧密的，有其必然性：一方面，子公司受制于母公司；另一方面，母、子公司的业务在分工协作的基础上融为一体，相辅相成 |
| 交易对象 | 许多涉外经济活动是以国际市场为媒介，交易的对方是另一家企业 | 许多涉外经济活动是在公司内部（母公司与子公司之间，子公司与子公司之间）进行的，交易过程中没有其他企业参加 |
| 海外扩张手段 | 以产品出口作为向海外扩张的主要手段 | 以直接投资作为向海外扩张的主要手段 |

### （五）技术内部化

跨国公司大部分凭借技术优势起家，这种优势是其快速发展的关键。为了保持技术优势，跨国公司从销售收入中拨出大量资金，从事研究与开发工作，并在全世界范围内有组织地安排科研机构，把主要的研究机构设在母公司所在国，使研究成果牢牢掌握在总公司手中，首先在公司内部使用，推迟扩散，以保持自己较长时间的领先地位。市场的不完全性，无论是来自市场本身固有缺陷还是政府人为的管理、干预措施形成的障碍，都使跨国公司为了自身利益，在通过外部市场公开出售技术商品的同时，更偏爱通过内部市场把不愿或不能进行公开登记出售的技术、技能和先进的管理经验，在公司内部实行有偿转让。技术内部化可以避开外部市场的阻碍和高成本，发挥技术优势的作用，可以保护这种技术优势不受国外厂商的效仿，可以增加总公司控制、计划能力，在企业内部合理安排产品的生产和分配。[①]

# 第二节　跨国公司的产生与发展

## 一、跨国公司的产生

跨国公司的产生最早可以追溯到17世纪。1600年成立的英国东印度公司，作为殖民主义侵略扩张的工具，已具有跨国公司的雏形。19世纪末20世纪初，出现了真正具备现代跨国公司组织形式的工业垄断企业。当时，在经济比较发达的美国和欧洲国家，一些大型企业通过对外直接投资，在海外设立分支机构和子公司，其中比较有代表性的企业有三家：1865年，德国的弗里德里克·拜耳化学公司在美国纽约州的奥尔班尼开设一家制造苯胺的工厂；1866年，瑞典的阿佛列·诺贝尔公司在德国汉堡开办了一家炸药工厂；1867年，美国的胜家缝纫机公司在英国的格拉斯哥建立了一个缝纫机装配厂，这些通常被认为是早期的跨国公司。

## 二、跨国公司的迅猛发展

在经历了一个多世纪之后，特别是在20世纪50年代以后，跨国公司由小到大、由少到多，取得了举世瞩目的长足发展。

### （一）跨国公司的数量繁衍

据联合国跨国公司中心统计，20世纪60年代后期，西方发达国家有跨国公司7 276家，受其控制的国外子公司27 300家；到20世纪70年代末80年代初，跨国公司的数量已增到1万多家，由其控制的国外子公司和分支机构已达10万家。而到1996年，跨国公司则增至4.4万家，受其控制的子公司则达28万家，其在全世界的雇员也增长到7 000多万人。2001年跨国公司达6.5万家，有85万家子公司，年销售额19万亿美元。目前，跨国公司控制了全球生产总值的40%、国际贸易的50%、技术贸易的60%～70%、对外直接投资的90%、技术专利的80%。跨国公司在国际经济活动中的主体地位日益显著。

### （二）跨国公司的自身规模

跨国公司在规模急剧扩张的同时，还出现了一些巨型的跨国公司，使它们日益成为一个高度集中的世界。2019年美国《财富》杂志评选出的世界500强中，沃尔玛公司连续第七年蝉联榜首，年营业收入为5 144.05亿美元，名列第二的中国石油化工集团公司的年营业收入为4 146.50亿美元，名列第三的荷兰皇家壳牌石油公司的年营业收入为3 965.56亿美元，由此可见500强的"前三甲"可谓富可敌国。同时，整个世界进入500强的门槛也不断提高，1995年，进入500强最后一名企业的营业收入是88.6亿美元，到2019年，进入门槛已经上升到247.97亿美元。表5-4则提供了2018年按国外资产排名的世界10家最大的非金融跨国公司跨国经营指数。

---

[①] 何智蕴，姚利民，等. 大型跨国公司在华投资结构研究[M]. 北京：科学出版社，2005：8.

表 5-4　2018 年按国外资产排名全世界 10 家最大的非金融业跨国公司跨国经营指数

单位：百万美元

| 排名 | | 公司名称 | 总部所在地 | 行业 | 资产 | | 销售额 | | 雇员人数（人） | |
|---|---|---|---|---|---|---|---|---|---|---|
| 国外资产 | TNI（%） | | | | 国外 | 总额 | 国外 | 总额 | 国外 | 总数 |
| 1 | 75.3 | 皇家壳牌石油 | 英国 | 石油开采/提炼/分销 | 343 713 | 400 563 | 281 628 | 405 978 | 58 000 | 82 000 |
| 2 | 50.8 | 丰田汽车 | 日本 | 汽车 | 300 384 | 468 872 | 65 857 | 272 513 | 236 480 | 369 124 |
| 3 | 85.9 | 皇家石油公司 | 英国 | 石油开采/提炼/销售 | 254 533 | 283 144 | 243 690 | 312 293 | 65 624 | 73 000 |
| 4 | 66.3 | 软银集团 | 日本 | 电讯 | 240 305 | 325 869 | 44 551 | 86 573 | 55 272 | 74 953 |
| 5 | 74.9 | 道达尔 | 法国 | 石油开采/提炼/销售 | 233 692 | 256 327 | 128 675 | 189 389 | 68 422 | 104 460 |
| 6 | 60.0 | 大众汽车 | 德国 | 汽车 | 224 191 | 524 566 | 226 903 | 278 255 | 365 000 | 656 000 |
| 7 | 85.7 | 英美烟草公司 | 英国 | 烟草 | 185 974 | 187 330 | 32 415 | 32 660 | 37 468 | 63 877 |
| 8 | 63.4 | 雪佛龙 | 美国 | 石油开采/提炼/销售 | 181 006 | 253 863 | 75 549 | 158 767 | 34 652 | 48 600 |
| 9 | 59.7 | 戴姆勒 | 德国 | 汽车 | 169 115 | 322 440 | 168 193 | 197 454 | 124 020 | 298 683 |
| 10 | 42.6 | 埃克森美孚 | 美国 | 石油开采/提炼/分销 | 168 053 | 346 196 | 85 701 | 279 332 | 34 465 | 71 000 |

资料来源：数据联合国贸发会议数据库数据整理而得。

### （三）跨国公司的势力格局

20 世纪 70 年代后的日本和欧共体（现为欧盟）成员国跨国公司的大发展，打破了第二次世界大战后美国跨国公司一统天下的单极化格局，形成了日本、美国和欧共体成员国"大三角"国家的三足鼎立态势。近年来，随着发展中国家和转型期经济体的经济发展，跨国公司的发展逐渐呈现多极化趋势。

20 世纪 70 年代以前，跨国公司对外投资主要在发达国家进行，很少涉足发展中国家。进入 20 世纪 80 年代，由于世界各国的经济发展呈现出极强的不平衡性，跨国公司根据新形势不断调整其跨国投资的地域流向，在巩固与扩大发达国家市场份额的同时，正积极抢占全球新兴市场，即市场战略不断向潜在盈利能力大、有发展前景、经济增长绩效好的国家或地区拓展和渗透，如今发展中国家的新兴市场正日益成为跨国公司的投资热点。据统计，20 世纪 90 年代发展中国家在利用外国直接投资额中来自跨国公司的直接投资占 50%以上。进入 21 世纪之后，跨国公司仍会看好发展中国家和地区的市场，并会继续向亚洲发展中国家或地区以及拉美国家等新兴市场投资。除了在 2015 年和 2016 年有较大幅度下降外，近十年跨国公司流入发展中和转型期经济体的直接外资整体呈上升趋势，占全球直接外资流入量的比例在50%左右。其中，在 2018 年创造新高，达到 7 403 亿美元，占全球直接外资流入量的 57%，如图 5-2 所示。

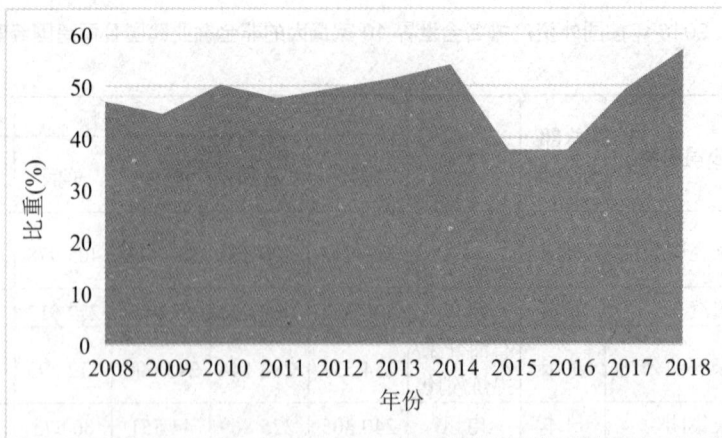

图 5-2　2008—2018 年发展中和转型期经济体在全球直接外资流入量中所占份额

资料来源：根据联合国贸发会议数据库数据整理而得。

另一方面，随着发展中国家经济实力的增强，越来越多的发展中国家跨国公司也在积极地开展国际直接投资。它们占全球外国直接投资流量的比例从 20 世纪 80 年代中期的不到 6%，增加到 20 世纪 90 年代后 5 年的约 11%，进而增加到 2018 年的 42%，其对外直接投资流量高达 4 175.54 亿美元。虽然发展中国家目前的跨国公司尚属少数，但随着发展中国家经济实力的增强，必将有更多的跨国公司活跃在世界经济舞台上。表 5-5 所示为 2018 年按国外资产排名全世界 10 家最大的发展中经济体跨国经营指数。

表 5-5　2018 年按国外资产排名全世界 10 家最大的发展中经济体跨国经营指数

单位：百万美元

| 排名 | | 公司名称 | 总部所在地 | 行业 | 资产 | | 销售额 | | 雇员人数（人） | |
|---|---|---|---|---|---|---|---|---|---|---|
| 国外资产 | TNI（%） | | | | 国外 | 总额 | 国外 | 总额 | 国外 | 总数 |
| 1 | 87.0 | 长江和记实业有限公司 | 中国香港 | 零售业 | 125 804 | 140 795 | 25 036 | 31 890 | 279 000 | 300 000 |
| 2 | 88.3 | 鸿海精密 | 中国台湾 | 电子元件 | 95 809 | 114 824 | 151 752 | 154 650 | 824 063 | 987 612 |
| 3 | 50.4 | 中国远洋运输公司 | 中国大陆 | 运输/存储 | 84 419 | 109 044 | 22 800 | 34 668 | 8 091 | 100 550 |
| 4 | 62.0 | 三星电子有限公司 | 韩国 | 通信设备 | 83 371 | 282 814 | 183 963 | 211 859 | 215 541 | 308 745 |
| 5 | 26.0 | 中国海洋石油 | 中国 | 石油开采/提炼/分销 | 67 282 | 173 408 | 21 348 | 81 482 | 12 738 | 97 986 |
| 6 | 8.4 | 国家电网 | 中国 | 电/气/水 | 60 000 | 585 299 | 45 003 | 343 796 | 16 535 | 913 546 |
| 7 | 52.0 | 中国化工集团 | 中国 | 化学及相关产品 | 56 241 | 121 444 | 32 788 | 59 226 | 86 025 | 158 425 |
| 8 | 41.0 | 腾讯 | 中国 | 计算机与数据处理 | 51 012 | 85 236 | 1 183 | 35 178 | 26 809 | 44 796 |
| 9 | 20.9 | 中国五矿集团 | 中国 | 金属及金属制品 | 42 790 | 131 338 | 17 308 | 72 997 | 13 348 | 203 786 |
| 10 | 70.6 | 塔塔汽车 | 印度 | 机动车辆 | 42 146 | 50 844 | 36 577 | 45 820 | 39 795 | 81 090 |

资料来源：根据联合国贸发会议数据库数据整理而得。

## （四）跨国公司的研发活动

随着经济全球化趋势的迅猛增强和现代科学技术的飞速发展，高、精、尖技术产品研制过程越来越复杂，使科研资金、技术、人才以及组织管理等各个方面的要求也越来越高，原来那种仅依靠跨国公司自身有限的科技资源和创新能力来从事具有战略性的重大科研项目的开发已远远不够。因此，20 世纪 60 年代开始，第一波跨国公司研发国际化浪潮兴起，主要目的是调整产品以便在当地市场销售；第二波浪潮出现在 20 世纪 70 年代，这个时期的研发主要是为特殊的当地市场的需要而改造具体的新产品；第三波研发国际化浪潮始于 20 世纪 80年代，其驱动力是跨国公司需要在海外，特别是在其他发达国家寻求为其补充的技术专长，出现了跨国公司海外研发全球化的倾向，20 世纪 90 年代开始这一趋势得到进一步加强。根据《2019年世界投资报告》，全球对研发活动的绿地投资额相当可观，且在不断增长。过去 5 年中，跨国企业宣布了 5 300 个本国市场之外的研发项目（高于前 5 年的 4 000 个），占所宣布绿地投资项目总数的 6%以上，其中，发展中经济体和转型经济体获得了 45%的项目。表 5-6 所示为2018 年前 100 强跨国公司的前 20 名研发投资者。

表 5-6　2018 年前 100 强跨国公司的前 20 名研发投资者

单位：十亿美元

| 排　　名 | 企　　业 | 国　　家 | 行　　业 | R&D 支出 | R&D 强度 |
|---|---|---|---|---|---|
| 1 | 亚马逊公司 | 美国 | ICT 技术 | 28.8 | 12.4 |
| 2 | 字母表公司 | 美国 | ICT 技术 | 21.4 | 15.7 |
| 3 | 三星电子有限公司 | 韩国 | ICT 技术 | 16.5 | 7.5 |
| 4 | 华为技术 | 中国 | ICT 技术 | 15.3 | 14.1 |
| 5 | 微软公司 | 美国 | ICT 技术 | 14.7 | 13.3 |
| 6 | 苹果公司 | 美国 | ICT 技术 | 14.2 | 5.4 |
| 7 | 英特尔公司 | 美国 | ICT 技术 | 13.5 | 19.1 |
| 8 | 罗氏控股股份公司 | 瑞士 | 制药 | 12.3 | 20.3 |
| 9 | 强生公司 | 美国 | 制药 | 10.8 | 13.2 |
| 10 | 丰田汽车 | 日本 | 汽车 | 10.0 | 3.6 |
| 11 | 大众汽车公司 | 德国 | 汽车 | 9.6 | 3.4 |
| 12 | 诺华公司 | 瑞士 | 制药 | 9.1 | 16.5 |
| 13 | 罗伯特博世有限公司 | 德国 | 汽车 | 8.7 | 9.2 |
| 14 | 福特汽车公司 | 美国 | 汽车 | 8.2 | 5.1 |
| 15 | 辉瑞公司 | 美国 | 制药 | 8.0 | 14.9 |
| 16 | 通用汽车公司 | 美国 | 汽车 | 7.8 | 5.3 |
| 17 | 戴姆勒股份公司 | 德国 | 汽车 | 7.5 | 3.9 |
| 18 | 本田汽车有限公司 | 日本 | 汽车 | 7.3 | 5.1 |
| 19 | 赛诺菲 | 法国 | 制药 | 6.7 | 16.0 |
| 20 | 西门子公司 | 德国 | 工业 | 6.4 | 6.7 |

资料来源：联合国贸发会议. 世界投资报告 2019：特殊经济区[M]. 天津：南开大学出版社，2019：26.

### （五）跨国公司的投资部门

近年来，跨国公司的投资部分发生了一定的变化，其中服务业部门的直接外资大幅增加，而初级产品部门和制造业部门的直接外资则出现下降，如图5-3所示。2018年初级产品部门、制造业部门和服务业部门的直接外资分别占比5%、43%和52%，相比于2011年的14%、46%和40%，服务业部门的直接外资上涨了12%，而初级产品部门和制造业部门分别下降了9%和3%。

2011年

2018年

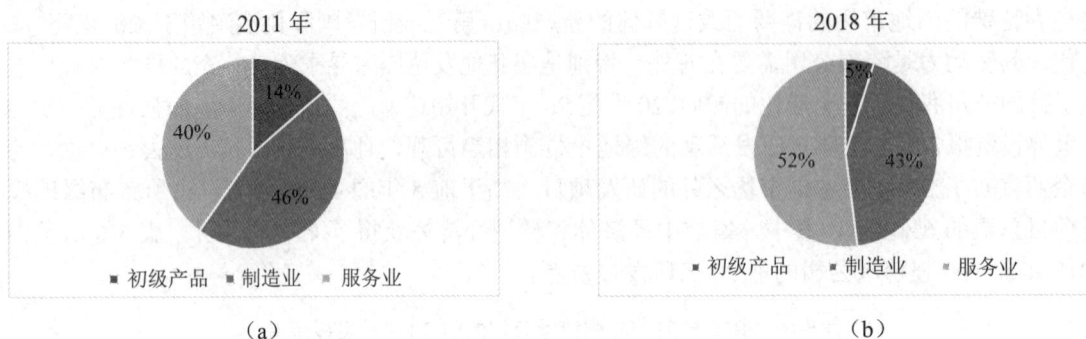

（a）　　　　　　　　　　　　　　（b）

图5-3　FDI的行业构成

资料来源：根据联合国贸发会议数据库数据整理而得。

### （六）跨国公司的生产经营方式

**1. 生产体系跨国化**

经济全球化的加强、投资政策壁垒的削弱和现代科学技术所带来的跨国协调成本的降低，不仅促进了国际经济一体化和国际贸易自由化发展速度的加快，同时也使跨国公司生产体系跨国化的趋势进一步加强，跨地区的国际生产体系正被越来越多的跨国公司所实施。尤其是在特大规模的跨国公司的生产经营战略中，形成了跨国公司职能跨地区的全球一体化生产体系。

**2. 经营活动属地化**

20世纪90年代以来，发达国家在对发展中国家和地区进行直接投资时，更加注意"属地化"经营战略的实施。所谓属地化经营，是指跨国公司对东道国各类相关环境的适应过程。跨国公司拥有先进技术、专利和充裕的资本以及先进的管理经验等优势，实施"属地化"可以在企业比较效益原则下，利用先进技术和过剩资本，把产品生产转移到劳动力价格较本国低、资源丰富而廉价的东道国，并且就地生产、就地销售。

**3. 经营战略联盟化**

20世纪80年代中期以来，随着世界经济区域集团化与国际化倾向的加强，以及新技术革命的加快和国际市场竞争的加剧，世界各国，尤其是西方发达国家的跨国公司为保持和发展自己的生存空间以及进一步拓展市场，分散新产品的开发费用，充分利用各种金融市场的资源，提高企业总体竞争力，纷纷由广泛合作发展到组织跨国联盟。目前，跨国公司之间进行各种股权或非股权结盟活动已成为其发展的新趋势。

**4. 管理职能分散化**

以往的发达国家跨国公司组织结构和管理职能注重纵向分工和强调命令控制。进入20世纪90年代后半期，随着知识经济、网络经济和经济全球化时代的到来，跨国公司纷纷做出了大幅度的战略性组织结构和管理职能的调整，其管理职能已由本国中心向多元中心和全球中心并存的格局发展。

5．融资手段外部化

跨国公司到国外设立公司或对外直接投资，首先要考虑的是融资问题，融资分为内部融资和外部融资。随着跨国公司投资规模的不断扩大，企业的资金预算规模（包括股本和债务）和筹资数额也随之相应扩大，筹资成本也逐步提高，跨国公司不仅原有的内部融资已不能满足需要，而且国内资金市场容量也相对有限。因此，跨国公司对外投资的外部融资动力便越发强烈。

# 第三节　跨国公司对外投资的类型和方式

## 一、跨国公司对外投资的类型

跨国公司对外投资大致可以划分为以下几种类型。

### （一）资源导向型投资

几乎任何国家都不可能拥有品种齐全的自然资源。面对不断增长的国内原材料需求和世界性的能源危机，跨国公司就必须到资源禀赋丰富的国家进行直接投资，以解决资源短缺问题，确保其生产的正常进行。资源导向型投资在跨国公司的对外投资中占有重要地位。

### （二）出口导向型投资

这类投资旨在维护和拓展出口市场。国内市场是有限的，随着生产的发展和竞争的加剧，国内需求很快会饱和，因此出口市场份额的大小对于跨国公司的生存和发展具有重要意义。在贸易保护主义盛行的年代，当正常的贸易手段无法绕过关税和非关税壁垒时，对外直接投资就成为打开对方市场大门的绝招。例如，中国香港一些纺织品公司为了对付美国、欧盟新一轮的纺织配额限制，曾到尚无贸易限制的第三国投资建厂，先后辗转于新加坡、马来西亚、泰国等地，并在那里组织生产和出口，以维持原有的市场份额。对外直接投资还可以被看成是另一种出口形式，它不是出口最终产品，而是出口机器、设备等资本品，零部件和原材料等中间产品，以及专利、技术诀窍等知识产品。

### （三）降低成本型投资

成本在产品生命周期成熟阶段是关键性竞争因素，谋求低廉劳动力成本是促成这种投资的主要原因。由于劳动力成本迅速上升，发达国家和一些新兴工业化国家的跨国公司通过对外直接投资，把劳动力密集型产品的生产转移到劳动力资源充裕和便宜的国家和地区。此外，在原材料产地附近投资建厂所节约的运输费用、东道国政府的融资优惠、低地租、低税率等，也有助于跨国公司减少成本开支，获取比较成本收益。近十年来，韩国、日本和中国台湾地区积极向东南亚国家直接投资，在那里建立起元件厂和装配厂，就是为了利用当地廉价的劳动力和其他优越条件，以在国际竞争中处于有利地位。

### （四）研究开发型投资

先进技术是跨国公司在国际市场上克敌制胜的法宝。通过向技术先进的国家投资，在那里建立高技术子公司或控制当地的高技术公司，将其作为科研开发和引进新技术、新工艺以及新产品设计的前沿阵地，公司就能够打破竞争对手的技术垄断和封锁，获得一般的贸易或技术转让许可证协议等方式得不到的高级技术。例如，日本公司为了跟踪和寻觅最新电子工业技术，在美国硅谷附近投入大量资本，建立自己的子公司或购买当地的小公司。

### 专栏 5-2：雀巢公司并购银鹭和徐福记

2011年12月23日，国内的"糖果大王"徐福记正式在新加坡证券交易所摘牌，这意味着徐福记正式拥有了新的东家——雀巢。这场持续半年的收购项目，最终以商务部通过雀巢出资17亿美元收购徐福记60%的股权而告终。至此，雀巢已经在中国拥有14家独资企业、19家控股的合资企业和一个研究中心，在市场上销售奶制品、婴儿食品、咖啡与速溶饮料、巧克力和糖果、汤料和调味品、矿泉水、冷冻食品以及八宝粥等众多产品，雀巢在国内快速消费食品行业正在形成一个新帝国。

而在此之前的一个月，经过近两年的洽谈和沟通，雀巢收购银鹭60%的股权并获得监管部门审批通过。根据协议，银鹭、雀巢将通过合资改组原银鹭食品集团公司，改组后拥有新股东成分的银鹭食品集团公司，雀巢方持股60%、银鹭方持股40%，但继续由银鹭原经营团队管理，并沿用"银鹭"品牌。按照协议，银鹭公司总裁陈清渊将继续管理位于厦门的合资公司。

雀巢公司以生产巧克力棒和速溶咖啡闻名遐迩，在五大洲的81个国家中共建有443家工厂，雀巢销售额的98%来自国外，因此被称为"最国际化的跨国集团"。厦门银鹭食品有限公司成立于2006年6月，是福建省乃至全国最大的罐头、饮料生产基地之一，是中国罐头工业十强、中国食品工业突出贡献企业，集团以食品饮料生产为支柱，涉及农产品、食品、锅炉、电子、酒店、房产等众多领域。而雀巢收购银鹭是出于以下几方面考虑的。

从内部看，由于缺乏对中国市场的了解，特别是对中国的流通体系、市场结构、地域结构、消费心理、风俗习惯和口味了解得不真实、不具体，雀巢公司需要得到中国本土企业的支持。而且雀巢公司的产品是以咖啡为主，但现在中国整个咖啡市场处于初期阶段，市场已形成一定的饱和，需要更多地寻找其他利润增长点。银鹭食品是国内八宝粥和蛋白饮料市场的领头羊，一旦雀巢完成对银鹭的收购，将极大地丰富其产品线，有助于雀巢公司扩大对中国速食食品市场的供应服务。银鹭的品牌声誉极佳，商品的品质也得到了消费者的认可，这些都与雀巢的公司文化十分契合。

从外部看，雀巢收购银鹭，也是其市场推广提升战略和增强市场势力的一部分。雀巢目标人群主要针对城市白领，而银鹭以"中餐式饮料"为主，其市场深入中国二、三线城市，并且银鹭在中国的广大农村地区有很广泛的分销体系。并购银鹭后，雀巢从中得到了进军细分市场和中国二、三线城市的机会。另一方面，雀巢尽管进入中国市场历史悠久，但在国内罐头和蛋白质饮料市场还是一片空白，由于其在新兴市场的份额落后于对手，新兴市场对于该公司总体营业收入的贡献率计划在2020年之前要达到45%，当前约为33%。面对玛氏、卡夫等竞争对手，收购新兴市场优秀品牌对其来说无疑是一条捷径。

之后对徐福记的收购，与对银鹭的收购是大体出于相同的考虑，这无疑为雀巢更进一步打开中国市场，扩大自身在中国的市场占有率起到了更进一步的推动作用。

资料来源：锡士．"雀巢"在华释放并购激情[J]．上海经济，2012，5：64-66．

#### （五）克服风险型投资

市场经济充满着竞争和风险，这些都可能把跨国公司推向困难境地。为分散经营风险，跨国公司到国外投资，在全球范围建立起由子公司和分支机构组成的一体化空间和内部体系，这样就可以比较有效地化解外部市场缺陷所造成的障碍，避免政局不稳带来的损失。例如，美、日、欧的大型跨国公司就已经建立起自己的全球性一体化空间和内部体系，它们在减少交易成本、维持现有市场或抢先占领市场、合理分布成本和收益地点、逃避税收和汇率风险以及保护公私财产等方面，发挥出了极大的灵活性。

#### （六）发挥潜在优势型投资

在许多国家，特别是发达国家，一些大公司在国内市场上取得了垄断地位。经过多年的积累和集中，它们拥有的资金、技术、设备和管理等资源可能已超过了国内生产经营的需要而被闲置起来。为了充分发挥公司的潜在优势，使闲置资源获得增值机会，对外直接投资就是一个有效的途径。

### 专栏 5-3：恒大并购瑞典 NEVS 新能源汽车

2019年伊始，全球新能源汽车行业迎来重磅消息。1月15日，恒大集团旗下恒大健康传出喜讯：以9.3亿美元成功并购总部位于瑞典的全球性电动汽车公司NEVS的51%股权，并获得多数董事席位。

NEVS是一家总部位于瑞典的全球性电动汽车公司，致力于成为全球可持续的共享智能出行生态的领军者。其最为人所熟悉的，是曾于2012年成功收购拥有75年历史的瑞典萨博汽车公司，继承了萨博"人车合一、贴地飞行"的品牌基因及源于北欧的深厚技术底蕴。现在，NEVS被中国企业收入麾下，无疑是2019年伊始汽车行业的重磅消息，必将引发新能源汽车世界格局的蝶变。

数据显示，2018年全国新能源汽车保有量达261万辆，占汽车总量的1.09%，与2017年相比，增加107万辆，增长70.00%，连续四年居世界首位。从统计情况看，近五年新能源汽车保有量年均增加50万辆，呈加快增长趋势。有观察家表示，传统燃油车时代即将落幕，新能源汽车时代来临已不可逆转。专家认为，目前国内新能源车企众多，但尚未有具备技术优势与国际竞争力的民族品牌。恒大并购NEVS，一家由中国企业主导的世界新能源汽车企业已然诞生。

作为目前获得中国国家发改委和工信部核准的新能源汽车整车资质的十家企业之一，NEVS拥有已达到量产能力的瑞典特罗尔海坦以及中国天津生产基地，并正在筹建上海生产基地，为接下来的大规模量产交付提供有力保证。据了解，NEVS已研发两款达到量产条件的纯电动汽车车型，接下来还将基于全新整车平台开发并推出涵盖入门级、中高端、豪华及超豪华智能电动轿车、SUV及MPV等全系列多品牌产品。考虑到恒大已入股全球最大汽车经销商广汇，这意味着NEVS已实现研发、制造、销售的全产业链闭环，有望迅速占据行业领先地位。

资料来源：恒大9.3亿美元并购瑞典NEVS新能源汽车世界格局将蝶变[J]．变频器世界，2019，1：79．

## 二、跨国并购与绿地投资

跨国公司对外直接投资的方式主要分为跨国并购和绿地投资，从20世纪80年代中期开始，跨国并购逐渐取代绿地投资，成为对外投资的主要方式。因此，本书重点介绍跨国并购。

### （一）跨国并购的分类

1. 按跨国并购产品异同或产业方向分类

（1）横向并购（Horizontal Merger）。横向并购是指发生在同一行业竞争企业之间的并购。近些年来，由于许多行业为响应技术变革和自由化而进行全球重组，这类并购迅速增加。通过整合资源，进行合并的企业旨在获得协同效果（其资产的联合价值超过这些企业独立时各自资产的总和），并常常是为了加强市场力量。出现此类并购的典型行业有制药、汽车、石油业，并越来越多地包括一些服务业。

（2）纵向并购（Vertical Merger）。纵向并购是指在客户—供应商或卖主—卖主关系企业之间进行的并购，即两个以上国家（地区）处于同一或相似产品但又各居不同生产阶段的企业之间的并购活动。零部件生产商与客户（如电子最终产品生产者或汽车制造商）之间的并购就是很好的例子。

（3）混合并购（Conglomerate Merger）。混合并购是指在经营活动无关联的公司之间进行的并购。此类并购通常是寻求业务多元化，或以分散风险、深化规模经济等战略为目标。

2. 按照企业并购中的公司法人变更情况分类

（1）吸收兼并（Consolidation Merger）。吸收兼并是指在两家或两家以上的公司合并中，其中一家公司因兼并其他公司而成为续存公司的合并形式。续存公司仍然保持原有公司名称，全权获得其他被吸收公司的资产和债权，同时承担其债务，被吸收公司在法律上从此消失。

（2）创立兼并（Statutory Merger）。创立兼并是指两个或两个以上公司通过合并同时消失，并在新的法律和资产负债关系基础上形成新的公司。

3. 按是否经由中介实施并购划分

（1）直接并购。也称协议并购（Negotiated Acquisition）或友好接管（Friendly Takeover）。根据并购发起方的不同，也可以进一步分为两种。第一，并购企业主动发起。并购企业直接向目标企业提出拥有控制权的要求，双方通过一定的程序进行磋商，事先商定条件，然后根据双方的协议完成所有权的转移。当并购的存续企业是收购方时，称为前向直接并购，当并购后目标企业仍然存续时，称为反向直接并购。第二，目标企业主动发起向并购企业表达转让股权意向，原因可能是目标企业经营业绩不佳或面临债务危机。

（2）间接并购。间接并购是指射手公司不向靶子公司直接提出并购要求，而是通过在市场上收购目标公司已发行和流通并具有表决权的普通股票，从而获得对靶子公司控制权的市场行为。间接并购通常有两种操作方式：一是利用目标公司普通股票价跌时机大量吃进该公司股票，这种方式相对比较隐蔽；二是射手公司在证券市场上以高于目标公司市价方式大量收购目标公司股票，这是敌意收购（Hostile Merger）比较常见的公司实力性收购方式。正因为这种收购往往是非善意的，除非是实力相差悬殊的市场较量，否则成功率不高。

4. 按跨国并购中的支付方式划分

（1）股票互换。股票互换是指以股票作为并购的支付方式，并购方增发新股换取被并购企业的旧股。其重要特点就是目标公司的股东并不因此失去所有权。其不仅比现金并购方式节约交易成本，而且在财务上可合理避税，产生股票预期增长效应。此外，利用这种方式融资的跨国并购在所涉及的两个国家的国际收支中可以引起巨大的但却几乎是可以被全部抵消的资本流动。

（2）债券互换。增加发行并购公司的债券，用以代替目标公司的债券，使目标公司的债务转到并购公司。这里的债券类型包括担保债券、契约债券和债券式股票等。

（3）现金收购。凡不涉及发行新股票或新债券的公司都可以被认为是现金收购，包括以票据形式进行的收购。现金收购的性质很单纯，购买方支付了议定的现金后即取得目标公司的所有权，而目标公司一旦得到其所有股份的现金，即失去所有权。

（4）杠杆收购（Leverage Buyout）。杠杆收购是指一家或几家射手企业在银行贷款或在金融市场融资的情况下所进行的企业收购行为。一般操作方式是由收购企业设立一家直接收购公司，再以该公司的名义向银行贷款，或以该公司的名义在证券市场发行债券或融资票据获得收购资金。因为它以少量自有资金撬动企业收购，故称之为杠杆收购。杠杆收购完成之后，射手企业会把被成功收购企业的资产分拆并通过资本市场变卖其中的一部分，以偿还因收购而发生的负债。与传统收购相比，杠杆收购有两个特点：融资结构发生变化，收购引起的负债主要由靶子公司的资产或现金流量来支付和偿还，其次才是投资者的投资；杠杆收购交易过程中存在相当关键的经纪人。

20 世纪 80 年代，垃圾债券在市场敌意性杠杆收购中的突出作用引发了社会各界的激烈争论，其对企业绩效、证券市场、财富创造与社会资源配置的影响成为经济学、金融学研究的重　点。不过因为这次浪潮主要涌现在美国的境内企业的并购上，所以在国际杠杆性跨国收购上，尽管有这样的企业融资性活动和收购操作，但规模不如美国。

**（二）金融危机以来跨国并购的发展趋势**

1. 跨国并购的全球趋势

（1）跨国收购在跨国并购中占绝大部分比重。根据有关并购的数据显示，收购占其中绝大部分比重，合并仅占跨国并购的 3%。即使是被认为相对平等的合作者之间的合并，其中绝大多数实际上也涉及由一家公司控制另一家公司的收购。"真正"的合并数量很少，所以在实际意义上，"并购"基本上意味着收购。

（2）单项并购的规模不断扩大。历年《世界投资报告》将金额达到 10 亿美元的交易列为大型跨国并购。20 世纪 90 年代以来的跨国并购中，单个并购的规模呈扩大的趋势。1991年大型并购有 7 项，并购价值为 204 亿美元；1999 年高达 114 项，并购价值为 5 220 亿美元。如表 5-7 所示为 2012—2019 年大型跨国并购的案例，图 5-4 所示为 2011—2018 年中国市场跨国并购的数量和交易额情况。

表 5-7　2012—2019 年大型跨国并购案例

| 年　　份 | 并　购　公　司 | 并　购　价　值 |
| --- | --- | --- |
| 2012 | 法国天然气并购英国国际电力 | 110 亿美元 |
| | 大连万达并购美国 AMC 影院公司 | 26 亿美元 |

续表

| 年　　份 | 并购公司 | 并购价值 |
|---|---|---|
| 2012 | 法国天然气并购英国国际电力 | 110 亿美元 |
| | 美国伊顿并购库珀工业公司 | 130 亿美元 |
| | 洲际交易所并购纽约交易所 | 82 亿美元 |
| 2013 | 国家电网并购澳大利亚能源企业 | 60 亿美元 |
| | 中石油并购埃尼东非天然气区块权益 | 42 亿美元 |
| | 中海油并购尼克森 | 151 亿美元 |
| | 双汇国际控股有限公司并购史密斯菲尔德 | 71 亿美元 |
| 2014 年 | 国家电网并购意大利存贷款公司（CDP Reti） | 30 亿美元 |
| | 联想并购摩托罗拉 | 29.1 亿美元 |
| | 中粮并购 Nidera | 12 亿美元 |
| 2015 年 | 辉瑞并购艾尔健 | 1 600 亿美元 |
| | 百威英博并购南非米勒 | 1 200 亿美元 |
| | 荷兰皇家壳牌并购英国天然气集团 | 810 亿美元 |
| 2016 年 | 美的并购德国工业机器人公司 Kuka | 41 亿美元 |
| | 万达并购美国传奇影业公司 | 35 亿美元 |
| | 北京建广资产管理有限公司并购恩智浦旗下标准产品部门 | 27.5 亿美元 |
| | 山东如意并购 SMCP | 14 亿美元 |
| 2017 年 | 海航全资子公司 Avolon 并购 CIT Group Inc. 飞机租赁业务 | 101 亿美元 |
| | 中国化工并购先正达 | 430 亿美元 |
| | 复星医药并购印度仿制药企 Gland Pharma | 10.91 亿美元 |
| | 英特尔并购 Mobileye | 153 亿美元 |
| | 沃达丰并购印度移动运营商 Idea Cellular | 230 亿美元 |
| 2018 年 | 吉利集团并购戴姆勒 | 90 亿美元 |
| | 上海莱士并购西班牙 GDS | 50 亿美元 |
| | 紫光集团并购法国智能卡器件制造商 Linxens | 26 亿美元 |
| 2019 年 | 沙钢并购 Global Switch | 80 亿美元 |
| | 长实并购格林王 | 56 亿美元 |
| | 安踏并购亚玛芬体育 | 60 亿美元 |
| | 闻泰科技并购安世半导体 | 39 亿美元 |

资料来源：根据新浪网（http://www.sina.com.cn）和中国财经网（http://www.fec.com.cn）整理。

（3）横向并购比重不断增加，成为跨国并购的主流。随着世界经济一体化的不断加快，全球同一行业内跨国公司的竞争越来越激烈，跨国公司的并购，尤其是跨国的横向并购愈演愈烈，从跨国并购的数量来看，横向跨国并购在整个跨国并购交易中占有特殊的地位。横向跨国并购数量在整个交易中占的比例一直在 50%以上；混合跨国并购居于第二位，在整个全球跨国并购中的比例在 40%上下；纵向跨国并购数量在整个跨国并购中占的比例最低，几乎没有超过 10%。

图 5-4　2011—2018 年中国市场跨国并购趋势

资料来源：温程辉. 前瞻产业研究院 [EB/OL]. （2019-03-05）[2020-03-11]. https://www.qianzhan.com/analyst/detail/220/190305-9fc99d85.html.

（4）股票互换在跨国并购的融资方式中所占比重越来越大。近几年来，股票互换已成为并购，特别是大型并购普遍采用的融资方式，因为在交易规模巨大的并购中使用现金支付是不可能的。发达国家以换股方式进行并购交易越来越多，其占总额的比重显著提高，1999 年换股金额占总金额的 68%。2000 年，美国以股票或股票加现金方式支付的部分占 72%，而日本这一比例也上升到 67%。这种方式也正在被发展中国家的企业所采用，如 2018 年美团收购摩拜单车就采取了这种方式。

（5）跨国并购的战略性动机日益明显，善意收购成为主流。早期的跨国并购可能是寻求短期的金融受益，而非寻求效率等战略和经济效应。但随着时间的推移，由短期金融收益推动的交易在跨国并购中的重要性正在下降。与此同时，善意收购是指目标企业的董事会同意进行交易，而恶意收购是以违背目标企业的意愿进行的。据汤姆森金融证券数据公司提供的数据，20 世纪 70 年代所完成的恶意跨国收购在并购总价值中所占比重不足 5%，在并购总数中不足 0.2%。

2．跨国并购的地区趋势

2006 年之前，发达国家是跨国并购的主体。1987—2006 年，发达国家的跨国并购价值以每年 20% 的速度增长。在此期间，发达国家在世界跨国并购中所占比重从未低于 77%，在 20 世纪 80 年代后期曾达到 98% 的峰值。但近些年来，跨国并购数量在发达国家中所占的比重有所下降，而发展中国家的并购趋势逐渐加强，如图 5-5 所示。2014 年，发达国家跨国并购额大幅下降，降至 2 931 亿美元，占跨国并购总额的 68.5%，为历史最低；与此相对应，发展中国家和转型经济体跨国并购额大幅上升，达到 1 351 亿美元，占比 31.5%，为历史最高。在随后几年，发达国家跨国并购出现回升，而发展中国家和转型经济体跨国并购则有所下降。2018 年，发达国家跨国并购额占并购总额的 84.4%，发展中国家和转型经济体仅占比 15.6%。

联合国贸发会议指出：发达国家企业进行的大型并购主要集中在信息通信领域，例如日本软银收购美国斯普林特等；而新兴市场国家和发展中国家企业的收购对象涉及食品、建材、酒店、金融等多个领域。其中，推高新兴市场国家收购额的案例有：中国大型肉食品加工企业双汇投资发展收购美国同行企业史密斯菲尔德食品，中国石油天然气收购同属能源领域的意大利埃尼集团的部分业务等，以及印度尼西亚的印尼国家石油（Pertamina）从美国康菲手中收购了位于阿尔及利亚的油田权益。

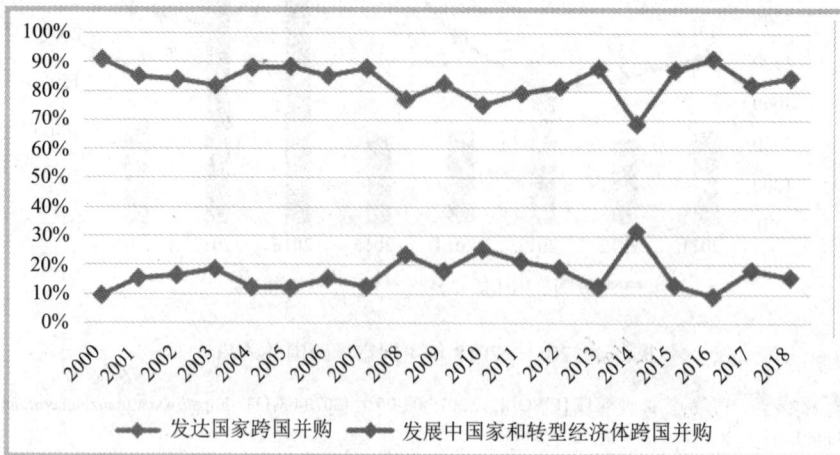

图 5-5　2000—2018 年发达国家、发展中国家和转型经济体在跨国并购中所占比例

资料来源：根据联合国贸发会议数据库数据整理而得。

3. 跨国并购的部门与行业趋势

（1）第三产业跨国并购比重增长，第二产业比重下降，第一产业变得微不足道。2013 年后，信息技术领域取代能源领域，成为并购交易最为活跃、总交易规模最大的领域。2018 年，IT、生物医药、先进制造等新兴产业交易数量处于领先，其中，IT 行业涉及的并购数量仍是最多，达到 302 起，金额最大一笔交易是北京千方科技以 43.37 亿元收购杭州交智科技；生物技术/医疗健康、机械制造案例数均超过 200 起，分别达到 242 起、225 起。2018 年第一产业、第二产业、第三产业跨国并购比重分别为 4.8%、37.7%、57.5%。

（2）横向并购活动密集行业的市场集中度正在加强。这在很大程度上是由少数几家大的跨国公司进行的许多并购所推动的。由于并购，在汽车、银行和制药等诸多领域中，集中度在提高。十大汽车制造商在世界汽车销售总额中的比重由 20 世纪 80 年代的 60%左右上升到 1999 年的 80%。在银行业，1996 年按资产衡量的最大 25 家银行占最大 1 000 家银行资产的 28%，而 1999 年这一比例上升到 33%。在制造业，1999 年最大 5 家和最大 10 家制药公司分别占世界医药产品销售总额的 28%和 46%，而 1995 年分别占 19%和 33%。电信、保险和能源（石油）是由于跨国并购所起的重要作用从而导致集中度提高的另几类重要行业。

### （三）中国跨国公司并购趋势[①]

1. 数量和资金规模上不断扩大

在全球经济一体化进程进一步加快的今天，中国也紧随世界步伐，加入了与世界各国竞争的行列。世界 500 强中已有相当一部分企业来自中国，充分证明了中国企业国际竞争力的增强。近年来，跨国并购案例越来越多地上演，而中国近年来也不断刮起并购强风，且大有越刮越强之势，如联想集团收购 IBM、上汽集团收购双龙、TCL 收购汤姆逊、中铝收购力拓、海尔收购美泰、中海油收购优尼科、吉利收购沃尔沃等，均在一定程度上证明了中国企业国

---

① 杨智全. 跨国并购 2.0[EB/OL]．（2013-11-15）[2020-03-11]. http://www.xcf.cn/ztlb/201311/t20131113_516696.htm.

际地位的提高与国际竞争力的增强。图 5-6 统计了 2010—2018 年中国企业跨国并购的数量及规模。

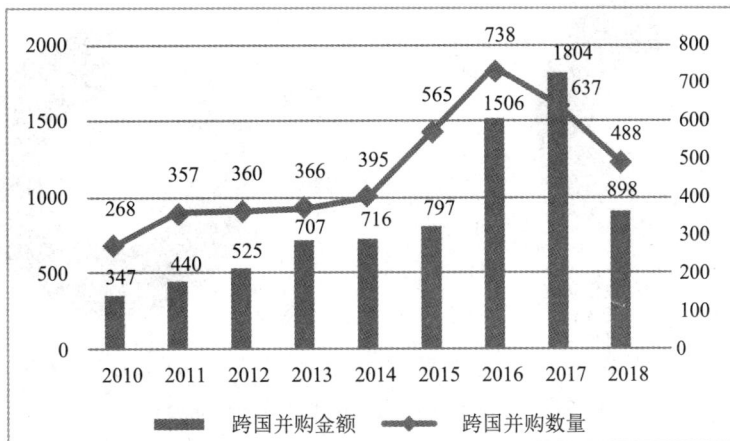

图 5-6　2010—2018 年中国企业出境并购趋势（单位：亿美元，个）

中国企业海外并购浪潮的掀起，一方面得益于国家"走出去"战略的推动，另一方面也是中国经济发展之后从资本输入走向资本输出的必然。就在中国 GDP 超越日本位居全球第二的 2010 年，中国企业的海外并购总额也仅次于美国，跃居全球第二，这并不是一个巧合。

2. 越来越多的民营企业参与海外并购

相比以国有企业投资海外资源为主流的中资出海 1.0 时代，近年来中国企业海外并购的一个显著变化，就是越来越多的民营企业参与其中。根据 China Venture 的统计，虽然近 5 年国内企业出境并购主体仍以国有企业为主，且仍集中于能源领域，但在制造业和 IT 业中，已体现了民营企业、国有企业共同参与且以民营企业为主导的格局。2013 年 5 月，中国肉类生产商双汇国际以高达 71 亿美元的总代价收购美国最大生猪生产商史密斯菲尔德，更勾勒出国有企业、民营企业齐头并进的格局，显示中国企业的全球化战略全面开启。海外扩张所带动的民营企业成长，将使中国经济的活力进一步被激活；而民营企业的介入，也使中资海外并购 2.0 时代呈现出鲜明的特色。

3. 并购标的向更多行业推开

国有企业为保障能源与资源而进行的跨国并购，曾一度占中国企业海外并购的数量超 1/3、金额超 3/4，但这一切已悄然变化。在 2012 年、2013 年，能源与资源并购虽然占据金额的大部分，但并购案例数已被 IT、消费、汽车、农业、机械、医疗等多个行业主导。2018 年，中国企业参与的跨境并购交易数量主要集中在金融业，并购数量占比达 15%，其次是制造业、医疗健康，占比也超过 10%；并购交易规模则主要集中在运输物流行业，占比高达 41.3%，其次是互联网行业，占比也达 29.5%，运输物流及互联网合计占比超过 70%。图 5-7 显示了 2018 年中国企业跨国并购的行业分布。

4. 并购案例增加，但单笔交易规模走低

相比手握充足的现金流且因大型银行支持拥有强大资金筹措能力的国有企业，民营企业由于资金实力及融资渠道有限，其介入使得中资海外并购的单笔交易规模走低。由于民营企业并购融资需求更强烈，国内外券商、基金、私募等机构纷纷设立海外并购基金，上海市政府 2012 年也资助设立了赛领国际投资基金，为其提供融资支持。

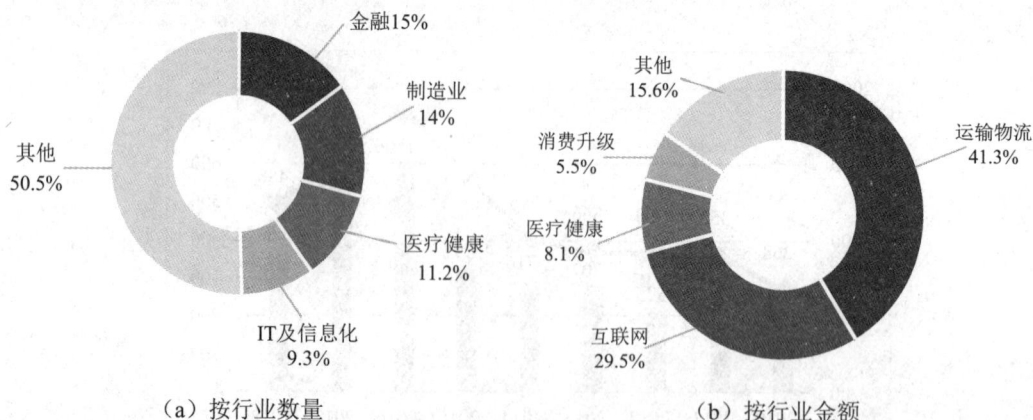

（a）按行业数量　　　　　　　　　　（b）按行业金额

图 5-7　2018 年中国企业跨国并购的行业分布

5. 针对成熟市场的并购案增加

相比国有企业资源类并购大多瞄准拉美、澳大利亚、加拿大、非洲等地，民营企业的收购更多触及欧美市场，备受市场关注的三一重工收购德国普茨迈斯特、吉利收购沃尔沃、山东重工收购意大利游艇制造商法拉蒂（Ferretti）等案例均属此列。普华永道数据显示，中国自2009 年以来已领衔新兴市场的跨国投资，就交易金额而言，近 70%新兴市场对成熟市场的投资来自中国。究其原因，固然包括金融危机导致的欧美资产价格下跌，为中国民营企业出手提供了天时之利，而更重要的还在于，民营企业的并购动因更加多样化。无论出于提升技术研发水平、创建知名品牌、引入先进管理模式、拓展营销网络，还是全球化分散投资的需要，收购欧美知名企业无疑都是一条捷径。正是全球化时代提升竞争力的动力与压力，引领中国企业将触角从非洲的资源伸展到欧美的名企，2.0 时代的中资海外并购因此精彩纷呈。

**专栏 5-4：沃尔沃并购完成交割，吉利成中国首个汽车跨国企业**

吉利集团与福特公司于2010年8月2日正式完成沃尔沃轿车公司的交割手续，至此，中国民营企业最大规模的海外并购案走完法律程序，并购成功后的吉利集团成为中国第一家跨国汽车企业。

一般而言，一家企业的海外营业收入超过企业总收入的30%，这家企业就可以认定为跨国公司。因此对年销售收入超百亿美元的沃尔沃轿车完成并购后，年销售收入20亿美元的吉利集团一跃成为中国首个跨国汽车企业。

为了兑现"恢复沃尔沃昔日辉煌"的承诺，李书福为沃尔沃组建了一支汽车企业运营"梦之队"。李书福此前就曾表示，他不会派出一支中国团队去接管沃尔沃。新沃尔沃超豪华的管理团队体现出跨国企业管理层高起点、国际化的特点。

李书福认为，"中国企业收购沃尔沃，使中国拥有具备国际竞争力的世界知名汽车品牌，可以一举进入国际高端汽车市场并占有一定份额，同时可以掌握部分汽车核心技术。这对中国从世界上最大的汽车消费市场变成汽车强国具有重要意义。"

不过，即便拥有了雄厚的资金背景，建立了豪华的管理团队，吉利沃尔沃这场"蛇吞象"式的并购，最后会不会以消化不良收场，仍然令人担忧。

对中国来说，资源、技术、品牌和营销渠道是并购的主要目标，因为利润空间日益微薄的中国制造业必须依赖资产并购来提升在产业链中的地位，中国现在进行海外并购，并不缺乏资金，缺乏的是清晰的战略眼光和整合能力。

吉利收购沃尔沃目前只是完成了法律程序，摆在李书福团队面前的还有诸多问题需要解决。资金来源充裕和管理团队的建立给新沃尔沃运营开启了一个良好局面，但是跨国企业文化融合问题，在竞争白热化的中国汽车市场沃尔沃如何胜出、如何通过收购沃尔沃提高中国汽车产业的技术水平，这些都是摆在李书福和整个中国汽车产业面前的新挑战。

资料来源：沃尔沃并购完成交割，吉利成中国首个汽车跨国企业[EB/OL].（2010-08-02）[2020-03-11]. http://auto.ifeng.com/news/special/shougou/20100802/387533.shtml.

## 三、股权参与和非股权安排

过去跨国公司的对外投资参与方式主要是股权参与和合作经营，目前非股权安排越来越多，这是因为东道国通过非股权安排得到重要工业部门的控制权，而跨国公司则可以大大降低或化解经济、政治、交易、生产、技术开发风险。非股权安排的形式很多，有许可证合同、管理合同、交钥匙合同、产品分成合同、技术协作合同和经济合作等多种形式。

### （一）股权参与

股权参与（股份拥有）是指跨国公司在其子公司（新建企业和购买、参与当地企业的股份）中占有股权的份额。西方发达国家跨国公司股权参与的类型有四种：（1）全部拥有，即母公司拥有子公司股权在95%以上；（2）多数占有，即母公司拥有子公司的股权在51%～94%之间；（3）对等占有，即母公司拥有子公司股权的50%；（4）少数占有，即母公司拥有子公司股权在49%以下。

### （二）非股权安排

非股权安排（Non-Equity Arrangement）是20世纪70年代以来广泛采取的形式，指跨国公司在东道国的公司中不参与股份，而是通过与股权没有直接联系的技术、管理和销售渠道，为东道国提供各种服务，从而扩大其对东道国公司的影响和控制。可见，非股权安排主要是跨国公司面对发达国家国有政策和外资逐步退出政策而采取的一种灵活手段，也是它们在发展中国家谋求继续保持地位的重要手段。非股权安排主要有以下几种形式。

1. 许可证合同

许可证合同是按一定的价格向东道国企业转让某种技术，对转让这种技术的补偿采取提成支付的方式，即在一定年限内，对所生产的产品产量或产品销售价格，根据协议规定的比例提取费用。其特点如下：它是一种契约性协议，许可证获得者只享有某种技术的使用权，所有权仍属于许可证提供者；许可证合同往往附带一些重要条款，如转让技术的性质、使用和限制范围以及使用许可证技术的补偿方式等；在许可证合同的有效期内，许可证提供者有义务向许可证获得者提供改进技术的情况，后者也有义务向前者作技术反馈；许可证获得者保证不将该技术转让给第三者，保证不泄露技术秘密；许可证提供者应给予技术帮助，派专家指导，保证许可证获得者在使用技术时能达到预期目标。

2. 管理合同

管理合同又称经营合同、经营管理合同或风险合同、工作合同。广义上看，管理合同也是一种技术转让。管理合同分两大类：一类是全面经营管理，范围比较广，包括技术管理、商业管理以及行政管理，一般适用于刚投产的产品、专供外销的工厂和大型旅游项目。另一类是技术管理，即由外国技术公司、外国技术人员或第三方的技术公司或技术人员进行管理。特点是，只管理不投资。订立了管理合同就意味着授权技术公司管理企业，但企业的重大问题仍由董事会批准决定。

自然资源部门管理合同的内容与一般管理合同有所不同，外方起着总承包商的作用，即东道国在经营中不承担风险，也不投入资本，所有投资由跨国公司负责，跨国公司得到的报酬是在一个较长的时期内以低于市场价格购买其生产的一定份额的产品。

3. 交钥匙合同

交钥匙合同是由跨国公司负责整个项目从设计、建筑施工和安装、提供必要的技术和专门知识、供应成套设备和设施、建造厂房到全部设施的交付使用和工厂开工的整个过程。东道国则以项目的产品或其他产品作为对跨国公司的支付。传统的交钥匙合同规定，随着成套设备的建成和移交，并经过试验运转证明技术功能良好，该项目的合同义务就算结束。交钥匙合同的新形势不仅要求承包方对项目的建设负责，而且应保证工厂在初期阶段能顺利运转。对于发展中国家，采取交钥匙合同的好处是跨国公司对整个项目负全部责任，有利于东道国吸收外资和引进国外先进的技术。缺点是代价太高，尤其是采取交钥匙合同的新形式比传统形式所付的费用要昂贵得多，而且跨国公司转移的有可能是即将淘汰的技术或环境污染严重的企业，会给东道国经济发展带来不利影响。

4. 产品分成合同

产品分成合同基本上与自然资源部门的管理合同类似，跨国公司也起承包商的作用。不同之处在于，这类合同中规定，东道国与跨国公司在一个预先商定的分配方案的基础上分享企业的产品，外国公司购买的全部设备在一定期限后最终归东道国政府所有。

5. 技术协作合同

技术协作合同是发展中国家政府和跨国公司间非股权安排形式中具有重要意义的一种形式。在这类合同中，跨国公司不提供任何资本，不享有产品的所有权和购买权，也不承担销售责任，只是在完成工程的各个方面提供各种技术服务。东道国享有全部自主权，跨国公司提供的技术人员在东道国主管下进行工作，跨国公司以取得特别费用作为报酬。特别费用包括在企业生产开始前就规定的费用和自商品生产开始后在一定时期内按产品销售额、规定的百分比提取的费用。

6. 经济合作

经济合作又称工业合作，这种形式主要是在跨国公司与苏联、东欧国家开展所谓"东西方工业合作"的基础上发展起来的。在 20 世纪 80 年代末以前，因为苏联、东欧国家严格控制跨国公司建立全部股权拥有的子公司，使跨国公司在这些地区缺乏直接投资的机会，加之这些国家缺少硬通货，所以跨国公司主要采取工业合作形式打开市场。工业合作是一种长期合同，其合作方式多种多样，主要有提供成套项目或出租工厂、承包合同或转包、生产协作和专业化、联合销售和联合投标等。

# 第四节　跨国公司的组织和管理

## 一、跨国公司的企业组织形态

在跨国公司的法律组织形态上，通常采用股份有限公司的形式。而从层次上来说，跨国公司的法律形式又可分为设立在母国的母公司，设立在海外的分公司、子公司以及避税地公司等。

### （一）跨国公司的母公司 [①]

母公司是指通过拥有其他公司一定数量的股权，或通过协议方式能够实际上控制其他公司经营管理决策的公司，使其他公司成为自己的附属公司。

母公司对其他公司的控制一般采取两种形式：一是掌握其他公司一定数量的股权；二是在两个公司间存在特殊的契约或支配性协议的情况下，一个公司也能形成对另一公司的实际控制。母公司通过掌握子公司一定比例的股权对子公司进行有效控制，但各国在其界限的认定上存在显著差异。美国《公共事业控制法》规定"10%以上"。德国公司法规定，要能拥有或控制"多数表决权"。法国规定"控制一半以上股本（这里的股本即全部股东缴纳股金的总数额）"。英国规定，凡符合以下三条中的任何一条，就构成母公司与子公司的关系：A 公司是 B 公司的在册股东，并能实际控制 B 公司的董事会；A 公司拥有 B 公司半数以上的股票；B 公司是 A 公司的孙辈公司。

母公司的法律特征主要表现在以下几个方面。

（1）母公司实际控制子公司的经营管理权。各国立法普遍认为，母公司对子公司的控制权主要指对子公司一切重大事务拥有实际上的表决权，其核心是对其子公司董事会组成的决策权。跨国公司实际的权力中心是董事会，所以控制了董事会就意味着控制了公司。

（2）母公司以参股或非股权安排实现对子公司的控制。母公司对子公司实施控制的具体方式，第一种是参股和控股，即通过拥有子公司一定比例的股权，足以获得股东会多数表决权，从而获得对公司重大事务的决策权，达到控制公司的目的。第二种是非股权安排，主要指通过各种协议达到实际上控制经营管理决策。

（3）母公司对子公司承担有限责任。通常母公司对子公司以其出资额为限承担责任，母公司对子公司的债务不承担任何直接责任，这是由于在法律上，母公司和子公司各为独立法人。因此，母公司和子公司的关系实质上是股东与公司的关系，两者之间的关系适用公司法关于股东与公司相互关系的一般规定，但许多国家的公司法对它们之间的某些特殊关系作了特殊规定，进行了特殊的法律管制。

### （二）跨国公司的分公司 [②]

分公司是总公司根据需要在海外设置的分支机构，不具备法人资格，在法律上和经济上

---

① 林康. 跨国公司与跨国经营[M]. 北京：对外经济贸易大学出版社，2000：18-19.
② 张纪康. 跨国公司与直接投资[M]. 上海：复旦大学出版社，2004：12.

都不具有独立性，而只是总公司的一个组成部分，因此，分公司尽管称呼上有"公司"二字，但并不是公司法意义上的公司。分公司的法律特征主要是：分公司不具有法人资格，不能独立承担责任，其一切行为后果及责任由总公司承担；分公司由总公司授权开展业务，自己没有独立的公司名称和章程；分公司没有独立的财产，其所有资产属于总公司，并作为总公司的资产列入总公司的资产负债表中，总公司对分公司的债务承担无限责任。

分公司与总公司同为一个法律实体，设立在东道国的分公司被视作"外国公司"，不受当地法律保护，而要受母国的外交保护。它从东道国撤出时，只能出售其资产，不能转让其股权，也不能与其他公司合并。

### （三）跨国公司的子公司

子公司是指在经济和法律上具有独立法人资格，但投资和生产经营活动受母公司控制的经济实体。母公司对子公司进行实际控制或是基于非股权安排；子公司拥有自己的公司名称和章程，实行独立的经济核算，拥有自己的资产和资产负债表，可以独立从事业务活动和法律诉讼活动。

子公司在东道国注册登记被视作当地公司，受东道国法律管辖，不受母公司所在地政府的外交保护。子公司在东道国除缴纳所得税外，其利润作为红利和利息汇出时，还需缴纳预扣税。所谓预扣税是指东道国政府对支付给外国投资者的红利和利息所征收的一种税，必须在缴纳此税后利润方可汇往境外。

### （四）避税地公司

避税地又叫避税天堂（Tax Heaven），是指那些无税或税率很低，对应税所得从宽解释，并具备有利于跨国公司财务调度的制度和经营的各项设施的国家和地区。世界上著名的国际避税地有百慕大群岛、巴哈马群岛、巴拿马、巴巴多斯、瑞士、卢森堡、直布罗陀和中国香港等。

在避税地正式注册、经营的跨国公司或将其管理总部、结算总部、利润形成中心安排在那里的跨国公司，就成为避税地公司。避税地必须具备有利于跨国公司的财务调度和进行国际业务活动的条件。例如，对其境内公司所得税一律实行低税率或免税；取消外汇管制，允许自由汇回资本、投资收益、经营利润；具备良好的财务服务、通信及健全的商法等。

正因为有了避税地，也就有了所谓的"纸上公司"（Paper Corporation）或皮包公司的避税地公司。而这些公司也正是积极频繁利用跨国公司内部贸易及转移价格进行利润转移和国际避税的主体，通常实际的货物和劳务流向与在避税地账面上反映的流动并不一致，甚至经常还有很大的偏差。

## 二、跨国公司组织结构的演变 [①]

总体来看，跨国公司组织结构的演变主要经历了以下几种形式。

### （一）出口部

早期的跨国公司在国外活动的规模比较小，又以商品输出为主，通常采取在总公司下设

---

① 杨大楷. 国际投资学[M]. 3 版. 上海：上海财经大学出版社，2003：110.

立一个出口部的组织形式，以全面负责管理国外业务。当时国外业务在整个企业的经营活动中占的比重不大，因此，母公司对子公司很少进行直接控制。母公司与子公司之间的关系比较松散，主要限于审批子公司的投资计划，子公司的责任仅是每年按控股额向母公司支付股东红利，母公司实际只起控股公司的作用，子公司的独立性很大。

### （二）国际业务部

随着跨国公司业务范围的扩大，国外子公司数目增多，公司内部单位之间的利益矛盾日渐显露。母公司需加强对子公司的控制，出口部的组织形式已不能适应。继而许多公司采取在总部下面设立国际业务部的组织形式，如图 5-8 所示。

国际业务部总管商品输出和对外投资，监督国外子公司的建立和经营活动。国际业务部的作用表现在以下几个方面：为跨国公司筹划国外业务的政策和战略设计；为子公司从国际市场取得低息贷款；为子公司提供情报，提供更好的合作、配合和协调；可通过转移定价政策减轻或逃避纳税负担；为子公司之间划分国外市场，以免自相竞争。

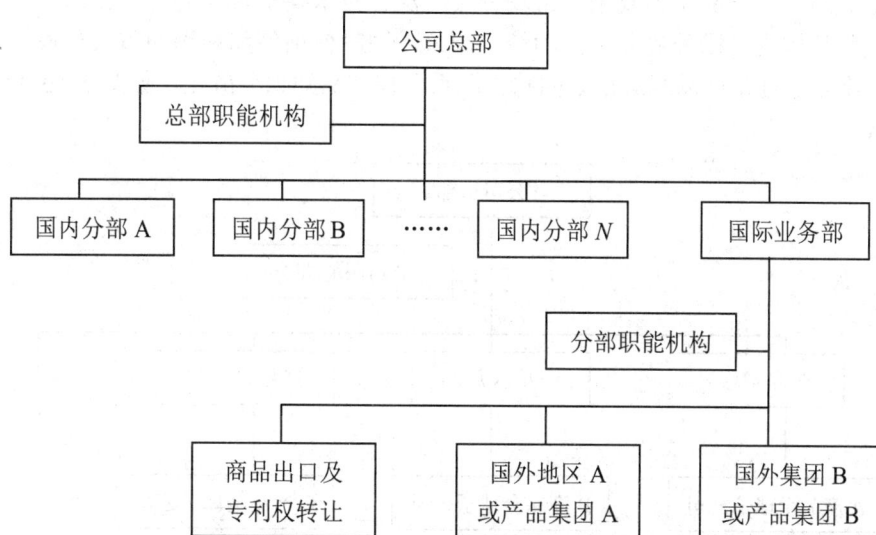

图 5-8　国际业务部

### （三）跨国公司全球性组织结构

20 世纪 60 年代中期以后，越来越多的跨国公司采用全球性组织来代替国际业务部。全球性组织结构从公司的整体利益出发，克服了国际业务部将国内和国外业务隔离的弊端，并大大加强了总部的集中决策作用，适应了跨国公司一体化战略的发展需要。

全球性组织结构意味着跨国公司要建立更加复杂化的内部结构，跨国公司可以分别按职能、产品、地区设立总部，也可以将职能、产品、地区三者作为不同的维度建立矩阵结构。在矩阵结构基础上，跨国公司通过与外界的非股权安排，结成战略联盟，建立网络结构。下面将分别加以讨论。

1. 职能总部

公司内负责制定特定职能的单位称作职能总部，负责跨国公司某一特定的行为，否则，这类行为将在国内和国外分别进行。国际性的采购机构、协调销售和营销的子公司或者负责售后服务的分支机构都属于职能总部。在母国总部之外再建立职能总部，减少了母国总部的责任范围，使母国总部能够集中精力全面协调所有分散职能。反过来，每个特定职能总部承担着执行那种职能并且直接向母国总部报告的责任，如图5-9所示为职能总部构成。

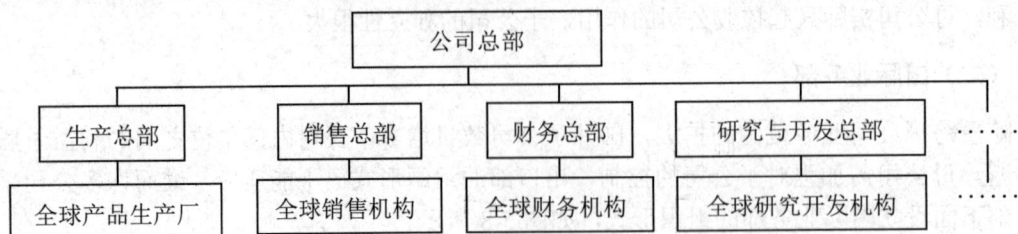

图5-9　职能总部

2．产品线总部

跨国公司按产品种类或产品设立总部，只要同一类产品都同归有关的产品线总部领导。这种组织形式适合于产品系列复杂、市场分布广泛、技术要求较高的跨国公司。产品线总部形式的优点是把国内和国外的业务活动统一起来，同时使销售和利润的增长与投资的增长更接近同步。不足之处是产品线总部之间缺乏联系，使产品知识分散化，如图5-10所示为产品线总部构成。

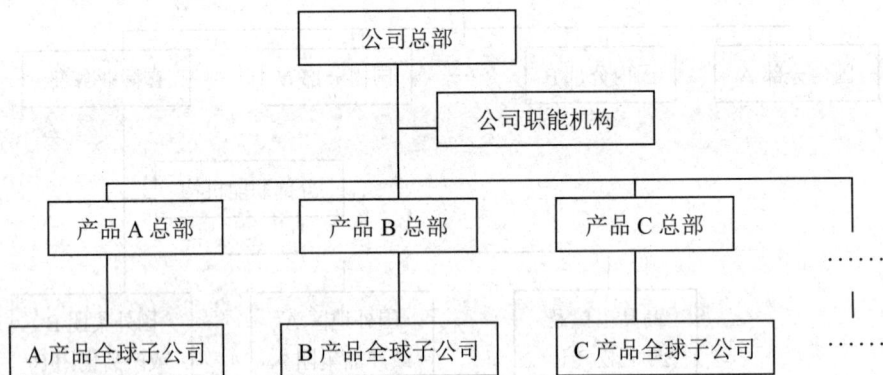

图5-10　产品线总部

3．地区总部

跨国公司按地区设立总部，负责协调和支持一个地区所有分支机构的所有活动。在这种组织形式下，由母国总部及所属职能部门进行全球性经营决策，地区总部只负责该地区的经营责任，控制和协调该地区内的所有职能，如图5-11所示为地区总部构成。

4．矩阵结构

职能总部、产品线总部、地区总部三种组织形式虽然都加强了总部的集中控制，把国内和国外业务统一起来，但是这些形式是一个部门（总部）负责一方面业务的专门负责制，不能解决和协调各职能、各地区、各产品部门之间的相互联系，特别是单渠道信息传递，不利于竞争。为了解决这一问题，不少巨型跨国公司采取将职能、产品线、地区三者结合起来设立矩阵式的组织结构，如图5-12所示为矩阵结构组织形式。

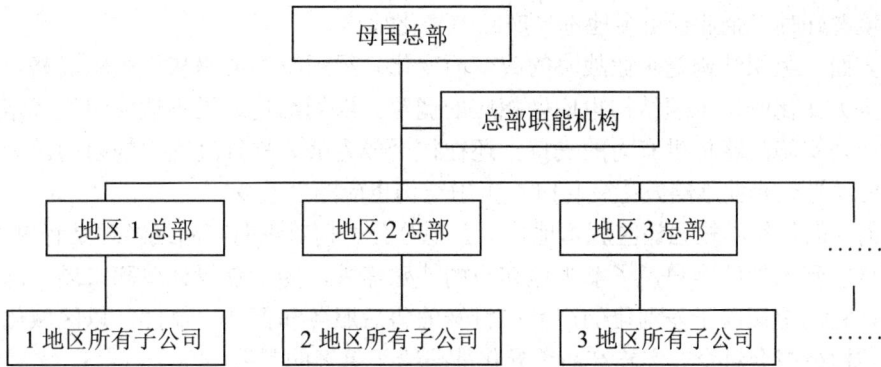

图 5-11 地区总部

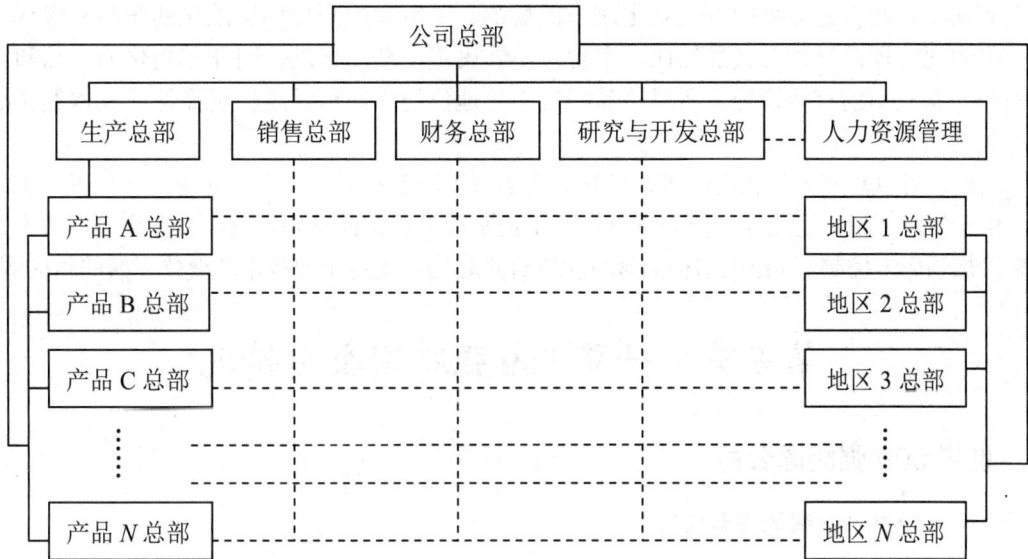

图 5-12 矩阵结构组织形式

### （四）跨国公司组织结构变化规律分析

在当前全球经济放缓的过程中，跨国企业的组织结构变化呈现出一种较为一致的变化趋势：除最常看到的裁员和减薪等表面现象外，其他一些变化趋势更值得关注，如组织结构紧缩、从以区域性分公司为主的横向结构转向以产品线为主的纵向结构等。那么，跨国企业组织结构垂直化整合的现象是偶然的吗？显然不是的，这种组织结构的变化是由于经济环境的变动而导致的。

一方面，经济环境变动可能导致企业战略的转变。就大型组织而言，企业采取的竞争战略主要有成本领先战略和产品差异化战略，具体选择哪种战略则取决于外部环境的变化。在外部经济环境恶化时，企业的销售及利润都会降低，为了减少亏损，要求企业做出快速反应，控制成本，不至于在经济回暖前耗尽盈余而破产，所以有效地控制成本就成为企业关注的首要问题，成本领先战略也就成为企业的首选。而当外部经济环境趋好时，市场购买力不断增长，但竞争者也日益增多，顾客面临更多的选择，对产品和服务的要求也就更高，而产品差异化战略正是通过提供更好的产品或服务赢得顾客信任，从而获得更高的市场占有率。所以在经济环境看好时，企业会更多地选择产品差异化战略。

另一方面，组织结构随企业战略的改变而变化。组织结构要服从于组织战略，当组织战略发生了重大变化时，组织结构也应做相应的调整。组织结构如果不适应组织战略，不仅不能为企业成功实施战略提供有力的支持，还往往会成为战略推行过程中的阻力。因此，当经济环境的变动导致企业战略发生变化时，组织结构也应随之改变。

横向为主的组织结构强调区域本地化，各地分公司相对纵向产品线经理具有更大的权力。它们直接接触到本地的客户，了解当地客户的特殊需求，为了赢得订单和市场，满足客户不同的需求，它们更倾向于差别化的产品、特殊的售后服务和保证。显然，以区域化占主导地位的横向结构组织会对企业实施产品差异化战略给予更多的支持。

相对而言，纵向为主的组织结构中企业的权力更多地集中在纵向的产品线经理手中，它们更倾向于按照自己习惯的方式制定统一的规范、为所有用户提供标准化的产品和服务，以便于集中化管理。这种方式虽然比较主观，不够民主，然而标准化而非差别化的产品和服务的确是控制成本的有效途径。所以产品线占主导地位的纵向组织结构更能保证成本领先战略的顺利实施。①

因此，可以理解为什么近两年来世界经济出现下滑趋势后，跨国企业纷纷转向纵向组织结构。由于经济下滑，企业盈利能力下降，成本控制成为组织的首要问题，企业会采取成本领先战略以加强成本控制，而组织结构的垂直化整合正是为了支持企业战略的变化而做的相应调整。

# 第五节  世界500强跨国公司情况

## 一、世界 500 强跨国公司

### （一）世界 500 强的排名情况

"世界 500 强跨国公司"是美国《财富》杂志按照企业的年销售收入评选的全球规模最大的 500 家企业。从本质来看，500 强排名是公司销售总额的数字统计。通常来讲，企业的国际化程度是衡量其国际竞争力和可持续发展能力的重要标志之一，跨国公司的国际化水平通常较高。从资产配置、销售来源和雇员分布来看，世界 500 强公司中母国所占的份额逐年下降，许多公司 50%以上的收入来自国外市场。

2019 年世界 500 强企业已出炉，如表 5-8 所示。值得注意的是，500 强跨国公司的名单每年均有所变化，2012 年有 38 家企业发生更迭，2013 年为 59 家，2014 年为 54 家，2015 年为 23 家，2016 年为 33 家，2017 年为 33 家，2018 年为 47 家，2019 年为 25 家。

表 5-8  2019 年世界 500 强前十名企业名单

| 2019 年排名 | 2018 年排名 | 公 司 名 称 | 营业收入（百万美元） | 利润（百万美元） | 国　　家 |
|---|---|---|---|---|---|
| 1 | 1 | 沃尔玛 | 514 405 | 6 670 | 美国 |

---

① 隋健. 跨国公司组织结构变化规律初探[J]. 科技信息（科学教研），2008，23：857.

续表

| 2019 年排名 | 2018 年排名 | 公 司 名 称 | 营业收入（百万美元） | 利润（百万美元） | 国　　家 |
|---|---|---|---|---|---|
| 2 | 3 | 中国石油化工集团公司 | 414 649.9 | 5 845 | 中国 |
| 3 | 5 | 荷兰皇家壳牌石油公司 | 396 556 | 23 352 | 荷兰 |
| 4 | 4 | 中国石油天然气集团公司 | 392 976.6 | 2 270.5 | 中国 |
| 5 | 2 | 国家电网公司 | 387 056 | 8 174.8 | 中国 |
| 6 | — | 沙特阿美公司 | 355 905 | 110 974.5 | 沙特阿拉伯 |
| 7 | 8 | 英国石油公司 | 303 738 | 9 383 | 英国 |
| 8 | 9 | 埃克森美孚 | 290 212 | 20 840 | 美国 |
| 9 | 7 | 大众公司 | 278 341.5 | 14 322.5 | 德国 |
| 10 | 6 | 丰田汽车公司 | 272 612 | 16 982 | 日本 |

资料来源：2019 年财富世界 500 强排行榜[EB/OL].（2019-07-22）[2020-03-11]. http://www.fortunechina.com/fortune500/c/2019-07/22/ content_339535.htm.

### （二）世界 500 强的地区分布

500 强公司来源地的变化通常反映出一个国家或地区总体经济实力或国际竞争力水平的变化。1995 年，入围 500 强排名的美国公司为 152 家，日本公司为 148 家，德国公司为 44 家，法国公司为 40 家，英国公司为 35 家，意大利公司为 11 家，韩国公司为 8 家，中国只有 2 家企业。截至 2019 年，美国的上榜公司为 121 家（2002 年达到顶峰，为 199 家）；日本的 500 强公司数量持续下降，2019 年为 52 家；中国的 500 强跨国公司数目快速增长，2019 年达 129 家，历史上首次超过美国。

### （三）世界 500 强的行业分布

500 强无疑是世界企业的标杆，而某个行业拥有的 500 强企业数量代表了该行业在全球经济中的地位。如图 5-13 所示，500 强中银行企业最多，说明金融业在当今世界举足轻重的作用；其次是车辆与零部件行业和炼油行业。由此可见，车辆、石油和金融的确是最大、最富有的行业，前十名中数量最少的行业为电信行业。

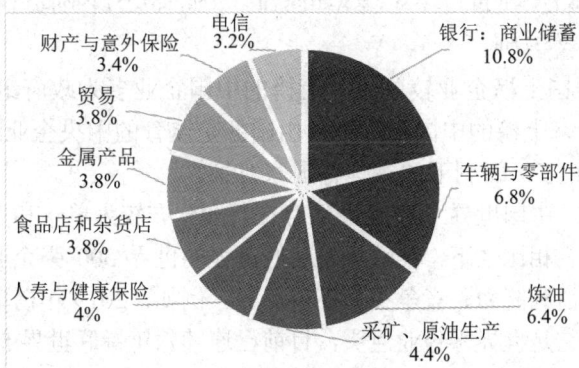

图 5-13　世界 500 强企业行业数量前十名分布

资料来源：2019 年世界 500 强各行业子榜单[EB/OL].（2019-07-22）[2020-03-11]. http://www. fortunechina. com/fortune500/ c/2019-07/22/content_339536.htm.

## 二、世界 500 强中的中国企业

在美国《财富》杂志 2019 年 7 月所发布的最新的《财富》世界 500 强排行榜中，尽管该年度世界 500 强的入围门槛提高至 247.97 亿美元，但是中国上榜公司数量继续增长，2019 年达到了 129 家。其中，在榜单前十位中有三家中国企业，中石化由排名第三位上升到第二位，国家电网由第二位下降到第五位，中石油仍位列第四，如表 5-9 所示。

从利润来看，中国工商银行以 595.3 亿美元的利润成为 2019 年世界 500 强中利润最高的中国公司。从排名上升速度看，中国企业上升最快的是碧桂园控股有限公司，由 2018 年的第 353 位上升至 2019 年的第 177 位；其次是阿里巴巴集团，排名由第 300 位上升至第 182 位。在上榜企业中，有 12 家内地企业首次跻身世界 500 强，分别是国家开发银行、中国中车集团、青山控股集团、金川集团、珠海格力电器股份有限公司、安徽海螺集团、华夏保险、铜陵有色金属集团、山西焦煤集团有限责任公式、小米集团、海亮集团有限公司、中国通用技术控股有限责任公司；中国台湾有 1 家新上榜企业。

表 5-9　2019 年世界 500 强中的前十位中国企业

| 2019 年排名 | 2018 年排名 | 公 司 名 称 | 营业收入（百万美元） | 总部所在城市 |
|---|---|---|---|---|
| 2 | 3 | 中国石油化工集团公司 | 414 649.9 | 北京 |
| 4 | 4 | 中国石油天然气集团公司 | 392 976.6 | 北京 |
| 5 | 2 | 国家电网公司 | 387 056.0 | 北京 |
| 21 | 23 | 中国建筑集团有限公司 | 181 524.5 | 北京 |
| 23 | 24 | 鸿海精密工业股份有限公司 | 175 617.0 | 台北 |
| 26 | 26 | 中国工商银行 | 168 979.0 | 北京 |
| 29 | 29 | 中国平安保险（集团）股份有限公司 | 163 597.4 | 北京 |
| 31 | 31 | 中国建设银行 | 151 110.8 | 北京 |
| 36 | 40 | 中国农业银行 | 139 523.6 | 北京 |
| 39 | 36 | 上海汽车集团股份有限公司 | 136 392.5 | 上海 |

资料来源：2019 年世界 500 强 129 家中国上榜公司完整名单[EB/OL]．（2019-07-22）[2020-03-11]. http://www.fortunechina.com/fortune500/c/2019-07/22/content_339537.htm.

从行业结构看，中国上榜企业较单一。上榜的中国企业多为政府组建的、市场垄断性较强的国有企业。据统计，上榜的中国企业中，由国务院监管的中央企业达到了 48 家之多，中国大陆的民营企业有 26 家，而剩下的多具有国家背景。

从行业集中度来看，中国世界 500 企业还存在行业分布较为单一和资源主导型、规模主导型企业相对较多的情况。相比之下，美欧等发达经济体的世界 500 强企业大多是供应链主导，行业分布也更均衡，其盈利能力、竞争实力不容小觑。例如，2019 年榜单排名世界第一的是我们熟悉的沃尔玛超市，它是世界零售业巨头，目前已连续六年蝉联世界 500 强企业榜首。

## 本章小结

1．衡量跨国公司国际化经营的程度，最常使用的是以下五个指标：跨国经营指数、网络分布指数、外向程度比率、研究与开发支出的国内外比率、外销比例。

2．经历了一个多世纪，跨国公司由小到大，由少到多，获得了举世瞩目的发展。目前，跨国公司控制了全球生产总值的40%、国际贸易的50%、国际投资的90%。跨国公司在国际经济活动中的主体地位日益显著。

3．跨国公司对外投资大致可以划分为以下几种类型：资源导向型投资、出口导向型投资、降低成本型投资、研究开发型投资、克服风险型投资、发挥潜在优势型投资。

4．跨国公司对外直接投资的方式分为跨国并购和绿地投资。对外投资的参与形式主要有两种：一是股权参与；二是非股权安排。

5．跨国公司在法律组织形态上，通常采用股份有限公司的形式。而从层次上来说，跨国公司的法律形式又可分为设立在母国的母公司，设立在海外的分公司、子公司以及避税地公司等。在组织结构的演变上，则主要经历了以下几种形式：出口部、国际业务部、跨国公司全球性组织结构等。

## 本章网络引擎

1．http://www.unctad.org：联合国贸发会议网站，可以查到世界直接投资和跨国公司等最权威的信息。

2．http://www.online-ma.com.cn：全球并购研究中心网站，可以了解全球并购动态。

3．http://www.mergers-china.com：中国并购交易网站，可以浏览众多在线并购信息。

## 本章思考题

1．名词解释

跨国公司　　跨国经营指数　　网络分布指数　　跨国并购

股权参与　　非股权安排

2．如何理解"跨国公司"这一概念，衡量跨国公司国际化经营主要有哪些指标？

3．近年来，跨国公司的发展出现了哪些新趋势？

4．简述绿地投资和跨国并购的区别。

5．什么是股权参与和非股权安排，各有何特点？

6．跨国公司的组织结构是如何演变的？

7．根据本章所学内容，选定1～2个熟悉的跨国公司，对其国际化程度、对外投资方式、组织结构等方面进行详细研究。

8．案例分析

根据以下材料并查阅网上有关资料，分析海航败局的根源，以及海外并购对其走向败局的影响。

## 是谁制造了海航的败局？

2020 年 3 月初，海航集团发布公告，海南省人民政府牵头成立联合工作组，全面协助、全力推进本集团风险处置工作。过去两年一直在流动性风险中挣扎的海航，最终还是无力靠自己走出危机。

在很多网友眼中，海航的口碑其实一直不错，以其独具特色的服务赢得了很多网友的认可。国际权威的 Skytrax 最佳航空公司排名评选，在全球 400 多家航空公司中，海航去年还高居第 7 位，也是国内唯一跻身前十的航空公司。这样一家外界评价颇佳的航空公司，为何最终走向了这样的败局呢？

2017 年 6 月份，对很多民企大佬们是一个刻骨铭心的时刻。银监会突然对国内各大银行发出窗口指导，要求排查包括万达、海航、安邦和复星等数家企业的授信及风险分析，重点关注并购贷款及内保外贷的情况。这几家风头正劲的明星公司由此迎来命运分水岭。万达的反应速度最快，在当年 7 月份就甩卖了数百亿元的资产，万达的断臂求生也为自己迎来了更多的生存空间。安邦则是逆流而上，在风口浪尖上继续扩大海外投资，结果结局最为悲惨，安邦被接管之后重组更名为大家保险公司。而海航的结局处于二者之间。

海航能够从一家地方性民营公司，最终跻身全国第四大航空公司，成长速度之快离不开举债扩张。从海航的发展历史来看，第一个扩张期始于 2008 年，当时受到美国金融危机的冲击，中国的货币政策开始放松，海航抓住机会大幅扩张，从公司历年的总资产变化来看，2007 年海航的总资产只有 200 多亿元，但是到了 2010 年，海航的总资产就已经超越了 1 000 亿元大关。而海航的举债扩张也带来了很好的业绩回报，2008 年，海航的净利润还不到 1 亿元，但是到了 2010 年，海航的净利润将近 6 亿元。

在尝到甜头之后，海航就开始在债务扩张的道路上一路狂奔。2010 年，海航的负债是 800 多亿元，在 2018 年年底，负债最高达到了 7 500 多亿元。和早年的扩张不同的是，海航近年的扩张大多都是海外收购，而且很多还是和航空主业无关的资产，2016 年以 60 亿美元收购了 IT 分销商英迈公司，后者是世界 500 强之一；耗资 30 多亿欧元，收购了德意志银行将近 10% 的股权，成为第一大股东；65 亿美元收购希尔顿酒店 1/4 的股份，成为单一最大股东。根据不完全统计，截至 2017 年，海航的境外收购金额超过 400 亿美元，超过万达和安邦，成为中国最大的境外买家。作为一家民营航空公司，在海外进行如此规模的收购，确实超出了很多人的想象，当然也超过了海航自己的掌控能力。

以海航为代表的中资企业在境外"买买买"，事实上已经给中国金融体系带来了巨大的潜在风险。海航这些海外买家，资金来源无非是国内银行，收购之后如果整合成功，海航将享受巨大的利润回报，而一旦失败，银行将成为真正的风险承担者，这也就是经济学上的道德风险。

随着海航、万达等公司成为监管重点，曾经的"买买买"迅速变成了"卖卖卖"。2018 年 7 月陈峰重新走到前台，主导了这几年海航的资产大甩卖。但是短时间之间想要将手上的资产以合理价格卖出也并不容易，2018 年以来海航处置了 3 000 多亿资产，但是截至 2019 年上半年，海航的负债依然高达 7 000 亿元，债务危机依然泰山压顶。

在 2019 年年底的内部新年献词中，陈峰表示海航在 2019 年"圆满完成了任务，即将迎来曙光。2020 年是海航化解流动性风险的决胜之年"。不过，海航在 2020 年等来的不是曙光，而是新型冠状病毒肺炎疫情。疫情暴发，航空业成为重灾区，成为压垮海航的最后一根稻草。

资料来源：是谁制造了海航的败局？[EB/OL].（2020-03-06）[2020-03-11]. http://finance.sina.com.cn/wm/2020-03-06/doc-iimxxstf6842153.shtml.

# 第六章 跨国银行——国际直接投资的金融支柱

**知识要点**

&diams; 跨国银行的定义和特征；
&diams; 跨国银行的组织形式和运作系统；
&diams; 跨国银行与跨国公司的密切关系；
&diams; 现代跨国银行重组化、全能化和电子化的趋势。

跨国银行，作为另一个促进世界经济发展的决定性力量，在国际投资领域中占据主导地位，尤其在国际直接投资中具有金融支柱性地位。从理论上讲，跨国银行是经营特殊商品——货币的企业，是跨国公司的一种特殊表现形式。跨国银行的对外扩张与跨国公司的对外直接投资互为条件、互相依赖、互相促进，两者共同决定着国际资本流动的规模与方向。

## 第一节 跨国银行的定义及特征

### 一、跨国银行的定义

跨国银行（Transnational Bank），也称多国银行，目前对于跨国银行的界定尚存在不同的看法。一般认为，如果一家银行在另一国设立了分支机构，该银行就可以称为跨国银行。但是，从国际金融界通行的标准来看，一家银行能否被称为跨国银行，不仅要看其国外分支机构的形式和数量，还要看其设立分支机构的所在国家数量。

1973 年，美联储理事 A. F. Brimmer 给出了跨国银行的定义，即在 5 个以上国家开展国际金融业务的银行。此后，这一定义被世界银行等国际金融机构所认可，世界银行在 1981 年关于跨国银行的报告中，将其定义为在 5 个以上的国家设立分支或独资子银行并从事存款银行业务的金融机构。英国《银行家》杂志在界定跨国银行时，采用更为严格的标准：（1）资本实力，一级资本（或实缴普通股本）与未公开的储备两部分之和，必须在 10 亿美元以上；（2）境外业务情况，境外业务占其全部业务较大比重，而且必须在伦敦、东京、纽约等主要国际金融中心设有分支机构，开展国际融资业务，并派出一定比例的人员。目前权威性的解释是 1983 年联合国跨国公司中心在《世界发展中的跨国公司：第三次调查》中所下的定义，即跨国公司（包括跨国银行）是设在两个或两个以上国家实体，不论其社会制度如何，在一个决策体系下进行经营，各实体之间通过股权或其他形式具有紧密联系。表 6-1 和表 6-2 分别为全球十大银行和跨国银行的排名。

表 6-1　2019 年按资产排名的世界最大 10 家银行

单位：十亿美元

| 排　名 | 银行标志 | 银行名 | 总部所在地 | 一级资本 |
|---|---|---|---|---|
| 1 | 中国工商银行 | 中国工商银行 | 中国 | 338 |
| 2 | 中国建设银行 | 中国建设银行 | 中国 | 287 |
| 3 | 中国农业银行 | 中国农业银行 | 中国 | 243 |
| 4 | 中国银行 | 中国银行 | 中国 | 230 |
| 5 | JPMorganChase | 摩根大通 | 美国 | 209 |
| 6 | Bank of America | 美国银行 | 美国 | 189 |
| 7 | WELLS FARGO | 富国银行 | 美国 | 168 |
| 8 | citibank 花旗银行 | 花旗集团 | 美国 | 158 |
| 9 | HSBC 汇丰 | 汇丰控股 | 英国 | 147 |
| 10 | 三菱UFJフィナンシャル·グループ | 三菱日联金融集团 | 日本 | 146 |

资料来源：2019 年全球银行千强排名[EB/OL]. （2019-09-29）[2020-03-15]. https://Phb123.com/qige/36205. html.

表 6-2　全球跨国银行排名

| 排　名 | 银行名 | 总资产（亿美元） | 海外业务收益占收入比例（%） | 海外资产占总资产比例（%） | 海外分行及代表处 | 海外投资机构 |
|---|---|---|---|---|---|---|
| 1 | 英国渣打银行 | 715.54 | 83.43 | 74.34 | | |
| 2 | 瑞士信贷银行 | 3 893.00 | 47.60 | 74.21 | 101 | 78 |
| 3 | 瑞士联合银行 | 3 247.56 | | 71.00 | 44 | 29 |
| 4 | 法国农业信贷银行 | 4 773.36 | 61.00 | 70.30 | 42 | 57 |
| 5 | 瑞士银行公司 | 2 673.39 | 39.20 | 64.60 | 61 | |
| 6 | 香港汇丰银行 | 4 016.86 | 63.80 | 62.80 | | |
| 7 | 美国花旗银行 | 2 810.18 | 56.65 | 59.63 | | |
| 8 | 法国巴黎金融公司 | 2 907.20 | 45.86 | 55.61 | | |
| 9 | 法国里昂信贷银行 | 3 100.40 | 41.00 | 52.50 | 312 | 11 |
| 10 | 奥地利信贷联合银行 | 677.74 | 16.76 | 52.31 | | |
| 50 | 中国银行 | 2 925.54 | 31.69 | 21.45 | | |

资料来源：于杏娣，徐明棋. 浴火重生：入世后中国金融的结构变革[M]. 上海：上海社会科学出版社，2001：95.

　　虽然对跨国银行定义的标准尚不统一，但从根本上来讲，一国银行业的发展水平与其经济发展水平相适应，目前世界上有影响的、大型跨国银行大都是发达国家所有的。20 世纪 70 年代，美国经济学家李思（F. A. Lees）在《国际银行业务与融资》一书中，根据商品出口额、外国债券发行量、官方储备额、银行持有外汇额、银行的欧洲货币存款额等指标，确定了 10 个国家为 20 世纪 70 年代从事跨国银行业务的主要国家。第一类为核心国家，有美国和英国；第二类为领先国家，有联邦德国、日本、瑞士和加拿大；第三类为重要国家，有法国、意大利、荷兰和比利时。进入 20 世纪 80 年代以后，随着日本经济实力的增强，其跨国银行在国际经济中的地位也在急剧上升，实际上已经居于核心国的地位。此外，一些发展中国家的银行也积极参与国际金融业务，特别是阿拉伯石油输出国的银行和少数新兴工业国的银行业发展也较快，成为国际银行业的一支新生力量。

📖 **专栏 6-1：中国银行业的跨国经营现状**

改革开放以来，随着金融体制改革的深化，我国银行纷纷走出国门，发展跨国经营。20世纪80年代中期，中国银行率先在十多个国家和地区的国际金融中心和经济中心开设分支机构，目前已成为一家在国际上享有相当声誉的跨国银行。在2019年《银行家》杂志按一级资本的排名中，中国银行列第4位；中国银行曾先后9次被《欧洲货币》评选为"中国最佳银行"和"中国最佳国内银行"。

与中国银行相比，我国其他商业银行受早期专业分工和资本规模等的限制，海外经营起步滞后。但随着金融体制改革的深化，本着"一业为主，适当交叉"的分工原则，国内各银行普遍经营外汇业务、发展海外业务，逐渐打破了中国银行一家独揽天下的局面。其余几家国有商业银行也大力拓展海外跨国经营。

在2006年年末，国内三家最大的银行——中国银行、中国建设银行和中国工商银行相继迈出了海外扩张的重要一步：12月18日，中国银行以9.65亿美元现金收购新加坡飞机租赁公司100%已发行股本；12月29日，建设银行正式完成对美国银行（亚洲）100%股权的收购，收购金额近100亿港元；12月30日，工商银行收购印尼哈利姆银行90%的股份，另外10%的股份由工商银行3年后进行选择性收购。2006年年末，中国工商银行总市值达到2 511亿美元，成为全球第二大上市银行，仅次于花旗银行。2008年，次贷危机后超过花旗银行，成为全球最大银行。2015年7月22日，美国《财富》杂志公布了其统计的最新一期"世界500强"榜单。中国工商银行以447.6亿美元的利润成为世界500强利润最高的公司。截至2014年年底，20家中资银行业金融机构共在海外53个国家和地区开设了1 200多家海外分支机构，同比增加6.5%，总资产达到1.5万亿美元，同比增长25%。在2019年《银行家》杂志按一级资本的排名中，中国工商银行列第1位，中国建设银行位列第2位，中国农业银行和中国银行分别位列第3和第4位。

虽然我国银行业海外业务发展速度较快，但其发展程度并不高，不仅海外资产、机构、人员和利润占比低，海外区位分布也较为单一，这与我国的经济实力并不相称。次贷危机后，我国银行业的海外业务发展迎来了难得的历史性机遇，如客户海外金融服务需求的持续增长；但同时还需应对不少挑战，如海外产品和服务的创新较为艰难，海外业务经营管理人才匮乏等。后金融危机时代的到来，使中资银行海外扩张的战略又重新提上了议程。

资料来源：吴洁. 次贷危机后我国银行业海外业务发展策略研究[J]. 海南金融，2010，4：09-75；中国银行业协会. 2014年度中国银行业社会责任报告[R/OL]. （2015-06-26）[2020-03-15]. http://www.china-cba.net/Index/show/catid/32/id/15749.html. 美国《财富》杂志. 2015年世界500强企业排行榜。

## 二、跨国银行的基本特征

全球跨国银行虽然有着不同的发展背景和表现形式，但是其基本特征是相同的。一般来说，跨国银行具有以下基本特征。

### （一）跨国银行具有派生性

跨国银行是国内银行对外扩张的产物，因而首先具有商业银行的基本属性和功能，从这个意义上来说，跨国银行具有派生性。跨国银行的发展史表明：跨国银行必须首先在国内成为处于领先地位的重要银行，然后才能以其雄厚的资本、先进的技术等优势为基础实现海外扩张。世界著名的银行，如英国的汇丰银行、美国的花旗银行、法国的农业信贷银行、日本的东京—三菱银行等在各自的国内也都是最主要的银行之一。

## （二）跨国银行具有全球战略目标

具有全球战略目标是跨国银行区别于其他银行的重要特征。一方面，国际金融自由化趋势和金融创新浪潮既为跨国银行提供了机遇，也带来了更为激烈的竞争和更大的风险，跨国银行只有以国际金融市场为舞台，在全球范围内调度资金，广泛开展各种业务，实现其资产规模和利润的最大化目标，并以此在竞争中战胜其他跨国银行；另一方面，电子信息技术、计算机网络技术的迅猛发展为跨国银行的全球化目标提供了现实可行的网络管理手段，使得总行和各个分行之间可以及时、有效地统一行动、协调一致。如图 6-1 所示为某跨国银行的计算机全球网络管理系统。

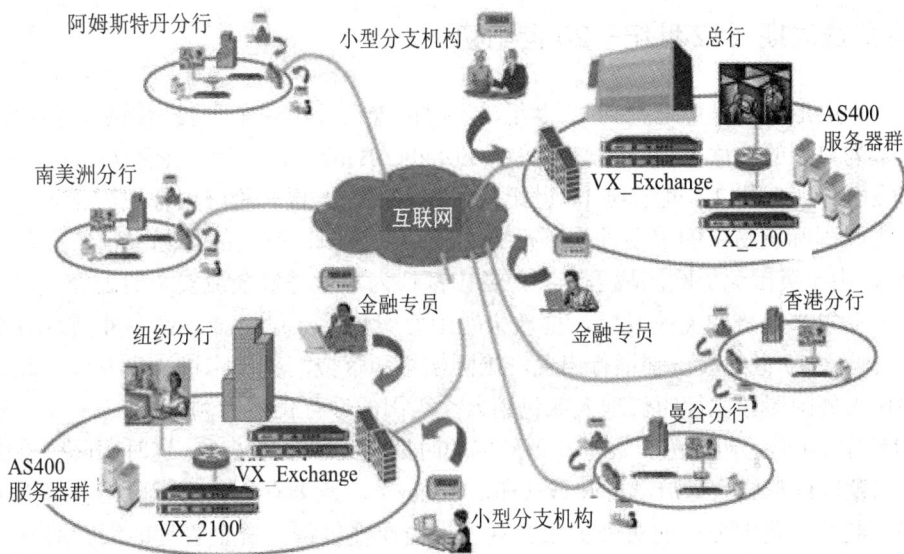

图 6-1 某跨国银行的计算机全球网络管理系统

资料来源：http://www.hzhuayi.com/prj_vpn.htm.

## （三）跨国银行国际业务经营的超本土性

跨国银行从事国际业务经营，主要通过其海外分支机构直接出现在当地市场或国际市场，而且业务范围往往包括一些在本国国内被限制的项目。第一，在经营方式上，国内银行的国际业务必须委托其国外代理银行（Foreign Correspondent Bank）来进行，委托行与代理行之间是平等的业务往来，而跨国银行的国际业务则由自己的分支机构直接在国外履行，总行和分支机构之间是隶属关系；第二，在经营范围上，国内银行只能通过代理行从事的国际业务主要局限在信用证融资、托收、汇兑等简单的传统业务方面，对一些开拓性的业务或与代理行本身利益有竞争关系的业务则不能通过委托代理来进行，而跨国银行由于在世界各地拥有一个高效的网络体系，因而在上述业务的基础上，还广泛开展各种欧洲货币市场业务，乃至证券包销、企业兼并、咨询服务、保险信托等非银行金融业务。

### （四）跨国银行的管理实行集权化

通常情况下，跨国银行的经营范围十分广泛，从经营的种类到地域范围都是国内银行达不到的，但是，在业务分散化的同时，跨国银行的管理却越发具有集权化的特征，以保障其全球战略目标的有效运行。跨国银行对其国外分支机构实行完全控股或大部分控股，这为实行集权化管理奠定了坚实的基础。跨国银行的国外分支机构的高层管理者一般较少使用当地人员（在一些银行普通职员的当地化程度也较低），其活动范围和业务内容根据总行的全球战略目标而定，重大决策也由总行控制。

# 第二节  跨国银行的形成与发展

## 一、逐渐形成时期（12 世纪—20 世纪初）

跨国银行的形成最早可追溯到 12 世纪，当时欧洲已经出现了主要为国际贸易服务的国际银行业，最为典型的如意大利的麦迪西银行（Medici Bank），以佛罗伦萨为总部，在西欧 18 个大城市设有分行。从 12 世纪到 15 世纪，意大利银行一直在跨国银行中居领先地位，这与意大利在当时国际贸易中的重要性密不可分，此后，德国、荷兰的国际银行依次各领风骚。18 世纪后，由于英国免受欧洲战争之灾，各国都认为那里是资金最安全的去处，另外，由于英国工业革命以来经济的飞速发展，伦敦金融中心聚集了大量资金，许多外国政府都到伦敦寻找贷款。随着 19 世纪股份制银行出现，国际结算和资金汇兑技术进一步发展，此时的跨国银行主要作为外国债券发行的代理人或包销人，英国的银行仍然独领风骚。

19 世纪末 20 世纪初是跨国银行真正形成的时期。从外部环境看，这时国际贸易的进一步发展在跨国范围内形成大量流动的热钱（Hot Money），需要存入具有国际经营范围的银行以获取利润，此外，跨国公司的对外扩张客观上也需要提供跨国资金管理的银行服务，使得跨国银行的国际业务量明显上升；从内部环境看，跨国银行实力的增强催生其内部业务的范围不断扩大，已经突破了以往商业融资、外汇交易等传统业务，开始开展批发业务以及投资银行业务，如向跨国公司提供融资等各项服务。至此，真正意义上的现代跨国银行开始形成。这一时期具有代表性的跨国银行有英国海外银行（Overseas Bank）、英国的巴克莱银行集团（Barclays Bank Group）、渣打银行（Charted Bank）、法国的印度支那银行（Banque de IndoChine）等。此外，美国、日本等新兴资本主义国家的跨国银行业开始起步，如美国的第一国民银行等 8 家银行的海外分行从 1914 年的 26 家上升到 1920 年的 181 家。如表 6-3 所示为 19 世纪末 20 世纪初英国海外银行的国外分支机构数量。

表 6-3  19 世纪末 20 世纪初英国海外银行的国外分支机构数量

| 项　　目 | 1890 年 | 1913 年 | 1928 年 | 1955 年 |
|---|---|---|---|---|
| 海外银行数量 | 32 | 28 | 24 | 17 |
| 分支机构数量 | 710 | 1 286 | 2 110 | 3 568 |

资料来源：朱忠明，赫国强. 跨国银行经营管理[M]. 成都：西南财经大学出版社，1999：28.

## 二、迅速发展时期（20 世纪 60 年代—80 年代）

第二次世界大战后，特别是 20 世纪 60 年代以来，跨国银行有了巨大的发展。根据联合国跨国公司中心的统计，1975 年在资本主义世界最大的 300 家银行中，有 84 家属于跨国银行，资产总额达到 17 290 亿美元，在世界各地拥有的分支机构达 3 941 个，同期还有 88 家联合银行；1981 年世界最大的 60 家跨国银行的资产总额已经高达 9 406.21 亿美元，存款总额达到了 7 882.40 亿美元。这段时期，跨国银行的发展在投资规模和势力格局上都具有新的特点。

### （一）投资规模

一方面，战后各国都处于百废待兴阶段，急需大量资本用于建设，但是由于普遍存在的"美元荒"，使得许多国家官方进出口银行出现外汇短缺，于是，跨国银行在提供国际融资方面的重要性空前提高，投资规模也日益扩大。另一方面，欧洲美元市场的发展对跨国银行有较大的吸引力。欧洲美元市场是世界上最大的国际借贷市场，不受任何国家法律的约束，可以自由经营，有较高利润率的吸引，于是各国跨国银行为争夺欧洲美元市场份额纷纷在海外广设分支机构，扩大其投资规模。

在二十多年的时间里，各国跨国银行重新建立了全球海外分支机构网络，投资规模迅速扩大。例如，美国跨国银行的海外资产在 1965 年时为 89 亿美元，1980 年则为 397.5 亿美元，占美国银行总资产的比重也由 2.4%提高到 23.3%。再如，1960 年美国的跨国银行数目为 8 家，到 1970 年已经发展到 79 家，1980 年增至 139 家，1986 年为 158 家；在日本，跨国银行 1979 年年底共有 23 家，跨国银行在海外设立了 127 家分支机构。有关两国具体规模变动的比较如表 6-4 所示。

表 6-4　世界最大 50 家银行中美国和日本银行的规模比较

| 项　　目 | 美　　国 | | | 日　　本 | | |
|---|---|---|---|---|---|---|
| | 1969 年 | 1979 年 | 1987 年 | 1969 年 | 1979 年 | 1987 年 |
| 入选世界 50 大银行的数量（家） | 15 | 7 | 4 | 10 | 13 | 21 |
| 入选银行的资产总额（亿美元） | 1 676 | 4 305 | 4 651 | 679 | 7 214 | 34 237 |
| 入选银行资产额占 50 大银行资产额的比重（%） | 40.2 | 15.6 | 6.8 | 16.3 | 26.1 | 50.1 |

资料来源：任映国. 国际投资学[M]. 北京：中国金融出版社，1996：139.

### （二）势力格局

战后跨国银行虽然飞速发展，但是势力格局却有了较大的变化。从全球范围看，第二次世界大战后到 20 世纪 70 年代以前，美国几家大银行和为数极少的一些欧洲银行占据着统治地位。进入 20 世纪 70 年代以后，日益增多的美洲地区性中小银行、大量欧洲和日本银行以及一些国际联合银行开始向国际化方向发展。而到了 20 世纪 70 年代末 80 年代初，来自各个国家的各类商业银行、国际性投资银行、中东国家的银行等更趋活跃。同时，跨国银行设在欧洲、日本、美国和一些境外金融中心的分行数目逐渐增多，而在非洲设立的分行数则急剧减少。在各国跨国银行的实力对比上也出现了令人瞩目的变化，日本、联邦德国和瑞士势力逐渐强大起来。

### 专栏 6-2：迅速发展时期跨国银行的两次危机

1973—1974 年，资本主义世界爆发了第二次世界大战以后第一次国际银行业的严重危机。危机爆发的原因是：以美元为中心的布雷顿森林国际货币制度崩溃，加之第一次石油危机爆发和外汇市场投机的猖獗，破坏了跨国银行业稳定的基础。这次危机首先从美国圣地亚哥国民银行（National Bank of San Diego）发端，该银行因外汇交易失败，损失了数千万美元而不得不宣布破产。不久，美国的富兰克林国民银行（Franklin National Bank）宣布外汇损失近 6 000万美元，导致公众信心丧失，将资金从该银行大量抽逃，造成了富兰克林国民银行的倒闭。随后，其股东辛多纳公司（Sindona Company）体系崩溃，导致它在国外拥有的多家银行破产，最严重的是前联邦德国赫斯塔德银行（Herstatt Bank of West Germany）的倒闭。这次危机使得跨国银行活动大幅度降温，仅以外汇交易为例，在赫斯塔德银行倒闭后，纽约清算公司协会的成员中外汇交易量下降了 50%，远期外汇交易量下降了 75%。

20 世纪 70 年代末 80 年代初，资本主义世界陷入了又一次经济危机，在此情况下，1982—1983 年，资本主义世界又爆发了第二次严重的国际银行业危机，在小银行等金融机构经营失败率急剧上升的同时，美国的一家名为德累斯德尔（Dresdale）的证券经纪公司于 1982年 5 月因投机失败而倒闭，由此导致大通曼哈顿银行损失近 3 亿美元的信贷资产。接着，宾州广场银行（Penn Square）因信贷折损而宣布破产。而对其拥有所有权的西雅图第一国民银行（First National Bank of Seattle）以及美国最大跨国银行之一——芝加哥大陆伊利诺斯银行（Bank of Continental Illinois in Chicago）分别损失数亿美元，陷于崩溃境地。次年，美国米兰第一国民银行（First National Bank of Milland）又因贷款损失而倒闭。美国银行业开始了“30年来最艰难的时期”。其他如意大利、前联邦德国、英国、日本等国家的跨国银行，相继出现了倒闭、萎缩的情况。从欧洲货币市场的国际银行信贷角度看，其总量从 1981 年的 1 650 亿美元，急剧萎缩到 1983 年的 500 亿美元。跨国银行体系和整个国际银行业处于风雨飘摇之中。

资料来源：徐文通. 国际投资学[M]. 北京：中国人民大学出版社，1992：259.

## 三、调整重组阶段（20 世纪 90 年代初—90 年代中期）

20 世纪 90 年代初，欧美各国相继进入经济衰退期，日本泡沫经济破裂，使西方银行陷入经营效益滑坡的困境；而金融自由化的发展及非银行金融机构的竞争，又使得银行所面临的风险与日俱增。在这样的背景下，主要资本主义国家的跨国银行进入大规模的调整和重组阶段。这次重组呈现出两大趋势特征：一是通过银行兼并风潮向巨型化发展；二是着力于银行内部机制调整以及业务创新。

### （一）跨国银行兼并活动频繁

进入 20 世纪 90 年代，由于国际货币格局的变化，国际金融市场动荡加剧和金融市场日益全球化，以及国际上衍生金融工具的剧增，使世界银行业经营风险日益增大，竞争白热化。各国银行为了求得生存和发展，纷纷采取合并和兼并的方式，使其规模迈向大型化，以快速增强自身实力和竞争优势，增强抗风险、抗动荡的能力。

美国在 20 世纪 20 年代有 2.5 万家银行，但到了 1993 年美国的商业银行数目只有 1.13 万家。仅 1995—1996 年，全国共有 1 176 件银行并购案，涉及交易金额 825 亿美元，全美银行数由 1985 年的 14 417 家减至 10 168 家。国际银行业的兼并风潮也广泛地波及欧洲、日本等地。芬兰堪萨斯银行（KOP）与芬兰联合银行（KBF）合并后成为该国当时最大的一家银行，日本三菱、东京银行合并成东京—三菱银行后，按当时日美汇率计价，资产达 8 180 亿美元，比 1994 年世界排名第一位的瑞士银行资产多 2 800 亿美元，成为当时全球第一大银行。这次兼并风潮的几个特点尤其引人注目。

首先，以国内兼并为主，跨国兼并为辅。在这次兼并浪潮中，几次特大兼并，如日本三菱银行与东京银行、大和银行与住友银行、美国第一联合银行与第一信诚银行、化学银行与大通曼哈顿银行的兼并等，都是在国内进行的，其他大多数兼并也是如此。但也不乏国际兼并的案例，如以银行和保险业务著称全球的荷兰银行集团收购了英国巴林银行，英国巴克莱银行集团收购了美国富国和日本日兴等。但无论是国内兼并还是跨国兼并，每一方在资本充足比率、资产利润率和不良资产数量等指标上都相当，如表 6-5 所示。

表 6-5　世界大型银行的兼并（1995 年 1—10 月）

单位：亿美元

| 所 属 国 家 | 银 行 名 | 1995 年世界排名 | 资 本 金 | 资 产 |
| --- | --- | --- | --- | --- |
| 日本 | 三菱银行 | 6 | 198 | 5 477 |
| | 东京银行 | 14 | 125 | 2 712 |
| 美国 | 化学银行 | 27 | 100 | 1 714 |
| | 大通曼哈顿银行 | 37 | 82 | 1 140 |

资料来源：The Banker，[EB/OL][2020-03-15]. https://www. the banker.com/Top-1000.

其次，注重效益发挥，优势互补明显。兼并至少要有利于一方才会完成，在这次兼并浪潮中，大多数兼并对双方都有利，显示了明显的优势互补倾向。瑞士银行以衍生工具、债券及外汇交易见长，为寻求金融业务上的优势互补，该行发挥其作为本国大型商业银行的资金实力优势，一举成功兼并了华宝银行，为瑞士银行股本收益率的不断增长创造了有利条件。三菱银行与东京银行的兼并也体现了这一特征。

最后，兼并趋于大型化。芬兰堪萨斯银行与联合银行合并后成为该国迄今为止最大的一家银行，美国第一联合银行兼并第一信诚银行后一跃成为全美第六大商业银行，日本的这两起特大兼并连创了世界第一超级银行的纪录，更是大型化兼并的典范。

### 📚 专栏 6-3：跨国银行并购知多少

银行业的并购起源于美国，早在1929—1933年的经济大危机期间，就有大约2 000家银行由于资金周转不灵而被其他银行吞并；1950—1970年是美国银行业兼并的第二次高潮，平均每年有200多起银行兼并事件发生，这其中包括一些大银行间的合并，如1955年的纽约花旗银行与纽约第一国民银行的合并等；直至1994年8月和1995年5月，在美国先后解除了商业银行不许跨州设立分行以及商业银行不许经营证券业的限制后，美国银行业才出现了盛况空前的第三次银行兼并浪潮。美国银行业并购浪潮在1998年达到顶点，1998年，美国11家大银行中，有7家涉及并购活动，全年银行并购案达1 000多起，整个银行业并购交易金额近3 000亿美元。

欧洲是世界上银行业垄断程度最高的地区，英、法、德等国都是由三四家大银行垄断着国内商业银行业务，但这并未影响银行业的集中。英国是欧洲银行兼并最频繁的国家，经过一系列的合并，到 20 世纪 60 年代末形成四大清算银行，即巴克莱、劳埃德、米德兰和国民西敏士控制英国银行业的局面，并且一直维持了二十多年。

在美国和欧盟银行业跨国并购的过程中，可以发现银行大规模并购具有其必然性：第一，在商业银行中，为目标客户所提供的金融服务或金融产品大体趋于同质化。在银行这个行业发展一段时期之后，因为受到市场空间方面的限制，必然会出现过度竞争，并购能够适度缓解这种破坏性竞争。第二，银行业对于资产流动性的要求十分高，银行规模的大小直接影响着银行挤兑效应出现的频次。这一规律的出现促进了银行向大规模化的方向去发展，以此来追求规模经济，增加自身的抵制风险的能力。第三，随着科学技术的不断发展，市场上跨国、跨地区之间的业务需求不断增多，这就要求银行提供出更多、更便捷的金融服务手段。如自助银行、掌上银行等业务的开展，是需要有着一定的规模才能够更好地发挥其经济效益的。总体来说，以少数能够提供全面金融服务的新型银行在很大程度上瓜分了现有银行市场的份额，导致了垄断竞争局面的出现，预见了未来银行发展的趋势。

国际上银行之间的相互并购，已经给我国银行业的正常运行带来一定的影响。目前来看，我国具有的全国性商业银行一共有 16 家，其中被列入世界最大的 100 家商业银行行列中的只有 8 家，分别是中国工商银行、中国农业银行、中国银行、中国建设银行、交通银行、中国光大银行、招商银行、中信实业银行。但是，资本收益率能够在全球银行业中排在前 10 名的也只有招商银行。资本收益率低下一般体现为规模比较小，异地分支机构在开设的过程中存在一定的不足，致使资本效益相对来说比较低下。我国的四大商业银行在世界的银行业排行中也出现了下滑的趋势，主要的原因有：第一，世界上各个国家的银行都是相互兼并，在一定程度上加重了对我国过渡期内的一些国有银行的"体制不适症"，我国商业银行对此的适应能力较弱，以致自身排名有所下降；第二，世界上银行都是相互兼并，在进一步加大商业银行转轨经济的过程中，我国商业银行在成本上的投入略显不足。为了进一步地迎接激烈的竞争挑战，需保持自身的相对独立。我国的商业银行在一定的程度上负担着沉重的固定资产更新费，主要体现为大量先进技术设备的购置和自身的培训教育经费，这些不仅增加了成本抵减利润，还在一定程度上导致了经营效益出现降低的现象，进一步扩大了亏损的程度。

商业银行间的并购主要是以现有商业银行作为基础，合并作为手段，将两者或多方优势互补，配置资源科学，增加利润空间以达到共赢。现如今银行间并购已引发了整个国际金融市场间的大并购。在这样的外部环境下，我国的商业银行在对自身的竞争能力进行快速提高的过程中，还应该在一定程度上提高并购重组的步伐，争取在进行金融整合的过程中提升自身的抗衡能力。

资料来源：焦卓. 国际银行业并购对我国银行业的影响和启示[J]. 财税金融，2014，17：50-51.

### （二）跨国银行着力于内部机构的调整与改善

这一阶段，许多银行采取了削减机构和裁减员工的措施。例如，英国的西敏士银行在 5 年内关闭了 1 000 家分行，裁减了 16 000 名员工。又如，法国里昂信贷银行近年来在全球裁减员工 3 500 名，约占总人数的 10%。此外，银行内部机构的调整还表现在业务部门的改革。例如，德意志银行根据银行业务性质改革内部管理体制，将该行分为 4 个管理部门：对私银行业务部、机构及商业银行业务部、投资银行业务部和团体服务部，各部都设有自己的管理层，管理层则由"集团执行委员会"统一控制。

## 四、创新发展阶段（20世纪90年代中期至今）

近年来，金融自由化浪潮和信息技术的迅猛发展促使国际银行业的竞争更趋激烈。为了应对日益加剧的竞争压力，跨国银行一方面延续了20世纪90年代初以来的"并购风"，通过规模效应、资源整合和优势互补来巩固和增强竞争优势；另一方面则加强了业务创新和技术创新，以创新来寻求新的竞争优势，可以说，国际银行业未来发展的主基调将始终是创新。总的来看，跨国银行的最新发展呈现出重组化、全能化、电子化和本土化四大趋势。

### （一）国际银行的重组并购愈演愈烈

在创新发展阶段，国际银行业的并购之风达到了前所未有的水平，而且有不断升级的趋势，这股在北美率先刮起的银行并购之风迅速席卷欧洲和日本。

（1）进一步追求大规模化。建立超大型跨国银行，进一步实行"强强联合"是这次并购浪潮的最大特点，如图6-2所示。例如，原花旗银行客户遍及近百个国家，在40多个国家有分支行，这一庞然大物之所以要和旅行者集团合并，首先是由于旅行者集团有许多从事投资银行、资产管理、人身和财产保险、消费信贷等业务的金融机构。2019年2月，BB&T以全股票交易方式收购太阳信托银行，交易金额达282.4亿美元，成为银行业10年来最大规模的并购案。

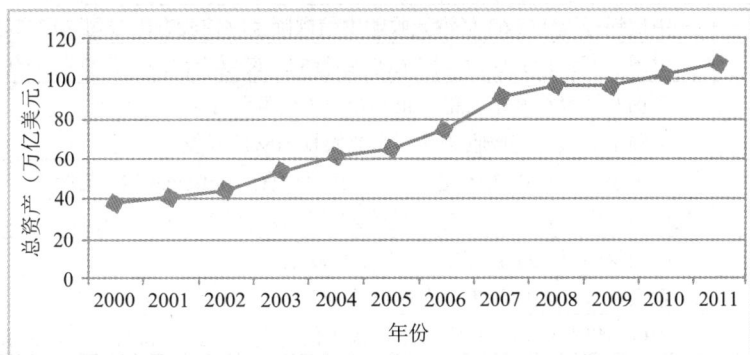

图6-2　《银行家》评定的1 000家银行总资产走势变动

资料来源：The Banker，[EB/OL][2020-03-15]. https://www. the banker.com/Top-1000.

（2）商业银行兼并非银行机构开始增多。在金融创新的推动下，分业经营的管制失去了效力，各国金融当局不得不放松管制，使得跨国银行的经营业务扩展到非银行业务领域，跨国银行开始经营过去主要由投资银行、保险公司和其他金融机构经营的业务。例如，2003年英国汇丰银行收购美国Household International Inc，改组成为HSBC金融公司，同年10月，美国银行以价值约470亿美元的换股（Stock-for-Stock）收购美国第七大银行富利波士顿（FleetBoston）金融公司。2008年9月16日，美国银行宣布以500亿美元的价格收购华尔街投行美林集团。如表6-6所示为自2000年以来重大国际金融并购案例。

表6-6　2000年以来重大国际金融并购案例

| 发 生 时 间 | 案例简要情况 |
| --- | --- |
| 2002年11月 | 英国汇丰集团收购美国家庭国际银行，交易规模达153亿美元 |
| 2003年2月 | 汇丰控股142亿美元兼并美国Household International公司 |

| 发 生 时 间 | 案例简要情况 |
|---|---|
| 2004 年 3 月 | 花旗集团斥资 27.3 亿美元收购韩国韩美银行 |
| 2004 年 4 月 | 新加坡发展银行全面收购香港道亨银行，涉及资金 400 多亿港元 |
| 2004 年 5 月 | 花旗银行收购墨西哥国民银行，涉及资金 125 亿美元 |
| 2004 年 5 月 | 苏格兰皇家银行以 104 亿美元兼并美国 Charter One Financial 公司 |
| 2005 年 6 月 | 意大利联合信贷银行以 151 亿欧元收购德国裕宝银行 |
| 2005 年 12 月 | 荷兰银行成功地兼并了意大利第九大银行——安托威尼塔银行 |
| 2006 年 1 月 | 美国银行完成对 MBNA 信用卡公司的收购，交易金额达 342 亿美元 |
| 2006 年 5 月 | 法国农业信贷银行以近 21 亿欧元的价格收购希腊 Emporiki 银行约 70%的股份 |
| 2006 年 6 月 | 法国巴黎银行斥资 90 亿欧元收购意大利国家劳工银行 |
| 2006 年 6 月 | 法国兴业银行斥资 10 亿欧元收购了克罗地亚的 Splitska 银行 |
| 2006 年 10 月 | 美国花旗集团以约 31 亿美元的价格收购土耳其 Akbank TAS 银行 20%的股份 |
| 2007 年 10 月 | 以苏格兰皇家银行为首的三家欧洲财团以约 1 000 亿美元收购荷兰银行 |
| 2007 年 11 月 | 三菱日联金融集团收购印尼 Bank Nusantara Parahyangan 75%的股权 |
| 2008 年 3 月 | 中国工商银行以 408 亿元人民币收购非洲南非标准银行 20%的股权 |
| 2008 年 3 月 | 美国摩根大通以 2.4 亿美元的价格收购美国第五大投行贝尔斯登公司 |
| 2008 年 9 月 | 莱斯银行以 122 亿英镑的价格收购英国最大的抵押贷款银行哈利法克斯 |
| 2009 年 5 月 | 中信银行以 135.63 亿港元收购中信国际金融控股有限公司 70.32%的股权 |
| 2010 年 4 月 | 中国工商银行完成对泰国 ACL 银行的自愿要约收购，共收集到约 97.24%的股份 |
| 2012 年 4 月 | 深圳发展银行和平安银行正式合并为一家银行 |
| 2012 年 7 月 | 中国工商银行完成收购美国东亚银行 80%的股权 |
| 2013 年 11 月 | 中国建设银行以 7.16 亿美元收购巴西银行 BicBanco 72%的股份 |
| 2014 年 4 月 | 中国工商银行以 3.16 亿美元收购土耳其银行 Tekstil Bankasi 75.5%股份 |
| 2015 年 12 月 | 中国财险以 224.4 亿人民币收购华夏银行 |
| 2016 年 3 月 | 意大利人民银行和米兰人民银行合并为一家银行 |
| 2019 年 2 月 | BB&T 以全股票交易方式收购太阳信托银行，持有新公司 57%的股份 |

资料来源：何易，李文韬. 跨国银行并购与我国股份制商业银行改革路径分析[J]. 国际贸易，2006，12：43-48；中国财经网 [EB/OL]. [2020-03-15]. http://www.fecn.net.

### （二）跨国银行向全能化发展

随着金融业的不断创新，传统银行业业务受到了来自证券、保险、基金等非银行金融机构的强烈冲击，尤其是融资证券化趋势（即金融脱媒现象）使银行传统的信贷业务受到极大的挤压。为应对新的挑战，跨国银行纷纷拓展业务范围，向"金融百货公司"的方向发展，而各国纷纷放松金融管制的金融自由化风潮为银行全能化消除了壁垒。目前跨国银行拓展的主要新业务有信托业务、投资银行业务、现金管理业务、保险业务、房地产业务、共同基金的经营与管理、金融咨询业务以及信用担保业务。跨国银行全能化发展的模式主要有三种，即德国的全能银行模式、英国的金融集团模式和美国的金融控股公司模式，其各自特点如表 6-7 所示。

表 6-7　德、英、美三国跨国银行全能化发展模式的比较

| 项　目 | 德国全能银行 | 英国金融集团 | 美国金融控股公司 |
|---|---|---|---|
| 银行能否在银行集团内提供所有的金融服务和合同 | 能 | 能 | 不能 |
| 对金融服务结构有无分开的监管要求 | 无 | 有 | 有 |
| 银行在公司客户中有无控股权 | 有 | 无 | 无 |
| 银行有无能力选择组织结构 | 有 | 无 | 无 |
| 有无内部防火墙 | 无 | 有 | 有 |
| 有无外在防火墙 | 无 | 有 | 有 |
| 信息优势 | 能够完全实现 | 如果不能共享信息，可能降低信息优势 | 由于各业务单位之间限制信息交流，严重减少信息优势 |
| 规模与范围经济 | 能够完全实现 | 由于业务隔离，不能完全一体化 | 由于要求不同业务部门的业务隔离，因此减少了规模和范围经济 |
| 收入流的多元化 | 能够完全实现 | 由于利润归银行，因此收入流多元化在银行层次能够实现 | 由于证券活动所获得收入归证券部门，因此受到限制 |
| 通过交叉销售产品增加收入 | 可以完全实现 | 由于只有银行才能利用其出口，交叉销售产品受到一定程度限制 | 有限 |
| 利益冲突 | 有限保护 | 可能减少 | 可能减少 |

资料来源：杨大楷. 国际投资学[M]. 3 版. 上海：上海财经大学出版社，2003：130-131.

### （三）电子化推动跨国银行的创新

所谓"跨国银行电子化"，是指银行业务、工具、结算方式的电子化，它是数字化技术在跨国银行业广泛运用和发展的结果。计算机及电子信息技术在银行业的应用取得了巨大的发展，使银行系统有了先进的计算机系统和外围设备，为国际银行业务拓展、服务手段和金融产品的更新创造了条件。1996 年世界第一家 Internet 银行——安全第一网络银行（Security First Network Bank）出现，并以其特有的迅捷便利赢得了银行和客户的青睐。此后，又相继出现了 La Folla Band、Kingfield、First Union 等网络银行，银行业的业务领域逐渐向网上银行转移。自 1996 年中国银行在国内设立网站尝试开展网上银行业务以来，网上银行已成为我国银行业发展的一个重要方向。如图 6-3 所示为 2008—2019 年中国网上银行交易额及其增长率。

在批发银行业务方面，银行借助电子技术公司客户有效地提供了现金管理方面的大量服务，如支付账户的控制、账户调整、电子资金转账、支票存款服务、信用证的电子签发等；在零售银行业务方面，电子技术的运用为银行创造出一些非常重要的付款方式，如 ATMs、销售点借记卡、家庭银行、电话票据支付等。1985 年，中国银行珠海分行发行了我国的第一张信用卡——中银卡，截至 2018 年年底全国累计发行信用卡数量为 6.86 亿张，可见电子货币和电子化消费的迅速普及是银行电子化的推动机。

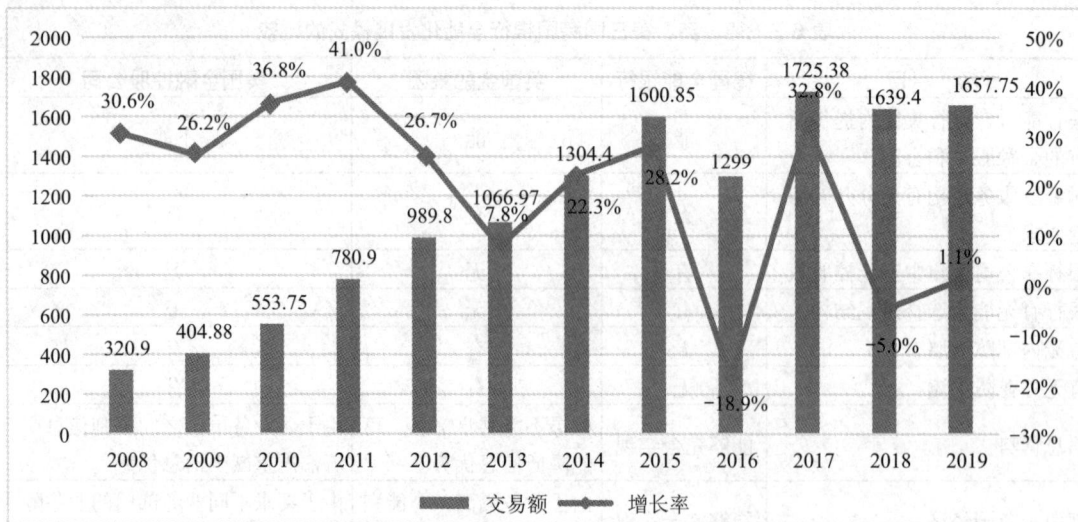

图 6-3　2008—2019 年中国网上银行交易额及其增长率（单位：万亿元）

资料来源：中国网上银行行业发展报告（2008—2019 年）。

### （四）跨国银行加强本土化经营策略

伴随着跨国银行并购浪潮的加快、业务范围的扩展以及业务覆盖区域的扩大，跨国银行开始调整发展战略来促进经营的本土化。本土化策略主要是指在分析东道国国内客户需求的基础上，充分发挥跨国银行自身的竞争优势进行产品创新，以尽快实现人才、金融产品和金融技术与本土文化的融合，这样既贴合了本地客户的需求，又突出了外资银行的竞争优势，成为外资银行在当地市场制胜的重要法宝。

例如，汇丰银行就是凭借着对每一个东道国文化的深度认可而通行全球的，其主页上写道"The World's Local Bank"。本土化和人性化的"地方智慧"加上全球通行的"环球金融"使汇丰的品牌成为区别其他银行的重要身份标志。汇丰银行在全球 79 个国家和地区设有 9 500 多家分行，90%以上的雇员都是本地人。汇丰银行不断地向客户承诺"我们一向重视本土智慧"，正如其广告所言，"要真正了解一个地方，必须融入当地，成为本土的一分子"。因此，本土化战略是汇丰银行确立全球优势的重要手段。

### 专栏 6-4：渣打银行推行本土化经营

作为成长于香港、后移居伦敦的知名银行集团，渣打银行自1853年成立伊始，就一直专注于国际化发展布局。截至2019年年底，渣打银行分支机构遍布全球70个经济体，资产总额达5 990.7亿美元，全球银行业排名第55位。与其他国际大银行不同，在国际化发展过程中，渣打银行尤其重视新兴市场的拓展，其2019年90%以上的营运收入和利润均来自亚洲、非洲和中东等新兴市场。

1. 明确战略定位

第一次世界大战之前，其分支机构网络就已遍布亚非数十个国家和地区，基本确定了今天在这些国家和地区的主要战略布局。渣打银行实施新兴市场国际化发展战略并非一路坦途。20世纪80年代前后，其曾尝试开拓欧美市场，增设了许多机构，目标市场资产一度占据其资产总额的半壁江山。然而，拉美债务危机和多次石油危机的爆发，使其遭受严重损失，最终不得不退出市场。20世纪90年代，渣打银行明确提出了发展"新兴市场银行"的战略定位，战略中心回归亚非及中东地区。1998年亚洲金融危机后，渣打银行乘机收购了印度、韩国、巴基斯坦等地的多家银行，进一步提升了其在亚洲地区的地位。进入后危机时代，新兴经济体成为推动世界经济增长的主要引擎，渣打银行亦从其经济发展中不断受益，实现了盈利连续十年增长。

2. 加强并购拓展

20世纪60年代之前，渣打银行一直将新设网点作为主要发展方式。此后，其积极寻求并购拓展，先后收购一系列新兴市场银行机构，成为各主要目标市场的领军者。1965年，渣打银行抓住西非各国相继独立的时机，果断收购英属西非银行，成功进入西非市场，确立了其在整个非洲大陆的优势地位。英属西非银行曾是加纳的中央银行，在西非4个英属殖民地拥有一百多个网点。渣打银行对其进行收购后，不仅从该地区大宗商品出口业务中受益，而且与当地政府建立了广泛的合作关系，成为该地区的主流银行之一。

3. 打造全球化平台

渣打银行在实施全球战略布局时，对各分支机构和业务功能板块进行了清晰的定位，形成了全球一体化经营服务平台。在为客户提供个性化解决方案时，通常把客户的实际需求放到全球化平台上去考虑，为客户提供最优解决方案。为推动私人银行业务发展，渣打银行2009年同全球主要的资产管理机构签署了14个全球性合作协议。这些协议使得客户可以按照自己的风险偏好，在更大范围内选择合适的资产配置方案。面对中国与东盟、非洲、金砖国家经贸合作不断加强的趋势，渣打银行通力打造中国与不同国家及地区之间的"贸易通道"项目，形成服务中资企业国际化的特色优势。目前，渣打银行已经开辟了中国—非洲、中国—阿联酋、中国—马来西亚等多条便捷贸易通道，通过举办研讨会、推介合作伙伴、定制服务方案等，向企业提供"不同国家，同样银行"的一条龙服务，节省了企业财务成本，取得了显著成效。如中非贸易通道使渣打银行的业务覆盖了非洲16个主要国家，经营活动所涉金额占该地区GDP的比重达到1.2%。

4. 推行本土化经营

渣打银行在研判目标市场的基础上，将业务优势有效融入，实现本土化经营。在非洲，渣打银行结合当地以农业生产为主的特点，开展了结构化农业金融以及无抵押农业小额信贷业务。针对非洲实情，开发丧葬保险产品，成为非洲地区畅销的保险业务之一；在中东地区，渣打银行充分尊重当地的宗教习惯和文化传统，拟定了特殊的银行交易守则，并有针对性地创新金融产品。

资料来源：渣打银行推行本土化经营[EB/OL].（2014-10-17）[2020-03-15]. http://bank.cngold.org/c/2014-10-17/c2828509.html.

# 第三节　跨国银行的运行系统

跨国银行的运行系统包括跨国银行母行与海外分支机构的组织结构关系及这些分支机构的具体形式。就母行与分支机构的组织关系而言，主要有三种类型：分支行制、控股公司制和国际财团银行制。就这些海外分支机构的具体形式而言，又可分为代表处、经理处、分行、附属行或联营结构等多种形式。

# 一、母行与海外分支机构的组织形式

## （一）分支行制

跨国银行的分支行制，是指母行在海外设立和控制各种类型的分支机构，通过这些分支机构来开展跨国经营活动的组织结构形式。这些分支机构根据不同的级别构成一个金字塔形的网络结构，如图6-4所示。

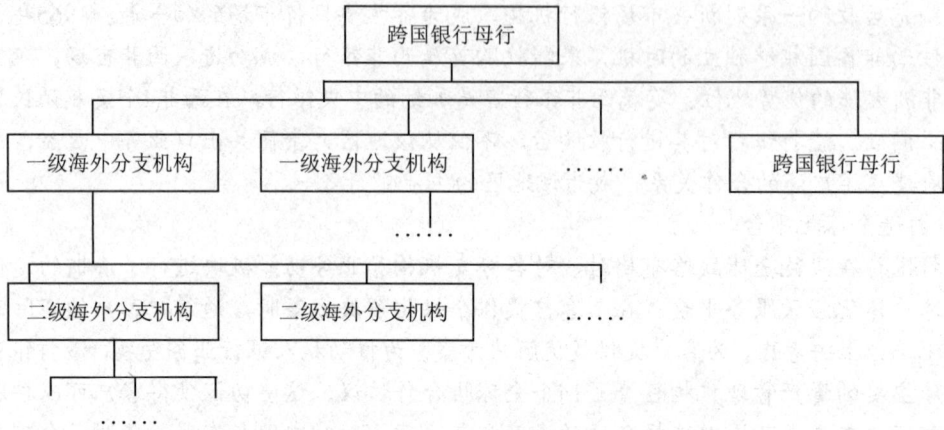

图 6-4　分支行制跨国银行的组织结构

## （二）控股公司制

跨国银行的控股公司制，又称集团银行制，是指银行通过"银行持股公司"（Bank Holding Company）建立海外分支机构网络。这种组织方式以美国最为典型。美国跨国银行的海外分支机构可以由银行或持股公司直接设立，但更多的是通过其附属机构——爱治法公司（Edge Act Corporation）设立。图6-5所示为控股公司制跨国银行的组织结构。

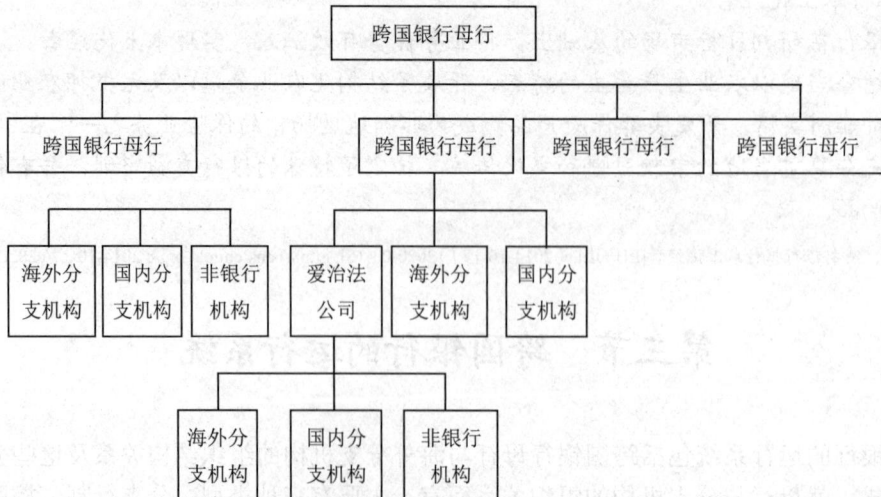

图 6-5　控股公司制跨国银行的组织结构

### （三）国际财团银行制

跨国银行的国际财团银行制，是指由来自不同国家或地区的银行以参股合资或合作的方式组成一个机构或团体来从事特定国际银行业务的组织方式。与为某项贷款而由多家银行组成的贷款辛迪加（Loan Syndicate）不同，辛迪加是不具备法人资格的临时组织，而国际财团银行是正式注册的法人。

## 二、跨国银行海外分支机构的形式

跨国银行拥有众多的国际触角，构建了广泛的国际网络。从单个跨国银行的角度看，其国际分支机构纷繁多样，主要组织形式有以下几种。

### （一）分行

海外分行（Branches）是跨国银行根据东道国法律规定设立并经营的境外机构，是母行的一个组成部分，且不具备独立的法人地位，受委托代表母行在海外经营各种国际银行业务，其资产负债表列入母行的资产负债表，而且其信贷政策和经营战略同母行也保持一致，母行则需为其承担无限责任。

### （二）附属行或联属行

附属行（Subsidiary）或联属行（Affiliate）这两种形式作为独立法人在当地注册的经营主体，是由跨国银行与东道国有关机构共同出资设立或对当地银行兼并、收购而成立的，跨国银行因持股关系而承担有限责任。两种形式的区别在于：附属行的大部分股权为跨国银行所有，而联属行的大部分股权由东道国机构掌握，两者一般以 50%为界限进行区分。它们往往可以经营许多分行所不允许经营的业务，在较大限度内进入东道国市场。

### （三）代表处

代表处（Representative Office），是在跨国银行不具备设立分行或附属机构条件的地方设立的办事机构，是跨国银行最低层次的海外分支机构。这类机构的工作人员很少，一般由 2～3 人组成。代表办事处实际上是跨国银行为在当地扩展业务而设的非银行机构，其主要职责是向母行提供当地政府或企业的经济信息和其他有关情况，它可以为总行承揽业务、介绍客户，但不能从事存放款业务。

### （四）国际联合银行

国际联合银行（Consortium Bank），是 20 世纪 60 年代新兴的跨国银行组织。它是由一些银行组织而成的集团，每家银行以持股的形式各掌握低于 50%的所有权和控股权，其主要业务是在欧洲货币市场上从事大额贷款。组建这种银行的目的主要是为了加强银行在国际金融市场的竞争能力，集中资金进行大规模投资，并分散风险。需要指出，它同银团（Consortium of Banks）不同，后者仅为一种松散的组织，各银行以各自名义进行活动，而前者则是一个独立完整的经济实体。

### （五）爱治法公司

爱治法公司是美国跨国银行根据 1919 年修订的《联邦储备法》允许设立的最为重要的、经营国际银行业务的海外分支机构形式（虽然其地理位置可能在美国国内）。爱治法公司存在两种类型：银行爱治法公司及投资爱治法公司。前者是美国跨国银行经营国际业务及设立海外分行的主要机构，后者则主要通过对国外金融机构投资为母行建立附属行等。表 6-8 所示为 2014 年我国部分银行在海外的分支机构数量及组织类型。

表 6-8 2014 年中资银行海外分支机构数量及组织类型

| 银　　行 | 海外机构总数（包括支行） | 海外机构类型 | | | |
|---|---|---|---|---|---|
| | | 分　　行 | 全资子银行 | 境外控股公司 | 代　表　处 |
| 中国银行 | 620 | 72 | 12 | 9 | 4 |
| 工商银行 | 338 | 26 | 15 | 2 | |
| 建设银行 | 18 | 13 | 4 | 1 | |
| 农业银行 | 15 | 8 | | 5 | 2 |
| 交通银行 | 15 | 11 | 1 | 3 | |
| 招商银行 | 9 | 4 | 1 | 1 | 3 |
| 民生银行 | 1 | 1 | | | |
| 浦发银行 | 3 | 1 | | 1 | 1 |
| 光大银行 | 1 | 1 | | | |
| 广发银行 | 2 | | | | 1 |

资料来源：各银行官方网站。

## 第四节　跨国银行与跨国公司的关系

在国际投资过程中，跨国银行与跨国公司具有先天的紧密关系，两者相互依托、相互支持、共同分享经营利益。一般来说，跨国公司国际投资等活动的发展要以跨国银行国际金融活动能力的发展为前提，而跨国银行业务的扩大又要依托于跨国公司的国际生产和投资的进一步发展。

### 一、跨国银行与跨国公司的混合成长

当跨国公司开始形成并进行国际活动的同时，银行即依靠国外代理行关系从事国际业务，为跨国公司的国际生产和对外投资提供服务。随着跨国公司的增多、国际活动规模的扩大，资本主义国家的银行便在国外代理关系的基础上配合跨国公司的海外活动在各国开设分行和附属机构，以此为跨国公司的全球金融需求提供服务。跨国银行在第二次世界大战后之所以迅猛扩张，与跨国公司的发展对跨国银行的需求密不可分。跨国公司和跨国银行的密切联系，必然使得它们结合在一起，混合成长。例如，美国几家最大的跨国银行，如美洲银行、第一花旗银行、大通曼哈顿银行、摩根信托保险公司等，在海外广泛地建立分支机构，成为美国工矿业公司国外经营活动的重要支柱；日本、瑞士等国的跨国银行，无不把其与跨国公司结

合起来进行国际扩张作为其全球活动的主要内容。

　　跨国公司与跨国银行在人事、组织形式等方面也有着千丝万缕的联系。其直接联系主要表现在：（1）银行拥有公司相当的股票控制额，有权参与公司的业务经营，反之亦然。例如，美国摩根财团的信托保险公司（类似一个跨国银行）的代表就参加了一百多家跨国公司的董事会。反过来，摩根信托保险公司的董事会里，也聚集着美国可口可乐公司的总经理和杜邦公司的财务委员会主席等显赫的人物。（2）跨国银行不但与工业公司相互渗透，而且与农业、服务业的跨国公司联系密切，也就是说，两者的结合出现在多种行业中。（3）跨国公司和跨国银行交换经理人员，如今所有的跨国银行都有非金融机构的官员担任经理，所有的跨国公司都有银行界人士兼作总裁。

## 二、跨国公司对跨国银行的需求

　　跨国公司对跨国银行的需求主要体现在：对全球性金融网络的要求、对跨国银行广泛和多样性服务的要求以及对跨国银行国际组织方式和分布的影响。

### （一）对全球性金融网络的要求

　　由于跨国公司需要建立全球性资金联系，而其自身作为实业性公司又难以为此有效地在各国设置金融网点，便产生了对跨国银行全球网络的要求。跨国公司要求为之提供国际金融服务的跨国银行具有连成一体的国际大网络。因为拥有这种网络的跨国银行，既能够对跨国公司在世界各国的贸易结算和债务清偿提供便利，又能吸收各国多种货币存款和从事各类贷款，为跨国银行解决筹资和投资多样化的问题。同时，伸向各个角落、各个层面的跨国银行分支的触角，可以收集掌握世界各地较为全面和详细的信息情报，为跨国公司提供高质量国际金融咨询服务。

### （二）对跨国银行广泛和多样性服务的要求

　　既然跨国公司从事复杂的国际投资和贸易等活动，对规避风险和伺机牟利的要求极其强烈，这就需要跨国银行提供种类齐全的国际金融服务。仅以外汇业务为例，《欧洲货币》杂志的一项调查表明，所考察的 84 家跨国公司，每年外汇业务总额高达 1 500 亿美元，其中近一半的业务是由美国花旗银行、大通曼哈顿银行等 20 家大的跨国银行办理的。

### （三）对跨国银行国际组织方式和分布的影响

　　跨国公司对为其服务的跨国银行分支机构的资信和地位有着具体的要求。跨国银行的国外代表办事处不能对跨国公司提供全面的国际金融服务，所以使得跨国银行不太愿意帮助其开展业务，而跨国银行的国外分行有能力提供大数额信贷资金，并在总行名义和担保下提供广泛的服务，所以受到跨国公司的欢迎，得到跨国公司积极的信贷资金联系。因此，跨国银行的国际扩张，往往偏重于建立分行的方式，或由办事处尽力向分行一级发展。同时，跨国公司向新的国家扩张时，也需要向跨国银行寻求包括投资环境、法律条件、金融贷款等方面的支持。综上所述，跨国公司的业务特点和全球活动影响着跨国银行的分支类型及其地区分布。

### 三、跨国银行对跨国公司的支持

在跨国公司的国际生产、贸易和投资中，跨国银行充分展现出对跨国公司的金融支柱的作用，具有特别重大的意义。

#### （一）各种资金支持

跨国公司经常遇到为本身扩张计划而筹措大笔资金的问题，尤其在第二次世界大战以后，总体来看，借入资金的比重在逐渐扩大。而跨国银行作为当今世界主要的国际借贷资本市场，具有在世界范围内调动资金的能力。在美国，跨国银行提供的信贷成为美国跨国公司借入资金的主要来源。同样，欧洲和日本的跨国公司所需资本一般都是跨国银行提供的，跨国银行不仅能为跨国公司提供巨额的资金，而且还能为其提供各种国际性的服务。

#### （二）分散跨国风险

跨国银行参与跨国公司的投资，分担跨国公司的资金压力和投资风险，并运用资金、信息等专业优势，得到跨国公司单独投资所不可企及的投资安全与效益水平。例如，美国大通曼哈顿银行即通过其分支机构"大通国际投资公司"，与美国跨国公司在国外的加工工业和采掘工业两个领域进行了合股投资。

#### （三）信用中介服务

这类服务主要是指为各跨国公司及其分公司的往来账户的结算、货币收支、国际汇兑、闲置流动资金的存放等提供信用中介。在新技术的帮助下，跨国银行利用高度发达的电信网络和计算机系统将世界各地连接起来，可以在瞬间完成一笔国际中介业务。

#### （四）提供其他服务

第二次世界大战后，跨国银行的业务范围不断扩大，其业务深入到跨国公司活动的各个环节，例如，跨国银行为跨国公司管理现金、预测外汇市场的行情和提供油轮和喷气式飞机的租赁，为跨国公司间的合作和分公司的建立作筹备，为跨国公司寻找兼并对象等。当然，在不断发展过程中，跨国公司着手建立自己的信贷或金融子公司，降低了其对跨国银行的依赖度。但是，从社会分工和专业化合作的效率优势来看，跨国银行与跨国公司的相互依存关系不会发生根本改变。

### 四、跨国银行在国际投资中的作用

作为金融类跨国企业，跨国银行在国际投资中发挥着服务中介枢纽的作用，这是跨国银行最基本、最重要的作用。这种作用主要体现在跨国银行对跨国公司等国际直接投资者的各种支持和服务方面。

#### （一）跨国银行是国际直接投资者跨国融资的中介

跨国公司在进行国际直接投资时，往往会产生巨大的资金需求；同时，国际上又存在着众多的间接投资者或短期信贷提供者，产生了巨大的资金供应。但是资金需求与资金供应往往存在数额、期限、币种等方面的差异，这就需要跨国银行发挥信用中介作用予以调整。跨国银行可以通过汇集小额、短期的资金向资金需求者提供大额、长期的信贷，并且通过商业票据的承兑、贴现等为其创造出流动性。随着经济的发展，这种传统的信贷业务出现了证券化的趋势。如跨国银行在负债业务方面，凭借自身的声誉和资信优势，通过发行自己的债务凭证，即银行债券等，能够以较低的成本聚集起大量资金；在资产业务方面，通过把对借款人的债权转化为股权或债券，增强了流动性，从而能够更好地发挥中介的职能。

### （二）跨国银行是投资者跨国界支付的中介

由于跨国银行拥有分布广泛的海外分支机构和代理行网络，因而能够为投资者在世界范围内办理转账结算和现金收付业务，充当国际支付的中介。国内银行在执行国际支付中介时是通过与外国银行之间的代理行关系间接地进入对方的国内支付系统。而跨国银行则更多地通过海外分支机构直接进入东道国支付清算系统，然后通过母行与分支机构相互间的支付清算形成一个国际支付清算网络。例如，美国银行间的同业支付清算系统 CHIPS，多家跨国银行用来进行国际间资金调拨的支付清算系统，如环球银行间财务电讯会的 SWIFT、伦敦外汇清算 ECHO 等。

### （三）跨国银行是为跨国投资者提供信息咨询服务的中介

由于跨国银行拥有覆盖全球范围的机构网络和广泛的客户以及同业关系，因而掌握有大量的信息，承担着信息中介的作用。此外，由于跨国银行汇集了许多财务管理、投资分析方面的专家，因而可以向投资者提供多方面的咨询服务，帮助公司把握风险，更为有效地拓展海外业务。据美国大通曼哈顿咨询集团的一项调查报告显示，美国银行对大公司贷款的资本收益率仅为 5%～7%，而收费服务的资本收益率可达到 40%～80%。

此外，跨国银行除了发挥金融中介这一基础作用外，在国际投资中还有其他一些作用，例如设立海外分支机构在海外进行直接投资、控股跨国公司间接参与国际投资活动等。此外，跨国银行除了在国际投资中的积极作用外，也有一些消极的影响，如对东道国的环境破坏、容易造成世界范围内的金融危机等。

## 本章小结

1. 跨国银行，简单来说，是指在 5 个以上国家开展国际金融业务的银行，有关的标准定义目前尚没有一个统一的定论。跨国银行的特征包括：跨国银行具有从本土银行派生出的特性、跨国银行具有全球战略目标、国际业务经营超本土性、跨国银行的集权化管理等。

2. 现代的跨国银行产生于 19 世纪末 20 世纪初，外部范围内存在大量游资和跨国银行内部本身业务发展的客观要求是跨国银行得以最终形成的原因。20 世纪 60 年代至 80 年代是跨国银行快速发展的时期，在此阶段跨国银行在国内的范围内合并，经营规模迅速扩大，全球跨国银行的势力格局也在美国、欧洲、日本间发生着变化。

3. 20 世纪 90 年代初至 90 年代中期，是跨国银行调整重组的阶段。此时跨国银行的兼并活动频繁，并尤以国内兼并为主，同时，跨国银行着力于银行内部结构的调整和改善。20 世纪 90 年代中期至今，是跨国银行创新发展时期，国际跨国银行的巨型重组、银行经营的全能化、网络电子化和本土化的普及等特征构成了现代银行发展的四大趋势。

4．跨国银行的运行系统包括跨国银行母行与海外分支机构的组织结构关系及这些分支机构的具体形式。就母行与分支机构的组织关系而言，主要有三种类型：分支行制、控股公司制和国际财团银行制。就这些海外分支机构的具体形式而言，又可分为代表处、经理处、分行、附属行或联营结构等多种形式。

5．在国际投资过程中，跨国银行与跨国公司具有先天的紧密关系，两者相互依托、相互支持、共同分享经营利益。一般地说，跨国公司国际投资等活动的发展要以跨国银行国际金融活动能力的发展为前提，而跨国银行业务的扩大又要依托于跨国公司的国际生产和投资的进一步发展。

6．作为金融类跨国企业，跨国银行在国际投资中发挥着服务中介枢纽的作用，这是跨国银行最基本、最重要的作用。此外，跨国银行还具有设立海外分支机构在海外进行直接投资、控股跨国公司间接参与国际投资活动等作用。

## 本章网络引擎

1．http://finance.sina.com.cn：新浪财经网站，可以了解最新的财经新闻。

2．http://finance.tom.com：TOM 财经网站，可以了解最新的财经新闻。

3．http://www.bank-of-china.com：中国人民银行网站，及时提供国家财政、货币政策，提供企业与个人的投资、理财等咨询，提供《国际金融研究》杂志部分年份的文章阅读。

4．http://www.chinamoney.com.cn：中国货币网站，提供有关金融、证券、货币等方面的专业讨论、咨询和最新消息。

## 本章思考题

1．名词解释

| 跨国银行 | 金融脱媒 | 银行兼并 | 银行持股公司 | 贷款辛迪加 |
| 分行 | 附属行 | 联属行 | 代表处 | 国际联合银行 |

2．跨国银行的主要特征是什么？

3．简述跨国银行发展的不同阶段及其特点。

4．试析跨国银行海外分支机构的差异。

5．跨国银行与跨国公司之间有何关系？

6．跨国银行不同发展阶段的兼并特征有何区别和联系？

7．试析跨国银行重组化、全能化和电子化的发展趋势的背景，及其对现代金融的作用和影响。

8．案例分析

运用所学跨国银行知识，分析以下材料中花旗集团是如何应对金融危机影响的，并谈谈对我国银行跨国经营的经验及教训。

## 金融危机对跨国银行的影响——以花旗集团为例

2007 年爆发的全球性金融危机对跨国银行的影响，成为金融危机最直接的影响。金融危机对跨国银行企业的影响大致经历以下过程：从影响一个部门的利润到影响整个银行的利润，从对母国市场的影响扩散到对全球市场的影响，从直接对利润的影响扩散到对组织结构和空间布局的影响。具体来看，早期花旗集团并未受到金融危机的严重威胁。其 2007 年第二季度盈利额仍为 62.3 亿美元，2007 年第三季度盈利额下降为 23 亿美元。这期间金融危机对花旗集团的影响比较慢。随后，受次级抵押贷款市场问题的困扰，花旗第四季度发生高达 181 亿美元左右的税前减记额及信贷成本，盈利额变为亏损 98.3 亿美元。最后由量变引起质变，花旗集团通过多种方式调整组织结构和空间结构。

花旗集团是世界资产规模最大、利润最多、全球连锁性最高、业务门类最齐全的跨国银行，其最大特点是多元化经营和全球化战略。危机前，花旗集团总资产达 2 万亿美元，在 106 个国家拥有 2 亿多个客户，为客户提供储蓄、信贷、证券、保险、信托、基金、财务咨询、资产管理等多项金融服务。在美国之外，花旗共有约 2 200 家消费信贷机构和约 3 300 个银行分支机构。金融危机对花旗的影响，与花旗的多元化与全球化战略密切相关。

1. 金融危机对花旗银行利润的影响

在美国银行业，截至 2008 年 11 月，共有 19 家银行倒闭，多数跨国银行企业面临大规模减记和流动性不足问题，花旗也未能幸免。危机中，花旗利润不断下降。2007 年第二季度，花旗开始蒙受次贷危机造成的亏损，但得利于亚洲及欧洲市场的高盈利，总盈利额为 62.3 亿美元；第三季度，盈利额下降至 23 亿美元，下跌幅度 63%；第四季度，受次债市场的严重影响，花旗首次出现近 100 亿美元的亏损，接下来 2008 年的三个季度里，花旗的季度盈利额分别是-51.1 亿美元、-25 亿美元、-28 亿美元。

2. 金融危机对花旗组织结构的影响

减少组织层级。2007 年以前，花旗致力于全球多元化经营，2007 年以后矩阵组织结构造成全球多元化经营成本增加，加上次贷危机中次级债务质量下降，花旗利润不断下降。针对危机，2007 年 4 月花旗公布包括裁员、转移岗位至低成本国家，合并公司后勤和技术系统在内的重组计划，以减少组织层级，实现组织内层级结构的扁平化。

全球大规模裁员。2007 年 4 月，为应对股价增幅低缓形势，花旗公布包括削减 1.7 万个岗位的重组计划，57%的裁员来自花旗美国外的全球分公司。2007 年第四季度亏损 98.3 亿美元后，花旗公布裁员 4 200 人。2008 年 11 月，为进一步缓解财务压力，宣布再裁员 5.2 万人，这个数字约占其员工总数的 1/7，而 2008 年花旗已裁员约 2.3 万人，加上此次裁员计划花旗裁员总人数突破 7.5 万人，如表 6-9 所示。

表6-9　花旗部分国家裁员数量

| 国　　家 | 时　　间 | 裁 员 人 数 |
| --- | --- | --- |
| 英国 | 2008-01-25 | 裁员 400 人 |
| 日本 | 2008-06-06 | 消费金融部门裁员 1 350 人 |
| 泰国 | 2008-01-24 | 裁员 260 人 |

续表

| 国　家 | 时　间 | 裁员人数 |
|---|---|---|
| 新加坡 | 2008-01-18 | 微削减员工 300 人 |
| 印度 | 2008-05-03 | 裁减 400 名员工 |

3. 金融危机对花旗空间结构的影响

金融危机还对花旗全球空间结构产生深远影响。花旗通过裁员、出售其在海外的分支机构部分业务和不动产在全球进行空间调整，以缓解金融危机造成的压力，如表 6-10 所示。

表 6-10　金融危机下花旗的空间布局调整

| 国家和地区 | 时　间 | 行　动 | 目　的 |
|---|---|---|---|
| 英国 | 2007-04-11<br>2008-01-22<br>2008-01-25<br>2008-02-04<br>2008-04 | 将伦敦后勤岗位转向波兰<br>出售英国约 50 家消费信贷分支机构<br>暂停美国扩点，并在英国裁员 400 人<br>削减英国信用卡业务，取消 16.1 万名信用卡客户<br>关闭 2 家贷款业务部门，减约 700 个工作岗位，并不再提供部分房贷和个贷 | 削减开支 |
| 意大利 | 2008-01-14 | 与意大利银行协商，出售在意大利的 5 个分支机构 | |
| 德国 | 2008-08-29 | 以 77 亿美元将德国零售银行部门出售给法国互助银行 | 融资 |
| 中国大陆 | 2008-02-28<br>2008-08-23 | 花旗银行（中国）有限公司宣布在北京、上海和深圳三地开增零售点<br>花旗加强上海布局、新增零售点 | 在华零售银行网点 24 家，拥有 3 500 名员工 |
| 中国香港 | 2008-04-23 | 花旗香港纯利润近 20% | |
| 中国台湾 | 2008-06-10 | 研究出售台湾约 5 亿美元资产，是在亚洲 50 亿美元"瘦身套现"计划一部分 | 用于帮助其在美国次贷危机后业务的顺利发展 |
| 印度 | 2008-05-03<br>2008-06-24<br>2008-07-09<br>2008-10-10 | 裁减 400 名员工<br>计划出售不动产筹资约 5 亿美元<br>花旗向印度 HDFC 银行出售 20 亿美元的股份<br>以 5.5 亿美元将花旗环球服务有限公司出售给印度塔塔咨询服务公司 | 降低成本<br>弥补在美国住房市场中的损失<br>筹资<br>筹资 |
| 日本 | 2007-04-27<br>2008-01-19<br>2008-01-22<br>2008-06-06<br>2008-06-13<br>2008-12-01 | 以 77 亿美元收购日本第三大券商日兴证券<br>以约 4.45 亿美元将东京花旗总部售给摩根士丹利<br>将出售 Citi Financial 消费信贷业务<br>关闭旗下 CFJ 剩余 32 个分销网点和 540 个自动贷款机，停止推广 DIC 品牌，减少未来 12 个月新客户登记量，消费金融部裁员 1 350 人<br>面向日本家庭发售武士债券以融资 17 亿美元<br>出售在日信托银行 Nikko Cordial | 实施外部并购拓展国际业务<br>改善财务状况并降低持有房地产资产的风险<br>收缩零售银行线<br>筹集更多资金 |
| 泰国 | 2008-01-24 | 裁员不超过当地雇员 1% | 降低成本 |

续表

| 国家和地区 | 时间 | 行动 | 目的 |
|---|---|---|---|
| 澳大利亚 | 2008-01-25 | 关闭澳大利亚资产证券化业务 | |
| 新加坡 | 2008-01-22 | 花旗表示新加坡受次贷影响较小 | |
| | 2008-06-11 | 通过新加坡的债券市场发行 5 年期优先无抵债券，融资 4.3 亿美元 | 融资 |
| | 2008-01-18 | 微削减员工 300 人。花旗表示，在新加坡的业务较 2007 年仍有相当强劲的成长，新加坡仍是区域性管理与营运中心 | 目前花旗在新加坡有 9 000 名员工 |
| 菲律宾 | 2008-11-25 | 花旗扩大在菲律宾的员工队伍，计划在菲律宾建立一个地区性营运中心的呼叫中心 | 在菲律宾有 4 000 名员工，2009 年可增聘 1 000 名 |
| 巴西 | 2007-04-13 | 扩大巴西市场 | 新兴国家市场 |
| 智利 | 2007-12-28 | 花旗智利分行与智利银行合并 | |
| 墨西哥 | 2008-01-22 | 出售一部分在当地主要针对不良贷款记录的借款人的消费信贷业务 | 收缩零售银行战线 |
| | 2008-12-04 | 计划 2009 年增加销售点逾 1 100 个 | 拓展销售、扩大市场 |

停滞原有部分扩张计划。2005 年 12 月，花旗开始增强国际零售业务，计划在海外增设 150~200 家新支行，以及 400~500 家消费者金融机构，新添大约 150 个自动取款机。同时，扩张美国本土市场，但由于次贷危机造成的利润下降，财务状况的恶化，2008 年 1 月花旗不得不暂停美国本土扩点，调整扩张计划。

收缩成本高、利润小的市场和业务，扩展包括新加坡、中国、菲律宾、墨西哥、巴西在内的市场。2008 年 2 月，花旗收缩零售银行战线，出售墨西哥、日本、英国等消费信贷业务，将更多资金转移到中产阶级蓬勃发展和竞争相对不太激烈的地方，如泰国、俄罗斯和中东地区。在英国、意大利、德国、日本等国则出售部分分支机构，以达到削减开支及融资的目的。花旗重视并扩展亚太区的业务，2008 年 8 月重组亚太分支机构，将亚洲分部拆分为 4 个新的地区集团：北亚集团包括中国内地、中国香港、韩国和中国台湾，南亚集团包括印度、斯里兰卡和孟加拉国，另外两个是日本和东南亚集团。次贷危机中，中国所受影响较小，成为花旗一个增长点。

资料来源：祝英丽，李小建，乔家君. 金融危机对跨国银行企业的影响——以花旗集团为例[J]. 经济地理，2009，29（10）：1671-1676.

# 第七章　国际间接投资

## 第一节　国际信贷投资

国际信贷（International Credit）是指国际间资金的借贷活动，是一国的银行、其他金融机构、政府、公司企业以及国际金融机构，在国际金融市场上向另一国的银行、其他金融机构、政府、公司企业以及国际机构提供的贷款。它是国际间接投资的一个组成部分，已成为推动世界经济发展的重要动力，以及各国促进经济发展的行之有效的方法。

### 一、国际信贷投资概述

#### （一）国际信贷投资的产生与发展

国际信贷是随着借贷资本的国际化而产生的，是全世界范围内进行的借贷资本活动，反映了国家之间借贷资本的流动情况。

早期的国际信贷产生于自由资本主义时期。当时，在意大利北部的伦巴第王国的威尼斯、热那亚等城市，随着国际贸易中心的形成，金融业务也紧接着发展起来，并扩展到伦敦、里斯本、布鲁塞尔、安特卫普等新的国际贸易中心。这时商品与资本的国际化尚未充分形成，所以国际信贷投资的规模较小、形式单一，主要是政府之间的信贷和为扩大国际贸易周转、平衡国际收支的信贷。

第一次世界大战前，资本输出主要表现为借贷资本的输出，但是，20 世纪 30 年代的世界性经济危机导致国际信贷关系混乱，新的国际投资终止。第二次世界大战后，国际社会总结吸取以前的教训，决心重建国际信贷关系，并于 1944 年建立了布雷顿森林体系，成立了两个国际金融机构——国际货币基金组织和国际复兴开发银行，这两个金融机构开始参与国际信贷活动，满足了世界经济恢复、发展的需要。在这个时期，美国在世界各国经济中占据了统治地位，并开始实施"马歇尔计划"，其主要内容是在三四年内，对欧洲各国提供巨额援助，帮助欧洲复兴，稳固资本主义制度，以便与苏联及其他社会主义国家相抗衡。此外，美国还通过"占领地区救济基金"等方案，向日本提供了 27 亿美元的援助。由此，美国成为这一时期国际资本的主要来源地。

就在各国经济迅速恢复与发展的同时，资本市场也趋于国际化，突出表现为欧洲货币市场（Euro-currency Market）的形成。欧洲货币市场，又被称为离岸金融市场（Off-shore Financial Market）或境外金融市场，它作为短期资金市场于 20 世纪 50 年代末出现，其主要特点是一国银行从事外币借贷业务。20 世纪 60 年代以来，欧洲货币市场的增长速度非常惊人，在 1961 年，欧洲货币市场的存款总额为 10 亿美元，2007 年 3 月，仅开曼群岛的离岸市场资产总量就已达到 17 398 亿美元；2019 年 2 月，开曼群岛的离岸市场资产总量已超两万亿美元。在欧洲货币市场上，存款者和借款者可以自由地选择存款、借款的方式、地点、条件，大大推动了国际信贷的发展，欧洲货币市场也成为当代国际信贷市场的基础性组成部分。

表 7-1 所示为世界著名离岸市场的地理分布。

表 7-1　世界著名离岸市场的地理分布

| 离岸中心群 | 所 在 时 区 | 核 心 圈 | 外 围 圈 |
| --- | --- | --- | --- |
| 西欧群 | 西一区—东二区 | 伦敦、苏黎世、卢森堡 | 直布罗陀、马恩岛、泽西岛、马耳他、圣马力诺、摩纳哥、列支敦士登 |
| 中东群 | 东三区—东四区 | 巴林 | 塞浦路斯、贝鲁特、科威特、迪拜 |
| 亚太群 | 东七区—东十区 东二十区—西二区 | 东京、香港、新加坡 | 马尼拉、台北、瓦努阿图、瑙鲁、汤加、西萨摩亚、库克群岛 |
| 北美群 | 西四区—西八区 | 纽约 | 加利福尼亚、佛罗里达、伊利诺斯 |
| 加勒比群 | 西六区—西八区 | 巴哈马、开曼群岛、英属维尔京群岛、百慕大 | 巴拿马、哥斯达黎加、安圭拉岛、安提瓜、阿鲁巴岛、巴巴多斯、荷属安地列斯、蒙特赛拉特、特克斯和凯科斯群岛、圣文森特 |

资料来源：国际货币基金组织[EB/OL][2020-03-18]. http://www.imf.org/external/index.htm.

纵观当今世界的国际信贷，其主要特点可以概括为以下几项。

（1）规模大，分布广。从以上欧洲货币市场的增长速度，可以间接看到国际信贷规模的增长速度。从地域分布看，国际信贷活动遍布世界各地，但大致可以分为五个区域：西欧地区、加勒比海和中美洲地区、中东地区、东亚地区以及美国地区。

（2）资金流动的多向性。当代国际信贷的另一个特点是资金流动多方向化，原来信贷资金一般由发达国家流向发展中国家，而当前资金流动则呈现出多元化的发展态势。发达国家之间的信贷往来频繁，发展中国家之间也在相互融通资金，从而使资金流动互相交叉，错综复杂。

（3）货币种类增多。目前世界上 150 多种货币（纸币）中，有 50 多个国家的货币可以自由兑换。因而，国际信贷可以借助于这 50 多个国家的货币来进行，其中经常使用的有 10 余种。此外，还出现了执行货币职能的特殊符号，即所谓复合货币（Compound Currency），如特别提款权（SDRs）和欧洲货币单位（ECU，又称埃居），复合货币有时也被用于借贷业务中。

（4）借贷的形式多样化。第二次世界大战后，国际信贷形式呈现多样化的态势，其中，国际金融组织、银团以及各国政府对外援助性贷款的形式发展尤为迅速。

### （二）国际信贷投资的分类

**1. 按国际信贷的资金来源与性质划分**

这是最通常的分类方法，可以分为政府贷款、国际金融组织贷款、国际银行贷款，以及联合贷款、混合贷款等。政府贷款，是指两国政府间签订的优惠性财政资金贷款，多数为建设项目贷款；国际金融组织贷款，是指从事国际金融业务的机构向借款国（一般是成员国）提供的贷款；国际银行贷款，是指一国国内机构向国外的商业银行以借贷方式筹措的资金；联合贷款（Co-financing），是指商业银行与世界性、区域性国际金融组织，以及各国设立的发展基金、对外经济援助机构共同联合起来向某一国家提供资金的一种形式；混合贷款，通常是指把出口信贷和政府援助、捐赠、贷款结合起来的一种贷款，使用这种贷款的目的是在增进双方经济合作的同时，推动本国商品或劳务的出口。

**2. 按国际信贷资金的特定用途划分**

可以分为项目贷款（Project Financing）、出口信贷（Export Credit）、福费廷（Forfaiting）和承购应收账款（Factoring）等。其中，后三种形式的贷款是适应对外贸易的发展而出现的。项目贷款是用于某一特定工程项目的贷款，一般在偿还本息时使用由该工程项目所取得的收益，其资金来源有国际金融市场、国际金融机构、各国政府等。出口信贷是指一国政府为鼓励本国商品的出口，以对贷款利息进行某种方式补贴的办法降低对本国的出口商或他国进口商贷款利率的一种优惠性融资方式，它主要有两种形式：由出口方银行向出口商提供的卖方信贷（Supplier's Credit）和由出口方银行向进口商或进口方银行提供的买方信贷（Buyer's Credit）。"福费廷"又称"买断"，是指一个票据持有者将其未来应收债权转让给第三方（福费廷融资商）以换取现金，在转让完成后，若此票据期满不能兑现，福费廷融资商无权向出口商追索。承购应收账款又称为国际保理（International Factoring），指在以商业信用出口货物时（如以 D/A 作为付款方式），出口商交货后把应收账款的发票和装运单据转让给保理商，即可取得应收取的大部分贷款，日后一旦发生进口商不付款或逾期付款，则由保理商承担付款责任，在保理业务中，保理商承担第一付款责任。

**3. 按国际信贷的期限划分**

通常划分为短期、中期和长期三种。短期贷款的期限一般不超过 1 年，主要用于原料、半成品、消费品、农产品的国际贸易；中期贷款的期限为 1 年以上，多为 2～5 年；长期贷款多长达 10～20 年，有时甚至达到 40～50 年。中期、长期贷款一般适用于重型设备、建筑工程等的国际贸易。

## 二、国际银行贷款

国际银行贷款，是指由一国某银行或由一国（多国）的多家银行组成的贷款银团，按市场价格水平向另一国借款人提供的、不限定用途的贷款。

### （一）国际银行贷款的类型

根据从事国际银行贷款业务的主体所处市场的不同，国际商业银行贷款可分为两大类型：外国贷款（传统国际金融市场的国际银行贷款）和欧洲贷款（欧洲货币市场的国际银行贷款）。外国贷款是指由市场所在国的银行直接或通过其海外分行将本国货币（即贷款银行所在国货币）贷放给境外借款人的国际货币交易安排。此时，作为国际贷款业务的主体（国际商业银行）和客体（贷款货币），都要受到市场所在国法律及政府的管辖。事实上，只有在其货币成为国际支付和储备货币的少数经济实力比较强的国家才存在开展这项业务的银行。欧洲贷款是指欧洲银行所从事的境外货币的存储与贷放业务。

### （二）国际银行贷款的特点

**1. 贷款用途比较自由**

国际银行贷款的用途由借款人自己决定，贷款银行一般不加以限制。这是国际银行贷款区别于其他国际信贷形式，如国际金融机构贷款、政府贷款、出口信贷和项目贷款等的一个最为显著的特征。

**2. 借款人较易进行大额融资**

国际银行贷款资金供应，特别是欧洲货币市场银行信贷资金供应较为充足，所以对借款人筹集大额长期资金较为有利。如独家银行贷款中的中长期贷款每笔的额度可达数千万美元，银团贷款中每笔数额可达 5 亿～10 亿美元。

**3. 贷款条件较为苛刻**

在具有以上两点优势的同时，国际银行贷款的贷款条件由市场决定，借款人的筹资负担较重。这是因为贷款的利率水平、偿还方式、实际期限和汇率风险等是决定借款人筹资成本高低较为重要的因素，而与其他国际信贷形式相比，国际银行贷款在这些方面均没有优势。

## 三、国际金融组织贷款

国际金融组织分为全球性国际金融组织和区域性国际金融组织两类。全球性国际金融组织主要有国际货币基金组织（IMF）、世界银行（World Bank）、国际农业发展基金会（IFAD）等；区域性国际金融组织主要有亚洲开发银行（ADB）、亚洲基础设施投资银行（AIIB）、泛美开发银行（IDB）、非洲开发银行（AFDB）、欧洲复兴开发银行（EBRD）、阿拉伯货币基金组织等。在此，有选择地介绍一下与中国业务往来较多的世界银行、国际货币基金组织、亚洲开发银行及亚洲基础设施投资银行的贷款情况。

### （一）世界银行贷款

世界银行是目前世界上最具影响力的国际金融组织之一。它正式宣告成立于 1945 年 12 月，当时名称为国际复兴开发银行（IBRD）。以后随着国际形势的发展，又相继成立了国际金融公司（IFC）和国际开发协会（IDA）等机构，从而形成了现在通称的"世界银行集团"。按照世界银行文件，目前的世界银行包括国际复兴开发银行和国际开发协会两个机构，世界银行与国际金融公司、多边投资担保机构（MIGA）和解决投资争端国际中心（ICSID）共同组成了世界银行集团。

世界银行在成立初期贷款集中投向西欧国家，帮助西欧国家战后经济复兴。1948 年后世界银行贷款重点逐渐转向了亚洲、非洲和拉丁美洲发展中国家，为其提供长期开发资金，以促进其经济发展，提高人民生活水平。目前，IBRD 借款国主要是中等收入国家和有信誉的穷国，而 IDA 只为最贫穷的国家提供援助。

世界银行贷款具有以下特点：（1）贷款条件比较严格，即贷款对象只限于成员国政府、政府机构或由政府机构担保的国营和私营企业；原则上只对成员国特定建设项目发放贷款，而且申请贷款项目在经济和技术上可行，并且对该国经济发展来说是优先发展项目；申请世界银行贷款的国家和项目，只有在不能按合理的条件从其他渠道获得资金时，才有可能得到贷款；一般只提供为实施某个项目所必须进口的商品和劳务所需要的外汇开支，一般不提供与该项目配套的本国货币资金。（2）贷款期限较长，短则数年，最长可达 30 年，平均约为 17 年，宽限期一般为 5 年。（3）贷款利率参照市场利率，但一般低于市场利率，对贷款收取的杂费也较少，只对签约后未支用的贷款额收取 0.75%的承诺费。（4）世界银行一般只提供项目贷款所需建设资金总额的 30%～50%，其余部分由借款国自筹。（5）贷款必须专款专用，并接受世界银行的监督。（6）贷款管理方法规范，手续严密，准备过程比较复杂，从提出项目，经过选定、准备、评估、谈判、签字到取得贷款一般需要一年半到两年时间。

### 专栏 7-1：世界银行集团对中国贷款情况

世界银行集团对中国的贷款情况，如表7-2、图7-1和图7-2所示。

表7-2　2004—2014财年世界银行对中国贷款的总体情况一览表

单位：百万美元

| 财　　年 | 硬　贷　款 | 软　贷　款 | 贷　款　总　额 | 项目数目（个） |
|---|---|---|---|---|
| 2014 | 1 647.38 | 0.00 | 1 647.38 | 13 |
| 2013 | 1 647.53 | 0.00 | 1 647.53 | 17 |
| 2012 | 1 289.80 | 0.00 | 1 289.80 | 17 |
| 2011 | 1 770.72 | 0.00 | 1 770.72 | 19 |
| 2010 | 1 442.90 | 0.00 | 1 442.90 | 18 |
| 2009 | 2 380.70 | 0.00 | 2 380.70 | 16 |
| 2008 | 1 552.90 | 0.00 | 1 552.90 | 17 |
| 2007 | 1 675.00 | 0.00 | 1 675.27 | 13 |
| 2006 | 1 454.33 | 0.00 | 1 454.33 | 11 |
| 2005 | 1 030.30 | 0.00 | 1 030.30 | 9 |
| 2004 | 1 218.27 | 0.00 | 1 218.27 | 9 |

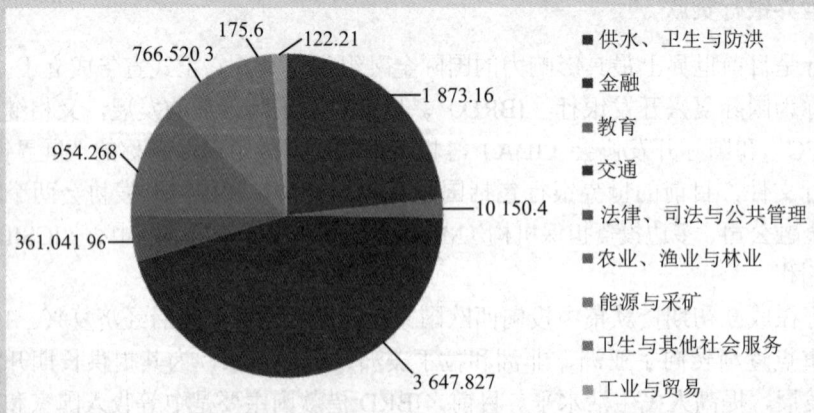

图 7-1　2011—2015 财年世界银行按部门划分的对中国的贷款情况（单位：百万美元）

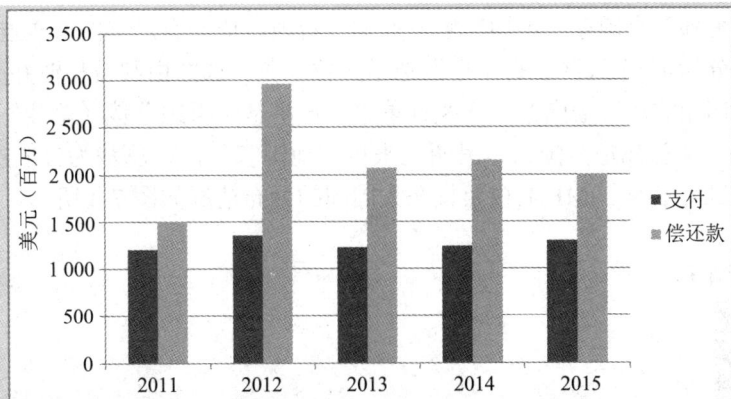

图 7-2　世界银行对中国贷款的净流量

资料来源：世界银行[EB/OL][2020-03-18]. http://www.worldbank.org.cn.

世界银行的贷款种类包括六种：（1）项目贷款（Project Loan）。这是世界银行传统的贷款业务，也是最重要的业务。世界银行贷款中约有 90%属此类贷款。该贷款属于世界银行的一般性贷款，主要用于成员国的基础设施建设。（2）非项目贷款（Non-Project Loan）。这是一种不与具体工程和项目相联系的，而是与成员国进口物资、设备及应付突发事件、调整经济结构等相关的专门贷款。（3）技术援助贷款，包括两类：一是与项目结合的技术援助贷款，如对项目的可行性研究、规划、实施，项目机构的组织管理及人员培训等方面提供的贷款；二是不与特定项目联系的技术援助贷款，亦称"独立"技术援助贷款，主要用于资助为经济结构调整和人力资源开发而提供的专家服务。（4）联合贷款（Co-financing）。自 20 世纪 70年代以来，世界银行自身贷款规模虽然一再扩大，但仍然满足不了成员国资金需求。为了适应这一趋势，世界银行在原有贷款方式的基础上又发展了一种新贷款——联合贷款，是指世界银行与其他贷款者结合起来，共同为某项目的借款提供融资。（5）"第三窗口"贷款（The Third Window Facility），亦称中间性贷款（Intermediate Financing Facility），是指在世界银行和国际开发协会提供的两项贷款（世界银行的一般性贷款和开发协会的优惠贷款）之外的另一种贷款。该贷款条件介于上述两种贷款之间，即比世界银行贷款条件宽，但不如开发协会贷款条件优惠，期限可长达 25 年，主要贷放给低收入的发展中国家。（6）调整贷款（Adjustment Facility）。包括结构调整贷款和部门调整贷款。结构调整贷款的目的在于通过 1～3 年的时间促进借款国宏观或部门经济范围内政策的变化和机构的改革，有效地利用资源，5～10 年内实现持久的国际收支平衡，维持经济的增长。结构调整问题主要是宏观经济问题和影响若干部门的重要部门问题，包括贸易政策（如关税改革、出口刺激、进口自由化）、资金流通（如国家预算、利率、债务管理等）、资源有效利用（如公共投资计划、定价、刺激措施等）以及整个经济和特定部门的机构改革等。部门调整贷款的目的在于支持特定部门全面的政策改变与机构改革。

### （二）国际货币基金组织贷款

国际货币基金组织（IMF）成立于 1945 年 12 月，与世界银行一样为联合国的专门机构之一，总部设在美国华盛顿。基金组织的最高权力机构是理事会，由各成员国委派理事和副理事各 1 人组成，任期 5 年，可以连任。理事会委托执行董事会行使权力，执行董事会由 24 人组成，在基金组织中拥有份额最大的 5 个国家（美国、日本、德国、法国和英国）可直接任命自己的执董，另外 3 个国家（中国、俄罗斯和沙特阿拉伯）有足够的份额选举自己的执董，其他 177 个国家分为 16 个选区，每个选区选举一位执董。选区由利益相似并通常来自相同地区的国家组成（例如非洲法语国家）。执行董事会选举基金组织总裁（总裁一直是欧洲人，3 位副总裁中，第一副总裁是美国人，另两位来自其他国家），以总裁为首的执行董事会负责基金组织的全部日常工作。IMF 的投票权在大国间的分布情况如图 7-3 所示。

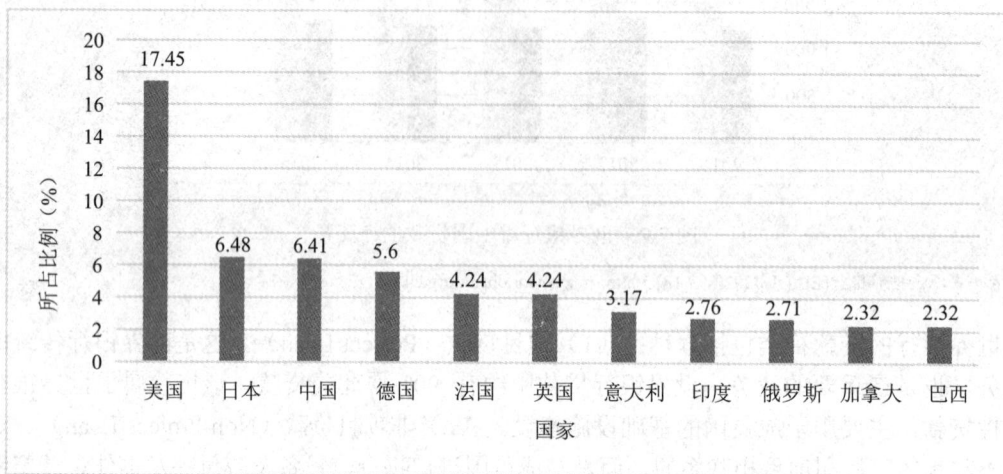

图 7-3　IMF 投票权最多的 11 个国家的投票权占总投票权的比例

资料来源：整理自 IMF 官方网站（http://www.imf.org/external/np/sec/memdir/members.aspx）。

### 专栏 7-2：国际货币基金组织的宗旨

（1）通过设置常设机构就国际货币问题进行磋商与协作，从而促进国际货币领域的合作。

（2）促进国际贸易的扩大与平衡发展，从而有助于提高和保持高水平的就业和实际收入以及各成员国生产性资源的开发，并以此作为经济政策的首要目标。

（3）促进汇率稳定，保持成员国之间有秩序的汇率安排，避免竞争性通货贬值。

（4）协助各成员国之间建立经常性交易的多边支付体系，取消阻碍国际贸易发展的外汇限制。

（5）在具有充分保障的前提下，向成员国提供暂时性普通资金，以增强其信心，使其能有机会在无须采取有损本国和国际繁荣措施的情况下，纠正国际收支失衡。

（6）根据以上宗旨，缩短成员国国际收支失衡的时间，减轻失衡的程度。

《基金组织协定》所明确的上述宗旨将指导基金组织的各项政策和所做的决定。

资料来源：《国际货币基金组织协定条款》第一条[EB/OL]．（2012-03-01）[2020-03-18]. https://www.Imf.org/exfernal/pubs/ft/aa/Index. htm.

国际货币基金组织贷款的特点是：（1）贷款采取由借款的成员国用本国货币向基金组织申请换购外汇的方式，所以不称借款，而称购买或提取，还款时则以外汇买回本国货币，称为回购。（2）发放贷款的对象只限于成员国政府，有关贷款洽谈机构为成员国的财政部、中央银行、外汇平准基金组织或其他类似的政府财政机构。（3）贷款用途以解决成员国国际收支、储备地位或货币储备变化的资金需要为限，借用时受多种限制，政策性很强，应慎重借用。（4）贷款数额按照成员国向基金组织缴纳的基金份额比例以及按成员国所面临国际收支困难的程度和解决困难的政策能否奏效等条件来确定贷款的数额。

国际货币基金组织的主要业务活动，就是在成员国的国际收支发生暂时不平衡时，通过出售特别提款权或出售其他货币换取成员国货币的方式，对成员国提供资金借贷。自 20 世纪 50 年代开始，国际货币基金组织贷款种类逐渐增加，发展至今已有 10 种贷款，如表 7-3 所示。

表 7-3　IMF 的贷款种类

| 贷 款 种 类 | 贷款最高额度 | 贷款期限 | 贷款用途 |
| --- | --- | --- | --- |
| 普通信贷<br>（Normal Credit Tranche） | 年度：份额的 100%；<br>累计：份额的 300% | 3.25～5 年 | 解决成员国国际收支困难之下短期资金需求 |
| 中期贷款<br>（Extended Facility） | 年度：份额的 100%；<br>累计：份额的 300% | 4.5～10 年 | 支持成员国为克服长期性的国际收支困难而进行的结构改革 |
| 扩大资金贷款<br>（Enlarged Access Facility） | 视情况而定 | 3.5～7 年 | 用于补充普通贷款和扩展贷款的不足，帮助成员国解决持续性的巨额国际收支逆差问题 |
| 补偿融资贷款<br>（Compensatory Financing Facility） | 谷物和出口各自不超过份额的 45%，两者相加不超过份额的 55% | 3.25～5 年 | 暂时性的出口不足或谷物进口费用过高而提供的短期援助 |
| 缓冲库存贷款<br>（Buffer Stock Financing Facility） | 成员国份额的 45% | 3～5 年 | 帮助初级产品出口国维持库存，从而稳定物价 |
| 石油贷款<br>（Oil Facility） | 贷款总额为 38 亿 SDRs | | 解决因石油涨价而引起的国际收支困难 |
| 信托基金贷款<br>（Trust Fund Facility） | | 10 年 | 以优惠条件向较贫穷的发展中国家提供贷款 |
| 补充贷款<br>（Supplementary Financing Facility） | 成员国份额的 140% | 3.5～7 年 | 用于补充普通信贷和中期贷款的不足，帮助成员国解决持续性的巨额国际收支逆差问题 |
| 结构调整贷款<br>（Structural Adjustment Facility） | 成员国份额的 70% | 10 年 | 帮助国际收支发生持续性逆差的低收入国家的国际收支调节 |
| 制度转型贷款<br>（Systemic Transformation Facility） | 成员国份额的 50% | 4～10 年 | 帮助苏联和东欧国家克服从计划经济向市场经济转变过程中出现的国际收支困难 |

### （三）亚洲开发银行贷款

亚洲开发银行（ADB）是亚洲、太平洋地区的一个区域性国际金融组织，于 1966 年 11 月成立，总部设在菲律宾的马尼拉。其贷款宗旨是：不以营利为目的，而以提供援助为宗旨，向成员国提供贷款和技术援助，帮助协调成员国在经济、贸易和发展方面的政策，同联合国及其专门机构合作，促进亚太地区经济的增长与发展。

亚洲开发银行作为区域性金融机构，其主要业务活动是进行项目贷款、技术援助、股本投资和联合融资。重点贷款方向和业务领域包括农业、能源、工业、开发金融机构、交通运输及通信、供水、城市发展、环境保护、教育卫生以及促进私营资本对本地区开发的投资等方面。因此，亚洲开发银行的贷款原则是根据本地区成员所提出的贷款项目和要求，经有关专家进行可行性研究和评估鉴定后才确定是否贷款和贷款数额。亚洲开发银行对农业的贷款领域，主要是农业和农产品加工业，重点支持水利、林业和渔业；对能源工业的贷款，主要领域是电力，特别是水电的发展；对工业的贷款，主要领域是化工、水泥、机械制品、采矿和科技开发；对交通运输及通信的贷款，重点是支持港口、铁路、公路、电信等项目；对基础设施和社会发展的贷款，主要领域是排水、环境保护、城市发展、住房、卫生、教育、人口控制等。

亚洲开发银行的业务活动主要包括：（1）提供贷款。亚洲开发银行的贷款有普通贷款和特别基金贷款之分。普通贷款也称"硬贷款"，贷款利率是浮动的，每半年调整一次，期限一般为 10～30 年，宽限期为 2～7 年，该贷款主要发放给高收入发展中国家。特别基金贷款即"软贷款"，期限可长达 40 年，不收利息，每年仅收 1%的手续费，该项贷款只提供给低收入发展中成员国。从投向来看，亚洲开发银行贷款主要用于农业、能源、工业、交通运输、供水、城乡发展、教育和卫生等方面，以促进借款国生产能力提高，实现经济增长。（2）技术援助。亚洲开发银行的技术援助包括项目准备技术援助、项目执行技术援助、咨询性技术援助以及区域性活动技术援助等形式。（3）参与股本投资。除各种形式贷款外，亚洲开发银行还以购股方式对成员国提供资金，旨在通过购买成员国私营企业股票，为私营企业提供资金。

### （四）亚洲基础设施投资银行

亚洲基础设施投资银行（AIIB）是一个政府间性质的亚洲区域多边开发机构，重点支持基础设施建设，成立宗旨在促进亚洲区域的建设互联互通化和经济一体化的进程，并且加强中国及其他亚洲国家和地区的合作。总部设在北京。亚洲基础设施投资银行法定资本 1 000 亿美元。其创办宗旨是：通过在基础设施及其他生产性领域的投资，促进亚洲经济可持续发展、创造财富并改善基础设施互联互通；与其他多边和双边开发机构紧密合作，推进区域合作和伙伴关系，应对发展挑战。

亚洲基础设施投资银行的业务分为普通业务和特别业务。其中，普通业务是指由亚洲基础设施投资银行普通资本（包括法定股本、授权募集的资金、贷款或担保收回的资金等）提供融资的业务；特别业务是指为服务于自身宗旨，以亚洲基础设施投资银行所接受的特别基金开展的业务。两种业务可以同时为同一个项目或规划的不同部分提供资金支持，但在财务报表中应分别列出。

银行可以向任何成员或其机构、单位或行政部门，或在成员的领土上经营的任何实体或企业，以及参与本区域经济发展的国际或区域性机构或实体提供融资。在符合银行宗旨与职能及银行成员利益的情况下，经理事会超过多数投票同意，也可向非成员提供援助。亚洲基础设施投资银行开展业务的方式包括直接提供贷款、开展联合融资或参与贷款、进行股权投资、提供担保、提供特别基金的支持以及技术援助等。

作为由中国提出创建的区域性金融机构，亚洲基础设施投资银行主要业务范围业务是援助亚太地区国家的基础设施建设。在全面投入运营后，亚洲基础设施投资银行将运用一系列支持方式为亚洲各国的基础设施项目提供融资支持——包括贷款、股权投资以及提供担保等，以振兴包括交通、能源、电信、农业和城市发展在内的各个行业投资。

专栏7-3：亚投行和世界银行的比较

1. 职能定位

在各自的宗旨定位上，亚投行旨在通过在基础设施及其他生产性领域内的投资，促进亚洲经济可持续发展，创造财富，并改善基础设施互联互通。与其他多边和双边开发机构紧密合作，推进区域合作和伙伴关系，应对发展挑战。世界银行的宗旨重点在于通过对生产性事业的投资，帮助成员经济建设，实现复兴。鼓励私人资本对外投资，在成员国无法通过合理方式获得私人资本支持时，利用自身资金对成员国所需进行补充。鼓励国际投资活动，促进成员国国际贸易的平衡，改善国际收支状况。相比较之下，我们不难发现，亚投行从成立之初就有非常明确的投资重点，即基础设施及其他生产性领域内的投资。

在职能定位上，亚投行鼓励区域内各种资本进行投资，包括公共资本和私营资本，尤其要引导其在基础设施上进行投资，促进基础设施领域的发展。利用银行本身可支配资金为本区域内的发展事业提供融资支持，重点关注区域内欠发达成员的需求。鼓励私营资本参与区域内的投资活动，尤其是基础设施和其他生产性领域发展的项目，企业和活动，在特殊情况下对私营资本的投资进行补充。世界银行仅仅在于用合理的治理方式，促进全世界经济的可持续发展。重点关注弱势人群，援助贫穷地区进行经济建设，努力实现消除贫穷的目标。亚行的职能定位于协调成员国内部的经济发展政策，合理配置成员国的资源积极同各机构展开合作，为成员国发展经济提供资金和技术的支持。

因此，亚投行的一个突出特点是建立一个资金筹募平台。这与亚投行自身的情况是有比较大的关系的，亚投行本身绝大多数成员国都是发展中国家，自身经济实力较弱，难以拿出足够多的资金认购亚投行的股本。因此亚投行本身的法定资金就比较少。但是亚洲的基础设施普遍较差，这也就意味着亚洲的基础设施建设市场很大，亚洲国家薄弱的经济实力和亚投行不多的内部资金就迫切地要求私营资本进驻，为亚洲的基础设施建设提供资金支持。

2. 组织结构

在组织结构上，亚洲基础设施投资银行使用的是与世界银行和亚洲开发银行相类似的由高到低的三阶层管理体系，具体而言，最高层的是理事会，银行的一切权利归属于理事会。亚投行的每名成员都可以在理事会中派驻自己的代表，并在此基础上任命一名理事和一名副理事，除理事缺席的情况下，副理事没有投票权。中层的是董事会，董事会负责领导银行的总体业务，可以在理事会授权范围内行使一切权力。董事会由12名董事组成，其中，9名董事由域内代表投票选举产生，余下3名董事由域外代表投票选举产生。此外，每一名董事可以任命一名副董事，在董事缺席时行使董事的权力。董事任期2年，可以连选连任。底层的管理层是银行总部，包括银行行长和副行长，他们管理着综合业务部，风险管理部，秘书部，仲裁部，负责亚投行的日常运营和具体业务的开展等。

但是值得一提的是，亚投行的行长最长任职周期只有10年，并非终身制或者一直由某个国家的公民担任，体现了中国在设立亚投行之初承诺的公平性和中国并不一家独大的理想。相比较之下，世界银行的行长则一直是美国籍，世界银行设立之初订立的条款虽然没有明确规定行长必须由哪国公民担任，但是长期以来由美国公民担任世界银行行长已然成为世界银行的一项惯例。

### 3. 资金来源

亚投行的资金来源主要是成员国对于银行股本的认缴。亚投行成立之初的法定股本共100万股，每股10万美元，法定股本总额为1 000亿美元。这1 000亿美元的法定股本由两部分组成，一个是总价值800亿美元的待缴股本，一个是总价值200亿美元的实缴股本。成立之初，初始成员国对于法定股本的实缴股本和待缴股本比例为2∶8，日后新加入的成员对于法定股本的认缴比例由理事会决定。

国际复兴开发银行成立之初的法定股本总额为100亿美元，共计10万股，每股10万美元。与亚投行的认购机制相同，国际复兴开发银行的股本认缴仅限于成员所有；而希望成为会员国，就必须首先成为国际货币基金组织的成员。

和亚投行和世界银行的做法大致相同，亚洲开发银行对于银行本身的股本认购也仅限于成员国本身。亚行的法定股本共计10亿美元，共10万股，每股1万美元。截至2016年，亚行的认缴股本总额已经超过1 500亿美元，日本以15%的认缴比例成为最大出资比例方，其次是美国。中国在成为亚行成员国之后，不断增加自身的认缴股本，目前认缴总额为110亿美元，约占认缴股本总额的7.1%。

因此，亚投行的另一个巨大创新在于中国不追求在亚投行中的一票否决权。美国也在世界银行中享有实质上的一票否决权，对世界银行几十年来的重大决策保留有极大的话语权和控制权，这种对于世界银行实质性的掌控也一直饱受诟病。

### 4. 其他方面的对比

进入新世纪以来，亚洲国家的经济普遍得到了飞跃式的发展，根据亚洲开发银行的预测，2010—2020年亚洲每年的基础设施建设投资大约需要8 000亿美元。考虑到2008年金融海啸的影响，目前世界经济依然处于低迷停滞的阶段，各个发达国家的经济情况不容乐观，这也包括作为亚洲开发银行最大股东的日本。由于日本经济持续低迷，显然要求日本向亚洲开发银行增资是不现实的。目前，亚洲基础设施建设资金供给远远不足，但是资金需求越来越强劲，而亚投行专注于基础设施建设投资，弥补亚洲开发银行和世界银行在上述方面的缺位。另外，纵观过去几十年的历史，亚开行和欧洲复兴开发银行等地区性开发机构的创设，也未曾撼动世界银行在国际金融中的地位，相反，它们都弥补了世界银行在各自区域内的缺失，更好地促进了当地经济的繁荣和稳定。因此我们没有理由认同西方政治家们对亚投行的无端揣度，认为亚投行的出现将对世界银行和亚开行在亚太地区的金融地位产生威胁。

资料来源：高宇．浅析亚投行和世界银行的比较[J]．法制博览，2019，34：191-192．

## 四、政府贷款

政府贷款（Government Loans），是指一个国家的政府利用财政资金向另一个国家的政府提供的援助性、长期优惠性贷款，是政府与政府间的一种融资方式。政府贷款多为发达国家向发展中国家提供。

同其他形式的国际信贷相比，政府信贷有其独特之处：（1）专门机构负责，如日本的海外协力基金、美国的国际开发署、法国的财政部国库司、英国的贸工部、德国的联邦经济合作部等。（2）程序较复杂。政府贷款是双边政府间的资金借贷活动，所以需要按一定的法律程序办理：先由受援国选定、提出贷款项目，援助国对项目进行考察、选定、评估，双方会谈并由援助国做出贷款的正式承诺，商谈贷款条件，然后签署贷款协议。由于办理手续较复杂，由此可能导致达成贷款协议的时间相应变长，容易造成资金闲置和浪费。（3）资金来自财政预算。财政预算是政府贷款的资金来源。政府贷款一般占一国国民生产总值的1%以下，有时超过 1%。因此，贷款有一定的数量限制，规模不可能太大。（4）条件优惠，即利率较低，期限较长，这正是其优惠性的体现。（5）限制性采购。多数国家政府贷款的第三国采购比例为 10%～15%，即贷款总额的 85%～90%用于购买贷款国的设备和技术。（6）长期性、连续性。政府贷款一般能较长期地提供，具有连续性、稳定性。（7）政治性强。援助国与受援国一般外交关系良好，属于政治上友好的国家，这是政府贷款的一个约束因素。（8）币种选择余地小，一般只能选择援助国的货币，由此可能产生汇率风险。

政府贷款一般是在两国政府战略利益一致，或外交关系良好的基础上进行的，这是提供政府贷款的前提条件。但是，由于贷款国为追求一定的商业目标，因此大多数政府贷款会规定一些借贷的附加条件，如限制采购的条件；对借款国的采购条件放松，实行竞争采购；以混合贷款的形式提供借贷，即在贷款中混合一定比例的出口信贷。

# 第二节　国际证券投资

国际证券投资是在国际金融市场上买卖债券和股票的一种经济活动。证券作为一种金融资产，不仅是被广泛运用的筹资手段，也是颇受各国公众欢迎的投资对象。第二次世界大战之后，世界各国的公司、银行及政府都对证券的发行和买卖倍加青睐，对于证券投资这种间接投资方式也越来越重视。

## 一、国际证券投资概述

所谓国际证券，是相对于国内证券而言的。国内证券的发行和流通仅限于国内市场，证券的发行者和投资者大都属于同一个国家。而国际证券则是指所有以某种国际通货为面额货币，在发行者所在国以外的市场发行和交易的证券。两者在发行和流通方面存在一些差异，但从证券本身的性质和基本类别来看，国际证券与国内证券之间并没有根本的差别。国际证券投资主要分为国际股票投资和国际债券投资两大类，本书将在以下内容进行详细论述。

### 专栏 7-4：国际证券市场的发展趋势

随着各国以及全球经济的高速发展，国际证券市场也逐渐呈现出一些比较明显的趋势。

1. 金融市场证券化

在整个金融市场上，有价证券所占比例急剧上升，地位越来越重要，传统的通过商业银行筹集资金的间接融资方式逐渐让位于通过证券市场发行股票和债券的直接融资方式。从国际来看，根据世界交易所联盟（WFE）更新的数据显示，截止到2020年3月份，全球60个主要股市市值增至93万亿美元，也是历史上首次超过93万亿美元。2019年，中国大陆股市市值7.6万亿美元，仅次于美国的31.3万亿美元，为世界第二大股市；中国香港股市市值达到5.78万亿美元，仅次于美国和中国内地，为世界第三大股市。统计数据表明，截至2019年年末，中国资本市场3 777家上市公司A股市值总规模首次突破55万亿元，达到59.29万亿元，相比2018年，A股总市值增加了15.8万亿元。2019年中国国内生产总值（GDP）达到99.09万亿元，以59.29万亿元的A股股票市值计算，中国的证券化率为59.83%；而2018年国内生产总值为90.03万亿元，A股股票市值为43.49万亿元，证券化率仅为48.31%。仅仅一年，中国的证券化率提高了11.52个百分点。换言之，由于A股市值的超高速增长，证券化率的提高速度远远超过经济增长速度。

除股票外，债券同样在世界融资市场上扮演了重要角色。数据显示，2019年，债券市场共发行人民币债券45.3万亿元，同比增加3.1%。其中，银行间债券市场累计发行人民币债券38万亿元，同比下降0.3%。截至2019年年末，债券市场债券托管余额达99.1万亿元，同比增加14.7%。其中，银行间市场债券托管余额为86.4万亿元，同比增加14.1%。

**2. 证券交易多样化**

随着证券市场的逐步发展，各类有价证券的发行种类和数量以及范围不断扩大，交易形式日趋多样化，这主要表现在：证券商品多样化，证券发行者为筹集资金，吸引更多的投资者，千方百计迎合投资者的偏好，不断推出新的证券商品；证券交易方式多样化，除了普通交易方式，还出现了期权交易、期货交易、股票指数期货交易等新的交易方式。

**3. 证券投资法人化**

证券投资者不仅有个人，还有法人，而且在当前的证券投资者构成中，法人投资的比例越来越大，参与证券投资的法人范围也不断扩大。

**4. 证券市场计算机化**

现代科学技术的迅速发展，为证券市场的发展提供了技术条件。电子计算机从20世纪50年代下半期开始应用于证券市场，现在世界上的各主要证券市场已基本实现了计算机化，从而大大提高了证券市场的运行效率。1990年开业之初，上交所计算机主机每秒只能撮合6笔交易，1992年交易配对的速度提高到每秒300笔，1993年进一步提高到1 800笔。截至目前，上交所新一代交易系统峰值订单处理能力约80 000笔/秒，平均订单时延比现用交易系统缩短30%以上，系统日双边成交容量不低于1.2亿笔/日，相当于单市场1.2万亿的日成交规模，是上交所历史最高峰值的4倍。

**5. 证券市场国际化**

证券市场国际化是指以证券为媒介的国际间资本流动，即证券发行、证券交易、证券投资超越一国的界限，实现国际间的自由化，原来一国性的证券市场变成了国际性的证券市场。世界各主要证券市场呈现出明显的国际化趋势，这主要表现为世界各大证券交易所已拥有越来越多的外国上市公司、各国竞相建立创业板市场、各国证券交易所寻求大联盟。根据统计，世界交易所联合会的51家会员交易所中，超过70%的会员交易所建立了国际股票市场（即国际板）。在全球市值排名前十位的证券交易所中，只有中国内地与印度的证券交易所没有境外上市公司。从纽约、伦敦等全球主要交易所看，外国上市公司无论家数还是成交规模均已占据较大比重。截至2019年4月，在纽约证券交易所上市的中国公司有76家，在纳斯达克上市的中国公司有92家。

**6. 证券市场合并化**

20世纪末，证券交易所合并化浪潮兴于欧洲，而后席卷全球，至今仍是国际证券市场发展的热门话题。1998年德国期货交易所和瑞士期权交易所合并成立欧洲期货交易所（EUREX）；2000年9月，由法国的巴黎证交所、荷兰的阿姆斯特丹证交所、比利时的布鲁塞尔证交所合并成立欧洲证券交易所（Euronext），2002年年初，欧洲证交所又收购了葡萄牙里斯本证交所和伦敦国际金融期交所（LIFF），从而在欧洲形成欧洲证交所、伦敦证交所和德国证交所三足鼎立的局面；从2006年4月份开始，纳斯达克收购伦敦证交所股份，至年底持有其28.75%的股份；2006年6月，纽约证交所与欧洲证交所达成总价约100亿美元合并协议，组建全球第一家横跨大西洋的纽交所—欧洲证交所公司（NYSE Euronext）；2006年7月，澳大利亚证交所（ASX）与悉尼期货交易所（SFE）宣布合并，收购要约达22.8亿澳元（约17亿美元）；2006年8月，日本中部商品交易所（C-Com）和大阪商品交易所达成合并协议；2006年9月份，洲际交易所（ICE）用约10亿美元现金和股票购买纽约期货交所（NYBOT），双方签署了合并协定；2007年4月，纽约证券交易所和巴黎的泛欧证券交易所成功合并为纽约泛欧交易所集团（NYX），成为全球第一个跨大西洋股票交易市场；2011年2月15日，德意志交易所集团（DeutscheBoerse）和纽约泛欧交易所集团宣布，双方已经签署了合并协议，将组成一家全球性的巨型交易所运营集团，规模排名世界第一；2011年6月29日，俄罗斯两大证券交易所——俄罗斯交易系统（RTS）和莫斯科银行间外汇交易所（MICEX）在莫斯科签署合并框架协议；2012年11月21日，日本东京证券交易所和大阪证券交易所发表声明确认，两家交易所将自2013年1月1日起实现正式合并，成立持股公司"日本交易所集团"；2012年12月6日，香港交易及结算所有限公司（港交所）与伦敦金属交易所（LME）联合发表声明，港交所已完成对LME13.88亿英镑（约合166.73亿港元）的全部普通股本收购计划，标志着港交所正式全资持有LME。在此浪潮下，我国大陆地区与香港地区三家交易所（上交所、深交所和港交所）的合并、纳斯达克与纽约证交所的合并以及纽约证交所与东京证交所的合并都曾一度受到市场人士的热评，尽管目前来看，上述合并发生的可能性很小，但是随着合并浪潮的进一步发展，其结果仍是未知数。

7. 证券市场自由化

从第二次世界大战之后到20世纪70年代前，各国政府为了保护和扶植市场，采取了种种保护措施：一是实行银行和证券业务分离制，禁止银行经营包括股票在内的证券业务，以避免资力雄厚的银行控制市场；二是实行委托买卖股票手续费最低限额制，目的是防止证券市场上的过度竞争。进入20世纪70年代后，随着金融自由化的发展，以上措施越来越阻碍证券市场的发展，于是各国陆续废除限制条令，实行证券市场自由化。英国金融自由化的标志是1986年10月在伦敦证券交易所实施的重大改革，即所谓"大爆炸"。这一改革改变了限制非交易所会员参股会员行号的做法，允许非会员可以取得会员行号的100%的所有权，从而使许多商业银行顺利取得伦敦证券交易所某些会员全部股权，直接参与证券业务。

资料来源：世界交易所联盟[EB/OL]. [2020-03-18]. http://finance.chinanews.com/stock/2019/04-23/7000810.shtml.

## 二、国际股票投资

### （一）股票的票面内容和基本特征

股票是股份公司给股东作为已投资入股的证书和索取收益的凭证，代表持股人对企业的所有权。投资者购买股票以后，就成为股份公司的股东，有参加股东大会并参与分配企业利润的权利，企业解散时则享有参与分配剩余财产的权利。当然，股东在享有各种权利的同时，也必须承担相应的责任与风险。

1. 股票的票面内容

股票票面的内容必须足以表明股份公司和发行股票的基本情况。一只合格的股票应具备的票面内容主要包括公司的名称、公司成立的时间、公司发行的股份总数及每股金额、本次发行的股份总数、股票发行的时间等。股票背面一般印有股票所有人转让股票所有权应绘制的表格。

上海飞乐音响公司是新中国第一家接受个人和集体自愿认购股票并以此筹集资金的新型公司，于 1984 年 11 月 18 日正式开业。如图 7-4 所示为飞乐音响股票的复印样本，由此可以很清楚地看到记载的票面内容。

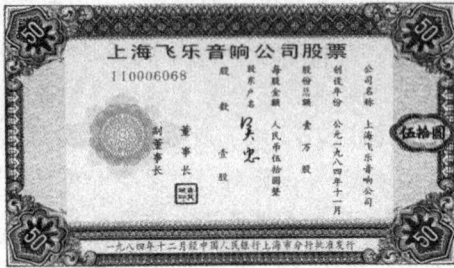

图 7-4　新中国第一批股票——飞乐音响

2. 股票的基本特征

股票作为一种非确定性的投资证券，具有以下基本特征。

（1）决策性。普通股票持有者有权参加股东大会，选举董事会，参与企业经营管理的决策。股东所拥有权利的大小，取决于其持有的股份占公司总股本的比例。

（2）风险性。股票一旦购买，其收益只能取决于公司的盈利情况，如要转让，则受制于千变万化的股票市场，因而股票投资极具风险性。

（3）长期性。对股票投资者来说，其投资是无确定期限的长期投资。投资者一旦买入某一公司股票，就不能中途要求退股，以抽回投资。当然，股票投资者可以通过股票市场将股票卖出而转让给其他投资者，收回投资资金。

（4）价格的波动性。股票是一种特殊的商品，其市场价格高低，不仅与该股份有限公司的经营状况和盈利水平紧密相关，而且也和股票收益与市场利率的对比关系密切相连，同时，还会受到国内和国外经济、政治、社会以及投资者心理等诸多因素的影响。如图 7-5 所示为我国上市公司中国石油（601857）的月 K 线图，从中可以看到该公司股价的剧烈波动。

（二）股票的种类

在证券市场上，发行股票的股份有限公司根据自身经营活动的需要及投资者不同的投资需求，发行各种不同的股票。按照不同的标准，股票可分为以下几种类型：按股票所赋予的股东权利划分，股票一般可分为普通股和优先股；按股票的票面形态划分，股票可分为记名股票和非记名股票、有面额股票和无面额股票等。在此只对最常见分类中的两种股票——普通股与优先股进行分析。

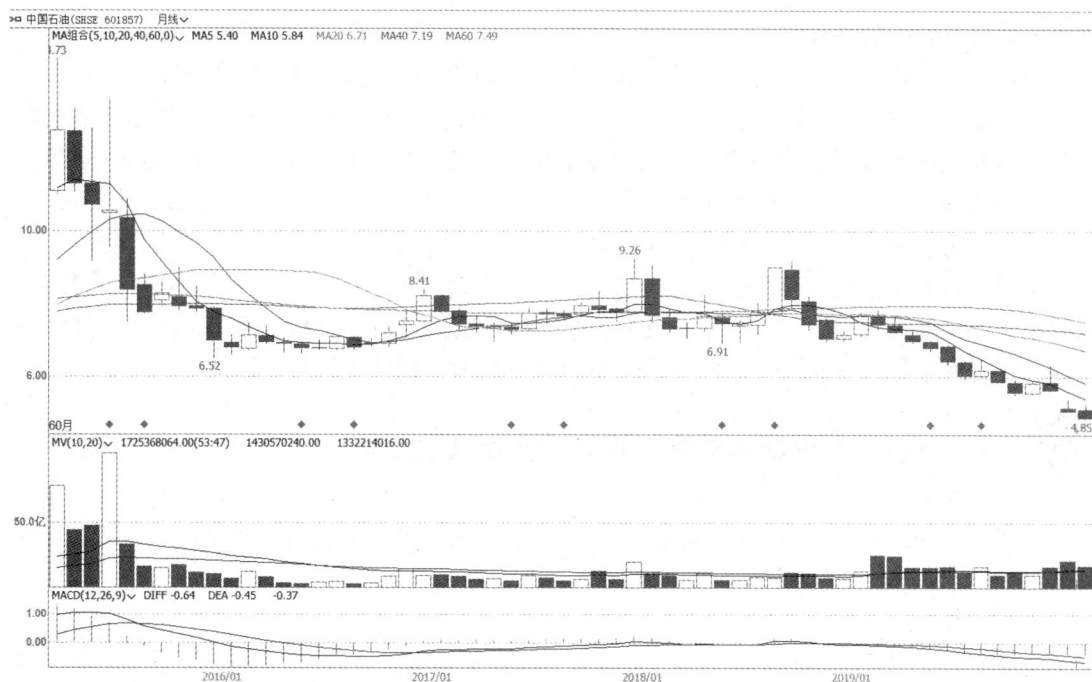

图 7-5 中国石油月 K 线图与交易量图（2015-04-30—2020-03-19）

### 1. 普通股

普通股是股份有限公司各种股份中最基本的一种，也是发行量最大的股票种类。股份有限公司最初发行的股票一般都是普通股股票，通过发行普通股股票所筹集的资金通常是股份有限公司股本的基础。普通股股票的持有者构成了股份有限公司的基本股东，他们平等地享有股东权利。

普通股的股东有以下权利：（1）经营参与权，这一权利主要是通过参加股东大会来行使的。普通股股东有权出席股东大会，听取公司董事会的业务和财务报告，在股东大会上行使表决权和选举权。（2）收益分配权，普通股的股息不固定，股息的多少完全取决于该公司的经营业绩、盈利状况以及公司收益分配政策，公司经营业绩好，盈利多，普通股的股息收入就高，反之，则少。（3）认股优先权，股份有限公司为增加公司资本而决定增加发行新的普通股股票时，现有的普通股股东有权优先认购，以保持其在公司中的股份权益比例，但其优先认购比例以其现在持股比例为限。（4）剩余资产分配权，当公司解散或清算时，普通股股东有权参与公司剩余资产的分配。同时需要说明的是，普通股股东负有限责任，即当股份有限公司经营不善破产时，普通股股东的责任以其所持股票的股份金额为限。

根据股票的具体情况，普通股又可以细分为蓝筹股、绩优股和垃圾股等。

蓝筹股是指在其所属行业内占有重要支配性地位、业绩优良、成交活跃、红利优厚的大公司股票。"蓝筹"一词源于西方赌场。在西方赌场中，有三种颜色的筹码，其中蓝色筹码最为值钱，红色筹码次之，白色筹码最差。投资者把这些行话套用到股票上，就产生了"蓝筹股"这一称谓。蓝筹股并非一成不变，随着公司经营状况的改变及经济地位的升降，蓝筹股的排名也会变更。据美国著名的《福布斯》杂志统计，1917 年的 100 家最大公司中，目前只有 43 家公司股票仍在蓝筹股之列，而当初"最蓝"、行业最兴旺的铁路股票，如今完全丧失了入选蓝筹股的资格和实力。

绩优股主要指的是业绩优良且比较稳定的大公司股票。这些大公司经过长时间的努力，在行业内达到了较高的市场占有率，形成了经营规模优势，利润稳步增长，市场知名度很高。一般而言，绩优股具有较高的投资回报和投资价值，其公司拥有资金、市场、信誉等方面的优势，对各种市场变化具有较强的承受和适应能力，绩优股的股价一般相对稳定且呈长期上升趋势。因此，绩优股总是受到投资者，尤其是从事长期投资的稳健型投资者的青睐。

垃圾股指的是业绩较差的公司的股票。这类上市公司或者由于行业前景不好，或者由于经营不善等，导致其股票在市场上的表现萎靡不振，股价走低，交易不活跃，年终分红也差。投资者在考虑选择这些股票时，要有比较高的风险意识，切忌盲目跟风投机。

### 专栏7-5：当前中国证券市场存在的其他股票名称

（1）A股

A股的正式名称是人民币普通股票，它是由我国境内的公司发行，供境内机构、组织或个人（不含台、港、澳投资者）以人民币认购和交易的普通股股票。

（2）B股

B股的正式名称是人民币特种股票，它是以人民币标明面值，以外币认购和买卖，在境内（上海、深圳）证券交易所上市交易。它的投资人限于：外国的自然人、法人和其他组织，中国香港、中国澳门、中国台湾地区的自然人、法人和其他组织，定居在国外的中国公民，中国证监会规定的其他投资人。现阶段B股的投资人，主要是上述几类中的机构投资者。B股公司的注册地和上市地都在境内，只不过投资者在境外（包含中国香港、中国澳门及中国台湾地区）。

（3）H股

H股即注册地在内地、上市地在中国香港的外资股。香港的英文是Hong Kong，取其字首，在香港上市外资股就叫作H股。依此类推，纽约的第一个英文字母是N，新加坡的第一个英文字母是S，在纽约和新加坡上市的股票就分别叫作N股和S股。如表7-4所示为按发行种类分类的上市公司统计表。

表7-4　按发行种类分类的上市公司统计表

| 年　份 | 境内上市公司A、B股 | 境内上市外资股B股 | 境外上市公司数H股 | 仅发A股境内上市公司数 | 仅发B股境内上市公司数 | 同时发A、B股境内上市公司数 | 同时发A、H股境内上市公司数 |
|---|---|---|---|---|---|---|---|
| 2005 | 1 388 | 109 | 122 | 1 358 | 109 | 86 | 32 |
| 2006 | 1 372 | 109 | 143 | 1 411 | 109 | 86 | 38 |
| 2007 | 1 472 | 109 | 148 | 1 527 | 109 | 86 | 52 |
| 2008 | 1 625 | 109 | 153 | 1 602 | 109 | 86 | 57 |
| 2009 | 1 718 | 108 | 159 | 1 696 | 108 | 86 | 61 |
| 2010 | 2 063 | 108 | 165 | 2 041 | 108 | 86 | 65 |
| 2011 | 2 342 | 108 | 171 | 2 320 | 108 | 86 | 72 |
| 2012 | 2 494 | 107 | 109 | 2 472 | 107 | 85 | |
| 2013 | 2 489 | 106 | 185 | 2 468 | 106 | 85 | |
| 2014 | 2 613 | 104 | 205 | 2 592 | 104 | 83 | |

续表

| 年　份 | 境内上市公司A、B股 | 境内上市外资股B股 | 境外上市公司数H股 | 仅发A股境内上市公司数 | 仅发B股境内上市公司数 | 同时发A、B股境内上市公司数 | 同时发A、H股境内上市公司数 |
|---|---|---|---|---|---|---|---|
| 2015 | 2 827 | 101 | 229 | 2 808 | 101 | 82 | |
| 2016 | 3 052 | 100 | 241 | 3 034 | 100 | 82 | |
| 2017 | 3 485 | 100 | 252 | 3 467 | 100 | 82 | |
| 2018 | 3 584 | 99 | 267 | 3 567 | 99 | 82 | |

资料来源：中华人民共和国国家统计局[EB/OL]. [2020-03-22]. http://data.stats.gov.cn/index.htm.

（4）红筹股

红筹股这一概念诞生于20世纪90年代初期的香港股票市场。中华人民共和国在国际上有时被称为红色中国，相应地，中国香港和国际投资者把在境外注册、在香港上市的那些带有中国大陆概念的股票称为红筹股。具体如何定义红筹股，尚存在着一些争议，主要的观点有两种：一种认为，应该按照业务范围来区分。如果某个上市公司的主要业务在中国大陆，其盈利中的大部分也来自该业务，那么，这家在中国境外注册、在中国香港上市的股票就是红筹股；另一种观点认为，应该按照权益多寡来划分。如果一家上市公司股东权益的大部分直接来自中国大陆，或具有大陆背景，也就是为中资所控股，那么，这家在中国境外注册、在香港上市的股票才位于红筹股之列。通常，这两类公司的股票都被投资者视为红筹股。随着红筹股对香港股市影响的加大，香港恒生指数服务有限公司推出了恒生红筹股指数。

2. 优先股

优先股具有优先于普通股取得股息和当公司破产时优先于普通股得到清偿的权利。优先股股票一般要在票面上标明"优先股"字样，其优先权通常包括下列内容：（1）优先领取股息，当公司利润不足以支付全体股东的股息和红利时，优先股股东可先于普通股股东分取股息，优先股的收益分派采取约定股息率的方式，即在公司发售股票时，就已确定了日后的股息率，股息是固定的，不随利润的增减而波动；（2）优先索偿权，当公司解散、改组和破产时，优先股持有者可先于普通股股东分得公司的剩余资产；（3）股息部分免税，美国税法规定，一个公司购买另一公司的优先股票，其股息收入只按15%计算缴纳联邦政府公司所得税，其余85%免税，优先股股票因而较受企业欢迎。

由于优先股较普通股有上述优先权利，因此在另一方面也失去了一些权利，如优先股股东的表决权受到严格限制，没有对公司业务的经营控制权，没有选举权；由于优先股的股息已事先定好，因而不能享受公司利润增长的利益，从这个意义上说，优先股又是公司举债集资的一种形式。

优先股种类很多，按照股息是否可以累积，可以将其分为累积优先股和非累积优先股两类。累积优先股最常见，发行比较广泛，其股息率是固定的，无论公司获利多少，它都不受影响，持这种股票的人可以有一笔稳定的收入，而且其股息可以累积，当公司营业欠佳、无力支付股息时，可将其累积起来，待公司营业好转，盈利较多时，应优先补发这些积欠的股息；非累积优先股本期未支付的股息不能累积到下一期，由于它不利于投资者，认购者少，所以发行的也很少。

按照是否可以参与企业的剩余利润的分配，可以将优先股分为参与优先股和非参与优先股。参与优先股是指当公司盈利较多时，股东除得到固定的股息外，还可以与普通股股东分享公司的盈余。这种股票对投资者很有利，但发行者不多；大部分优先股均属非参与优先股，即只按规定股息率取得股息，不参加公司利润的分配。

按照是否具有转换性，可以将优先股分为可转换优先股和不可转换优先股。可转换优先股股东可以在规定的条件下把所持股票变换成普通股股票或公司债券，持有这种股票的股东，可以依据公司经营状况和股市行情自行决定是否将其变换成普通股股票或公司债券。通常情况是，当公司前景和股市行情看好、盈利增加、有利可图时，可按规定的条件和价格，将优先股股票转换成普通股股票，当公司前景不明确、盈利明显减少、支付股息有困难时，也可将优先股股票转换成公司债券；不可转换优先股则在任何时候、任何条件下都不能变换成普通股或公司债券。目前，国际上较为流行的是可转换优先股股票，股份有限公司发行这种股票的目的在于吸引更多的投资者。

### （三）股票市场

股票市场一般可分为发行市场（又称一级市场或初级市场）和交易市场（又称二级市场或次级市场），这两种性质不同的市场互相对立、互相依存，形成统一的股票市场。

#### 1. 发行市场

发行市场是创造出售新证券（即原始有价证券）的市场，包括从规划、推销到委托、承购的全过程。它没有固定场所，通常由股票发行公司、承销股票的承销商（证券公司、信托投资公司等）及股票承购者三方组成。这三方当事者，实际上是新股票的出卖者、购买者和买卖的中介者。在证券发行量比较小的情况下，可以直接由发行公司和购买证券的投资者两方构成一级市场，无须通过第三者，即中介者承销商。而当股票发行量比较大时，可以委托承销商办理：先由承销商承购新发行的股票，然后再和别的参加者组成销售集团，将股票分销给社会各投资者。

一级市场是股票发行交易全过程中的基础环节。如果一级市场的机制健全，证券发行者资信良好、利润稳定，则推出的新股票将在交易市场上顺利上市和流通，引起投资者的兴趣和注意，从而获得好的市场地位。当今发达国家筹集资本多采取设立信誉卓著的新证券发行公司的办法，如美国、英国、西欧大陆的信托投资公司、发行银行或发行商店，它们资力雄厚，拥有众多的工程、技术、会计、法律专家，发行推销机构遍及各地，新股发行公司如能由它们承购或代理发行、推销股票，将会有许多好处。

#### 2. 交易市场

股票交易市场是指买卖已发行的股票的市场。股票经发行后，就进入股票交易市场。股票交易市场有两种形式：证券交易所和场外交易市场。

证券交易所是指设有交易场地，备有各种服务设施（如行情牌、电视屏幕、电子计算机、电话、电传等），并配备了必要的管理及服务人员，进行股票和其他债券买卖的场所，它是高度组织化的二级市场，是最主要的证券交易市场。

**专栏 7-6：世界上著名的证券交易所**

纽约证券交易所在世界各大证券市场交易所排名中名列第一，是世界上规模最大、组织最健全、设备最完善、管理最严密的证券交易所。2015年8月，在纽约证券交易所挂牌上市的公司数为3 298家，总市值25.99万亿美元。如图7-6所示为该交易所的交易场景。

纳斯达克证券市场（NASDAQ），即全美证券商协会自动报价系统，是由全美证券商协会（National Association of Securities Dealers）在1971年建立并监管的以美国证券公司报出股票买卖价格为交易方式的股票电子交易市场。几乎所有的美国证券经纪和交易商都是它的会员。它也是美国发展最快的证券市场，目前已成为纽约交易所之外全球第二大股票交易所。目前纳斯达克市场发行的外国公司股票数量，已超过纽约证券交易所和美国证券交易所的总和，成为外国公司在美国上市的主要场所。目前美国软件行业的93.6%、半导体行业的84.8%、计算机及外围设备的84.5%、通信行业的81.7%的上市公司都在纳斯达克上市，像微软、英特尔、雅虎、苹果、戴尔、美国在线等著名的高科技企业均在纳斯达克上市。因此，纳斯达克是全球最重要的证券市场之一，是高科技公司的象征和代名词。同时，外国著名企业，如丰田、爱立信、佳能、NEC、英国的路透社、沃尔沃等也在此上市，1999年中国的China.com也成功地登陆纳斯达克。截至2020年2月份，在纳斯达克上市的上市公司共5 400家。

图7-6 纽约股票交易所的交易场景

东京证券交易所是目前仅次于纽约证券交易所的世界第二大证券交易所。自20世纪90年代以来，东京证券交易所在组织管理上既吸收了英国自主管理的"自律"原则，又参照美国管理模式建立了严格的管理制度。截至2020年2月份，在东京证券交易所上市的上市公司达到3 803家。

伦敦证券交易所与其他国际金融中心相比，具有三个特点：上市证券种类最多，除股票外，还有政府债券，国有化工业债券，英联邦及其他外国政府债券，地方政府、公共机构和工商企业发行的债券；拥有数量庞大的投资国际证券的基金；运作着4个独立的交易市场。截至2019年4月份，伦敦证券交易所上市证券总市值达到3.77万亿美元，位居全球第七。

新加坡证券交易所成立于1973年5月24日，1978—1983年，设立了证券金融公司、证券结算与电脑服务公司和保证金交易机制。1990年为国际性或地区性证券的上市交易开设自动撮合国际市场（CLOB International）。据长江证券统计，新加坡证券交易所自国际板块推出以来，外国上市公司数量一直稳定发展，新交所是管理亚洲资本和投资风险的首选平台，也是亚洲最为国际化的交易所，有超过40%的上市公司均来自新加坡以外的地区，截至2018年5月份，在新加坡证券交易所挂牌的公司数为745家，成为在亚洲较有影响力的交易所之一。

资料来源：纽约证券交易所[EB/OL]. [2020-03-18]. https://www.nyse.com/index; 纳斯达克证券市场[EB/OL]. [2020-03-18]. http://www.nasdaq.com/zh;东京证券交易所[EB/OL]. [2020-03-18]. http://www.jpx.co.jp/;伦敦证券交易所[EB/OL]. [2020-03-18]. http://www.londonstockexchange.com/home/homepage.htm；新加坡证券交易所[EB/OL]. [2020-03-18]. http://www.sgx.com/ch/.

在二级市场中，不少股票交易并不是在证券交易所内完成的，而是在许多分布广泛的证券中介机构中进行的。很多证券公司设有专门的证券柜台，通过柜台进行证券交易。这就是所谓的店头市场，也称场外交易市场。在这种市场条件下，众多的交易商和经纪商彼此之间用电话、电报或电传直接进行交易。

### （四）股票价格指数

股票价格指数，简称股价指数，是指金融服务机构编制的，通过对股票市场上一些有代表性的公司发行的股票的价格，进行平均计算和动态对比后得出的数值。它是以百分比表示的一种股价波动相对数，以"点"为单位，反映了各种股票价格的平均变化情况和股票市场的趋势。由此，人们往往称股票价格指数为股市的测量器和反映经济情况的"晴雨表"。西方国家比较有影响的股票价格指数主要有美国的道·琼斯股价指数、标准-普尔股价指数、东京证券交易市场指数以及中国香港的恒生指数等。

### 专栏 7-7：国际上有影响力的股票价格指数

1. 道·琼斯股票价格平均指数（Dow Jones Average Index）

由美国道·琼斯公司编制并在该公司出版的《华尔街日报》上发布的股票价格指数，简称道·琼斯指数，它采用简单算术平均法计算。道·琼斯指数是世界上历史最悠久的股价指数，也是纽约证券交易最权威、最具影响力的股价指数。目前，道·琼斯指数包括纽约证券交易所和纳斯达克证券交易所上市的65家美国公司的股票，其中包括30家工业公司、20家运输公司和15家公用事业公司。道·琼斯平均股价指数现有四种，即30种工业股平均股价指数、20种运输股平均股价指数、15种公共事业股平均股价指数及全部65种股票平均价格综合指数。其中比较重要的是第一种指数和第四种指数，它们均以1928年10月1日为基期，基期指数为100。

2. 标准-普尔股价指数（Standard & Poor's Index）

它由美国的证券咨询研究机构——标准-普尔公司编制和发布的股票价格指数，是美国仅次于道·琼斯指数的又一重要股价指数，也是世界上著名的股价指数。该指数从1923年开始编制，目前采样股票为纽约证券交易所上市的500种普通股股票，其中含工业股400种、运输股20种、公共事业股40种、金融股40种。

标准-普尔股价指数以1941—1943年为基数，用每种股票的价格乘以已发行数量的总和为分子，以基期的股价乘以股票发行数量的总和为分母相除后的百分数来表示。由于该指数是根据纽约证券交易所上市的绝大多数普通股票的价格计算而得，能够灵活地对认购新股权、股份分红和股票分割等引起的价格变动做出调节，指数数值较精确，并且具有很好的连续性，所以往往比道·琼斯指数具有更好的代表性，因此长期以来被认为是能较全面地反映股市动态的指数。美国商务部出版的《商情摘要》一直把它作为观测经济周期变化的12个先行指标之一。

3. 东京证券交易市场指数（Tokyo Share Exchange Index）

它是东京证券交易市场编制的工业股票价格指数。该指数从1969年7月1日开始编制，采用加权平均法和基数修正法进行综合计算，以1968年1月4日为基期，基期指数值为100。该指数对于反映证券市场行情变化具有较大的代表性，以及较高的准确性和敏感性。

4. 恒生指数（Hang Seng Index，HSI）

恒生指数是中国香港恒生银行自1969年11月24日起编制并公布的一种股价指数，是香港股市上影响最大、代表性最强的股价指数。它选定1964年7月31日为基期，基数定为100，采用总市值加权法进行计算。自2006年9月11日，恒生指数首次纳入H股后，其计算方法改为流通市值调整计算。恒生指数的采样股票是动态调整的，在2007年10月底，其成分股是从香港上市公司中选出的40家有代表性的大公司的股票，其中金融业股票11种、公用事业股票3种、房地产业股票5种，其他工商业包括航运业、酒店业等股票21种。恒生指数由于采样面广，基期选择恰当，因而能够较全面地反映香港地区股票市场的价格变化及趋势，因此，它是目前香港最具代表性和影响力的股价指数。

## 三、国际债券投资

所谓国际债券，是一国政府及其金融机构、企事业单位或国际金融机构在国际证券市场上发行的以外国货币为面值的可自由转让的债权证券，具备如下基本特征：国际债券的发行人与投资人分属于不同的国家或地区，其发行、交易与债务清偿受到不同国家法律的支配；国际债券本质上是债权凭证，它体现了债券发行人与债券持有人之间的债权债务关系；国际债券是证券化的可自由流转的债权凭证，其发行与交易受到有关国家证券法规则的支配。

### （一）国际债券的种类

按照发行范围和面值货币，国际债券可以分为外国债券和欧洲债券。所谓外国债券（Foreign Bond），是指甲国发行人在乙国市场上发行的以乙国货币为面值货币的债券，如中国某企业在日本发行的以日元为面值货币的债券。主要西方国家的外国债券市场规模很大，已形成了一些国际上的通称，如将外国人在美国发行的美元债券称为"扬基债券"（Yankee Bond），在日本发行的日元债券称为"武士债券"（Samurai Bond），在英国发行的英镑债券称为"猛犬债券"（Bulldog Bond）。外国债券是一种传统意义上的国际债券，其发行必须得到发行市场所在国证券监管机构的同意，并要受该国金融法规的限制。所谓欧洲债券（Euro Bond），是指甲国发行人在乙国市场上发行的以第三国货币为面值货币的债券。如中国企业在日本市场上发行的以美元为面值货币的债券。欧洲债券实际上是一种无国籍债券，其发行不受发行市场所在国金融法规的限制，也无须发行市场所在国有关主管机构的审批。正因为如此，欧洲债券市场自20世纪60年代形成以来发展迅猛，目前占国际债券的比重已高达80%左右，超过了外国债券，成为跨国公司、各国政府机构以及国际性机构筹措资金的重要渠道。

近年来，国际债券市场出现了很多新兴的债券工具，如本息剥离债券（Separate Trading of Registered Interest and Principal Securities）、次级债券（Subordinated Bond or Mezzanine Bond）、附选择权债券（Option Embedded Bond）等。本息剥离债券，简称STRIPS，即依据利率期限结构理论，将附息债券的本金和利息部分剥离，分别将其转换为系列零息债券，这种债券业务创新可以满足不同投资者的需要，增强债券流动性的同时，在一定程度上降低了交易成本。次级债券是指偿还次序优于公司股本权益，但低于公司一般债务（包括高级债务和担保债务）的一种特殊的债券形式。由于该类债券的追索权低于普通债务，所以其持有者面临更大的违约风险。这种债券的发行除了能够满足更加偏好风险的投资者的需求之外，还为公司治理提供了一种新型工具，在一定程度上避免或弱化了债权人"搭便车"的动机。附选择权债券是将固定收益证券和选择权相结合而产生的一种衍生产品。选择权是一种权利，它赋予期权持有者可以选择在某一确定时间以确定价格购买或出售标的资产的权利，期权持有者只享有权利而没有必须履行的义务。按选择权持有者分类，选择权债券可分为可赎回债券（Callable Bond）和可卖回债券（Putable Bond）。对于前者，债券发行人享有在债券到期日之前的某一约定时间全部或部分赎回债券的权利；而对于后者，则是债券投资者享有在债券到期日之前的某一约定时间将债券全部或部分卖回给债券发行人的权利。

### （二）国际债券的发行市场和流通市场

在大多数国家，国际债券的发行都没有规定的场所，而是通过投资银行、金融公司或证券公司等金融机构进行。这些机构先按一定价格承购筹资者新发行的债券，然后将新债券投向二级市场，转售给一般投资者。国际债券的发行可采用公募发行与私募发行两种方式。公募发行是指新债券在经过承购公司承购后，可向社会非特定的投资者公开销售的一种发行方式；私募发行是指债券发行者只能向有限的指定投资者出售债券的发行方式。公募债券的发行虽然会受到许多限制，且利率较低，但发行后可公开上市；私募债券一般是采用记名方式发行，约束较少，利率相对较高，但发行后一般不能转让。

在国际债券市场上发行债券一般要由专门的评级机构对发行人的资信进行评级，以供投资者参考。目前国际上比较具有权威性的资信评级机构有美国的标准-普尔公司（Standard & Poor's Corporation）和穆迪投资服务公司（Moody's Investment Service Corporation），其对美国国内债券发行人和国外债券发行人的评判标准和评判依据如表 7-5 所示。随着金融全球化的发展，我国金融机构发行的外币债券越来越多，标准-普尔官方网站显示，2015 年中国农业银行、中国银行、建设银行长期信用评级均为 A，交通银行长期信用评级为 A-，政策性的中国进出口银行和国家开发银行的长期信用评级为 AA-，我国内地商业银行，如浦发银行、民生银行、招商银行发行的债券评级普遍为 BBB 级（从 BBB+到 BBB-）。

表 7-5　国际债券等级的评判标准

| 标准-普尔等级 | 穆迪等级 | 含　义 | 质 量 说 明 | 性　质 |
|---|---|---|---|---|
| AAA | Aaa | 最高级 | 质量最佳，本息支付能力极强 | 投资级 |
| AA | Aa | 高级 | 本息支付能力很强 | |
| A | A | 中高级 | 质量较佳，支付能力较强，但易受经济波动影响 | |
| BBB | Baa | 中级 | 质量尚可，但易受外界因素影响 | |
| BB | Ba | 中低级 | 中等品质，具有一定的投机性，保障条件中等 | 投机级 |
| B | B | 较差，半投机 | 具有投机性，本息缺乏足够保障 | |
| CCC | Caa | 差，明显投机 | 能支付本息，但无保障，经济波动时可能停付 | |
| CC | Ca | 差，风险大 | 投机性极强，本息基本没有保障，潜在风险极大 | |
| C | C | 风险极大 | 没有能力支付本息 | |
| D | D | 最低级 | 企业已发生违约行为 | |

国际债券流通市场主要由证券交易所、经纪人、证券商、投资者以及证券管理机构组成。其中证券交易所是流通市场的中心，证券交易商一方面代客户买卖债券，为客户提供服务；

另一方面又自营债券买卖，从而增强了流通市场的流动性，保证交易的连续性。此外，一些未能在交易所登记上市的债券交易可以分散在交易所之外的场外市场进行买卖。

## 四、国际证券投资分析——基本分析与技术分析

在机会与风险并存的国际证券市场上，人们必须掌握证券投资分析的技术与方法。当前，一般将股票分析的方法分为两大类，即基本分析与技术分析。

### （一）基本分析

证券市场上有句屡试不爽的真理："选股不如选时，选时不如选势。"意思是说，投资者的选股水平再高明，也不如选择适合进行投资操作的时机而获利的可能性大；投资者进行证券市场技术分析的水平再高，也不如根据宏观经济形势进行投资选择而获利的可能性大。由此可见，基本分析在证券分析中占有举足轻重的地位。

基本分析是通过对影响股票市场供求关系的基本因素进行分析，确定股票的真正价值，判断股市走势，从而帮助投资者确定买卖机会的一种分析方法。在此所指的基本因素主要包括宏观经济情况、行业动态变化、发行公司自身的运营情况以及可能影响股市的政治因素与心理因素等。因此，基本分析大体可以分为三个方面：发行公司外部市场因素分析、发行公司所处的行业因素分析和发行公司因素分析。

1. 市场因素分析

市场因素是指对股票市场上所有股票价格都会产生影响的各种因素，主要有以下几种。

（1）宏观经济形势。每个国家的经济运行都有一定的周期，有市场景气、经济高速增长的年代，也有市场低迷、经济衰退的时期。这种经济运行的大环境受许多经济因素影响，但反过来又影响着这些经济因素的变化与发展。如果当前市场极其繁荣，那么企业经营利润就会提高，从而每股收益就会相应增长，而使股价维持在一个较高的水平上；如果宏观经济走向萧条，则企业经营利润下滑，每股收益下降，从而导致股价大幅下跌。

（2）货币政策。一般而言，股价随着货币政策的宽松与紧缩而升高与下滑。当货币供应量增加时，投资者投资股市的资金就会相应增加，从而促使股价上升。当利率下调时，企业利息支出就会减少，从而增加了企业每股盈余；同时，利率下调，使投资者所期望的收入水平下降，从而降低了股票投资的折现率；再者，利率下调会增加社会货币供应量。这三点因素结合在一起，使利率下调对股价的影响较为明显。

（3）财政政策。政府财政政策与货币政策一样，也会对股价产生影响。一般而言，扩张性的财政政策会刺激股价的攀升，而紧缩性的财政政策则会导致股价下滑。

（4）通货膨胀。通货膨胀对股价的影响比较复杂，在不同的情况下会有不同的结果。通货膨胀初期，投资者会将资金从股市抽出而投资于房地产或黄金等保值性的商品市场，从而导致股价下跌。特别是在物价激烈上涨时，人们出于恐慌，往往会产生过激反应，而争相抛售股票，导致股价大幅下跌。但在物价处于温和上涨阶段，上市公司有可能因为存货价值和产品价格的上涨超过其资金成本的上涨，而使利润增加，这种情况下，通货膨胀有利于股价涨升。

（5）政治因素。政治因素是指足以影响股票价格的国内外政治活动和政府的政策与措施。当今世界，政治与经济是密不可分的，政治变化会影响经济变化，从而波及股市。影响股价

变动的政治因素主要有政府换届、国家首脑的去世、对外关系变化、爆发战争以及国际政治的重大变化。

（6）心理因素。投资者心理变化也会影响股价的变动。一般而言，投资者对股市过分悲观时，就会抛售股票，从而使其认为股市将要下滑的想法成为现实；而如果投资者对股市充满信心，即使股价已经远远超出其内在价值，他们仍会争相购买股票，从而使股价上升。

### 专栏 7-8：郁金香狂潮

1593 年，一位新任命的来自维也纳的植物学教授把一批在土耳其栽培的郁金香带到荷兰的莱顿。教授精湛的栽培技术使这些郁金香球茎异常漂亮，一时成为莱顿上层社会谈论的焦点。许多王公伯爵登门拜访教授，以一赏郁金香为荣。但那些萌生占有之意的买主一律遭到了教授的拒绝，因为他的要价令人望而生畏。郁金香再美丽，在它的投资价值未显现之前，极富有经济头脑的荷兰人是不会花大笔钱买一盆仅能观赏的植物的。

一次很偶然的事件，使得郁金香得以在市面上流通。一个窃贼乘教授不备破门而入，盗走了许多球茎，然后以低廉的价格出售。郁金香的繁殖率极高，很快，它就成为荷兰花园里人见人爱的花卉品种，其价格非常昂贵。一般少数富有的达官显贵家里都摆有郁金香，作为观赏品和奢侈品向外人炫耀。

机敏的投机商开始大量囤积郁金香球茎以待价格上涨。在舆论鼓吹之下，人们对郁金香的倾慕之情越来越浓，最后对其表现出一种病态的倾慕与热忱，以致拥有和种植这种花卉逐渐成为享有极高声誉的象征。人们开始竞相效仿，疯狂地抢购郁金香球茎。一时间，郁金香迅速膨胀为虚幻的价值符号，令千万人为之疯狂。

郁金香在培植过程中常受到一种"花叶病"的非致命病毒的侵袭。病毒使郁金香花瓣产生了一些色彩对比非常鲜明的彩条或"火焰"，荷兰人极其珍视这些被称之为"稀奇古怪"的受感染的球茎。花叶病促使人们更疯狂地投机。不久，公众一致的鉴别标准就成为："一个球茎越古怪，其价格就越高！"

郁金香球茎的价格开始猛涨，价格越高，购买者越多。欧洲各国的投机商纷纷拥进荷兰，加入了这一投机狂潮。

1636 年，以往表面上看起来不值一钱的郁金香，竟然达到了与一辆马车、几匹马等值的地步。就连长在地里肉眼看不见的球茎都几经转手交易。

一位年轻的水手，是一个外国人。初来乍到，他不知道荷兰国内正在掀起郁金香投机潮。水手因卖力地工作得到了船主的奖赏，离船时他顺手拿了一朵名为"永远的奥古斯都"的郁金香球茎。那朵球茎是船主花了 3 000 金币（合现在 3 万～5 万美元）从阿姆斯特丹交易所买来的。当船主发现郁金香丢失时，便去找那位水手，并在一家餐厅里找到了他，却发现水手正满足地就着熏鲱鱼将球茎吞下肚去。水手对郁金香球茎的价值一无所知，他认为球茎如同洋葱一样，应该作为鲱鱼的佐料一块儿吃。值几千金币的球茎在一个陌生人眼里竟如同洋葱，是水手疯了，还是荷兰人太不理智了，法官难以决断。然而，这个偶然事件仿佛一枚炸弹，引起阿姆斯特丹交易所的恐慌。谨慎的投机者开始反思这种奇怪的现象，反思的结果无不例外地对郁金香球茎的价值产生了根本性的怀疑。极少数人觉得事情不妙，开始贱价卖出球茎，一些敏感的人立即开始仿效，随后越来越多的人卷入恐慌性抛售浪潮，暴风雨终于来临了。

一时间，郁金香成了烫手山芋，无人再敢接手。郁金香球茎的价格宛如断崖上滑落的枯枝，一泻千里，暴跌不止。荷兰政府发出声明，认为郁金香球茎价格无理由下跌，让市民停止抛售，并试图以合同价格的10%来了结所有的合同，但这些努力毫无作用。一星期后，一根郁金香的价格几乎一文不值，其售价不过是一只普通洋葱的售价。

千万人为之悲泣。一夜之间多少人成为不名分文的穷光蛋，富有的商人变成了乞丐，一些大贵族也陷入无法挽救的破产境地。

人们紧接着把求援之手伸向法院。恐慌之中，那些原已签订合同要以高价购买的商人全部拒绝履行承诺，只有法律才能督促他们依照合同办事。然而，法律除了能干预某些具体的经济行为外，它是决不能凌驾于经济规律之上的。法官无可奈何地声称，郁金香投机狂潮实为一次全国性的赌博活动，其行为不受法律保护！

人们彻底绝望了！从前那些因一夜暴富喜极而泣之人，现如今又在为突然降临的一贫如洗仰天悲哭了。宛如一场噩梦，醒来之时，用手拼命掐自己的脸才发觉现实就在梦中。身心疲乏的荷兰人每天用呆滞的目光盯着手里的郁金香球茎，反省着梦里的一切……

资料来源：郁金香狂潮[EB/OL].（2015-02-08）[2020-03-18]. http://zh.wikipedia.org/wiki/%E9%AC%B1%E9%87%91%E9%A6%99%E7%8B%82%E7%86%B1.

2．行业因素分析

行业因素是指只影响到某一个特定行业或产业的上市公司股价的因素。这些因素主要包括行业生命周期、行业景气变动、淡旺季、法令措施以及来自国外的政治经济因素。

（1）行业生命周期。任何一个行业都有其生命周期，在该行业的所有企业都会在一定程度上受到行业生命周期的影响。一般而言，在行业的开创时期，企业垄断利润也较高，但经营面临的风险较大，从而股价波动频繁；在行业的扩张期，大量企业涌入这一行业，企业利润比较平稳，此时股价可能大幅提高；在行业的成熟期，由于受到市场容量的限制，企业价格竞争日趋激烈，虽然有的企业仍可以获得较高的利润，但与扩张期相比，已经不再风光，此时股价具有下跌的潜在压力；在行业的衰退期，该行业股票的股价开始下跌，投资者应该寻机适时退出。

（2）行业景气变动。行业景气变动是指由于对该行业特殊影响因素的变动，而导致的行业景气发生变化，如纺织行业会受到棉花产量及价格影响。

（3）淡旺季。有些行业存在明显的季节性，从而导致其股价也存在一定的季节性，如空调行业一般在夏季盈利较多。

（4）法令措施。政府有时会针对某个行业的产品颁布一定的条例，如颁布新的技术指标等，此时投资者要仔细分析这些条例对行业股价的影响。

（5）来自国外的政治经济因素。随着国际联系的日益紧密，来自国外的政治经济因素对本国经济及股市的影响也不断增大。如有时国外政府会颁布一些针对某国某个行业进口品的法令，从而导致该国这一行业公司的股价产生剧烈波动。

3．公司因素分析

公司因素是指影响面只波及一个公司股价的因素。影响单一公司股价的因素很多，主要有以下几种：公司的财务状况、公司的股利政策、公司领导层的变动等，对此应结合一些指标来分析公司的财务状况。

（1）偿债能力分析

企业偿债能力是指企业用资产偿还债务的能力，一般用不同的指标来衡量企业短期与长期的偿债能力。衡量企业短期偿债能力的指标主要有流动比率与速动比率两种。

流动比率是衡量企业短期偿债能力的最常用指标，以流动资产除以流动负债而得，原则上这一指标越高，企业短期偿债能力越强，但是这一比率很高有可能说明企业资金没有被充分利用，存在资金闲置现象，据经验可知，一般认为这一比率维持在200%左右比较合适，当然具体数字因行业不同而异。其计算公式为：

$$流动比率 = \frac{流动资产}{流动负债} \times 100\%$$

由于流动资产（现金、存货、有价证券、应收账款等）各组成部分的变现能力不同，如有可能企业在偿还债务时，无法将存货变卖，所以流动比率有时无法准确衡量企业的短期偿债能力，在这种情况下，人们一般采用另一指标——速动比率。这一指标的计算公式为：

$$速动比率 = \frac{速动资产}{流动负债} \times 100\% = \frac{流动资产-存货-预付费用}{流动负债} \times 100\%$$

一般认为速动比率大约为100%比较合适。

对于企业长期偿债能力的衡量存在许多不同的指标，如股东权益对负债比率、负债比率与权益比率、有形资产净额对长期负债比率、利息保障倍数等，其计算分别如下：

$$股东权益对负债比率 = \frac{股东权益}{负债} \times 100\%$$

$$负债比率 = \frac{负债总额}{资产总额} \times 100\%$$

$$权益比率 = \frac{股东权益}{资产总额} \times 100\%$$

$$有形资产净额对长期负债比率 = \frac{有形资产净额}{长期负债} \times 100\%$$

$$利息保障倍数 = \frac{付利息及付所得税前的利润}{本期利息支出}$$

（2）资产运用效率分析

企业资产运用效率是指企业是否充分利用其现有资产创造利润，其主要指标及计算公式如下：

$$总资产周转率 = \frac{销售收入}{平均总资产} \times 100\%$$

$$现金周转率 = \frac{销售收入}{平均现金余额} \times 100\%$$

$$存货周转率 = \frac{销货成本}{期初、期末平均存货} \times 100\%$$

$$固定资产周转率 = \frac{销售收入}{平均固定资产} \times 100\%$$

（3）收益能力分析

收益能力是指企业利用现有资源创造利润的能力，其主要指标及计算公式如下：

$$每股盈余 = \frac{税后利润-优先股股利}{发行在外的普通股总数}$$

$$市盈率 = \frac{每股市价}{每股盈余} \times 100\%$$

$$本利比 = \frac{每股市价}{每股股利}$$

$$普通股权益报酬率 = \frac{税后净利润 - 优先股股利}{平均普通股权益} \times 100\%$$

（4）成长力分析

成长力主要考虑的是企业各项财务指标的增长状况，测试指标及计算公式如下：

$$固定资产增长率 = \frac{本期固定资产 - 基期固定资产}{基期固定资产} \times 100\%$$

$$每股净值增长率 = \frac{本期每股净值 - 基期每股净值}{基期每股净值} \times 100\%$$

$$股东权益增长率 = \frac{本期股东权益 - 基期股东权益}{基期股东权益} \times 100\%$$

（5）生产力分析

生产力分析用于显示企业经营效率的优劣，测试生产力的主要指标及计算公式如下：

$$附加价值率 = \frac{附加价值}{营业收入} \times 100\%$$

$$人均产值 = \frac{产值}{平均从业人员}$$

$$经营资本投资效率 = \frac{附加价值}{经营资本} \times 100\%$$

基本分析法不能轻易带来超常的回报，其根本原因是，为了确定股票的合理价，必须对未来的企业经营状况有准确的预测，而未来总是不可预测的。另外，由于基本分析法代表了市场绝大多数参与者的投资理念，基本分析投资者的整体表现自然不会与综合股票指数有明显的差别。

**（二）技术分析**

技术分析是一种根据以前或现在股市行情的变化而分析股市今后走势的分析方法。技术分析的成立需要如下假设条件：决定股价的根本因素是股票在市场中的供求关系，而不是其内在价值，股票的供求关系变化导致股价变化；股市的变动趋势将持续一段时间；历史可以重演，在相同情况下，不同时期的人们会有相同的反应，从而股价的变化将会沿着历史轨迹发展。

但在实践中，技术分析的假设条件同样会受到限制，这就决定了技术也有不足之处。第一，所有技术分析都是一种涨跌率的预测，没有100%绝对的正确，最佳技术指标参数具有不确定性；第二，技术指标也具有滞后性，价格变动在前，指标变动在后；第三，技术指标有时也具有欺骗性，一些大的投资机构利用一般投资原则，进行反技术操作，使普通的投资者上当受骗。因此，要注意多个指标的联合运用。

技术分析的工具和方法很多，本书仅对主要技术分析方法和指标进行简要介绍。

1．道氏理论

道氏理论创立于19世纪末，几乎是股票市场上存在最久、应用最广泛的用以找出股市大势所趋的理论，它是现今所有股市图表趋势派的基石。道氏理论的基本原理由华尔街怪杰查尔斯·道所提出，后来经他的继承人纳尔逊和汉密尔顿发扬光大，而最终成为推测股市趋势的一种著名的技术分析理论工具。道氏理论在20世纪30年代达到巅峰，那时，《华尔街日报》以道氏理论为依据每日撰写股市评论。1929年10月23日《华尔街日报》刊登《浪潮转向》一文，正确地指出"多头市场"已经结束，"空头市场"的时代即将来临，紧接这一预测之后，果然发生了可怕的股市崩盘，从而使道氏理论名噪一时。

（1）道氏理论的基本观点

道氏理论认为证券市场上存在三种趋势：主要趋势，持续数个月至数年；次要趋势，持续数个星期至数个月；日常趋势，持续数天至数个星期。任何市场中，这三种趋势必然同时存在，彼此的方向可能相反。

主要趋势是指从大的角度来看上涨和下跌的变动。其中，只要下一个上涨的水准超过前一个高点，而每一个次级的下跌的波底都较前一个下跌的波底高，那么，主要趋势就是上升，被称为多头市场。相反地，当每一个中级下跌将价位带至更低的水准，而接着的弹升不能将价位带至前面弹升的高点，主要趋势就是下跌，称之为空头市场。

次要趋势指在主要趋势中，股价持续上涨过程突然出现中期回跌现象，或者在股价持续下跌过程中突然出现的中期反弹现象。次要趋势一般可以调整主要趋势的1/3～2/3。

日常变动是短暂的波动，它们本身尽管没有什么意义，但是把主要趋势的发展全过程赋予了神秘多变的色彩。通常，不管是次级趋势或两个次级趋势所夹的主要趋势部分都是由一连串的三个或更多可区分的日常变动所组成。在一个无论成熟与否的股市中，短期变动是唯一可以被操纵的，而主要趋势和次要趋势却是无法被操纵的。在图7-7中可以很清楚地看到主要趋势、次要趋势与日常趋势的区别与联系。

（2）多头市场与空头市场

多头市场又称为主要上升趋势。它可以分为三个阶段：第一阶段是积累期，在这个阶段中，一些有远见的投资人体会到虽然目前经济处于不景气的阶段，但将来会有所转变，因此，买进那些没有信心、不惜血本抛售的股票；第二个阶段是市场情况好转阶段，此时，企业景气的上升趋势和公司盈余的增加吸引了大众的注意，在这个阶段，使用技术性分析的交易者通常获得最大的利润；第三个阶段是狂热阶段，此时，整个交易沸腾了，在这个阶段的最后部分，随着投机气势的高涨，成交量持续地上升，冷门股交易逐渐频繁，没有投资价值股票的股价也急速上升，这个阶段的后期已经隐藏着潜在危机。

空头市场又称为主要下跌趋势，它也可以分为三个阶段：第一阶段是卖出期，它真正的形成是在前一个多头市场的最后一个阶段，那时，有远见的投资人觉察到企业的股价到了不正常的高点，而开始加快卖出股票，此时成交量仍然很高，虽然在弹升时有逐渐减少的倾向；第二个阶段是恐慌时期，想要买进的人开始退缩，想要卖出的人则急着要脱手，价格下跌的趋势突然加速，此时成交量的比例差达到最大；接着，第三阶段来临了，它是由那些缺乏信心者的卖出所构成的，在这个阶段，下跌趋势并没有加速，没有投资价值的低价股可能在第一或第二阶段就跌掉了前面多头市场所涨升的部分，业绩较为优良的股票持续下跌，因为这种股票的持有者是最后失去信心，通常，在最坏的情况已经被预期到且已经在股价上实现时，空头市场也就过去了。

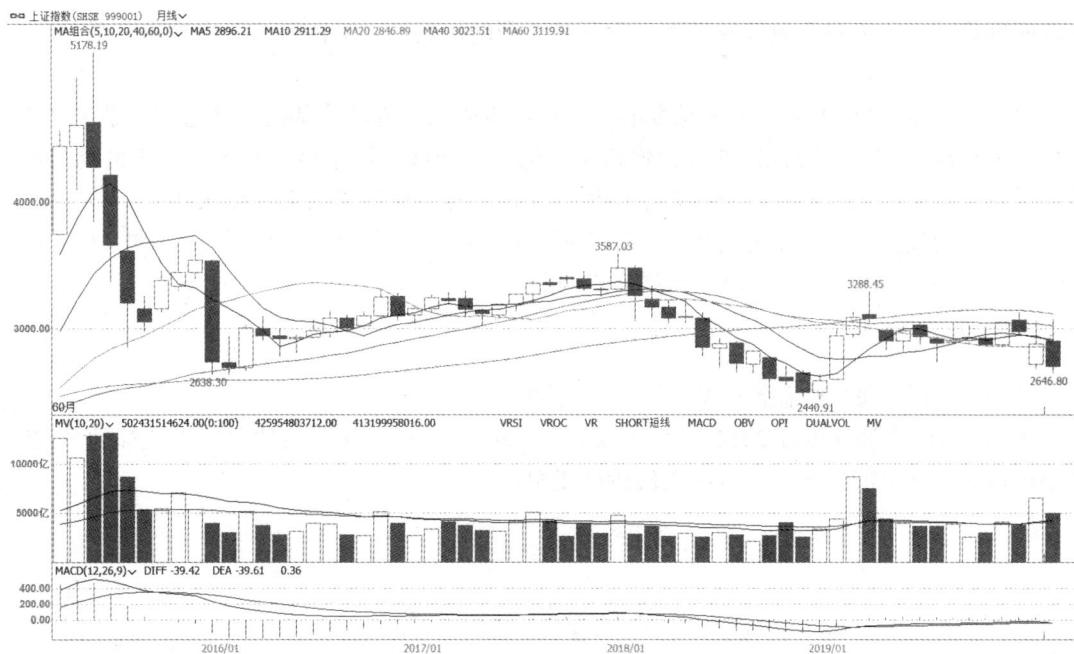

图 7-7 上证指数变动趋势图（2015.04.30—2020.03.19）

多头市场与空头市场之间的承接关系如图 7-8 所示。

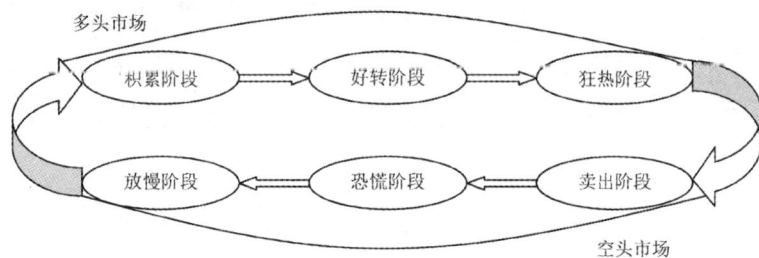

图 7-8 多头市场与空头市场之间的阶段图

（3）趋势判断

道氏理论认为，股市走势只有在互证的情况下才能明确地表现出来。而在该理论中，所谓互证，是指道·琼斯铁路和工业股价平均数向同一方向变动时，表示一个股价平均数被另一个股价平均数确认，则主要趋势和次要趋势便会产生，如果两种股价平均数反向变化，就说明互不验证。以两种平均指数牛市验证为例：当两种平均指数都涨过各自的前一个高点时，标志牛市形成；如果只有一种平均指数突破了前一个高点，还不是牛市；如果两种平均指数的走势相互背离，依然认为原来的趋势继续有效。

（4）道氏理论的缺陷

首先，道氏理论的主要目标是探讨股市的基本趋势，一旦基本趋势确立，道氏理论假设这种趋势会一直持续，直到趋势遇到外来因素破坏而改变为止，但有一点要注意的是，道氏理论只推断股市的大势所趋，却不能推断大趋势里面的升幅或者跌幅将会到哪个程度；其次，道氏理论每次都要两种指数相互确认，这样做有可能错失了最好的入货和出货机会；再次，道氏理论注重长期趋势，对中期趋势，特别是在不知是牛市还是熊市的情况下，不能给予投资者明确启示，所以对于短线操作者并没有多大帮助；最后，道氏理论对选股没有帮助。

2. 移动平均线

移动平均线（MA）是以道·琼斯的"平均成本概念"为理论基础，采用统计学中"移动平均"的原理，将一段时期内的股票价格平均值连成曲线，用来显示股价的历史波动情况，进而反映股价指数未来发展趋势的技术分析方法，它是道氏理论的形象化表述。

移动平均线依计算周期分为短期（如5日、10日）、中期（如30日）和长期（如60日、120日）移动平均线。移动平均线计算公式为：

$$MA = \frac{C_1 + C_2 + \cdots + C_N}{N}$$

其中，$C$代表每日收盘价；$N$代表计算周期。

图7-9所示为浦发银行2014年11月28日到2020年3月19日这段时间内的移动平均线，从中可以看到这只股票在这段时间内的价格走势。

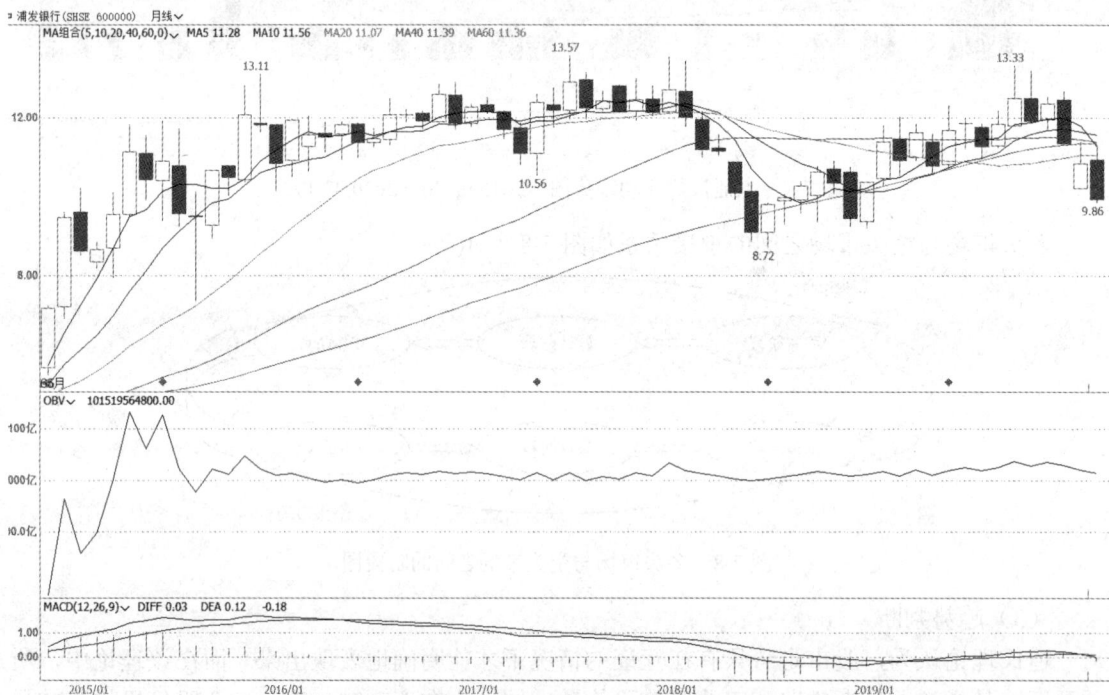

图7-9 浦发银行股价移动平均线与OBV图（2014.11.28—2020.03.19）

美国著名的技术分析专家葛兰维尔（Joseph Granvile）根据K线与移动平均线之间的关系，给出了判断买卖的信号，创立了技术分析经典之论——移动平均线八大法则，如图7-10所示。

其中，①②③④点为买入点，⑤⑥⑦⑧点为卖出点。移动平均线从下降逐渐走平且略向上方抬头，而股价从移动平均线下方向上方突破，为买进信号；股价位于移动平均线之上运行，回档时跌破移动平均线，但短期移动平均线继续呈上升趋势，此时为买进时机；股价位于移动平均线之上运行，回档时未跌破移动平均线后又再度上升时为买进时机；股价位于移动平均线以下运行，突然暴跌，距离移动平均线太远，极有可能向移动平均线靠近（物极必反，下跌反弹），此时为买进时机；股价位于移动平均线之上运行，连续数日大涨，离移动平均线愈来愈远，说明近期内购买股票者获利丰厚，随时都会产生获利回吐的卖压，应暂时卖出所持股票；移动平均线从上升逐渐走平，而股价从移动平均线上方向下跌破移动平均线时说明卖压渐重，应卖出所持股票；股价位于移动平均线下方运行，反弹时未突破移动平均线，且移动平均线跌势减缓，趋于水平后又出现下跌趋势，此时为卖出时机；股价反弹后在移动平均线上方徘徊，而移动平均线却继续下跌，宜卖出所持股票。

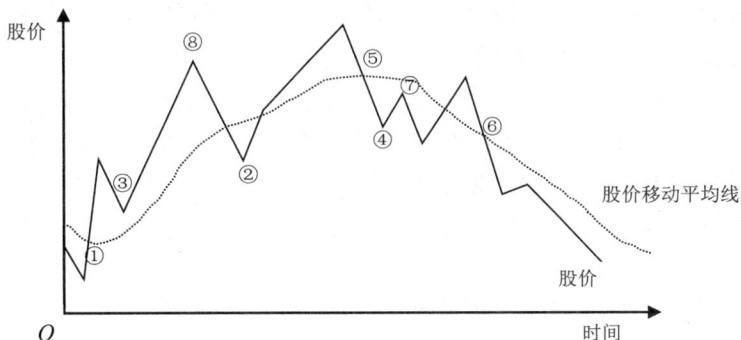

图 7-10　移动平均线八大法则图

### 3．OBV 分析法

在股市中，成交量的大小是人气盛衰的反映，是股价的先行指标。股市的良好走势需要成交量的配合，若得不到成交量支持，良好的走势将无法持续，所以通过成交量分析，投资者可以了解某一股票供给与需求的力量，看出未来股价的走势，从而决定买卖股票的时机。最主要的衡量成交量的指标是 OBV（On Balance Volume）成交量指标（见图 7-9）。

OBV 线的制作原理是：若收盘价比前一交易日上涨，就将前一交易日成交量或成交值与本日的成交量或成交值相加；若收盘价比前一交易日下跌，则将前一交易日成交量或成交值与本日成交量或成交值相减；然后将它们连成线即可。

OBV 线的主要依据是认为股价变动基本上是受市场投资者心理所影响，并认为股价变动与成交量或成交值的增减有密切关系：股价上涨时，成交量或成交值增加；股价下跌时，成交量或成交值减少。

根据上述成交量与股价变动的关系，可应用 OBV 线与股价趋势线判断买入或卖出的时机，其具体方法如下。

（1）当 OBV 线上升而股价下跌时，就是买进信号。这表示在当时的情形下，由于价格较低，因而买进者甚多。这时，投资者就应该买进。

（2）当 OBV 线由跌势转为上升时，就是买进信号。这是因为买方的相对优势逐渐加强，投资者若不买进，则将来股价上升，会使投资者的购买成本上升。

（3）当 OBV 线下降而股价上涨时，是卖出信号。这时购买力属较高档次的买方的购买力已经减少，所以必须立即卖出。

（4）当 OBV 线由上升转为下跌或者累积值从正变为负时，是卖出信号。这是因为买方购买力已逐渐减弱，所以必须立即卖出。

（5）当 OBV 线暴跌时，是买进信号。这是因为会出现卖方回补现象，所以必须立即买进。

（6）当 OBV 线暴涨时，是卖出信号。这是因为买方已全力买进，因而已经无力购买，所以必须立即卖出。

该方法在存在一定的合理性而被人们广泛采用的同时，也存在一定的缺陷，主要有以下两点：（1）此方法仅涉及价和量，未涉及基本因素，因此适用于短期操作，不适宜长期投资；（2）如果某日总成交量大，且股价波动巨大，但收盘价与前日相同，OBV 线的累计数和前日一样，这时 OBV 线就失去了意义。

4．K 线图分析法

K 线图分析法最早用于日本幕府时代的大阪米市交易，后来被广泛应用在股市技术分析中，并且流传到新加坡、中国香港、中国台湾等国家和地区。它将每天股票的开盘价、收盘价、最高价、最低价的变动情况记录下来，然后按一定的方法绘成图表，投资者借以看出股市的变迁。

K 线又称阴阳线、红黑线，一般由上影线、下影线和中间实体三部分组成，可以准确反映当天股价的涨跌及幅度，适合于短线投资分析。

在 K 线的绘制中，将开盘价与收盘价用粗线表示，绘制成长方形（即所谓的"实体"）。如果收盘价高于开盘价，则用红色或中空长方形表示，称为阳线；如果收盘价低于开盘价，则用黑色或蓝色表示，称为阴线；如果两者相等，则用一黑线表示，称为平盘线。当最高价比实体的最高价高时，最高价所在点与实体上端中间点相连，构成上影线；如果最低价低于实体最低价，那么把最低价所在点与实体下端中间点相连，构成下影线，如图 7-11 所示。

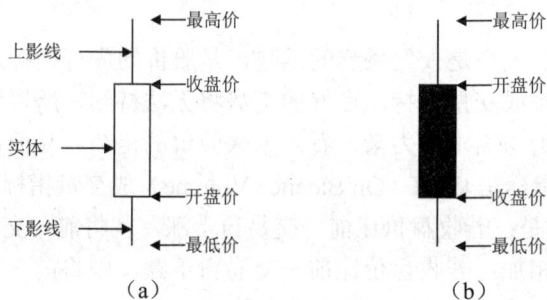

图 7-11　阳线与阴线示例图

从某种意义上说，股价变动是有规律可循的，股价在买方支撑和卖方压力的相互影响下，会顺着某种趋势而变动，这就自然而然地形成各种不同的形态，而这些形态往往都有确定的内涵，可以帮投资者确定买卖时机。在此，仅介绍几种常见的简单形态以及其所代表的意义，如图 7-12 所示。

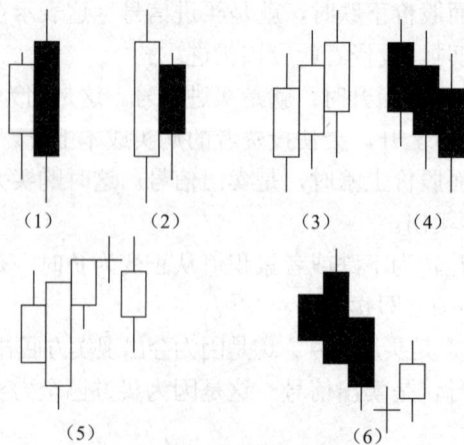

图 7-12　几种常见的 K 线图形态

（1）阴包阳。说明在股市中空方的力量胜过了多方，往往预示着股市将进一步下跌。

（2）阳包阴。说明在股市中多方的力量胜过了空方，往往预示着股市将进一步上升。

（3）三个白色骑士。每日的开盘价都在上一日的开盘价和收盘价内，每日的最高价和最低价都接近收盘和开盘价，且日涨幅不大，往往预示着股票价格将有较大涨幅。

（4）三只乌鸦。每日的开盘价都在上一日的开盘价和收盘价内，每日的最高价和最低价都接近收盘和开盘价，且日跌幅不大，往往预示着股票价格将有较大跌幅。

（5）黄昏十字星。出现在股价上升的过程中，当成交量进一步放大，而股价却不再上升，形成十字形状，预示着股价将开始回落。

（6）黎明十字星。出现在股价下跌的过程中，当成交量进一步放大，而股价却不再下降，形成十字形状，预示着股价将开始上升。

需要指出的是，基本分析与技术分析都存在合理之处，基本分析的特点决定了其对价格的长期走势把握比较准确，而技术分析的优势是在判断中短期趋势中更能游刃有余。因此在实践中，要在认清两种方法的优缺点之后，将两种方法的优点结合起来，才能对行情做出准确的判断。

## 本章小结

1．国际信贷是指国际间资金的借贷活动，它是国际间接投资的一个组成部分，是国际经济联系中的一条重要纽带。

2．国际金融组织分为全球性国际金融组织和区域性国际金融组织两类。全球性国际金融组织主要有国际货币基金组织、世界银行、国际农业发展基金会等；区域性国际金融组织主要有亚洲开发银行、亚洲基础设施投资银行、泛美开发银行、非洲开发银行、欧洲复兴开发银行、阿拉伯货币基金组织等。

3．国际证券投资是在国际金融市场上买卖债券和股票的一种经济活动。随着各国以及全球经济的高速发展，各国证券市场也逐渐呈现金融市场证券化、证券交易多样化、证券投资法人化、证券市场计算机化、证券市场国际化、证券市场自由化等新发展趋势。

4．国际股票市场的行情不仅反映出市场所在国的经济状况，而且可以反映出世界经济的发展状况。股票交易市场的走势通常采用股票价格指数来判断。

5．影响股票交易价格的因素很多，通常分成两大类：一是基本因素；二是技术因素。基础分析是通过对影响股票市场供求关系的基本因素进行分析，确定股票的真正价值，判断股市走势，从而帮助投资者确定买卖机会的一种分析方法；技术分析是一种根据以前或现在股市行情的变化而分析股市今后走势的分析方法。

6．基本分析与技术分析都存在合理之处，基本分析的特点决定了其对价格的长期走势把握比较准确，而技术分析的优势是在判断中短期趋势中更能游刃有余。因此在实践中，要在认清两种方法的优缺点之后，将两种方法的优点结合起来，才能对行情做出准确的判断。

7．道氏理论认为证券市场上存在三种趋势：主要趋势、次要趋势与日常趋势，且证券市场在空头市场与多头市场之间交替更迭。在 K 线图中，人们将每日股票的开盘价、收盘价、最高价和最低价的变动情况记录下来，然后按一定的方法绘成图表，借以看出股市的变迁。

@ **本章网络引擎**

1. http://www.imf.org：国际货币基金组织官方网站，了解 IMF 提供的有关金融市场的信息和统计资料等。

2. http://www.worldbank.org：世界银行集团官方网站，可以获得世界银行的部门设置、对各国的贷款政策和方向、有关出版物、贷款项目介绍等有关信息。

3. http://www.adb.org：亚洲开发银行官方网站。

4. http://www.afdb.org：非洲开发银行官方网站。

5. http://www.sse.com.cn：上海证券交易所网站。

6. http://www.sse.org.cn：深圳证券交易所网站。

7. http://www.nyse.com：纽约股票交易所网站。

8. http://www.ses.com.sg：新加坡证券交易所网站。

9. http://www.londonstockex.co.uk：伦敦证券交易所网站。

10. http://www.tse.or.jp：东京证券交易所网站。

11. http://www.eurobank.org：欧洲银行集团官方网站，提供有关欧洲货币市场以及国际金融市场发展的有关信息。

12. http://www.iosco.org/library.html：了解国际证券监管者组织的详情，特别是其公布的 126 个文件可浏览该网址。

13. http://www.globefinance.net：世界汇金网，可以查询国内外金融市场、金融机构动态、金融市场监管、专业研究报告、证券外汇交易、产业经济领域的相关资料。

14. http://www.finance.sina.com.cn：新浪财经网站，可以查阅到我国所有上市公司股票的走势以及最新的财经新闻。

15. http://finance.yahoo.com：雅虎财经网站，可以查阅到所有世界主要股票交易所的某只股票的动态信息以及影响全球的重大财经事件。

? **本章思考题**

1. 名词解释

国际信贷　　国际债券　　普通股　　优先股　　蓝筹股　　绩优股　　道氏理论
外国债券　　欧洲债券　　基本分析　　技术分析

2. 国际银行贷款有哪两种主要类型？它们之间的区别是什么？

3. 政府贷款有哪些特点？

4. 有人说，证券市场上的投机行为实际上是一种赌博，对证券市场的发展有百害而无一利。这种看法是否正确？为什么？

5. 试比较优先股与普通股的异同点。

6. 简述道氏理论的基本观点与其不足之处。

7. 案例分析

（1）通过阅读以下材料，试说明吉姆·罗杰斯在国际市场上采用的什么投资分析技术，查阅索罗斯量子基金相关资料，分析二者之间有什么异同。

（2）通过材料中的介绍，试分析影响国际市场上股票的宏观因素有什么，真正支撑吉姆·罗杰斯在众多国际市场上长久不败的原因有哪些。

## 全球投资大师之——吉姆·罗杰斯

量子基金是全球著名的大规模对冲基金，是美国金融家乔治·索罗斯旗下经营的五个对冲基金之一。值得一提的是，这一在全球都极有影响的对冲基金的创始人除了在亚洲市场颇有名气的索罗斯以外，还有一位与索罗斯、巴菲特并称"全球三大金融巨头"，金融界的"浪漫骑士"——吉姆·罗杰斯。

1980年，罗杰斯离开了索罗斯的量子基金，带着公司20%的资金利润——1 400万美元，开始了他让人目眩神迷的独立投资人生涯。从葡萄牙、奥地利、德国到新加坡、巴西，罗杰斯"把赌注压在国家上"的投资风格体现得淋漓尽致。1984年，外界极少关注，极少了解奥地利股市暴跌到1961年的一半时，罗杰斯亲往事发地奥地利实地考察。经过缜密的调查研究后，罗杰斯认定机会来了。他大量购买了奥地利企业的股票、债券。第二年，奥地利股市起死回生，奥地利股市指数在暴涨价中上升了145%，罗杰斯获大利，因此被称为奥地利股市之父。1987年，持续上涨数年后的日本股市渐渐趋缓。罗杰斯预见到日本股市的跌势即将开始。1988年，他开始大量卖空日本股票。事后的结果正如他所料，他卖空的每种日股都相继下跌，他因此而获取大利。1987年上半年，他预见美国股市即将发生暴跌，因而适时卖空股票。1987年10月19日，美国股市崩盘，他的卖空操作又获成功。

在国际市场挑选股票上，罗杰斯最关心的不是一个企业在下一季度将盈利多少，而是社会、经济、政治和军事等宏观因素将对某一工业的命运产生什么样的影响，行业景气状况将如何变化。只要投资者预测准确，而某一股票的市场与这种预见的价格相差甚远，那么这就是最能盈利的股票。因此，罗杰斯一旦发觉某种长期性的政策变化和经济趋势对某个行业有利时，立刻预见该行业行将景气，于是大量购买这个行业里的所有公司的股票。大手笔，痛快淋漓。

资料来源：全球投资大师之吉姆·罗杰斯[EB/OL].（2012-10-29）[2020-03-18] http://gold.jrj.com.cn/2012/10/ 29083714583775. shtml.

# 第八章 国际灵活投资

**知识要点**

◇ 国际租赁的含义和类型；
◇ 国际工程承包的成交方式和最新发展；
◇ 各种国际信托产品的基本内容。

## 第一节 国 际 租 赁

### 一、国际租赁概述 [①]

#### （一）国际租赁的概念分歧

所谓租赁，是指出租人在一定时间内把租赁物租借给承租人使用，承租人则按租约规定付给一定租赁费用的经济行为。这样出租人就可以收取租赁费的方式收回其全部或部分投资并保持对租赁物的所有权。承租人则因缴纳租赁费而取得租赁物的使用权。由此可见，租赁实际是一种三边关系的交易：出租人既是出资人，又是购货人；承租人是租赁人和付租金人；供货人是生产厂商。它是信贷和贸易相结合的融资和融物为一体的业务过程。

相比之下，对国际租赁的范围有两种不同的看法，一种看法认为，国际租赁包括明显不同的两类业务——跨国租赁（亦称跨境租赁）和间接对外租赁，但另一种看法则将间接对外租赁排除在国际租赁范围之外。

跨国租赁是指分别处于不同国家或不同法律下的出租人和承租人之间的租赁安排。进行业务时，至少要考虑到两个以上国家的不同法律、税收和会计准则，并要求各当事人具有高水平的融资技巧和知识。

间接对外租赁是指一家租赁公司的海外法人企业（合资或全资）在当地经营的租赁业务。不管承租人是不是当地的用户，对这家租赁公司而言，这类业务均属间接对外租赁，但对它的海外机构来讲，如承租人为当地用户，他们之间的租赁安排则是一项国内租赁。间接对外租赁在国际租赁市场增长最快，发达国家的许多租赁公司，尤其是那些附属于银行集团的租赁公司纷纷建立起国外分支机构网，在国外市场上对租赁经营进行投资。这种间接对外租赁方式所带来的利益已大大超过了跨国公司租赁。因此，间接对外租赁的出租人在当地从事交易获得了进入当地金融市场的机会，减少了货币风险，扩大了适合租赁的设备范围，并且可以回避某些限制性规则。

至于"国际租赁"的概念，各国的租赁协会也作了不同规定。例如，日本租赁协会对租

---

① 范爱军，綦建红. 国际投资学[M]. 济南：山东大学出版社，1995：253.

赁定义为：租赁是将物品较长期限租给特定用户的事业，出租的物品多为动产，而用户对象以企业为主，租期通常都在两年以上，平均为 5 年，租期内用户要按期向租赁公司支付物品购价加利息和佣金的数额。英国租赁协会规定：租赁是为了承租人从制造商或卖主选择租用资产而在出租人和承租人之间订立的合同。根据该合同，出租人保留该资产的所有权，而承租人在该期间内支付规定的租金并取得使用该资产的权利。当以上活动跨越国界进行时，便成为国际租赁。我国对"国际租赁"作了如下定义：国际租赁是指位于不同国家的出租人与承租人之间在约定期内将出租资产交给承租人有偿使用的租赁关系。

### （二）国际租赁的产生与发展

租赁作为一种交易行为存在的历史十分悠久，远在古代人们就已经发明了租赁这一交易形式。在西方，早在公元前 1400 年前，以航海、商业闻名的古代腓尼基人中就出现了租赁交易，当时的一些船主将船只租赁给那些无力购买船只或仅对航海感兴趣的商人，使双方都得益。在古巴比伦人中，不动产的租赁业很普遍，考古学家曾发现一个石块，上面刻有公元前551 年古巴比伦王国的房屋租约，上面详细规定了承租人应尽的义务。

资本主义制度建立以后，虽然租赁业仍有很大发展，但与其他行业的迅速发展相比则显得黯然失色。在第二次世界大战以后，以融资和融物相结合为主要特征的现代租赁业在世界范围内产生并蓬勃兴起。1952 年 5 月，H. 叙恩费尔德创立了世界第一家租赁公司——"美国租赁公司"（现名美国国际租赁公司），从此拉开了现代租赁业务的发展。由于这一新形式适应企业经济发展的需要，从而得到了迅速的发展。与此同时，随着租赁业的发展，战后租赁业逐渐由各国国内扩展到国外，即国际租赁业务。战后西方各国的租赁业不仅发展速度惊人，规模巨大，而且和以往的租赁业相比出现了许多新的特征，主要体现为以下几个方面。

1. 租赁对象有所变化

在第二次世界大战前，租赁的对象主要是土地、房屋等不动产。战后的租赁对象范围日益扩大，目前在西方国家，从飞机、汽车、电子计算机等昂贵的物品到办公用品都有租赁，几乎所有部门的产品都成了租赁的对象。其中设备租赁的发展更为重要，意义也更为重大。它是在 20 世纪 50 年代由美国率先发展起来的，很快就得到迅速发展并为其他国家所效仿，目前已成为西方国家中一种十分重要的筹集固定资产投资资金的方式。

2. 租赁目的有所变化

在过去，承租人租赁的目的在于租赁物的使用权，对租赁物所有权则不感兴趣。而在第二次世界大战后，虽然这种"真实"的租赁业有很大发展，但人们已日益将租赁看成是一种融资手段。人们租赁的目的往往不是为了在一段时间内使用该物品，而是以此为融资手段而占有该物品，取得其所有权。为此目的，各种新租赁方式不断涌现，这些新的租赁方式的租期往往长达租赁物品的寿命期限，并且实际上将由所有权引起的一切责任权利均转让给了承租人，变成了一种变相的分期付款交易。

3. 租赁方式有所变化

以往的租赁方式多为经营租赁，第二次世界大战后租赁方式已变得多样化，为适应承租人的需要出现了许多新的租赁方式，如金融租赁、维修租赁、衡平租赁、转租赁和售后回租等，使租赁业出现了多样化局面，能够满足租赁人的不同要求。

第二次世界大战后租赁业之所以如此迅速地发展，其原因主要在于：第二次世界大战后科学技术进步加快，使得各国固定资产投资需求旺盛，刺激了租赁以及其他新的租赁手段的出现；第二次世界大战后各主要西方发达国家所采取的某些经济政策自觉或不自觉地促进了租赁业的发展，特别是在税收方面，租赁往往能享有某些额外的免税待遇，这是西方某些国家租赁业务开展的主要吸引力；租赁本身具有很多优点，能给租赁人、出租人双方均带来许多利益。

### （三）国际租赁的当事人

国际租赁的业务非常复杂，相关的当事人至少有三个，分别是出租人、承租人和供货人。

**1. 出租人（Leaser）**

出租人即出租租赁标的物的人，既是出资人或投资人，又是购买租赁标的物的人，在法律上享有租赁标的物的所有权。目前，在国际租赁业务中充当出租人的组织机构有以下几个。

（1）专业租赁公司。它们是专营租赁业务的独立公司，其特点是租赁期限长短不一，租赁标的物品种多样，租赁方式灵活多变，业务能力强。大型专业租赁公司在国内外广泛设立分支机构，同时，还附设信贷部门安排出口设备租赁的资金供应。

（2）银行、保险公司等金融机构。银行等金融机构的资金雄厚，能提供融资条件的优惠，它们既可以自己成立租赁公司，也可以和其他组织联合成立租赁公司。

（3）制造商。为了扩大企业机器设备等产品的出口和销售，一些大的工业制造厂商也从事租赁业务。制造商从事租赁业务，能为承租人提供选购、维修和保养设备的指导和其他便利。

（4）经销商和经纪人。经销商是生产者和销售者的中介人，主要从事储存、运输、分配工作，其从事租赁业务主要是为了推销产品。作为出租人，其优点在于信息灵通，提供的租赁标的物品种多样。而租赁经纪人是在承租人和出租人之间安排租赁交易并收取佣金的个人或公司。其本身不经营租赁业务，只是代表委托人寻找交易对象，并代表委托人与对方磋商租赁条件，促成交易成功。

（5）租赁联合体。这是由制造厂商和大型专业租赁公司或金融机构联合组成的多边租赁经营组织。租赁联合体集各方优点于一身，是实力雄厚的出租人。

（6）国际性租赁组织。近二十多年来，一些国际性的租赁组织相继出现在世界租赁市场上。如20世纪60年代中期成立的国际租赁协会、1972年成立的租赁俱乐部和1973年成立的东方租赁控股公司等。

**2. 承租人（Leasee）**

承租人即支付租金，享有租赁标的物使用权的人，在现代国际租赁业务中，承租人通常是企业，而不是个人。在有些国家的租赁法律里明文规定，承租人是企业，不是个人。

**3. 供货人（Supplier）**

供货人即生产租赁标的物的生产者、制造商，或者其他供货人，出租人必须从供货人那里购进货物，然后由供货人直接将货物交付承租人使用。

### 专栏 8-1：租赁俱乐部

从20世纪70年代早期开始，各国的大型租赁公司联合成立了一些不同的协会，统称为租赁俱乐部，为成员企业进行跨国业务理顺千头万绪的问题以及相互交流经验提供了很好的平台。

利用会员身份作为一种促销手段，租赁俱乐部的成员可以为自己的出口客户和国际经营公司提供世界范围内的租赁服务。这不仅极具吸引力，而且也是势在必行，至少今天租赁公司可以向国内的客户提供一些国际性的建议。一些会员公司可以获得当地的建议和协会的决策支持，通过国外的设备销售来帮助他们的客户。这些建议包括海外制造厂商的租赁报价条款和租赁合同的签订。

经验表明，国外的客户与当地专家的直接接触可以加快决策制定过程，从而支持并开拓了厂家的外销。会员可利用每个国外会员公司的信用作参考，对一些海外公司进行资信调查。因为租赁公司希望得到海外有关当局的信用核对，通常要相当大的花费。

交流经验不仅对发展中国家的租赁公司相当重要，而且对那些在已经成熟的市场中，期望寻找新思路的出租人也是非常重要的。许多租赁俱乐部每年举行夏季研讨会，来自各个国家的代表团相聚在这里交流经验、听嘉宾演说，并从中获得许多的经验。在各个会员之间，个体与商业接触的确立经常引导更多正式的工作关系的确立，或合资企业的成立。

总之，租赁俱乐部的会员公司不仅因为有国际性的服务提供给客户而受益，从而保护国内的市场份额，而且也可以利用租赁俱乐部作为收集信息的工具。

资料来源：2003年世界租赁年报。

## 二、国际租赁类型

### （一）从利用租赁的目的和收回投资的角度，可分为金融租赁、经营租赁、维修租赁、衡平租赁和综合性租赁

1. 金融租赁（Financial Lease）

金融租赁是由租赁公司融资，把承租人自行选定的机械、设备买进或租进，然后租给企业使用，企业则按合同规定，以交租赁费的形式按期付给租赁公司。合同期满后，机械设备按合同规定处理。一般处理方法有三种：合同期满后将设备退还租赁公司；合同到期继续租赁；留购，以名义货价（或象征性价格）把设备买下来，办理产权转移的法律手续。金融租赁是典型的设备租赁所采用的基本形式，具有浓厚的金融业务色彩，因此，往往被看成是一项与设备有关的贷款业务。

金融租赁的特点主要体现为：金融租赁是一项涉及三方当事人——出租人、承租人和供货商，并至少有两个以上合同——买卖合同和租赁合同构成的自成一类的三边交易；承租人自行选定设备，出租人只负责按承租人的要求融资购买设备，因此设备的质量、数量、规格、技术上的鉴定验收以及维修、保险等事宜均由承租人承担；完全付清，即基本租期内的设备只给一个特定用户使用；不可撤销，即在合同规定的租赁期内，一般情况下，双方无权撤销合同；租赁期限较长，一般设备租赁期为3～5年，但大型设备，如飞机、钻井平台等的租期可达10年以上。

> ### 专栏 8-2：中国金融租赁业的发展
>
> 近年来我国租赁业呈现出蓬勃发展势头，在灌注社会投资、促进产业升级、服务金融市场等方面的作用进一步显现，行业规模发展迅猛。截至2018年年底，全国融资租赁企业（不含单一项目公司、分公司、SPV公司和收购海外的公司）总数约为11 777家，较2017年年底的9 676家增加了2 101家，增长21.7%，其中金融租赁公司69家，如表8-1所示。

表8-1　2018年全国融资租赁企业发展概况

| 项　　目 | 2018 年年底企业数（家） | 2017 年年底企业数（家） | 企业数量增长（%） | 企业数量所占比重（%） |
|---|---|---|---|---|
| 金融租赁 | 69 | 69 | 0 | 0.59 |
| 内资租赁 | 397 | 280 | 41.8 | 3.37 |
| 外资租赁 | 11 311 | 9 327 | 21.3 | 96.04 |
| 总计 | 11 777 | 9 676 | 21.7 | 100 |

数据来源：中国租赁联盟[EB/OL]. [2020-08-20]. http://www.zgzllm.com/.

　　截至2018年12月底，全国融资租赁合同余额约为66 500亿元人民币，比2017年年底60 800亿元增加约5 700亿元，增长幅度为9.38%。其中金融租赁方面，合同余额约25 000亿元，比2017年年底的22 800亿元增加了2 200亿元，增长9.65%，业务总量约占全行业的37.6%，如表8-2所示。

表8-2　2018年全国融资租赁业务发展概况

| 项　　目 | 2018 年年底业务总量（亿元） | 2017 年年底业务总量（亿元） | 2018 年年底比2017 年年底增加（亿元） | 2018 年年底比2017 年年底增长（%） | 2018 年年底业务总量所占比重（%） |
|---|---|---|---|---|---|
| 金融租赁 | 25 000 | 22 800 | 2 200 | 9.65 | 37.6 |
| 内资租赁 | 20 800 | 18 800 | 2 000 | 10.64 | 31.3 |
| 外资租赁 | 20 700 | 19 200 | 1 500 | 7.81 | 31.1 |
| 总计 | 66 500 | 60 800 | 5 700 | 9.38 | 100 |

数据来源：中国租赁联盟[EB/OL]. [2020-08-20]. http://www.zgzllm.com/.

　　截至2018年12月底，整个租赁行业注册资金达到32 763亿元人民币，比2017年底的32 331亿元增加432亿元，增幅为1.33%。其中在金融租赁方面，注册资金为2 262亿元，较2017年年底的1 974亿元增加了288亿元，同比增长14.59%，注册资金总量占全行业的6.9%，如表8-3所示。

表8-3　2018年年底全国融资租赁企业注册资金

| 项　　目 | 2018 年年底注册资金（亿元） | 2017 年年底注册资金（亿元） | 2018 年比 2017 年增加（亿元） | 2018 年注册资金增长率（%） | 2018 年注册资金占全国比重（%） |
|---|---|---|---|---|---|
| 金融租赁 | 2 262 | 1 974 | 288 | 14.59 | 6.9 |
| 内资租赁 | 2 117 | 2 057 | 60 | 2.92 | 6.5 |
| 外资租赁 | 28 383 | 28 300 | 83 | 0.29 | 86.6 |
| 总计 | 32 763 | 32 331 | 432 | 1.33 | 100 |

数据来源：中国租赁联盟[EB/OL]. [2020-08-20]. http://www.zgzllm.com/.
资料来源：2018 年中国金融租赁行业年度发展报告[EB/OL]. （2018-01-30）[2020-08-18]. https://www.sohu.com/a/219816617_99901684.

　　2. 经营租赁（Operating Lease）

　　经营租赁也称服务性租赁（Service Lease），国内有时译为使用租赁、营运租赁、作业租赁以及操作性租赁。经营租赁是一种不完全支付租赁，规定出租人除提供融资外，通常也提供特别服务，如保险和维修等。由于它是一种较短期的租赁，租赁物的维修、保养和管理均由出租人负责提供，因此，其租金比金融租赁高。

经营租赁具有以下特点：可撤销，即在租赁期满之前，承租人预先通知出租人就可终止合同，退回设备，以租赁更先进的设备；不完全支付，即基本租期内，出租人只能从租金中收回设备的部分垫付资本，需通过该项设备以后多次出租给多个承租人使用，方能补充未收回的那部分投资和其应获利润，因此，租期较短，短于设备有效寿命；出租人不仅提供融资便利，还提供维修管理、保养等项专门服务，如为出租设备的实用性、技术性负责，并承担过时风险，负责购买保险，因此租金较金融租赁高得多；租赁合同可以中途解约；租期结束时，承租人可以退租、续租或留购。

3. 维修租赁（Maintenance Lease）

这是金融租赁加上各种服务条件的租赁方式。维修租赁的租赁费包括服务费，因此较为昂贵。维修租赁的租赁期较长，通常是两年以上，租赁物多以车辆为主，其目的是减轻承租人对车辆等的维修、管理业务。在维修租赁的合同期限内，原则上不能中途解约。采用这种方式租赁汽车时，租赁公司向用户提供一切业务上所需的服务，包括购货、登记、纳税、保险、检查、维修、检车和事故处理等服务。

4. 衡平租赁（Leverage Lease）

衡平租赁也称杠杆租赁或代偿贷款租赁，是金融租赁的一种特殊方式，衡平租赁是一种真正的租赁。出租人一般只需投资购置设备所需款项的20%～40%，即可在经济上拥有设备的所有权，享受如同对设备100%投资的同等税收待遇。设备成本的大部分由银行、保险公司和证券公司等金融机构的贷款提供，银行金融机构提供贷款时，需要出租人以设备的抵押权、租赁合同和收取租金的受让权作为对该项借款的担保。购置成本的借贷部分称为杠杆。通过这一"财务杠杆"（Financial Leverage）的作用，交易双方均可获得更多的经济利益。对出租人来讲，通过这种杠杆作用可使出租人的投资扩大3～5倍，而且能使出租人以较少的现款投资享有设备成本 10%的全部减税优惠，同时银行的融资通常不能向出租人追索，而靠出租设备的租赁费来偿还。对承租人来讲，出租人所得的减税鼓励或免税优惠可以较低租赁费的形式转让给承租人。

衡平租赁的特点表现为：在法律上至少要有三方的关系人，即一方为承租人，一方为出租人，还有一方为贷款人。一般衡平租赁还牵涉到其他两方面的关系人：物主托管人和契约托管人；贷款人对出租人提供的贷款成为衡平租赁的基础，由于契约托管人拥有出租设备的抵押权，故贷款人不得对出租人行使追索权；租金偿付须保持均衡，每期所付租金不得相差悬殊；出租人投资设备价款的20%～40%，但可得到100%的税务优惠；租约期满，承租人按租进设备残值的公平市价留购该设备或续租，不得以象征性价格付款留购该设备。

衡平租赁是近10年来首先在美国发展起来的最高级的一种租赁形式，适用于筹措资产价值几百万美元以上的大型长期租赁业务，可满足对有效寿命达10年以上，高度集约型设备的融资需要（如飞机、集装箱、工厂、输油管道、近海石油钻井平台和卫星系统等）。近年来，衡平租赁已有很大发展，主要是在美国、澳大利亚、新西兰以及日本等国。衡平租赁的出现是现代租赁业的一个重大发展，它是当今最复杂的融资方法之一，其交易结构、法律结构和合同文本都相当复杂。

5. 综合性租赁（Comprehensive Lease）

综合性租赁是租赁和其他贸易方式相结合的一种租赁方式。如它与补偿贸易、来料加工、包销、买方信贷、卖方信贷、信托投资、合资经营、合作经营等方式相结合，从而形成与纯粹租赁有别的一种租赁形式。

例如，租赁和补偿贸易相结合的租赁形式，是指出租人将机器设备租给承租人，而承租人以所租赁机器设备生产的产品来偿付租金；租赁和加工装配相结合的租赁，是指承租人用租赁方式引进设备，开展来料加工业务，以加工费分期付租金；租赁和包销相结合的综合性租赁业务，是指由租赁人用租赁的机器设备生产出来的产品由出租人包销，出租人从包销价格中扣去租赁费。这种结合的方式较多，具体的选用取决于租赁设备的种类、承租人的财务状况等多种因素。

**（二）按照出租人（租赁机构）设备贷款的资金来源和付款对象，可分为直接租赁、转租赁和回租租赁**

1. 直接租赁

直接租赁是购进租出的做法，即由出租人用在资金市场上筹措到的资金，向制造商支付货款，购进设备后直接出租给用户（承租人）。普通的直接租赁一般由两个合同构成：出租人按承租人订货要求，与厂商签订的买卖合同、出租人与承租人签订的租赁合同。各发达国家的绝大部分租赁公司普遍采用直接租赁的做法。在中国，资金力量雄厚的大租赁公司也采用这种做法。直接租赁中的出租人，在筹措资金方面能主动、充分地发挥其金融工程师的作用，可视租期长短、可支付租金的次数间隔期，从多种不同的有利资金渠道借入长、短期比例搭配合理的资金，以降低实际贷款，增强竞争性。

2. 转租赁

转租赁是租金租出的做法，即由出租人从一定租赁公司或从制造厂商租进一项设备后转租给用户。普通的转租赁一般由三个合同构成，有以下三种模式。

模式一：租赁公司 A 与厂商签订购货合同；租赁公司 A 与租赁公司 B 签订购货合同转让协议——仅把物权转让给租赁公司 B，保留其他权利；租赁公司 A 以承租人身份与租赁公司 B 签订租赁合同；租赁公司 A 以出租人身份与用户签订转租赁合同。

模式二：租赁公司 A 与厂商签订购货合同；在购货协议基础上租赁公司 B 按租赁公司 A 与厂商谈定的设备规定型号、价格、交货期等要求，与厂商签订购货合同；租赁公司 A 以承租人身份与租赁公司 B 签订租赁合同；租赁公司 A 以出租人身份与用户（次承租人）签订转租赁合同。

模式三：租赁公司以承租人身份与厂商直接签订租赁合同；租赁公司再以出租人身份与用户签订转租赁合同。

直接租赁与转租赁的主要区别是：转租赁从租赁公司获得租赁融资便利，直接租赁则从银行、金融机构以传统信贷方式直接获得融资便利。一般情况下，只有在租赁内含利率低于贷款利率时，租赁公司才会考虑转租赁，否则再加上自己的利润，租赁成本便会大大高于贷款购买成本，从而失去竞争性。当然在其从银行筹措不到资金，而别家租赁公司又乐意向其提供融资时（一般发生在跨境租赁中），也会采用转租赁。

3. 回租租赁

回租租赁，也称售后租赁，有两种方式：一是指由设备物主将自己拥有的部分资产（如设备、房屋）卖给租赁公司，然后再从该租赁公司租回来的做法。二是国内租赁机构根据企业要求，先从国外购进企业所需物件，再以相同价格转售给国外租赁公司，取得货款后，再从国外租赁公司租回该物件转租给国内企业使用，以取得租金。

回租是当企业缺乏资金时，为改善其财务状况而采用的对企业非常有利的一种做法，通过回租，承租人能把固定资产变成现金，再投资于其他业务方面，但同时在租期内仍可继续使用该项资产。此外，企业的利润和折旧在出售时便可收回。

# 第二节　国际工程承包

## 一、国际工程承包的含义和特点

国际工程承包是指国际经济技术合作公司或一国的承包公司，以自己的资金、技术、劳务、设备、材料、管理和许可证等，在国际承包市场上通过投标、议标或其他协商途径，按国际工程业主的要求，为其营造工程项目或从事其他有关经济活动，并按事先商定的合同条件收取费用的一种国际经济合作形式。

由以上定义可以看出，国际工程承包主要涉及两方当事人，即承包商和业主。承包商，也称承包公司或承包人（Contractor），是承包某项工程的自然人或法人，负责采购物资、建设工程项目、提供咨询等业务。业主，也称为发包人（Promoter），是工程的所有人，负责发包工程，提供建设所需资金，并按规定向承包商支付酬金。此外，国际工程承包涉及的当事人还有二包商、工程师及其代表、承包商的代理人、设计师、业主的工程管理机构和供应商等，他们按照各自的分工直接或间接参与工程项目的建设。

国际工程承包的特点包括以下几个方面。

（1）内容较复杂。国际承包工程不仅涉及项目所在国的社会政治、经济、文化和参加人员，而且涉及工程、技术、经济、金融、保险、贸易、投资、管理和法律等领域，内容十分广泛而复杂。即使是从承包工程本身来看，从筹备到完成要经过一系列复杂过程，其中包括可行性研究、基本设计与估价、招标、签约、采购、施工、试车、移交以及处理善后事宜。

（2）营建时间长。由于国际承包工程项目大，一般都有一个较长的施工期，短则 1～3 年，长则 10 年左右，最短的也不会少于半年。

（3）合同金额大。国际承包工程项目的交易金额很大，少则数十万美元，多则上亿美元，有的甚至高达几十亿美元。由于商品、技术和劳动力在各地区的成本和价格差异很大，这就使承包人有可能赚取巨额利润。

（4）经营风险大。国际工程承包作为一种资本、技术、设备、劳务和其他商品的综合输出，承包商在实施的过程中要受到各种条件的制约和影响，其中有许多条件是承包商自己无法估计和控制的，这就使这项经济活动潜伏着较大的风险。国际承包项目多在国外，合同金额大，周期长，项目所在国的政策和法律以及政局的风云变幻难以预测，货币贬值，承包市场的激烈竞争，这些都会影响到材料设备的价格，影响到工人的工资，影响到承包商对设备和外汇的转移。因此，签订一项国际工程承包合同时，对可能构成和造成风险的因素，要进行慎重认真的分析研究，并在合同谈判中尽量订立避免和转移风险的条款。

（5）工程差异大。国际承包工程由于项目所在国家的地理位置不同、社会制度不同、风俗习惯不同、自然条件不同、法律法规不同，加上工程项目本身的性质、规模、要求不同，施工条件、施工组织、施工方法也各有特色。所有这些不同都反映出国际承包工程差异大的特点。在国际承包中没有两个完全一样的项目，需要针对每一个项目的具体特点做具体分析。

（6）涉及关系广。虽然国际工程承包合同的签约人只有业主和承包商两方，但在合同实施过程中，却要涉及多方面的关系人。业主方面有其咨询公司、业主的代表等；承包商方面有合伙人或分包商、各类材料供应商等。在业主和承包商之间还有银行和保险公司一类的担保人或关系人。另外，由于工程项目的规模和性质不同，有的大型工程项目的实施，不仅包括业主和承包商两方，而且还涉及几十家公司，需要签订几十个合同。因此，承包商不仅要处理好与业主的关系，而且还要认真处理好与实施工程有关的各方面关系。

## 二、国际工程承包的成交方式

### （一）国际招标

所谓招标（Bidding），就是业主邀请承包商对其拟建的工程提出报价，以便业主择优选定承包商。

1. 招标形式

（1）公开招标（Open Bidding）。也称国际公开招标或国际竞争性招标（International Competitive Bidding，ICB），是一种完全竞争式的招标。招标人通过国内外报纸、电视、电台及有关刊物刊登招标广告，使世界各地所有合法的投标者都有机会参加投标，招标人可以择优选定投标者。这是当前国际工程承包中运用最多的招标方式，这种方式的主要优点是：业主可以按照事先规定条件在国际市场上找到最有利于自己的承包商来承建工程、提供设备和材料，在质量、工期、价格等方面都可满足自己的要求，使价格的自由竞争得到充分的体现。

（2）邀请招标（Invited Bidding）。也称选择性招标（Selective Bidding），是一种有限竞争性招标。招标人通过咨询公司、资格审查或其他途径了解到承包商的情况，有选择地邀请数家实力强、信誉好、经验丰富的承包商参加投标，经评定后决定中标者。这种方式主要适用于金额较小的工程，所需技术、设备、材料只有少数几家承包商可提供的工程，以及特殊工程和不宜公开招标的工程。

（3）谈判招标（Negotiated Bidding）。又称议标、议价标、协商标或委托信任标，是一种非竞争性的招标。招标人根据项目的具体要求和自己所掌握的情况，直接选择某一家承包商进行谈判，达成协议后即将工程发包给承包商；若经谈判达不成协议，招标人可以另找一家继续谈判，直到最后达成协议。这种招标方式主要适用于军事或保密工程、专业技术性较强的工程、紧急工程、金额较小的工程，或对已完成项目进行扩建的工程。

2. 招标程序

国际工程承包的招标程序，是指业主从招标准备到对投标人进行资格预审和开标、评标、选标直至中标、协谈和签订合同的全过程。程序和要求十分严格，需要做大量的工作。

（1）招标准备工作。业主利用国际招标发包工程，应做好充分的准备工作。首先，业主在招标前应对拟建工程项目进行尽可能详细的研究，这不仅涉及项目建设后的经济效益，而且关系到招标工作的成败。其次，在确定招标项目以及工程范围后，业主应立即组建招标机构，也可以委托有关机构进行招标。但工程规模较大的项目，一般都组织专门机构——招标委员会，负责有关招标事宜。最后，编制招标文件。招标文件又叫标书，是招标人据以进行招标的基础，也是投标人编制报价的直接依据。

（2）发布招标广告。招标文件做出并做好其他准备工作以后，招标人就要利用广播、电视或国际国内发行广泛的报纸发布招标广告。招标广告一般包括下列内容：招标的名称；投标、开标的时间和地点；临时保证金和最终保证金；能够索取标书和有关资料的机构；购买标书的金额；承包期限和投标人报价期间的联系单位。

（3）进行资格预审。招标广告一经发布，往往会招来许多承包商参加角逐。为了保证工程质量，招标人对愿意参加投标的承包商，在技术、资金、能力、管理、信誉等方面进行全面审查，以排除不合格的承包商参加投标。由于这种审查是在投标前进行的，故称为"资格预审"（Prequalification）。只有通过资格预审的承包商才能参加投标。

（4）编制报价文件。编制报价文件又称"做标"。承包商在通过资格预审以后，就要在认真分析、研究招标文件、对施工现场进行勘查、了解市场行情的基础上，参照有关定额、费率和价格水平，计算出承包该工程的全部费用，并编制完整的报价文件。这是招标过程的核心，是一项技术性很强的工作。

（5）递送标书。承包商在编制好标书以后，应按招标人的要求将整套标书密封，并在投标截止日之前，派专人送交给指定的招标机构，并办理递交的签认手续。承包商递送标书后，在投标有效期内是不能撤标的。投标有效期是指从投标截止日起至公布中标者之日止的一段时间，按照国际惯例，投标有效期一般为90～120天。

（6）开标。所谓开标（Bid Opening），是指招标人在预定的时间、地点，将所有寄来的投标书按收到的先后顺序，当众启封，宣布每个投标单位的名称和报价书中所列的标价。开标一般是由招标委员会或咨询公司主持进行的，且由公证机构予以公证。

（7）评标、议标、定标。评标是招标人对所有投标进行评审，从技术、商务、法律和施工管理等方面对每份报价书提出的费用进行分析评定，以便招标单位在"评定费用"的基础上对全部投标加以比较，选出最经济合理和最有成效的投标者；在此基础上，业主要在标价、投标书的附加条件、补偿和保险等问题上与投标者进行讨价还价，这叫作议标；议标后，业主经过研究决定由谁得标，并经批准后公布评标结果，称为定标。

（8）签订合同。中标人在收到"中标通知书"后，应在招标文件规定的时间（一般为接到中标通知书后的15天内）与业主签订合同，同时，递交履约保证书。合同一经双方签字并经有关部门批准，招标工作便全部结束，从而转入施工阶段。

3．招标策略

国际招标的程序烦琐、手续复杂、费时耗工，因此，招标人必须适当运用招标策略，避免各种干扰，在最短的时间内以最低的价格选择中标者。

（1）提高国际招标效率。为了提高国际招标效率，招标人必须加强对国际招标进行程序的计划和控制，其管理策略可概括为掌握期限、细定规则、加强预见以及严格审查。所谓掌握期限，即指从国际招标的邀请、开标、评标，以及最后签订合同，招标机构必须确定和控制每一阶段的时间进度。所谓细定规则，即指招标人详细制定多项有关规则，特别是价格评判规则和品质评判规则。所谓加强预见，即指招标机构应注意对国际招标全过程及其每一阶段的进展情况做事先估计，防患于未然。所谓严格审查，即指招标人建立审查制度，并对国际招标全过程进行严格的审查，防范招标过程中出现的各种问题，加强国际招标管理。

（2）警惕高价围标现象。高价围标，也称串通投标，是一些投标人在投标前暗中达成协议，以高价投标，并保证互不竞争，迫使招标人不得不以较高的价格达成交易。招标人为了避免高价围标，必须采取严密的防范措施。首先，招标人要细致审查国际招标项目的供应商情况，如果数量少且分布集中，应放弃国际招标，采用其他方式；其次，招标人制定国际招标规则和条款时，应具有普遍适应性，使潜在的投标人保持一定的数目，防止个别承包人对投标价格的垄断；再次，招标人应尽量避免紧急招标，否则会给投标人带来高价围标机会；最后，招标人在招标过程中要始终坚持绝对保密的原则，防止标底泄露。

（3）有效预防低价抢标。低价抢标，是指承包商以不正常的低价投标，谋取承包合同，以极低的报价中标后，招标人的利益常会被低价抢标人用偷工减料、以次充好、延期交工等方法损害。为了全面预防低价抢标，招标人必须采取以下措施：首先，严肃资格预审，掌握投标人的真实经营能力，提高投标人的素质；其次，招标机构要明确规定品质标准，以便为投标人的价格做出正确的判断，得出正确的结论；最后，招标人应订好标底价格，尽量体现招标项目的质量水平。否则，标底价过高易受高价围标，标底价过低易遭低价抢标，给招标人带来利益损失。

（4）联合采购招标，掌握招标主动权。联合采购招标，是指多家招标单位联合协作，通过一家招标机构，将各家所需汇总于同一国际招标文件中发出。收回标书后，以统一的评标规则，办理评审标书并授予合同。最后，由招标机构统一或由各采购单位分别与中标人签约。这一方法增加了投标人的数量，加剧了投标竞争，从而可以强化招标人在国际招标中的主动权。

**（二）国际投标**

所谓投标（Tender），是指承包人应招标人的邀请，对招标工程提出报价，以争取该工程的承包权。投标是承包工程的决定条件，关系到是否能中标，中标后承包的工程能否有利可图。因此，投标人既要认识投标的特点，又要重视投标的策略。

1. 投标的特点

（1）投标的前提是承认全部招标条件。

（2）投标的报价是实盘，即一次性报价。

（3）标书必须在规定期限内送到指定地点，否则无效。

鉴于投标的三大特点，投标人必须审慎从事，标价一旦报出，就不能随意撤回，否则投标保证金就要被没收。因此，报价要极为慎重，做出的标价既要有竞争性，又要有利可图。

2. 投标的策略

（1）深入腹地策略，是指外国投标人利用各种手段，进入招标国或地区，使自己尽可能地接近或演化成当地企业，以谋取国际投标的有利条件。深入腹地的方法主要有两种，即在招标国注册登记和聘请招标国代理。在招标国注册登记，是指外国投标企业在参加国际招标之前，在招标国贸易注册局或有关机构注册登记，变外国公司为当地公司。注册成为当地法人后，投标企业也就取得了投标资格，从而拥有更多的投标机会，并能够享受招标国的优惠政策。聘请招标国代理人，是指外国投标企业作为委托人，授权招标国内某人代表委托人进行投标及有关活动。这种方式对投标人来说，易于完善国际投标手续，深入理解招标文件和当地招标的习惯做法，从而提高企业的投标竞争能力。

（2）联合策略，是指投标人利用联合投标的方法，改变外国投标人不利的竞争地位，提高竞争水平。具体来讲，联合投标即由两家以上企业根据投标项目组成单项合营、注册成立合伙企业或结成松散的联合集团，共同投标报价。这种方式既扩大了投标人的实力，同时又能分散风险，减少损失。

（3）最佳时机策略，是指投标人在接到投标邀请至截止投标这段时间内，选择对自己最有利的机会投出标书。投标人选择最佳时机应掌握的原则是反应迅速、战术多变和情报准确。因此，投标的最佳时机是在"两后"，即探听标底之后和主要竞争对手投标之后。如果投标过早，中标率不但不能保证，而且容易被其他竞争对手掌握情况，受到攻击。投标过晚，可能会错过投标时间，失去交易机会。

（4）公共关系策略，是指投标企业人员在投标前后加强同外界的联系，宣传扩大本企业的影响，沟通投标企业与招标人的感情，以争取中标。目前，国际招标中的这种场外活动比较普遍，采用的手段多种多样，常见的有：以家访、会谈、宴会等比较亲切的交际方式与当地招标机构人员建立联系；与当地国的政府官员、社会名流联络感情；寻找机会宣传介绍企业能力等。

## 三、金融危机以来国际工程承包的最新发展

### （一）国际工程承包的总体状况

2008 年金融危机以来，全球经济处于深度调整期，多边主义和自由贸易体制受到冲击，政策的不确定性和地缘政治风险居高不下，国际承包工程企业面临的各类挑战加剧。面对复杂多变的国际市场环境，国际承包商艰难开拓市场，国际工程市场开始缓慢复苏。美国《工程新闻记录》（ENR）发布了 2019 年度全球最大承包商 250 强、最大国际承包商 250 强、全球工程设计公司 150 强和国际工程设计公司 225 强排名榜单。2018 年全球最大的 250 家承包商国际营业总额为 4 872.9 亿美元，较上年增长 1.0%，连续两年实现增长；国际新签合同额 6 048 亿美元，较 2017 年增长 12.9%。值得一提的是，此次进入最大国际承包商 250 强的中国内地企业共 76 家，其中有 27 家进入前 100 名榜单。其中，上榜最大国际承包商 250 强的中国内地企业之首的是中国交通建设集团有限公司，在榜单中连续 4 年维持季军的位置；在全球最大承包商榜单中上升幅度最大的是中钢国际工程技术股份有限公司，提升 77 个位次，排名从第 247 位上升至第 170 位。

### （二）国际工程承包的行业分布

从 2016—2018 年国际工程承包的发展趋势来看，各行业需求所占份额均较为稳定，如图 8-1 所示。据 ENR 统计，2018 年，250 家最大国际承包商分布在交通运输（1 521.9 亿美元）、房屋建筑（1 145.6 亿美元）和石油化工（765.1 亿美元）三个领域的营业额仍居排名前三位，占总营业额的 70.4%，传统业务领域仍是国际承包商们竞争的主战场。其中，交通运输领域营业额占总营业额的比重连续 3 年超过 30%；房屋建筑领域营业额稳中有升，所占比重连年攀升，2018 年增至 23.5%。受原油价格长期低位运行影响，国际工程承包市场中举足轻重的石油化工领域仍处于低迷期，石油化工领域国际营业额连续 5 年下滑，2018 年下降了 14.1%，占比为 15.7%。电力、工业、制造业、水利、排水/废弃物、电信等业务领域国际营业额都不

同程度实现增长，其中制造业和电信领域增速较快，营业收入分别上升了 65%和 37.1%。

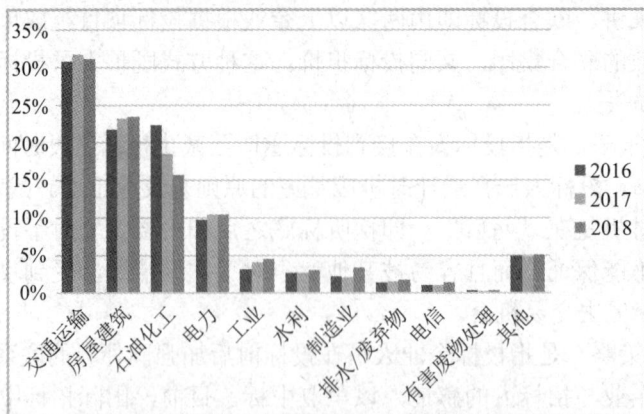

图 8-1　2016—2018 年 250 家国际承包商营业额行业分布对比

资料来源：2016—2018 年美国《工程新闻记录》（ENR）[EB/OL]. [2020-08-18]. http://www.enr.am/.

### （三）国际工程承包的地区分布

根据 ENR 和英国《国际工程周刊》对全球发包额的统计，2018 年 250 家国际承包商海外业绩主要来自亚洲/大洋洲（1 273.9 亿美元）、欧洲（1 078.1 亿美元）和中东（809.2 亿美元）三大市场，分别占 26.1%、22.1%和 16.6%的市场份额。从区域市场份额增长来看，欧洲地区增长居前，市场占比增长了 0.9%。2018 年 250 家国际承包商海外工程营业额地区分布详情如图 8-2 所示。

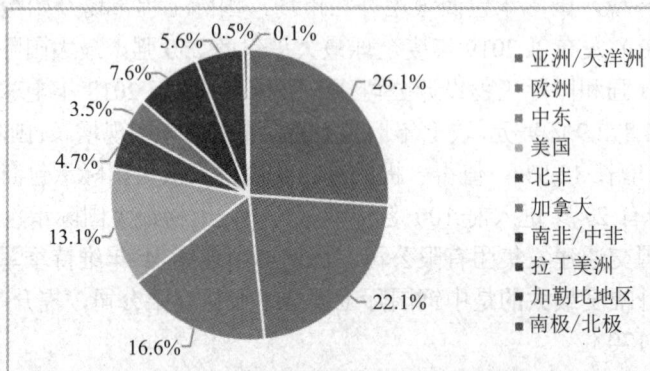

图 8-2　2018 年 250 家国际承包商海外工程营业额地区分布

资料来源：美国《工程新闻记录》（ENR）[EB/OL]. [2020-08-18]. http://www.enr.am/.

亚洲和大洋洲是 250 强企业最大的市场区域。一方面，在中国"一带一路"倡议的带动下，亚洲成为全球经济增长最快的地区，基础设施建设市场需求旺盛；另一方面，印度、巴基斯坦、泰国、越南、马来西亚、菲律宾、印度尼西亚等国均加大对本国基础设施的投资，也推动亚洲成为重要的工程承包市场。欧洲是传统意义上全球最大的工程承包市场之一，尽管英国脱欧、难民危机等问题曾引发了国际承包商对欧洲市场的担忧，但 2018 年欧洲经济强势复苏，推动了建筑业的复苏，基础设施建设项目保持增长。中东国家由于国际油价持续多年走低的影响普遍缩减财政预算，力推经济多元化，国际承包商面临更激烈的竞争、更严格的审查、更低的利润水平和不确定因素增加等多种挑战，导致国际承包商在这一地区的营收小幅下降。在北美，美国作为世界上最大的经济体，经济复苏良好，经济基本面依旧稳固，是承包工程增长最快的市场；相比之下，加拿大加大了对外国投资的安全审查力度，市场规模继续萎缩，2018 年营业额有所下降。非洲国家面临着国际大宗商品价格难以恢复、货币出现不同幅度贬值、偿债压力增大的困境，但仍处在快速发展阶段，基础设施建设需求旺盛，北非地区市场国际营业额小幅增长，而撒哈拉以南非洲国家的外债增长速度快于其他非洲地区国家，因此南非/中非市场增速同比下降。拉丁美洲国家政局变化、主权债务增加和区域金融的不稳定，制约了基础设施建设发展环境的改善，使国际承包商对该地区基础设施建设投资持谨慎态度。如图 8-3 所示。

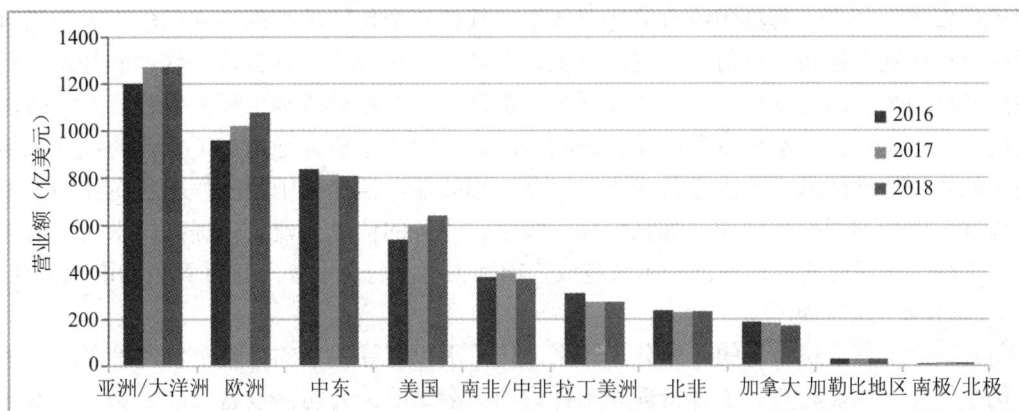

图 8-3 2016—2018 年全球 250 家承包商海外工程营业额地区分布及变化

资料来源：美国《工程新闻记录》（ENR）[EB/OL]. [2020-08-18]. http://www.enr.am/.

### （四）国际工程承包的发展趋势 ①

#### 1. 工程承包模式的转变

近年来，国际工程的发包方越来越重视承包商提供综合服务的能力，传统的设计与施工分离的方式正在快速向总承包方式转变，OB（设计—施工）、EPC（设计—采购—施工）、PMC（项目管理总承包）等一揽子式的交钥匙工程模式，以及 BOT（建设—经营—转让）、PPP（公私合作模式）等带资承包方式业已成为国际大型工程项目中广为采用的模式。承包商不仅要承担项目的设计、施工和运作，还要承担工程所需的融资。一些小公司及单一的设计、施工公司因此竞争压力加大，难以为继。国际承包方式的这种新变化，要求承包商必须实现设计和施工结合，设计和前期的研究结合，后期的设施管理和物业管理结合。单纯的工程施工业务利润将逐渐降低，承包业务的开展已朝着项目前期和上游方向发展，利润重心向产业链前端和后端转移。

#### 2. 项目融资方式的变化

国际工程承包业务的发展愈加重视融资方式的转变，即增强了投资在承包业务中的作用，让融资成为国际工程承包业务的亮点。据相关统计分析得出，目前我国的国际工程承包业务的主要领域是工程建筑领域，同时它也是大多数发展中国家吸引外资的最大部门之一。国际

---

① 陈启. 国际工程承包行业国内外现状趋势的分析探讨[J]. 现代经济信息，2014，8：176-177.

上除了极少数国家的政府不需要项目承包商带资承包外，绝大多数国际工程承包项目都需要承包商通过带资的形式来进行项目承包。而带资承包也同时有利于国际承包商渗透到当地市场，承揽当地未在国际市场公开招标的项目。与带资承包需求相适用，国外大的工程承包企业的融资能力不断增强。国际上大的承包工程公司都拥有雄厚的资金实力与融资能力，与世界主要的出口信贷机构、多边金融组织、商业银行及资本市场有固定的业务往来，为其在承包大型复杂项目以及降低整体项目融资成本及风险等方面发挥了积极作用。

3．科学化、信息化、规范化

通过资金控制，直接将管理延伸到各机构以及各执行项目上；依托信息技术建立管理系统，对各分部、机构以及项目进行管理和成本控制，从而找出盈利或亏损的原因，为集团的决策提供依据。制定一套集团特有的运营体系，规范整个集团的管理模式已成为大型承包商在国际市场成功之秘诀。目前，一些国际大承包商十分重视工程项目管理软件的开发，同时还注意通过扁平化项目管理，减少中间环节，提高效率。随着国际工程承包行业竞争的白热化发展，各国企业国际承包业务中获取的利润降低，同时也极大地增加了企业的经营风险。而为了能够更好地降低企业的运营成本、提升工程效益，需加强国际工程承包企业的技术能力的提升，不断加强技术创新，加强国际工程承包业务的信息化建设，提高技术质量的规范性、安全性、环保性等。这些已经越来越成为国际工程承包企业参与国际竞争的准入标准。

4．寻找新的市场定位

随着国际工程建筑市场的产业分工体系深化，承包商寻找新的市场定位，是国际工程承包市场发展又一明显趋势。工程管理和工程设计大多是欧美公司；设备国际采购是日本和德国；其他国家公司主要集中在土建领域，一些较发达国家正在向附加值高的领域升级。目前，欧美等大型跨国建筑企业都有自己的技术和专利，在国际工程承包市场上的优势明显，资金实力、技术和管理水平远远高于发展中国家的企业，在技术和资本密集型项目上形成垄断。尽管发展中国家建筑承包商在国际工程市场中承建的工程项目多是相对简单的劳动密集型项目，但是，随着发展中国家承包商不断进入国际市场，越来越多的承包商需要对经营计划做出大幅度的调整，寻找新的市场定位。

### 专栏 8-3：我国对外承包工程的发展

自2000年我国实施"走出去"战略以来，我国对外承包工程呈现出持续快速发展的局面。

从发展规模与速度来看，我国对外承包工程呈逐年递增的态势，仅2019年，我国对外承包工程业务完成营业额1 729亿美元，相当于自我国对外承包工程业务开始以来至2006年所完成营业额的总和，较2003年同比增长1149.3%，如表8-4所示。自2006年开始，越来越多的国家，包括发达国家的政府，主动向我国政府表达了希望和中国公司合作，请中国公司参与国家基础设施建设的愿望。这是非常好的态势，也是非常难得的发展机遇。

表8-4　2003—2019 年我国对外承包工程业务统计

单位：亿美元

| 年　份 | 完成营业额 | 新签合同额 | 累计完成额 |
| --- | --- | --- | --- |
| 2003 | 138.4 | 176.7 | 965.6 |
| 2004 | 174.7 | 238.4 | 1 140.3 |

续表

| 年　　份 | 完成营业额 | 新签合同额 | 累计完成额 |
|---|---|---|---|
| 2005 | 217.6 | 296 | 1 357.9 |
| 2006 | 300 | 660 | 1 658 |
| 2007 | 406 | 776 | 2 064 |
| 2008 | 566 | 1 046 | 2 630 |
| 2009 | 777 | 1 262 | 3 407 |
| 2010 | 922 | 1 344 | 4 356 |
| 2011 | 1 034.2 | 1 423.3 | 5 390 |
| 2012 | 1 166 | 1 565.3 | 6 556 |
| 2013 | 1 371.4 | 1 716.3 | 7 927.4 |
| 2014 | 1 424.1 | 1 917.6 | 9 351.5 |
| 2015 | 1 540.7 | 2 100.7 | 10 892.2 |
| 2016 | 1 594.2 | 2 440.1 | 12 486.4 |
| 2017 | 1 685.9 | 2 652.8 | 14 172.3 |
| 2018 | 1 690.4 | 2 418 | 15 862.7 |
| 2019 | 1 729 | 2 602.5 | 17 591.7 |

数据来源：商务部合作司网上公布数据。

从市场与行业分布来看，我国对外承包工程的地区市场结构不平衡。如表8-5所示，从完成营业额的地区分布情况来看，亚洲是我国对外承包业务的最大市场，非洲紧随其后，2018年亚非市场的营业额占当年完成营业额的80%以上，而在欧洲、北美洲和大洋洲的营业额合计仅占10.4%左右。

表8-5　2018年我国对外承包工程按地区完成营业额

单位：亿美元

| 地　　区 | 完成营业额 | 占比（%） |
|---|---|---|
| 亚洲 | 906.94 | 53.65 |
| 非洲 | 488.39 | 28.89 |
| 拉丁美洲 | 119.67 | 7.08 |
| 欧洲 | 100.16 | 5.92 |
| 北美洲和大洋洲 | 75.23 | 4.45 |
| 其他 | 0.05 | 0.003 |
| 合计 | 1 690.44 | 100 |

数据来源：中国统计年鉴2019.

从对外承包工程所涉及的行业来看，2017年交通运输建设、一般建筑及电力工程建设为中国企业在境外承包工程的主要业务领域，新签合同额合计占比达 67.4%，如图8-4所示。

我国对外承包工程业务在传统市场持续稳步推进，亚洲市场份额占比过半，非洲市场份额继续下滑；在高端市场开拓有亮点，欧洲、大洋洲市场表现优秀。而在所涉及的行业层面，传统优势产业持续发力，交通运输和一般建筑类增速近三成；电力工程建设平稳发展，输配电工程合同额快速上升；大项目投资持续推进，中资企业运筹能力持续提升。

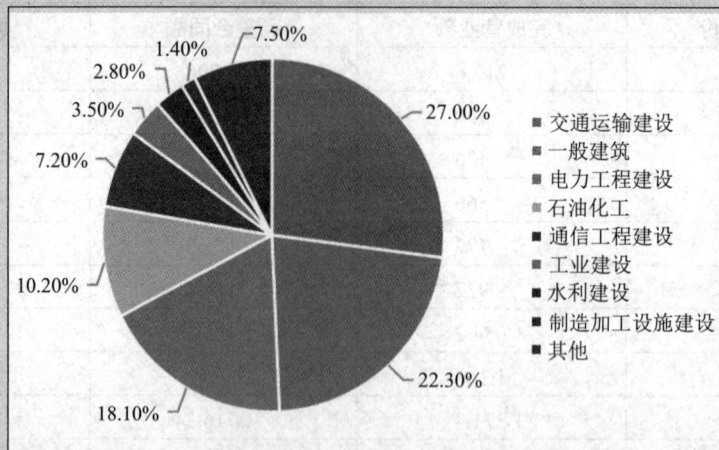

图 8-4　2017 年对外承包工程新签合同额行业分布

资料来源：中国对外承包工程发展报告 2017-2018[EB/OL].（2019-03-06）[2018-08-18]. http://images.mofcom.gov.cn/fec/202005/ 20200509174729295.pdf.

我国对外承包工程业务主要集中在亚洲和非洲等资源丰富的新兴发展中国家。一方面，这些国家处于经济快速增长或亟待发展的时期，对交通、通信、电力等基础设施建设呈现刚性需求；另一方面，这些国家拥有雄厚的石油资金储备，以金属、油气资源作为支付手段，保证了工程建设所需的资金；另外，中国企业在工程成本方面具有国际竞争优势，部分国家的建设资金短缺，会考虑压缩投资规模，选择质优价廉的承包商，给我国的对外承包企业带来了更多机会。

资料来源：庞超然. 开创高质量发展新局面——2017 年对外承包工程发展综述[J]. 国际经济合作，2018，4：35-40.

## 四、国际工程承包的方式创新

### （一）BOT

BOT（Build-Operate-Transfer），即"建设—经营—移交"，这里的"Transfer"是指以政府特许权换取非公共机构融资建设经营公共基础设施的一种投资方式，即是以政府和私人机构之间达成协议为前提，由政府向私人机构颁布特许，允许其在一定时期内筹集资金建设某基础设施，并管理和经营该设施及其相应的产品与服务。政府对该机构提供的公共产品或服务的数量和价格可以有所限制，但保证私人资本具有获取利润的机会。整个过程中的风险由政府和私人机构分担。当特许期限结束时，私人机构按约定将该设施移交给政府部门，转由政府指定部门经营和管理。

许多国家，尤其是发展中国家在基础设施建设中之所以越来越多地采用 BOT 方式，是因为与传统的投资方式相比，BOT 投资方式具有有利于减轻政府直接的财政负担等诸多优点，深受发展中国家的欢迎。中国第一个 BOT 基础投放项目是 1984 年由香港合和实业公司和中国发展投资公司等作为承包商在深圳建设的沙角 B 电厂。继沙角 B 电厂之后，广东、福建、四川、上海、湖北、广西等地相继出现了一批 BOT 项目。

## （二）TOT

TOT（Transfer-Operate-Transfer），是应用于公共基础设施建设项目的一种投资方式，其含义是"移交—经营—移交"。政府将已经建成投产运营的基础设施项目的一定期限的产权和经营权有偿转让给投资人，由其进行运营管理，投资人在一个约定的时间内通过经营收回全部投资和得到合理的回报；政府凭借所移交的基础设施项目未来若干年内的收益（现金流量），一次性地从投资方那里融通到一笔资金，再将这笔资金用于新的基础设施项目建设，当经营期届满时，投资方再将项目移交回政府手中。这种融资方式与BOT融资方式相比较，最大的区别在于避开了"B"（建设）中所存在的较高风险和大量矛盾，政府与投资方往往比较容易达成一致。

TOT项目融资方式与BOT项目融资相比，省去了建设环节，使项目经营者免去了建设阶段风险，项目接手后就有收益。另一方面，由于项目收益已步入正常运转阶段，使得项目经营者通过把经营收益权向金融机构提供质押担保方式再融资，也变得容易多了。

## （三）ABS

ABS（Asset-Backed Securitization），即以资产为支持的证券化。它是指以项目所属的资产为基础，以该项目资产所能带来的预期收益为保证，通过在资本市场发行证券来筹集资金的一种项目融资方式。例如以除住宅抵押贷款以外的如信用卡应收款、汽车贷款、应收贷款、有价证券、收费公路等任何能在未来产生稳定、可预测的现金流的资产作为基础，进而使其证券化以达到融资的目的。

ABS的特点主要体现为：（1）通过证券市场发行债券筹集资金，是ABS不同于其他项目融资方式的一个显著特点，而证券化融资则代表着项目融资的未来发展方向。（2）由于ABS方式隔断了项目原始权益人自身的风险和项目资产未来现金收入的风险，使其清偿债券本息的资金仅与项目资产的未来现金收入有关，加之在国际高等级证券市场发行的债券是由众多的投资者购买，从而分散了投资风险。（3）由于ABS是通过发行高等级投资级债券募集资金，这种负债不反映在原始权益人自身的资产负债表上，从而避免了原始权益人资产质量的限制。（4）ABS的信用评级决定于证券化资产的质量和交易结构等可变因素，因此，ABS信用评级的灵活性较大。

### 专栏 8-4：BOT 与 ABS 项目融资方式差异比较

1. 运作的繁简程度及融资成本的差异

BOT：操作复杂，难度大。必须经过确定项目、项目准备、招标、谈判、签署与BOT有关的文件合同、维护、移交等阶段，涉及政府的许可、审批以及外汇担保等诸多环节，牵扯的范围广，不易实施，而且其融资成本也因中间环节多而增高。

ABS：运作相对简单。在其运作中只涉及原始权益人、特设信托机构（也称特殊目的公司，Special Purpose Corporation，SPC）、投资者、证券承销商等几个主体，无须政府的许可、授权及外汇担保等环节，是一种主要通过民间的非政府的途径，按照市场经济规则运作的融资方式。既实现了操作的简单化，又最大限度地减少了酬金、差价等中间费用，降低了融资成本。

**2. 投资风险的差异**

BOT：投资者主要由两部分组成，一部分是权益投资人，主要包括建筑商、设备供应商、产品购买商以及机构投资者等。另一部分是项目的债务投资人，主要包括国际上的商业银行、非银行金融机构，如保险公司、养老基金和投资基金等。BOT项目的投资者是比较有限的，这种投资不能随便放弃和转让，因此，每个投资者承担的风险相对而言比较大。

ABS：投资者是国际资本市场上的债券购买者，数量众多，极大地分散了投资的风险，使每个投资者承担的风险相对较小。这种债券还可以在二级市场上转让，变现能力强，使投资风险减少。再者，ABS债券经过"信用增级"，在资本市场上具有较高的资信等级，使投资者省去了分析研究该证券风险收益的成本，提高了其自身的资产总体质量，降低了自身的经营风险。这对于投资者，特别是金融机构投资者尤其具有吸引力。

**3. 项目所有权、运营权的差异**

BOT：所有权、运营权在特许期限内是属于项目公司的，项目公司再把项目的运营权分包给运营维护承包商，政府在此期间则拥有对项目的监督权。当特许期限届满，所有权将移交给政府指定的机构。

ABS：项目资产的所有权根据双方签订的买卖合同而由原始权益人，即项目公司转至特殊目的的公司SPC，SPC通过证券承销商销售资产支撑证券，取得发行权后，再按资产买卖合同规定的购买价格把发行权的大部分作为出售资产的交换支付给原始权益人，使原始权益人达到筹资的目的。在债券的发行期内，项目资产的所有权属于SPC，而项目的运营、决策权属于原始权益人。原始权益人的义务是把项目的现金收入支付给SPC，待债券到期，由资产产生的收入还本付息、支付各项服务费之后，资产的所有权又复归原始权益人。

**4. 项目资金来源方面的差异**

BOT：既可利用外资，也可利用国内资本金，有"外资"BOT和"内资"BOT之分，"外资"BOT是指项目的资金来自于国外的非国有部门。从我国采用BOT方式的实践来看，大多数BOT项目是"外资"BOT。随着外资的介入，国外的建筑承包商、运营维护商也随之参与企业的建设、运营和维护等工作，自然也带来了国外先进的技术和管理经验。"内资"BOT项目以1994年福建泉州的刺桐大桥为典型。该项目是一个由多个民营企业通过股份制的形式成立的股份有限公司与泉州市授权机构以6：4的比例共同出资，以BOT方式兴建的。这种方式以少量的国家投资，带动了大量的私有资本参与基础设施建设，对引导私有经济投资于基础设施领域起到了积极的作用。

ABS：可在国际债券市场上发行债券，也可以在国内债券市场上发行债券。目前，国际债券市场有高达8 000亿美元的市场容量。我国在国际债券市场发行ABS债券可以吸引更多的外资来进行国内的基础设施建设。但这只是对外资的利用，不能像BOT方式一样带来国外先进的技术和管理经验。而如果在国内债券市场上发行，则因ABS债券的投资风险较小，将会对我国日益强大的机构投资者，如退休养老基金、保险基金、互助基金等产生较大的吸引力，同时，也有利于各种基金的高效运作。

**5. 适用范围的差异**

BOT：它是非政府资本介入基础设施领域，其实质是BOT项目的特许期内的民营化。因此，对于某些关系国计民生的重要部门，虽然有稳定的预期现金流入，也是不宜采用BOT方式的。

ABS：在债券的发行期内项目的资产所有权虽然归SPC所有，但项目资产的运营和决策权依然归原始权益人所有，SPC并不参与企业的经营与决策。因此，在运用ABS方式时，不必担心项目是关系国计民生的重要项目而被外商所控制。凡有可预见的稳定的未来现金收入的基础设施资产，经过一定的结构重组都可以证券化。例如，不宜采用BOT方式的重要铁路干线，大规模的电厂等重大基础设施项目，都可以考虑采用ABS方式。

资料来源：于谨凯，单春红.BOT与ABS项目融资方式差异比较[J]. 国际经济合作，1999，5：3-5.

### （四）PPP

广义 PPP（Public-Private-Partnership），即公私合作模式，是公共基础设施中的一种项目融资模式。在该模式下，鼓励私营企业、民营资本与政府进行合作，参与公共基础设施的建设。按照这个广义概念，PPP 是指政府公共部门与私营部门合作过程中，让非公共部门所掌握的资源参与提供公共产品和服务，从而实现合作各方达到比预期单独行动更为有利的结果。

与 BOT 相比，狭义 PPP 的主要特点是，政府对项目中后期建设管理运营过程参与更深，企业对项目前期科研、立项等阶段参与更深。政府和企业都是全程参与，双方合作的时间更长，信息也更对称。

PPP 具有三大特征：第一是伙伴关系，这是 PPP 最为首要的问题。政府购买商品和服务、给予授权、征收税费和收取罚款，这些事务的处理并不必然表明合作伙伴关系的真实存在和延续。例如，即使一个政府部门每天都从同一个餐饮企业订购三明治当午餐，也不能构成伙伴关系。PPP 中私营部门与政府公共部门的伙伴关系与其他关系相比，独特之处就是项目目标一致。公共部门之所以和民营部门合作并形成伙伴关系，核心问题是存在一个共同的目标：在某个具体项目上，以最少的资源，实现最多最好的产品或服务的供给。私营部门是以此目标实现自身利益的追求，而公共部门则是以此目标实现公共福利和利益的追求。第二是利益共享，需明确的是，PPP 中公共部门与私营部门并不是简单地分享利润，还需要控制私营部门可能的高额利润，即不允许私营部门在项目执行过程中形成超额利润。其主要原因是，任何 PPP 项目都是带有公益性的项目，不以利润最大化为目的。共享利益除了共享 PPP 的社会成果外，还包括使作为参与者的私人部门、民营企业或机构取得相对平和、长期稳定的投资回报。利益共享显然是伙伴关系的基础之一，如果没有利益共享，也不会有可持续的 PPP 类型的伙伴关系。第三是风险共担，伙伴关系作为与市场经济规则兼容的 PPP 机制，利益与风险也有对应性，风险分担是利益共享之外伙伴关系的另一个基础。在 PPP 中，公共部门与私营部门合理分担风险的这一特征，是其区别于公共部门与私营部门其他交易形式的显著标志。例如，政府采购过程，之所以还不能称为公私合作伙伴关系，是因为双方在此过程中是让自己尽可能小地承担风险。而在 PPP 中，公共部门却是尽可能大地承担自己有优势方面的伴生风险，而让对方承担的风险尽可能小。一个明显的例子是，在隧道、桥梁、干道建设项目的运营中，如果因一般时间内车流量不够而导致私营部门达不到基本的预期收益，公共部门可以对其提供现金流量补贴，这种做法可以在"分担"框架下，有效控制私营部门因车流量不足而引起的经营风险。与此同时，私营部门会按其相对优势承担较多的甚至全部的具体管理职责，而这个领域却正是政府管理层"官僚主义低效风险"的易发领域。由此，风险得以规避。

如果每种风险都能由最善于应对该风险的合作方承担，毫无疑问，整个基础设施建设项目的成本就能最小化。PPP管理模式中，更多是要突破简单化的"融资模式"理解，上升到从管理模式创新的层面上理解和总结。

## 第三节　国际信托投资

国际信托投资作为一种国际灵活投资方式，在美国、英国、日本等西方发达国家十分盛行，并且取得了良好的经济效益。本节将结合西方国家的经验以及我国多年的实践，对国际信托投资的发展、经营与管理进行论述。

### 一、信托投资概述

"信托"有信任和委托两重含义，是指委托人基于信任而将自己的财产所有权（或使用权）放心地转交给受托人（信托机构或个人）掌握，受托人则按照委托人的意愿，以自己的名义全权管理和处理这些信托财产，并为双方事先商定好的指定受益人谋取信托财产收益，即"得人之信，受人之托，代人理财，履人之嘱"。

**专栏 8-5：信托的起源**

一般认为，近代信托业始创于英国，英国最早引入了信托观念。11世纪，英国引用"信托遗嘱"做法创设了"尤斯"制度，这是一种土地遗赠转让制度。由于在英国的封建社会，人们普遍信奉宗教，并在死后将拥有的土地捐献给教会，而教会占有的土地可豁免捐税，这样就触犯了君主的利益，于是英王在13世纪初颁布了《没收条件》，规定未经君主和诸侯许可而捐献给教会的土地将被没收。为摆脱这一限制，"尤斯"制度应运而生，其主要内容是：凡要以土地捐献给教会者，不作直接的让渡，而是先赠送给第三者，并表明其赠送的目的是为了教会的利益，然后由接受人替教会管理和使用土地，并把从土地上所取得的收益转给教会。它要求转让人与接受人之间必须信任，对此人们称之为信托（Trust），信托一词由此而来。从此以后，"尤斯"制度经过了数百年的演变和发展，得到了法律的认可和保护，应用范围不断扩大。

由此可见，"尤斯"制度实际上是一种为第三者获得财产权的办法，它的基本原理乃是现代信托业发展的理论依据。

达成一项信托业务要涉及三方面的关系人，即委托人、受托人和受益人。委托人是财产的所有者，是要求办理信托的主事人，凡是财产的合法所有者，不论是个人或法人，以及不具备法人资格的团体都可以成为委托人。受托人是有信誉、有经营管理能力的信托机构或个人，它按照与委托人约定的信托条件，严格遵循委托人的委托目的，本着对受益人的利益高度负责的精神，受托对信托财产进行管理或处理。受托人可以是个人，也可以是法人，有时由数人共同承担，称为共同受托人。受益人是指信托财产利益的享有者，可以是受托人指定的单位或个人，也可以是受托人不确定的多个人，也可以是委托人自身。

按照信托对象的不同，可将信托分为商业信托和金融信托。商业信托是以商品、物资为信托对象，专门经营代客买卖、运输、保管商品或物资等业务，其办理机构有信托商店、贸易商行等；金融信托是以资金、财产为信托对象，专门经营贵重金属或重要文件契约的保管，房地产的开发、保管或出售，证券、股票的代理购进或售出，国内外资金的筹集、运用与经营，债务的收取或催索等，其目的在于融通资金和进行财务管理，其经营机构主要是信托投资公司。

按照受托人承受信托是否以盈利为目的可分为商事信托和民事信托。以盈利目的而承受信托的，是商法上的商事行为，属商事信托，也称营业信托，其受托人是法人，即信托公司；凡属于民事范围的信托，如财产的管理、买卖和抵押，以及个人遗嘱的执行等，其受托人是个人，是不以盈利为目的的非营业信托。它们的主要区别在于商事信托收取报酬，民事信托一般不收取信托报酬。

按照信托业务范围是否跨越国界可分为国内信托和国际信托。由此也就得出了国际信托投资的概念，即国际信托投资是指一个国家的投资者将其资本（包括资金、机器设备、技术秘密、专利等）委托另外一个国家的信托投资机构投放经营，从而获取一定利益的经济行为，是集投资、金融、贸易、服务于一体的综合性行业。

### 专栏8-6：信托投资在各国的产生与发展

世界上最早的信托机构是1818年在美国马萨诸塞州成立的马萨诸塞医疗人寿保险公司（Massachusetts Hospital & Life Insurance Co.），1853年美国第一家专业信托公司——美国信托公司在纽约成立。1913年12月美国国会通过《联邦储蓄银行法》，规定国民银行也可以兼营信托业务。第二次世界大战以后，金融证券市场快速发展，利率受政府严格限制的银行逐渐成为美国信托业务的主导，与信托公司同处于重要地位。美国是目前世界上法人信托业最发达的国家，其主要组织形式是共同基金，信托对象主要是有价证券。

20世纪初，日本引进英、美的信托制度，发展也很快，出现了专门管理和运用私人财产信托业务的信托公司，业务方式上也有了新的开拓，其受托对象扩大到金钱、动产、不动产、债权等；信托业务也从对资金和财产的经营管理，进一步扩大到对个人的监护赡养，以及咨询、调查、服务等方面。日本的信托法规也较为完善，在1928年年初，就制定公布了《信托业法》和《信托法》，对信托业和银行业实行严格分业管理，规定了信托公司不准兼营银行业务。这两个法律成为信托公司的基本法，使日本信托业进入了新的历史时期，保证了以后信托事业的健康发展。

我国金融性信托是在20世纪初从英美等西方国家传入的，最早始于上海。1921年8月21日，上海成立了第一家信托公司——中国通商信托公司。综观旧中国的信托公司，既无正确的业务方向，也不了解信托的原理和概念，而且多半组织不健全，大部分从事股票买卖和市场投机，自身十分脆弱，在1928年轰动上海的"信交风潮"中纷纷倒闭、破产，到解放初期，仅剩下一两家。

新中国成立后，政府没收和接管了官僚资本及其银行，成立了自己的信托机构，即1949年11月1日成立的中国人民银行上海市分行信托部。1979年10月，我国成立了中国国际信托投资公司，从事引进外资、办理信托投资，集金融、生产、贸易、服务于一身，既标志着我国信托业务的恢复和发展，也标志着我国国际信托投资业务的正式出现。1988—1998年我国信托业经历了四次整顿，在此期间信托公司的数量由1 000余家降到

1998年年底的239家。1998年以人民银行关闭广东国际信托投资公司并强制破产清算为标志开始了我国信托业的第五次清理整顿，这次整顿力度非常大，信托公司的数量由整顿初期1998年年底的239家到最后保留的58家。获保留的公司经过重组后，资本金充足（不低于3亿元）、资产质量良好并建立了现代企业制度。表8-6为2019年我国信托公司综合实力排行榜前10名一览表；图8-5为2019年我国集合信托产品发行规模和数量的月度统计图；图8-6则为2020年2月我国信托产品分类统计图。

表8-6　2019年我国68家信托公司综合实力排行榜前10名一览表

| 排　名 | 资本实力 | 盈利能力 |
|---|---|---|
| 1 | 重庆信托 | 重庆信托 |
| 2 | 中信信托 | 江苏信托 |
| 3 | 平安信托 | 中信信托 |
| 4 | 华润信托 | 平安信托 |
| 5 | 中融信托 | 华能信托 |
| 6 | 华能信托 | 中海信托 |
| 7 | 江苏信托 | 外贸信托 |
| 8 | 中诚信托 | 建信信托 |
| 9 | 兴业信托 | 中航信托 |
| 10 | 昆仑信托 | 中铁信托 |

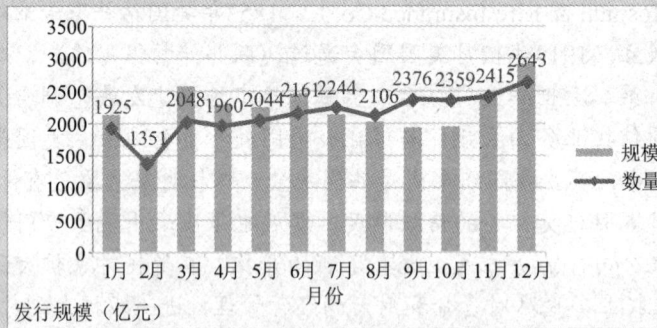

图 8-5　2019 年我国集合信托产品发行规模和数量月度统计

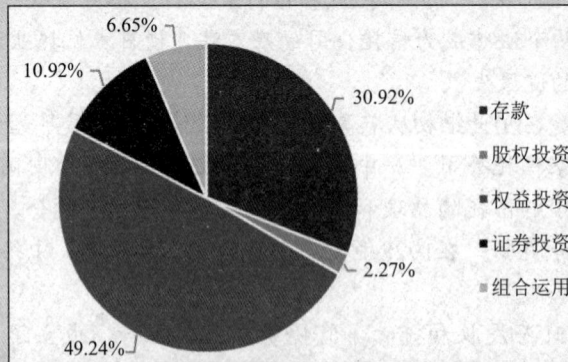

图 8-6　2020 年 2 月我国信托产品分类统计

数据来源：用益信托网[EB/OL]．[2020-08-20]．http://www.usetrust.com/Studio/?i=1050240036.

## 二、国际信托投资的特点和分类

### （一）国际信托投资的特点

**1. 多方面服务于社会**

在国际信托投资业务中，其对社会的服务是多方面的。从业务范围看，包括信托贷款、融资性租赁、各类代理业务、债务担保见证、经济咨询和债券发行等，内容十分广泛；从服务对象看，国际信托投资既要为企业服务，又要为个人服务，既可为公益服务，也可为私益服务。多方面为社会服务是国际信托投资最显著的特征之一。

**2. 信托业务的灵活性**

在金融业务中，国际信托投资公司同以信贷为主的银行业务相比，具有业务方式多样化的特点，这就使其在开展具体业务时，可以有针对性地适应社会需要。它既可以运用贷款形式，也可以采用投资形式，还可以采用租赁形式；既可以采用直接金融方式，也可以采用间接金融方式；既可以与客户建立信托关系，也可以建立代理关系；既可以经营本币业务，也可以经营外汇业务；既可以在国内开展业务，又可以在国际间开展业务。国际信托投资多样化的业务方式，大大增强了其灵活性和适应性。以日本信托业为例，由于日本国际信托机构善于抓住国际国内经济形式的变化，不断开拓和运用新的业务方式，以适应日本经济发展的需要，因此，其信托机构素有"财务百货商店""经济百货商店"之称。

**3. 信托财产所有权的转移性**

国际信托投资合同一旦签订后，财产所有权即从委托人（最初投资人）手中转移到信托受托人（信托投资公司）手中。被信托的财产如果是债权，则信托投资公司就成为新的债权人，代替原债权人行使债权。这与一般投资是不同的。在一般投资中，尽管投资的财产形态多种多样，但投资人都一直拥有所有权。以间接投资为例，尽管有时投资人手中并没有股票和债券的实体，但投资人却一直拥有对股票和债券的所有权。

**4. 收益分配的实绩性**

国际信托投资是根据资财运用的实际盈利水平进行分配的，因而信托投资公司付给受益人的盈利是不固定的，自身所获佣金也是不固定的。若信托投资成功，信托机构可多获佣金；若信托投资失败，信托机构则少获佣金，甚至不获。如果是不可抗力导致信托投资失败或信托本金受损，则信托机构不负责任，并且向委托人付还的本金也相应扣除。有些国家为了促使受托机构忠实履行义务，保护委托人或受益人的利益，规定不论是什么原因导致信托本金受损，信托机构都必须赔偿本金损失。

### （二）国际信托投资的种类

国际信托投资依据不同的标准有不同的分类，一般有以下三种划分方法。

**1. 按信托资金的资金来源可划分为甲类信托投资和乙类信托投资**

甲类信托投资又称委托投资，其资金一般由国外委托人提供，并由委托人指明投资项目、资金用途、投资期限等，信托机构在投资中仅起代理和监督的作用，对投资项目的风险和经营效果不承担责任。乙类信托投资，简称信托投资，资金一般由信托机构提供，即信托机构的自有资金、吸收的长期信托存款和自筹资金。对于此类投资，国外委托人也可以提供资金，但不能向信托机构提出对投资项目的任何要求，然而可以提出信托机构所能接受的投资收益率和收益时间。信托机构对乙类信托投资项目承担一切风险，并且必须保证按时、按协商的收益率和收益时间对国外委托人支付收益。

2. 按信托投资的期限长短可划分为长期信托投资和短期信托投资

长期信托投资又分为规定年限和不规定年限两种，规定年限的是指 10 年以上的投资，不规定年限的则与投资企业的存在相伴随。短期信托投资是指 10 年以内的信托投资。

3. 按信托投资的实现方式可划分为直接信托投资和间接信托投资

直接信托投资由信托机构将资金直接投入企业，组成合资企业、合作企业、参与补偿贸易、来料加工、来件装配及海外投资等，参与企业的经营管理，其实质是信托机构从事产业活动和贸易活动，谋求投资收益。间接信托投资则是信托机构以购买外国股票或债券的形式实现投资，通过股权和债权间接参与企业的组织管理，求得股息、红利、债息以及差价投资收益。

## 三、国际信托投资的经营内容

国际信托投资的经营范围十分广泛，各国国际信托投资机构在具体经营过程中各有偏重。就中国现行情况来看，其经营范围主要集中在国际金融租赁业务、国外担保及见证业务、资信调查和咨询业务、境内外外汇信托投资和贷款等方面。

### （一）国际金融租赁业务

国际金融租赁业务是国际信托投资机构为帮助国内企业引进先进设备、采用新技术而融通资金，从国外购入（租入）设备，按照签订的租赁合同或协议出租给承租企业使用，承租企业分期支付租赁费的业务。按照融资租赁的手段，目前国际信托投资机构开展的融资租赁业务可分为直接购买租赁、国际转租赁和衡平租赁。

### （二）国外担保及见证业务

随着我国对外开放的深入，中国各类企业的对外经济活动日益扩大，各种担保见证业务越来越多，担保的范围也逐渐扩大。国际信托投资机构接受国内企业的申请，为其向国外借款、承包、投标、履约等对外经济往来办理担保及见证业务。由于为国内企业办理国外担保见证业务是一项十分重要且风险较大的业务，对外担保也是国际信托投资机构的一种负债。因此，在接受企业的申请、办理时要认真考察，慎重对待。一般来讲，国际信托投资机构需做好以下工作。

（1）申请担保的国内企业，应首先向国际信托投资机构提出正式书面申请，并提供该笔业务的详细情况和有关文件。申请出具保函、见证的项目，必须符合国家有关规定和批准程序。国际信托投资机构对有关的合同、协议应认真审查，看这些合同、协议是否符合平等互利原则，是否符合双方国家的有关法律、法规，国内外各种有关条件是否周密衔接，以及国外客商的资信、经营能力、经营历史、作风等是否可靠，当事国的政治经济情况是否良好等，都要研究考虑，作为开立保函、见证的根据。

（2）凡申请开立担保、见证的业务，必须向国际信托投资机构提供与开出保函金额相同的外汇保证，以备国外企业按照合同、保函内容提出合理索赔时，金融信托投资机构能立即履行担保责任，赔付给国外。这种外汇保证，一般是由主管部门和地方计委出具外汇和人民币的保证。

（3）为减少对外担保的风险性，对大额的外汇担保项目，国际信托投资公司可要求项目所在地的金融机构实施反担保，即由国际信托投资公司向外商开立保函，同时由项目开户行（或所在地其他金融机构）对被担保的项目向国际信托投资公司出具相同金额的保函。

（4）国际信托投资机构担保、见证的项目，要定期检查项目进度、经营财务情况和每个阶段的履约情况，督促企业切实履行合同规定。

### （三）资信调查和咨询业务

国际信托投资机构凭借其各类专门人才和广泛的对外联系渠道，接受国内外客户的委托，办理调查国内外客户的资信和对有关国家经济、法律问题进行咨询的业务。咨询的业务范围包括以下几方面。

（1）信用咨询。调查国内外企业或负责人的资信情况、经营范围、能力及作风等。

（2）金融咨询。了解或预测世界主要金融市场和西方有关国家的金融制度等。

（3）介绍客户。介绍合资经营、对外贸易、合作生产、国际租赁或一般对外贸易的国外客户。

（4）提供可行性研究的咨询服务。

（5）承办国外客户委托的各项咨询调查业务。

### （四）境内外外汇信托投资、贷款业务

国际信托投资机构利用引进外资及自有外汇可以在境内外广泛开展投资或贷款业务，以扩大业务的范围，增强经营能力。对境外项目的选择，偏重投资于资源开发性项目、各种加工工业项目及金融与贸易相结合的公司，外汇贷款主要是指向其投资企业的外汇贷款。

国际信托投资机构对境内外外汇投资可分为直接投资和间接投资两种，具体则可细分为以下几种投资方式：举办中外合资企业、举办中外合作企业、举办海外投资企业及国际证券投资等，其具体内容可以参见其他相关章节。

## 本章小结

1. 国际租赁是指位于不同国家的出租人与承租人之间的在约定期内将出租资产交给承租人有偿使用的租赁关系。

2. 国际租赁从利用租赁的目的和收回投资的角度，可分为金融租赁、经营租赁、维修租赁、衡平租赁和综合性租赁；按照出租人（租赁机构）设备贷款的资金来源和付款对象，可分为直接租赁、转租赁和回租租赁。

3. 国际工程承包的成交方式包括国际招标和国际投标。所谓招标，就是业主邀请承包商对其拟建的工程提出报价，以便业主择优选定承包商。所谓投标，是指承包人应招标人的邀请，对招标工程提出报价，以争取该工程的承包权。

4. 近年来，国际工程承包出现了 BOT、TOT、ABS 和 PPP 等多种创新方式。

5. 信托即"得人之信，受人之托，代人理财，履人之嘱"。

6．国际信托投资的经营范围十分广泛，就中国现行情况来看，其经营范围主要集中在国内各项人民币业务、境内外外汇借款、在境外发行和代理发行外币有价证券、国际金融租赁业务、国外担保及见证业务、资信调查和咨询业务、境内外外汇信托投资和贷款等方面。

## @ 本章网络引擎

1．http://www.chinca.org：中国对外承包工程商会网站，可以了解中国的国际工程承包情况和劳务合作等内容。

2．http://www.chinabidding.com：中国国际招标网，中国最大的招标网，是采购信息门户和中国政府指定的在线招标采购交易与管理平台。

3．http://www.chinarent.net：中国租赁网，可以了解租赁理论、租赁业务以及租赁业的动态。

4．http://www.chinafiw.com：中国外资网，可以了解有关国际信托投资的信息。

5．http://www.cbrc.gov.cn：中国银行业监督管理委员会网站，提供有关我国信托业的相关法律法规。

6．http://www.pbc.gov.cn：中国人民银行网站，可以浏览央行出台的各种与信托有关的法律法规。

7．http://www.csrc.gov.cn：中国证券监督管理委员会网站，提供我国信托业证券投资方面的法律规定。

## ? 本章思考题

1．名词解释

国际租赁　　国际工程承包　　国际招标　　国际投标　　信托　　国际信托投资
甲类信托投资　　乙类信托投资

2．比较金融租赁和经营租赁的不同之处。

3．简述国际招标和投标的基本程序和策略。

4．简述 2008 年金融危机以来国际工程承包的最新发展趋势。

5．什么是 BOT、ABS 和 TOT？试比较三者的异同及优缺点。

6．案例分析

（1）试根据下面材料，说明 PPP 模式到底给政府和社会资本等相关各方带来哪些收益。

（2）根据本资料与你对 PPP 模式的了解，试分析 PPP 项目成功的主要原因。

---

**一个成功的 PPP 项目是如何炼成的——以济青高铁潍坊段 PPP 调研为例**

济青高铁是全国铁路建设投融资改革以来第一条以地方投资为主建设的国家高速干线铁路。其中，潍坊段项目通过采用 PPP 模式，引入实力雄厚、投融资和运营管理经验丰富的社会投资人，由社会资本承担资金筹集并参与济青高铁的运营管理，有效缓解了政府资金投入压力，探索了社会资本参与地方高铁建设的有效模式，激发了社会资本的投资潜力。

潍坊市政府授权潍坊市财政局作为实施机构，按照公开招标—资格预审—竞争性磋商

---

的方式，确定社会资本合作方，并通过指定机构与其合资成立项目公司（SPV）。2015 年 6 月 8 日，中国邮政储蓄银行及其合作方成功中标，全部承担 40 亿元项目投资，投资收益率不高于 6.69%/年，收益来源为济青高铁的运营收益，不足部分由政府安排运营补贴弥补，SPV 合作期 15 年，采用 BOT 模式（建设-经营-转让）运作，如图 8-7 所示。

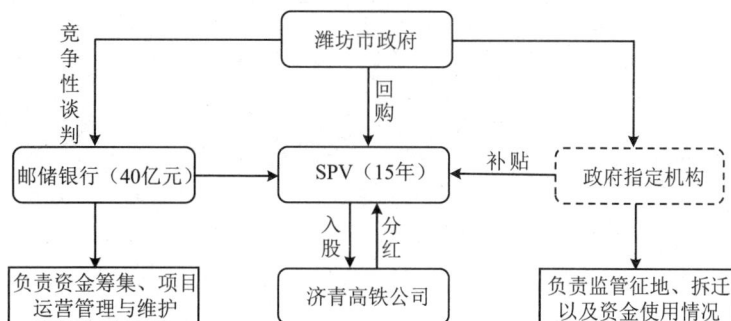

图 8-7 济青高铁项目合作框架

社会资本承担筹资、运营风险，政府承担项目推进风险；社会资本享受高铁运营分红和财政可行性缺口补贴，政府享受未来股权优先运作权。

济青高铁项目作为中国首例运作成功的高铁 PPP 项目，充分激发了社会资本投资热情和潜力，吸引了 15 家社会资本报名，意向投资达 420 亿元，创造了 10 倍社会资本追捧的奇迹。对于社会资本而言，投资企业看重的不仅仅是铁路收益分红，更重要的是其未来股权的价值上升空间。合同中对双方权责有明确界定，对项目收益合理分配，将 PPP 项目的投资风险进行分散与化解，对项目的成功落地起到了积极的促进作用。同时，邮储银行联合不同合作方协同参与该项目，充分调动了各方的优势以发挥集团效应。

济青高铁 PPP 项目主要考察的是资本运作的能力。为扩大招商引资范围，保障项目投资收益，山东省为济青高铁研究制订了一系列优惠政策：一是待客流稳定后，将参考广深铁路提高票价；二是通过直供电的形式，为济青高铁提供优惠的用电价格，降低用电成本；三是对高铁站场周边土地进行综合开发，通过一些第三产业收入来弥补高铁项目建设和运营的资金缺口。

同时，普华永道通过为济青高铁建立财务模型，测算了项目的盈利前景和收益率，综合看来济青高铁在铁路项目中是有较大优势的好项目。

资料来源：梁晴雪,胡昊谢,忻玥. PPP 模式典型案例分析及启示[J]. 国际工程与劳务，2015，10：30-32.

7. 试分析为了增强自身的竞争力，我国信托行业应该如何制定自己的发展战略？

# 第三篇

## 管理篇

➡ 第九章　国际投资风险管理

➡ 第十章　国际投资法律管理

# 第九章 国际投资风险管理

**知识要点**

◇ 国际投资风险的特征和影响因素；
◇ 外汇风险的分类和识别方法；
◇ 经营风险的分类和规避方法；
◇ 国家风险的分类和管理方法。

## 第一节 国际投资风险概述

国际投资的根本目的是为了获得比在国内投资更多的利润，但是与此同时，其所面临的情况更为复杂，承担的风险也更为广泛和多样。因此，国际投资活动本身就成为一个风险识别、风险预测、风险规避和风险管理的过程。

### 一、国际投资风险的识别

国际投资风险，是指在特定的环境下和特定时期内，客观存在的导致国际投资经济损失的风险，是一般风险的更具体形态。识别国际投资风险是国际投资风险管理的前提，只有充分了解国际投资风险可能在哪里出现，都有哪些表现形式以及会造成什么样的后果，才能找出行之有效的管理方法。

加拿大银行家纳吉曾经提出以下六类标准给国际投资风险分类。

（1）按地理位置或国别分类，并以特定典型国家给国际投资风险命名，如墨西哥风险、英国风险、新西兰风险、印度风险等。这时，国际投资风险是作为一个地理概念而存在的。

（2）按筹资主体的性质把国际投资风险分为主权风险（政府或国家风险）、私营部门风险、企业风险和个人风险等。

（3）按风险的触发因素把国际投资风险分为政治风险、社会风险和经济风险等。

（4）按资金用途把国际投资风险分为贷款风险、出口融资风险、项目风险、国际收支风险和开发投资风险等。

（5）按国际投资风险发生原因分类，国际投资包括拒付风险、否认债务风险和债务重议风险等。

（6）按国际投资风险严重程度分类，国际投资风险有高风险、低风险和一般风险等。

国际投资风险分类的细化和完善过程是随着人们对国际投资风险的认识而逐步加深的。国际投资学界公认的国际投资主要风险有三种：外汇风险、经营风险和国家风险。此外，还有一些其他风险，如利率风险、经营风险、信用风险和自然风险等均处于从属地位。本章将详细介绍有关三类主要风险的识别、预测和规范。

### 专栏9-1：中国企业海外投资关注五大风险

近年来，我国企业海外投资规模高速增长，中国业已成为全球对外投资领域的重要力量。数据显示，2016年我国对外投资流量为1 961.5亿美元，同比增长34.7%，仅次于美国。其中非金融类对外投资流量为1 812.3亿美元，同比增长49.3%。2016年我国对外投资存量累计达1.36万亿美元，排名全球第六。

进入2017年以后，"一带一路"区域市场的投资潜力更是进一步显现。2017年1—8月，"一带一路"区域投资占对外投资总额的比重较上年同期上升4.2个百分点；2017年前9个月，我国境内投资者共对"一带一路"沿线的57个国家进行了96亿美元的非金融类直接投资，占同期对外投资总额的12.3%。

随着中国企业在海外投资数量的增加，面临的国际投资环境和投资风险也日趋复杂。如何管控海外投资风险已成为政府和企业高度关注的重要课题。

11月8日，中国信保推出了最新的2017年《全球投资风险分析报告》。这是我国唯一政策性出口信用保险公司——中国出口信用保险公司连续第三年发布《全球投资风险分析报告》，其中记录了中国企业的海外投资状况，分析投资国别和行业投资风险，提出相关的建议措施，旨在帮助境外投资企业提高风险认识和风险管理水平。

2017年《全球投资风险分析报告》选取了全球九大区域40个国家进行深入研究，对农业、采矿业、油气、水泥、电力、建筑、铁路、境外经贸合作区九个典型行业的投资特点与风险进行了解析。最新一期的《全城投资风险分析报告》除继续开展海外投资企业调研，展现中国视角的海外投资风险认知及管控实践外，还新设置了投资者-国家争端解决机制和投资风险保险两个研究专题，以帮助企业了解并运用风险管控和转移工具来降低投资风险。

《全城投资风险分析报告》提出中国企业海外投资应高度关注五大风险：一是全球政治格局的深层次变化，从根本上影响全球对外投资环境。二是全球经济复苏不稳定，影响全球对外投资增长。三是部分国家投资鼓励政策减少且更趋严格，给跨国投资带来负面影响。四是恐怖主义等非传统安全风险外溢明显，导致全球对外投资环境恶化。五是中国国际地位提升，引发更多关注，加大了对外投资的复杂性。

资料来源：何欣. 2017全球投资风险分析报告：中国企业海外投资关注五大风险[EB/OL].（2017-11-08）[2020-08-18]. http://opinion.caixin.com/2014-11-13/100750541.html.

## 二、国际投资风险的影响因素[①]

国际投资风险是各种主客观因素综合作用的结果。影响国际投资活动的因素众多，因而其所面临的风险也更大。一般来说，国际投资风险的影响因素主要有以下几个方面。

#### 1. 外国投资者的目标

外国投资者到东道国进行投资的最终目标是实现利润最大化，其直接目标则是多重性的，如有资源利用型、市场占有型、避免贸易摩擦型和情报获取型等。如果外国投资者的最终目标定得过高，直接目标构成过于复杂，则投资运行的结果与预定目标之间发生差异的可能性

---

① 李东阳. 当代西方国际投资学[M]. 大连：东北财经大学出版社，1994：233-234.

也就越大，因而所面临的风险也就越大。科学确定投资目标，是制定风险防范的重要前提。

2．投资对象的选择

对外直接投资的对象无疑是投资项目。投资项目是一个小系统，既要内部各要素之间互相协同动作，产生最优组合，又要与外界进行物质、信息和能量的交流。投资项目的选择涉及对东道国一系列政策的研究，这是进行直接投资的重要一步。

对外间接投资的主要对象是证券。一般来说，股票投资的风险较大，其收益或损失都可能较小。在债券投资中，政府债券投资的风险最小。外国投资者应根据投资目标、资产负债结构以及东道国不同证券的风险程度等，科学选择证券投资对象。

3．国际政治经济格局

作为跨国经济行为，国际投资无疑要受到国际政治经济格局的影响。20世纪80年代，贸易保护主义盛行，对外直接投资成为各国绕开贸易壁垒、扩大出口创汇的重要工具，因而国际直接投资得到了极大发展。2004年伊拉克战争期间，中东地区的国际投资明显缩减，大量跨国业务停止，许多跨国公司纷纷撤出这个是非之地。

4．东道国投资环境

外国投资者的投资活动在东道国的境内进行，因而，东道国投资环境如何，无疑是国际投资风险的重要影响因素。由于东道国各地区的投资环境具有一定的差异性，所以需要投资者的具体分析和研究。

5．外国投资者的经营管理水平

外国投资者的对外投资活动是一种自主的经济活动。在既定的投资环境下，其投资目标能否实现，在很大程度上取决于其自身的经营管理水平。与其他影响因素相比，这种影响因素的可控性要大得多。

6．投资期限的确定

投资期限也是国际投资风险的重要影响因素。投资是一种长期经济行为，对外投资也是如此。在对外投资运行期间，影响投资活动的各种因素是不断变化的，这种变化加大了投资风险。一般来讲，投资期限越长，则其所面临的风险也就越大。

如上所述，国际投资学界公认的国际投资主要风险有三种：外汇风险、经营风险和国家风险。其中外汇风险的概述、预测与管理主要由"国际金融"课程[①]讲述，故本教材重点阐述国际投资的经营风险与国家风险管理。

# 第二节　国际投资经营风险管理

## 一、经营风险概述

经营风险（Operating Risk），是指企业在进行跨国投资的整个过程中，由于市场条件的变化或生产、管理、决策的原因导致企业经济损失的可能性。例如，1998年刚升至全球承包商500强第141位的外经贸公司——中国四川国际合作股份有限公司，在投资乌干达欧文电站项目时，因为标价过低、合同本身存在严重缺陷、资金周转不足、管理不善等原因，使得

---

① 单忠东，綦建红. 国际金融[M]. 北京：北京大学出版社，2005：304-369.

项目突然亏损 8 300 万元，并遭受严重的国际信誉危机，在随后 7 年里没有接手到新项目。

经营风险一般由价格风险、营销风险、财务风险、人事风险和技术风险组成。

（1）价格风险，是指由于国际市场上行情变动引起的价格波动，而使企业蒙受损失的可能性。因为引起价格变动的因素很多，所以价格风险是经常性和普遍性的。

（2）营销风险，是指由于产品销售发生困难而给企业带来的风险。营销风险产生的原因主要有：市场预测失误，预测量与实际量差距过大；生产的产品品种、式样、质量不适应消费者需要；产品价格不合理或竞争对手低价倾销；广告宣传不好，影响购销双方的信息沟通；销售渠道不适应或不畅通，从而影响产品销售。

（3）财务风险，是指整个企业经营中遇到入不敷出、现金周转不灵、债台高筑而不能按期偿还的风险。

（4）人事风险，是指企业在员工招聘、经理任命过程中存在的风险。产生的原因有：任人唯亲，排挤贤良；提拔过头，难以胜任；环境变化，原有工作人员不能胜任。

（5）技术风险，是指开发新技术的高昂费用，新技术与企业原有技术的相容性以及新技术的实用性如何都可能给企业带来一定的风险。

### 专栏 9-2：中国家电企业巴西投资失利

作为一片尚未被中国企业深度开发的投资热土，巴西受到了越来越多的中国企业的关注。但走进巴西的中国企业，失败案例远多于成功故事，仍处于"交学费"换经验的起步阶段。作为一家在国内及东南亚市场做得风生水起的家电企业，福朋集团（化名）却在投资巴西中损失惨重，并拖累了其国内业务的发展。其惨痛教训值得其他企业引以为戒。

2011年4月，金砖国家领导人第三次会晤在中国三亚举行，广泛的新闻报道给了福朋集团以灵感：偌大的巴西市场竟然一直被忽略。经过研究和市场调查，福朋集团发现，由于巴西工业基础薄弱，在其市场上，与福朋产品同类的产品不存在拥有竞争优势的本土品牌，90%以上的市场被美日品牌占据。相较美日品牌，福朋集团的产品在价格、节能、维修保养费用等方面更具竞争优势。因此，进入巴西市场就成为福朋集团2011年发展战略的重中之重，福朋集团最终决定在巴西当地设立组装厂，将产品零部件出口到巴西，并在当地完成组装。通过各种渠道的接触，福朋集团无意中结识了一个巴西的合作伙伴Eduardo先生。在Eduardo的帮助下，公司果然发展顺利，不到2年就取得了巴西10%的市场份额，并成为福朋集团旗下2013年销售额最高的海外公司。

时间坐标定位在2014年，该巴西合资公司却从蒸蒸日上的辉煌骤然跌落，陷入了完全意料之外的败局：工厂所在的土地已经被政府收回，所有生产线被拆卸放在一个仓库中，仓库外贴着法院的封条；曾经的办公楼已被查封，公司仅存的6名管理人员在写字楼中租了一个小房间；多家债权人已向圣保罗法院提交了该合资公司的破产保护，公司还面临着100多个与经销商或消费者之间的诉讼。

经核算，福朋集团的损失超过5亿美元——而合资公司在经营3年间给中国公司带来的利润不到6 000万美元。福朋集团的投资血本无归，还要被迫花费重金聘请律师和会计师，处理可能需要耗时10年的合资公司的破产清算程序，且国内业务的发展也被巴西合资公司所拖累。福朋集团因此成为投资过程中受伤最重的一方。

巴西合资公司的经营危机并不是突然爆发的，但由于Eduardo与外部审计机构的"勾结"，很多严重问题被故意掩盖了。依据巴西商业法律，针对合资公司进行每年一次的内部审计和第三方外部审计都是必要的。巴西合资公司成立之初，Eduardo向福朋集团推荐了一家当地的小公司作为外部审计机构，并表示聘请他们可以省下很多成本。在福朋集团看来，所谓审计无非是为了"公司年检"而已，福朋集团欣然同意了Eduardo的选择。事实上，中国企业在境外投资时，外部独立审计在控制投资风险方面扮演着至关重要的角色，海外公司远离公司总部，而且各个国家的会计准则均不相同，国内总部的财务人员不可能对海外公司实行非常有效的管控。而各个国家都有很多优秀的当地会计师事务所，中国企业完全可以通过各种渠道了解到；即使无从判断当地会计师的优劣，选择四大会计师事务所之一的当地分支机构，亦应是安全的选择。

不尊重当地法律，福朋集团在投资巴西的整个过程中表现得淋漓尽致，也是导致其危机的重要原因。尊重法律，是遵守法律的前提。对于企业来说，无论何时何地都要充分了解法律的规定，知道如何遵守法律。而对于初到异国投资的中国公司，由于对目的国法律制度的理解为零，更要努力学习、了解当地的法律情况，搞清楚当地法律与中国法律可能存在的差异，尊重当地法律，并严格遵守当地法律。而福朋集团的失误恰恰在于此。

该巴西合资公司的沉浮历程表明，像福朋集团这样，在不懂巴西法律，也不懂葡萄牙文的情况下，既不认真学习、了解情况，也不去咨询律师等专业人士的意见，而是仅凭在国内的经验处理合资的相关事宜，且未做细致调查就对合作伙伴过分信赖，再好的投资项目也难免失败。

资料来源：李永源. 中国家电企业折戟巴西之痛[EB/OL]. （2014-09-22）[2020-08-18]中国外汇. http://info.homea.hc360.com/2014/09/2218101018036-2.shtml.

## 二、经营风险的识别

准确的风险识别是有效风险管理的前提。风险识别的内容是：第一，有哪些风险应当考虑；第二，引起这些风险的主要因素是什么，以及这些风险造成的后果程度如何。风险识别的方法主要有三种，即德尔菲法、头脑风暴法和幕景识别法。

### （一）德尔菲法

德尔菲法（Delphi），是美国兰德公司首先开发使用的最负盛名的预测方法，它以希腊阿波罗神殿所在地德尔菲命名，意在表示这是一种集众人之智慧进行准确预测的方法。它利用多轮匿名函询调查来得到有关未来事件的判断信息。具体做法是：首先，在专家访谈方法的基础上形成关于未来信息的一般性调查表；其次，让专家对调查表中的各个项目做出重要性程度的判断和预测；最后，组织者对收回的调查表做统一分析，并把包括上一轮统计分析结果说明的调查表再返回给专家，征求预测意见。继续调查下去，直到专家意见趋于一致，得出前后较一致的预测结论。

对问题回答结果采用"四分点"方法进行统计处理，即将所有回答按一定规则排列，将这一排列作"四分"处理，分成四个区间，相应的划分点称为"下四分点""中位点""上四分点"。当将上一次的统计结果反馈给参加者时，他们会对自己的答案进行调整，这样得到新一轮的调查结果。反复的结果是，专家意见最后出现一定的收敛，即意见逐渐趋于一致。这种方法强调集中众人智慧，可使预测更为准确。一般地讲，专家组人员越多，预测所需要的时间越长，风险识别的可信度就越高。如图 9-1 所示是关于某国发生内战可能性的一个德尔菲调查结果，专家共有 7 人。

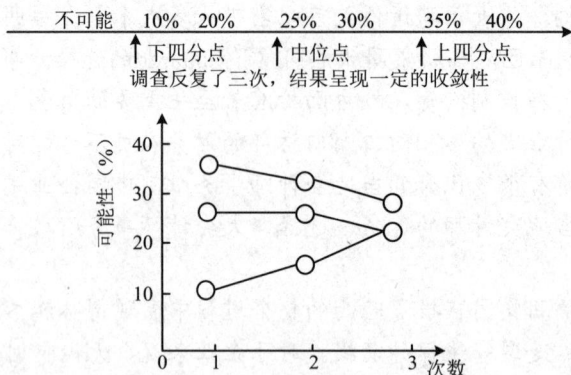

图 9-1 德尔菲法

### （二）头脑风暴法

头脑风暴法（Braining Storm），也称集体思考法，是以专家的创造性思维来索取未来信息的一种直观预测和识别方法。此方法由美国人奥斯本于 1939 年首创，首先用于设计广告的新花样，随后逐渐推广运用到其他领域。这个方法可以在一个小组内进行，也可以由多名个人完成，然后将他们的意见汇集起来。头脑风暴法用于国际风险识别时，一般要提出这样一些关键性问题：进行国际投资活动会遇到哪些风险？这些风险的危害程度如何？组织者为避免重复、提高效率，应当首先将已经取得的分析结果作会议说明，使与会者不必在重复性问题上花时间，从而促使他们打开思路去寻找新的风险形态及其危害。头脑风暴法在实施中要遵循如下规则。

（1）禁止对他人所发表的意见提出任何非难，避免言词上的武断或上纲上线。

（2）尽可能要求提出新思路，新思路数量越多，出现有价值设想的概率就越大。

（3）要重视那些不寻常的、有远见的、貌似不太切合实际的思想，思路要越宽越好。

（4）将大家的思路或思想进行组合和分类。

头脑风暴专家小组一般应由技术人员组成：风险分析或预测专家、国际投资领域中的技术或财务专家、了解或把握国际投资运动规律知识的高级专家、具有高级逻辑思维能力的专家。组织者对头脑风暴法的结果要进行详细的分析，既不能轻视，也不可盲目接受。

### （三）幕景识别法

由于影响国际投资经营风险的因素很多，实践中需要有一种能够识别关键因素及其影响的方法。幕景分析法就是为了适应这种需要而产生出来的以识别风险关键因素及影响程度为特征的方法。一个幕景就是一项国际投资活动未来某种状态的描绘或者按年代的概况进行的描绘。这种描绘可以在计算机上进行计算和显示，也可用图表、曲线等进行描述。

幕景分析法的重点是：当某种因素变化时，整个情况会是怎样的，会有什么风险，对投资者的资产价值会带来何种程度的损失。幕景分析的结果是以易懂的方式表示出来的。一种方式是对未来某种状态的描述；另一种方式是描述一个发展过程，即未来若干年某种情况的变化链。

幕景分析要经过一个筛选、检测和评判的过程。即先要用某种程序将具有潜在风险的对象进行分类选择，再对某种风险情况及其后果进行观测、记录和分析，最后要根据症状或其后果与可能起因的关系进行评价和判断，找出可疑的风险因素并进行仔细的检查。

但是，幕景分析也有局限性。因为所有的幕景分析都是围绕着分析者目前的考虑、价值观和信息水平进行的，很可能产生偏差。因此，在进行风险识别时，需与其他方法结合使用。

## 三、经营风险的管理

经营风险是永远存在的，大企业如此，中小企业亦然。对于进军国际市场的中小企业而言，规避与化解风险至关重要。规避与化解风险就是通过各种有效的经济技术手段，将经营风险减小或分散，其主要策略有风险规避、风险抑制、风险自留和风险转移。

### （一）风险规避

风险规避（Risk Avoidance），是指事先预料风险产生的可能性程度，判断导致其产生的条件和因素，以及对其进行控制的可能性，在国际投资活动中尽可能地避免或设法以其他因素抵消其造成的损失，必要时需改变投资的流向。

风险规避是控制风险最彻底的方法，采用有效的风险规避措施可以减少风险概率和损失程度，以削减风险的潜在影响力。但是，由于风险规避涉及放弃某种投资机会，从而相应失去与该投资相联系的利益，因而风险规避手段的实际运用要受到一定的限制。

常见的规避风险的手段有：改变生产流程或产品。如开发某项新产品，若花费的成本很高且成功的把握较小，就可以通过放弃新产品的研制或购买该产品技术专利来规避风险；改变生产经营地点，如将企业由一国转移到另一国，或由一国内某一地区转移到另一地区，以避免地理位置缺陷的风险；放弃对风险较大项目的投资；闭关自守，即坚持生产经营自成体系，不受任何国家政治、经济因素的干扰。

### （二）风险抑制

风险抑制（Risk Reduction），是指采取各种措施，减少风险实现的概率以及经济损失的程度。风险抑制不同于风险规避，它是国际投资者在分析风险的基础上，力图维持原有决策，减少风险所造成的损失而采取的积极措施；而风险规避虽然可以消除风险，但企业要终止拟定的投资活动，放弃了可能获得的潜在高收益。

风险抑制的措施很多。例如，在进行投资决策时，做好灵敏度分析；开发新产品系列前，做好充分的市场调查和预测；通过设备预防检修制度，减少设备事故所造成的生产中断；搞好安全教育，执行操作规程和提供各种安全设施以减少安全事故。

### （三）风险自留

风险自留（Risk Retention），是指投资者对一些无法避免和转移的风险采取现实的态度，在不影响投资根本利益的前提下自行承担下来。风险自留是一种积极的风险控制手段，它使投资者为承担风险损失而事先做好种种准备工作，修正自己的行为方式，努力将风险损失降到最低程度。在承担风险损失的同时可以设法获得其他的额外补偿，因为风险往往是与高收益相伴的。

在国际经济活动中，所有国家和企业事实上都承受着不同程度的风险，有意识地加以控制，可以增强自身安全性。投资者自身承受风险的能力取决于其经济实力。经济实力雄厚的大企业可以承担几十万美元甚至上百万美元的意外损失，但是经济实力薄弱的小企业则只能承担相对小的风险损失。一般来说，企业进行风险自留的具体做法是定期提取一笔资金作为风险专项资金，以供意外风险发生时用来作为风险补偿之用。这种做法实际上是一种自我保险的方式。

### （四）风险转移

风险转移（Risk Transfer），是指投资者通过各种经济技术手段，把风险转移给他人承担。一般有保险转移与非保险转移两类。

保险转移，是向专业保险公司投保，通过缴纳保险费把风险转移给保险公司承担，而风险一旦发生，损失即由保险公司补偿。非保险转移，是指不通过保险公司而以其他途径实施风险转移。例如，某承包者担心，如果承包工程中基建项目所需的劳动力和原材料成本可能提高，他可以通过招标分包商承包基建项目，以转移这部分的风险。又如，在风险较大的国家投资时，投资者应要求当地信誉较高的银行、公司或政府为之担保，一旦发生损失后，可以从担保者那里获得一定的补偿。

国外有一家名为 Xrs 的公司，其经营规模并不庞大，但却在拉丁美洲不少国家形象很好，因此能在一次次民族主义浪潮中生存下来。该公司十分重视结合企业自身经营特色来规避经营风险，其中包括一项颇为成功的让当地雇员分享利润的计划，使当地雇员及家属都成了公司的特殊"辩护人"。该公司还规定其销售的产品至少应有 20%是购于当地制造厂商，有的甚至达到了 80%，结果当地有一千多家供应商的生存依赖于该公司。这样，虽然东道国多次发生民族冲突、政治动荡，但这家公司却总能幸免于难。Xrs 公司结合企业经营特色来积极规避风险，所运用的就是一种典型的风险转移策略。[①]

# 第三节　国际投资国家风险管理

## 一、国家风险概述

国家风险（Country Risk），又称政治风险，是指在国际投资中，由于东道国政府在政权、政策法律等政治环境方面的异常变化而给国际投资活动造成经济损失的可能性。国家风险对外国投资者既可能产生不利影响，也可能产生有利影响，但是现实中，不利的影响居多。

实际上，国家风险是国际投资者面临的最具威胁性的风险，因为它的发生一般都比较突然，难以识别和预测，单个投资者更难以控制其发展。一般而言，发展中国家的国家风险较大，发达国家的国家风险较小。如表 9-1 所示为 2019 年国家风险评级排行榜。本次评级对 57 个国家进行了评级，包括德国、美国等 16 个发达经济体：阿联酋、俄罗斯等 41 个新兴经济体。

---

① 庞越辉. 中小企业怎样打入国际市场[J]. 中国商人，2000，4：36-37.

表 9-1 2019 年国家总体风险评级排行榜

| 国家 | 风险评级 | 国家 | 风险评级 | 国家 | 风险评级 | 国家 | 风险评级 |
|---|---|---|---|---|---|---|---|
| 德国 | AAA | 英国 | AA | 阿联酋 | A | 沙特阿拉伯 | A |
| 澳大利亚 | AA | 加拿大 | AA | 美国 | A | 保加利亚 | BBB |
| 新西兰 | AA | 日本 | AA | 波兰 | A | 捷克 | BBB |
| 韩国 | AA | 法国 | A | 意大利 | A | 老挝 | BBB |
| 新加坡 | AA | 以色列 | A | 罗米尼亚 | A | 马来西亚 | BBB |
| 荷兰 | AA | 匈牙利 | A | 俄罗斯 | A | 哈萨克斯坦 | BBB |

资料来源：蔡越坤. 2019 年《中国海外投资国家风险评级》发布 美国国家评级由 AA 调降至 A [EB/OL]. (2019-01-10)[2020-08-18]. https://baijiahao.baidu.com/s?id=1622260056912826403&wfr=spider&for=pc.

国家风险可分为主权风险、征用和国有化风险、战争风险和政策风险四类。[①]

### （一）主权风险

主权风险是指东道国从本国利益出发所采取的不受任何外来法律约束而独立自主地处理国内或对外事务时，给外国投资者造成经济损失的可能性。例如，1979 年美、伊敌对时，双方政府均宣布冻结对方国家存放在本国的财产。国际主权风险不可避免地会给投资者造成巨大的损失。

### （二）征用和国有化风险

各国的外国投资法中，关于征用的解释不尽相同。一般来说，征用是指东道国政府基于国家主权的需要对外国资本予以没收或接管。按照有关国际法的规定，东道国对外国资产实行征用时，应用硬通货向被征用的外国企业进行足额补偿。有些国家也称征用风险为国有化风险。少数国家（如美国）将东道国政府废弃、拒绝履约和违反投资契约也列为征用。在实际中，外国资本被征用后可能得到全额补偿，也可能只是部分补偿。

20 世纪 50 年代以前，人们很少看到国有化的事例，但是自 20 世纪 60 年代以后，发展中国家就出现了国有化的高潮。据统计，从 20 世纪 50 年代到 70 年代，一百多个发展中国家中有半数以上对外资实行了国有化，共发生了 1 954 件国有化案件，其中 20 世纪 50 年代发生国有化 412 件，60 年代为 406 件，70 年代约 1 136 件，可见国有化的步伐一再加快。从地区分布来看，亚洲为 219 件，中东为 464 件，非洲为 826 件，拉美为 454 件。从行业分布来看，国有化的行业有半数以上集中在采矿、冶炼、石油和农业等部门。从国别来看，英、美两国受国有化的影响最大。1960—1964 年间，在所有报道国有化的事例中，英国子公司半数以上主要分布在农业、银行业和保险业。20 世纪 70 年代，美国子公司日益成为国有化的主要目标，受影响最大的是石油和采矿、分支银行、公用事业和运输业，大型子公司承受国有化的压力最大。就美国子公司看，资产超过 1 亿美元的公司，其没收的比率比资产少于 100 万美元的小型子公司大 50 倍。1960—1979 年间，在被国有化的 342 家美国子公司中，有 158 家发生在拉丁美洲，占 46%，而 52 家被国有化的英国子公司中，则有 419 家发生在东南亚和撒哈拉以南的非洲。一般来讲，征用给外国投资者带来的损失较大。[②]

---

① 张蔚，徐晨，陈宇玲. 国际投资学[M]. 北京：北京大学出版社，2004：234-235.

② 刘恒. 跨国公司对外直接投资的国有化风险及其防范[J]. 中山大学学报（社会科学版），1996，6：11-17.

### 专栏 9-3：中企"走出去"须警惕蚕食式征用风险

在中国企业跨国经营中，"蚕食式征用"（Creeping Expropriation，又称"间接征用"）仍然是非常现实的风险，甚至有所上升。所谓"蚕食式征用"，本意系指东道国政府和外国投资者在投资合同中事先约定，外国投资者在一定年限内，按一定比例分期将其股份逐步转让给东道国政府或国民，使东道国方所持股份达到51%以上，甚至100%。后来，其内涵逐步丰富、发展。我国企业与海外华商面临的蚕食式征用风险主要有三种情况，即作为贸易保护主义工具的蚕食式征用、与腐败动机结合的蚕食式征用，以及东道国政策法规变动导致的蚕食式征用。

在中资企业海外石油开发中，行情变动带来的违约和蚕食式征用风险主要源于信誉不佳的东道国政府可能单方面调整政策，强迫中资企业等外国投资者接受改变合作形式。在极端情况下，这种强制行为甚至可以构成蚕食式征用。

海湾等区域的主要石油生产和输出国都没有独立开发运营油气资源的能力，要靠外国石油公司为其开发运营，从沙特阿拉伯、伊朗、伊拉克到科威特、阿联酋，概莫能外。

目前，国际石油公司与东道国合作的主要方式有两种：一种是服务合同，即石油公司在成本回收后所得报酬为每桶固定报酬乘以产量；一种是产品分成合同，即石油公司在成本回收后按合同约定比例获得产品分成。对石油公司而言，在不同行情走势下，上述两种合作形式的风险收益不同。牛市期间产品分成合同更有利，因为此时产品分成可以分享油价持续上涨的厚利，服务合同则只能取得相对固定的服务收入，还要承受在此期间人力等项成本上涨的风险；熊市期间产品分成合同风险上升，因为以产品分成形式获得报酬的石油公司也要承受油价下跌的风险，服务合同则可以取得相对稳定的服务收入，规避油价变动风险。对于作业的石油公司而言，若能连续作业较长时间，合同期横跨熊市和牛市，那么同一种合作形式在不同时期内的风险收益水平可以趋近；但如果东道国政府强势且缺乏信用，在行情走势发生趋势性转折时单方面撕毁旧合同，强迫石油公司改变合作方式，石油公司就要蒙受损失，单方面承受牛市、熊市所有时期的行情变动风险，却不能获得相应的补偿回报，这正是我国石油企业在海外市场面临的潜在风险。

以伊拉克为例。与其他海湾石油输出国一样，这个世界石油蕴藏量第三大国要靠外国石油公司为其开发运营，而中石油在伊拉克与外国石油公司合作开采的三大油田产量都已经相当可观。2012年，鲁迈拉油田日产量135万桶，哈法亚油田日产量12万桶，艾哈代布油田日产量14万桶，当前，中国国有企业在伊拉克石油石油产量合计已占该国石油总产量一半以上。但在此前10年初级产品牛市的背景下，巴格达政府坚持只给予外国石油公司服务合同，不给产品分成合同，前总理马利基当政时尤其坚持这项原则，致使外国公司所获报酬相对稳定，但不能分享这10年油价持续上涨的厚利。

中国企业之所以能够实现伊拉克一半的石油产量，关键原因是伊拉克政府坚持上述原则，导致众多西方企业因风险收益失衡、感觉不合算而退出伊拉克市场。但是，随着石油市场熊市来临，服务合同下原来独占油价单边上涨全部收益的东道国政府开始要承受风险，产品分成合同可以向石油公司转嫁部分风险的"优点"日益凸显，东道国政府单方面撕毁旧合同、压低服务费或改为条件苛刻产品分成合同的内在冲动相应日益上升。如果这个东道国政府和社会信用意识不强，社会甚至普遍将单方面撕毁合同的行为视为"正义""英雄"的行为，那么，东道国的这种道德风险就有很高概率转化为在该国作业的外国石油公司现实的违约和蚕食式征用风险。伊拉克共和国成立以来历届政府的信用记录能令人信服吗？该国社会结构和意识能鼓励其政府守信吗？答案不容盲目乐观。

海外中资石油公司面临的上述风险并不仅仅局限于伊拉克一国。由于中国石油公司较大规模"走出去"始于21世纪初，亦即正值这一轮初级产品牛市启动，持续上扬的行情赋予东道国政府与社会较为强势的谈判地位；加之不像西方石油公司那样拥有数百年殖民遗产，可以在众多资源中"挑肥拣瘦"，常常只能取得西方石油公司弃若敝屣的资源，我国石油公司从东道国拿到的合同中服务合同较多。在熊市期间，相当多的东道国企图违约，乃至蚕食式征用的道德风险会暴露出来。

资料来源：梅新育. 中企"走出去"须警惕海外违约与蚕食式征用风险[EB/OL].（2014-10-11）[2020-08-18]. http://news.cb. com.cn/html/economy_9_20390_1.html.

### （三）战争风险

战争风险是指东道国国内由于领导层变动或社会各阶层利益冲突、民族纠纷、宗教矛盾等引起局势动荡，甚至发生骚乱和内战，或东道国与别国在政治、经济、宗教、民族等问题上的矛盾激化而发生局部战争，从而给外国投资者造成经济损失。

例如，1976年美国联合食品公司寻找对外投资目标用以扩大生产，最终选择了萨尔瓦多。萨尔瓦多当时可算作一个"幸福、稳定的国家"，可是，两年后该国发生政治骚乱，总经理以及其余120名雇员被作为人质，直到美方同意当地提出的各种条件，最终该分公司于1979年被撤销。再如，长期以来一直存在的巴以冲突，2008年8月8日爆发的格鲁吉亚战争，2011年3月19日爆发的利比亚战争，时断时续的苏丹内战等，就给在这些东道国投资的外国企业造成了经济上的极大损失。一般来讲，东道国发生内乱和战争给投资者造成的损失最大。相比而言，一些落后国家、宗教问题比较多的国家发生战争的风险比较大。

### （四）政策风险

政策风险是指由于东道国制定或变更政策而可能给外国投资者造成经济损失。东道国的土地、税收、市场和产业规划等方面具体政策的变化将影响投资者的决策。如土地政策中涉及土地的购买、拥有使用权时间的长短、土地税的内容等均会影响投资者的利益。税收政策中计税基数、税率和征税方法也关系到投资者的利益。东道国市场的开放程度以及在投资区域和行业等方面实行的限制或鼓励政策也会影响投资者的收益。有些国家还会特别针对外资制定出歧视性政策和措施，如制定针对外资的《特别污染法》《劳工法》等，对跨国公司的投资方式进行管理。

## 二、国家风险评估

国家风险由于与国家主权行为密切相关，因此投资者需要对东道国内部的各种情况进行调查、分析以得出对其国家风险的总体评价，为国际投资活动提供决策依据。目前，国家风险识别和评估主要有以下几种方法。

### （一）国际投资风险指数评估法

进行国际投资，必须要收集和处理大量的国家风险情报，这是一项成本较高的基础工作，只有少数大银行、跨国企业才能具有与国家政府相近的力量从事此项工作。大多数进行国际投资活动的中小型机构、企业只能更多地依靠间接情报，甚至以他人风险分析的成果来做出自己的分析和判断。国际投资风险指数便是一项重要的间接情报，进行国际投资活动的企业可以借鉴一些专门机构提供的风险指数进行风险评估。

1. 富兰德指数（FL）

20世纪60年代末，美国商业环境风险情报研究所的 F. T. 汉厄教授设计了第一个反映经济政治环境风险的评价指数——国家风险预测指数，也称富兰德指数（FL）。该指数是由定量评级体系、定性评级体系和环境评级体系构成的综合指数。定量评级体系用于评价一个国家债务偿付能力，包括外汇收入、外债数量、外汇储备状况及政府融资能力四个方面的评分；定性评级体系重在考察一个国家的经济管理能力、外债结构、外汇管制状态、政府官员贪污渎职程度及政府应付外债困难的措施五个方面的评分；环境评级体系包括政治风险、商业环境和政治社会环境三个指数系列。

上述三个评级体系在总指数中的比重分别为50%、25%和25%。富兰德指数以0～100表示，指数越高表示风险越低，指数越低表示风险越高。风险等级则相反，一级表示风险最小，二级、三级表示风险大一些，依此类推。该指数是由英国"商业环境风险情报所"每年定期提供，该情报研究所定期公布并发表研究报告、统计数据及分析结果，并根据数据对即期风险情况给予综合打分，还对未来1年后、5年后的综合分数进行预测。

2. 国家风险国际指南综合指数（CPFER）

该指数是由设在美国纽约的国际报告集团编制的风险分析指标体系，每月发布一次。国家风险国际指南分为政治因素（PF）、金融因素（FF）和经济因素（EF）三部分。如表9-2所示，其中政治因素分析占50%，即100分，后两项分析各占25%，即各为50分。指标模式为：

$$CPFER=0.5\times(PF+FF+EF)$$

其中，CPFER代表政治、金融及经济综合指数，以0～100分表示，分数越高表示风险越低；PF代表全部政治指数，包括政府稳定性、社会经济条件、投资概况、内部冲突、外部冲突、腐败等12个指标；FF代表全部金融指标，包括外债比例、汇率稳定性、债务偿还等5个指标；EF代表全部经济指标，包括通货膨胀率、人均GDP、GDP增长率等5个指标。

表9-2　国家风险国际指南方法

| 政治风险因素 | 金融风险因素 | 经济风险因素 |
| --- | --- | --- |
| 政府稳定性（12分） | 外债比例（10分） | 通货膨胀率（10分） |
| 社会经济条件（12分） | 汇率稳定性（10分） | 人均GDP（5分） |
| 投资概况（12分） | 债务偿还（10分） | GDP增长率（10分） |
| 内部冲突（12分） | 经常账户占货物与服务出口的比例（15分） | 预算平衡（10分） |
| 外部冲突（12分） | 国际流动性（5分） | 经常账户占GDP比例（15分） |

续表

| 政治风险因素 | 金融风险因素 | 经济风险因素 |
|---|---|---|
| 腐败（6分） | | |
| 军事力量（6分） | | |
| 宗教紧张（6分） | | |
| 法律秩序（6分） | | |
| 种族紧张（6分） | | |
| 民主问责（6分） | | |
| 官僚作风（4分） | | |
| 占50% | 占25% | 占25% |

资料来源：PRS Group 官网 [EB/OL]. [2023-07-24]. https://www.prsgroup.com/wp-content/uploads/2022/04/ICRG-Method.pdf.

CPFER 是针对每个具体国家而言的，它考察各国不同时期的综合风险指数及其变化情况。如表 9-3 所示为基于 2017 年的 ICRG 数据计算得出的代表性国家和地区的风险得分。

表 9-3　2017 年国家或地区综合风险指数

| 国家或地区 | 得分 | 排名 | 国家或地区 | 得分 | 排名 | 国家或地区 | 得分 | 排名 |
|---|---|---|---|---|---|---|---|---|
| 瑞士 | 88.9375 | 1 | 荷兰 | 83.0625 | 11 | 阿联酋 | 78.5833 | 21 |
| 挪威 | 88.1667 | 2 | 加拿大 | 82.5625 | 12 | 英国 | 77.7292 | 26 |
| 卢森堡 | 86.7292 | 3 | 爱尔兰 | 82.3958 | 13 | 美国 | 77.5000 | 29 |
| 新加坡 | 85.6667 | 4 | 韩国 | 82.2917 | 14 | 西班牙 | 75.2292 | 34 |
| 瑞典 | 85.3333 | 5 | 芬兰 | 81.9375 | 15 | 法国 | 73.8125 | 44 |
| 德国 | 84.5833 | 6 | 冰岛 | 81.5625 | 16 | 中国 | 72.7500 | 51 |
| 新西兰 | 83.5625 | 7 | 丹麦 | 81.4792 | 17 | 菲律宾 | 72.1458 | 53 |
| 中国台湾 | 83.5208 | 8 | 奥地利 | 80.1875 | 18 | 泰国 | 70.7708 | 59 |
| 日本 | 83.2083 | 9 | 马耳他 | 80.1667 | 19 | 印度 | 70.6667 | 60 |
| 中国香港 | 83.1042 | 10 | 捷克 | 79.6458 | 20 | 俄罗斯 | 69.0417 | 67 |

资料来源：2017 年国家风险国际指南（ICRG）数据库。

3．《欧洲货币》国家风险等级表

国际金融界权威刊物《欧洲货币》（*Euromoney*）于每年 9 月或 10 月定期公布当年各国国家风险等级表，表 9-4 和表 9-5 分别列示了 1999 年和 2019 年的部分国家得分。该表侧重反映一国在国际金融市场上的形象与地位，从进入国际金融市场的能力（权重 20%，包括在外国债券市场、国际债券市场、浮动债券市场、国际贷款市场及票据市场上筹借资本的能力）、进行贸易融资的能力（10%）、偿付债券和贷款本息的记录（15%）、债务重新安排的顺利程度（5%）、政治风险状态（20%）和二级市场上交易能力及转让条件（30%）等方面对国家风险进行了考察。[1]

---

① 孔淑红，梁明. 国际投资学[M]. 北京：对外经济贸易大学出版社，2001：309.

表 9-4 《欧洲货币》国家风险等级表（1999 年）

| 排　　序 | 国　　家 | 国 家 风 险 | 政 治 风 险 | 信 贷 限 制 | 经 济 表 现 |
|---|---|---|---|---|---|
| 1 | 卢森堡 | 98.48 | 24.28 | 10.00 | 25.00 |
| 2 | 瑞士 | 98.36 | 24.88 | 10.00 | 23.85 |
| 3 | 挪威 | 95.43 | 23.96 | 10.00 | 21.90 |
| 4 | 美国 | 94.92 | 25.00 | 10.00 | 20.28 |
| 5 | 荷兰 | 94.22 | 24.51 | 10.00 | 19.71 |
| 6 | 德国 | 94.04 | 24.87 | 10.00 | 19.27 |
| 7 | 法国 | 93.68 | 24.78 | 10.00 | 19.55 |
| 8 | 奥地利 | 93.30 | 23.96 | 10.00 | 19.27 |
| 9 | 丹麦 | 93.24 | 23.32 | 9.38 | 19.35 |
| 10 | 比利时 | 91.18 | 23.27 | 9.17 | 20.96 |
| 45 | 中国 | 56.51 | 15.32 | 6.04 | 9.46 |

资料来源：《欧洲货币》（*Euromoney*）[EB/OL]. [2020-08-18]. https://www.euromoney.com/research-and-awards/surveys-and-awards/country-risk-survey.

表 9-5 《欧洲货币》国家风险等级表（2019 年第四季度）

| 排　　序 | 排 名 变 化 | 国　　家 | 国 家 风 险 |
|---|---|---|---|
| 1 | 1 | 瑞士 | 88.16 |
| 2 | -1 | 新加坡 | 87.86 |
| 3 | 0 | 挪威 | 87.80 |
| 4 | 0 | 丹麦 | 86.90 |
| 5 | 0 | 瑞典 | 84.72 |
| 6 | 0 | 卢森堡 | 84.52 |
| 7 | 1 | 芬兰 | 84.08 |
| 8 | -1 | 荷兰 | 83.85 |
| 9 | 1 | 澳大利亚 | 81.21 |
| 10 | -1 | 新西兰 | 80.32 |

资料来源：《欧洲货币》（*Euromoney*）[EB/OL]. [2020-08-18]. https://www.euromoney.com/research-and-awards/surveys-and-awards/country-risk-survey.

4. 《机构投资者》国家风险等级表

由著名国际金融刊物《机构投资者》每两年在其 9 月号刊出的各国国家信誉等级表，如表 9-6 所示。此表是该杂志向活跃在国际金融界的 75～100 个大的国际商业银行进行咨询、调查的综合结果。每个被咨询的银行要对所有国家的信誉地位，即风险状况进行评分，分数以 0～100 表示。0 分表示该国的信誉极差、风险大，100 分表明该国的国家信誉极好。该表重点考虑具有健全的国际风险分析体系的大银行以及"风险暴露"最大的银行的意见，因而直接反映银行界的实际看法。

表 9-6　《机构投资者》国家风险等级表

| 排　　名 | | 国家或地区 | 信用级别值 | 6 个月的变化值 | 1 年的变化值 |
| --- | --- | --- | --- | --- | --- |
| 2016-09 | 2016-03 | | | | |
| 1 | 1 | 瑞士 | 95.4 | 0.2 | 0.3 |
| 2 | 3 | 德国 | 94.6 | -0.1 | 0.2 |
| 3 | 2 | 挪威 | 93.8 | -1.0 | -0.9 |
| 4 | 7 | 瑞典 | 93.6 | 0.7 | 0.3 |
| 5 | 5 | 卢森堡 | 93.3 | 0 | -0.5 |
| 6 | 8 | 加拿大 | 93.3 | 1.0 | -0.5 |
| 7 | 4 | 美国 | 93.3 | -0.1 | -0.2 |
| 8 | 6 | 新加坡 | 93.2 | 0 | -0.1 |
| 9 | 10 | 丹麦 | 91.3 | 0.6 | 0 |
| 10 | 9 | 荷兰 | 90.8 | 0 | 0.5 |
| 17 | 17 | 中国香港地区 | 83.9 | 0.4 | 1.0 |
| 20 | 18 | 中国台湾地区 | 81.6 | -0.4 | 0.5 |
| 27 | 26 | 中国 | 75.9 | -0.1 | 0 |

资料来源：机构投资者（*Institutional Investor*）[EB/OL]．[2020-08-18]．https://www.institutionalinvestor.com/research/6529/Global-Rankings.

5. 日本公司债务研究所的国家风险等级表

日本公司债务研究所对国家风险进行了研究，提出的国家风险评价内容包括：内乱、暴动及革命的危害性，政权的稳定性，政策的持续性，产业结构的成熟性，经济活动的干扰，财政政策的有效性，金融政策的有效性，经济发展的潜力，战争的危险性，国际的信誉地位，国际收支结构，对外的支付能力，对外资的政策和汇率政策等。它设计的风险等级采用的是评分方法，以 0～10 分表示风险程度的高低，10 分表示风险最低，0 分表示最高。分别对上述内容进行打分，然后求出综合分。风险等级设立为 A、B、C、D、E 五级，风险由低向高排列。

上述各种不同的风险评价监测指标、指数从不同侧面对经济、金融、政治等风险进行了评价，其发布机构具有一定的权威性和科学性，已为世界大多数国家的投资者普遍接受和认可，在为国际投资者提供投资风险信息资料方面发挥了重要的作用。

但是，它们也存在一定的缺陷，如对于指标、数据的打分主要表现在许多研究机构多是从外部，根据有限的数据对他国的情况进行打分并进行风险判断，难以反映实际情况。这些指标体系及方法多数是在 20 世纪六七十年代就建立起来了，目前的情况已经发生了许多变化，特别是经济全球化和金融自由化的迅速发展，出现了一些新因素，要对一个国家的经济风险进行科学、实事求是的评价，需要对原有指标进行必要的调整和补充，并将数据与情况紧密结合起来。

### （二）评分定级评估法

评分定级评估法是采用一组固定的评分标准将东道国各个风险因素进行量化，从而确定风险程度的方法。由于这种方法可以对不同国家的风险进行比较，因而在国际上得到广泛的应用。一般来说，评分定级评估法的整个评分定级过程分为以下四个阶段。

第一阶段：确定考察风险因素。如负债比率、战争次数、人均 GDP 等。

第二阶段：确定风险评分标准。分数越高，风险越大，如负债比率 10%以下为 1～2 分，10%～15%为 3 分，15%～25%为 4 分，25%～50%为 5 分，50%～80%为 6 分等。

第三阶段：将所有项目的分数汇总，确定该国的风险等级。

第四阶段：进行国家间的风险比较，得分越高的国家风险越大。

如表 9-7 所示为国际风险等级序列表。

表 9-7　国际风险等级序列表（总分 100 分）

| 风　险　等　级 | 分　　值 | 意　　义 |
|---|---|---|
| AAA | 0～0.5 | 基本无风险 |
| AA | 0.5～1.5 | 可忽视的风险 |
| A | 1.5～3 | 风险很小 |
| BBB | 3～7 | 低于平均风险 |
| BB | 7～15 | 正常风险 |
| B | 15～30 | 值得重视的风险 |
| C | 30～55 | 高风险 |
| D | 55～100 | 不可接受的风险 |

### （三）预先警报系统评估法

预先警报系统是 1975 年原联邦德国经济研究所制定的一系列重要的国家经济指标。通过这种指标系统，可用以观测国家风险状态，以期在国家风险出现之前预先警报，提醒投资者注意。这个系统主要由以下指标组成：偿债比率、本金偿还比率、负债比率、负债对出口比率、负债对外汇储备比率、流动比率、短期外债比率、偿息额对国民生产总值的比率等。通常在进行政治风险评估时，要有选择地运用其中一部分指标，其中较为常用的有以下几个方面。

（1）偿债比率。该比率表示一国偿付外债的能力，一般认为该比率在 10%以下，表明该国具有较强的偿还能力，当该比率高于 25%时，则意味着可能面临债务困难，存在着不能归还到期债务的可能。这一指标的计量公式为：

$$偿债比率 = \frac{外债当年还本付息额}{当年出口商品与劳务额} \times 100\%$$

（2）负债比率。该比率表示一国的经济规模和外债关系。一般认为该比率低于 15%较好；当高于 30%时，则容易发生债务危机。这一指标的计量公式为：

$$负债比率 = \frac{本国全部公司外债余额}{当年国民生产总值} \times 100\%$$

（3）负债对出口比率。该比率用以衡量一国短期内偿还全部外债的能力。在当前发展中国家短期债务所占比重日益增加的情况下，该比率越低，说明该国越不易发生债务危机。一般认为，该比率的危险界线为 100%左右。这一指标的计量公式为：

$$负债对出口比率 = \frac{本国全部公司债务余额}{当年出口商品与劳务额} \times 100\%$$

（4）流动比率。该比率表明一国外汇储备相当于进口额的月数，一般认为相当于 5 个月进口额的外汇储备是比较充分的，低于一个月进口额的外汇储备则是危险的。这一指标的计量公式为：

$$流动比率 = \frac{外汇储备金额}{月平均进口的外汇支出额} \times 100\%$$

（5）短期外债比率。该比率用于衡量一国跨境资本的流动规模，速度越快，表明潜在风险越大，一般认为国际公认的标准安全线为20%。这一指标的计量公式为：

$$短期外债比率 = \frac{一年内到期的外债额}{全部外债余额} \times 100\%$$

如表9-8所示为上述指标所反映的中国金融风险状况。

表9-8　中国金融风险指标

| 年　份 | 偿债比率（%） | 负债比率（%） | 负债对出口比率（%） | 短期外债比率（%） | 流动比率（%） |
|---|---|---|---|---|---|
| 2004 | 3.2 | 13.4 | 40.2 | 45.63 | 1 304.38 |
| 2005 | 3.1 | 13.0 | 35.4 | 55.56 | 1 488.33 |
| 2006 | 2.1 | 12.3 | 31.9 | 56.85 | 1 617.60 |
| 2007 | 2.0 | 11.0 | 29.0 | 60.6 | 1 794.95 |
| 2008 | 1.8 | 8.5 | 24.7 | 58.0 | 2 063.69 |
| 2009 | 2.9 | 8.4 | 32.2 | 60.5 | 2 866.19 |
| 2010 | 1.6 | 9.0 | 29.2 | 68.4 | 2 488.61 |
| 2011 | 1.7 | 9.2 | 33.3 | 72.1 | 2 187.55 |
| 2012 | 1.6 | 8.6 | 32.8 | 73.4 | 2 184.55 |
| 2013 | 1.6 | 9.0 | 35.6 | 78.4 | 2 377.47 |
| 2014 | 2.6 | 17.0 | 69.9 | 76.3 | 2 347.38 |
| 2015 | 5.0 | 12.6 | 58.6 | 64.2 | 2 379.45 |
| 2016 | 6.1 | 12.7 | 64.4 | 61.2 | 2 275.06 |
| 2017 | 5.5 | 14.5 | 72.6 | 65.1 | 2 043.58 |
| 2018 | 5.5 | 14.4 | 74.1 | 64.7 | 1 726.46 |

资料来源：中国统计年鉴[M]. 北京：中国统计出版社，2019.

### （四）国别评估报告

国别评估报告，是投资者对特定对象国的政治、社会、经济状况进行综合性评估的文件。它往往用于大型海外建设项目的投资或贷款之前，其性质与可行性研究报告相仿，但侧重于防止国家政治风险的发生。例如，全球著名的美国摩根保证信托公司的国别评估报告主要评估对象国以下四个方面的内容：政治评估，主要是对对象国政府的经济运营能力和应变能力进行估价；经济评估，主要是对对象国生产要素和发展目的进行分析；对外金融评估，主要是对对象国国际金融进行评价，包括国际收支现状、预测及未来的去向；政局稳定性评估，主要是对对象国和全球政治状态进行考察。

## 三、国家风险的管理

既然国际投资活动面临着国家风险，那么在对国家风险进行评估之后，如何有效地采取措施防范和规避国家风险，最大限度地降低损失，这对国际投资者来说更为重要。对国家风险的管理可以从"事前控制"和"事后控制"两方面着手。

### （一）投资前的国家风险管理

投资是一项长期经济行为，国家风险防范和规避在投资前就要开始，对外投资者在投资前一般需要采用实证分析、办理海外保险、与东道国政府谈判签订特许协定等措施。

1. 对特定东道国的国家风险实证分析

外国投资者通过国家风险评估方法选定东道国之后，应当对特定东道国的国家风险进行详细深入的实证分析。一般来讲，一国的经济越发达，其吸引外资和对外投资的规模也越大，对外资的优惠措施和限制措施也较少，因而外资被国有化的风险也越小；一些政局相对稳定的国家投资风险也较小。但是，这些国家由于其经济发展程度高，市场进入较难，获得高额回报的机会较小。相反，一国的经济欠发达，在大力吸引外资的同时还需保护本国民族工业的发展，因此除非在投资前该国或地区已发生战争暴乱、国有化等极端情况，否则不应一味回避国家风险高的国家，应采取有限度的回避和容忍态度，设法做好风险防范或从其他方面获得补偿来抵消部分国家风险。20 世纪 90 年代以来，由于全球经济一体化的趋势日益加强，发展中国家也相应调整了各自的外资政策，从而对外资态度日益开放和接纳。因此，对东道国的国家风险做实证分析时要注意这些最新的变化及变化的背景和规律。

### 专栏 9-4：投资东南亚：国家风险不可不防

东南亚地区自古以来就是"海上丝绸之路"的重要枢纽，与中国经贸往来频繁。近年来，随着全球化进程的推进，东南亚国家凭借开放的投资环境、宽松的投资政策和相对低廉的生产成本，吸引外资的力度逐渐加大，已成为投资热土。

在过去相当长的一段时间内，中国特别重视出口贸易，如今贸易在全球经济增长中的作用降低，而对外投资保持迅速增长，市场结构呈现多元化趋势，更有利于平衡企业"走出去"时产生的风险。

但是，国家风险铸造投资困局的问题需要引发足够的重视。亚洲、非洲是投资失败高发地区，民族融合程度低、政治体制不稳固是其突出特点。因此，对东南亚投资一定要谨慎考虑各方面要素。我国企业投资东南亚面临着多方面的挑战，国家间的猜忌与不信任、政治目标各异、其他大国竞争等因素加剧了营商环境的不稳定性。导致对外投资失败的因素多种多样，国家层面的风险是其中最重要的因素。由于国家与企业地位不对等，导致风险因素超出企业掌控范围。其中，能源矿产和基础设施建设是中国与东南亚国家达成合作的关键切入点，而东南亚在能源矿产和基础设施建设领域风险频发，也将导致中国企业的投资风险大大升高。因此，企业一定要在投资前研究好国家动向，以及当地的社会环境、法律、经济状况，将风险对投资的影响降到最低。

虽然东南亚国家存在着文化差异大、宗教种类多、政府效率低等制约因素，但这片市场蕴藏的无限商机，对中国企业来说仍有着巨大的诱惑力。从地理位置上讲，东南亚国家离我国很近，且在我国"一带一路"建设中起着重要作用。近年来，我国企业纷纷向这些国家和地区抛出橄榄枝。据统计，我国对东南亚国家的贸易额占对外贸易总额的一半，而对外投资的80%也是投向东南亚地区。此外，东南亚国家还存在资源物产丰富、人口数量巨大、劳动力价格低廉等突出优点。经济一体化是东南亚国家的重要诉求，中国企业对东南亚国家的贸易和投资本质上是互惠互利的共赢模式。

针对东南亚国家的投资商机和国家风险，中国不同规模的企业要找准定位 提前布局：对大企业来说，应将精力放在基础设施等相关产业上。这是因为，东南亚很多国家人口数量大，但高铁、电力等基础设施非常短缺。大企业应该充分发挥自己的实力，开拓相关市场。对中等规模企业来说，可以依靠政府强大后盾，利用政策优惠条件，共建产业园区平台集群发展。小企业则可以加入到园区平台中去，利用园区已有的配套设施，更好地发展产业。

未来是数字经济的时代，只有推动技术创新、找准定位，才能智慧地、可持续地"走出去"。因此，企业应加强提前研究、制定规划、整合资源；借助政府、机构的力量，与国外企业建立联系，把握国内外政策动向，抢抓机遇"走出去"；同时，研究当地的经贸制度与法律，加强风险防控，减少企业的后顾之忧。

资料来源：投资东南亚：国家风险不可不防[EB/OL].（2017-07-19）[2020-08-18]. http://www.ccpit.org/Contents/Channel_4126/2017/0719/843872/content_843872.htm.

2. 办理海外保险

在许多工业国家，如美国、英国、日本、德国和法国等，都设有专门的官方机构对私人的海外投资政治风险进行保险承担，如美国海外私人投资公司（OPIC）、英国的出口信贷保证部（ECGD）、日本通商产业省的海外投资保险部等。海外投资保险承保的政治风险包括国有化风险、战争风险和政策风险三类。一般做法是：投资者向保险机构提出保险申请，保险机构经调查认可后接受申请并与之签订保险单。投资者有义务不断报告其投资的变更状况、损失发生状况，且每年定期支付费用。当风险发生并给投资者造成经济损失后，保险机构按合同支付保险赔偿金。

3. 与东道国政府进行谈判

投资者在投资前可以设法与东道国政府谈判，并达成特许协议，获得某种法律保障，尽量减少政治风险发生的可能。这类协议要明确：第一，子公司可以自由地将股息、红利、专利权费、管理费用和贷款本金利息汇回母公司；第二，划拨价格的定价方法，以免日后双方在划拨问题上产生争议；第三，公司缴纳所得税和财产税参照的法律和法规；第四，发生争议时进行仲裁的法律和仲裁地点。

**（二）投资后的国家风险管理**

经过投资前的规划，进行实际投资后，仍可采取一些措施防范国家风险。常用的管理措施有：制定灵活的生产和市场战略、制定灵活的财务战略和制定短期利润最大化战略。

1. 制定灵活的生产和市场战略

这种战略是投资者通过生产和经营方面的安排，使得东道国政府实施征用、国有化或没收政策后，无法维持原公司的正常运转，从而避免被征用的国家风险。

在生产战略上，要控制两点。一是控制原材料及零配件的供应。进口原材料和零配件虽然运输成本较高，交货时间较长，但它可以保证投入品的来源和质量，免受东道国政府的控制，还可以有效地降低政治风险，因为东道国即便征用该企业，也无法获得生产所必需的原材料和零配件，无法维持企业正常运转，征用后无法收到原有效果。二是控制专利及技术诀窍。投资者将专利、技术诀窍控制在手中，一旦公司被征用，东道国没有专利和技术诀窍，就无法维持原有的正常经营。

在市场战略上，通过控制产品的出口市场以及产品出口运输及分销机构，使得东道国政府接管该企业后，失去了产品进入国际市场的渠道，生产的产品无法出口，这样做可以有效地减少被征用的风险。如秘鲁在征用马可纳公司后，发现自己反而失去了进入国际铁矿市场的渠道，结果不得不与马可纳公司重新谈判。

2. 制定灵活的财务战略

这种策略是在融资、股权比例等方面采用灵活措施，从而避免和降低国家风险。在融资战略上，投资者可以从东道国可以利用的融资渠道、其他国政府、国际金融机构融资，而并不只是使用母公司的资金，或采取大量负债经营和少量股权的方式融资。这样虽然成本稍高，但却可以有效防范国家风险。在股权结构策略上，外国投资者可以在遵守东道国《外资法》关于股权结构规定的前提下，逐步出售部分或全部股权给当地投资者，分阶段逐步地撤出对外投资的所有权。

3. 制定短期利润最大化战略

短期利润最大化是跨国投资者需要用自身的力量进行全部或部分投资，是防范政治风险所常用的方法。它的第一个含义是：跨国公司常常试图在尽可能短的时间内，从当地经营中提取最大数量的现金。这些方法包括递延投资维持费用、将投资削减至仅够维持生产所需的最低水平、缩减营销开支、生产低质量商品、制定高价和取消培训计划等，从而使短期的现金产出达到最大。但是，这些短期行为显然不利于长期生产经营的发展，这一策略是一种消极的反应，它几乎表明该公司在当地的投资经营将不会长久。因此，跨国公司必须选择适当的时间长度来增加现金流入量，以减少风险。

短期利润最大化的第二个含义是：在东道国政府采取敌对行动的情况下，用进攻性战术从受到威胁的附属公司提取尽可能多的资金，使跨国公司与该国的未来交易失败。采取这种策略时，需要注意公司行为所产生的国际影响。为避免公司的此类行为在其他国家遭到怀疑，跨国公司可以选择一种消极的间接投资形式来代替，以引起东道国政府的重视。所以，这一消极的策略方法成功与否，取决于该东道国政府计划利用外国投资发展本国经济的意愿程度。

## 本章小结

1. 国际投资风险是指在特定的环境下和特定时期内，客观存在的导致国际投资经济损失的变化，是一般风险的更具体形态。其中，国际投资风险受到外国投资者目标、投资对象的选择、国际政治经济格局、东道国投资环境、外国投资者的经营管理水平、投资期限确定等因素的影响。国际投资风险通常可分为外汇风险、经营风险和国家风险三类。本书重点关注后两种风险。

2. 经营风险是指企业在进行跨国投资的整个过程中，由于市场条件的变化或生产、管理、决策的原因导致企业经济损失的可能性。经营风险的识别方法包括德尔菲法、头脑风暴法和幕景识别法等，经营风险的管理方法则包括风险规避、风险自留、风险抑制和风险转移。其中风险规避和风险转移都是积极的风险管理策略，而风险自留和风险抑制有消极的成分。

3．国家风险又称政治风险，是指在国际投资中，由于东道国政府在政权、政策法律等政治环境方面的异常变化而给国际投资活动造成经济损失的可能性。国家风险可分为主权风险、征用风险、战争风险和政策风险四类。

4．国家风险的识别方法有国际投资风险指数评估法，即通过一系列权威机构的国家风险等级表进行评估，还有评分定级评估法、预先警报系统评估法和国别评估法。国家风险的管理分为投资前的管理和投资后的管理两种，前者包括对东道国环境的实证分析、办理海外保险和与东道国政府谈判；后者包括制定灵活的生产和市场策略、财务策略和短期利润最大化策略。

## 本章网络引擎

1．http://finance.sina.com.cn：新浪财经网站，可以了解最新的财经新闻。

2．http://finance.tom.com：TOM 财经网站，可以了解最新的财经新闻。

3．http://www.bank-of-china.com：中国人民银行网站，及时提供国家财政、货币政策，提供企业与个人的投资、理财等咨询，提供《国际金融研究》杂志部分年份的文章阅读。

4．http://www.elsevier.com/locate/econbase：爱思唯尔网站，是全球五大出版社之一爱思唯尔集团发布各种著名期刊文章的网站，可以提供各学科相关专业论文的全文阅读。

5．http://www.wtolaw.gov.cn：WTO 法律咨询网，可以了解有关 WTO 的经济与法律知识，尤其是中国在加入 WTO 后的开放现状和趋势。

6．http://www.cme.com：芝加哥商业汇率网，全球著名的金融服务网站，提供各种外汇买卖组合、咨询，以及与外汇交易相关的各种服务类型。

## 本章思考题

1．名词解释

| | | | | |
|---|---|---|---|---|
| 国际投资风险 | 经营风险 | 营销风险 | 财务风险 | 人事风险 |
| 技术风险 | 国家风险 | 主权风险 | 征用风险 | 战争风险 |
| 政策风险 | | | | |

2．国际投资风险的影响因素有哪些？

3．跨国公司如何规避国际业务中的经营风险？

4．在国家风险管理过程中，如何选用不同的风险规避方法？

5．假设你是准备到中国投资的美国零售业商人，你将如何判定是否选定在中国投资，以及在中国的什么地点投资？

# 第十章　国际投资法律管理

◇ 国际投资法的发展渊源；
◇ 投资国对外投资法律管理的内容；
◇ 东道国吸引外资法律管理的内容；
◇ 国际投资法律管理的最新发展趋势；
◇ 多边投资框架制度的主要内容与前景展望。

## 第一节　国际投资法概述

国际投资法是国际经济法的一个重要分支，是整个国际投资运作的基础。随着国际投资的蓬勃发展，世界各国日益重视对其进行规范的法律管理。通常来讲，国际投资法是针对国际直接投资而言的，因此本章也沿用此定义来介绍国际投资法。

### 一、国际投资法的定义与特征

#### （一）国际投资法的定义

国际投资法是指调整国际间私人直接投资的国内法规范和国际法规范的综合。国际投资法的主要内容包括：国际直接投资的定义；国际投资的审查标准及审批机构和程序；对外国投资的保护、鼓励与限制；关于外资本金、利润及其他合法收益自由汇出的保证和限制；对外资的待遇标准；投资争端解决程序与规则等。其中，国际直接投资法规的核心内容是确立有效的鼓励与保护投资的法律环境，对外资进行必要的监督和控制。

#### （二）国际投资法的特征

1. 国际投资法调整国际私人投资关系

国际投资法的调整对象，仅限于国际私人直接投资，不包括官方投资。只要投资者不是以官方代表出现，东道国一律视其为私人投资加以管理。例如，一些国家在外国投资开设国有银行、国有公司，东道国政府均把其视为私人投资，而不会因为这些公司的资本为国家所有就将其作为官方投资。

2. 国际投资法调整国际直接投资关系

第二次世界大战以后，国际直接投资成为国际投资的主要形式，各国国内投资立法及国际条约主要针对国际直接投资而设立，因此，国际投资法的调整对象只局限于国际私人直接投资。国际间接投资关系不在调整之列，其主要由各国民商法、公司法、证券法、票据法等法律加以调整；而国际组织与政府间或政府之间的资金融通关系则由国际经济组织规范或有关政府间的贷款协定来调整。

3．国际投资法调整的关系包括国内法关系和国际法关系

国际私人直接投资主要涉及以下几种关系：不同国家的法人与自然人之间的投资合作关系；外国私人投资者与东道国间的投资合作关系和投资管理关系；私人投资者与其所属国间的投资保险关系；两国间基于相互保护投资而达成的双边条约关系以及多国政府间的公约关系。前三种关系属于国内法关系，最后一种关系属于国际法关系，两者相互联系、相互作用，构成统一的国际投资法体系。

## 二、国际投资法的发展渊源

国际投资法的历史渊源包括国内渊源和国际渊源两个方面。

### （一）国内法规范

国际直接投资的国内法规范，是指各个国家以国家立法形式对其对外投资和吸引外资所提供的各种保护、鼓励和限制措施等。因此，国际直接投资的国内法包括两个方面，即关于对外投资的法律法规和关于外国投资的法律法规。

1．关于对外投资的法律法规

（1）对外投资审批的法律规范。就发达国家而言，除了基于政治因素而对本国少数产业、少数国家的对外投资进行一定限制外，一般不会对对外投资实施限制。例如，20世纪50年代日本对外投资实行逐笔审批，此后逐步放松管制，日前审批管理较为宽松，基本采取自由化政策。在对外投资金额上，企业对外投资超过1亿日元需于投资之后经日本银行向财务省进行报告，1亿日元以下则不需要报告；在对外投资行业上，除渔业、制革业、武器制造和毒品被列为限制性行业外，其他行业原则上自由；在投资国别上，除企业对诸如伊拉克、利比亚、安哥拉等国进行投资需要经日本银行向财务省申请外，对其他国家投资则无特别规定。

就发展中国家而言，一般都设有专门部门来负责审批对外投资，审批程序也相对复杂。以韩国为例，虽然韩国海外投资发展迅速，且韩国政府也积极鼓励对外投资，但是韩国企业对外投资审批程序仍然很复杂。韩国海外投资的审批工作由韩国银行负责，并下设"海外投资事业审议委员会"，由韩国银行及其他13个政府部门的官员组成。韩国海外投资的批准依据数额及其他因素分为三种情况：投资额在200万美元以下、具备韩国银行总裁的另行规定要点、用本身利润的保留金进行的投资，都以韩国银行总裁受理投资者的申报来代替批准；投资额超过200万美元的项目，韩国银行总裁在审批时，可委托主管部门长官加以研讨；海外投资额超过500万美元以及向未建交国家的投资，除政府某些事先已决定给予支援的项目，一般均需先经海外投资事业审议委员会审议，而后由韩国银行总裁批准。

目前，我国正在不断简化企业对外投资审批程序，从而推动我国企业"走出去"，其内容包括：中方投资额10亿美元以上或涉及敏感国家和地区或敏感行业的对外投资需由国家发改委核准，其中投资额20亿美元以上且涉及敏感国家和地区或敏感行业的项目，需由发改委提出审核意见，报国务院核准；所有其他项目均只需备案，其中央企投资项目或地方企业投

资 3 亿美元以上的项目由国家发改委备案，其他项目由省级发改部门备案。①在实施上述简化程序的基础上，2014 年 9 月商务部发布了《境外投资项目核准和备案管理办法》，确立"备案为主、核准为辅"的管理模式，除对中国企业在敏感国家和地区、敏感行业的投资实行核准管理外，其余均实行备案，并且进一步明确和简化了境外投资的程序。

（2）海外投资保险的法律规范。一般来说，国家往往通过海外投资保险法对本国私人海外投资予以保护，为私人海外投资的特别风险和政治风险提供保证。由于海外投资保险制度往往具有明显的公有性质，由政府控制的特设机构执行，故也称为"政府保证"或"国家保证"。第二次世界大战后，美国政府首创投资保险制度，各国随后纷纷仿效，实施海外投资保险制度。目前，大多数国家都已经或者正在完善其海外投资保险规范，从而保护本国的海外投资。

### 专栏 10-1：《外商投资法》解读

2019 年 3 月 15 日，十三届全国人民代表大会第二次会议通过了《中华人民共和国外商投资法》（以下简称《外商投资法》），新法于 2020 年 1 月 1 日起实施。而原"外资企业三法"——即《中华人民共和国中外合资经营企业法》（《合资企业法》）、《中华人民共和国中外合作经营企业法》（《合作企业法》）和《中华人民共和国外资企业法》（《外资企业法》）则相应废止。

《外商投资法》的亮点：（1）三法合一，并以建立外商投资管理基础法律制度为基础、逐步完善外商投资法律体系的路径更加明晰；（2）明确地把外商投资企业的组织管理形式与《中华人民共和国公司法》接轨，展示了国家进一步鼓励外商投资和外资进入，进一步对外开放的决心和立法精神；（3）确立"准入前国民待遇+负面清单管理"制度，提高对外开放水平；（4）强调外资与内资同等促进、公平对待，保护外国投资者和外商投资企业在中国境内的合法权益，尤其突出知识产权保护；（5）以外商投资领域基本法的形式明确赋予外商投资公司可以公开发行股票、发行债券或其他方式进行融资的权利。

不足和亟待明确的问题：（1）《外商投资法》对放开后是否还限制外商投资总额及比例的问题未做规定，需留待国务院或相关部门以行政法规、部门规章等形式予以明确；（2）虽然明确外商投资的情形包括直接投资和间接投资，但对实践中已放开的"外商投资企业（包括外商投资性公司）的再投资"（包括股权并购、资产并购）等投资形式未予以明确；（3）地方政府的外商投资政策制定权问题；（4）港、澳、台投资的法律适用问题。

《外商投资法》的出台是对国家扩大对外开放的基本政策的响应，确立了外商投资管理领域的基本法律制度和框架。在此基础上，仍需要全国人大、国务院以及国家部委、地方政府进一步根据实践情况，更新和制定外商投资管理的操作细则等法规、规章和规范性文件，以进一步完善外商投资管理法律体系，实现外商投资体制的成功改革。

资料来源：杨光明，管强.《外商投资法》解读[EB/OL].（2019-03-18）[2020-08-18]. http://m.sinotf.com/News/index/id/331579.

2. 关于外国投资的法律法规

外国投资法的主要内容包括确定外国投资范围、形式，外国投资者的权利与义务，以及

① 中华人民共和国中央人民政府《境外投资项目核准和备案管理办法》（2014 年第九号令）[EB/OL].（2014-04-18）[2020-08-18]. http://www.sdpc.gov.cn/zcfb/zcfbl/201404/t20140410_606600.html.

鼓励、保护、监督、限制等规范外资行为的法律规范。

发达国家往往对外国投资采取自由开放政策，对外资实行与内资同等待遇，并对外资进行必要的监督。美国是对外国投资政策最为开放的国家之一，除了一些特殊领域（如国防、通信、运输等行业）外，外资可以自由进出。其关于外国投资的监管法规相对较少，影响比较大的是爱克森—佛罗里奥修正案（参见专栏 10-2）。日本对外国投资的法律规范也日趋自由化，目前购买低于上市公司股票发行总额 10%的股权，无须提交股份获取报告书，直接通过证券公司即可办理，高于上市公司股票发行总额 10%的股权投资，仍然需要事先提交一份投资计划给大藏省。一般而言，除了涉及日本国家安全或影响日本经济命脉领域的项目或企业之外，投资计划书都能被受理并获批准。

## 专栏 10-2：爱克森—佛罗里奥修正案

美国没有独立的外国投资法律体系，因此监管外国投资行为的法律规范可于各种相关的法律规定中见到。面对一浪高过一浪的世界并购浪潮，在1988年的《综合贸易及竞争法》（Omnibus Trade and Competitiveness Act）第5021节，即所谓爱克森—佛罗里奥修正案（Exon-Florio Amendment）中，美国对国内外的并购行为进行了规范。根据爱克森—佛罗里奥修正案，外国公司欲并购的美国公司如果涉及与国家安全相关的产业，该项并购将受到特殊的审查，执行审查任务的机构是美国外国投资委员会（Committee on Foreign Investment in the United States，CFIUS）。在CFIUS认为该项并购案威胁到国家安全时，将就此并购提请总统审查，而总统有权根据"国家安全"方面的理由，禁止任何外国人对从事州际商务的美国企业实行吞并、取得或接管。爱克森—佛罗里奥修正案为美国规制并购提供了有利的法律依据。在其有效期满之后，考虑到该法案对维护美国国家安全利益的巨大作用，布什总统在1991年签署了另一项法案使该修正案永久有效。至今，美国国会甚至还试图使该修正案的适用范围扩大到"经济安全"领域。

资料来源：跨国公司并购的发展趋势及其法律问题研究[EB/OL]. http://www.studa.net/2005/8-25/ 20050825229 -11.shtml.

发展中国家对外资监管相对严格，并且在外资优惠与鼓励方面更为突出。总体来说，发展中国家的外资立法具有以下两方面的共同特征：第一，发展中国家吸引外资的立法一般都为专门法规形式，对外资审批、待遇、国有化、补偿及争端解决方式做出特别规定，以区别于内资；第二，尽管发展中国家对外资限制、管理和监督相对严厉，但是其在税收、外汇使用及争端解决等许多方面都给予了远优于内资的特惠待遇。[①]例如，新加坡、阿根廷、土耳其、菲律宾等国都制定了统一的外国投资法，如新加坡的《经济发展鼓励法》、土耳其的《外国资本保护法》、阿根廷的《外国投资法》和菲律宾的《外资企业管理法》等。尽管在法律名称上不尽相同，但都明确规定了其对外资的各项监管、优惠、管理规范，并对外国企业出资比例、投资期限、国有化和征用、经营管理权、劳动雇佣、税收外汇等方面的优惠政策做出明确规定。以出资比例为例，许多发展中国家为了限制外国投资者在合资企业中的经营管理权和控制权，对外国投资者规定了出资上限或下限。墨西哥规定，法令和法规无特别规定时，外国资本不得超过企业注册资本的 49%。越南规定，外资出资下限为 30%。伊拉克规定，外国投资额不得少于合营企业资本额的 30%。根据中国商务部 2009 年发布的《关于外国投资者

---

① 杨大楷. 国际投资学[M]. 3 版. 上海：上海财经大学出版社，2003：327.

并购境内企业的规定》，外国投资者并购后所设外商投资企业注册资本中的出资比例低于 25% 的，除法律和行政法规另有规定外，该企业不享受外商投资企业待遇，其举借外债按照境内非外商投资企业举借外债的有关规定办理。[①]为了更有效率地对外资进行监管，包括中国在内的许多发展中国家引入了"负面清单"管理模式。简单来说，负面清单管理模式是指一个国家在引进外资的过程中，对某些与国民待遇不符的管理措施，以清单形式公开列明。这种模式的好处是让外资企业可以对照这个清单实行自检，对其中不符合要求的部分事先进行整改，从而提高外资进入的效率。

### 📖 专栏 10-3：中国的"负面清单"

负面清单，是一个国家在引进外资过程中实施的管理模式，即以清单方式列明针对外资的与国民待遇、最惠国待遇不符的管理措施。简言之，就是将企业不允许从事的活动以清单方式列明。相对于正面清单，知道什么是不允许的，要比知道哪些是可以做的，更有助于企业理解在国外如何开展业务，从而进行广泛高效的投资。

负面清单管理起源于美国。1994 年生效的北美自由贸易区被认为是最早采用负面清单的自由贸易协定（FTA），目前全球有超过 70 个国家采用这一外资管理模式。近年来，全球贸易和投资规则加速重构，投资规则谈判代替贸易规则谈判成为主流。跨大西洋贸易与投资伙伴关系协定（TTIP）涵盖了 45% 的世界经济和 66% 的高收入国家，跨太平洋伙伴关系协议（TPP）涵盖了 31% 的世界经济和 49% 的高收入国家，正在成为全球投资规则重构的主要平台，而它们均采用负面清单管理模式。可以说，负面清单管理正在成为国际投资规则发展的新趋势。

2013 年 9 月，上海市政府正式公布中国（上海）自由贸易试验区外商投资准入特别管理措施（负面清单），列明的负面清单包括除社会组织和国际组织之外的国民经济所有 18 个门类，涉及 89 个大类、419 个中类和 1 069 个小类，编制特别管理措施共 190 项。对负面清单之外的领域，实行内外资一致的原则，将外商投资项目由核准制改为备案制。这是我国首次采用这一模式管理外商对华投资，改变了运行长达 30 余年的合同章程审批制，是外商投资管理体制一个根本性变革。

第一，负面清单管理顺应了全球经贸发展的新趋势，有利于我国更好地融入全球贸易体系。中国要加快建立符合国际化、法制化要求的跨境投资和贸易规则体系，否则将在区域合作中丧失主动权，面临被边缘化的危险。通过实施负面清单管理，探索形成与国际经贸通行规则相衔接的外商投资管理体制，是我国适应经济全球化进程，融入全球贸易体系的重要途径。

第二，负面清单管理有利于深化行政管理体制改革，释放市场活力。对外商投资管理由"正"转"负"，反映了政府行政管理理念与管理模式的根本转变。通过公开明示负面清单，可以提高外资准入透明度、促进投资便利化，对于有效制约政府的"自由裁量权"、更大程度地释放市场活力有积极意义。同时，负面清单管理作为一种制度创新，具有可复制性。上海自贸区的先行先试，将会对全国其他地区产生影响，实行范围也可能从外商投资扩大到民营资本，从投资领域延伸至国民经济各个领域。

第三，负面清单管理有利于发挥市场在资源配置中的决定性作用。负面清单管理意味着

---

① 中华人民共和国商务部.《关于外国投资者并购境内企业的规定》（2009 年第六号令）[EB/OL].（2009-06-22） [2020-08-18]. http://nntb.mofcom.gov.cn/article/redianzhuizong/ah/200907/20090706432117.shtml.

"法无禁止即可为"，凡是没有被列入负面清单的所有产业类别，外商投资均可进入，这有利于提高我国产业的竞争水平。从长期看，实施负面清单管理为新产业和新业态创造了宽松的投资环境和发展空间，有利于激励创新，增强经济发展的内生动力。

当前，实施负面清单管理已迈出了关键的一步，但相关政策措施还有待进一步落实和完善。如需要进一步明确备案流程、备案材料以及对负面清单上的外商投资项目的审批流程等管理细则；还需要建立与负面清单管理相配套的国家安全审查、反垄断审查等监管机制，从而有效控制风险。

资料来源：史建平. "负面清单"带来了什么？[EB/OL].（2014-01-16）[2020-08-18]. http://www.qstheory.cn/zxdk/2014/201402/201401/t20140114_312574.htm.

### （二）国际法规范

调整国家间国际投资关系的国际规范也是国际投资法的重要渊源。国际直接投资的国际规范包括三个方面：一是双边性规范，即两国间的投资条约，其中以投资保护协定为主流；二是多边性规范，即区域性和全球性的多国投资保证条约；三是自由贸易协定中的投资章节。

1. 双边性国际法规范（Bilateral Investment Treaty，BIT）

20 世纪 50 年代开始，发展中国家展开了一场大规模的国有化运动，阻碍了国际直接投资从发达国家向发展中国家的流动。与此同时，发展中国家需要吸引大量外资来促进本国经济发展，但是由于政局不稳及其国有化运动，外国投资者向发展中国家投资时顾虑重重。为此，出于发展中国家吸引外资与发达国家保护投资的共同需要，许多国家间签订了各种形式的双边性国际直接投资条约。

双边性投资条约是指两国政府为保护资本输出国投资者利益，并促进两国间直接投资发展而签署的投资条约。国际直接投资的双边性国际法规范主要有友好通商航海条约、双边投资保证协议及双边促进和保护投资协定三种类型。

（1）友好通商航海条约。第二次世界大战以前的双边投资条约通常为友好通商航海条约，它确认缔约国之间的友好关系，双方对于对方国民前来从事商业活动应给予应有的保障，如赋予航海上的自由权等。因此，这类条约主要是协调两国间的商务交往关系，其重点是保护资本输出国的商人，而不是资本输出国的所有实业投资者，内容相对泛泛。

（2）双边投资保证协议。此协议最早由美国发起，其目的是让缔约国正式确认美国国内的承保机构在有关的政治风险事故发生并依约向投保的海外投资者理赔后，享有海外投资者向东道国政府索赔的代位权和其他相关权利。除此之外，这类协议还规定了双方政府因索赔问题发生纠纷时的处理程序。此后，其他国家也效仿美国签订了许多类似协定。

（3）双边促进和保护投资协定。自 20 世纪 60 年代开始，一些发达国家制定了关于对外国投资的保护、投资保险、代位求偿及争端解决等方面的促进和保护投资协定。与上述两种双边性协议相比，此类协定比较具体、实用、程序化，能够对资本输出国的海外投资提供有效保护；与多边投资条约相比，此类协定更为灵活、更富有弹性，能在某些重要领域顾及签约双方各自的特殊利益，更容易谋求多国间特殊利益的平衡。因此，此类协议自诞生之日起就得到了迅猛发展。据统计，自 1959 年第一个双边投资协议诞生之日起，到 2000 年双边投资协议已增为 1 941 项，2018 年年底达到 3 317 项，成为目前使用最为广泛的国际投资条约。需要指出的是，众多国家间纵横交错的双边投资条约，往往耗费大量的签署成本以及实施成本，也反映出制定权威、可靠的多边投资条约的紧迫性和必要性。

## 专栏 10-4：双边投资保护协定浪潮——以中国为例

基于对发达国家在发展中国家保护其投资利益的需要，从20世纪60年代开始，发达国家与发展中国家签订了许多双边投资协议，其核心内容是对发达国家在发展中国家投资利益的强烈保护。随着各国国际直接投资的发展，以及国际直接投资领域国际协调的缺位，使得签订双边投资保护协定越来越成为各国吸引外国投资、促进对外投资和保护投资者合法权益的重要手段。2018年，全球共缔结了40项新的国际投资协定，新条约包括30项双边投资协定和10项含投资规定的条约。截至2018年年底，全球国际投资协定数量达到3 317项，其中至少有2 658项在实行中。

中国签署的双边投资协议数量在发展中国家位居榜首，仅次于德国在世界上位居第二。自1982年与瑞典签订了第一个投资保护协定后，截至2019年4月，中国已与131个国家签署了双边投资协议。[①]同时，我国还与107个国家签订了避免双重征税协定。[②]从协定的地区分布来看，与我国签订投资保护协定和避免双重征税协定的国家主要集中在亚洲、欧洲和非洲。尽管如此，仍然值得注意的是：有几十个国家尚未与中国缔结双边投资保护协定，其中包括美国、巴西等重要的投资目的国；有些国家与中国签订了双边投资保护协定，但迄今未履行批准程序，导致协定尚未生效，例如乍得。更重要的是，中国早期缔结的几十个双边投资保护协定的保护水平相对较低，例如保护标准不明确、可仲裁事项的范围过窄等。中国投资者开展境外投资时，应当评估中国与目的国之间是否存在有效的双边投资保护协定及其保护水平，否则应考虑通过投资者国籍筹划和投资路径规划以享受更高水平协定的保护。

我国签订的双边投资保护协定主要包括以下内容：受保护的投资财产种类；对外国投资者的投资及与投资有关的业务活动给予公平合理的待遇；对外国投资财产的征收、国有化措施及其补偿；投资及其收益的回收；投资争议的解决等。避免双重征税协定的内容主要包括：对外国公司和个人在华从事生产经营的税务处理；国内企业和个人到境外从事跨国生产经营的税务处理；国际海运和空运、国家间科学技术及文化教育交流、文体表演以及退休金、养老金等问题税务处理的规定等。这些双边投资保护协定和避免双重征税协定可以增加外国投资者的安全感，避免和消除对跨国纳税人的重复征税，同时也对中国企业对外投资提供一定的安全保障，为中国企业进一步实施"走出去"战略，加强国际间投资、贸易往来和科学技术交流，拓宽对外经济合作的领域提供了有利的法律框架和外部环境。

与中国相关的国际仲裁案件共8件，其中2件中国作为东道国，6件作为投资者母国。中国投资者诉外国投资者的6件案件中，有2件是中国香港和中国澳门公司作为诉讼方在中国对外国际投资协定下进行国际仲裁，其余4件是由中国大陆投资者直接对外发起诉讼。

中国大陆投资者申请"投资者—国家间争端解决"（ISDS）仲裁4次，相对于中国已经签订的国际投资协定数量和对外直接投资存量来说，中国对该机制的使用还相对较少，说明ISDS机制对于中国投资者和中国政府还是新鲜事物。第一起案件是2007年的谢业深（个人）诉秘鲁政府案。而2010年黑龙江国际经济技术合作公司和首钢矿业投资有限公司等联合诉蒙古政

---

① 中华人民共和国商务部[EB/OL]．（2019-04-14）[2020-08-18]．http://www.mofcom.gov.cn．
② 国家税务总局．我国对外签订避免双重征税协定一览表[EB/OL]．（2019-07-31）[2020-08-18]．http://www.chinatax.gov.cn/chinatax/ n810341/n810770/c5112210/content.html．

府案，才正式标志中国大陆企业开始在国际投资协定框架下利用ISDS机制诉讼东道国政府。此外案件还有2012年中国平安人保和中国平安保险诉比利时政府，2014年北京城建集团诉也门政府。

资料来源：联合国贸发会议. 世界投资报告：特殊经济区[M]. 天津：南开大学出版社，2019：15-21. 石慧敏，王宇澄. 评估中国对外投资风险——通过投资者—国家争端解决案件的角度[J]. 经济理论与经济管理，2015，9：103-112.

### 2. 区域性国际法规范

区域性多边投资规范是指由区域经济合作组织或区域经济联盟各成员政府共同签署的投资条约，旨在解决区域与区域之间、区域内的国家之间关于外国投资的保护问题，主要包括三种情形：一是联合国贸易与发展会议的贸易发展理事会提出的"区域投资法典"方案；二是联合国区域经济委员会（如亚太经济社会委员会、拉丁美洲经济委员会等）同其他区域国际组织（如阿拉伯联盟、非洲统一组织、美洲国家组织等）协商的有关外国投资的共同措施；三是由区域性国际经济组织协调其成员国或一定范围的国家签订的多边条约。[1]其中，前两种情况在实践及法律效力上作用不大，最后一种则是国际直接投资的重要规范。目前，此类协议主要有经合组织（OCED）1996 年签订的《自由化准则》和 1976 年签订的《国际投资和跨国公司宣言》、1998 年的东盟投资框架协议、安第斯集团第 291 号决议、1994 年的《APEC不具约束力的投资原则》和阿拉伯国家联盟的《阿拉伯区域内投资保证公司公约》[2]等。另外，许多区域性国际公约也包含直接投资条款，如欧盟的《马斯特里赫特条约》[3]、北美自由贸易区的《北美自由贸易协定》[4]等。

### 3. 全球性国际法规范

迄今为止，国际社会尚未就国际直接投资缔结一项全面规范国际直接投资行为的世界性公约。但是，由于共同利益的存在，国际社会就国际直接投资规范问题也取得了一定的成果。其中，比较重要的有 1965 年的《解决国家与他国国民间投资争端公约》（简称《华盛顿公约》或 ICSID 公约）、1985 年的《多边投资担保机构公约》（简称《汉城公约》或 MIGA 公约）、1992 年世界银行和国际货币基金组织下的发展委员会颁布的《外国直接投资待遇指南》、1994年 4 月 15 日签署的《乌拉圭回合最终文件》和《世界贸易组织协定》中关于"与贸易有关的投资措施"（TRIMs）。另外，WTO 签署的其他一些协议也对国际直接投资进行规范，如"与贸易有关的知识产权协定"（TRIPs）、"服务贸易总协定"（GATS）和"补贴与反补贴措施协议"（ASCMs）等。这些全球性投资条约均成为国际投资法的重要渊源。

---

[1] 杨大楷. 国际投资学[M]. 3 版. 上海：上海财经大学出版社，2003：330.

[2] 《阿拉伯区域内投资保证公司公约》于 1971 年签署生效，是目前区域性国际直接投资保证计划与公约中，第一个生效并且具有实际意义的公约。该公约致力于建立一种阿拉伯国家内部投资保证制度，即仅适用于阿拉伯联盟成员国内部的投资保证制度。目前，除巴林和吉布提外，所有阿拉伯国家联盟成员都参加了该公约。

[3] 欧盟的《马斯特里赫特条约》于 1993 年 11 月 1 日生效，其条约中对国际直接投资进行了法律规范。该条约原则上规定禁止对欧盟成员国之间及成员国和第三国之间的资本跨国流动和支付加以限制，从而将资本跨国流动自由化原则扩大到非成员与欧盟之间的资本流动，大大促进了成员国之间和成员国与第三国之间直接投资的流动。

[4] 1992 年 8 月，美国、加拿大和墨西哥正式签订《北美自由贸易协定》，并于 1994 年 1 月 1 日生效。协议中，三国就投资问题做出了专门规定。根据该协议，北美三国对相互投资已基本不存在限制；但在附件中，墨西哥作了一些限制性规定，如娱乐、能源、汽车等行业仍可对外国投资者进行限制。总体来看，原有大部分限制已经基本取消，大大促进了美国、加拿大对墨西哥的投资。

### 三、世界性国际投资条例与法规

#### （一）《华盛顿公约》

《解决国家与他国国民间投资争端公约》于 1965 年 3 月 18 日在美国华盛顿正式签署，因此也称之为《华盛顿公约》，其主要内容是建立一个附属于世界银行的"解决投资争议国际中心"（International Center for Settlement of Investment Disputes，ICSID），因而该公约又被称为 ICSID 公约。

1. 《华盛顿公约》的产生与宗旨

第二次世界大战以后，新独立的发展中国家纷纷对涉及重要自然资源和国民经济命脉的外资企业实行征收或国有化，引起了发达国家与发展中国家之间的矛盾和纠纷。为解决这类纠纷，世界银行理事会于 1962 年通过决议，认为有必要考虑创设某种特别机构来处理国际投资争议，并请求其执行董事会研究设立解决投资争议国际中心（ICSID），以解决东道国政府与资本输出国投资者之间的投资争议，从而改善国际投资环境。于是，在世界银行的主持下，世界银行 61 个会员派法律专家在世界银行总部草拟了《华盛顿公约》。该公约于 1965 年 3 月 18 日由世界银行执行董事会通过，并在美国华盛顿正式签字。1966 年 10 月 14 日，第 20 个批准国荷兰完成批准手续，满足了公约关于缔约国数目的最低要求，自此公约正式生效。

《华盛顿公约》的宗旨是为各缔约国，即东道国政府与其他缔约国国民（资本输出国投资者）之间的投资争议提供调解和仲裁的便利。解决投资争议国际中心（ICSID）并不直接承担调解和仲裁工作，而是为解决争议提供各种设施和方便；为针对各项具体争议而组成的调解委员会和国际仲裁庭提供必要的条件，便于其开展调解或仲裁工作。

2. ICSID 的调解和仲裁内容与程序[①]

ICSID 受理的投资争端仅限于一缔约国政府（东道国）与另一缔约国国民（外国投资者）直接因国际投资而引起的法律争端。争端双方出具将某一项投资争端提交 ICSID 调解和仲裁的书面文件，是 ICSID 有权登记受理的法定前提。因此，任何缔约国加入或批准 ICSID 公约，并不意味着缔约国就承担了将任何投资争议交付 ICSID 调解和仲裁的义务。但是，一旦出具书面同意 ICSID 管辖的文件后，任何一方不得单方面将其撤销。

ICSID 的调解和仲裁两种程序是相互独立的，分别由调解委员会和仲裁庭进行。由于调解本身没有约束力，仲裁成为 ICSID 所提供的解决投资争议的最为有效的办法。

3. 《华盛顿公约》简评

ICSID 公约在管辖权、法律适用原则等方面尚存在一定问题，但是在解决投资争端、改善国际投资环境方面确实起了一定的积极作用。截至 2017 年 10 月，全球共有 161 个国家签署了《华盛顿公约》，其中 150 个国家正式批准加入公约。[②]我国于 1990 年签署《华盛顿公约》，1993 年成为《华盛顿公约》的正式缔约国。

---

① 中华人民共和国商务部. 国际经贸公约与惯例[EB/OL].（2002-03-13）[2020-08-18]. http://www.mofcom.gov.cn.

② The World Bank Group. ICSID[EB/OL]. [2020-08-18]. https:// icsid.worldbank.org/en/Pages/about/Database-of-Member-States.aspx.

### （二）《多边投资担保机构公约》

1. 《多边投资担保机构公约》的产生

1984年，世界银行重新修订了《多边投资担保机构公约》，并于1985年10月在世界银行汉城年会上通过，所以也称之为《汉城公约》，其主要内容是建立一个附属于世界银行的"多边投资担保机构"（Multilateral Investment Guarantee Agency，MIGA），因而又被称作MIGA公约。[①]

2. 《多边投资担保机构公约》的主要内容

MIGA直接承保各种政治风险，为海外投资者提供经济上的保险，并且进一步加强法律上的保障。MIGA与官方投资保险机构承保内容不同。国家的投资保险机构受本国政府控制，又受本国法律约束，其对投保公司国籍问题往往设限制性规定，且一般对国家的违约风险不予承保。而MIGA恰好填补了海外投资保险业务的空白，可以承保东道国政府的违约风险，且对投保人的国籍没有限制。

另外，MIGA公约还对投资者与东道国之间的投资争议问题提出了解决方案。MIGA公约原则上将投资者同东道国之间的求偿关系及解决程序分解为两种相对独立的求偿关系及解决程序，即以机构为中心，一方面是其同投资者之间的关系及解决程序，另一方面是其同东道国之间的求偿关系及解决程序。[②]一旦东道国境内发生MIGA所承保范围内的风险事故，使得有关外资遭受损失，则作为侵权行为人的东道国要在MIGA行使代位求偿权以后，间接向外国投资者提供赔偿。与此同时，此国又有必要在MIGA对投保人理赔之际，直接向投资者部分提供赔偿。可见，尽管MIGA公约在一定程度上制约了东道国国家主权，但是，在争议解决理念上，MIGA公约无疑突破了传统的国际投资争议解决方式。MIGA还可以承保国家违约风险，具有国别保险机构无法比拟的优势。

3. 《多边投资担保机构公约》简评

MIGA是世界上第一个被广泛接受并付诸实践的多边投资担保机制。MIGA承保了各种政治风险，并作为一个国际性海外投资保险机构取消了投保人国籍限制。因此，MIGA弥补了官方海外投资保险业务的不足，是国际投资保险业的一个重大发展，极大地促进了国际直接投资。截至目前，MIGA公约的正式签字国为181个。[③]我国于1988年4月30日批准MIGA公约，并成为MIGA的创始会员国之一，目前已成为第六大股东，拥有3 138股股份，仅次于美国、日本、德国、法国和英国。

---

**📖 专栏10-5：国际投资争端的代表性案例——能源"三大案"**

近年来，投资者起诉东道国政府的仲裁案件呈现爆炸式增长。据联合国贸发会议（UNCTAD）统计，1966—2000年累计只有51件投资仲裁案件，而截至2014年年底案件总数已经达到610件。

发起仲裁的投资者主要来源于欧盟和美国，合计占总案件数的约四分之三。这既体现了欧美国家作为主要资本输出国的地位，也反映出习惯于"对簿公堂"的西方法治传统和欧美

---

① The World Bank Group. MIGA[EB/OL]. [2020-08-18]. http://www.miga.org.

② 黎四奇. ICSID、MIGA、WTO争端解决机制评述[J]. 云梦学刊，2004，4：49-51.

③ The World Bank Group. MIGA[EB/OL]. [2020-08-18]. https://www.miga.org/member-countries.

跨国公司的国际诉讼能力。

截至目前，共有超过100个国家被提起投资仲裁，其中80多个被诉国为发展中国家或转型经济国家。被诉案件在10件以上的有15个国家，其中13个为亚非拉国家和东欧、中亚国家，而尤以阿根廷、委内瑞拉、捷克、埃及、厄瓜多尔、墨西哥、印度、哈萨克斯坦等国被诉的案件最多。

2012年10月，ICSID仲裁庭裁决厄瓜多尔政府向美国西方石油公司赔偿18亿美元（加上利息则超过23亿美元）。2014年2月，阿根廷政府与西班牙雷普索尔公司达成征收补偿协议，同意向后者支付50亿美元的补偿金。2014年7月，国际仲裁庭责令俄罗斯联邦赔偿尤科斯石油公司三家股东的损失，金额高达500亿美元。这三起案件都是外国投资者与东道国政府之间的争议，都发生在能源领域，且均产生了天价赔偿，可称之为能源"三大案"。

"西方石油公司诉厄瓜多尔政府案"是一起典型的投资仲裁案件。1999年，美国西方石油公司与厄瓜多尔国有石油公司签订分成合同，由前者出资勘探开发厄境内的15号油田，产出的石油由双方按照大约7∶3的比例进行分配。2000年，西方公司将分成合同的40%权益转让给加拿大AEC公司。2006年5月15日，厄当局以西方公司未经厄方批准擅自转让合同权益为由，宣布终止分成合同。两天之后，西方公司向ICSID申请仲裁。仲裁庭认为，分成合同以及厄法律均规定，转让分成合同的权利义务须经厄当局批准，因此西方公司未经批准而擅自转让合同确有不当；但是，转让行为未经批准这一事实并不导致分成合同应当被终止，以终止合同来惩罚西方石油公司不符合比例原则，违反公平和公正待遇条款，并构成间接征收。在计算赔偿额时，仲裁庭采用了现金流量折现法，即将15号油田未来预计将产生的全部净收益折现到分成合同被终止之日。15号油田的可开采储量为2.09亿桶，据此计算出西方石油公司遭受的损失为23.6亿美元。由于该公司也有过错，仲裁庭裁令厄方承担75%的责任，赔偿18亿美元。

"雷普索尔公司诉阿根廷案"是晚近以来罕见的直接征收案件。2012年4月，阿根廷出台"石油主权法案"，强行收购西班牙雷普索尔公司所持有的阿根廷第一大石油企业YPF公司51%的股份，将该公司收归国有。对此，雷普索尔公司采取了多种应对措施。首先，在国际上发动舆论攻势，持续声讨阿方强行收购行为的不法性。其次，由西班牙、欧盟和美国等在外交上对阿根廷政府施加强大压力。第三，于2012年12月向ICSID提出仲裁申请，索赔金额高达105亿美元，在法律上形成威慑。在舆论、外交、仲裁三方面施压的同时，雷普索尔公司一直与阿根廷政府保持接触，最终于2014年2月达成和解协议，后者同意补偿50亿美元，而前者则同意终止ICSID仲裁程序。

"尤科斯诉俄罗斯案"除了创纪录的500亿美元赔偿额之外，还具有多个特点。第一，该案的基本事实是俄罗斯当局以执法手段打击并摧毁俄罗斯当时的第一大石油公司，包括：以非法避税为由责令补缴税款并处以罚金合计高达240亿美元；通过冻结资产等方式阻止清偿税款；操纵拍卖过程，将尤科斯公司主要资产以明显低价卖给俄国有企业等。第二，投资者对俄罗斯政府发起了旷日持久的全面"法律战"，包括：以尤科斯公司名义在俄罗斯国内法院提出起诉，以高管名义在欧洲人权法院起诉，以尤科斯公司三家股东名义申请国际仲裁、索赔1 142亿美元。第三，本案仲裁庭澄清，所谓"非法投资不受保护"指的是投资过程中的非法行为；对于投资之后的不法行为，东道国可以依法处罚，但并不能剥夺其受国际法保护的权利。第四，仲裁庭指出，东道国政府如果恶意行使税收权力，以税收作为幌子行征收之实，则不属于税收例外，应当承担赔偿责任。

资料来源：任清. 海外投资的条约保护：规则、案例与对策[J]. 海外投资与出口信贷，2015，5：9-14.

### （三）与贸易有关的投资措施

**1. 产生背景**

20 世纪 90 年代以来，各国均采取了一系列对外国投资放宽管制的有力措施。据统计，1991—2013 年的 23 年，160 多个国家出台了 3 240 项有关外商直接管制的政策法规，其中 85% 的变化是朝着加强外商投资保护和投资自由化方向发展的。[①]因此，建立独立、统一的多边投资法规范成为世界投资领域亟待解决的问题。于是，经合组织（OECD）于 1995 年提议组织建立独立的多边投资法体系。但是，由于发达国家内部在国家安全例外、政府补贴和采购上难以达成一致，缺少发展中国家参与，使得南北利益无法达到平衡，经合组织的努力最终失败。由此，在乌拉圭回合谈判中，仅能对国际贸易产生某种影响或扭曲作用的投资措施（即所谓与贸易有关的投资措施，Trade Related Investment Measures，TRIMs）进行谈判。在 1994 年 4 月，乌拉圭回合谈判的 125 个参与方签署《乌拉圭回合最终文件》和《世界贸易组织协定》，作为一个组成部分的"关贸总协定缔约国关于与贸易有关的投资措施的决定"也随之生效。

**2. TRIMs 的适用范围和主要内容**

尽管 TRIMs 协定未能清晰地表述出 TRIMs 的定义（即 TRIMs 适用范围），但是，协定的序言、第 2 条以及附录的例示清单中还是对 TRIMs 做出了相对的界定。根据 TRIMs 协定相关条款，TRIMs 协定适用的范围是东道国政府通过法律或政策实施的对贸易产生不利影响的与货物贸易有关的投资措施，而不是所有的投资措施。也就是说，该协定既不规范与服务贸易有关的投资措施和与知识产权有关的投资措施，也不规范对货物贸易产生积极推动作用的投资措施。

TRIMs 协定由序言、正文和一个附件组成。正文部分的主要内容有：TRIMs 的适用范围和鉴别与贸易有关的投资措施的原则；例外条款和发展中国家成员国；通知与过渡安排；透明度要求；TRIMs 委员会；磋商与争议解决；货物贸易理事会审查。在附件部分中，分别列出了不符合 GATT 1994 第 3 条"国民待遇原则"的投资措施，以及不符合 GATT 1994 第 11 条"取消进口数量限制原则"的投资措施。其中，不符合 GATT 1994 第 3 条"国民待遇原则"的投资措施包括：国内法律或行政条例规定的强制性实施的投资措施；外商为取得某种好处所必须遵守的措施，具体指当地化要求和贸易（外汇）平衡要求。不符合 GATT 1994 第 11 条"取消进口数量限制原则"的投资措施包括：国内法律或行政条例规定的强制性执行的投资措施；外商为取得某种好处所必须遵守的贸易（外汇）平衡要求和进口外汇限制等措施。

**3. 作为过渡性协议的 TRIMs 协议**

TRIMs 协议是发展中国家与发达国家之间斗争的结果。无论是在 TRIMs 议题谈判动机上，还是在 TRIMs 协议的内容上，都呈现出过渡性特点。过渡性（不确定性）的存在表明，各国就此问题达成了暂时性妥协，为以后重新修订该协议留出了空间。

在 TRIMs 协议的动机方面，发达国家与发展中国家是相对立的。基于本国经济利益和发展目标，发展中国家往往采取限制性措施。但是，发展中国家所限制的往往是发达国家跨国公司的投资利益，显然取消或限制使用上述投资措施将有利于发达国家跨国公司的经济利益。因此，发达国家与发展中国家在谈判动机上形成了鲜明对比：发达国家极力将投资问题纳入多边贸易体制中，制定国际投资协议，以促进国际投资的自由化；而发展中国家反对将投资

---

① 联合国贸发会议. 2014 年世界投资报告。

问题纳入 GATT 约束范围内，希望保有实施限制性措施的政策空间。最终，双方妥协，限定在"与贸易有关的投资措施"这一较小范围内，并达成了 TRIMs 协议。

在 TRIMs 协议的内容方面，也存在很多不确定性。TRIMs 协议没有对 TRIMs 进行明确定义，只是将协议适用范围限定在与货物贸易有关的投资措施。TRIMs 协议中，例外范围比较广泛，例外情况也比较多，这不仅削弱了 TRIMs 协议的有效性，而且反映出 TRIMs 各方对此问题存在分歧。在订立时就明文规定有必要对其进行修改的情况，在 WTO 的其他协议中是少有的。[①]

由此可见，到目前为止，TRIMs 协议是在国际范围内第一个正式实施的有关国际直接投资方面的多边协议。由于发展中国家与发达国家在国际投资问题上的巨大分歧，使得国际投资规范的制定举步维艰。但是，TRIMs 协议加强了对贸易、投资重合领域的规范，对投资措施做出了实体规范，[②]从而成为国际投资规范领域的一个重要开端，标志着 WTO 乃至世界各国开始将投资问题提上日程，开始准备建立新的国际投资体制。另外，该协议第一次将与贸易有关的投资措施纳入了多边贸易体制，拓宽了多边贸易体系（WTO）的约束范围，使得 WTO 在一定程度上具备了国际投资组织的性质。从这个意义上看，TRIMs 协议也是一种象征，象征着 WTO 将不再是一个纯粹的"国际贸易组织"，将向包括投资政策在内的全面的"国际经济组织"发展。[③]

4. TRIMs 协议的不利影响

总体而言，TRIMs 协议对与贸易有关的投资措施进行了有效约束和限制，有利于东道国放松对外国投资的管制，从而改善国际投资环境，促进国际直接投资发展。但是，TRIMs 协议的实施也给世界各国，尤其是较广泛运用外资管制措施的发展中国家带来了一些消极影响。第一，TRIMs 作为主权国家管制外国直接投资的一种手段，而 TRIMs 协议减少了东道国的这种政策空间，对东道国的外资管辖权提出了巨大的挑战。第二，不论从发达国家与发展中国家的动机上，还是从最终形成的 TRIMs 协议内容上来看，TRIMs 协议都更偏袒于发达国家企业对外投资利益，缩小了发展中国家实施管理外资的政策空间。依据 TRIMs 协议，发展中国家许多引导外资流向、保护相关产业的政策都不复存在，这对于相对落后的发展中国家来说是难以接受的。例如禁止使用当地化制度，在发展中国家开放市场过程中，某些市场有可能被国外大企业垄断；禁止使用贸易平衡要求和进口用汇限制手段，发展中国家可能会出现出口减少、进口增多现象，使得进出口贸易失衡，从而损害发展中国家经济利益。因此，发展中国家提出应该重新考虑修订 TRIMs 协议，使其更有弹性，允许东道国政府享有更多政策空间。[④]

### （四）《服务贸易总协定》

《服务贸易总协定》（GATS）于 1995 年 1 月 1 日正式生效，是多边国际贸易体制下第一个有关服务贸易的框架性法律文件。GATS 通过"商业存在"概念将投资与贸易紧密联系起来，从而使 GATS 的各项原则和规则适用于服务贸易内相关投资行为的规范之中。GATS 第

① 慕亚平，黄勇. 论《TRIMs 协议》对国际投资法和我国投资法的影响[J]. 中山大学学报：社会科学版，2001，1：115-123.
② 周晓松. 《TRIMs》协议：国际投资法发展的新阶段[J]. 江西社会科学，2002，6：186-189.
③ 伯纳德·霍克曼，麦克尔·考斯泰基. 世界贸易体制的政治经济学——从关贸总协定到世界贸易组织[M]. 刘平，等译. 北京：法律出版社，1999：255-275.
④ 联合国贸发会议. 2003 年世界投资报告.

28 条 D 款将"商业存在"定义为"任何形式的商业或专业的建立，包括对某一法人的重组、收购或维持"，也包括"在某一成员国境内为了提供服务而创设或维持的分支机构或代表处"。而上述的"商业存在"是典型的外国直接投资，因此 GATS 从服务贸易角度，对外国直接投资行为进行了法律约束。另外，在 GATS 中，各成员国往往通过在其承诺表中列出各自承担义务方式来达成协定并按此履行义务。也就是说，GATS 是通过正面列表承担其相应的协定义务。这样，各缔约国将保有较大的自主权和灵活性，可以根据其具体国情来选择相应水平的协定义务。因此，正面列表承担义务的方式是 GATS 的一大特点，对 WTO 框架内多边投资协调机制的建立具有重要的借鉴意义。

但是，GATS 适用范围较窄，仅通过"商业存在"将投资行为纳入服务贸易框架内，而没有涉及投资者与东道国关系中的很多重要层面，如业绩要求、征收和补偿以及跨国公司的限制性商业惯例等。因此，GATS 不能成为国际投资领域有效的法律协调机制，更不能替代全球性的多边投资协调机制。

### （五）《与贸易有关的知识产权协议》

《与贸易有关的知识产权协议》（TRIPs）是在乌拉圭回合谈判中就贸易领域的知识产权问题达成的成果。TRIPs 的目标是为了保护贸易领域的知识产权。但是，由于技术转让往往发生在跨国公司母公司与其国外子公司或附属机构之间，因此，TRIPs 的有关规定在一定程度上也具有协调投资行为的功能。

TRIPs 本质上没有为国际投资者创设新的实质性权利，而其极具价值的一点是在协议中制定了过渡协议。在 TRIPs 第 6 部分，协议分别针对发展中国家和最不发达成员的具体情况，制定了一系列过渡条款。例如，发展中国家在协议规定情况下可以享有 5 年过渡期，但此待遇不包括履行国民待遇条款和最惠国待遇条款。

# 第二节　投资国的对外投资法律管理

近些年来，越来越多的国家意识到对外投资是企业实现全球化战略的重要手段，是国内经济发展不可或缺的支持。因此，无论是发达国家还是发展中国家，都取消了部分海外直接投资限制，出台了一系列鼓励和保护本国企业海外投资的政策法规。投资国对外投资政策法规主要包括三个层次的内容，即投资国鼓励性政策法规、保护性政策法规和管制性政策法规。

## 一、投资国的鼓励性政策法规

由于对外直接投资能给本国带来积极的经济效应，因此，只要与国家其他经济政策不相冲突，几乎所有国家都制定了投资鼓励政策以促进对外投资。一般来说，合理的投资鼓励政策可以有效地克服市场失效带来的问题，帮助投资者减少对外投资的风险，从而达到鼓励对外投资的目的。对外投资鼓励政策主要分为优惠的税收政策，优惠的金融政策，以及信息、技术和人才援助政策三大类。

### （一）优惠的税收政策

许多国家都制定了一系列关于对外投资的税收优惠政策，并以法律形式固定下来，以促进和鼓励本国企业对外投资。这些税收优惠政策主要有以下几个方面。

**1. 税收抵免（Tax Credit）**

一个国家通常按属地原则和属人原则来确定其税收管辖权，而海外投资活动涉及投资国和东道国两个主权国家，东道国和投资国均可以对投资者征税。这样，一个海外投资者就承担了双重纳税的义务，挫伤了其海外投资的热情。因此，为了避免双重课税，鼓励企业参与国际竞争，许多国家出台了税收抵免政策，允许纳税人从其应纳税额中扣除东道国对该企业已征收的税额。投资国主要通过国内立法和与东道国签订协议两种办法来实行税收抵免政策。由于双边投资协定具有灵活性和便捷性，许多国家通过与东道国签订双边税收协定来实行抵免。截至 2014 年年底，全球共签订了超过 3 000 个避免双重征税协议（Double Taxation Treaties，DTTs），其中 2005 年全球签订了 78 个 DTTs，2008 年全球签订了 75 个 DTTs。[①]

**2. 税收饶让（Tax Sparring）**

税收饶让亦称税收豁免，是指投资国政府放弃对海外投资者的征税权，不再另征。显然，税收饶让是一种比税收抵免更优惠的纳税政策。在国际直接投资实践中，实行税收饶让的国家往往与东道国签订协定，以明确实行税收饶让的税收项目。目前，日本和德国是实行税收饶让政策的典范，其在与发展中国家缔结双边税收协定时，都含有税收饶让条款。

**3. 延期纳税（Tax Deferral）**

延期纳税是指投资国对其企业的海外投资收入，在汇回本国前不予征税。实行该项政策，相当于海外企业从母国政府手中取得一笔无息贷款，可以在一定时期内减轻企业负担。但是，延期纳税只能延缓国际双重征税的发生时间，不能从根本上减轻或免除国际双重征税。目前，美国等西方国家在实行税收抵免的同时还采用此办法。

**4. 免税（Tax Free）**

免税是指投资国对海外企业的某些收益免予征税的一项税收政策。目前，实行这项政策的国家尚不普遍，只是一些国家根据本国情况采取的投资鼓励政策，并且在实施中往往附加一些限定条件。如法国规定，海外投资者必须把东道国纳税后的全部所得汇回法国，并在股东之间分配股息，才可以实行免税办法。

近些年来，发展中国家为支持本国企业对外投资，也加大对国内企业海外投资的支持力度。如新加坡政府 1988 年开始规定，开展对外投资的企业可以享受 10 年免缴所得税的优惠，在发展中国家投资开发可以享受双重减税的优惠；马来西亚政府规定，国外投资所得汇回国内的利润减半征税，所得税豁免地区汇回的红利仍可享受免缴所得税待遇，企业投资并盈利后，可连续 5 年享受税收减免优惠，市场调研等企业投产前营运开支可以列入成本，免缴所得税等；韩国政府规定，企业在海外发展业务可享受 10 年免交所得税的优惠，在发展中国家的投资可以双重减税优惠。

### （二）优惠的金融政策

金融优惠政策和法规是各国十分重视的一种投资促进政策。金融优惠政策和法规主要包

---

① 联合国贸发会议. 2015 年世界投资报告。

括：政府对海外投资企业提供资金支持、股本融资和贷款担保。

1. 资金支持

目前，大多数工业国都设立了特别金融机构，对本国投资者在海外的投资活动以贷款和直接提供资金的方式加以支持。如美国海外私人投资公司、英联邦开发公司、德国开发公司、丹麦工业化基金组织、日本进出口银行、加拿大出口开发公司等，都为其国家的对外投资企业提供了大量的信贷额度及相关服务。在 OECD 成员国中，大约有一半国家通过各种类型的发展援助组织为私营企业对发展中国家直接投资项目提供资金支持。

### 📖 专栏 10-6：美国海外私人投资公司

美国海外私人投资公司（简称OPIC）成立于1971年，是一个独立、自负盈亏的联邦政府机构，负责对美国在外国的直接投资可能遭受的货币汇兑风险、没收风险及其他政治风险进行保险。通过直接贷款或提供担保的方式，海外私人投资公司向国外从事风险经营的美国投资人提供中、长期信贷支持，以帮助其扩大在发展中国家和新兴市场国家的对外直接投资，并通过此类服务来获取收入，其提供的服务主要包括：通过提供贷款和贷款担保为企业融资；对那些为美国公司海外投资项目而投入的私人投资基金提供支持；为美国海外私人投资可能产生的政治风险提供担保，包括货币不可兑换风险、财产被没收风险及政治动乱风险；除了常规保险和融资项目外，海外私人投资公司还向出口商投标或执行海外合同提供特种保险，从而为美国商界提供了许多海外投资机会。

OPIC所提供的服务都是以美国政府的名誉和信用做担保的，它在鼓励美国私人企业向发展中国家以及所谓的新兴民主和自由市场经济国家投资方面一直起主导作用。目前，OPIC提供融资和担保的新扩建项目已遍布全世界140多个国家，范围涉及农业、能源、建筑、自然资源、电信、交通及银行等。在OPIC至今四十多年的历史中，已支持了1 640亿美元的美国对外私人投资，支持了690亿美元的出口，其中相当大部分是服务贸易出口，为美国创造了超过26万个就业机会。

资料来源：美国海外私人投资公司网站[EB/OL]. [2020-08-18]. http://www.opic.gov.

2. 股本融资

这也是为投资项目提供资金融通的一种方式，其往往采取少数股权收购形式，并且在项目营运并盈利后向其他伙伴出售其拥有的少数股权。从事股本融资的机构有法国中央经济合作局、英国英联邦开发公司和比利时国际投资联合会等。这些机构提供的股本融资能降低投资风险，并为对外投资提供资金融通。

3. 贷款担保

投资国设立的特别金融机构可以为对外投资企业进行贷款担保。这样，对外投资企业比较容易获取投资资金。例如，印度进出口银行专门设置了海外投资融资项目，该项目提供的股权融资已占印度对外股权投资的 80%。另外，印度企业在国外组建企业或收购外国企业也可获得股权融资。前文提到的德国开发公司、加拿大出口开发公司等金融机构，都可以为海外投资企业进行贷款担保，从而促进海外投资企业的发展。

### （三）信息、技术和人才援助政策

#### 1. 信息服务

海外投资不同于国内投资，对外投资者往往面临信息不对称问题——进行决策前很难收集到全面、准确的信息。因此，许多国家通过有关的国家行政部门、驻外使馆或银行、专门的海外投资公司、海外投资调查研究部门等机构收集、整理东道国的有关信息。例如，美国海外私人投资公司、日本贸易振兴会、芬兰基金会等，都在积极建立对外投资企业资料库，为对外投资者提供信息服务。此外，对外投资促进项目还通过出版物、研讨会、远距离通信会议、交易会、企业管理者和政府官员参加的投资代表团或接待潜在投资东道国代表团来发布信息。具体项目牵线活动效率更高，通过接待潜在的东道国代表团，可以直接为特定投资者寻找特定投资机会。

相比较而言，发展中国家向海外投资者提供信息服务起步较晚，但是已经引起了广大发展中国家政府的关注。各国都成立了专门的政府服务机构，采取多种形式组织信息采集、建立可靠的信息传播机构和渠道，为企业提供咨询、培训，邀请企业参加国家大型商务洽谈活动。韩国政府主动为海外企业提供配套性资源服务和风险预警报告，已与世界上多个咨询机构建立了业务联系，搜集有关信息资料供投资企业决策参考；中国政府分别于 2004 年 7 月、2005 年 10 月和 2007 年 2 月发布了《对外投资国别产业导向目录（一）、（二）、（三）》，提供给企业更多的信息，以便于针对不同的国家做出更好的战略规划，并在商务部网站上建立了企业境外投资意向信息库来统计和收集相关数据，为企业提供第一手的宏观数据资料。

#### 2. 技术和人才支持

目前，世界各国基本上都设有专门的政府服务部门，为企业对外投资提供技术和人才培训上的支持与帮助，其内容包括：为企业对外投资项目提供可行性研究支持；为中小对外投资者提供启动支持，包括协助筹措项目资金、准备法律文件、帮助调整技术和培训东道国工人等。例如，新加坡设立了国际企业发展局，为新加坡企业扩展出口市场、寻找海外合作者提供信息服务和技术支持，促进新加坡企业在海外的投资和贸易发展。再如，世界投资促进机构协会成立于 1995 年，拥有来自 130 个国家的 170 个会员机构，是一个非政府和非营利的组织。该协会自成立以来，一直致力于通过刊物、培训、网络等向会员国提供技术、人才培训等支持，以促进世界各国对外投资。同时，该协会为各成员机构交流经验、相互学习提供了平台，在投资促进领域占有重要地位。

## 二、投资国的保护性政策法规

由于对外投资往往面临着战争、国有化和征用等政治风险，因此投资国仅以优惠政策来鼓励对外投资是不够的，还需要采取海外投资保险制度，减少或避免本国企业海外投资的风险。

### （一）海外投资保险制度的由来

海外投资保险制度是以保障本国海外投资的安全和利益为目的，保护和鼓励本国海外投资，由国家分担海外投资保险的一系列法律的总称。1948 年，作为美国实施"马歇尔计划"的产物，美国"经济合作署"首创了海外投资保险制度。但是，当时这项制度仅承保欧洲发达国家的外汇风险。随着美国海外投资规模和投资区域的不断扩大，从 1955 年起，该项制度的保险范围开始扩大到战争、革命、内乱和征用等政治风险，并随之适用于发展中国家和地区。美国海外私人投资公司从 1971 年开始承担海外投资保险业务，并逐渐成为美国私人海外投资保险的专门机构。第二次世界大战后，其他发达国家为了鼓励资本输出，纷纷仿效美国制定了海外投资保险制度。

### （二）海外投资保险制度的主要内容

**1. 保险人**

美国对外投资保险业务由海外私人投资公司（以下简称 OPIC）全权经营，OPIC 是直属美国联邦政府的独立机构，其宗旨在于鼓励并保护其私人海外投资，资助美国企业在发展中国家和地区开发新市场。日本的承保机构为通商产业省出口保险部。在德国，海外投资保险申请由联邦经济事务部、财政部和外交部代表组成的部际委员会审查批准，保险业务由"黑姆斯信用保险公司"和"德国信托监察公司"两家国营公司来承办。

**2. 被保险人**

在合格投资者的规定方面，美国、德国和日本均要求投保的投资者与承保机构的所在国有密切联系。美国要求，前来投保的投资者必须满足其资产至少 51%由美国人所有的美国公司或资产至少 95%为美国人所有的外国公司。德国规定，在德国有住所的德国公民，以及根据德国法律规定，在德国有住所或居所的公司社团有资格投保。日本规定的合格投资者为日本公民或日本法人。另外，三国都规定，合格投资必须以东道国已明确表示同意接纳作为可以承保的先决条件，这是对东道国主权的一种应有的尊重，也是提高当地海外投资安全系数的需要。

**3. 投保范围**

在美国，根据有关法律投资保险为政治风险，具体包括外汇风险、财产征用风险、战争风险和营业中断风险。日本海外投资保险的范围同样仅限于政治风险，包括外汇风险、征用和战乱风险。德国的投保范围限于外汇风险、财产征用风险和延迟支付风险。三国的投保范围相似，但是投保方式不尽相同。美国规定，投保者可以同时一并投保，也可以分险种单独投保，德国和日本则要求投资者对所有险种综合投保。

**4. 保险期限**

关于保险期限，各国对此规定不尽相同。美国最长为 20 年，规模较大的或敏感性较强项目的财产征用险期限为 12 年以内。日本规定保险期限一般为 5～10 年，其中不包括海外企业的建设期。德国规定，保险期限一般为 15 年，而对于经营期限较长者根据需要期满后再延长 5 年。

**5. 保险金额与保险费**

一般来说，美国最大保险金额为投资总额的 90%，对于某些重大的股权投资，则只承保投资额 50%～70%的财产征用险。德国的保险额一般为 80%～95%。日本保险金额计算分为两部分——契约保险金额和支付保险额，而实际支付的保险额可以是损失额的 90%，但是不能超过契约保险金额。关于保险费问题，由于美国的 OPIC 自负盈亏，保险费相应较高，如果三种主要政治风险一揽子投保，合计保费约 1.5%。其他大部分国家均对海外投资保险机构提供补贴，因而保险费较低。

**6. 赔偿与救济**

在赔偿和救济方面，各国均规定了赔偿投保人的条件以及向东道国的代位求偿权。一般的做法是海外投资保险机构在发生所承保的风险之后，先依据一定条件向遭受风险损失的投资者支付赔偿，而后海外投资保险机构代位取得投资者的索赔权利，包括向东道国政府的索赔权。

### 专栏 10-7：中国出口信用保险公司

中国出口信用保险公司（简称中信保）于2001年12月18日正式揭牌运营，是国务院批准组建的政策性保险公司，是国内承办出口信用保险的唯一机构。

中信保的主要任务是：积极配合国家外交、外贸、产业、财政、金融等政策，通过政策性出口信用保险手段，支持货物、技术和服务等出口，特别是高科技、附加值大的机电产品等资本性货物出口，支持中国企业向海外投资，为企业开拓海外市场提供收汇风险保障，并在出口融资、信息咨询、应收账款管理等方面为外经贸企业提供快捷、完善的服务。

中信保在产品方面主要提供短期出口信用保险（支持账期一年以内的出口）、中长期出口信用保险（支持账期一年以上的大型机电产品、成套设备出口和海外工程承包项目）、国内贸易信用保险、投资保险以及信用担保等业务。

中信保成立以来，主动配合国家外交、外经贸战略需要，积极发挥出口信用保险的政策性功能，在扩大出口规模、推进国家外经贸结构调整、支持企业"走出去"等方面发挥了重要作用。中信保已为数千家出口企业提供了出口信用保险服务，为数百个中长期项目提供了保险支持，包括高科技出口项目、大型机电产品和成套设备出口项目、大型对外工程承包项目等。同时，截至2016年末，中国信保累计支持的国内外贸易和投资规模超过2.8万亿美元，为数万家出口企业提供了出口信用保险服务，为数百个中长期项目提供了保险支持，包括高科技出口项目、大型机电产品和成套设备出口项目、大型对外工程承包项目等，累计向企业支付赔款94.8亿美元。同时，中国信保还累计带动233家银行为出口企业融资超过2.7万亿元人民币。

这些数字都充分体现了中信保在拉动出口、投资、就业和加快外贸发展方式转变等方面的重要作用。可以说，政策性出口信用保险在稳定外贸发展、培育外贸竞争新优势方面的作用日益显现，出口信用保险已成为我国推动出口贸易、促进产业升级和经济发展的重要经济措施。

资料来源：发挥出口信用保险作用，支持外贸稳定增长和转型升级[EB/OL]．（2015-07-31）[2020-08-18]．http://www.sinosure.com.cn/sinosure/xwzx/tpxw/168814.html.

## 三、投资国的管制性政策法规

目前，发达国家很少限制对外投资，只是在某些特定经济和政治条件下，制定出一些管理和限制性的法规和政策，力图使本国对外投资服从其总体经济发展目标。相比较而言，发展中国家出于振兴民族经济、维护国家独立的任务，往往倾向于采取限制性管理政策，以便将资金留在国内。但是，近些年来，由于发展中国家实力的增强以及国际经济形势的变化，很多发展中国家开始对限制性政策进行重新评估，放松了对资本输出的限制。

### （一）对外直接投资的流量与流向限制

一般来说，发达国家对本国对外投资规模不加限制，只是在特定时期才会采用临时性的限制措施。例如，在1965—1974年，美国因为其国际收支恶化而限制了跨国公司的对外投资活动。

与之相类似，世界大多数国家一般对海外投资的区位选择没有太多限制，只是少数国家基于政治、军事、外交和国家安全等目的，才会对本国对外投资做出一些限制。例如，美国限制对以下国家和地区进行投资：古巴、伊朗、伊拉克、朝鲜、利比亚、苏丹、塞尔维亚、黑山以及安哥拉完全独立国家联盟等国家和地区。

### （二）限制高新技术的输出

随着国际竞争的日益激烈，技术优势不仅对海外投资经营越来越重要，同时也是一国国际竞争力的重要体现。因此，对于标准化技术输出，大多数国家并不反对。但是，对于高新技术、产品核心技术，如航空航天等技术的输出往往实行严格限制，或者根本不允许输出。例如，巴黎统筹委员会明文规定，限制成员国向社会主义国家出口战略物资和高新技术（详见专栏 10-8）。

#### 专栏 10-8：巴黎统筹委员会

巴黎统筹委员会（以下简称"巴统"）的正式名称是"输出管制统筹委员会"（Co-Ordinating Committee for Export Control），是 1949 年 11 月在美国的提议下秘密成立的，因其总部设在巴黎，通常被称为"巴黎统筹委员会"。巴统有 17 个成员国：美国、英国、法国、德国、意大利、丹麦、挪威、荷兰、比利时、卢森堡、葡萄牙、西班牙、加拿大、希腊、土耳其、日本和澳大利亚。

巴统是冷战的产物，是第二次世界大战后西方发达工业国家在国际贸易领域中纠集起来的一个非官方的国际机构，其宗旨是限制成员国向社会主义国家出口战略物资和高新技术。列入禁运清单的有军事武器装备、尖端技术产品和稀有物资等三大类上万种产品。被巴统列为禁运对象的不仅有社会主义国家，还包括一些民族主义国家，总数约 30 个。随着国际政治经济形势的变化和科技水平的提高，西方国家为了自身的经济利益，不断突破巴统的禁运限制，巴统不得不缩小其管制范围。1990 年，巴统大幅度放宽对苏联和东欧国家的高技术产品出口限制，禁运项目由成立初期的 400 个减少到 120 个，1991 年中又减少 2/3，受其禁运的国家也越来越少。

冷战结束后，世界格局发生重大变化，加上巴统的禁运措施与世界经济科技领域的激烈竞争形势也不相适应，一些西方国家又把巴统作为相互进行贸易战的工具。巴统会员国的高级官员 1993 年 11 月在荷兰举行会议，一致认为巴统"已经失去继续存在的理由"。1994 年 4 月 1 日，巴统正式宣告解散。

资料来源：巴黎统筹委员会[EB/OL]．（2003-10-16）[2020-08-18]．http://www.china.com.cn/international/zhuanti/eurogroup/txt/2003/10/16/content_5423361.htm.

### （三）对海外直接投资的外汇管制

墨西哥金融危机之后，一些国家在总结经验教训的基础上开始限制外汇出入，并将投资管理的重点放在外汇管理上。例如，智利在 1990 年采取了一些外汇限制措施，降低对外投资的授权要求，缩短利润汇回和清算后股本汇回的时限。但时至今日，对外投资额度和投资融资方面的限制均已取消。再如，2018 年 3 月 1 日，我国《企业境外投资管理办法》正式施行。外汇管理局已经取消内地企业境外投资外汇风险审查制度，大力简化外汇投资来源审查制度，放宽境外投资的购汇限制，保证境内机构境外投资的合理用汇需求，并取消投资主体缴纳汇回利润保证金制度。此后，外汇管理局还将进一步扩大境外投资外汇管理改革试点城市，并提高外汇管理部门地方分支机构对资金来源审查和项目核准权力，逐步允许人民币资金充裕的境内母公司通过购汇，对境外子公司提供金融支持。由此可见，放宽对外投资管制措施，积极促进企业对外投资已经成为世界潮流。

## 第三节　东道国的吸引外资法律管理

在国际生产折衷理论中，邓宁将区位优势分为要素禀赋性优势和制度政策性优势。制度政策性优势的重要一项就是对外资的优惠条件。因此，东道国的外资政策就成为区位因素中的一个重要因素，并且可以影响到其他区位变量，如东道国的实际国民收入水平、市场扩张潜力、劳动力素质、政治稳定性等。[①]另外，在近些年来发展起来的投资诱发要素组合理论中，更强调了作为直接投资间接诱发要素的外资政策对于跨国公司进行对外直接投资的重要影响。

东道国吸引外资的政策措施主要分为鼓励性的政策法规、管制性的政策法规和保护性的政策法规三大类。近些年来，世界各国为吸引外资，纷纷改革其投资政策，使投资政策更有利于外国投资者。据联合国贸发会议《2007 年世界投资报告》统计，1991—2006 年的 16 年间，全球 160 多个国家出台了 2 545 项有关外商直接投资管制的政策法规，其中 91%的变化是朝着加强外商投资保护和投资自由化方向发展的。如图 10-1 所示，UNCTAD 最新数据显示，2018 年，约 55 个国家和经济体出台了至少 112 项影响外国投资的政策措施。其中三分之二的措施寻求投资自由化、促进和便利新投资。34%的措施引入了对外国直接投资的新限制或条例，这也是自 2003 年以来的最高比例。

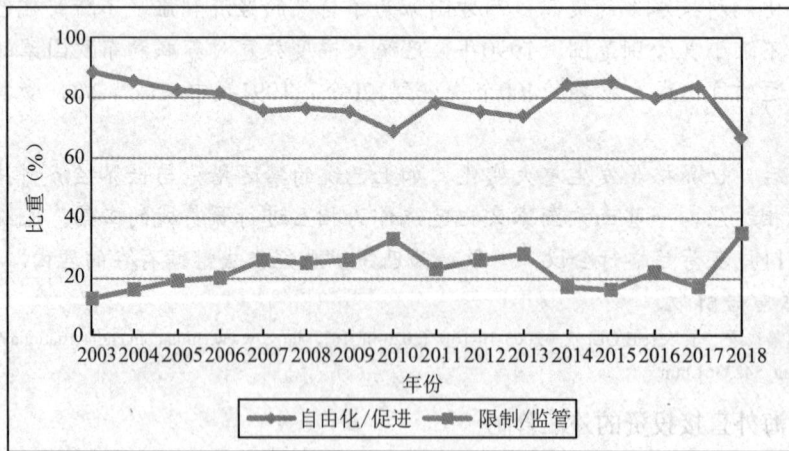

图 10-1　2003—2019 年国家投资政策变化

资料来源：联合国贸发会议. 世界投资报告：经济特区.

---

① 卢晓勇. 国际投资理论与发达国家对外直接投资[M]. 北京：科学出版社，2004：166.

## 一、东道国鼓励性的政策法规

东道国的鼓励政策，主要是指能够吸引外国企业前来投资的各项政策措施。吸引外国投资的鼓励政策大体分为财政优惠政策、金融优惠政策和其他优惠政策三大类。一般来说，发展中国家和经济转型国家倾向于使用财政优惠政策，而发达国家倾向于使用金融优惠政策。

### （一）财政优惠政策

财政优惠政策是各国最广泛使用的吸引外国直接投资的优惠政策，其总体目标是降低外国投资者的税收负担。20世纪90年代初，联合国通过对103个国家的调查发现，其中只有4个国家没有提供财政优惠。[①]财政政策中使用最为广泛的是税收优惠，其中首先是降低所得税率，其次是免税期、关税减让、退税、加速折旧等，但是不同国家、不同地区对此规定存在很大差异。发达国家普遍采用加速折旧和税收减免等手段，而发展中国家实行免税期、进口关税减免和退税等财政优惠措施。

1. 降低所得税率

降低所得税率是各国普遍使用的一项财政优惠政策，但是，不同国家和地区之间税率存在较大差别。例如，美国公司所得税率为21%，日本为30.62%，泰国为20%，乌拉圭为25%，菲律宾为30%，中国为25%。

2. 免税期、关税减让和退税

免税期是指在一定时期内，免征外资企业全部或部分所得税和其他税收。关税减让是指对外资企业生产所需进口物品的关税进行减免。退税是指对外资企业出口商品退还一定比例所征税额。发展中国家常使用这3项优惠政策来吸引外国投资者，发达国家则仅在经济特区运用关税减让和退税。例如，法国规定，对外资投资于不发达地区，给予税收优惠和提供补助津贴的鼓励措施；对投资于工业建筑和商业建筑等基本建设的资本，给予允许加速折旧的政策优惠。马来西亚政府规定，外资在资本投资庞大、科技含量高、引发广泛关联性并对国家经济产生深远影响的高科技领域投资，将给予以下优惠：投资新兴工业领域10年的法定所得可以全部免税。

3. 加速折旧

加速折旧是指允许外资企业以高于正常情况下的比例计算其固定资产的折旧费。这意味着外资企业每年的固定资产的折旧费要高于正常情况下的数额，而折旧费可以作为成本及费用从企业的税前利润中减除，其结果就是减少了应纳税额的基数，提高了企业的实际利润。因此，加速折旧实际上是政府以减税的方式对外资企业的一种财政补贴。发达国家使用这一优惠政策较为普遍，现在一些发展中国家也开始使用此政策。例如，印度尼西亚规定，在欠发达地区和国家鼓励投资的领域进行投资，企业可加速折旧，亏损可在5~8年内进行抵扣；法国规定，对投资于工业建筑和商业建筑等基本建设的资本，给予允许加速折旧的政策优惠；我国国家税务总局于2019年4月发布《关于扩大固定资产加速折旧优惠政策适用范围的公告》，将原适用于六大行业和四个领域重点行业企业的固定资产加速折旧优惠政策的适用范

---

① 联合国贸发会议. 1995年世界投资报告.

围扩大至全部制造业，但具体固定资产加速折旧优惠政策内容没有调整，仍与原有政策保持一致。2018 年 1 月 1 日至 2020 年 12 月 31 日，企业新购进单位价值不超过 500 万元的设备、器具可一次性在税前扣除，该政策适用于所有行业企业，已经涵盖了制造业小型微利企业的一次性税前扣除政策。在此期间，制造业企业可适用设备、器具一次性税前扣除政策，不再局限于小型微利企业新购进的单位价值不超过 100 万元的研发和生产经营共用的仪器、设备。

## （二）金融优惠政策

给予外国投资者金融优惠政策是东道国吸引外资的另一大类政策措施。金融优惠政策主要包括补贴性贷款、贷款担保、低息贷款与利息补贴、政府赠与和政府提供股权参与援助等。

在发达国家，政府往往利用金融优惠政策来引导外资流向，以促进其特定产业和地区的发展。例如，美国肯塔基州乔治敦市为了配套丰田公司的投资，在土地采购、道路改进和工人培训等方面共配套投资了 1.5 亿美元，而丰田的投资额仅为 8.2 亿美元；法国的姆巴奇市对奔驰公司的政府投资额为 1.1 亿美元，而奔驰公司的投资额为 3.7 亿美元；荷兰则规定，对特定地区重要产业的外资项目，国有投资银行将提供由政府担保的贷款并给予不超过 3% 的利息优惠，同时还为有资质的企业提供战略投资基金、研发基金和员工培训补贴等。

在发展中国家，为了吸引更多的外资，政府往往实施各种配套措施来给予外资支持，融资优惠政策便是其中重要的一项。例如，新加坡政府规定，对于有利于促进产业发展的投资项目，如计算机、飞机零部件、彩色显像管等项目可获得长期低利率的补贴性贷款；土耳其在优先发展区域和工业区设立机构，为研究开发、环境投资和中小企业提供贷款。

## （三）其他优惠政策

除了财政优惠政策和金融优惠政策之外，无论是发达国家还是发展中国家，都存在其他类型的鼓励投资措施。

### 1. 建立经济特区

经济特区是一个国家或地区为了实现一定的经济技术目标而划定的地理位置优越的区域，在对外经济活动中实行特殊的经济政策和管理体制，以便更好地吸引外资和促进对外贸易。根据各国开放程度和特点不同，经济特区可以称为自由贸易区、出口加工区、经济特区、科学工业园、自由港、自由关税区、自由工业区、自由边境区以及促进投资区等。目前，在 147 个经济体共有近 5 400 个经济特区，较 5 年前的 4 000 个有所增长，还有 500 多个新经济特区正在筹建中。[①]另外，当前在美国、日本、欧盟以及韩国这样的发达市场经济的国家和地区中，还出现了一种"再办特区"的强劲趋势。[②]实践证明，经济特区良好的基础设施环境、宽松的管理方式以及极为优惠的政策措施确实对吸引外资、促进进出口贸易产生了促进作用。

> 专栏 10-9：全球特殊经济区概览
>
> 特殊经济区（Special Economic Zones，SEZs），是政府为促进工业活动而划出的享有财政和监管激励及基础设施支持的特殊地理区域，被广泛用于绝大多数发展中经济体和许多发达经济体。近年来，特殊经济区的数量迅速增长，至少还有超过 500 个特殊经济区正在

① 联合国贸发会议. 2019 年世界投资报告：经济特区.
② 冯苏宝. 中国经济特区的未来取向[J]. 开放导报，2003，12：11-13，20-21.

筹备中，如表10-1所示。

表10-1 世界各国的特殊经济区数量

| | 特殊经济区总数 | 正在开发的特殊经济区 | 计划中的特殊经济区 |
|---|---|---|---|
| 世界 | 5383 | 474 | 507 |
| 发达经济体 | 374 | 5 | — |
| 欧洲 | 105 | 5 | — |
| 北美 | 262 | — | — |
| 发展中经济体 | 4772 | 451 | 502 |
| 亚洲 | 4046 | 371 | 419 |
| 东亚 | 2645 | 13 | — |
| 中国 | 2543 | 13 | — |
| 东南亚 | 737 | 167 | 235 |
| 南亚 | 456 | 167 | 184 |
| 印度 | 373 | 142 | 61 |
| 西亚 | 208 | 24 | — |
| 非洲 | 237 | 51 | 53 |
| 拉丁美洲及加勒比地区 | 208 | 28 | 24 |
| 转型经济体 | 237 | 18 | 5 |
| 备注： | | | |
| 最不发达国家 | 173 | 54 | 140 |
| 内陆发展中国家 | 146 | 22 | 37 |
| 小岛屿发展中国家 | 33 | 8 | 10 |

注：全社会固定资产投资是按照人民币对美元的年平均汇价折算而成。

资料来源：中国国家统计局网站. [EB/OL]. [2020-08-18]. http://www.stats.gov.cn.

各国往往根据其所处的经济发展阶段来建立特定类型的特殊经济区，见表10-2。特殊经济区起步相对较晚的一些地区，如非洲国家，正在利用特殊经济区来促进制造业发展，加快工业化进程并扩大对外贸易。许多更发达的经济体利用特殊经济区来刺激产业升级。在转型经济体中，技术型特殊经济区尤为重要。

表10-2 特殊经济区的阶梯式发展

| | 特殊经济区政策目标 | 常见的特殊经济区类型 |
|---|---|---|
| 高收入经济体 | ● 为复杂的跨境供应链提供高效平台<br>● 致力于避免经济扭曲 | ● 仅物流枢纽自由区（非工业自由区）<br>● 通过科学园区实现创新和新工业革命目标，没有单独的监督框架或者没有与园区挂钩的激励措施 |
| 中高收入经济体 | ● 为向服务经济转型提供支持<br>● 吸引高新技术产业<br>● 注重提升创新能力 | ● 基于科技建立的特殊经济区（例如，研发、高科技、生物技术）<br>● 针对高附加值产业或价值链细分到专业园区<br>● 服务型特殊经济区（如金融服务） |
| 中等收入经济体 | ● 为产业升级提供支持<br>● 推动全球价值链整合升级<br>● 注重技术的传播和外溢 | ● 专注于全球价值链密集型产业（例如，汽车、电子等）的专业园区<br>● 服务型特殊经济区（例如，业务流程外包、呼叫中心） |

续表

| | 特殊经济区政策目标 | 常见的特殊经济区类型 |
|---|---|---|
| 低收入经济体 | ● 促进产业发展和多元化进程<br>● 弥补投资环境中的弱点<br>● 在特定的领域实施或试点商业改革<br>● 将投资集中于特定区域的基础设施建设<br>● 致力于指导就业和出口收益 | ● 多元化特殊经济区<br>● 以吸引加工业为目标的资源型特殊经济区 |

资料来源：联合国贸发会议. 2019 年世界投资报告：经济特区.

2．鼓励利润再投资

目前，越来越多的国家意识到，引进外资后能否留住现有投资者，能否鼓励其进行连续投资成为本国经济持续稳定发展的重要因素。因此，东道国出台了一些政策力图促使外资在初始投资后扩大经营。马来西亚政府规定，对于进行再投资的外国投资者，给予减免 50%税收的优惠，免税收入分配的红利仍可以享受免税待遇。越南政府也鼓励外资企业用所获利润再投资，如果再投资于国家鼓励的项目，可退还全部已缴纳的所得税。另外，东道国政府也开始提高服务意识，认真研究分析外国投资者投资转移趋势，改善本国投资环境，力争留住外国投资，并促使其进行连续投资。

3．放宽外汇管制

一般来说，发达国家都对外汇使用没有任何限制，而发展中国家往往对于利润、资本的汇出有较严格的限制。近些年来，随着引资竞争的加剧，发展中国家也逐步解除或放宽外汇管制。例如，菲律宾自 1991 年开始，逐步放宽了外汇管制，目前菲律宾经常项目下的外汇业务已无限制，只有在少数资本项目下的外汇进出境需要事先征得中央银行或有关部门的批准，如 500 万美元以上的巨额投资等。印度规定，外资企业的利润在纳税后可以自由汇出。另外，东道国还通过提供廉价的劳动力、鼓励技术人才向外资企业流动等来吸引外国直接投资。

4．给予投资补助

某些发达国家为减少企业的资本支出和经营成本以促进投资，积极对投资企业提供投资补助。例如，德国的投资促进措施中的投资补助。德国规定，使用投资补助的投资项目需在完成投资后创造长期的就业岗位；该项目 50%的产值应在方圆 50 公里以外产生；各联邦州根据欧盟管理条例对不同地区制定不同补助比例，每创造一个工作岗位最多可补助 50 万欧元，但该岗位至少存在 5 年。[①]如表 10-3 所示，德国对各地区不同企业的补助比例是不同的。

表 10-3　德国各地区投资促进措施最高补助比例

单位：%

| | 1A 地区 | 2B 地区 | 2C 地区 | 2D/E 地区 |
|---|---|---|---|---|
| 小企业 | 50 | 43 | 28 | 15 |
| 中等企业 | 50 | 43 | 28 | 7.5 |
| 大企业 | 35 | 28 | 18 | 0 |

资料来源：根据商务部相关资料整理。

---

① 胡大龙. 探究德国外资管理[J]. 国际市场，2014，4：32-35.

**专栏 10-10：上海自贸区的建立为外资体制带来的历史性变革**

2013年9月29日，中国（上海）自由贸易试验区正式挂牌成立，一时成了世人关注的焦点，并形成了自贸区概念，与此相关的股票和房地产业也受到了市场的热捧，以至于一时间好多"中国大妈"都去排队在自贸区注册企业。自贸区成立并非是一种市场炒作热点，其背景和其重大战略意义不可低估，它预示着中国对外资管理将会出现革命性转变。

1. 对原有外资审批体制带来的革命性改变

一方面，暂停实施相关法律法规。现有的外资准入实行核准制，参照的外资审批相关法律为《外资企业法》《中外合资经营企业法》《中外合作经营企业法》《公司法》，十二届全国人大常委会第四次会议于2013年8月26日授权国务院在自贸区内对负面清单之外的领域暂停实施上述前三部法律以及暂时停止文物保护法的有关规定。另一方面，将核准制改为备案制。自贸区将外资准入的审核制改为了备案制，实行"负面清单"管理，外国投资者将自己所从事的经营内容和"负面清单"进行比对，清单以外的项目不用经过商务主管部门核准，直接到工商部门进行登记，办理营业执照。

2. 对外国投资者实施"负面清单"管理模式

一般而言，负面清单是一国在引进外资时做出义务承诺的一种方式，即以清单方式列明针对外资的与国民待遇、最惠国待遇不符的管理措施。"负面清单"管理模式是中国外商投资管理体制和政府管理经济方式的一次根本性变革。顺应国内外形势的新要求，2014年中国的"负面清单"管理模式将进入优化期。展望未来，中国外资准入"负面清单"模式未来发展呈现出以下三大趋势。

（1）以我为主，自主调整。上海自贸区作为我国全面深化改革和扩大开放的"试验田"，2013年9月率先公布了外商投资准入特别管理措施（负面清单）。对负面清单之外的领域，自贸区实行内外资一致的原则，将外商投资项目由核准制改为备案制。

（2）实现国际国内投资。作为世界贸易大国，中国融入国际经济规则体系的程度正在逐渐加深。联合国贸易和发展会议2014年1月28日发布的最新一期《全球投资趋势监测报告》显示，2013年流入中国的外国直接投资达1 270亿美元，稳居世界第二，与美国的差距进一步缩小到320亿美元。商务部的统计数据显示，仅2013年全年新设立外商投资企业就达22 773家。

（3）为中国经济发展预留空间。一方面，负面清单需要为未来可能出现的新兴行业与新兴业态预留空间。另一方面，负面清单需要明确适时调整的条件与程序。即使在新兴行业与新兴业态未出现的情况下，由于形势的变化，负面清单可能也需要适时调整。

3. 对外国投资者实施商事登记制度改革

自贸区内工商部门对企业的注册资本由实缴登记制改为了认缴登记制，取消了注册资本的最低限额，允许外国投资者可以以任意金额设立企业，大大方便了资金不足的创业型公司的设立。

4. 对外国投资者以境内人民币直接投资的放开

2011年10月12日，商务部《关于跨境人民币直接投资有关问题的通知》规定允许境外投资者以合法获得的境外人民币依法开展直接投资活动，进一步促进了外资的投资便利化。

自2013年8月中国(上海)自由贸易试验区获批以来，我国先后多批次设立自由贸易试验区，已形成由南至北、由东至西的"1+3+7+1+6"基本格局：2015年4月，广东、天津、福建第二批自贸区获批；2017年3月，辽宁、浙江、河南、湖北、重庆、四川、陕西第三批自贸区获批；2018年9月，海南自贸区获批；2019年8月26日，江苏、河北、黑龙江、广西、山东、云南作为新设自贸试验区获批。截至目前，中国自贸区服务国家战略，围绕"贸易便利化""投资管理制度便利化""金融制度创新""行政职能转换"等方面，对自贸区的建设与管理进行了系列探索，在主要经济指标方面，取得了显著成绩。例如，上海自贸区占地面积为120.72平方公里，约占上海土地面积的1.9%，但2017年创造了上海市25%的GDP，创造了40%的外贸进出口总额；广东自贸区2015年挂牌，四年来累计新增企业21万家，新设外商投资企业9639家，实际利用外资128.5亿美元。18个自贸区所在省区2018年地区生产总值之和占全国总量的78.14%，货物进出口值占全国的85.59%。更多的外商投资落地，前提是更大的产业开放空间，以及国际化、法制化、市场化的营商环境。

由此可见，自贸区在投资管理、贸易监管、金融创新、事中事后监管等领域建立与国际贸易投资通行规则相衔接的基本制度框架取得重要成果，引资优势进一步凸显。

资料来源：田丰. 外资准入"负面清单"模式的未来趋势[J]. 中国外资，2014，3: 32-33；胡峰. 中国上海自贸区建立对外资管理体制带来变革的几个问题[J]. 国际商务论坛，2014，3: 22-25；卞疆，朱锦奎. 自贸区扩容升级打造开放创新"新高地"[J]. 商业文化，2019，34: 30-37.

### （四）鼓励性优惠政策的最新发展趋势

近些年，财政优惠政策吸引外资作用减弱，各国倾向于运用国民待遇、完善的基础措施、健全的法律环境、高效的市场运作等长期的利于外国投资的政策措施来吸引外资。其原因有以下三个。

（1）外国投资者开始重视东道国稳定的政治环境、完善的基础设施、高效率的市场运作等财政政策之外的因素。即使给予财政优惠政策，外国投资者还是更欢迎稳定、长期的财政优惠政策，而不愿意接受东道国频繁变动的短期优惠政策。根据世界银行经济学家威勒和莫迪的研究，跨国公司在对外直接投资的区位选择过程中，首先考虑东道国的政治经济形势是否稳定，有关外国投资的法律法规是否完善；其次考虑东道国的市场规模与发展前景、生产成本、工人技术水平及基础设施状况。只有当上述条件具备时，鼓励措施才对外国投资意向产生影响。因此，鼓励政策在提升东道国区位优势方面的作用是辅助性的，而并非决定性的。

（2）财政优惠政策实施的成本较大。实施财政优惠政策不仅减少东道国财政收入，而且由此产生的成本将转嫁到本国公众身上，进而使得当地利益转向外国投资者。

（3）各国竞相出台政策吸引外资，必然造成国家、地区间争夺外资的过度竞争，结果将削弱优惠政策的实施效果，产生市场扭曲和不公平竞争。

可见，鼓励政策只是构成投资环境的一个次要因素，并非决定性因素。例如，乌拉圭曾是世界上对外资征税最低的国家，但它对外资的吸引力并不大；美国尽管对外资企业不实行税收优惠，但过去一直是世界上吸收外国直接投资最多的国家。[1]据此，许多国家开始削减优惠措施，着力改善投资软、硬环境。例如，印度尼西亚于1984年取消了免税期优惠；韩国在削减外国直接投资障碍的同时也减少了优惠政策；马来西亚逐渐减低了所有企业的标准化所

---

[1] 税收优惠政策的调整有利于提高外资利用水平[ER/OL]. （2006-06-02）[2020-08-28]. http://www.chinaacc.com/new/287/292/332/2006/6/sh18752034412660021434O-0.htm.

得税率，给予外国投资国民待遇；马其顿政府也规定，外国投资者在马其顿享受国民待遇，可以建立任何类型的公司。

## 二、东道国管制性的政策法规

由于外国直接投资者与本国经济利益存在一定差距，因此各国往往出台一些限制措施，引导外商直接投资行为向增进本国国内经济利益的方向发展，并尽可能地减弱外商直接投资的负面影响。

### （一）对外国直接投资的审批

总体而言，发达国家普遍对外资的进入采取开放政策，大部分国家都没有专门的法律或专门的机构对外资进行审查。美国基本上对外资不予审查，但是对于威胁到国家安全的产业则禁止投资，如国防、通信运输业，对被列入敌对国家或组织的则进行投资管制。在 20 世纪六七十年代以前，加拿大、日本等国家实行较严格的外商投资审批制度，后来逐渐放松审批制度，朝着自由化方向改革。目前，加拿大、日本等国对外资的审批制度已经比较宽松。

由于发展中国家经济、技术相对落后，国际竞争力弱，因而往往设立专门的审查机构，对外资进行较为严格的审查。例如，印度从 20 世纪 60 年代以来先后颁布了《外资投资鼓励法》《外国企业管理法》《外国投资法》《合资经营企业法和国际投资法》。根据这些法律，印度对外资审批制度包括两个组成部分：外资审核监督制度和外资审批程序。其中，外资审核监督制度规定，外国投资者提出投资申请之后，印度全国外资管理委员会要审核其投资活动及其对印度经济发展可能造成的影响。印度外资审批程序分为两个阶段，即实质审查和程序审查。但是，随着引资竞争的加剧，各国开始逐渐简化对外商投资企业的审批手续。近年来，印度开始逐渐简化对外商投资的审批程序。

### （二）对外国投资者投资领域的管制

一般来说，除了关系到本国国计民生的特殊部门，发达国家对外资的投资领域较为开放。例如，英国禁止外国投资进入军事工业、煤矿开采、飞机制造等领域；加拿大对广播、电信、金融、渔业等领域有特别限制；德国对铁路、公共设施、邮电业、广播电视业等限制外国投资者进入。而其他未明确规定的，各国都允许外资进入，与本国投资者竞争。

发展中国家由于担心国家安全、本国民族工业的发展，对外国投资的领域限制多一些。一些国家明文规定某些重要经济部门不对外资开放。如印度的外资法允许外商投资的重点部门是需要尖端技术和面向出口的工业部门，而不允许外国投资控制港口、造船、公用铁路、航空运输、海运、供水、供电、原子能开发等行业，禁止外资在军事工业、大麻种植和加工业、天然海绵等产业进行投资。巴西政府禁止外国投资者在报纸和广播电视业进行投资。在我国，入世后，原来禁止或限制外商投资的一些领域，如金融业、汽车业逐渐开放，允许外资进入。

### （三）对外资股权比例的管制

发达国家只对特定行业或企业规定外资所占比例。例如，法国规定在某些重要工业部门的股份比例不得超过 20%～40%；美国规定在航空、沿海和内河运输公司中外资的股权比例不得超过 25%；加拿大规定在无线电广播电视业外资参股不得超过 25%；荷兰对劳务和自然资源部门的外资参股比例限制在 20%以内等。

发展中国家和地区中除了中国香港、中国澳门等特殊区域外，其他国家和地区政府为了维护本国企业权益、防止外资控制或操纵企业，都规定了外资参股的股权比例。例如，墨西哥规定，法令和法规无特别规定时，外国资本不得超过企业注册资本的 49%。越南规定，外资出资下限为 30%。伊拉克规定，外国投资额不得少于合营企业资本额的 30%。对一些特殊地区或特殊行业的投资，各国（地区）也制定了相应优惠措施，扩大外资参股比例。如印度规定，在一般领域内外资参股比例一般不超过 40%，但在其产品主要满足国内市场需求的高技术领域投资，外资股份可达 70%，在其产品全部出口的企业中，外资股份可达 100%。2003年以前，我国规定外资出资比例必须高于 25%；但是 2003 年后国家规定，外国投资者在并购后所设外商投资企业注册资本中的出资比例低于 25%的，除法律和行政法规另有规定外，该企业不享受外商投资企业待遇，其举借外债按照境内非外商投资企业举借外债的有关规定办理。

### （四）对于外资投资期限的管制

许多发展中国家为了能在一定时期后将外资企业的股权全部或部分转为本国所有，对外资的投资期限作了明确规定。例如，智利规定，外资投资期限一般为 10 年，根据营业性质或对国家重要性可延长至 20 年；印度尼西亚规定，外商投资企业自合法设立起，准许 30 年的经营期限，若在此期间增加了投资，经政府批准后可以再经营 30 年，但不能延长第二次。根据我国合资经营企业实施条例规定，合资企业一般项目的合营期限为 10～30 年，特殊的可延长至 50 年。经国务院特别批准的，可以在 50 年以上。

### （五）关于外资企业用工管制

为了保护本国劳动力、提高本国就业率，部分国家制定了外资企业用工标准，并以法律形式固定下来。例如墨西哥政府规定，外资企业所雇用外籍员工与墨西哥籍员工人数的比例不得超过 1∶8。智利劳工法也明确规定，在股份制公司的一般雇员中，外籍雇员最多只能占其雇员总数的 15%；外商投资开办的工厂，除厂长、经理和必要的高级管理人员外，在工程师、技术人员和工人中，外国雇员所占的比例不能超过 15%。埃及政府规定，外资企业所雇用的外籍员工数量不得超过当地员工的 1/3。

另外，有些国家还对资本、利润的汇出做出一定的限制。如泰国规定资本入境后，必须向规定的银行登记，并于 7 日内卖给指定银行，不能自行保留外汇；如果外商需要汇出资本或利润，必须向东道国中央银行申请审查获得批准后才能汇出。

## 三、东道国保护性的政策法规

为了给外国投资者提供良好的投资环境，保障其合法利益，一些国家在其《宪法》或《外国投资法》中以法律形式对外资合法利益进行保护。保护内容主要包括对外国投资者在东道国领土内投资利益的保护；对外资的征用和国有化及其补偿的规定；关于投资争议解决方式等内容。其中，关于对外国投资的征用和国有化及其补偿的规定，是保护性政策的核心，直接关系到外国投资者的利益。因此，大多数国家一般都规定不征收或国有化外商投资企业。即使在特殊情况下，一国基于国家或民族利益的考虑实行国有化，也必须遵循法律程序，按照适当的标准，给予必要的补偿。例如，柬埔寨王国宪法规定，有关土地所有权的规定不适用于外国投资者外，所有的投资者，不分国籍和民族，在法律面前一律平等；王国政府不实行损害投资者利益的国有化政策；对已获准的投资项目，王国政府不对其产品价格或服务价格进行管理。

# 第四节　国际投资法律管理的最新趋势

近些年来，国际投资法律管理领域呈现出新的发展趋势，使之更加贴近国际投资不断发展的现实情况。

## 一、纵横交错的双边投资协定

20 世纪 90 年代以后，双边投资协定数量迅猛增长，截至 2018 年年底，全球签订了 3 317 项协定（2 932 项双边投资条约和 385 项含投资规定的条约）。进入 20 世纪 90 年代之后，BITs 数量几乎以每年一百多项的速度递增，其中 1994 年新签了 191 项，1995 年新签了 202 项，2009 年新签了 82 项，2011 年新签了 47 项，2013 年新签了 47 项。据联合国贸发会议统计，1989 年全球 BITs 总数为 385 项，而到 2018 年年底该数字就达到 2 932 项，增长了 6.62 倍，如图 10-2 所示。

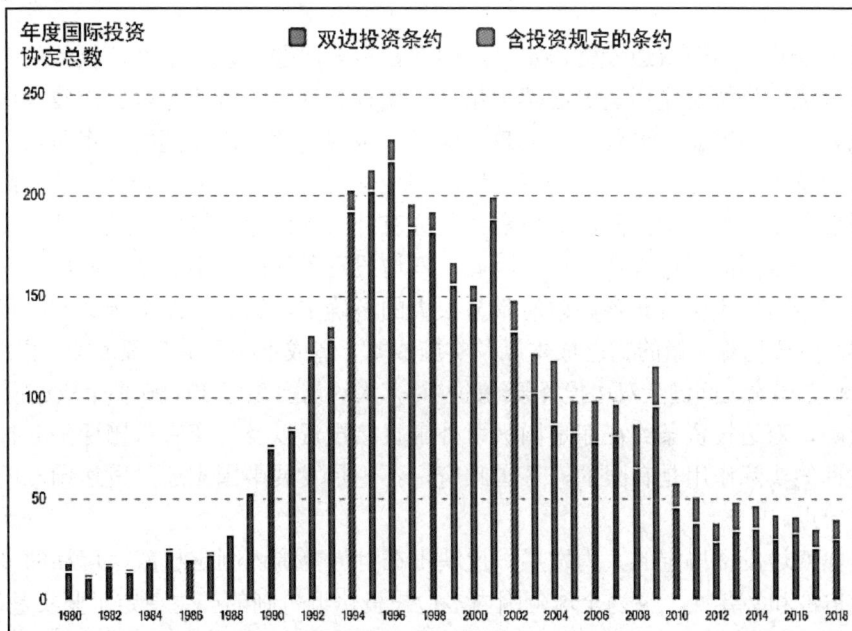

图 10-2　1980—2018 年国际投资协定变化趋势

资料来源：联合国贸发会议. 2019 年世界投资报告：经济特区.

需要指出的是，20 世纪 90 年代后签订的双边投资协定多数是在发展中国家或转型国家之间签订的，而发达国家之间很少签订双边投资协定。根据联合国贸发会议统计，在 1997 年新缔结的 153 个双边投资条约中，有 27%是在发展中国家之间缔结的，有 28%是在发展中国家与发达国家之间缔结的。而在 2000 年新缔结的 84 个双边投资协定中，发展中国家之间达成了 37 个，占总数的 44%。随着发展中国家之间南南投资的增长，南南国家间的双边投资协议迅猛发展。1964 年，发展中国家之间签订了第一个双边投资条约，到 1990 年，南南国家间的双边投资协议总数仅为 44 个。但是，截至 2006 年，南南国家间的双边投资协议在全球所有种类的双边投资协定中占 27%。该报告还显示，在 113 个已经签署了双边投资条约的发展中国家中，签署了 40 个以上条约的国家有 3 个：中国、埃及和马来西亚。这 3 个国家分别与其他发展中国家签署的双边投资条约的数目，也超过了其各自与发达国家签署的双边投资条约的数目。[①]与此同时，发展中国家之间还签订了大量的避免双重征税条约。在 1956 年，印度和塞拉里昂签署第一个南南避免双重征税条约，到 1990 年，南南避免双重征税条约仅为 96 个。但是，20 世纪 90 年代的 10 年间，就有 73 个发展中国家之间签署了 172 个此类条约。截至 2004 年 11 月，南南避免双重征税条约数目已多达 312 个，在世界避免双重征税条约总数中占 14%。[②]

从短期来看，双边投资协定仍将在国际投资协调领域发挥重要作用。这是因为，与多边投资条约相比，双边投资条约更灵活、更富有弹性，能在某些重要领域顾及签约双方各自的特殊利益，相比多边投资条约谋求多国间特殊利益的平衡要容易得多。随着双边投资协定的网络状发展，各国的投资政策将趋于一致，并日益趋向自由化，从而也为多边投资协调机制的出现奠定了重要基础。从某种意义上说，双边投资协定是国际投资协调机制的重要补充，多边投资协调机制的成功与否，将在很大程度上取决于其能否将双边与区域安排的某些优势体现于其中。[③]

从长期来看，由于双边投资协定发展中存在很多问题，以全新的、权威的多边投资协调机制取代双边投资协定是历史的必然。第一，现行的双边投资协定是错综复杂的，不能给投资者提供稳定、标准化、可预见性的政策信号，也很难解决国家间的投资争议。双边投资协定最重要的特点就是符合相关方的特定情况和相互利益，并且能够处理所关心的特定问题，即双边投资协定往往是根据两国具体需要达成有针对性内容的投资协议，从而使得国家间产生不同标准和准则的双边投资协议。因此，双边投资条约网络中各条约间所存在的差异性和复杂性，将给跨国投资者和各国政府带来很大的不确定。第二，众多国家间纵横交错的双边投资条约，往往耗费大量的签署成本以及实施成本，造成不必要的资源浪费。据统计，若要在全球近 200 个国家之间健全双边投资条约的网络，大约需要签订 20 000 多个双边投资条约。[④]基于这一缺陷，双边投资条约在东道国吸引外国直接投资以及投资者母国保护其投资者利益方面所能发挥的实际作用是有限的，各国政府，不论是发展中国家还是发达国家的，都已经意识到了这一点。[⑤]

总之，双边投资协定的大力发展，反映出在世界范围内制定权威、可靠的多边投资协调机制的紧迫性和必要性，也为全球范围内多边投资协调机制的产生奠定了坚实基础。

---

① 贸发大会报告显示南南投资呈上升趋势[EB/OL]．（2004-11-23）[2020-08-18]．http://www.un.org.
② 贸发大会报告显示南南投资呈上升趋势[EB/OL]．（2004-11-23）[2020-08-18]．http://www.un.org.
③ 盛斌．国际投资协定：多边安排是唯一的途径吗[J]．南开经济研究，2003，3：6-10.
④ 叶兴平．外国直接投资最新趋势与变迁中的国际投资规则——宏观考察[J]．法学评论，2002，4：68-75.
⑤ Third World Network. Bilateral Investment Agreements Play Only A Minor Role in Attracting FDI[J]. Brief Report, 1997, 162（6）: 1-15.

## 二、国际投资新规则的主要特征与趋势 [①]

国际投资新规则是为适应全球化发展的新阶段而制定的，体现了新时期国际秩序变化的时代特征，反映了发达经济体与新兴经济体实力的对比变化、新投资领域的兴起以及投资与社会议题紧密联动等新趋势。具体而言，新国际投资规则有如下主要特征。

### （一）投资保护与东道国监管权之间的平衡

国际投资规则的演进表明，早期规则的主要特征是为投资开拓便利环境，鉴于国家在投资主体中处于主导地位，规则的重点是保护投资者的利益。在此情况下，许多东道国国内法律允许的管制行为被裁定为违反投资协定，因而当发生纠纷时，东道国往往处于劣势。随着双向投资的发展，特别是东道国对自身利益关注度的增强，投资规则由着重对投资者保护，转向更加注重投资促进与东道国利益维护的双向调整。一方面，为进一步提高投资规范的公正性、透明度和便利化程度，突出了关于投资促进、国民待遇、公平公正待遇、最惠国待遇、禁止非法征收、自由兑换与转移的条款；另一方面，为了体现东道国的综合利益，提升了对投资影响的考虑和对投资方式与运作行为的监管。

值得注意的是，自 2017 年以来，发达国家加强了对外国投资的审查力度。美国和欧盟相继出台监管政策，将涉及国家安全、关键技术和敏感信息的领域纳入审查范围，收紧外资监管。美国 2018 年出台的外国投资监管新规则扩大了外国投资委员会（CFIUS）的审查管辖权，对涉及关键基础设施、关键技术和公民信息安全的投资加强审查，并列出特别关注国家，增加审查程序。欧盟委员会也于 2019 年 3 月批准外国投资监管新法规，对涉及敏感技术、基础设施及公共秩序和安全领域的投资加强审查。新法要求对第三国采用透明和非歧视原则，但成员国拥有该国对外投资的最终审批权。开放新技术投资、外国投资严格审查，配合知识产权保护，构成了国际投资在新技术领域的完整规则体系，加强了技术优势国家在全球范围的资本转化能力。

进入 21 世纪后，单纯的投资协定数量有所减少，将投资与贸易融为一体的综合经济贸易协定成为主流，同时，区域性协定的数量显著增加。较之双边协定而言，区域性协定的适用范围更大，规则的适用性更强。就协议内容而言，广泛涉及贸易、投资、政策内容，许多协定对环境保护、公共健康、劳工权益、公司治理、道德维护等公共议题也进行了具体规定。在投资者的责任和义务规则中，更强调包括遵守东道国法律、杜绝腐败、按国际公认标准履行公司责任等条款。区域投资条约往往由双边投资条约演进而来，如 CPTPP 协定中禁止非法征收、公平公正待遇、最惠国待遇、国民待遇、业绩要求、自由转移等条款都是基于美国 2012 年 BIT 范本相应条款标准制定的。而加拿大—欧盟全面经济贸易协定（CETA）（2014 年版）中大部分章节也是借鉴美国 2012 年 BIT 范本形成的，如投资保护标准明细化、争端解决程序及权力边界清晰化等。

### （二）劳工标准、环境、社会责任等成为重要规则

在美国 2004 年 BIT 范本中，首次将劳工问题列为专项条款，强调扩大受保护的劳工权利范围、加强劳工保护力度、加强对法规的有效执行、强化磋商机制和公众参与。在美国 2012

---

① 张蕴岭，马天月. 国际投资新规则及中国应对策略[J]. 国际展望，2019，4：23-28，152-153.

年 BIT 范本中，对原有规定进一步细化，将劳工和环境标准提高到"行政优先权"，增加了处理环境和劳工标准问题的协商程序，并要求缔结方不得为鼓励投资而放弃或减损国内环境和劳工法的执行权，履行对国际劳工组织的承诺，在环境条款中，强调不能因鼓励投资而削弱或减损国内环境保护。在新近缔结的双边和区域投资协定中，环境、公共卫生、劳工权益越来越成为缔约各方洽谈的必要条款。除美国外，CETA 也明确提出，"缔约方在其领土范围内具有规制权和维护其实现合法公共目标的自由权，包括公共卫生、安全、环境、公共道德及文化多样性等领域。"CETA 规定，欧盟和加拿大政府有权以最高保护标准制定环境法，鼓励建立环境规范的跨国合作机制，保障环境和劳工问题的有效处理。在区域投资协定中，2018年缔结的 CPTPP 协定和美国—墨西哥—加拿大自由贸易协议（USMCA）都嵌入了空气质量保护、海洋环境保护、海洋捕捞规范、动植物检验检疫标准、劳工自由结社、集体谈判权利等社会责任条款，这在很大程度上代表了未来国际投资协定规则制定的一大趋势。

投资规则和贸易与社会责任议题的联动，有利于更好地协调投资者、社会群体和东道国政府等各方利益，有利于使投资行为更好地推动可持续发展。不过，鉴于投资主体和东道国情况与能力差别很大，整齐划一的标准会导致新的问题，比如劳工条款可能会成为有些国家干预当地政治的工具。

### （三）新增关于规范新科技和新兴行业投资行为的内容

新科技革命推动更多新的行业发展，需要通过规则制定来为投资拓展开放的市场环境和对投资行为进行规范。新规则的主导趋势是推动新领域的开放与保护，如数据、电子商务等新兴技术和服务领域，CPTPP 和 USMCA 都嵌入了保护信息数据自由流动的条款，包括减少对电商市场准入、数据存储和处理限制、允许数据跨境传输、限制政府要求披露源代码权限，放宽异地数据储存和数据跨境转移标准等。

与此同时，知识产权保护和外国投资严格审查作为维护新科技新领域核心竞争地位的一体两翼，标准也有所提高。如 CETA 和美国 2012 年版 BIT 范本都有禁止东道国要求投资者进行技术转让条款。CPTPP 将药品数据保护相关的新内容纳入协定条款，要求成员国制订药品测试数据的排他性条款，即一旦含有新的化学品实体的药品获得了营销批准，仿制药申请人和监管机构都不能使用专利所有人的未公开数据抢先注册。新药专利有效期为 5 年，如果这期间专利所属人发现该药品的新适应症、新配方或新方法，专利期还将延长 3 年；如果药品中含有在成员国没有被注册过的化学品实体，专利有效期将延长 5 年。USMCA 也对知识产权保护有较高要求："执法机关能够在出入境的所有区域截获涉嫌盗版或伪造的货物；对生物制药进行 10 年的数据保护并扩大受保护的产品范围；将歌曲表演等作品的最低版权期限延长至 75 年，并确保通过技术保护措施保护数字音乐、电影和书籍等作品；为互联网服务提供商建立版权安全港的通知和删除系统。"

新技术研发投资大，技术需要在大市场空间加以运用，特别是数据的市场化，也使对数据的保护成为十分重要的问题。因此，新技术领域更需要同时加强市场开放与专利保护，这就是为何有关投资与综合经贸协定条款都更为突出知识产权保护的一个重要原因。

### （四）国际投资争端解决机制趋向多元分化

有关国际投资的基本规则体现在《华盛顿公约》中，以及据此成立的国际投资争端解决中心（ICSID）的运作上，目前世界绝大多数国家都参加了该机制。但是，长期以来，投资者—东道国的争端解决机制存在仲裁效率低下、缺乏透明度和公正性、无上诉机制等问题。当前，双边和多边（区域）投资协定的条款对提高仲裁透明度和公众参与等予以重视，但对如何改进争端解决机制中存在的问题仍有较大分歧，在做法上也存在很大差异。比如，由于对以往投资争端解决机制仲裁结果不满意，有的国家退出了投资争端解决机制，如玻利维亚、厄瓜多尔、委内瑞拉三国已退出 ICSID，澳大利亚也曾一度退出了该机制，有的则是对现有国际仲裁制度进行完善，如 CPTPP 规定了争端解决的时间表，将专家组程序和规定时限详细列出，但保留了原有的"一审终裁"制度，以利于提高争端解决效率。CETA 则是采取常设仲裁庭和增加上诉环节的办法，改革临时组建仲裁庭和一裁终局的仲裁机制。同时为防止投资者滥诉，CETA 还增加了东道国协调权重并完善上诉机制和仲裁程序，规定投资者提交仲裁请求前需与东道国展开磋商，只有在提交磋商请求 180 日后争议未能解决的情况下才可以进入仲裁程序，这期间东道国有权以投资者仲裁请求无法获得法律支持为由提出异议。有的协议则是在已有制度外进行机制创新，如巴西投资合作与便利协定（CFIA）绕开了争端仲裁程序，着力于成立联合委员会作为争端预防机构，负责改善投资者与东道国的交流沟通、友好解决分歧、防止争端发生或启动国对国的仲裁程序等工作。再如，美国极力推行让投资者独立进行第三方选择的规则，以绕开东道国的管理，加强对投资者利益保护。

争端机制多元分化，在很大程度上反映了投资者—国家争端解决机制（ISDS）的缺陷，有利于照顾多元利益的需求。2016 年 G20 峰会达成《G20 全球投资指导原则》，对国际投资争端解决机制的功能进行了扩展，提出了争端预防、实施以及限制权力滥用的保障措施。显然，有关国际投资争端机制的改革，应该反映投资者权益、东道国管理以及公共利益三者间的平衡。

### （五）国际投资规则复杂化、差异化及碎片化

随着国家间缔结投资条约和经贸协定的增多，国际投资规则也越来越复杂，造成很多重叠、冲突和混乱。研究发现，全球有 24% 的双边关系是受到两项或两项以上的投资协议约束的，即每 4 项投资协议中就有 2 项缔结方完全相同。受到多份投资协议约束的缔结主体常常遇到协议内容冲突的问题，较为常见的是一国签订的多个双边投资协定在内容上冲突。此外，双边和区域协定也常出现冲突，使得国际投资规则更加复杂。如 2012 年中日韩投资协议与三国双边投资协议的重叠，中国与东盟投资协定与此前缔结的 10 项双边投资协定重叠，CETA（2014 版）与此前的 8 项投资协定重叠等，类似情况十分常见。原则上，当一国签署的不同投资协定内容出现冲突时，可以通过几种方式有效处理，如平行关系的协定用援引条款方式弥补一些法规相应条款缺失的问题，或用晚近条约替代先约，但现实情况是，投资者仍然面临众多双边和区域投资协定共存且越来越分散化、复杂化和碎片化的问题。未来如何缔结标准比较统一的投资规则，理想的方向是推动多边投资协定的谈判尽早达成协议；次优的选择是尽可能参照关于投资的指导原则，比如 OECD 文本、G20 指导原则，以及美国提出的范本等，不过由于双边、区域的情况复杂多样，实行起来并非易事。

### 本章小结

1. 国际投资法是指调整国际间私人直接投资的国内法规范和国际法规范的综合，是国际

经济法的一个重要分支，是整个国际投资运作的基础。国际投资法调整对象为国际私人直接投资关系，既包括国内法关系，也包括国际法关系。

2. 国际投资法的历史渊源包括国内渊源和国际渊源两个方面。国际投资法的国内渊源包括各国以国家立法形式对其对外投资和吸引外资所提供的各种保护、鼓励和限制措施；国际投资法的国际渊源包括双边投资条约、区域性投资规范以及全球性的多国投资协议。

3. 世界性国际投资条例与法规主要包括《解决国家与他国国民间投资争端公约》《多边投资担保机构公约》和《与贸易有关的投资措施》（TRIMs 协议）等重要的国际投资法律规范。

4. 投资国对外投资政策法规主要包括投资国鼓励性政策法规、投资国对外投资保护性政策法规以及投资国对海外投资的管制性政策法规三个层次。

5. 东道国吸引外资的政策措施主要分为鼓励性政策措施、管制性政策措施以及保护性政策措施三大类。随着引资政策的激烈竞争以及财政政策作用的减弱，越来越多的国家开始给予外国投资者国民待遇、完善的社会基础措施等优惠待遇来吸引外国直接投资。

6. 随着国际投资的发展，国际投资法律管理领域也呈现出新的发展趋势。双边投资协定成网络状纵横交错发展，反映出在世界范围内制定权威、可靠的多边投资协调机制的紧迫性和必要性；WTO 试图在其框架内制定全球范围的多边投资框架制度（MFI），但是必须实现各利益方的平衡，采取循序渐进的方式。

## @ 本章网络引擎

1. http://www.mofcom.gov.cn：中华人民共和国商务部网站，了解我国外资政策及我国当前吸引外资情况，了解国际经贸公约与惯例。

2. http://www.un.org：联合国网站，可以查到世界及各国投资数据，双边投资协议统计数据，可以了解世界性国际投资条例与法规的具体内容等。

3. http://www.worldbank.org/icsid：世界银行下属解决投资争议国际中心网站，可以了解《解决国家与他国国民间投资争端公约》的详细条款和签约国数据。

4. http://www.miga.org：多边投资担保机构网站，了解《多边投资担保机构公约》的详细条款和签约国数据。

5. http://www.chinafdi.org.cn：中国国际投资促进网，了解我国最新的投资、贸易数据及世界其他国家的投资环境。

6. http://www.wtoguide.net：WTO 经济导刊网站，了解中国与 WTO 有关的各项政策。

## 本章思考题

1. 名词解释

| | | | |
|---|---|---|---|
| 国际直接投资 | 双边投资条约税收抵免 | 税收饶让 | 多边投资框架 |
| 经济特区 | 与贸易有关的投资措施 | 海外投资保险法 | |

2. 简述国际投资法的国际渊源。

3. 如何评价双边投资协议的利与弊？

4. 试述 MAI 失败的主要原因及启示。

5. 试比较 TRIMs 与 MAI 的异同。

6. 试论述东道国吸引外资的政策法规内容及其最新发展趋势。

7. 在国际投资不断呈现新规则和新特征的情况下，中国应采取哪些应对性策略？

8. 案例分析

试结合本章内容对下述材料进行分析，并阐述"负面清单"对中国"走出去"的影响。

## 中国对外投资首设"负面清单"

随着中国企业发展的不断壮大，对外投资也日趋增多，"走出去"是企业国际化的战略之一，而"负面清单"管理模式的建立，进一步放开了我国企业对外投资的限制。2014年10月6日，备受瞩目的《境外投资管理办法》（以下简称《办法》）正式实行。以"备案为主、核准为辅"，引入"负面清单"的管理理念，旨在最大限度地减少政府核准范围，把需要政府核准的投资国别地区和领域列入清单，对清单外的对外投资开办企业一律实行备案制。这一政策也被称为对外投资审批领域的"负面清单"。

相关信息显示，2013年商务部一共核准了对外投资6 608项。按照新版《办法》，只有一些敏感国家（地区）和敏感行业的对外投资需要政府核准，约100项。也就是说，今后约98%的内容已经不需要再审批，只需要备案。

众所周知，近年来，面对逐步庞大的投资数额以及多元的投资领域，政府的审核任务也随之加重。在加重政府负担的同时，审核程序的存在，也使得许多计划对外投资的企业望而却步，毕竟一些投资存在批复的不确定性，即使能够成功批复，可能已经错过了最佳的投资时机。尽管对于海外投资的相关监管有其必要性，但可能令企业丧失最佳机遇、降低投资效率的层层审批被诟病已久。

在此背景下，国家有关部门也一直在摸索设立对外投资"负面清单"事宜，以简化审批程序，令企业对外投资更加迅捷、灵活。2013年12月，国务院发布的《政府核准的投资项目目录（2013年本）》（以下简称《核准目录》）规定：国内企业在境外投资开办企业（金融企业除外）事项，涉及敏感国家和地区、敏感行业的，由商务部核准；其他情形的，中央管理企业报商务部备案，地方企业报省级政府备案。此次负面清单，正是被认为是与《核准目录》相呼应之举。审批时间的缩短，将为中国企业的"走出去"节省大量的时间。尤其对于海外投资并购来说，时间往往就是金钱，而以往的审批时间太长，真正等审批结束的时候，可能投资（收购）的最佳时间也就过去了。因此，对于当下的中国企业来说，《办法》的发布，无疑将加快企业"走出去"的步伐，抢占市场先机。

新版《办法》的另一个亮点是，以往的海外投资需要国家发改委、商务部、国家外汇局等多个部委审批，而现在，除需要商务部核准的项目外，其他境外投资项目一律按照简易程序报商务部和省级商务部门备案。《办法》使企业可以更合规、更安全地"走出去"，消除了很多不确定性。例如，以前中国企业往往在交易文档中设置如"取得全部必须的中国政府的无条件批准"等协议生效前提，使得协议的有效性存在一定的不确定性。对于企业可能面临的风险，企业应尊重并遵守国际惯用的交易流程，对于国际商业社会来说，跨境交易并不是一个新的事物，一套惯用的交易流程早已存在。在通常的交易中，对投资地区的法律环境进行研究了解是必要的，而意向函、保密协议、尽职调查、完整的交易文件、完善的政府合规手续、有序的交割等，每一个步骤都很重要，而试图跳过任何一个步骤都可能给投资人带来巨大的法律风险。此外，企业应充分运用当地顾问，并尊重他们的意见。

资料来源：陈玉峰. 对外投资首设负面清单[J]. 法人，2014，11：58-59.

# 第四篇

国　情　篇

# 第十一章　中国吸引外资

**知识要点**

✧ 中国吸引外资的总体规模和主要形式；
✧ 中国吸引外商直接投资的规模和结构特征；
✧ 中国未来引资的总体趋势。

## 第一节　中国吸引外资的总体情况

### 一、中国吸引外资的历史演变

新中国成立六十多年来，中国的经济发展取得了巨大成就，而这离不开外资做出的重要贡献。外资在我国经历了从无到有、从小到大、从单一到多元的发展历程，目前已经形成全方位、多层次、宽领域的格局。在不同的历史时期，由于观念的不同，我国的引资工作呈现出不同的形式和重点。

#### （一）1949—1978 年：以贷款为主，小规模引资

改革开放前，我国以"既无外债又无内债"而自豪，对外资（尤其是外商直接投资）的进入进行严格限制。20 世纪 50 年代，我国利用的外资主要是苏联和东欧国家提供的政府贷款；20 世纪六七十年代则以出口信贷和吸收外汇存款等形式从西方国家引入了不少商业贷款。这些贷款被用于我国经济建设初期所急需的核心项目和空白项目，对于我国工业化的顺利起步起到了重大的推动作用。这段时期外资形式单一且总体规模小，引资和投资决策完全由中央政府做出，投资效益不高，对中央财政造成了不小的偿债压力。

#### （二）1979—1991 年：以对外借款为主导，扩大引资

党的十一届三中全会以来，我国政府将对外开放确立为基本国策，吸引外资工作出现了新局面，利用外资规模逐年扩大，增势迅猛。1979—1991 年，累计利用外资 796.28 亿美元，其中对外借款 527.43 亿美元，占 66.24%，是我国利用外资的主要形式；外商直接投资 233.48 亿美元，占 29.32%；而外商其他投资额为 35.37 亿美元，占 4.44%，如表 11-1 所示。外资的来源和结构逐渐多样化，采取国际上通用的多种灵活方式来吸引外资，既有外国政府和国际金融机构的优惠贷款，也有外国商业银行贷款、出口信贷和发行国际债券，既利用外国直接投资，也积极开展海外融资。

表 11-1　1979—1991 年中国实际利用外资概况

单位：亿美元

| 年　份 | 利用外资总额 | 对 外 借 款 | | 外商直接投资 | | 外商其他投资 | |
|---|---|---|---|---|---|---|---|
| | | 金　　额 | 比重（%） | 金　　额 | 比重（%） | 金　　额 | 比重（%） |
| 1979—1983 | 144.38 | 117.55 | 81.42 | 18.02 | 12.48 | 8.81 | 6.10 |
| 1984 | 27.05 | 12.86 | 47.54 | 12.58 | 46.51 | 1.61 | 5.95 |
| 1985 | 46.47 | 26.88 | 57.84 | 16.61 | 35.74 | 2.98 | 6.41 |
| 1986 | 72.58 | 50.14 | 69.08 | 18.74 | 25.82 | 3.70 | 5.10 |
| 1987 | 84.52 | 58.05 | 68.68 | 23.14 | 27.38 | 3.33 | 3.94 |
| 1988 | 102.26 | 64.87 | 63.44 | 31.94 | 31.23 | 5.45 | 5.33 |
| 1989 | 100.59 | 62.86 | 62.49 | 33.92 | 33.72 | 3.81 | 3.79 |
| 1990 | 102.89 | 65.34 | 63.50 | 34.87 | 33.89 | 2.68 | 2.60 |
| 1991 | 115.54 | 68.88 | 59.62 | 43.66 | 37.79 | 3.00 | 2.60 |
| 小计 | 796.28 | 527.43 | 66.24 | 233.48 | 29.32 | 35.37 | 4.44 |

资料来源：根据中华人民共和国国家统计局网站（http://www.stats.gov.cn）公布的数据整理所得。

### （三）1992—2007 年：以外商直接投资为重点，加速引资

1992 年邓小平南方谈话后，我国吸引外资的步伐进一步加快。随着沿海 6 座城市、边境 13 座城市和内地 18 座省会城市的全面开放，我国利用外资朝着全方位、多层次方向发展。1992—2007 年我国累计实际利用外资 8 734.08 亿美元，而最引人瞩目的是，外商直接投资成为我国利用外资的主要方式，占外资总额的比重在 1992 年首次超过对外借款，为 57.32%，到 2007 年已经高达 95.44%，如表 11-2 所示。同时，对外借款金额保持相对稳定，一直维持在 100 亿美元上下，而外商其他投资方式主要包括加工装配、对外发行股票、国际租赁和补偿贸易，其中对外发行股票逐渐成为我国利用外资的一种积极有益的补充形式。

表 11-2　1992—2007 年中国实际利用外资概况

单位：亿美元

| 年　份 | 利用外资总额 | 对 外 借 款 | | 外商直接投资 | | 外商其他投资 | |
|---|---|---|---|---|---|---|---|
| | | 金　　额 | 比重（%） | 金　　额 | 比重（%） | 金　　额 | 比重（%） |
| 1992 | 192.02 | 79.11 | 41.20 | 110.07 | 57.32 | 2.84 | 1.48 |
| 1993 | 389.60 | 111.89 | 28.72 | 275.15 | 70.62 | 2.56 | 0.66 |
| 1994 | 432.13 | 92.67 | 21.44 | 337.67 | 78.14 | 1.79 | 0.41 |
| 1995 | 481.33 | 103.27 | 21.46 | 375.21 | 77.95 | 2.85 | 0.59 |
| 1996 | 548.04 | 126.69 | 23.12 | 417.25 | 76.13 | 4.10 | 0.75 |
| 1997 | 644.08 | 120.21 | 18.66 | 452.57 | 70.27 | 71.30 | 11.07 |
| 1998 | 585.57 | 110.00 | 18.79 | 454.63 | 77.64 | 20.94 | 3.58 |
| 1999 | 526.59 | 102.12 | 19.39 | 403.19 | 76.57 | 21.28 | 4.04 |
| 2000 | 593.56 | 100.00 | 16.85 | 407.15 | 68.59 | 86.41 | 14.56 |
| 2001 | 496.72 | | | 468.78 | 94.38 | 27.94 | 5.62 |
| 2002 | 550.11 | | | 527.43 | 95.88 | 22.68 | 4.12 |
| 2003 | 561.40 | | | 535.05 | 95.31 | 26.35 | 4.69 |

续表

| 年　份 | 利用外资总额 | 对　外　借　款 | | 外商直接投资 | | 外商其他投资 | |
|---|---|---|---|---|---|---|---|
| | | 金　额 | 比重（%） | 金　额 | 比重（%） | 金　额 | 比重（%） |
| 2004 | 640.73 | | | 606.30 | 94.63 | 34.43 | 5.37 |
| 2005 | 638.05 | | | 603.25 | 94.55 | 34.80 | 5.45 |
| 2006 | 670.76 | | | 630.21 | 93.95 | 40.55 | 6.04 |
| 2007 | 783.39 | | | 747.68 | 95.44 | 35.72 | 4.55 |
| 小计 | 8 734.08 | 945.96 | 10.83 | 7 351.59 | 84.17 | 436.54 | 5.00 |

注：从 2001 年起中国对外公布的利用外资数据中不包括对外借款；1997 年起将对外发行股票从对外借款项中剔出，列入外商其他投资额中；2006 年起含银行、保险、证券领域数据。

资料来源：根据中华人民共和国国家统计局网站（http://www.stats.gov.cn）公布的数据整理所得。

### （四）2008 年至今：外商直接投资比例稳健增长，引资质量有望提高

从 2008 年至今，我国利用外商直接投资总额呈稳健性增长，并且自 2010 年以来一直稳定在 1 000 亿美元以上。如表 11-3 所示，2014 年我国外商直接投资比重已经达到 99.87%。与此同时，2014 年我国实际利用外资总额超越美国，达到 1 197.10 亿美元，成为全球外商投资的第一大目的地。2018 年全球外商直接投资流入量大幅下降 40%，但同期我国吸引外商直接投资逆势增长，高达 1 349.66 亿美元，增长率高达 3%，这表明我国对外资来说仍是极具吸引力的潜力市场。总体来看，中国吸引外资的趋势可以归纳为在总体规模保持稳定增长的基础上，持续优化产业结构和区域结构，进一步提升利用外资质量。

表 11-3　2008—2018 年中国实际利用外资概况

单位：亿美元

| 年　份 | 利用外资总额 | 外商直接投资 | | 外商其他投资 | |
|---|---|---|---|---|---|
| | | 金　额 | 比重（%） | 金　额 | 比重（%） |
| 2008 | 952.53 | 923.95 | 96.99 | 28.58 | 3.00 |
| 2009 | 918.04 | 900.33 | 98.07 | 17.71 | 1.92 |
| 2010 | 1 088.20 | 1 057.35 | 97.17 | 30.90 | 2.83 |
| 2011 | 1 176.98 | 1 160.11 | 98.57 | 16.87 | 1.43 |
| 2012 | 1 132.94 | 1 117.16 | 98.61 | 15.78 | 1.39 |
| 2013 | 1 187.21 | 1 175.86 | 99.04 | 11.34 | 0.96 |
| 2014 | 1 197.10 | 1 195.60 | 99.87 | 1.40 | 0.13 |
| 2015 | 1 262.67 | 1 262.67 | 100.00 | 0.00 | 0.00 |
| 2016 | 1 260.01 | 1 260.01 | 100.00 | 0.00 | 0.00 |
| 2017 | 1 310.35 | 1 310.35 | 100.00 | 0.00 | 0.00 |
| 2018 | 1 349.66 | 1 349.66 | 100.00 | 0.00 | 0.00 |

资料来源：利用外资统计简表. 中国投资指南（http://www.fdi.gov.cn）.

## 二、中国的对外借款

### （一）外债规模稳定化

自 1979 年以来，中国的对外举债经历了由少到多再逐步稳定的发展历程。1979—1983 年，

中国处于对外借款的初级阶段，外债余额增长较慢，年均增长约 8 亿美元，外债总体规模有限；1984—1988 年，中国对外借款进入了一个迅速增长阶段，外债余额年均增长约 81.93 亿美元，年均增长率达到 56.9%；自 1989 年以来，中国利用外债进入了均衡增长阶段，年均增长约 104.74 亿美元，年均增长率约为 25.36%；进入 1999 年以来，借用外债增速更为缓慢。截至 2019 年年底，中国外债余额约为 20 572.8 亿美元（不包括香港特区、澳门特区和台湾地区）。

### （二）外债方式多元化

从我国外债的借用部门看，主要有广义政府、中央银行、其他接受存款公司、其他部门（含直接投资：公司间贷款）四种，如表 11-4 所示。总体而言，2019 年我国外债总规模有所增长，但增速持续放缓，其他接受存款公司的外债余额逐年增加，截至 2019 年年底，已达到登记外债余额的 44.62%。值得注意的是，近年来我国加快了资本市场的开放，特别是境内银行间债券市场对外开放，境外投资者购买境内债券增加，债务证券规模迅速增长，占比从 2014 年末的 8% 大幅提升至 26%。

表 11-4　截至 2019 年年底我国外债余额、结构情况

| 方　　式 | 余额（亿美元） | 比重（%） |
|---|---|---|
| 按债务部门分 | | |
| 广义政府 | 2 709 | 13.17 |
| 中央银行 | 363 | 1.76 |
| 其他接受存款公司 | 9 180 | 44.62 |
| 其他部门(含直接投资：公司间贷款) | 8 321 | 40.45 |
| 按偿还期限分 | | |
| 中长期外债 | 8 520 | 41.41 |
| 短期外债 | 12 053 | 58.59 |
| 外债余额合计 | 20 573 | 100.00 |

资料来源：国家外汇管理局公布中国全口径外债情况表时间序列数据. 国家外汇局网站（http://www.gov.cn）.

### （三）外债结构合理化

从外债的期限结构看，我国的外债结构正逐年向短期化倾斜，2005 年短期债务的比重已经超过中长期债务。造成这一变化的原因是贸易信贷的不断增加，对短期债务增长的贡献度高达 62.3%。目前而言，我国短期债务的比重仍高于中长期债务，2019 年年末，短期债务的比例为 58.59%，而中长期债务则为 41.41%。与此同时，我国外债偿债率为 6.7%，债务率为 77.8%，负债率为 14.3%，短期外债与外汇储备之比为 38.8%，上述债务指标均在国际标准安全线之内。

从外债的地区来源看，中国境外融资的地区来源越来越丰富，不仅可以继续从日本、美国等国家获取资金，而且还可以从中国的其他贸易伙伴那里寻求资金来源。以法国为例，法国开发署自 2009 年起每年对华提供 1.5 亿欧元贷款。贷款主要支持污水处理、垃圾焚烧、可再生能源及清洁能源、中小企业和铁路行业能效提高等二氧化碳减排项目。

## 三、中国企业对外发行股票

随着中国企业近年来海外上市步伐的加快，对外发行股票已经成为我国利用外资的一种重要形式。1992 年电真空 B 股在上海证券交易所挂牌交易，允许境外投资者直接购买中国企业的股份，打开了中国融通外资的新渠道。1993 年 6 月，青岛啤酒股份有限公司在中国香港上市成功，揭开了中国企业获得融资新渠道的序幕。1994 年 8 月，山东华能电子开发股份有限公司在纽约证券交易所上市，开辟了中国企业海外上市的新市场。2019 年，境内银行和企业境外发行股票募集资金 727 亿美元。

总体来说，中国企业通过对外发行股票来利用外资有以下五种模式。①

### （一）中国企业通过 B 股境内上市

B 股最初是以人民币标明面值，专供境外投资者以外汇进行买卖的人民币特种股。B 股市场不仅是帮助国内企业从海外筹集资金的手段，也是中国证券市场对外开放的途径。1999 年，中国证监会发出通知取消了 B 股企业的所有制限制，这有助于提高 B 股上市公司的质量；2001 年 2 月，又宣布 B 股市场向境内居民开放，增加了 B 股市场的资金供给。

### （二）中国企业在境外直接上市

中国企业境外直接上市是指在中国境内注册成立的股份有限公司作为境内法人直接申请在境外证券交易所上市交易。如通常所说的，中国企业在香港联交所上市的、以港元认购和交易的 H 股和在纽约证交所上市的、以美元认购和交易的 N 股。海外证券市场发达、资金丰富，能满足企业大规模筹资所需。同时，海外证券市场的完备监管和严格要求能促进上市公司向现代经营机制转变。

### （三）中国企业在海外通过存托凭证间接上市

所谓存托凭证（Depository Receipt）是指国外受托金融机构在取得发行国股份公司股票的基础上发行的一种替代性证券，代替原股票在国外上市流通。在海外市场的证券交易所注册后，可自由在海外柜台市场或交易所内进行交易，避免海外市场国家对外国公司发行股票的严格规定，从而克服不同证券管理制度的差异。并且，相对海外直接上市的普通股而言，在跨国界交易中更加方便。

### （四）中国企业在境外买壳间接上市

所谓买壳上市是指通过收购另一家已在海外证券市场上市的公司，即空壳公司的全部或部分股份，取得对上市公司的实际管理权，然后注入本国国内资产和业务，以达到海外间接上市的目的。通过买壳上市，可以绕过复杂的上市标准，使企业快速进入境外证券市场融资；成功的收购对于企业树立国际形象、开拓国际市场、拓宽业务范围、组建跨国公司也很有帮助。

### （五）中国企业利用控股公司间接上市

这种方式是通过在海外注册一家控股公司，对中国国内希望到境外上市的公司进行控股，

---

① 杨大楷. 国际投资学[M]. 3 版. 上海：上海财经大学出版社，2003：403-406.

以控股公司的名义到海外申请上市，将所筹集到的资金投回国内企业，达到国内企业境外间接上市的目的。采用这种方法，由于控股公司是境外法人，遵循的是当地公司法、证券法和会计制度，容易取得海外上市资格。但对于国内企业来说，在提高海外声誉和转换经营机制方面意义不大。

### 专栏 11-1：瑞幸咖啡造假与未来中资企业赴美上市

2020年4月2日，美股上市公司瑞幸咖啡（中国）有限公司宣布，在审计2019年年报发现问题后，董事会成立了一个特别调查委员会。调查结果发现，公司2019年二季度至四季度期间，伪造了22亿元的交易额，相关成本和费用也相应虚增。素有"小蓝杯"之称的瑞幸咖啡财务造假一事，引发市场高度关注。

受瑞幸财务造假事件持续发酵和其他内外部不利因素影响，跟谁学、万国数据、世纪互联等部分曾遭到做空的中概股出现股价明显回落。近10个交易日内，有6只纳斯达克市场的中概股跌幅超过30%，近5个交易日内跌幅超过10%的中概股有20只。Wind资讯统计显示，截至4月7日，涵盖纽交所、纳斯达克、美国证券交易所三大市场的中资概念股有250只。瑞幸咖啡财务造假事件可能引起社会广泛质疑，再加上新型冠状病毒肺炎疫情影响，赴美上市的中资公司股价下跌是大概率事件。此次造假事件时间跨度较长、涉及金额较大，将给投资者留下负面印象，未来中资企业赴美上市难度将加大。这种难度体现在审查、监管更严厉，投资者更谨慎。

从历史上看，美国证券交易部门曾不止一次对相关中概股会计舞弊问题展开调查，导致不少公司股价跌破发行价，迅雷、盛大文学等公司的IPO进程也曾被推迟。尤其是2011年前后，在短短3个月的时间里，部分在美上市中国公司甚至遭停牌。但是，从近几年中概股IPO情况看，数量并未出现明显波动。自2018年4月7日至2020年4月7日的2年间，共有76只中概股采用存托凭证或普通股的方式成功赴美IPO，总体IPO数量增幅未出现明显波动。2020年以来，中概股IPO数量为9只，2019年全年为36只，2018年为31只。与此同时，中概股融资规模呈现总体回落态势。从首发募资总额看，2018年有爱奇艺、拼多多、哔哩哔哩等大型IPO项目，首发募资额分别为22.50亿美元、16.26亿美元和4.83亿美元，而2019年最大的中概股IPO是斗鱼、瑞幸咖啡、万达体育，首募规模分别为7.74亿美元、5.61亿美元、1.90亿美元。

在成熟资本市场有较为完善的做空机制，而研究机构做空的动力来自于从个股下跌中获利，但前提是市场认可做空报告中指控的内容，这往往需要翔实的证据。一般来说，职业做空机构不会特别针对某一类股票或者行业反复操作。从这个意义上看，做空行为对中概股IPO的影响幅度可控，中概股自身也要"苦练内功"，经得起时间检验，让投资者恢复信心。

资料来源：瑞幸咖啡财务造假事件持续发酵 未来中资企业赴美上市难度或将加大 [EB/OL].（2020-04-08）[2020-04-09]. https://baijiahao.baidu.com/s?id=1663371091182698466&wfr=spider&for=pc.

## 第二节　中国吸引外商直接投资

### 一、外商直接投资在中国的发展阶段

外商直接投资作为中国利用外资的主要形式，对国民经济发展起到了不可估量的推动作

用。作为一个循序渐进的过程，我国吸引外商直接投资并非是均衡发展的，大体可划分为起步、持续发展、快速发展、调整与提高、高水平稳定增长五个阶段。

### （一）起步阶段（1979—1986 年）

由于改革开放初期有关利用外资的立法不完善，外商对在我国投资有顾虑，同时各种基础设施也较落后，因此，我国利用外商直接投资较少。1980 年的"五一"，我国第一家中外合资企业——北京航空食品有限公司挂牌开业。到 1986 年年底，我国共批准成立了 8 295 家外商投资企业，平均每年 1 037 家；协议外资额为 194.13 亿美元，平均每年 24.27 亿美元；实际利用外资为 83.04 亿美元，平均每年 10.38 亿美元。在这一阶段，外商直接投资主要集中在第三产业，其协议外资金额占全部协议外资金额的 64%。在这些投资者中，掌握先进技术和巨大市场份额以及雄厚资金的制造业大型跨国公司较少，而中小型制造、服务和房地产开发企业居多，对外资开放的区域主要是四个经济特区。

### （二）持续发展阶段（1987—1991 年）

从 20 世纪 80 年代中期开始，我国加大了有关外商投资立法的力度，解决了外商投资企业遇到的一些困难；同时，我国加强了对交通、通信和能源等基础设施的投资。投资环境的改善，增强了外商对华投资的信心。1987—1991 年，我国共批准外商投资企业 34 208 家，平均每年 6 841 家；协议外资额为 331.79 亿美元，平均每年 73.67 亿美元；实际利用外资额为 167.53 亿美元，平均每年 33.51 亿美元。这一阶段，外商直接投资的行业由第三产业转向以工业项目为主的第二产业。外资来源也开始多样化，美、日、欧共体、东南亚等国家的跨国公司开始较多地在我国进行直接投资。

### （三）快速发展阶段（1992—1995 年）

邓小平南方谈话和"十四大"的召开，确定了我国社会主义市场经济体制改革的目标，中国对外开放的步伐又一次加快。对外开放的领域由沿海到内地、由南向北延伸，从而使外商直接投资在这个阶段实现飞跃式增长。1992—1995 年，我国共批准外商投资企业 216 761 家，平均每年 54 190 家；协议外资金额为 3 435.22 亿美元，平均每年 858.81 亿美元；实际利用外资金额为 1 098.1 亿美元，平均每年 274.53 亿美元。1993 年起我国实际利用外资金额跃居发展中国家第一位、世界第二位，仅次于美国。这一阶段的主要特点表现为两方面。第一，大型跨国公司开始大量对华投资。到 1995 年年底世界排名前 500 位的跨国公司中，已有近 200 家在华投资。这些跨国公司投资项目规模大，技术先进，项目之间关联性强，内部管理和运作较为规范，合同履行情况较好。尤其是制造业跨国公司的进入，使技术含量高、附加值高的行业中外商投资额大幅增加。第二，跨国公司更加看重企业的控股权，在新建企业时独资倾向越来越强烈，对于已参与的企业普遍存在增资扩股现象。

### （四）调整与提高阶段（1996—2000 年）

20 世纪 90 年代中后期以来，国内外经济、政治形势发生了较大变化，要求我国必须对利用外资政策进行适当的调整。我国的外商直接投资进入新的阶段——从过去重视外资的数量变为重视外资的质量。顺应这一趋势，外资项目和协议外资额虽逐年下降，但实际使用外资额大都有一定幅度上升，外资的实际利用率大幅提高，由 31.97%上升到 76.25%。这一阶段的主要特征有四个。第一，世界著名跨国公司中的绝大多数进入中国投资。《财富》杂志排名全球 500 强中有近 300 家企业已在华投资。跨国公司到中国不仅带来了资金、技术和管理，也带来了世界水平的竞争。第二，外商投资的平均规模不断扩大。在 1999 年，外商直接投资的平均规模达到 238.32 万美元，创历史最高纪录。第三，进入高技术、基础设施等行业的外资有较大幅度上升。第四，外商投资领域进一步拓宽，中西部地区利用外资状况有所改观。

### （五）高水平稳定增长阶段（2001 年至今）

自从我国 2001 年成功加入世贸组织后，明显加大了对外商投资的开放力度，放宽了外商投资的股本限制，放开原来禁止外商投资的电信、燃料、热力和供排水等领域，服务贸易领域也进一步开放。投资软、硬环境的不断改善及我国经济持续良好的发展态势使得外商对华投资信心倍增。在国际直接投资自 2001 年开始连续 3 年萎缩的情况下，我国吸引外商直接投资却连创新高，于 2002 年和 2003 年连续两年取代美国成为全球吸收外商直接投资第一大国，2010 年以来实际利用外资额更是突破 1000 亿美元大关。2017 年，在贸易保护主义抬头、逆全球化趋势加强的不利形势下，我国吸收外商投资依旧保持稳健增长，实际利用外资额达 1 310.4 亿美元，位居世界第二；外商投资结构进一步优化，高技术产业利用外资的比重达 28.7%，较 2012 年提高了近 15%。根据商务部数据统计，2018 年，我国新设立外商投资企业 60 533 家，同比增长 69.8%，合同外资额达 5000 万美元以上的大项目近 1700 个，同比增长 23.3%；截至 2019 年年底，我国累计设立外资企业数达到 1 001 377 家，显示出外商对华投资信心仍然强劲。[①]

在这一阶段，我国的招商引资也呈现出新特点：第一，外商投资制造业大型项目明显增加，而服务业吸收外资步伐加快；第二，跨国公司加速在华设立研发中心，投资的技术含量进一步提高；第三，随着中国成为众多跨国公司全球竞争力的决定环节，在华跨国公司纷纷追加投资，中国在跨国公司全球战略布局中的地位进一步得到巩固；第四，投资的系统化程度加强。随着投资规模扩大，许多跨国公司在华投资项目纵向一体化和横向一体化趋势加强。各阶段我国利用外商直接投资主要指标对照如表 11-5 所示。

表 11-5　各阶段我国利用外商直接投资主要指标对照表

| 项　　目 | 1979—1986 年 | 1987—1991 年 | 1992—1995 年 | 1996—2000 年 | 2001—2007 年 | 2008—2014 年 | 2015—2019 年 | 合　　计 |
|---|---|---|---|---|---|---|---|---|
| 项目总数（个） | 8 295 | 34 208 | 216 761 | 104 621 | 319 350 | 177 543 | 191 548 | 1 052 326 |
| 实际利用外资总额（亿美元） | 83.04 | 167.53 | 1 098.10 | 2 134.79 | 5 942.98 | 7 530.36 | 6 563.69 | 23 520.59 |
| 协议利用外资总额（亿美元） | 194.13 | 331.79 | 3 435.22 | 2 799.86 | 8 033.03 | — | — | 14 794.03 |
| 年均批准项目数（个） | 1 037 | 6 841 | 54 190 | 20 924 | 35 483 | 25 363 | 38 310 | 19 752 |

---

① 国新办举行 2019 年商务工作及运行情况新闻发布会[EB/OL].（2020-01-21）[2020-04-09]. http://www.scio.gov.cn/xwfbh/xwbfbh/wqfbh/42311/42462/index.htm

续表

| 项　　目 | 1979—1986 年 | 1987—1991 年 | 1992—1995 年 | 1996—2000 年 | 2001—2007 年 | 2008—2014 年 | 2015—2019 年 | 合　　计 |
|---|---|---|---|---|---|---|---|---|
| 年均实际利用外资额（亿美元） | 10.38 | 33.51 | 274.53 | 426.96 | 660.33 | 1 075.77 | 1 312.74 | 573.67 |
| 年均协议外资额（亿美元） | 24.27 | 66.36 | 858.81 | 559.97 | 1 338.83 | — | — | 811.05 |
| 平均项目实际外资额（亿美元） | 100.11 | 48.98 | 50.66 | 204.05 | 186.1 | 424.14 | 342.67 | 233.51 |
| 外资实际利用率（%） | 42.78 | 50.49 | 31.97 | 76.25 | 41.96 | — | — | 48.41 |

资料来源：根据《中国统计年鉴 2019》公布的数据整理所得。由于统计数据缺失，协议利用外资总额、年均协议外资额和外资实际利用率三项指标中不包含 2007—2019 年的数据。

## 二、中国吸引外商直接投资的规模分析

### （一）总体规模快速扩张

中国利用外商直接投资的总体规模从 1983 年的 6.36 亿美元增长到 2014 年的 1 195.60 亿美元，32 年间增长了 180 多倍。在大多数年份里，利用外资的总体规模都有显著增长，最引人瞩目的是，1992 年和 1993 年实际利用外资额的年增长率分别达到 152.13% 和 149.95%。其后虽然出现过 1999 年的大幅下滑，但很快恢复了稳定增长。2010 年非金融领域实际使用外资金额 1 057.35 亿美元，历史上首次突破 1 000 亿美元。尽管 2012 年以来，中国吸引外商直接投资流量增长放缓，但仍是世界最具吸引力的外商直接投资目的地之一，并一直呈稳定增长趋势。根据联合国贸发会议数据，2019 年中国全年实际使用外资 9 415.2 亿元人民币，再创历史新高，位居全球第二，并连续 28 年位居发展中国家的首位。

与此同时，我国利用外资占世界对外直接投资的比重呈波动态势。从 1991 年占世界比重的 2.26% 迅速增加到 1994 年的 13.45%，达到历史最高。2000 年出现大幅下降，为 3.2%，成为自 1992 年以来的最低，与全球对外直接投资的大幅上涨明显不符。但是从 2001 年开始，连续 3 年大幅上升，2003 年占比高达 10.2%，创 21 世纪以来最高。2009—2014 年间占比稳定在 7%～8%，2018 年则再次突破 10%，达到 10.41%。[①]

### （二）以中小型项目为主，平均规模偏小

截至 2019 年年底，我国实际利用外资的平均规模是 233.51 万美元，这个数字不仅低于发达国家对外投资单个项目平均 600 万美元的水平，也低于发展中国家平均 450 万美元的水平。在吸引外资的各个阶段，平均规模呈现波动态势，但最大的 1999 年也不过 238 万美元，这与我国吸收的外资以中小型项目为主有关。按中国划分大、中、小型项目的标准，约有 98% 的

---

① 张为付，武齐. 中国利用外商直接投资的特征及发展趋势[J]. 国际贸易问题，2004，9：68-72.

对华投资属于中小型项目。但伴随更多大型跨国公司在华投资，平均规模有望不断扩大。

### （三）利用外资存量水平偏低

截至 2018 年年底，我国累计利用外商直接投资 16 277.2 亿美元，约占全球的 5.04%，仅相当于美国的 15%。由于中国 GDP 增长较快和人民币汇率大幅升值，中国利用外资相对水平更低，而且呈下降趋势。2018 年，中国实际利用外资额与 GDP 之比仅为 0.99%，与处于高点的 2000 年相比下降了 3.9 个百分点。利用外资存量与 GDP 之比为 11.96%，无论是与美、英、法、德等发达国家相比，还是与南非、巴西、俄罗斯等金砖国家相比，均有较大差距。

### 专栏 11-2：对中国外商直接投资规模的评价

2015年1月29日，总部设在瑞士日内瓦的联合国贸易和发展会议公布《全球投资趋势检测报告》的数据显示，2014年中国成为全球外国投资的第一大目的地国，也是中国自2003年以来首次超越美国跃居世界第一。中国吸引外资规模一直保持在较高水平，已经连续23年位居发展中国家吸收外资的首位，且经济新常态下引资质量不断提升，结构不断优化。

随着外资规模的不断上升，外商直接投资（FDI）对我国经济的影响也日益增强，FDI的大量进入通过各种途径对我国经济产生深远的影响，不但带来了大量的资本，还带来了先进的技术、管理经验等，扩大了地方政府的政绩。然而，是不是FDI越多越好？

FDI的引进也带来了一些负面效应：一是随着我国入世后贸易与投资自由化程度的提高和我国外汇储备净值的不断增加，近年来FDI对我国战略性产业企业的收购兼并，国家的产业与经济安全问题逐渐凸显。二是我国外商直接投资企业贸易顺差呈现不断上升的趋势，从2005年开始，外商直接投资企业的贸易顺差所占比例一直保持在50%以上，并且有不断上升的趋势。外商直接投资企业贸易顺差的大幅上升又带动了我国贸易顺差总额的迅速增长，使我国遭受的贸易摩擦不断上升，大有替发达国家跨国公司"背黑锅"的现象。三是从吸收能力的角度讲，由于我国与FDI母国的基础条件、技术水平、经济发展程度、人力资本水平存在着较大的差距，导致了我国对外资的利用不足。

关于FDI合理规模的研究主要有以下几个方面：一是根据我国经济发展现状、外向经济发展趋势、产业与经济安全和外汇存量规模等经济表象所作出的判断；二是通过对 FDI 与 GDP 之间互动关系的研究，预测FDI的规模；三是通过对利用FDI的正向与负向效应的动态变化来研究FDI适度规模问题。经过分析研究表明，我国利用FDI存在相对最佳规模，随着经济的发展，我国的吸收能力指数呈现着逐渐增加的态势。

联合国贸易和发展委员会长期以来关于吸引外资对我国经济增长的影响一直存在较大争议，而且大量学者的研究表明FDI与我国的经济增长、技术进步之间并不存在一致的检验结论。从我国的吸收能力的角度讲，FDI并不是越多越好，存在着一个相对合理规模。因为一旦外资引进过度，而国内的吸收能力无法跟上，会对一国经济造成负面的影响。

资料来源：联合国贸易发会议. 2015年全球投资趋势监测报告[R/OL]. （2015-01-29）[2020-04-09]. https://unctad.org/en/PublicationsLibrary/webdiaeia2015d1_en.pdf; 周长富. 吸收能力视角下我国利用FDI规模的测度[J]. 国际贸易问题, 2010, 7: 97-103.

## 三、外商直接投资的结构分析

除了总量上的急剧增长，中国吸引外商直接投资的结构也颇具特点，主要体现在投资方式、投资来源、投资区域和投资行业等方面。

### （一）投资方式分析

#### 1．外商直接投资进入方式

长期以来，外商对我国直接投资的进入方式主要为绿地投资，囿于政策限制通过跨国并购完成的很少。近年来，国家关于外资并购的法规逐渐完善，国内市场潜力充分显现，对国际投资者的吸引力越来越大，加之产能过剩，越来越多的行业骨干企业显现出投资价值。在此形势下，并购日益成为外资进入我国的重要方式。例如，世界最大的啤酒企业 AB 公司收购了哈尔滨啤酒，苏格兰纽卡斯收购了重庆啤酒，比利时英博集团以 58.86 亿元收购了福建雪津啤酒，美国新桥收购深圳发展银行股权等。最新数据表明，2019 年外商投资者的并购交易总量为 248 单，总值为 209 亿美元，与 2015 年 129 亿美元的交易额相比增长近 62%，创历史新高。可以预见，随着中国放宽外资准入以及外商投资管理体制改革的加快，外资并购作为成本相对较低的一种投资方式，其增速与比重将进一步提高。

**专栏 11-3：外资并购中国企业的类型和方式**

外资并购中国企业所采取的类型和方式具有多样化的特点，主要包括两大类型：对非上市公司的并购和对上市公司的并购。

外资对非上市公司的并购，主要是通过协议购买产权的形式，可采取以下形式。

（1）整体收购。这种方式主要是通过外商出资购买中国境内企业的全部资产，组成外商独资公司，收购对象多为中小型企业。例如，香港中策投资有限公司从收购山西太原橡胶厂开始，在两年多的时间内通过资本市场的运作，中策公司就以中国轮胎公司的资产为基础，先后控股中国某些啤酒企业、一揽子收购泉州市37家国有企业、全面收购大连轻工系统101家企业。

（2）部分收购，即通过合资控股进行并购，这种形式早在20世纪90年代就被跨国公司采用，是外资采取最多的一种并购方式。例如，德国依纳公司并购西北轴承，成立了合资企业富安捷铁路轴承（宁夏）有限公司。

外资并购上市公司主要采取以下几种方式。

（1）借助B股市场实施并购。例如，上工股份向德国FAG公司定向增发不超过1亿股B股，德国FAG公司完成对上工股份的"外资并购"。

（2）通过股权协议转让实施并购。股权转让的对象一般为国家股和法人股，这种模式的对象主要是界定明确、转让方便的股权，从可行性、易操作性和经济性来看均具有优越性。例如，耀皮玻璃第一大股东皮尔金顿国际控股公司是英国皮尔金顿有限公司的控股子公司，通过逐步受让外资法人股，皮尔金顿成为耀皮玻璃的第一大股东。

（3）通过境外股市收购股份而实现对中国上市公司的并购。中国国内的一些企业到境外上市，主要是在纽约股市（N股）和中国香港股市（H股），有一些外商就通过在纽约或中国香港收购N股或H股来实现对中国上市公司的并购。

（4）通过收购上市公司大股东的股份间接控股、参股上市公司。例如，阿尔卡特就是通过绝对控股上海贝尔而间接成为上海贝岭的大股东的。

资料来源：徐杰. 论外商对中国投资方式的选择[J]. 武汉大学学报，2003，6：718-724.

**2．外商直接投资经营方式**

外商对我国直接投资的方式主要有中外合资经营企业、外商独资经营企业和中外合作经营企业，此外还有外资金融机构、中外合作开发等。从外资存量看，中外合资、合作企业仍是中国吸收外资的主要方式，但重要性已逐年降低。2018 年中国批准设立中外合资、合作经营企业共计 8 857 家，实际使用外资金额 352.65 亿美元，分别占全国累计吸收外资总量的 25.56%和 0.57%。

与此同时，外商对华投资的独资化趋势日益明显。1997 年，外资企业在项目数上首次超过合资经营企业；2000 年，外资企业在投资金额上首次超过合资经营企业。而加入 WTO 后独资化趋势更为明显，外商独资企业的比重逐年攀升。2018 年新设的外资企业中，外商独资企业有 15 190 家，实际使用外资金额 895.89 亿美元，占全国吸收外资总量的 66.24%，大大超过了中外合资和合作经营企业。[①]独资正在成为外资流入中国的一种"流行"形式，如图 11-1 所示。除了新进入的外资普遍采用独资方式，外资的独资化趋势还体现在，先前进入中国的外资企业内部普遍出现外资增资扩股以谋求对企业的控制权的现象，增资扩股已经成为中国利用外资的重要途径。

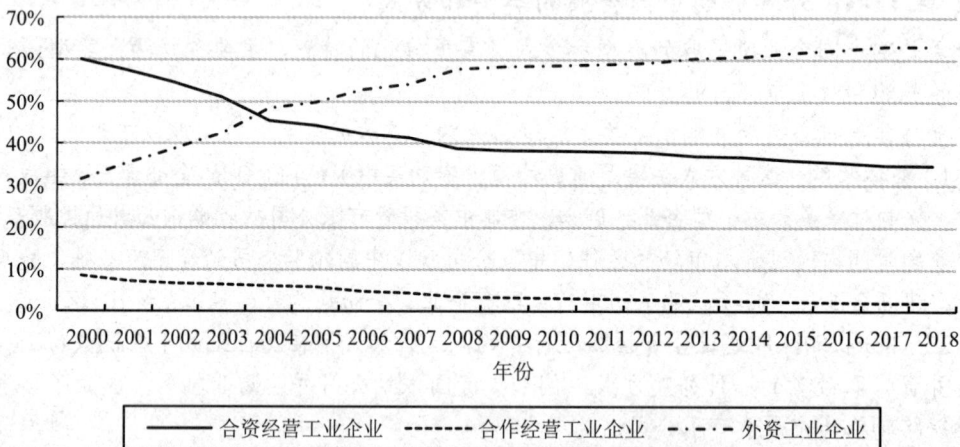

图 11-1　外商主要投资方式比重变化

资料来源：根据中华人民共和国国家统计局网站（http://www.stats.gov.cn）公布的数据整理所得。

当然，造成这种现象的原因是多方面的：一是中国吸收外资政策更加宽松，在大多数领域对外资的股本限制取消；二是中国投资环境的持续改善，外商不通过中国合资伙伴协助也能够顺利地设立和运营企业；三是外商与中国合资伙伴之间的理念、文化冲突，使之出现摩擦，使得外商更倾向于独资；四是外商将在华投资企业作为全球经营链的一环，希望能够更方便地控制技术、销售、人员等；此外，还存在一些中方配套资金不足等问题。

**3．投资方式趋向系统化**

自 1994 年下半年以来，跨国公司的系统化程度加强。这以跨国公司在政策导向下，纷纷在中国建立投资性公司，统筹负责中国的市场运作为标志。在此之前，跨国公司在华的投资是单个、分散的，投资项目缺乏联系，不能形成一个系统。而系统化投资主要表现为外商，特别是跨国公司在华投资项目纵向一体化和横向一体化两种趋势。从纵向看，一方面表现为

---

① 根据《中国统计年鉴 2019》公布的数据整理所得。

外商不仅向单个企业的产品进行投资，而且对同一个行业的上、中、下游各个阶段的产品进行整条产业链的大规模投资；另一方面表现为外商不仅把生产基地设在中国，而且对产品的研究开发、采购、生产、销售和售后服务等各个运营环节进行全方位投资，使中国成为支撑跨国公司全球化战略的运营中心之一。从横向看，跨国公司不仅投资于某一行业或产业的产品，而且直接或间接带动其国外合作伙伴对相关行业和相关产业进行投资。[①]一个典型的例子是，德国大众公司在上海合作生产桑塔纳轿车的同时，带动了一大批零部件厂商在中国企业的投资与合作。

### （二）资金来源结构

1. 来源地日益多元化

从来源地数目看，来华直接投资的国家和地区不断增加，在我国吸引外商直接投资的初期，外资主要来源于发展中国家和地区，特别是中国港、澳、台等地区的华人投资者，而目前来华投资的国家和地区已有两百多个，外资来源日益多元化。

2. 发展中国家和地区占主导地位

从来源地经济发展水平看，我国来自发达国家的外资相对较少，中国香港和中国台湾地区在我国外资来源地中所占比重较大。截至 2018 年年底，中国香港对中国大陆的直接投资高达 11 275.45 亿美元，占外商直接投资总额的 52.26%，居各发展中经济体之首；中国台湾对中国大陆的直接投资 880.84 亿美元，占外商直接投资总额的 4.08%，在各发展中经济体中居第 5 位。发达国家对我国直接投资主要源于日本、新加坡、欧盟和美国。截至 2018 年年底，日本对我国直接投资 1 118.88 亿美元，占外商对我国直接投资总额的 5.19%，居各发达国家之首；新加坡对我国直接投资 962.50 亿美元，占外商对我国直接投资总额的 4.46%，居各发达国家第 2 位；美国对我国直接投资 888.53 亿美元，占外商对我国直接投资总额的 4.10%，居各发达国家第 3 位。欧盟对我国直接投资 1 327.98 亿美元，占外商对我国直接投资总额的 6.16%，如表 11-6 所示。随着大型跨国公司在华投资增多，发达国家所占比例有所上升。

表 11-6　截至 2018 年年末对华直接投资主要国家和地区情况

| 国别（地区） | 实际使用外资额（亿美元） | 比重（%） | 国家（地区）排名 |
|---|---|---|---|
| 亚洲国家/地区 | 14 912.45 | 69.12 | |
| 中国香港 | 11 275.67 | 52.26 | 1 |
| 日本 | 1 118.88 | 5.19 | 2 |
| 中国台湾 | 880.84 | 4.08 | 5 |
| 新加坡 | 962.50 | 4.46 | 3 |
| 韩国 | 771.51 | 3.58 | 6 |
| 欧盟 | 1 327.98 | 6.16 | |
| 英国 | 246.80 | 1.14 | 8 |
| 德国 | 334.46 | 1.55 | 7 |
| 法国 | 175.68 | 0.81 | 10 |
| 荷兰 | 195.23 | 0.90 | 9 |
| 北美 | 1 042.94 | 4.83 | |
| 美国 | 883.53 | 4.10 | 4 |

① 徐杰. 论外商对中国投资方式的选择[J]. 武汉大学学报，2003，6：718-724.

续表

| 国别（地区） | 实际使用外资额（亿美元） | 比重（%） | 国家（地区）排名 |
|---|---|---|---|
| 加拿大 | 107.05 | 0.50 | 11 |
| 总计 | 21 575.30 | 100.00 | |

资料来源：根据中华人民共和国国家统计局网站（http://www.stats.gov.cn）公布的数据整理所得。

### 3．亚洲国家和地区占据绝对优势

从地域看，亚洲经济体构成了我国外资的绝大部分。截至2018年年底，源于日本、新加坡、韩国和马来西亚等亚洲国家及中国香港和中国台湾的直接投资达14 912.45亿美元，占外商对我国直接投资总额的69.12%。欧盟是第二大来源地，截至2018年年底，英国、法国、德国和荷兰等国对我国直接投资1 327.98亿美元，占外商对我国直接投资总额的6.16%。北美地区是第三大来源地，美国、加拿大等经济体对我国直接投资883.53亿美元，占外商对我国直接投资总额的4.83%。

### （三）区域结构分析

就外商投资中国的区域结构看，呈现严重的"东重西轻"格局，分布很不平衡。近年来，随着京津冀协同发展战略、长江经济带战略、"一带一路"倡议的深入推进，东部地区引领带动作用逐渐发挥，中西部地区承接东部地区产业转移增多。

表11-7　三大区域外商对华投资在全国占比

单位：%

| 地区 | 1985年 | 1990年 | 1995年 | 2000年 | 2005年 | 2010年 | 2015年 | 2016年 | 2017年 |
|---|---|---|---|---|---|---|---|---|---|
| 全国 | 100.00 | 100.00 | 100.00 | 100.00 | 100.00 | 100.00 | 100.00 | 100.00 | 100.00 |
| 东部 | 91.45 | 93.39 | 85.37 | 86.39 | 80.92 | 71.36 | 83.85 | 86.66 | 87.45 |
| 中部 | 4.78 | 3.47 | 8.65 | 8.90 | 13.73 | 17.16 | 8.27 | 5.64 | 6.34 |
| 西部 | 3.77 | 3.14 | 5.98 | 4.71 | 5.35 | 11.48 | 7.88 | 7.70 | 6.20 |

资料来源：根据商务部外资统计公布的数据整理所得，中华人民共和国国商务部网站，http://www.mofcom.gov.cn。

出于历史和自然的原因，我国吸引的外商直接投资，绝大部分分布于东部沿海地区。2017年，东部地区实际使用外资1145.9亿美元，占全国实际使用外资金额的87.45%，中西部仅占12.54%。东部地区由于经济比较发达，基础设施完善特别是港口运输便利、劳动力素质较高等原因，一直是中国吸引外资最多的地区。截至2017年年底，中部地区累计使用外资金额1 492.92亿美元，占全国总量的7.86%，而西部地区累计使用外资金额1 270.64亿美元，占比仅为6.69%，可见西部地区的引资仍很落后，主要体现在以下几个方面。

（1）总体规模仍然很小。1985年，西部地区实际利用外资占全国比重仅为3.77%，到2010年增至11.48%，为历史最高，但在2017年又降至6.20%。近年来，西部地区实际利用外资的总量虽偶有波动，但始终在低水平徘徊，在全国外资利用总量中的比重不足10%，均低于多年平均水平。

（2）与全国和东部的差距缩小。1985—2017年，西部地区外商直接投资占全国的比重由3.77%上升至6.20%，与东部地区的差距从87.68%降至81.25%。由此可见，西部大开发以来，西部地区利用外商直接投资占全国的、东部的比重明显呈上升趋势，西部地区与全国和东部地区的差距缩小。

（3）利用外资的质量不高。西部在吸引大项目、消化国际先进技术、模仿能力和创新能力等方面均大大落后于东部地区。引进的项目以劳动密集型、传统产品和小项目居多，且高污染项目较多，这会造成当地潜在资源的严重损失，从长远来看，严重影响西部经济的可持续发展。

（4）外商投资形式单一。西部地区占主导地位的仍是中外合作企业和中外合资企业，而投资效益和管理模式都较好的外商独资企业在数量上明显要少于国内其他地区。

### 专栏 11-4：区域发展战略与外资分布

党的十八大以来，京津冀协同发展战略、长江经济带战略和"一带一路"倡议成为中国内外联动发展的三大区域发展战略，为外商投资参与三大区域发展战略建设创造了有利机遇。

1. "一带一路"相关区域

"一带一路"倡议不仅是中国全方位对外开放的选择，同时也给国内各相关省份、中心城市及港口带来巨大的开放发展机遇。根据《推动建设丝绸之路经济带和21世纪海上丝绸之路的愿景与行动》，设定新疆和福建分别为丝绸之路经济带和21世纪海上丝绸之路的核心区，新疆、陕西、甘肃、宁夏、青海、内蒙古西北6省（自治区），黑龙江、吉林、辽宁东北3省，广西、云南、西藏西南3省（自治区），上海、福建、广东、浙江、海南5省（直辖市）及重庆等18个省（直辖市），西安、兰州、西宁、重庆、成都、郑州、武汉、长沙、南昌、合肥等节点城市以及港澳地区都要发挥重要作用。

2017年，"一带一路"相关省市中，广东、福建、海南和云南实际投资规模都有所增长。其中，云南省新设外商投资企业214家，同比增长58.5%；实际投资金额8.4亿美元，同比增长76.7%。广东省新设外商投资企业15 528家，同比增长90.3%；实际投资金额207.3亿美元，同比增长1.4%，在全国各省市吸引外资规模中排在第三位。福建省新设立外商投资企业2042 家，同比下降14.1%；实际投资金额40.8亿美元，同比增长2.4%。

2017年，"一带一路"的重要节点城市如郑州、武汉、成都、合肥等实际使用外资金额都有所增长。郑州、武汉、成都和合肥的实际投资金额分别为11.2亿美元、16.1亿美元、16.7亿美元和8.8亿美元，同比增长237.4%、82.3%、68.9%和55.7%。

2017年，上海、内蒙古、辽宁、吉林、浙江、广西、重庆、陕西、甘肃、青海、新疆等省（自治区）吸引外资均有不同程度下降。上海市和浙江省实际投资金额158.2亿美元和109.7亿美元，同比下降均为14.2%。

2. 长江经济带区域

2016年9月，《长江经济带发展规划纲要》正式印发，覆盖上海、江苏、浙江、安徽、江西、湖北、湖南、重庆、四川、云南、贵州等11省（直辖市），是中国经济分量最重的区域之一。国土面积占比达20%，承载了6亿人口，长江经济带区域以占全国约1/5的土地面积，贡献了全国2/5左右的经济总量，成为我国经济发展全局中的重要支撑带。长江经济带战略对于发挥上海及长三角地区的引领作用、扩大对外开放、促进产业梯度转移将发挥积极作用。

近三年来，长江经济带多省份聚焦生态发展，着力培育世界级产业群，吸引外资规模略有下降。2017年，长江经济带新设立外商投资企业11 984家，同比增长2.6%，占全国外商投资企业数的比重为33.6%；全年实际投资金额574.2亿美元，同比下降6%，占全国使用外资比重为43.8%。

### 3. 京津冀协同发展区域

自京津冀协同发展战略提出，特别是雄安新区建设规划实施以来，对疏解北京非首都功能、促进产业转移、扩大对外开放、推进三地间的区域协同发展发挥了重要作用。2017年，京津冀三地新设外商企业数2 383家，同比增长0.4%；实际使用外商投资283.5亿美元，同比增长63%。京津冀三地占全国外商投资企业数、使用外资金额的比重分别是6.7%和21.6%。在党中央、国务院指导下，北京市率先开展服务业扩大开放综合试点，开放型经济达到新水平。2017年实际利用外资跃居全国第一，其中服务业利用外资超九成。天津积极承接北京非首都功能疏解，加快建设滨海—中关村科技园等高水平承接平台，积极服务雄安新区规划建设，与河北省签署了战略合作协议。河北在落实京津冀协同发展重大国家战略，对接京津、服务京津中加快发展，再加上党中央、国务院决定设立雄安新区，为河北注入了强大发展动能。

资料来源：商务部. 中国外商投资报告2018：区域发展战略与外资分布[R/OL]. （2018-10-09）[2020-04-09]. http://wzs.mofcom.gov.cn/article/ztxx/201810/20181002793208.shtml.

### （四）行业结构特征

#### 1. 投资集中在制造业领域，在制造业内部开始向重化工业和高科技产品扩展

由于金融服务业市场开放和外资的大量涌入，外商投资结构有了明显的变化。一方面，制造业仍然是外资投资最集中的领域，如图11-2所示。2017年，制造业实际利用外资额占到了外资总量的25.6%。20世纪90年代以来，外商特别是跨国公司在中国投资最密集的行业有汽车制造、化工、微电子、家用电器、办公用品、食品制造、仪器仪表、制药等行业，这些行业正是我国产业结构调整与升级中努力发展的行业，外资的密集进入，有力地推动了我国产业结构的升级。另一方面，制造业在外资中的比重不断下降。2018年，制造业外资占比为30.53%，较之2005年（这一占比为70.37%）下降了近40%。究其原因，主要有三个：一是金融危机后发达国家扩大就业、吸引制造业回流，减少了对我国制造业的大规模投资；二是国内要素成本上升，劳动密集型制造业吸引外资比较优势下降；三是随着中国经济进入新常态，我国推进供给侧结构性改革，利用外资结构不断深入调整，使得服务业和高技术制造业使用外资比例逐步增大，改变了制造业利用外资长期占据主导地位的局面。

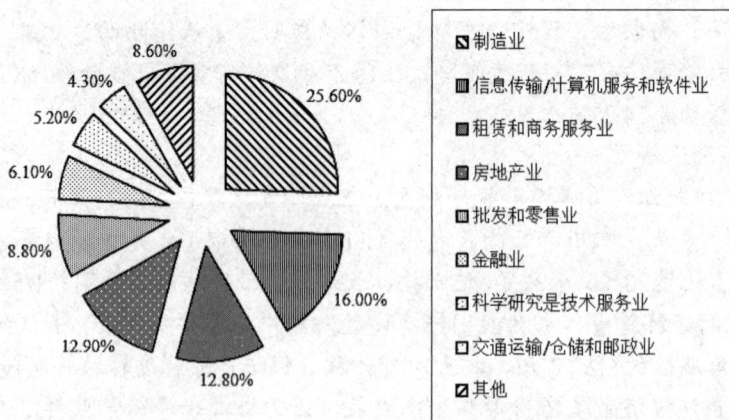

图 11-2　2017 年实际利用外商直接投资额的行业分布

资料来源：商务部. 中国外商投资报告 2018：区域发展战略与外资分布[R/OL]. （2018-10-09）[2020-04-09]. http://wzs.mofcom.gov.cn/article/ztxx/201810/20181002793208.shtml.

与过去不同的是，近年来随着我国进入重化工业新阶段，以及国内基础原材料、设备需求的持续旺盛，加之国际产业转移进入重化工业跨国投资的"第三波"浪潮，在我国制造业吸引外资中，重化工业的比重有所增加。国际重化工业巨头纷纷入驻中国，全球最大钢铁集团米塔尔在华投资，与华菱集团结为战略伙伴，合资合作；欧洲第二大钢铁制造商蒂森克虏伯对中国的几家钢铁加工厂大量投资，从事粗钢的精加工业务；而世界上最大的凿岩机械制造商瑞典阿特拉斯·科普柯公司也已在中国建立起合资企业。同时，随着技术水平不断提高，中国成为某些高科技产品的制造中心，外商在华投资项目的技术水平与以往相比有了明显提高。

2. 服务贸易领域成为外资新热点

随着我国服务业不断扩大开放，通过放宽外资服务业准入门槛，大力发展服务贸易等一系列政策措施，积极引进全球高端要素，承接国际服务业转移加速，服务业在我国利用外资总额中所占比重持续上升，并逐渐成为外商投资的热点。以 2014 年为例，服务业实际使用外资金额 662.3 亿美元，占全国的 55.4%；新设立外商投资企业 15 800 家，占全国的 66.3%。自2011 年开始，服务业外资所占比重已连续 4 年超过制造业，其中服务业中吸收外资最多的行业是房地产业，实际使用外资 281.98 亿美元，占服务业实际吸收外资的 40.4%。除房地产业以外，服务业中实际吸收外资最多的行业是分销服务业（占 11.64%）、运输服务业（占 6.73%）。此外，实际吸收外资增幅很大的行业有环境服务、公路运输、卫生、金融服务、建筑与相关的工程服务、科学研究、文化艺术、农林牧渔服务业等，但由于基数较低，这些行业在服务业吸收外资总量中所占比重并不大。

### 专栏 11-5：服务外包的含义及其发展机遇

1. 服务外包（outsourcing）的含义

服务外包是将生产或经营过程中的某一个或几个环节交由其他实体完成的一种商业运作方式。继生产外包之后，服务外包的出现也是由来已久，为了在竞争中取得优势，跨国公司必须把主要力量集中到附加值最高的核心业务和价值链的核心环节，从而将各种专业服务需求转向外部。

2. 目前服务外包的主要内容

（1）生产服务外包，涵盖与生产制造环节相关的物流、市场调研、产品广告、客户服务等环节。

（2）研发设计外包，主要包括应用研究、软件开发、产品设计等外包。

（3）IT服务外包，可划分为IT咨询、系统集成、IT教育与培训和IT运营管理四种细分产品。

（4）共同服务外包，包括战略管理、法律、财务、人力资源（人员招聘、培训）和公共关系等服务。

（5）后台服务外包，主要是指企业财务结算、数据处理、薪酬发放等业务。

3. 服务外包所带来的机遇和最新趋势

对于服务外包的增长前景，Gartner公司预测：世界服务外包市场将以年均8.2%的速度增长，2013年世界服务外包额为9 910亿美元，2015年将突破1万亿美元。按照印度国家软件协会预测，2008年仅全球计算机用户电话服务中心就为印度提供110万个就业岗位和210亿~240亿美元的服务收入。美国Forrest Research Inc.也预测，到2015年美国将有330万白领工作岗位和1 360亿美元的工资转移到海外。不同机构的预测结果大同小异，共同揭示出一个结论，即服务外包将成为全球服务产业转移的重要方式。

全球服务外包产业发展正在步入调整期，呈现如下趋势。

（1）服务外包从成本驱动向价值导向转移，服务外包价值逐步提升。寻找低价劳动力是服务外包最原始的诉求，也将是永恒的主题，然而随着服务专业性的提升，服务外包的诉求逐渐多元化，开拓市场、提高效率、缓解资本压力、提升技术水平、降低运营风险、探索转型发展等成为企业发包的重要考量因素，服务外包的价值逐渐提升。

（2）国际贸易依存度提高，国际服务外包有望保持高速增长势头。随着以服务贸易为重点的贸易谈判进程加速启动，服务贸易必将成为增长新引擎。其中，以科技引领、模式创新为特点的国际服务外包有望持续保持高速增长势头。

（3）信息技术推动服务外包需求变革，信息服务外包长期占据主导，并将迎来新一轮增长。以云计算、物联网、移动互联网、大数据为代表的新一代信息技术正在加速与传统产业融合发展，基于信息化、互联化的新兴商业模式正在重新构建。伴随着终端用户互联网、移动互联网应用的日益普及，无论是传统工业、金融业还是医疗、教育等领域都在发生变化。有别于以往，这一轮变革颠覆性强、快速、紧迫，服务外包需求方更倾向于借助第三方专业服务商的力量重新布局，其业务必将迎来新一轮增长。

（4）发展中国家纷纷重视服务业和服务贸易的发展，接包市场竞争更加激烈。一方面，在服务外包企业国际竞争力排名中，位于前列的多为欧美及印度领军企业，这一竞争梯队暂时保持不变。近些年中国服务外包企业的国际竞争力在不断攀升，但是达到世界第一阵营还需要较长时间。另一方面，受成本攀升影响，全球两大服务外包承接地印度和中国在承接服务外包转移方面的成本优势开始减弱，离岸市场发展增速出现下滑，转向探索新的增长点，而菲律宾、马来西亚、泰国等东南亚国家服务外包产业凭借其低成本优势正在加速崛起。

（5）云计算驱动服务外包模式创新，提高服务效率。随着越来越多的企业将内部应用和基础设施转移到云端，各个系统从企业数据中心向单一公有云提供商转移，未来云计算的架构趋于简单，云计算的安全解决方案趋于成熟，基于云计算的服务模式被广泛认可，传统服务外包也将会大量采用云端交付模式，交付模式的创新有助于服务效率的大幅提升。

资料来源：张利娟. 服务外包发展：机遇与挑战并存[J]. 中国经贸，2013，5：32-33；服务外包产业发展最新趋势[EB/OL].（2015-08-14）[2020-08-21] https://www.sohu.com/a/27380835_115475.

# 第三节　中国吸引外商直接投资的前景展望

从长期看，中国对外商直接投资仍具有较强的吸引力。中国是全球制造业大国，且有着庞大的市场、稳定的开放政策，加上工业化、城市化的加速发展和扩大内需政策的贯彻实施，将会给外商投资提供更多、更新的商机和发展空间。党的二十大报告进一步提出"推进高水平对外开放"，强调"依托我国超大规模市场优势，以国内大循环吸引全球资源要素，增强国内国际两个市场两种资源联动效应，提升贸易投资合作质量和水平"，使外商投资进一步服务于我国经济结构转型升级和高质量发展。

## 一、金融危机对跨国公司在华直接投资的影响

### （一）跨国公司对华直接投资出现下降趋势

跨国公司作为实体经济的中坚力量，在金融危机中受到了很大冲击，其中一个主要表现

就是跨国公司持有的金融资产市值缩水，导致巨额亏损，盈利状况恶化，大量跨国公司不得不减少或暂停海外投资，致使跨国公司对华直接投资出现明显的下降趋势，尤其是欧盟、美国、日本等发达经济体对华投资出现下滑。根据商务部提供的数据，2014 年美国对华的实际投资占中国当年实际外资总额的比重自 2008 年金融危机以来首次降到 2%以下，达到 1.98%，创历史新低；2016—2017 年经历短暂回升后，投资占比在 2018 年再次跌至 1.99%。2011—2013 年日本对华实际投资占中国当年实际外资总额比重较 2008 年有所提高，但在 2014 年再次出现急剧下滑，占比从 2013 年的 6.00%降至该年的 3.61%，并在随后几年一直保持下跌趋势。

### （二）金融危机彰显中国吸引跨国公司直接投资的环境优势

金融危机对中国外商直接投资的利用形成短期负面冲击，但随着经济形势的好转，中国经济出现恢复性增长，中国吸引外商直接投资企业数和实际金额都出现良性增长。中国欧盟商会 2008 年的调查和中国美国商会 2009 年的调查数据也说明，大型跨国公司仍然将中国作为投资选择的重要地区。2009 年 7 月 22 日，UNCTAD 发布的《国际投资前景调查 2009—2011》，对全球 240 家大型非金融类企业执行官调查得到的结论是：从短期看，2009 年全球外商直接投资将出现下降；从中期看，对世界经济恢复持乐观态度，将恢复对外投资，全球外商直接投资 2010 年开始复苏，2011 年将反弹达到高点；跨国公司选择的前五位投资目的地分别是中国、美国、印度、巴西和俄罗斯，中国连续 17 年成为吸收外资最多的发展中国家，目前仍稳居世界最具吸引力投资目的地首位。[①]

## 二、中国吸引外商直接投资的新趋势

### （一）外商独资的主导地位日益凸显

跨国公司对我国的直接投资方式主要包括合资、独资、合作和股份制，不同的投资方式反映出外资企业对我国宏观经济和综合投资环境的预期和评估，也是企业平衡未来盈利和风险承担的重要选择。近年来，外商投资独资化倾向十分明显，独资成为最主要的方式选择。

外商独资比重的快速提高，是中国对外商投资放松管制，特别是中国加入世贸组织之后进一步放松对外资股权限制并且开放更多的投资领域、政策透明度的提高以及市场机制逐步成熟的结果；同时，外商选择独资方式也在于独资方式相对于其他投资方式具有的优势。从跨国公司战略角度来讲，独资控股能够使外商保守其技术秘密，规避中外企业在制度、文化、经营理念等诸多方面差异而导致的摩擦和矛盾，从而有利于实施其全球战略目标。

从发展趋势看，外商独资将继续成为未来外资进入中国的主导方式。虽然投资方式选择只是外商的一项重要战略决策，但独资与合资方式对中国经济产生的影响是不同的。针对独资化趋势，特别是独资化提高了外资对一些重要企业和行业控制程度的问题，如何找到相应的应对措施以更好地实现中国的经济利益，已成为当务之急。[②]

### （二）并购将成为利用外资的主要方式

长期以来，我国利用外资一直以绿地投资为主。但是自 20 世纪 90 年代末以来，随着跨

---

① 沈桂龙. 后危机时期的中国 FDI：环境约束、变化趋势与政策调整[J]. 上海经济研究，2010，8：21-28.
② 贺倩如. 后危机时代中国外商直接投资新趋势与外资政策创新[J]. 国家行政学院学报，2010，4：64-68.

国并购成为全球国际直接投资的主导方式，我国推出一系列鼓励外资并购的举措，企业财务制度和资本市场建设取得进展，国有企业冗员和社会负担减轻，加之产能过剩，越来越多的行业骨干企业显现出投资价值，对国际投资者的吸引力越来越大。在此形势下，外商并购投资呈现迅速增长的态势，日益成为外商在中国投资的主要进入方式。1998 年外资在华并购投资额只有 7.98 亿美元，2000 年增加到 22.47 亿美元，2004 年高达 240 亿美元，2015 年达到 177.7 亿美元，占我国利用外资总额的比重为 14.1%，2016 年占比更是上升至 16%，实现历史最高水平。随着我国对外开放的进一步深化，并购仍将成为我国未来利用外资的重要形式。外资在我国并购主要方式为股权并购，85%以上的金额集中在东部地区，其中，广东、上海、江苏占一半以上。此外，外资并购也主要集中在服务业领域，占 80%以上。一些大型并购案包括阿赛洛收购莱钢、达能收购乐百氏、高露洁收购三笑集团、法国著名小家电企业 SEB 收购国内第一品牌苏泊尔、比利时英博啤酒集团收购雪津啤酒、澳大利亚电讯公司收购搜房网、美国强生收购大宝、美国高盛收购肉类食品第一品牌双汇、吉列集团收购南孚电池、壳牌收购统一润滑油、AB 集团收购哈尔滨啤酒等，均是这一发展趋势的案例佐证。

### （三）服务贸易领域吸收外资增势良好

近年来，受到金融危机的影响，主要发达经济体国家加快"再工业化"进程，发达经济体国家出现制造业回流的现象，对我国制造业吸收外资带来冲击，影响了我国实际使用外资的增长。而在制造业承压的同时，我国服务业成为外资青睐的发展领域，服务业实际使用外资占全国实际使用外资的六成以上，增速远高于平均水平。服务业"吸金"能力的提升，表明我国经济结构调整取得了积极进展，我国利用外资的结构日益优化。这与我国第三产业在 GDP 中的占比超过第二产业的格局相吻合。

外资向服务业领域的流入，不仅有利于我国产业结构的调整，也有利于我国资源环境的节约，有助于充分利用外部资源推动我国经济增长与环境保护的协调发展。外资看好我国服务业，还要归功于我国在经济转型期不断出台政策推动服务业，尤其是现代服务业的发展。资本的流向取决于资本回报率的高低，服务业政策环境的优化有助于服务业形成良好的发展前景，提供更多的投资机会，良好的资本回报预期对跨国企业形成较大的吸引力。[①]

特别值得一提的是，中国服务外包将在承接服务贸易领域的引资中发挥更大的作用。2019 年初，商务部正式公布了 2018 年中国服务外包产业发展成绩单，主要特点是：一是服务外包业务规模继续稳步增长，我国企业全年承接服务外包合同额 13 233.4 亿元人民币、执行额 9 597.4 亿元人民币，再创历史新高；二是高端生产性服务外包业务增速加快；三是"一带一路"沿线市场和西方发达国家增速有升有降；四是产业加快向非示范城市和中西部地区转移；五是产业成为数字化人才的"蓄水池"。可以说，这份成绩单圆满地向世界展示了中国服务外包产业发展的辉煌成果。

从服务外包产业自身发展规律来看，中国服务外包产业从中低端业务起步，经过十多年的发展，已经逐步具备承接中高端外包业务的能力。随着中国人力成本的提高和周边发展中国家加入承接国际服务外包业务的激烈竞争，中国服务外包企业低成本竞争优势已逐步减弱，特别是沿海发达地区服务外包企业已经开始通过提高创新能力向高技术含量、高附加值业务发展。与此同时，我国服务外包产业仍将持续稳定增长，增速有望长期持续在25%左右，且从

---

① 马蓉. 利用外资结构继续改善，中国市场仍充满商机[N]. 金融时报，2015-05-13（2）.

规模扩张向量质并举发展，服务外包产业在横向上向研发、金融、政府服务等更多领域拓展，在纵向上向处于外包产业价值链高端的行业解决方案或者高端技术服务的方向转变提升。工业 4.0 时代，制造业服务需求有望"井喷"。有数据显示，在美国，制造与服务融合的企业占制造业总数比例约为 58%，而在中国这一比例仅仅只是 2.2%。进入工业 4.0 时代，制造业服务将被智能服务这一新型模式所主导，其中智能服务信息化系统是发展关键，依靠数据监控、分析、挖掘提供主动服务成为主要内容。这也意味着中国制造业企业需要有跨越式的发展思路及发展能力，寻找外部专业团队将成为行之有效的决策之一，未来我国的制造业服务需求有望出现"井喷"式发展。①

### （四）跨国公司地区总部渐成规模，研发投资日趋增加

早期在华外商投资企业，是一个个分散的工厂或子公司、分公司。随着在华子公司数量的增多、投资规模的扩大和投资水平的提升，原先分散投资、分散管理的模式已不适应其发展战略的需要，客观上需要建立地区总部来加以协调。

跨国公司来华设立研发机构始于 20 世纪 90 年代初。1994 年，北方电讯公司与北京邮电大学合作建立北邮—北电研究发展中心。在此之后，跨国公司在华研究与开发投资日益迅猛，表现在以下几个方面。

（1）外商设立研发中心的速度明显加快。截止至 2017 年，世界 500 强企业、联合国《世界投资报告》全球最大 100 强非金融跨国公司和来自发展中国家 100 强跨国公司的绝大部分企业，都已在中国投资兴业，部分企业在中国的分支机构达到数百家之多。根据商务部数据统计，目前，世界 500 强公司中已经有约 490 家在华投资，约占总体数量的 98%；与此同时，中国企业国际化步伐加快，《财富》500 强的中国上榜公司数量连续增长，从 2001 年的 11 家增长到 2019 年的 129 家。从这些发展态势看，随着我国投资环境的进一步改善，必将有更多的跨国公司将其地区总部转移到我国。②

（2）对研发的资金投入明显加大。2018 年，外资企业研究与试验发展经费达 617.8 亿元，占新产品销售收入的 5.78%。

（3）研发中心的技术成果显著，基础研究在加大。以往外商在华设立的研发中心主要是研发与生产相关的应用技术，基础研究则大多放在公司总部的研发中心进行，近来外商已经开始将一部分基础研究放在中国的研发中心进行。外商投资企业对华扩展研发活动主要在于：靠近其制造平台，跨国公司已经将大量制造能力转移到了我国；靠近中国市场，便于更好地针对中国市场开展适应性研发；充分利用中国优秀但低廉的研发人力资源；改善与我国政府的关系。不过，目前在华外资研发机构所从事的活动主要是针对中国市场的适应性研发，技术层次不够高，与本地企业、研发机构的合作较少，"溢出效应"尚待发掘。

## 三、中国全面提高利用外资质量和水平的思考③

### （一）重新认识服务业直接投资对贸易强国建设的重要地位，有步骤地加大服务业开放

中国应重新审视服务业开放的逻辑和重要性，以服务贸易自由化、便利化为目标，在现

---

① 服务外包产业发展最新趋势[EB/OL]．（2015-08-14）[2020-08-21] https://www.sohu.com/a/27380835_115475.

② 贺倩如. 后危机时代中国外商直接投资新趋势与外资政策创新[J]. 国家行政学院学报，2010，4：64-68.

③ 周海琴，李瑞琴. 新时期提升中国利用外资水平与质量的建议[J]. 国际经济合作，2018，9：54-59.

有 GATS 及相关服务贸易协定的基础上，强化多边、双边合作，特别是针对重点行业和重点领域，在新的起点上全面提升服务业开放水平，这既是中国利用外资结构优化、水平提高的标志，也是一个必然趋势。党的十九大之后，中国将面临服务业贸易开放的新高潮，加大服务业对外资的开放对于提升中国企业出口产品的质量具有重要的意义。当然，服务业的开放也面临着监管能力的瓶颈，存在金融安全、产业安全和国家安全等方面的隐患，开放进程需要与中国经济发展阶段的特殊性联系起来。一方面要合理安排各类服务业的开放进程，对有利于保护消费者权益、有利于增强金融有序竞争、有利于防范金融风险的领域要加快推进；放宽外资银行类金融机构、证券公司、证券投资基金管理公司、保险中介机构、保险机构、期货公司设立，允许符合条件的外国自然投资者扩大业务范围、依法投资境内上市公司，稳步推进人民币国际化；另一方面也需要更多、更细致的监管措施出台，强化对各类"影子银行"的监管，完善资本监管、行为监管，推动完善国际会计准则，加强国际金融监管信息交换和联合行动。

### （二）依托自贸区和自由贸易港进行先行先试，稳妥地推进外商直接投资的开放

上海自贸试验区成立后，在服务业开放方面选择金融服务、航运服务、商贸服务、专业服务、文化服务以及社会服务 6 个领域 18 个行业扩大开放，推出了 23 项暂停或取消投资者资质要求、股比限制、经营范围限制等准入限制的措施，加强对外资知识产权的保护，鼓励外商投资高端制造、绿色制造和智能制造，支持外资研发中心的设立。特别是，自贸试验区在吸引外资方面实行负面清单，许多清单外的投资采用备案制，这为全国推行外资备案制打下了基础。党的十九大报告提出的探索建设自由贸易港，就是要通过更高、更深、更新层次的自由贸易试验区升级探索，赋予其更多的改革自主权，强化高效制度供给，建成体制机制完善、服务功能齐全、创新动能活跃、贸易投资便利、市场高度开放、货物运输便捷的自由贸易港。

### （三）依托"一带一路"，坚持沿海开放与内陆沿边开放更好结合，优化区域开放布局

党的十九大报告提出，"要以'一带一路'建设为重点，坚持'引进来'和'走出去'并重，遵循共商共建共享原则，加强创新能力开放合作，形成陆海内外联动、东西双向互济的开放格局"。党的二十大报告进一步指出，共建"一带一路"已成为深受欢迎的国际公共产品和国际合作平台。"一带一路"倡议的提出将强化中西部地区开放型经济载体平台建设，推动内陆和沿边地区开放模式创新和开发区体制机制创新，打开面向西北的中亚、西亚乃至欧洲的开放大门，它改变了地理的空间结构，使内陆地区有了相当于过去沿海、沿边的条件，从而改变了开放的约束条件，使开放型经济在内陆地区的实施成为可能，从而使中西部地区更贴近国际市场，打造新的外向型产业集群。这些地区要充分利用好"一带一路"倡议大力推进的有利契机，通过大力吸引外资实现地区经济的快速发展。

### （四）营造良好营商环境，优化引资来源结构

营商环境是企业经营的外部制度环境，是实际上影响企业经营成本和效率的外部因素和外部力量，对于进一步优化中国引资的行业、地区结构，并提高引资来源地的多样性具有重要意义。目前，全球引资竞争日趋激烈，不少国家要素成本比中国更低，政策优惠力度比中国更大。培育引资竞争新优势，就是要改善中国的营商环境，具体来说，一是加强利用外资法治建设，加快统一内外资法律法规，制定新的外资基础性法律。二是完善外商投资管理体

制，中国 21 个自贸试验区试行准入前国民待遇加负面清单管理制度取得显著成效，党的二十大报告提出"合理缩减外资准入负面清单，依法保护外商投资权益，营造市场化、法治化、国际化一流营商环境"。三是营造公平竞争的市场环境，依据党的十九大报告，未来凡是在中国境内注册的企业，都要一视同仁、平等对待。四是保护外商投资合法权益，认真落实《中共中央国务院关于完善产权保护制度依法保护产权的意见》，不以强制转让技术作为市场准入的前提条件，着力解决外商投资企业关注的知识产权等各类问题，让外资企业有更多安全感。

**专栏 11-6：新型冠状病毒疫情全球蔓延对我国吸收外资造成影响**

在 2020 年 4 月 3 日举行的"应对疫情稳外资"网上专题新闻发布会上，商务部外资司表示，新型冠状病毒肺炎在境外呈加速扩散蔓延态势，对我国吸引外资和外资企业复工复产造成了负面影响。

数据显示，截至 3 月 30 日，在 8 756 家重点外资企业中，66.9%的企业产能恢复率超过70%。从行业看，制造业外资企业复工复产较快，超过七成产能恢复率达到 70%以上。

疫情在全球蔓延对我国吸收外资产生了多方面影响。一是企业用人难点从本地转为外籍，国内人员返岗进度加快，但外籍高管、技术人员入境来华受到更多限制。二是物流堵点从国内变成国际，欧美多地港口关闭、航线停飞，空中运力缩减，运输费用大幅上涨。三是供应链断点从国内移至境外，国内产业链、供应链加快修复，但欧、美、日、韩多处工厂停摆，部分高技术中间件、新材料面临断供。四是出口订单痛点从产能不足变为外需萎缩，境内企业产能逐步恢复，但境外需求下降，对企业经营发展造成了新的冲击。

下一步稳外资工作，将坚持改革开放和稳外资相结合、问题导向和目标导向相结合、促增量和稳存量相结合、国际和国内工作相结合。具体将在 5 个方面持续发力。

一是持续扩大开放稳外资。进一步压减外资准入负面清单，更大力度地开放市场。修订《鼓励外商投资产业目录》，进一步增补条目，扩大鼓励范围。通过"一减一增"，继续释放开放信号，增强投资信心。同时还将深入推进服务业扩大开放，推动国家级经开区和自贸试验区等开放平台建设，开放之门将越开越大。

二是持续深化改革稳外资。进一步巩固外资管理体制改革成果，全面取消商务部门对外商投资企业设立和变更事项的审批和备案，实施好信息报告制度，变事前管理为事中事后监管，最大限度便利外商投资。

三是持续优化环境稳外资。持续开展法规文件"立改废"，营造更加稳定公平透明、可预期的投资环境。落实公平竞争制度，保障外资企业依法平等适用国家各项支持政策，平等参与政府采购和标准制定工作。修订外资企业投诉工作办法，完善投诉工作规则，加大外商合法权益保护力度。

四是持续提升服务稳外资。建立健全外商投资服务体系，开展"全覆盖"服务，既要推动解决企业反映的普遍共性问题，也要开展"一对一"服务，处理"个性化"诉求。要让每一家外资企业都能享受到政府高效、便捷、优质的服务。

五是持续落实政策稳外资。下一步，商务部将会同相关部门和地区在抓政策落实上下功夫，加强宣传解读，让外资企业应知尽知、应享尽享，确保国家和各地近期出台的应对疫情助企纾困政策，对外资企业一视同仁、平等适用，打通政策落实"最后一公里"。

资料来源：冯其予. 商务部：疫情全球蔓延对吸收外资造成影响[N]. 经济日报，2020-04-04（5）；王俊岭. 一定会有更多外商来华投资兴业[N]. 人民日报海外版，2020-04-04（3）.

## 本章小结

1．外资在中国经历了从无到有、从小到大、从单一到多元的发展历程，目前已经形成全方位、多层次、宽领域的格局。其中外商直接投资是我国现阶段吸引外资的主要方式，而对外借款和对外发行股票等是外商直接投资的有益补充。

2．中国虽迅速成长为全球吸引外商直接投资第一大国，但在引资结构上，包括投资方式、资金来源、地区结构和行业结构方面都呈现出不均衡发展的特点。

3．金融危机对中国外商直接投资的利用形成短期负面冲击，但随着经济形势的好转，中国外商投资企业数和实际金额都出现良性增长。从长期看，后危机时代的中国对外商直接投资仍具有较强的吸引力。

## 本章网络引擎

1．http://www.mofcom.gov.cn：中华人民共和国商务部网站，可以了解我国外资政策及我国当前吸引外资情况。

2．http://www.fdi.gov.cn：中国投资指南网站，可以查询我国对外资的具体利用情况。

3．http://www.safe.gov.cn：国家外汇管理局网站，可以查询我国对外借款的历年信息。

4．http://www.stats.gov.cn：国家统计局网站，通过历年统计年鉴和统计公报，可以了解我国利用外资的详细结构。

## 本章思考题

1．名词解释

存托凭证　　买壳上市　　服务外包

2．简述当前中国外商直接投资结构的主要特点。

3．试分析中国未来吸引外商直接投资的主要方向。

4．案例分析

根据以下材料并查阅网上有关资料，总结外资投资银行全面入华给内资投资银行及整个中国市场带来的影响。

---

### 外资投行全面入华，鲨鱼还是鲶鱼？

根据中国证监会给出的时间表，2019年12月1日，外资证券公司在合资公司中的持股将从51%进一步提升到100%，相当于取消了证券公司外商的股比限制。届时，外资投行不仅可以实现控股，甚至完全有可能在中国设立独资子公司。而高盛、瑞银、摩根大通、野村证券等均已明确释放出将在办公室扩张、人员扩招、新增业务等方面的信息。摩根大通首席执行官甚至表示，公司致力于将"全部力量"带入中国。而高盛则计划在5年内扩充一倍中国员工至600人，同时向证监会申请，将高盛高华（合资证券公司）股比从33%提升至51%，如果进展顺利，高盛将在年底实现完全控股。

---

中国资本市场历史上曾出现过两次外资投行的入华潮。第一次是以摩根士丹利入股中金为标志的 1995 年，第二次出现在中国加入 WTO 的 2001 年。经此两役，世界范围内最叫得上名字的投行们在中国大多都设立了办事处或有明确的业务开展。在金融业对外开放的背景下，证券行业对外资的政策也是一步一个台阶地推进。若以此为计，此刻应当算是外资投行的第三波中国化浪潮。由于股比这个关键问题的全面放开以及更多配套政策正显示出的更加宽容，外资投行几乎获得了与内资"一视同仁"的地位。相较于前两次浪潮，今年无疑是外资投行更具主动权的机会。

从政策谙熟程度和项目覆盖上这两个境内投行取胜的关键点来看，外资机构都不具备明显的竞争力。作为资本市场最主要的金融中介之一，欧美投行的核心竞争力体现在它的定价能力上，即在企业和投资人之间取得平衡。而在中国，由于历史和市场环境等方面的原因，券商投行部的关键技能是"过会"。虽然这一状况随着中国资本市场迈向注册制将得以扭转，但在过去多年里，通道业务确实是众多内资券商最主要的收入来源。况且国内的券商行业已然红海多年，外资投行来争抢这样一个自己并不擅长又增量空间有限的市场，实在不够明智。在一个供给同质化的市场，拼的就是拿项目的能力。但外资投行面对的一个长期尴尬是："大项目难接，小项目不愿接"。由于其人数有限，信息捕捉能力无法与内资机构具可比性，而同时又因为外资行的人员工资普遍较高，他们自然无法像一些内资机构那样实行"人海战术、以量取胜"。而这一局面，并不会因为券商行业的政策开放而发生根本变化。

除了传统投行（IBD: Investment Banking Department，主要包含企业 IPO、并购）板块之外，大型投行通常还包括资产管理、财富管理等业务。比如摩根士丹利在经历了 2008 年的金融危机后，就逐渐向财富管理转型，它在 2018 年的财富管理收入占比已高达 42%。且此次扩张中国布局的外资行对这一业务明显兴趣更大。从行业天花板来看，财富管理也确实是中国投行链条中更富有期待性的板块。根据招商银行联合其他机构发布的《2019 中国私人财富报告》，截至 2018 年，中国个人高净值人群规模达 197 万人，全国个人持有的可投资资产总体规模达到 190 万亿元。如今，当券商投行的传统板块——比如经纪业务已几近天花板，大量内资机构也声称要向财富管理加速转型。但在过去多年里，国内财富管理业务的主导权主要掌握在大型银行手中，券商投行处于相对落后的地位。当然，历史的不足也意味着潜在机会更大。在一些投行人士看来，外资行从财富管理切入是基于"增长性"的选择，但同时会给同样觊觎这一市场的内资券商形成挤压。

对行业本身来说，此番外资行的入华也必然带来人才流动。外资行在薪资、品牌方面更具备吸引力。人才被大面积挖角对内资的影响，可能会远大于短期内业务本身会受到的影响。但这个过程未必会激进发生。由于办公硬件、合规系统等方面的高要求，投行在开辟一个新兴市场时耗费的时间往往比一般的商业公司更长。一个例子或许可以侧面印证这一点。相传在 2006 年前后，高盛在搬进北京英蓝国际金融中心前提出要安装新风系统，于是在那个大多数人对 PM2.5 还没什么概念的年代，英蓝就成了国内最早拥有新风系统的写字楼之一。高盛还提出 24 小时不能停电，英蓝为此配备了至少两套备用发电系统。

"跨境交易"也是许多人提到的外资行入华后的另一重要变量。跨境当然是外资行的优势：过去二十多年，中国公司的海外上市几乎无一例外地至少会配备一家外资投行，除了缘于上市目的地的政策原因外，也在于外资行对于当地资本市场的理解、机构投资人触达等方面的绝对优势。当下虽没有大范围的中国公司海外上市潮，但大量中国公司都在寻求海外扩张，外资投行的跨境才能将更加被需要。事实上，这恰恰也是中资机构正在押注的新领域。目前，至少有 7 家内资券商获批开展跨境业务。比如华泰证券，早在 2016 年就通过其全资子公司泰金融控股（香港）有限公司收购 AssetMark Financial Holdings, Inc.的全部股份，后者是美国市场领先的统包资产管理平台。收购完成后，AssetMark 于 2019 年 7 月在纽交所上市。所以，对于当下的中国券商投行业来说，问题并不只在于外资行的中国布局有多猛，也在于中国券商的国际化布局有多快。很多中资机构也都以覆盖全球市场的高盛为目标。但目前来看，中国券商似乎还有很久远的路要走。即便是作为中国最大证券公司的中信证券，它在 2017 年的总资产也只相当于高盛的 10.44%。但毫无疑问，中资券商投行的"走出去"，将是它们与高盛目标的更近一步。

资料来源：刘淮, 洪鹄. 外资投行全面入华, 这次来的是鲨鱼还是鲶鱼？[EB/OL]（2020-03-03）[2020-04-09]. https://mp.weixin.qq.com/s/dUCvGP2_c5o37w_ZZscTPw.

# 第十二章 中国对外直接投资

**知识要点**

◇ 中国对外投资的主要特点；
◇ 中国对外投资中产业和区域的战略选择；
◇ 中国政府在对外投资中的合理定位。

## 第一节 中国对外直接投资概况

### 一、中国对外直接投资的发展历程

中国企业的对外直接投资和吸引外资一样，是改革开放以后逐步发展起来的。在二十多年的时间里，中国企业的对外直接投资主要经历了以下四个发展阶段。[①]

#### （一）第一阶段：1979—1985 年

这是我国企业进行对外直接投资的尝试性阶段。1979 年 8 月，国务院提出了 15 条经济改革措施，其中一条就是要出国办企业。在此精神的号召下，一部分具有进出口业务和涉外经验的企业率先走出国门，通过在海外设立代表处或海外贸易公司等形式，开始了跨国经营的艰难探索。

但是，在改革开放初期，中国企业的海外投资是在中央高度集中的严格审批下进行的，投资额极为有限；投资主体主要是大型的贸易集团和综合性集团；投资业务以贸易活动为主，海外市场进入方式多为海外代表处或合资企业。非贸易性企业的投资大多集中在餐饮、建筑工程和咨询服务等行业。

#### （二）第二阶段：1986—1991 年

随着我国对外开放程度的逐步深化，越来越多的企业把眼光瞄准了国际市场。与此同时，为了加速中国改革开放的步伐，促进有经济实力的企业参与国际竞争，政府也逐渐放宽了非贸易类企业到海外投资政策上的一些限制。同时，原外经贸部下放了部分企业海外投资的审批权限，简化了部分审批手续。

此阶段对外投资的特点是，国际化经营的领域开始多元化，海外企业数量迅速增长；对外投资的地域分布扩大，由 45 个国家和地区扩大到 90 个国家和地区；对外投资的行业也由服务业向资源开发、加工装配、交通运输、医疗卫生等行业延伸；对外投资主体由原来的外贸专业公司和省市国际技术合作公司向多行业的生产企业、集团企业转变。

---

① 刘文纲，张景云. 中国企业国际化经营的发展与现状分析[J]. 首都经济贸易大学学报，2002，6：46-49.

### （三）第三阶段：1992—1998 年

1992 年初，邓小平同志南方谈话，把中国经济体制改革和对外开放推向了一个新的发展阶段，国家外贸体制改革也加快了步伐。1991 年 2 月，国务院对海外投资审批权做出了修订。

体制的改革和经济形势的变化为中国企业国际化经营注入了活力，企业不断焕发海外投资的热情，促使对外直接投资的数量和地域范围不断扩大。截至 1998 年年底，我国非贸易类境外企业总数已达 2 396 家，中方协议投资额为 25.84 亿美元。投资区域遍及全球一百多个国家和地区，投资和合作重点开始从中国港澳、北美地区向亚太、非洲、拉美等广大发展中国家转移。投资的产业领域也从初期集中在贸易方面，发展到资源开发、工业生产加工、交通运输、工程承包、旅游餐饮、研究开发、咨询服务、农业及农产品综合开发等诸多领域。对外投资主体逐步从以贸易公司为主向以大中型生产企业为主转变，生产企业境外投资所占比重不断增大，境外贸易公司所占比重逐渐减少。特别是一批行业排头兵和优秀企业开展跨国经营，到境外开办企业，取得较好成效。

### （四）第四阶段：1999 年至今

这一时期是我国"走出去"战略的提出和最终确定时期。在这一时期，国家对外投资管理体制和政策环境也有重大改进。1999 年 2 月国务院转发了原外经贸部、经贸委和财政部联合制定的《关于鼓励企业开展境外带料加工装配业务的意见》。这份文件从指导思想、工作重点、有关鼓励政策、项目审批程序和组织实施等五个方面提出了支持我国企业以境外加工贸易方式"走出去"的具体政策措施。随后，国务院各有关部门又分别从财政、信贷、外汇和税收等方面制定了一系列具体的配套措施。这些都极大地促进了企业的对外直接投资活动，对外投资数量和规模快速增长。

2002 年以来，对外直接投资的步伐不断加快。如图 12-1 所示，2002—2018 年我国对外直接投资的年均增速高达 28.2%。自 2003 年以来，我国已连续 7 年位列全球对外直接投资流量前三位和发展中国家（地区）首位。2013 至 2018 年，我国对外直接投资累计流量达 8 741.1 亿美元，占对外直接投资存量规模的 44.1%。与此同时，如海尔、华为、中兴、美的集团等一批具有世界先进水平的优秀跨国企业，从过去设立境外贸易公司到在国外设立研发中心、设计中心、运营中心、物流中心等，从战略布局的视角不断完善全球产业链、供应链布局，推动价值链迈向中高端水平。

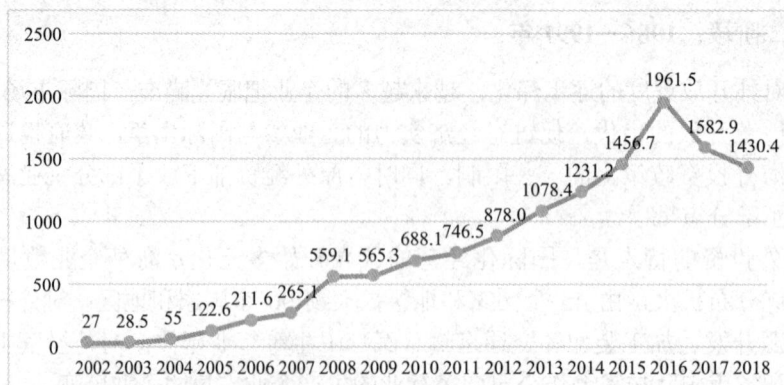

图 12-1　2002—2018 年我国对外直接投资流量

资料来源：根据商务部历年的中国对外直接投资统计公报整理而成。

## 二、中国对外直接投资的主要特点

### （一）投资规模

从纵向规模增长来看，我国企业对外直接投资一直呈快速发展态势：就对外投资流量看，据商务部和国家外汇管理局统计，2002 年我国对外直接投资仅为 27 亿美元，2018 年这一数字已增至 1 430 亿美元，短短 16 年时间增长了 50 倍。同时，2018 年我国对外直接投资流量规模略低于日本（1 431.6 亿美元），全球排名升至第二位，占全球份额由 2017 年的 11.1%上升至 14.1%，创历史最高值。2018 年我国对外直接投资涵盖了国民经济的 18 个行业大类，其中，流向传统租赁和商务服务、金融、制造、批发和零售业的投资均超过百亿美元，租赁和商务服务业保持第 1 位（507.8 亿美元），金融业位列第 2 位（217.2 亿美元），制造业位列第 3 位（191.1 亿美元）。[①]

从横向规模对比来看，与发达国家相比，中国对外直接投资的总体规模仍然较小，尚处于起步阶段。从对外投资流量来看，中国在 2018 年对外投资流量排名较之 2017 年有所提升，居世界第 2 位；从对外投资存量来看，截至 2018 年末中国累计输出的直接投资总额约 19 822.7亿美元，是 2002 年末存量的 66.3 倍，占全球外国直接投资流出存量的份额由 2002 年的 0.4%提升至 6.4%，排名也由第 25 位攀升至第 3 位，仅次于美国和荷兰。但从对外投资存量规模上看，中国与美国仍存在较大差距，截止 2018 年末美国存量规模为 6.5 万亿美元，中国仅相当于美国的 30.6%。因此，我国距离成为真正的对外投资大国尚有很长的路要走。

就单个项目的平均投资规模看，目前我国境外投资企业平均投资规模较低，不仅低于发达国家对外投资项目平均投资额，也低于发展中国家的平均水平。这是因为我国早期境外投资除资源开发型项目规模较大外，绝大多数都属中小型项目。[②]但是，近年来随着大中型生产项目出现，我国平均投资规模不断扩大，与世界平均水平的差距正在逐渐变小。2019 年 1—11 月我国企业在"一带一路"沿线的 61 个国家新签对外承包工程项目合同 6 055 份，新签合同额 1276.7 亿美元，占同期我国对外承包工程新签合同额的 61.2%，项目平均规模为 2 108.5万美元，带动出口作用明显，推进未来我国更多对外大中型项目的签订。

**📚 专栏 12-1："一带一路"带来对外投资新机遇**

中国企业对外投资已经进入到快速上升期。2014年中国实际对外投资额历史上首次超过吸引外资额约200亿美元，成为对外净投资国。对外投资巨大增量背后呈现出的特点为中国企业对外投资围绕"一带一路"布局加快，对沿线48个国家直接投资增长近60%。商务部数据显示，2015年前7个月，中国企业对"一带一路"沿线国家的直接投资额达73.9亿美元，同比增长58.5%。

"一带一路"的提出和逐步推进将为中国企业对外直接投资带来前所未有的战略机遇。

首先，大规模基础设施建设将拉动相关制造业海外投资。当前"一带一路"横跨欧亚非三大洲，沿线地区基础设施建设规模相当可观，与之相关的工程建筑、钢铁业、建筑材料业、装备制造业、运输设备制造业乃至通信、电子、化工等制造业都将获得强劲的增长驱动力。

---

① 商务部. 2018 年度中国对外直接投资统计公报[EB/OL].（2019-10-28）[2020-04-15]. http://fec.mofcom.gov.cn/article/tjsj/.

② 胡平，等. 我国对外直接投资的特点及战略选择[J]. 科技情报开发与经济，2004，12：130-131.

随着大规模基础设施建设的逐步铺开，相关行业的对外直接投资将逐步提速。

其次，基础设施条件提升将改善沿线国家的整体投资环境。基础设施条件的提升将降低运输成本，同时提高运输效率。整体投资环境的改善不仅会催生大量跨境贸易和人员流动，还会促进中国与沿线国家和地区的双向直接投资。对于企业来说，直接到对方国内投资建厂从事制造业和提供服务更为便利。整体投资环境的改进将提升"一带一路"沿线地区经济增长的潜力。

再次，沿线国家间的产业合作将推进中小企业的对外直接投资。一方面，沿线国家和地区的整体投资环境改善将为中国中小企业对外直接投资创造更好条件；另一方面，沿线国家间产业合作的加强会减少企业对外直接投资的障碍。

最后，"一带一路"将拉动服务业投资。大规模基础设施建设将拉动相关生产服务业境外投资；基础设施建设过程将推动中国金融机构的海外业务拓展；整体投资环境的改善会刺激贸易、运输、跨境电子商务等领域的对外直接投资。

"一带一路"涉及亚欧非众多国家和地区，一头是活跃的亚太经济圈，一头是发达的欧洲经济圈，穿越非洲，环连亚欧，沿线国家许多是发展中国家和新兴经济体，普遍处于经济发展上升期，发展潜力巨大。对企业来说，是一个难得的发展机遇，中国企业借此机遇"走出去"发展，要按照优势互补、互利共赢的原则，实现与周边国家的共同发展，要有新作为。

"一带一路"倡议，就是鼓励我们与沿线国家优势互补、开放发展，实现互利共赢、共同发展繁荣。通过"一带一路"，一方面可以将中国优质产能与丝路沿途国家和地区进行分享，促进当地经济的发展；另一方面亦可引进欧洲发达国家的先进技术、利用沿线国家和地区的资源优势，为我所用，促进我国经济的发展，这是一个合作共赢的倡议。

资料来源：宗庆后谈一带一路新机遇：企业要抱团 政府要支持[EB/OL]．（2015-08-22）[2020-04-15]. http:// finance. sina.com.cn/roll/20150822/184523038358.shtml.

### （二）投资主体

就境内投资主体的所有制性质而言，我国的境外投资正在从单一的国有企业对外直接投资向多种所有制经济主体对外直接投资转变。从数量上看，大型国有企业占比逐渐下降，如图 12-2 所示。在对外投资早期，主要是鼓励国有企业走出国门，这在特定的历史时期发挥了作用，但这些企业的投资成功率并不理想，实践证明，在国内就存在诸多问题的国有企业似乎更难在"他乡"立足。过去国有企业的投资政府决策的成分居多，企业缺乏实际的自主权，只能根据政府的主导意向进行决策及洽谈，其结果是投资企业缺乏与投资项目相适应的市场调研和可行性研究，未曾真正发挥出大型国企在资金、技术和规模上的优势。

就境内投资主体的行业分布看，从初期以国有外贸商业公司和工贸公司为主，转变为目前以租赁和商务服务为主的结构。据 2018 年中国对外投资统计公报的统计数据显示，中国对外直接投资企业达到 2.71 万家，其中：有限责任公司占 43.5%，较上年增加 2.1 个百分点，依然是中国对外投资占比最大、最为活跃的群体；私营企业占 24.3%，位列次席；再次为股份有限公司，占 11.1%。

从境内投资者的行业分布看，制造业是对外投资最为活跃的主体，占境内投资者的三成以上，涵盖了计算机/通信设备制造、专用设备制造、通用设备制造、纺织服装、医药制造、化学原料及化学制品制造等行业。这些行业是中国在国际市场上具有比较优势的主要行业，自然也成为中资公司海外投资的主要领域。不管是在发达国家，还是发展中国家，人们都可以见到越来越多本地生产的中国货。20世纪90年代以来，众多中小企业、私营企业成功地走出国门，尽管由于资本管制等外部条件的制约，这些中小企业在规模上远不及大型企业，但是它们能在艰难的条件下生存发展，已经表明了其对市场的把握和经营的效率。

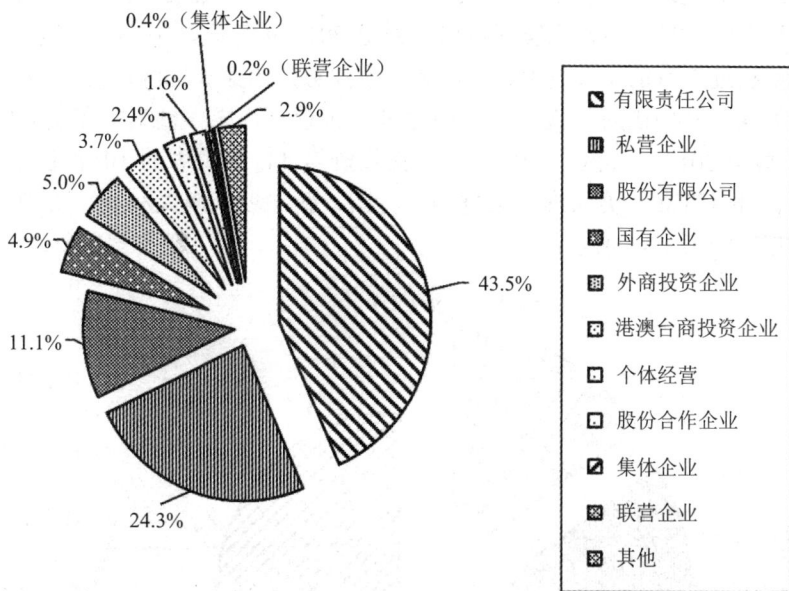

图 12-2　截至 2018 年境内投资主体按企业登记注册类型分布情况

资料来源：商务部. 2018 年度中国对外直接投资统计公报[EB/OL].（2019-10-28）[2020-04-15]. http://fec.mofcom.gov.cn/article/tjsj/.

### （三）投资方式

从海外投资企业的股权结构看，我国海外非贸易性企业采用合资方式的占大多数，独资的中国企业相对较少。这是因为我国处于对外直接投资的初级阶段，经验和实力都不足。采用合资可以利用当地合作伙伴的优势，享受东道国优惠政策，也能帮助企业避免或减少政治风险。

从海外投资企业的进入方式看，近年来我国企业海外并购步伐明显加快，跨国并购目前已经成为海外投资的主流形式，不仅数量越来越多，而且涉及行业越来越广泛。《2018 年中国海外投资指数公报》显示，2018 年中国企业共实施对外投资并购项目 433 个，涉及 63 个国家和地区，实际交易金额 742.3 亿美元，其中直接投资 310.9 亿美元，占并购总额 41.9%；境外融资 431.4 亿美元，占 58.1%。并购领域涉及制造业、采矿业、电力/热力/燃气及水的生产和供应业等 18 个行业大类。

在国外设立高新技术研发中心已成为我国对外直接投资的新亮点。在境外设立研发中心有助于利用国外的技术创新来改进和提高国内产品的技术含量，学习国外先进的管理经验和企业运行模式，通过境外产品开发来推动国内产品的技术升级和出口竞争力的提高；还可以使自己的产品更符合当地居民的使用要求，产品设计更加本地化。李宁集团和意大利著名的设计室 ROK 签订了设计合约；广东格兰仕集团投资 2 000 万美元，在美国西雅图设立了研发中心；深圳华为技术有限公司的海外研发机构遍及 8 个地区总部和 32 个分支机构，在硅谷、达拉斯、班加罗尔、斯德哥尔摩和莫斯科设立了研究所，并同摩托罗拉、英特尔、微软、日电等成立联合实验室，仅班加罗尔研发中心就在印度当地雇用了 1 500 名员工。

### （四）投资地域

一方面，中国的对外投资从 20 世纪 80 年代集中于美、日、欧等少数发达国家和中国的港澳等少数发达国家或地区，发展到周边国家和亚洲、非洲、拉丁美洲以及东欧独联体等广大发展中国家和地区，呈现多元化发展格局。截至 2018 年年底，中央企业境外单位有 9 000 多户，资产总量超过 7 万亿元人民币，投资和从事业务的国家和地区达到了 185 个。

但是另一方面，从中国对外直接投资的存量分布看，八成存量集中在发展中经济体，如图 12-3 所示。截至 2018 年年底，中国对外直接投资累计净额最大的 10 个主要国家和地区依次是中国香港、开曼群岛、英属维尔京群岛、美国、新加坡、澳大利亚、英国、荷兰、卢森堡和俄罗斯联邦，如表 12-1 所示。

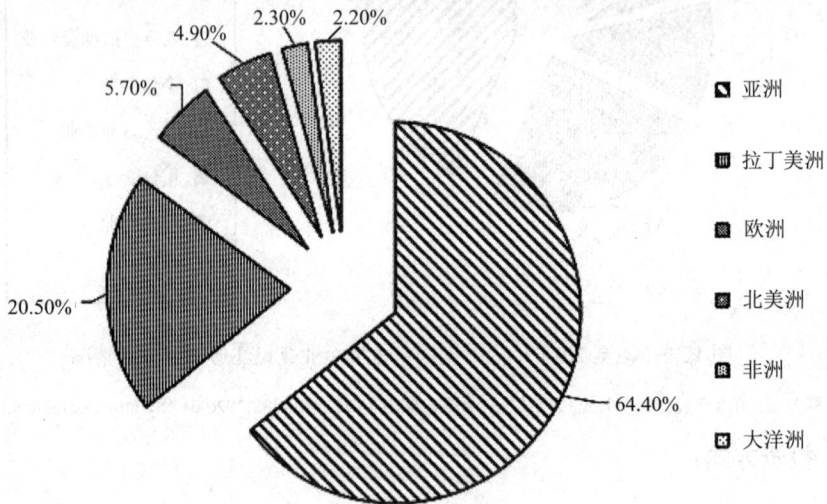

图 12-3　截至 2018 年中国累计对外直接投资净额地区构成

资料来源：商务部. 2018 年度中国对外直接投资统计公报[EB/OL]. (2019-10-28)[2020-04-15]. http://fec.mofcom.gov.cn/article/tjsj/.

表 12-1　截至 2018 年中国累计对外直接投资净额前 10 位的国家和地区

| 次　序 | 国家和地区 | 累计净额（亿美元） | 比重（%） |
| --- | --- | --- | --- |
| 1 | 中国香港 | 11 003.9 | 55.5 |
| 2 | 开曼群岛 | 2 592.2 | 13.1 |
| 3 | 英属维尔京群岛 | 1 305.0 | 6.6 |
| 4 | 美国 | 755.1 | 3.8 |
| 5 | 新加坡 | 500.9 | 2.5 |
| 6 | 澳大利亚 | 383.8 | 1.9 |
| 7 | 英国 | 198.8 | 1.0 |
| 8 | 荷兰 | 194.3 | 1.0 |
| 9 | 卢森堡 | 153.9 | 0.8 |
| 10 | 俄罗斯联邦 | 142.1 | 0.7 |

资料来源：商务部. 2018 年度中国对外直接投资统计公报.

从目前的情况看，虽然我国的港澳地区仍是投资热点，但是对亚洲的投资流量明显减少，而对其他地区的投资有所增加。2018 年，我国对亚洲的直接投资为 1 055.1 亿美元，占当年对外直接投资流量的 73.8%，相比于 2016 年的 1 302.7 亿美元减少了近 19%；其次是拉丁美洲 146.1 亿美元，占 10.2%；欧洲 65.9 亿美元，占 4.6%；大洋洲 22.2 亿美元，占 1.5%。值得一提的是，该年对北美洲和非洲的投资快速增长，投资流量分别为 87.2 亿美元和 53.9 亿美元，同比增长分别为 32.4% 和 31.5%，尽显增长活力，这说明我国投资流向呈现向世界各地分散的趋势。

### （五）投资行业

我国的投资领域不断拓宽，由初期的进出口贸易、航运和餐饮等少数领域拓展到加工制造、资源利用、工程承包、农业合作和研究开发等国家鼓励的领域。以"一带一路"沿线国家为例，2014—2018 年中国境内投资者对"一带一路"沿线国家直接投资累计达 823.5 亿美元，投资合作领域不断拓宽，合作方式不断拓展，除电力、交通、石油石化、建筑建设等传统领域外，在租赁和商务服务业、金融业、批发和零售业、信息传输、软件信息技术服务等领域的投资规模也将持续增加。

就我国对外投资的存量看，行业分布比较齐全，租赁和商业服务业、批发和零售业、信息传输/软件和信息技术服务业以及制造业等五大行业占存量的 75.8%。租赁和商业服务业以 6 754.7 亿美元高居榜首，占中国对外直接投资存量的 34.1%；批发和零售业 2 326.9 亿美元，位列第二，占比 11.7%；金融业 2 179 亿美元，位列第三，占比 11%；信息传输/软件和信息技术服务业 1 935.7 亿美元，占 9.8%，为我国对外投资较为聚集的领域；制造业 1 823.1 亿美元，占 9.2%，其中装备制造业存量 959.2 亿美元，占制造业投资存量的 52.6%。如图 12-4 所示。

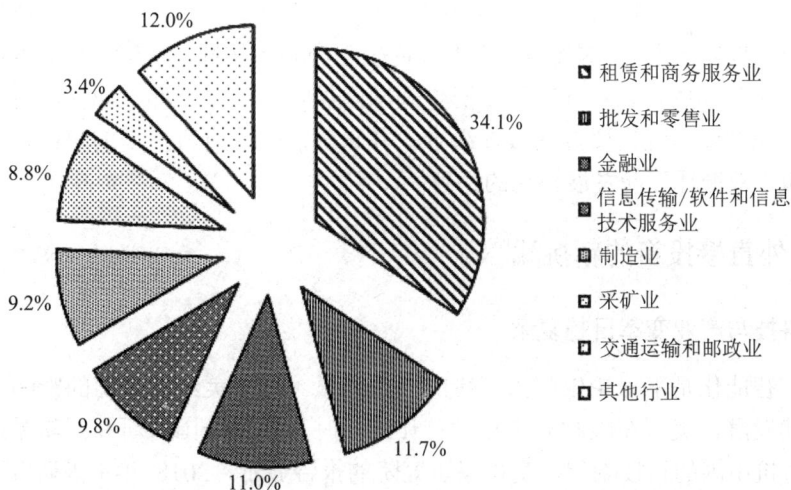

图 12-4　截至 2018 年我国对外直接投资存量分行业分布情况

资料来源：商务部. 2018 年度中国对外直接投资统计公报[EB/OL].（2019-10-28）[2020-04-15]. http://fec.mofcom. gov.cn/article/tjsj/.

值得一提的是，我国的对外投资产业存在三方面挑战[①]：（1）产业结构失衡，即近年来

---

① 王诗烨. 当前中国 OFDI 产业选择的问题及对策分析[J]. 价格月刊，2017，12：88-92.

中国对第一产业的直接投资比重逐年下降，第二产业比重有波动性下降趋势，第三产业比重呈波动性上升态势。这种"贸易型"的第三产业和过分偏重于资源开发、初级制造业的第二产业对外投资产业结构，有可能导致中国对外直接投资与国内产业结构调整、产业技术升级等关系的断裂，也会影响中国企业对外直接投资的竞争力和投资绩效。（2）同一产业内部的行业结构失衡。在制造业内部，制造业对外投资与其在国内产业的地位不符，存在总量水平偏低、结构分布不合理等问题；在服务业内部，传统服务业居多，现代服务业偏少；在农业部门，不仅对外投资规模小，而且主要集中在初级农产品及其初加工项目上。从区域分布来看，中国农业对外直接投资主要分布在东盟及俄罗斯等国家和地区，主要投资领域为经济林种植、林木采伐与初加工、渔业捕捞、水果蔬菜种植等劳动密集型农业，其产品附加值较低，缺乏国际竞争力。（3）部分产业选择与区位选择错位。一方面，中国对外直接投资的产业选择与区位选择组合度较高，例如，截至2015年年底，采矿业主要分布在澳大利亚、巴西及秘鲁等矿业禀赋资源丰富的区域，在采矿业对外直接投资存量中，仅澳大利亚一国就占到总存量的14.38%；另一方面，中国制造业对外投资存在产业选择与区位选择错位现象。中国制造业在进行对外直接投资过程中，没有结合产业自身特点合理选择和利用东道国的区位优势，致使其产业比较优势没有得到充分发挥。例如，中国制造业中具有比较优势的纺织业，理应选择劳动力更为低廉、棉花等原材料供应更为丰富、相关产业发展水平相对更低的国家和地区进行投资。实践中却出现了大量投资于超过中国纺织业发展水平的国家（如印度等），甚至纺织业很发达国家和地区的现象，最终导致重复建设、资源浪费甚至亏损。

# 第二节　中国对外直接投资的战略选择

党的二十大报告指出，"增强国内大循环内生动力和可靠性，提升国际循环质量和水平"，实现"高水平对外开放"。对外直接投资作为国际循环的重要一环，如何应对国际投资领域的新挑战，实现产业与区位要素的最佳组合，并正确定位政府所扮演的角色，事关国际循环质量的提升和"双循环"新发展格局的构建。

## 一、中国对外直接投资的新挑战

### （一）科技与产业变革日趋复杂

数字化、智能化是下一轮生产力革命的核心力量。受中美经贸摩擦的影响，中美"科技脱钩"论持续发酵，美国在限制对华技术转让的同时，通过跨国科研和创新系统提高自身的科技实力，对抗中国的科技崛起。麦肯锡研究院的报告显示，2018年中国研发开支已居世界第二位，仅次于美国，但在一些核心技术上中国仍需进口。海外知识产权的引进对于长期处于全球价值链、创新链跃迁进程中的中国来说必不可少，国家外汇管理局有关数据显示，2018年中国知识产权进口358亿美元，同比增长24.74%，专利出口56亿美元，仅为进口额的15.6%。在科技革命重塑全球竞争格局的时代，中国企业面临提高创新链条和产业链条的本地化挑战，特别需要在人工智能、物联网、新能源、生命科技、航空航天、纳米科技等前沿性和颠覆性关键技术领域增强产品自主创新能力，降低对外依赖度，以科技赋能贸易、投资产业发展，增强产业链开放的内外联动效应。

### （二）投资保护主义逆流而动

一些国家的外国投资政策趋严，覆盖重点关键领域。面对中国企业不断增长的海外资本拓展和跨国并购的步伐，欧美发达经济体的贸易保护主义抬头，一部分欧美国家担心中国企业通过战略性领域的并购，如能源、基础设施、高科技和电子产品等，落实制造强国战略，威胁到自身政治经济地位。近些年来，欧美国家突破了传统国家安全行业，外资审查行业范围不断扩大，逐渐将关键基础设施行业和高科技技术作为重点审查领域。美国指定的关键基础设施几乎涵盖美国绝大多数行业，在《外国投资风险评估现代化法案》中，美国还扩大了"关键技术"的界定范围，将美国具有领先优势的"新兴和基础技术"也归入审查范围。在欧盟外资审查新框架的提案中，欧盟特别强调涉及核心基础设施和核心技术的行业的审查，包括能源、交通、电信、人工智能、机器人、半导体、航空、网络安全等行业。

### （三）经济一体化建设面临考验

在区域经济一体化建设方面，"区域全面经济伙伴"（RCEP）历经 7 年的谈判后取得重大进展，有望重塑亚太地区的生产和供应链网络，然而由于印度担心国内产业遭到他国制造业的冲击而宣布推迟签署 RCEP 协定，导致日本的参与动力下降。东亚国家在东亚一体化进程中达成了一些较为宽泛的基本原则，但在目标、路径等重大问题上缺乏政治共识，缺乏推动"东亚经济共同体"的核心力量。此外，美国提出的"三零"策略与发达国家倡导的"监管一致性"，反映了其对高水平贸易投资自由化、便利化的诉求，但背后隐含着欧美借全球经贸规则重构，宣扬"公平贸易"的理念，迫使他国改变经济发展模式、开放市场，进而对中国市场开发与经济体制改革施加压力。

### （四）全球供应链面临短链挑战

大国博弈、贸易摩擦将重塑全球产业链和价值链，从而对中国的对外直接投资带来压力。中美贸易摩擦在短期内或将推动中国劳动密集型产业价值链转移，也会提升美国进口商品价格，进而通过全球价值链的"涟漪效应"抬高全球制造业成本。以美国为首的发达国家提出的"再工业化"口号，不仅强调制造业回流，还强调通过抢占高技术行业领域，发展高附加值制造业，通过新的"工业革命"带来全球经济话语权。目前，福特公司、通用电气等美国传统行业的一部分工业园区回迁美国，现代汽车、三星也增加在美投资。美国以税改等政策性的引导方式，减少中国企业高端制造业核心上游链的供给。与此同时，随着技术变革的不断加速，服务在全球贸易中的比重日益增加，全球供应链朝着更短、更快、更智能的方向发展，跨国企业不再主要以成本为基础来规划和获取供应链，这种短链革命将促使产业链围绕区域中心进行融合，以减少零部件贸易，应对供应链风险，这将影响全球价值链的布局和重塑。

### （五）企业合规经营存在短板

近年来某些企业因环保标准、生态评估和劳工权益等问题遭遇来自东道国政府、金融机构和非政府组织的阻力，严重者项目被关闭，影响中国企业声誉及可持续发展。随着公私合营（PPP）模式和"投建营一体化"模式（BOT）成为基建行业发展主流，"一带一路"国家业主趋向于把项目风险和业主责任下移承包商，使得基于全过程的合同管理风险管控难度增大，工期、费用、质量、组织和人力资源对中国海外工程承包商的项目管理水平和系统整合能力提出更加专业的挑战，许多中资企业对项目所在国有关法律规定不够熟悉，易导致法律纠纷，影响企业竞争力。

### 📚 专栏 12-2：贸易摩擦背景下的中国跨境直接投资

2018 年以来，全球贸易局势紧张给中国乃至全球经济造成了巨大不确定性。理论上讲，因为贸易壁垒增加，外商来华投资减少、中国对外投资增加，是重要的金融传导渠道。一般认为，这将引起全球价值链和产业链的重构，且整体对中国不利。据商务部统计数据，2018 年，对外直接投资（以下简称 ODI）流出 1 430 亿美元，较上年下降 9.6%（非金融类对外直接投资增长 0.3%），2019 年前 11 个月非金融类 ODI 流出 988 亿美元，同比下降 5.5%。

#### 1. 商务部与外汇局 ODI 统计口径的差异

中国对 ODI 流量统计有商务主管部门和外汇管理部门各自负责的两套口径。相对而言，两部门的 ODI 统计工作协调更加密切，2010 年以来更是联合发布年度中国对外投资发展报告。但由于工作侧重点不同，两部门的 ODI 统计仍存在以下差异：一是商务部门只记录 ODI 流入，外汇局却是当期 ODI 项下的流出、流入（如转股撤资的回流）同时反映，故商务部是流量数据，而外汇局是国际收支口径的净流量数据。二是外汇局按季统计新增股权投资和现有境外投资企业的收益再投资情况，商务部门的月度数据中不含此信息，年度数据中才包括部分信息。三是国际收支口径的对外直接投资除股权投资外，还有境内母公司与境外投资企业之间的关联贷款，商务部门的月度数据中不包括这方面的统计，年度数据中才有部分信息。四是商务部门月度数据中不含金融业 ODI 的统计，年度数据才包括部分信息，但外汇局的口径季度数据包括了这部分内容。五是外汇局口径还包括了居民境外购买不动产，商务部门口径不含此项统计。

2018 年，外汇局国际收支口径（即净流量口径）的 ODI 净流出 965 亿美元，较商务部流量口径的月度非金融类 ODI 流出累计值低 19.9%，较商务部流量口径的年度 ODI（含金融类）流出额低 32.6%；2019 年前三季度，ODI 净流入 695 亿美元，较商务部流量口径的月度非金融类 ODI 流出累计值低 14.2%（见图 12-5）。

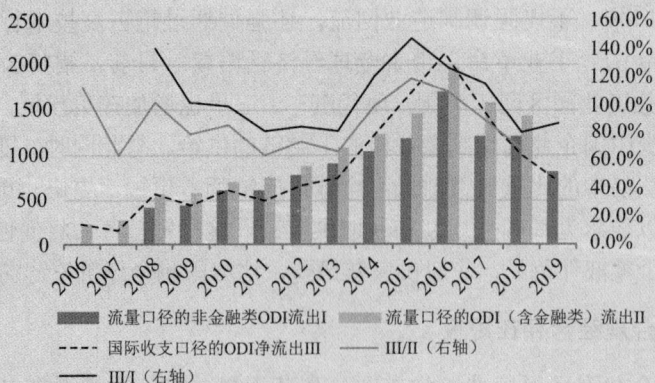

图 12-5 中国商务部与外汇局口径的 ODI 流出情况（单位：亿美元）

资料来源：联合国贸发会议；国家外汇管理局；商务部；WIND.

### 2. 对外直接投资净流出略有下降但对外股权投资净流出增长较快

从国际收支口径看，2018 年中国对外直接投资净流出额较上年减少 30.2%，降幅远大于商务部流量口径 ODI 流出额减少 9.6%的水平。这显示在中美贸易摩擦升级初期，中国企业并未对外大规模产业转移。2019 年前三季度，对外直接投资净流出额同比下降 2.1%，但降幅较上年大幅收窄，下降了 15 亿美元。从资金来源看，对外关联企业债务净流出减少是主要原因。2019 年前三季度，较为稳定的对外直接投资项下股权净流出 668 亿美元，增长 19.1%，增加 107 亿美元，相当于总降幅的 7.2 倍；关联企业债务净流出 26 亿美元，同比减少 82.3%，下降 122 亿美元，相当于总降幅的 8.2 倍（见表 12-2）。

从部门来看，非金融部门对外直接投资净流出减少是主要渠道。2019 年前三季度，非金融部门对外直接投资净流出 542 亿美元，同比下降 3.1%，减少了 17 亿美元，相当于总降幅的 117.5%；金融部门对外直接投资净流出 152 亿美元，同比增长 1.7%，增加了 3 亿美元，相当于总降幅的 17.5%。而非金融部门对外直接投资净流出减少又主要是因为关联企业债务净流出减少 72.5%，减少了 100 亿美元，相当于全部门口径对外直接投资净流出总降幅的 6.7 倍（见表 12-2），相当于全部门口径关联企业债务总降幅的 82.1%；股权投资净流出同比增长 19.6%，增加了 83 亿美元。如前所述，从资金性质看，尽管 2019 年前三季度中国对外直接投资净流出总体下降，但对外股权投资净流出增长较快。对外股权投资的变化究竟是新增股权投资还是收益再投资变化所引起的，也需要进一步分析。

表 12-2　中国国际收支口径 ODI 净流出状况及其构成（单位：亿美元）

| | 2018Q3 | 2019Q3 | 同比变动率 | 同比变动额 | 占比 |
|---|---|---|---|---|---|
| 直接投资资产 | 710 | 695 | -2.1% | -15 | 100.0% |
| 股权 | 561 | 668 | 19.1% | 107 | -720.0% |
| 关联企业债务 | 148 | 26 | -82.3% | -122 | 820% |
| 金融部门 | 150 | 152 | 1.7% | 3 | -17.5% |
| 股权 | 140 | 164 | 17.5% | 24 | -164.0% |
| 关联企业债务 | 10 | -12 | -215.0% | -22 | 146.5% |
| 非金融部门 | 560 | 542 | -3.1% | -17 | 117.5% |
| 股权 | 421 | 504 | 19.6% | 83 | -556.0% |
| 关联企业债务 | 138 | 38 | -72.5% | -100 | 673.4% |

资料来源：国家外汇管理局。

### 3. 跨境资本流动冲击风险总体可控

改革开放以来，中国实际利用 FDI 累计达 2.03 万亿美元。截至 2018 年底，中国 FDI 存量为 2.76 万亿美元，其中外商股本投资存量为 2.53 万亿美元（剔除了关联企业债务），高于同期实际利用 FDI 流量累计值约 1/4。高出部分就是外商投资企业资产按市值重估的溢价，这里面既有汇兑损益，也有资产增值的账面所得。

近三万亿 FDI 存量并不意味着外商撤资时仍有这么多的资金汇出需求。一方面，外商清盘撤资时，其资产需按市价重估。在外资集中甩卖资产的情况下，资产大概率会大幅缩水。亚洲金融危机爆发后，新的货币危机模型就提供了一种解释，即存在道德风险（如汇率僵化产生的隐性担保）情况下，对外过度借贷后，市场预期突然逆转，引发集中甩卖资产，进而导致货币崩盘。另一方面，即使清产核资后，外商将清盘所得购汇汇出，届时也是按照即期市场汇率而非历史汇率购汇汇出。例如，2018年6月底，中国FDI的股权投资存量为2.57万亿美元，2019年9月底为2.55万亿美元。其中，仅仅因为人民币兑美元汇率中间价由2018年6月底的6.6166跌至2019年9月底的7.05331，这部分存量就将缩水6.5%，约合1650亿美元，略大于当期外汇局统计的FDI股权投资净流入累计值1582亿美元。因此，人民币汇率将会发挥汇率"稳定器"的作用。

此外，从每年FDI和ODI流量与当期固定资本形成总额之比的国际比较看，中国与全球平均水平相比仍有较大差距。2008—2016年，中国FDI流量与固定资本形成总额之比平均为3.6%，较全球平均水平低3.1个百分点；ODI流量与固定资本形成总额之比平均为2.7%，较全球平均水平低5.7个百分点（见图12-6）。

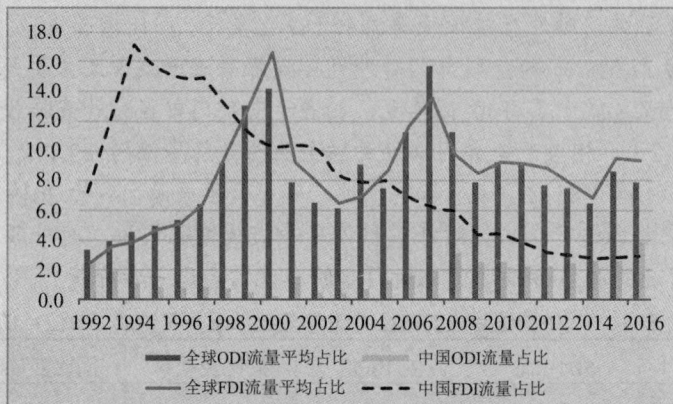

图12-6　中国FDI和ODI流量与固定资本形成总额之比的国际比较（单位：%）

资料来源：联合国贸发会议；WIND.

这表明，中国无论"引进来"还是"走出去"，都还有较大空间。下一步，应按照准入前国民待遇和负面清单管理原则，不断扩大高水平对外开放，改善外商投资环境，增强对外资的吸引力；积极发挥中国的市场潜力和产业集群优势，推动产业向对内梯度转移，延缓产业空心化进程；进一步完善境外投资管理政策支持和监管体系，支持有条件的企业"走出去"，通过产业转移实现贸易差额的转移正是当年日本应对日美经贸纷争、缓解双边贸易失衡的重要途径。

资料来源：管涛.贸易摩擦背景下的中国跨境直接投资——来自国际收支数据的观察[J].金融经济，2020，1：4-10.

## 二、中国对外直接投资的产业选择

### （一）产业选择标准

我国在进行对外投资时，既要立足现状选择比较优势产业输出，又要考虑到经济发展的长远需要。因此，产业选择主要应该按照以下五个导向展开。

1. 资源保障导向

一国经济的发展总是建立在充足的自然资源基础之上。随着我国经济发展，国内资源约束问题突显出来，有必要进一步利用其他国家和地区的自然资源来保持经济的长期稳定发展。单纯依靠传统的贸易渠道难以保证重要资源长期稳定的进口，这就要求我国从战略高度进行对外直接投资，在境外建立一批战略性资源开发生产供应基地。

2．市场导向

国际贸易保护主义重新抬头，表现为种类繁多的非关税壁垒、滥用反倾销调查等多种形式。中国作为受反倾销指控最多的国家之一，传统优势产品出口深受其害。而通过对外直接投资于目标市场，"变国内生产国外销售为国外生产就地销售"，能很好地绕过贸易壁垒。同时，可以使设计和生产更贴近市场，既方便捕获市场动态，又降低了运输费用，得以维持和扩大市场占有率。

3．产业结构导向

对外投资应该具有推动国内产业升级的作用，从国内产业结构出发，既要转移国内比较优势产业，又要注重投资产业的辐射效果以带动国内产业链发展。

（1）结构高度同质化，发达国家的对外直接投资主要集中在第三产业，同时，对高技术产业的对外投资也呈上升趋势。这表明对外直接投资的产业选择应与国内的支柱产业选择呈现一定程度的吻合。由于中国国内经济发展的整体水平不高，产业结构层次还比较低，不能盲目要求第三产业和高技术产业成为对外直接投资的重点，但这些产业是中国未来对外直接投资的重点发展方向。

（2）产业相对优势，是指东道国产业相对投资国同类产业所具有的优势，这是某产业能否进行对外直接投资形成跨国体系的前提条件，既可表现为"边际产业"，也可表现为"优势产业"和"中等水平产业"。通过相对优势产业的转移，可以满足国内产业结构调整和升级的需要。

（3）产业内贸易量，是指某产业的对外直接投资所能形成的母国相关生产环节的交易份额。显然，这种交易份额越大，对国内产业的辐射越广，对拉动国内产业结构升级越有利。优先选择产品供应链长的产业，能够增加产业内贸易量。

4．学习和技术寻求导向

在国内管理落后、研发能力难以满足经济增长的情况下，就需要从国外引进先进的科学技术和管理方法。目前通过外资引进的技术没有知识产权，受到发达国家对本国先进技术外流的严格限制，也不能完全适合国内市场和产业的需要。因此应该直接到科技资源密集的地方投资设立研发机构和兴办高科技企业，开发生产具有自主知识产权的新技术、新产品；或在发达国家与拥有当地先进技术的企业合资或直接收购当地高科技企业，以便及时学习国外先进的管理方法，并将这些先进技术和管理方法带回国内。

5．品牌提升导向

我国经济发展已经到了一个转折点，要从利用别国的著名品牌发展本国的产业转变为培养我国自己的世界著名品牌。这可以通过两条途径得以实现：一方面，国内企业可以通过到发达国家和地区进行直接投资，显示自己在资金、技术和人才等各方面的实力，从而变"中国制造"的廉价品形象为发达国家和地区本土产优质品的形象，提高企业知名度，提升自己的品牌竞争力，如海尔模式；另一条途径是通过收购国际知名品牌，如 TCL 并购汤姆逊，将著名品牌直接收归旗下。

**（二）重点投资领域**

一直以来，中国海外投资的首要对象是原材料、自然资源和能源等领域。但是，随着铜、铁、铝、炼油等相关行业产能过剩相对突出，在国内经济转型升级的大背景下，资源行业"走出去"势能相对下降。2018年，中国企业对采矿业对外直接净投资额为46.2亿美元，仅占我国对外净投资总额的3.2%，较之2011年（19.4%）下降了16.2%。与此同时，欧债危机严重削弱欧洲银行系统的放贷能力，大量企业陷入经营困境，企业重组意愿强烈，这有利于买方市场形成。像英国最老牌百货公司福来莎百货等拥有广泛市场网络和影响力的经典品牌企业、德国混凝土巨头普茨迈斯特公司等拥有精湛技术的制造业企业，纷纷向中国投资者抛来橄榄枝。

中国企业在欧美的投资领域十分广泛，并且呈现日益多元的投资布局。值得关注的重点投资领域主要有以下几个。[①]

（1）金融业。人民币国际化导致的跨境贸易结算，为中资金融机构在海外市场创造了清算和结算服务需求。中国企业在海外市场快速扩张对支付结算、项目贷款、并购贷款、经营性贷款、结构化融资、全球现金管理等综合性金融服务产生大量需求。

（2）基础设施领域。国际金融危机对发达国家的一个重要启示是要推行结构性改革和改善供给面，但经济低迷导致基础设施建设支出疲弱，于是这些国家加大在基础设施领域的对外开放力度。对于中国企业而言，发达国家基础设施领域能够提供风险相对较低、回报持续稳定的投资收益。截至2018年末，我国铁路、船舶、航空航天和其他运输设备制造业累计出口交货值达2 001.1亿元，比上年累计增长2.2%。北京建工参与了英国曼彻斯特空港城建设项目，中广核和法国电力公司签署合作协议。未来这样的交易将越来越多。

（3）高端消费品行业。面对国内对高端消费品日益增长的需求，不少中国企业产品一直苦于无法实现高附加值和高端品牌定位。要进入门槛高、品牌历史悠久、原产地相对垄断的高端消费品行业，直接参与到世界级企业中而非白手起家树立品牌，成为不少中国企业的优先选择。

## 三、中国对外直接投资的区域选择

在选择对外投资的区域时，必须对区位条件做出分析。区位因素涵盖面很广，需要指出的是，对于不同性质的企业，看重的区位条件也是不同的。在此把企业划分为贸易型、生产型和研发型三种，分别需要关注的区位要素如表12-3所示。

表12-3 不同类型的企业需要关注的区位要素

| 企 业 类 型 | 关注的东道国区位要素 |
| --- | --- |
| 贸易型 | 市场大或有发展潜力<br>国际化的商务环境<br>接近主要市场<br>与主要市场国关系良好，利于企业建立全球营销网络 |
| 生产型 | 政治稳定<br>外资政策优惠，宏观经济稳定<br>优越的生产要素条件，资源要素有互补性<br>接近主要市场地，向别国出口便利<br>东道国产品的国际形象好，有利"原产国"效应<br>全球竞争对手的存在 |

① 王碧珺. 中国对外投资布局日益多元化，三大领域值得关注[N]. 人民日报，2015-04-01（23）.

| 企 业 类 型 | 关注的东道国区位要素 |
|---|---|
| 研发型 | 世界工业创新的主要源泉<br>具有高素质或低成本的研究与开发人员<br>拥有迅速增长的消费群体，便于把握新型消费需求 |

资料来源：董小森．中国跨国经营企业对外直接投资区位环境分析[J]．经济纵横，2004，11：8-10.

### （一）世界主要国家和地区的区位优势分析

环顾世界各个地区，在投资软硬环境、资源禀赋和经济发展水平方面各有特色，而对于中国企业而言，都有独到的区位优势。

欧盟、美国、日本以及包括澳大利亚、加拿大等国在内的 20 余个西方工业发达国家（地区），是当今世界吸引外资最多的地区，其吸引力主要来自以下几方面：市场容量大，现实购买力强，消费水平高且多样化；社会分工高度细化，投资机会丰富；资本市场发达，方便企业融资；先进的科学技术和管理经验，可供企业借鉴；工业群集，为企业参与协作与竞争提供了最直接的环境。

亚太地区作为世界上引资前景最为看好的地带，优势体现在：拥有大量人口，是世界上最具潜力的大区域市场；政府对外国投资者实行不同程度的优惠政策，投资环境比较完善；经济技术水平同我国接近，中国的不少产品和技术在该地区有广阔的潜在市场；由于地缘因素，有相似的语言文化背景，华侨云集，既能最大限度地避免文化冲突，又对中国传统产品有特殊需求。

东欧地区和俄罗斯等国正在成为世界上另一个迅速崛起的吸引投资的热点地区，其特有区位优势体现在：由于历史原因，曾经同中国有长期经济交往和联系，中国企业对其产业技术和社会环境相对熟悉；拥有仅次于西方工业化国家的技术经济基础以及相当丰富的自然资源，是一个极有潜力的区域大市场和资源供给地；重工业发达，轻工业落后，有很强的消费品需求。

中东石油国家和地区的区位优势则主要体现为：这些国家和地区拥有庞大的石油收入，是世界上最富裕和消费水平最高的地区之一；该地区内部制造业欠发达，依赖国外消费品供应，而中国商品在当地颇受欢迎；全球石油储量最大的地区，可满足我国对战略性资源的需求；具有不断扩大社会福利设施等建设的巨大财力和强烈愿望，存在着巨大承包市场。

非洲地区和拉美地区经济发展水平落后于我国，适合我国产业梯度转移的需要；农业资源和矿产资源丰富，是极具潜力的战略资源基地；多数国家采取了鼓励外国投资的政策，且同我国政治关系友好。

### （二）我国不同行业的区域选择策略

利用我国的相对技术优势，巩固和加强对发展中国家纺织、服装、机电制造等产业部门的直接投资。20 世纪 90 年代以来，发达国家在加强资本相互渗透中减少了对发展中国家的直接投资，而这正好为我国扩大对那些发展中国家的投资提供了契机。广大发展中国家与我国经济发展水平相近，有着良好的政治经济联系。这些国家正积极开放市场，制定各项优惠政策。在这些国家投资有利于我国技术优势的发展，降低投资成本，带动我国技术、设备和劳动力等生产要素的转移，扩大出口创汇。对发展中东道国而言，中国的生产技术与机器设备比较适合这些国家的经济发展水平，因而可发挥生产技术的比较优势，赢得生产上的比较收益，从而带动机械设备的出口和劳务输出，开拓发展中国家市场。亚太地区与我国临近，市场潜力大，经济发展快，海外华人也多，在发展中国家中，应成为我国大力发展对外直接投资的首选区域。另一方面，由于我国有些产品直接销往欧美市场难度较大，因此，可利用东道国的出口配额或其他优惠条件，间接进入欧美市场。同时，逐步向新兴市场国家转移，中东、南非、拉美、中亚等是重点，但这些地区投资环境相对较差，要有重点地选择经济条件好、政治格局稳定的国家进行投资。

加强对欧美等发达国家的直接投资，发达国家拥有先进的技术和大容量的市场，在以发展中国家作为起步的同时，也应扩大对发达国家的投资，以逐步实现投资市场的多元化。一方面可以提高我国科技水平和管理能力。在欧美一些高科技领域兴办不同形式的合资合作公司，进行有选择的直接投资，可以成为我国企业获得世界先进技术和管理经验的一个重要渠道。另一方面，我国制造业中的一些优势产业，如家电、纺织服装等，在发达国家有旺盛的市场需求，但其本土企业已大多处于衰退境地，通过对外直接投资，整合发达国家的衰退产业，不仅可以绕过贸易壁垒，扩大市场占有率，又能快速壮大我国企业实力。

积极慎重地发展对俄罗斯、东欧国家的直接投资。正处于经济改革中的俄罗斯、东欧诸国欢迎世界各国去进行贸易和直接投资，并提供良好的条件。当然，这些国家投资环境较差，但这一地区的经济潜力和市场前景不可忽视。应抓住这个机会，针对这些地区重工业先进、轻工业落后的特点，发挥轻工业发达的相对优势，出口轻工业产品，进口重工产品，投资于轻工业、加工制造和服务性行业，如家电、服装、纺织、皮鞋、丝绸以及餐饮业等。

## 📚 专栏 12-3：阿里巴巴如何拓展东南亚市场

2016 年 4 月 12 日，阿里巴巴集团宣布以 10.2 亿美元认购 Lazada 的控股股权，其中包括新增的 5 亿新股和一部分在投资人手中的股票，这标志着阿里巴巴集团并购 Lazada 的方案已经正式开始。2017—2018 年 3 月，阿里巴巴集团又以 10.16 亿美元的价格收购了 Lazada 的一部分股权，通过这些交易，阿里巴巴集团对 Lazada 的持股比重约为 91%。

通过对 Lazada 的投资不仅使阿里巴巴获得了海外市场的入口，也使得阿里巴巴平台上的商家进一步开拓东南亚市场。2016 年 4 月份收购 Lazada 的当季，阿里巴巴来自国际零售业务的营业收入达 1.68 亿美元，占总营业收入的 4%，同比增长 123%。而收购后的一年时间中，阿里巴巴营业收入相比去年增长 47.57%，达到 234.69 亿美元，可见阿里巴巴收购 Lazada 为其带了巨大经济效益。

从阿里巴巴并购 Lazada 的过程中进行分析，可以看出以下几点战略选择：

1. 利用政策优势，实现快速发展。海外并购一直以来都受到国家重视，而"走出去"政策的大力推进也是希望我国企业可以开辟海外市场，因此国家在海外并购这一方面开通了许多绿色通道。同时在社会稳定和宏观经济景气的情况下，阿里巴巴更容易获得优势资源。另外，阿里巴巴进入东南亚后，Lazada 上的商家平台必然增多，就会造成需求增多，因此阿里巴巴可以充分利用这一机会实现自身的快速发展。

2. 利用支付方式，提高资金使用率。一方面，由于 Lazada 缺乏统一的支付手段造成支付混乱，因此资金回收速度较慢，而阿里巴巴不仅在支付系统上拥有先进的技术，同时云计算技术也突破了距离、地域的限制，且优化了资源，节省了用户时间。另一方面，由于自主开发 OceanBase 数据库支撑了支付宝、余额宝的真实交易，因此它的金融级别可靠性比较高。通过实施并购可以将阿里巴巴先进的支付方式引入到 Lazada，提高资金的到账率，进一步增大了阿里巴巴的现金流。

3. 完善经营方式，突破规模限制。资料显示，阿里巴巴的用户增长已经达到上限，因此想在国内市场上进一步取得突破已经变得非常困难，所以成功并购 Lazada 也是阿里巴巴另辟蹊径，扩大自身规模所想到的办法。Lazada 和阿里巴巴在经营模式上虽有相似，但是阿里巴巴的经营远比 Lazada 要成功，从 Lazada 的融资资金消耗过快可以看出它的内部管理水平较低。而在实行增长战略的前提下，将阿里巴巴的先进管理方式引进 Lazada，同时 Lazada 原有的欧美先进管理方式也可以影响阿里巴巴，实现合作共赢。

4. 引进国际化人才，实现长远发展。并购往往可以使不同国家的人才相互交流并相互学习不同企业的经验，阿里巴巴要走向国际化就需要国际化的人才去解决各国面临的法律问题以及管理问题。而 Lazada 的团队人员大多为欧美人，拥有先进的管理经验，此时通过并购不但可以使阿里巴巴增添国际化人才，而且可以直接利用这部分先进管理人才走适合后 Lazada 本土化发展的道路。

5. 提升品牌效益，走国际化道路。品牌效应可以为企业的发展带来不可估量的作用，例如 1988 年受亚洲金融危机的影响，许多采用商业票据进行融资的企业都受到了冲击，但是中集集团却以自身良好的品牌效应和口碑获得价值 800 万美金的融资项目，可见较高的知名度和较好的口碑对于企业不可缺少。Lazada 所在的东南亚市场前景广阔，而在中国市场逐渐饱和的情况下，阿里巴巴急需开拓国际市场，但是由于亚马逊和 eBay 在传统的欧美市场基础雄厚，因此阿里巴巴很难占一席之地；而东南亚市场尚未被完全开发，此次结合阿里巴巴可以充分利用这次机会，在自身知名度较高的优势下攻占东南亚市场。

资料来源：杨继平，白倩. 阿里巴巴并购 Lazada 的 SWOT 分析及战略选择. 经济视角. 2017，5: 63-68.

## 四、中国对外直接投资的模式选择

### （一）进入模式的选择

除了新建投资，并购投资也应当被更多采用。并购具有许多独特的优点，主要体现在速度优势和获得品牌、技术、销售网络等战略性资产，东道国政府也更乐意接受。需要特别指出的是，这一策略在东道国企业遭遇外部冲击（如金融危机）或自身经营不善时采用尤为经济，此时目标企业资产大幅缩水，可以低成本获得优质资产，实现快速扩张。20 世纪 90 年代后盛行的国际战略联盟不失为中国企业对外直接投资方式的又一选择。通过国际战略联盟可以集多家公司力量共同对一个项目进行投资。这样不仅可以解决资金不足、管理力量薄弱问题，而且可以增强竞争力，分散经营风险。总之，在对外直接投资进入方式选择上，采取新建、并购、国际战略联盟等多种形式，选择灵活的市场进入战略，但要在企业现有竞争实力和驾驭能力的基础上量力而行（参见专栏 12-4）。

**专栏 12-4：均胜电子推进跨国并购模式的做法及启示**

均胜电子成立于2004年，是一家以生产汽车功能件为主业的零部件企业，成立初期就与国际著名汽车主机制造公司（OEM）建立合作关系，在产品开发与制造方面同步发展并在细分市场上确立领导地位。2011年至今，均胜电子在汽配领域进行了三次跨国并购，实现了其零部件生产业务从价值链低端向高端的转型升级，创造了"均胜模式"。

1. 第一步：收购德国普瑞，实施"德国技术+中国市场"的发展战略

2011年，均胜电子斥资18亿人民币收购德国老牌汽车零部件企业普瑞74.9%股权，次年收购了剩余的25.1%股权。这次并购使得均胜电子成功进入国内汽车电子前装市场，改变了国内汽车电子领域被国外零部件企业一统天下的格局。在收购普瑞之后，均胜电子在产品、技术和管理等方面得到了全面提升，并将研发、生产、销售等业务拓展至全球。随后，均胜电子根据经济环境和行业发展状况，重新进行了市场定位，将战略布局从原有欧美的成熟市场拓展至业务发展比较薄弱的中国市场，加大在中国的市场和研发投入，实现跨越式发展。

2. 第二步：收购德国Quin GmbH公司，实施"面向全球市场+高端客户"的发展战略

成功收购德国瑞普后，均胜电子复制"均胜模式"成功经验，跨出了其汽车零配件业务转型升级的第二步，于2014年以9 000多万欧元成功收购德国Quin GmbH公司。通过市场资源共享、产品系列互补、产业链上下游整合等方面显著增强了公司业务的协调效益，巩固和深化了第一阶段的合作。此外，并购Quin GmbH能够为国内外整车厂商提供HMI(人车交互产品)、内饰功能件、高端方向盘总成，使双方市场资源得到共享，扩大高端客户市场。

3. 第三步：收购美国KSS公司和德国TechniSat汽车业务，实现汽车4.0时代的战略升级

为实现汽车"安全、智能、互联和新能源化"战略升级和突破，均胜电子于2016年再次并购了两家汽车零部件行业巨头：美国KSS公司和德国TechniSat汽车业务，收购金额达到11亿美元。通过此次并购，均胜电子深度介入了全球汽车主、被动安全市场、车载娱乐系统、导航系统、车联网以及信息处理等领域，进一步完善了公司在智能驾驶领域的布局，成功跻身全球汽车产业智能化领先阵营。至此，均胜完成了其在中国、欧洲、北美三个全球最重要的汽车市场的战略布局。

结合本案例，国内汽车零部件生产企业可从均胜电子通过跨国并购完成转型升级的成功案例中获得以下五点启示：

1. 明确自身的战略目标是汽车零配件企业转型升级的首要任务。企业在进行跨国并购前应综合考虑国际国内环境和行业发展趋势，根据自身的优劣势制定符合自身发展情况的战略，并在战略指导下，审慎且详尽的规划并购方案，有序高效地完成并购。

2. 以发达国家优质、成熟企业为并购对象是汽车零配件企业转型升级的捷径。对于起步较晚的国内汽配生产企业来说，自主化转型升级受到国内人、财、物资源的限制和国际市场环境的制约，不可能一蹴而就。并购发达国家优质、成熟企业，可以在较短时间内获得目标公司的核心技术、营销渠道和品牌影响力，通过吸收和再创新迅速将研发、管理、营销能力本土化，有效实现企业转型升级。

3. 并购后积极、有效整合是汽车零配件企业转型升级的有力保证。并购只是汽车零部件企业"走出去"的第一步，并购后的整合才是企业在国际市场上站稳脚跟的关键。为此，企业应从采购、研发和生产等价值链关键环节着手进行优势互补和资源共享，以优化资源配置、实现价值链再造。其次，要积极、有效整合组织架构、人力资源、财务等公司支持性要素，建立国际化组织机构、制定包容性管理政策，巩固并购成果，增强企业合力。

4. 消化吸收并购目标的专利技术是汽车零配件企业实现转型升级的关键。国内零部件企

业必须结合自身发展实际情况合理利用所获取的专利技术，加强并购获取创新资源与企业现有研发体系和创新计划的衔接，不仅要会利用所获得的专利技术，更重要的是学习外企创造专利技术的方法，将创新基因内化到企业自身的基因序列当中，为企业持续发展提供动力和保障。

5. 紧跟行业发展趋势是汽车零配件企业维持国际竞争力的法宝。汽车零配件企业应抓住汽车产业"安全、智能、互联和新能源化"的发展趋势，在汽车4.0时代加快其传统汽配业务的转型升级，通过跨国并购的逆向技术溢出效益增强其在汽配智能化领域的技术实力和核心竞争力。

资料来源：刘海云，李敏. 均胜电子在汽车零部件领域推进跨国并购模式的做法及启示[J]. 对外经贸实务，2016, 8: 80-82.

### （二）经营方式的选择

经营方式要将企业优势和东道国要求结合起来进行选择，在这里，按照是否参与股权可以将对外直接投资划分为两种：股权投资和非股权投资。

我们熟悉的是合资、独资等方式，这是股权投资（Equity Investment）的方式，它是指以资金形式投资国外经营企业，并对企业拥有全部或部分所有权和控制权的投资。从中国企业整体情况看，选择合资经营方式进行对外直接投资是有利的，能吸取和利用当地合作伙伴的优势和长处，在享受东道国优惠政策的同时，减少和避免政治风险。特别是在某些发展中国家，对外资控股额有一定的限制，采用合资方式是必需的。但是企业自身条件不同，对投资方式的选择也各异。对于拥有独特技术优势、经营规模较大、在国际市场上有一定竞争力的大型企业集团，在可能的情况下，采用独资经营更为有利。

对于非股权投资（Nonequity Investment），是指不以持有股份为主要目的的投资方式，包括技术授权、管理合同、生产合同、共同研究开发、合作销售、共同投标和共同承揽工程项目等。合作经营、合作开发都属于非股权投资。通过非股权投资，既可以用小额投资获取利润，还可以对当地企业施加影响。因此，在对发展中国家进行投资时，如果在技术、管理和营销上东道国无力经营，同时我国企业在这些方面有充足优势，可以考虑非股权参与。

## 五、中国对外直接投资的政府行为创新[①]

在我国对外直接投资的发展历程中，政府职能随国内外经济形势而不断变化，从早期仅负责号召与审批的"宣传员+检录员"身份转变到目前担当引导调控与保障促进的"教练+队医"身份。特别是近几年，鉴于对外直接投资引发国内各种新的经济效应，政府行为也须进一步创新以适应发展要求。具体包括以下几个方面。

### （一）统筹有序投资，防范国内制造业"空心化"倾向

由于近年来国内生产成本、人力成本、关税等贸易成本的不断上升，诱发服装鞋帽类、电器电子类等劳动或资源密集型制造业企业向东南亚等地转移。部分制造业对外直接投资迅速扩大会造成中国制造业资本存量的缩减，同时制造业原有资本流向虚拟经济领域将促使实际利率的上升，导致制造业资本劳动比下降，进而在局部出现了制造业"空心化"倾向，虽

① 高鹏飞,孙文莉,胡瑞法. 中国对外直接投资政策体系演进与政府行为创新——基于国际比较的视角[J].国际贸易，2019, 5: 47-55.

然尚未影响到国内就业，但仍应值得警惕。美国与日本则是过度促进投资的反面教材，制造业空心化是日本经济一直以来陷入"离本土化"与"失去的二十年"困境的根本原因，这也正是美国"离制造化"的教训所在。

所以，坚定持续地进行技术研发与技术获取，努力发展实体经济并实现"中国制造业 2025"目标是防止产业空心化问题的关键所在。目前美国、澳大利亚、加拿大等国严格审查并限制我国技术寻求型对外投资，政府应引导企业将技术获取的目光转向西欧与北欧等地。另外，在目前我国制造业新兴主导产业仍然不大不强的形势下，政府应制定详细规划，有力有节地把控制造业投资结构的发展变化，推动有批次、有秩序的对外投资，以便让新兴技术产业能够对未来传统制造业转移后可能出现的缺失进行有效补位。

### （二）统筹国内各区域投资，防止区域发展加剧失衡

受要素禀赋、金融水平、资本与人才积累程度等先决条件影响，我国国内区域发展一直很不平衡，对外直接投资企业也主要集中在北上广、江浙闽、山东一带。中国改革开放 40 多年来吸引的海量外商投资在客观上造成了中国东西部区域发展严重化失衡。在这种国情背景下，国内各省市发起对外投资的规模自然差异很大，必将产生更大差异的经济效应，这必然又会进一步加剧国内区域发展的失衡。我国面临"胡焕庸线悖论"与过剩产能化解困难的双重难题，亟须通过有效的国际产能合作和负面清单管理来重塑以中国为主的产业体系与价值链条。

因此，政府应准确把握"一带一路"倡议和全球经济一体化的契机，加强对中西部地区对外直接投资在产业引导、区域布局、模式设计、融资便利、税收减免、技术服务、信息提供和简化审批等各方面的支持和管理，促使本区域形成良好的经济增长、出口贸易、技术促进、就业发展、企业成长、经济结构调整等经济效应，通过西安、乌鲁木齐、兰州等中心城市投资发展的辐射效应来促进"西部大开发"战略的二次激活和跨越式发展。

### （三）清理风险源点，持续防范非实体经济过度对外投资

由于非实体类对外直接投资资金大多源于国内大额融资，且很少带动国内经济发展，并会对国内投资形成较大"挤出效应"且造成严重的金融风险隐患，2017 年 8 月国务院转发《关于进一步引导和规范境外投资方向的指导意见》，首次对以上几种行业明确限制以防重大国内风险源暴露事件，并依据"鼓励发展+负面清单"模式明确了鼓励、限制、禁止三种类别的境外投资活动。限制非实体经济对外投资堵住了资金投向的主要路径，但还没有完成全部风险防范工作。政府部门今后应进一步整顿各种非实体与非理性海外并购投资背后暗含的高杠杆率的国内融资，排查各种重大风险源点，防止出现"资本空心化"苗头与国内金融系统性风险趋势。

### （四）防止假借对外直接投资进行资本外逃

容易导致利率与汇率震荡并诱发国际收支失衡和结构性赤字的大额资本外逃，并不同于对外直接投资中正常的资本外流，但对外直接投资却是除国际贸易、海外消费之外资本外逃的首要路径。政府部门应堵住假借对外直接投资进行资本外逃的主要路径，细化对外直接投资的真实性审查、改革完善对境外投资与外汇管理的统计工作、加大反洗钱力度；要对高达 4 万亿元以上的央企对外直接投资存量资产开展全面的审计工作。从深层次讲，要通过对中国经济体制、金融体制和汇率体制的不断革新完善，依靠国内经济增长改善投资状况来吸引资

金回流，避免矛盾积累并远离商业周期中因资不抵债而导致资产价值崩溃的"明斯基时刻"。

## 本章小结

1. 中国对外投资自改革开放以来发展迅速，投资规模不断扩大，2014 年已首次超过同期利用外资规模，成为资本净输出国。虽然目前总体规模仍然相对较小，但呈现出投资主体多元发展、地区分布逐步扩大、投资方式更加多样、行业流向重点突出、经营层次逐步提高的良性发展格局。

2. 合理的战略选择能促进中国企业更有效率地进行对外投资，包括对投资产业、区域、主体和方式的恰当选择。政府的服务和促进措施能够为企业对外投资创造良好的制度条件。

## @ 本章网络引擎

1. http：//fec.mofcom.gov.cn：中国对外经济合作指南网站，可以了解到我国企业对外投资的进展情况和世界主要国家的投资环境。

2. http：//www.mofcom.gov.cn：中华人民共和国商务部网站，获取我国对外投资的最新数据和分析报告。

3. http：//www.unctad.org：联合国贸发会议网站，了解国际投资的最新动态，获取世界主要国家宏观经济和对外投资方面的数据。

## 本章思考题

1. 简述我国对外直接投资的主要特点。
2. 进一步分析我国不同行业对外投资区域的选择。
3. 试分析我国中小企业应该如何有效地进行对外直接投资。
4. 案例分析

试分析海尔在不同地区如何灵活运用投资策略并总结其海外投资成功的基本要素。

---

### 海尔集团的海外投资历程

在进行了多年的产品出口后，海尔开始整合全球资源，进行海外投资、跨国经营，并遵循"先有市场，再建工厂"的原则。1997 年 6 月，正值亚洲金融危机，看准外资纷纷外撤留下的市场空当，海尔在菲律宾建立了海外第一家工厂。由于危机导致包括劳动力在内的所有要素价格大幅缩水，建厂成本节省了 2/3。此外，作为深受美国文化影响的英语语系国家，菲律宾堪称海尔的最佳练兵场所。

投资策略在菲律宾得到初步验证后，迅速在中东、北非地区得到复制。1999 年 4 月，海尔投资 3 000 万美元进军美国，并在智力密集区洛杉矶部署了设计中心，在商业信息最集中的繁华都市纽约组建好贸易中心。此时海尔冰箱对美国出口已有近 10 年历史，已经积累了一定的品牌影响和市场进入经验。经过反复考察，并聘请当地专家评估，最终选择了土地、劳动力相对低廉的南卡罗来纳州做生产基地。2000年3月，美国海尔工业园竣工投产，在美国率先实现了"三位一体本土化"，即生产、设计和营销的全面本土化。

2001年6月19日，海尔以800万美元收购意大利迈尼盖蒂冰箱工厂，进行了策略复制。该厂地理位置优越，不仅接近欧洲主要市场，还是意大利最发达的零部件厂密集地以及设备制造基地。此前，海尔在里昂和阿姆斯特丹有设计中心，在米兰有营销中心，海尔在欧洲也初步实现"三位一体本土化"。唯一不同的是，海尔选择了更划算的收购而不是新建，这是欧洲当地市场的历史、文化、法律和经济等诸多方面特点决定的。

为了进攻南亚这一巨大市场，2001年2月，海尔与巴基斯坦国Panapak Electronic公司签署协议，合资兴建巴基斯坦海尔工业园，海尔以设备、技术方式出资，占总投资额的30%；2001年12月，海尔又以同样的出资方式与约旦MEC公司合资建立海尔约旦工业园，打开了通往中东地区的门户。过去，伊拉克、埃及、利比亚等国家由于关税和其他壁垒等原因，海尔品牌的产品很难进入。

2015年5月25日，海尔集团发布公告称，公司拟以48.737亿元现金收购海尔新加坡投资控股有限公司（以下简称新加坡投资控股）100%的股份。本次交易完成后，新加坡投资控股将成为公司全资子公司，上市公司将获得海尔集团在亚洲、欧洲、非洲及美洲等世界主要国家和地区的海外白电资产。海尔表示，此次收购是为了在全球范围内整合资源，同时避免同业竞争。历经7年，海尔的白电资产整合终于进入收官阶段。

值得一提的是，海尔在投资中非常看重研发设计本土化，有东京、洛杉矶、蒙特利尔、悉尼、阿姆斯特丹以及中国香港等信息中心；建立了东京、蒙特利尔、里昂等设计分部，根据国际市场信息，跟上国际技术潮流，开发本土化产品。例如，欧美国家的上流人士喜欢喝葡萄酒，对酒柜的储存质量和美观度有很高的要求。于是，海尔就从组合厨具中把嵌入式酒柜挖出来，设计了放在起居室里的自由独立式新型酒柜，一经投放美国市场就大受欢迎。不到两年时间，海尔从一个产品发展到12个系列，从第一代发展到第四代。第四代则是从法国聘请的酒柜设计名师的杰作，融实用、时尚与欧洲浪漫于一体，2001年荣登美国酒品杂志的封面，该产品在美国占据50%的份额。

海尔集团已建立起一个具有国际竞争力的全球设计网络、采购网络、制造网络、营销与服务网络，在全球拥有数十个制造基地、多个研发中心和海外贸易公司。截至2018年，海尔已在全球17个国家拥有8万多名员工，用户遍布世界100多个国家和地区，该年全球营业额达1 833亿元，同比增长12.17%；实现归母净利润为74.4亿元，同比增长7.71%。与此同时，海尔公司更依托全球资源布局下的自主研发体系，研发原创技术，截至2018年，公司在全球累计专利申请4.3万余项，发明专利占比超60%，发明质量领先；累计获得中国专利金奖7项，行业占比超60%；累计获得国家科技进步奖15项，占行业半数以上。此外，海尔已参与60项国际标准的制修订，累计提出97项国际标准制修订提案，累计主导、参与国家/行业标准制修订490项，成为中国唯一进入国际电工委员会市场战略局（IEC/MSB）和唯一承担国际标准分技术委员会的家电企业。2019年，海尔品牌价值达到4 075.85亿元，连续10年蝉联中国最有价值品牌榜首。

资料来源：海尔集团白电整合进入收官阶段[EB/OL].（2015-05-26）[2020-04-15].http://www.chinanews.com/cj/2015/05-26/7301199.shtml; 海尔智家.青岛海尔股份有限公司2018年年度报告[R/OL].（2019-04-30）[2020-04-15]. http://static.sse.com.cn//disclosure/listedinfo/announcement/c/2019-04-30/600690_2018_n.pdf.

# 参 考 文 献

[1] BUCKLEY P，CASSON M. Models of the multinational enterprise[J]. Journal of International Business Studies, 1998, 29 (1): 21-44.

[2] CHEN H, et al. Network linkages and location choice in foreign direct investment[J]. Journal of International Business Studies, 1998, 29 (3): 445-468.

[3] DUNNING J. Explaining outward direct investment of developing countries: In support of the eclectic theory of international production[J]// Kuman K, Mcleod M G, et al. Multinationals from Developing Countries．Massachusetts: D. C. Heath and Company, 1981, 4.

[4] DUNNING J. Multinational Enterprise and World Economy[M]. Massachusetts: Adison Wesley, 1993.

[5] FAHY J．A Resource-based analysis of sustainable competitive advantage in a global environment[J]. International Business Review, 2002, 11: 57-77

[6] GEIGER R. Regulatory expropriations in international law: Lessons from the multilateral agreement on investment[J]. Environmental Law Journal, New York University 2002, 94: 94-109.

[7] HELPMAN E, MELITZ M, YEAPLE S. Export versus FDI with heterogeneous firms[J], American Economic Review, 1994, 1: 300-316.

[8] KUEMMERLE W．The drivers foreign direct investment into research development: An empirical investigation[J]. Journal of International Business Studies, 1999, 30:1-24.

[9] KUMAR N．Investment on the WTO Agenda: A Developing Countries Perspective and the Way Forward for the Kuncun Ministerial Conference[R]．RIS Discussion Papers, 2003: 1-34.

[10] KURTZ J．A General Investment Agreement in the WTO-Lessons from Chapter 11 of NAFTA and the OECD Multilateral Agreement on Investment[R]. Jean Monnet Working Paper, 2002: 77-101.

[11] LIESHCH P，KNIGHT G. Information internalization and hurdle rates in small and medium enterprise internationalization[J]. Journal of International Business Studies, 1999, 30(2): 383-394.

[12] MADURA J. International Financial Management[M]. 7th ed. Jointly Published by Peking University Press and Thomson Learning, 2003.

[13] MELITZ M J. The impact of trade on intra‐industry reallocations and aggregate industry productivity[J]. Econometrica, 2003. 71(6): 1695-1725.

[14] MAURICE L. International Finance[M]．New York: McGraw-Hill Book Company, 1996.

[15] PAUL C．The TRIMs agreement: A failed attempt at investment liberalization[J]. Minnesota Journal of Global Trade, 1999, 8: 97-126.

[16] PENG M. The resource-based view and international business [J]. Journal of Management, 2001, 27(6): 803-829.

[17] PENG M, WANG D, JIANG Y. An institution-based view of international business strategy: A focus on emerging economies[J]. Journal of International Business Studies, 2008, 39: 920-926.

[18] STEPHEN Y, TAVARES A. Multilateral rules on FDI: do we need them? Will we get them? A developing country perspective[R]. UNCTAD Working Paper, 2004.

[19] Third World Network. Bilateral investment agreements play only a minor role in attracting FDI[R]. Brief Report, 1997.

[20] TURRINI A, URBAN D. For whom is MAI? A theoretical perspective on multilateral agreements on investment [J]. SSRN Electronic Journal, 2000, 5: 1-28.

[21] YEAPLE S. Firm heterogeneity and the structure of us multinational activity [J]. Journal of International Economics, 2009, 78(2): 206-215.

[22] 迈克尔·波特. 竞争优势[M]. 陈丽芳, 译. 北京：中信出版社, 2014.

[23] 保罗·克鲁格曼. 国际经济学[M]. 5版. 北京：中国人民大学出版社, 1998.

[24] 杰夫·马杜拉. 国际财务管理[M]. 张俊瑞, 等译. 北京：北京大学出版社, 2009.

[25] 伯纳德·霍克曼, 麦克尔·考斯泰基. 世界贸易体制的政治经济学——从关贸总协定到世界贸易组织[M]. 刘平, 等译. 北京：法律出版社, 1999.

[26] 威廉·F. 夏普, 戈登·J. 亚历山大, 杰佛里·V. 贝利. 投资学[M]. 5版. 赵锡军, 等译. 北京：中国人民大学出版社, 1998.

[27] 刘易斯·威尔斯. 第三世界跨国企业[M]. 中译本. 上海：上海翻译出版公司, 1986.

[28] 小岛清. 对外贸易论[M]. 中译本. 周宝廉, 译. 天津：南开大学出版社, 1987.

[29] 陈继勇. 国际直接投资的新发展与外商对华直接投资研究. 北京：人民出版社, 2004.

[30] 范爱军. 国际投资学[M]. 济南：山东大学出版社, 1996.

[31] 方加春. 金融托管经典案例研究——对广东国际信托投资公司证券营业部托管的实践与理论分析[M]. 北京：经济科学出版社, 2002.

[32] 何智蕴, 姚利民, 等. 大型跨国公司在华投资结构研究[M]. 北京：科学出版社, 2005.

[33] 胡奕明. 外汇风险管理[M]. 大连：东北财经大学出版社, 1998.

[34] 孔淑红, 梁明. 国际投资学[M]. 北京：对外经济贸易大学出版社, 2001.

[35] 卢晓勇. 国际投资理论与发达国家对外直接投资[M]. 北京：科学出版社, 2004.

[36] 涂永红. 外汇风险管理[M]. 北京：中国人民大学出版社, 2004.

[37] 杨大楷. 国际投资学[M]. 3版. 上海：上海财经大学出版社, 2003.

[38] 张纪康. 跨国公司与直接投资[M]. 上海：复旦大学出版社, 2004.

[39] 陈涛涛, 陈晓. 吸引外资对对外投资能力影响的机制研究——以中国汽车产业的发展为例[J]. 研究与探讨, 2014, 8：9-16.

[40] 范飞龙. 论我国对外直接投资的产业选择[J]. 国际贸易问题, 2002, 11：36-39.

[41] 付海燕. OFDI对中国国际收支影响的机理与实际测算[J]. 统计研究, 2014, 12：47-53.

[42] 高鹏飞, 孙文莉, 胡瑞法. 中国对外直接投资政策体系演进与政府行为创新——基于国际比较的视角[J]. 国际贸易, 2019, 5：47-55.

[43] 高宇. 浅析亚投行和世界银行的比较[J]. 法制博览, 2019, 34：191-192.

[44] 葛顺奇. WTO多边投资框架与我国对策探讨[J]. 世界经济与政治, 2003, 9：65-70.

[45] 葛顺奇. 世界500强跨国公司在华投资透视[J]. 国际经济合作, 2013, 5：9-11.

[46] 管涛. 贸易摩擦背景下的中国跨境直接投资——来自国际收支数据的观察[J]. 金融经济，2020，1：4-10.

[47] 何树全. 国家主要 FDI 政策与国际投资协定的发展[J]. 当代财经，2004，4：97-100.

[48] 胡峰. 中国上海自贸区建立对外资管理体制带来变革的几个问题[J]. 国际商务论坛，2014，3：22-25.

[49] 焦卓. 国际银行业并购对我国银行业的影响和启示[J]. 财税金融，2014，17：50-51.

[50] 孔文泰. 海尔进入国际市场的战略及所带来的启示[J]. 企业科技与发展，2013，12：138-139.

[51] 李飞. 外商直接投资对我国产业安全的影响及对策分析[J]. 中国经贸导刊，2010，21：67.

[52] 李华敏，马红梅. FDI 技术溢出失效与市场规制转型[J]. 改革，2010，12：88-93.

[53] 李莺莉，王开玉，孙一平. 东道国视角下的 FDI 就业效应研究——基于中国省际面板数据的实证分析[J]. 宏观经济研究，2014，12：93-103.

[54] 刘海云，李敏. 均胜电子在汽车零部件领域推进跨国并购模式的做法及启示[J]. 对外经贸实务，2016，8：80-82.

[55] 刘宏. 当前中国对外直接投资的发展特征与问题[J]. 海外投资与出口信贷，2015，1：7-12.

[56] 刘琳. 贸易、FDI 与异质性企业组织选择：一个文献综述[J]. 国际经贸探索，2012，9：47-55.

[57] 刘笋. WTO 框架下的多边投资框架问题述评[J]. 中国法学，2003，2：66-76.

[58] 任鸿斌. 中国外商投资环境评价与发展[J]. 国际经济合作，2014，7：25-30.

[59] 吕克勤. 中国长期吸引国际直接投资的制约因素分析[J]. 世界经济研究，2004，12：39-43.

[60] 慕亚平，黄勇. 论《TRIMs 协议》对国际投资法和我国投资法的影响[J]. 中山大学学报（社会科学版），2001，1：115-123.

[61] 逄增辉. 国际直接投资理论的发展与演变[J]. 经济评论，2004，1：119-124.

[62] 綦建红，王亚运. 我国出口企业转向 OFDI 的多维影响因素——基于微观数据的检验[J]. 中国经济问题，2015，2：86-97.

[63] 任清. 海外投资的条约保护：规则、案例与对策[J]. 海外投资与出口信贷，2015，5：7-12.

[64] 桑百川. 新时代外商投资环境变迁与未来选择[J]. 中国外资，2019，3：70-73.

[65] 沈伯明. 多边投资协议谈判和发展中国家的对策（上）——国际多边投资协议问题的由来和发展[J]. 国际经贸探索，1999，4：3-5.

[66] 沈桂龙. 后危机时期的中国 FDI：环境约束、变化趋势与政策调整[J]. 上海经济研究，2010，8：21-28.

[67] 盛斌. 国际投资协定：多边安排是唯一的途径吗？[J]. 南开经济研究，2003，3：6-10.

[68] 石慧敏，王宇澄. 评估中国对外投资风险——通过投资者—国家争端解决案件的角度[J]. 经济理论与经济管理，2015，9：103-112.

[69] 宋逢明. 期权定价理论和1997年度的诺贝尔经济学奖[J]. 管理科学学报，1998，2：3-5.

[70] 孙韵，郭楚. 中国的亚洲基础设施投资银行挑战[J]. 国际经济评论，2015，3：151-153.

[71] 田丰. 外资准入"负面清单"模式的未来趋势[J]. 中国外资，2014，3：32-33.

[72] 王碧珺. 中国对外投资布局日益多元化，三大领域值得关注[N]. 人民日报，2015-04-01.

[73] 王海峰. 新形势下提高我国利用外资质量和水平的战略思考[J]. 国际贸易，2014，1：41-44.

[74] 王俊岭. 中国吸引外资能否长久超美（市场观察）[N]. 人民日报海外版，2015-01-31.

[75] 王荣灿. 国际直接投资的变化趋势及我国利用外资政策调整[J]. 亚太经济，2004，3：72-74.

[76] 魏作磊，陈晓庆. 服务业FDI对服务业竞争力的影响[J]. 特区经济，2015，4：63-66.

[77] 吴先明. 国际贸易理论与国际直接投资理论的融合发展趋势[J]. 国际贸易问题，1999，7：3-5.

[78] 锡士. "雀巢"在华释放并购激情[J]. 上海经济，2012，5：64-66.

[79] 冼国明，方友林. 发展中国家加入多边投资框架的利弊及当前的抉择[J]. 世界经济与政治，2004，1：70-74.

[80] 向玲莉. 从娃哈哈与达能之争看商标权的流失[J]. 当代经济，2008，4：40-41.

[81] 邢厚媛. 实现对外工程承包转型升级的思考[J]. 国际经济合作，2011，3：12-16.

[82] 邢毓静. 权衡成败——我国对外直接投资中的比较优势原则[J]. 国际贸易，2002，4：44-48.

[83] 杨建清. 我国开展对外直接投资的理论基础探析[J]. 当代财经，2004，5：105-108.

[84] 杨挺，陈兆源，韩向童. 2019年中国对外直接投资特征、趋势与展望[J]. 国际经济合作，2020，1：13-29.

[85] 苑生龙. 中国对外直接投资发展的新阶段——净资本输出状态下的投资周期再定位[J]. 宏观经济研究，2017，7：19-31.

[86] 詹晓宁，葛顺奇. 多边投资框架：趋势与评价[J]. 国际经济合作，2002，6：4-10.

[87] 张蕾，王晓东. 中国投资环境评估——基于"冷、热"因素分析法[J]. 经营管理者，2010，20：63.

[88] 赵蓓文. 国际投资规则的发展与WTO多边投资框架建立的可行性分析[J]. 世界经济研究，2003，6：50-55.

[89] 张蕴岭，马天月. 国际投资新规则及中国应对策略[J]. 国际展望，2019，4：23-38，152-153.

[90] 周长富. 吸收能力视角下我国利用FDI规模的测度[J]. 国际贸易问题，2010，7：97-103.

[91] 周海琴，李瑞琴. 新时期提升中国利用外资水平与质量的建议[J]. 国际经济合作，2018，9：54-59.

[92] 周自明. 1995—2002年外国直接投资对中国国际收支的影响分析——兼对1995—2002年人民币汇率稳定走势原因探析[J]. 世界经济研究，2003，8：56-62.

[93] 朱保金. 我国对外承包工程现状及对策建议[J]. 对外经贸，2014，11：48-50.

[94] 祝英丽，李小建，乔家君. 金融危机对跨国银行企业的影响——以花旗集团为例[J]. 经济地理，2009，10：1671-1678.

[95] 邹德玲，谭晶，丛海彬. 国际贸易与国际直接投资理论在比较优势下的融合分析[J]. 学术交流，2004，8：115-117.